卷首語

王國良

中華文化歷史悠久，源遠流長，生生不息。自學術研究發展的角度而言，明朝並非我國最輝煌燦爛的時期；但從文學之承襲與創新觀點來論，它又是精彩而多樣的世代。不管在文學理論、韻文、散文、小說、戲曲、民間文學等方面，它們既表現出對前賢豐富遺產的繼承，又展示了當代作者迸發的巧思創意，新舊交錯融和，洋洋大觀，令人目不暇給。

本屆中國古典文學學術研討會，今年六月五日、六日兩天，在臺北木柵國立政治大學行政大樓國際會議廳舉行，主題爲「明代文學」，會中一共有二十餘位研究有成的專家學者發表論文。他們針對明代的俗文學、詩歌理論、美學觀點及相關之思想等層面，提出個人精闢獨到的見解，並與在場的同道好友共同切磋商榷，情況熱烈而溫馨。

此集所收錄廿二篇專論，皆係在研討會上宣讀，再經原撰者細心增刪修訂的定稿，內容更加精當完善，足以提供學術界之參考觀摩，意義非凡。

最後，我們要特別感謝政治大學中國文學系師生的熱情支持參與，使得此次研討會辦得有聲有色，論文集也能順利編輯成冊。同時，對於臺灣學生書局多年來在《古典文學》之完稿、印製及推廣上所付出的心血與實質上的大力贊助，更要表示由衷的敬意與謝意。

己卯年十二月敬識於臺北

作者簡介

（依論文先後爲序）

簡錦松　臺灣省臺北縣人，民國四十三年生。臺大文學博士。現任國立中山大學中文系教授。撰有論文「胡應麟詩藪的辨體論」、「論明代文學思潮中的學古與求眞」、「李何詩論研究」等；其他尚有：《錦松詩稿》、《杜甫夔州詩現地研究》等書。

林淑貞　臺北市人，先後畢業於淡江大學中文系、台灣師範大學國研所博士班。曾任教國、高中多年，現服務於靜宜大學中文系。研究方向以中國詩學爲取徑，旁涉唐傳奇、中國寓言、蘇辛辭等，撰有《詩話論風格》及論文十數篇。

周志文　東吳大學中文系畢業，臺灣大學中文研究所碩、博士班畢，獲文學博士學位。曾任教中學。研究所畢業後，初任教淡江大學中文系，現任臺灣大學中文系教授，主授「中國思想史」等課程，並兼任淡江大學中文研究所教授。論文主題多爲明、清學術思想。論文集有《晚明學術與知識分子論叢》（大安）等。

羅麗容　臺灣省新竹縣人，東吳大學文學博士，中文系副教授。多年來專心研究古典戲曲，撰有《鄭之珍勸善記研究》、《清代曲論研究》，以及〈《牡丹亭》三論〉、〈「錄鬼簿」中所載「書會」、「才人」對元雜劇發展之影響〉等散論多篇。

林宜蓉　臺灣省臺南縣人。國立臺灣師範大學國文系、國文研究所碩士班畢業，現爲國立臺灣師範大學國文研究所博士班研究生。嘗任職國立暨南國際大學中文系兼任講師、國立台南一中國文專任老師等。已發表作品有《晚明文藝社會「山人崇拜」之研究》（八十四年）、〈「師其意思，自闢乾坤」——陳洪綬之繪畫理論〉（八十八年）等學術論文。

龔鵬程　江西省吉安縣人，民國四十五年生，師大文學博士。曾任淡江大學中文系系主任兼中文研究所所長、南華管理學院校長，現任佛光大學人文學院院長。著有《周易正義研究》、《江西詩社宗派研究》、《歷史中的一盞燈》、《讀書隅記》、《中國小說史論叢》、《文學散步》、《詩史本色與妙悟》、《俠與劍俠》等書。

張　健　一九三九年十二月生，浙江人。師大國文系、臺大中文研究所畢業，曾任臺大中文系講師、副教授。現任臺大中文系所教授、中國青年寫作協會值年常務監事、東方詩話學會創作理事。著有《中國文學批評》、《文學概論》、《宋金四家文學批評研究》、《文學批評論集》、《中國文學批評論集》、《中國現代詩》、《中國現代詩論評》、《滄浪詩話研究》、《張愛玲新論》等。

曹淑娟　臺灣彰化人，民國四十五年生。師範大學國文系、國文研究所畢業，臺灣大學中國文學博士。曾任教於淡江大學、南華管理學院等校，現任臺灣大學中文系副教授。著有〈論漢賦之寫物言志傳統〉、《華夏之美——詩歌》、《晚明性靈小品研究》等書及相關論文。

顏瑞芳　臺灣省臺南縣人，國立臺灣師範大學國文系畢業，國文研究所碩士、博士。曾任中學教師、報社編輯，現任教於臺灣師大國文系。著有《劉基宋濂寓言研究》（碩士論文）、《九頭鳥——元明寓言選析》（幼獅）、《中唐三家寓言研究》（博士論文）、《唐宋動物寓言研究》（亞馬遜）等。

王三慶　臺灣省高雄縣人，民國三十八年生。中國文化大學中文系、中文所畢業，文學博士。曾任中國文化大學教授兼系主任；現爲成功大學中文系教授。專長於敦煌學、明清小說，著有《紅樓夢版本研究》、《敦煌本古類書語對研究》等書，另相關論文四十餘篇。

陳益源　臺灣彰化人，中國文化大學文學博士，中正大學中文系副教授。曾任中國古典文學研究會副秘書長。研究專長爲古典小說、民間文學、民俗學、域外漢文學。出版有《民俗文化與民間文學》、《台灣民間文學採錄》、《元明中篇傳奇小說研究》、《從嬌紅記到紅樓夢》、《古代小說述論》等十餘種專著。

許建崑　福建省安溪縣人，民國三十八年生。東海大學中文系、中文所畢業，文學碩士。現任東海大學中文系副教授，擅長明清文學、兒童文學之研究。著有《王世貞評傳》、《李攀龍文學研究》等書，近年致力於古典小說相關問題的探討。

高桂惠　臺灣省屏東縣人。政治大學中文系、中研所畢業，文學博士。現任政治大學中文系副教授。專攻古典辭賦、明清小說。所著有《左思生平及三都賦研究》、《明清小說運用辭賦的研究》，以及相關論文多篇。

楊振良　廣東平遠人，一九五六年生，國立臺灣師大國文研究所博士，現任國立花蓮師院教授、民間文學研究所所長。著有《孟姜女研究》、《牡丹亭研究》（學生）、《王驥德論曲斠疑》（里仁）、《勝國元聲》（幼獅）、《有趣的中國字》（萬卷樓）等專著。先後策畫主辦大陸崑曲來臺公演、錄製崑曲《琵琶記》、《牡丹亭》錄音錄影，為兩岸交流開啓新頁。

林鋒雄　臺灣嘉義人，一九四七年生。中國文化大學藝術研究所碩士。日本京都大學人文科學研究所研究員（一九八〇—一九八三）。任教於中國文化大學中國戲劇學系。重要著作有《中國戲劇史論稿》、《宜蘭縣立文化中心台灣戲劇中心研究規劃報告》、《布袋戲「新興閣—鍾任壁」技藝保存計畫報告書》等。

顏天佑　臺灣澎湖人，生於民國三十七年。政治大學中文系所畢業、國家文學博士、曾任教於靜宜大學、政治大學中文系，現爲彰化師範大學國文系教授，講授「詩選」、「古典戲劇選讀」等課程。著有《南宋姜吳派詞研究》、《元雜劇所反映之元代社會》、《元雜劇八論》諸書及學術論文多篇。

陳錦釗　國家文學博士，現擔任國立政治大學中國文學系教授。專攻中國古典小說與俗文學，著有《李贄之文論》、《子弟書之題材來源及其綜合研究》、《快書研究》等專書。重要論文有〈李卓吾批點《水滸傳》之研究〉、〈談貫華堂金聖嘆批本《水滸傳》〉、〈論石玉崑與《龍圖公案》以及《三俠五義》的來源〉等十多篇。目前正從事於石派書、子弟書全面的整理與研究工作。

張啓超　安徽省懷寧縣人，民國四十八年生。臺灣大學中文系、中文所碩士班，東吳大學中文所博士班畢業。現任花蓮師範學院語教系副教授。著有《長生殿舞臺藝術之研究》、《中國戲曲「喜劇傳統」之研究》、《弦歌樂舞說戲曲》等。

黃慶聲　文化大學中國文學研究所博士，美國亞利桑那大學東亞研究所博士，現任教於政治大學中文系。近期研究以《紅樓夢》與中國古代笑話書為主。

陳兆南　福建省惠安縣人。中國文化大學中文系畢業，文學博士。現任逢甲大學中文系副教授。專攻通俗小說、民間文學。撰有《水滸故事之源流演變及其影響研究》。

龔顯宗　臺灣省嘉義縣人。國家文學博士。曾任靜宜大學、中興大學、高雄師大教授，台南師院語教系主任，現任中山大學中文系教授，著有《明初越派文學批評研究》、《歷朝詩話析探》、《現代文學研究論集》、《台灣文學研究》等二十餘種。

熊　琬　江西省奉新縣人。輔仁大學中文系、碩士班、政治大學中文所博士班畢業。現任政治大學中文系教授。精研佛教思想、古文義法，著有《宋代理學與佛學之探討》、《文章結構學》等。

古典文學　第十五集

目次

李夢陽詩論之「格調」新解

簡錦松

一、前言

在中國文學理論的研究領域中，「格調」向來被視爲李夢陽及其復古派的代表用詞，不論這種認識是否正確，對於「格調」二字的詮釋，歷代眾說紛紜，則是事實。自青木正兒《支那文學思想史》、郭紹虞《中國文學批評史》以降，到近年廖可斌所著《明代文學復古運動研究》，所有談到李夢陽與七子者，無不想爲格調作詮釋，但是，從來沒有人眞正尊重李夢陽的本人的見解，在引證資料的討論過程中，更多明顯的矛盾。❶

本人自民國六十六年撰寫碩士論文起，即曾取得李夢陽從事實際批評的第一手史料——

❶ 如廖可斌：《明代文學復古運動研究》（上海：上海古籍出版社）頁110，引王廷相《與郭玠夫學士論詩書》之「何謂四務，運意、定格、結篇、煉句。」四者明明是並列的組織方式，廖君卻解釋爲：「第一組包括『格、思、意、義、法、篇、句』等，基本上可以『格』爲代表。」且不論廖氏所論是否有理，單從第一層語意結構上言之，已經未遵守原文的意旨，陷入明顯的矛盾了。

《批點孟浩然詩集》及《批點楊一清石淙詩稿》，並對兩書中李夢陽如何使用「格調」二字，作了簡要的論述，但二十年來，沒有第二個人再檢閱這兩部書，所談的「格調說」也完全背離李夢陽的本意而不自覺。

本文的研究方法，以客觀實證為主導的綱領，一切以呈現李夢陽原有的親手記錄為優先考慮，盡量避免推論性的詮釋。因此，在章節的處理上，先就李夢陽批點的實例及文集中的言論，整理出李夢陽對「格、調」二字的使用方法，將一切討論還原至出發點，而後以他本人觀點，指明所謂「格調」的眞實義。又因本文主旨並不在駁正其他人的見解，且為篇幅所限，因而對一切海內外古今名家之論說，概不引述。雖然有違近世論文作法，實為不得已也。

二、李夢陽之格調批評資料

李夢陽的論詩資料，除散見於文集中的題記書序之外，他留下的兩種評點，價値尤高，其一為《批點孟浩然詩集》及，另一為《批點楊一清石淙詩稿》，❷前者收藏於台灣大學文學院圖書館，附麗在劉辰翁的評點之後，評點文字的篇幅數量都不甚多，重要性遠不及後者。

至於《批點楊一清石淙詩稿》十九卷，現藏國立國家圖書館善本書室，可說是研究明

❷ 楊一清：《石淙詩稿十九卷·督府稿存二卷》（台北：國立國家圖書館，明嘉靖五年刊本）本文為強調李夢陽批點，暫稱為《批點楊一清石淙詩稿》，並簡稱《批點石淙詩稿》。

代詩學和批評史最重要的史料。楊一清乃李夢陽之師，他的詩在當代雖然不像僚友李東陽享有盛名，但從現存的詩作看來，也並非弱流。李夢陽受楊一清囑託評點其《石淙詩稿》，應在嘉靖四年，是年正月，楊一清以七十二歲高齡都督甘陝軍事開府固原，嘉靖五年春又入爲內閣，李夢陽這時早已退官閑居多年，詩壇的聲名雖高，政治生命卻深深仰望於師長的薦拔，就在此時，楊一清陸續以詩稿請李夢陽評點。批點期間，李夢陽與楊一清書札往來甚多，楊一清亦取讀李夢陽自編之《崆峒集》，贊揚備至。諸此因緣，夢陽對此次評點工作之不苟，可以想見。據楊一清兩封「與李獻吉憲副書」所云：

> 所評箋制府小稿，歎服高見。……竊敢謂西涯後莫可當是任者，閱之益信。
>
> 評跋甚當，凡所指斥，皆所嘗致疑者。獻吉，須溪筆也。當箋杜詩乃稱，鄙作何足以煩郢斤，然西涯不可作，非獻吉似無可託者。❸

二書將李夢陽比之爲李東陽，又比之爲劉辰翁。書信中所謂「評」，即本詩稿之評點，至於「跋」之所指不詳，今本《空同先生集》亦不載，僅由李夢陽「奉邃庵先生書十首之七」可略窺一二，似即「唐宋調雜，今古格混；瑜瑕靡掩，軌步罔一；然所謂千慮一失者也。」等

---

❸ 二書同見楊一清：《石淙詩稿十九卷．督府稿存二卷》之《督府稿》卷2。

語。❹由此亦可見李夢陽評點時，乃持其一貫之詩學觀點，嚴肅地進行批點指摘，並非隨便敷衍師長。

在《石淙詩稿》中，李夢陽評語四百二十六條，其中與「格、調」二字直接相關者約七十餘條，包含「格調」二字合用者三例，單用「格」字者十四例，單用「調」字者二十四例，使用「杜」「杜格」「杜體」者十七例，使用「唐」「唐人語」「中唐」「晚唐」「盛唐」「唐調」等語者有二十五例，使用「宋」「宋詩」「宋格」者七例，其中因有重複使用的情形，所以各組用例的統計，加起來與總數並不相符合。部份評語中，可藉以明確推知「格調」的意涵，所以意義十分重大。此外，還値得注意的是，李夢陽於部份詩篇明確指出爲「古調」「杜格」「唐調」「宋格」、或「唐宋調雜」，也可通過楊一清原詩的比對，來推測李夢陽眞實語意。除了這七十餘例之外，其他二百餘例談論創作法則，則與李夢陽其他文章中關於詩法的用語完全吻合，可以互相印證。

至於《空同集》中談詩的言論，散見在序記書跋中，與一般明人文集並無二致。

三、格調二字的語法現象

李夢陽運用「格、調」二字來從事實際批評或理論分析時，在用詞方法上有三種不同的現象：第一，格字與調字經常被同義互用；第二，格字與調字偶而被平行並列；第三，格

❹　李夢陽：《空同先生集》（台北：偉文出版社，1976），卷62，頁六下，總頁1774。

字與調字與其他批評術語同時出現時，均作水平序列，未被凸顯出來。

第一、格字與調字經常被同義互用

首先，討論第一點，我們從《批點石淙詩稿》的實際批評例子，明確地看出李夢陽把「格」字、「調」字或「格調」合詞這三種都視爲同義詞：

長篇情事鋪敘非不工，然「格調」時□。〈15/6鷹塔題名歌爲許豸史伯誠賦，松按：凡引《石淙詩稿》皆於題前註明卷頁，如本詩爲卷15頁6，下同〉

亦以「格」高。又曰：好篇，末句脫然。〈8/7沈石田三吳山水卷／井刀欲剪恨不能，詩成畫去長相憶。〉

歸田稿中長篇惟此以下四篇爲最，以「格」之高也。二篇似杜，後篇更好。〈8/1畦拱貞所藏沈石田山水二圖第一首〉

此篇氣「格」皆杜，詩之史也。（全篇）〈10/3事平志感〉

五篇杜「格」杜「調」，高之高，忠義之氣，觸之勃然。〈14/7得王陽明詩，依韻寄答〉

此首是杜「格」。〈17/19巡邊偶吟四首〉

杜「體」。〈17/11開府行〉

「杜」〈12/2和西涯先生漫興二十首之五〉

此篇古「調」。〈17/8初見花〉

此篇古「調」古句古意，唐以上之作。〈17/9紅白葵〉

三首，前一首唐也，後二首宋「調」耳。〈14/13題畫送謝梅岐歸閩〉

此篇純類「唐」者也，它篇多「唐宋」雜。〈13/11汝成將別予邀飲逸老園再賦一首〉

唐「調」。〈12/26劉希載南還送別〉

五篇並慷慨多情。又「盛唐」。〈11/34次崔世興李繼伯席上聯句韻五首〉

此「盛唐人口中語」。〈15/3柬許伯誠豸史，承示佳什，調高意新，把玩不能釋手，領教多矣，不能盡和，聊用九日五言律嚴韻二首以詩折簡〉

七言之宛麗者，中唐之「調」也。〈10/8途中再具疏乞歸〉

「晚唐」〈12/4和涯翁漫興後十首之五〉

晚唐「調」。〈14/11希大將歸南都，余餞之丁卯橋山莊〉

以上都是《批點石淙詩稿》中的評語，是從與「格、調」字面相關的七十個例子裡節錄出來的。節錄時沒有經過選擇，只是把字面相同的條文省略（譬如評爲「杜格」的不只一條，此處只舉出一條之類）。讀者可以發現，在這些條文中的「格」字和「調」字，不論用法或意義都沒有什麼差別。比如既有「宋調」又有「宋格」，既有「杜格」，又有「杜格杜調」，又可以稱「杜體」，可見「格」等於「調」，也等於「體」。甚至不必有「格」字和「調」字，單用「唐」「宋」「中唐」「盛唐」「晚唐」「杜」，也可以直接等於「唐調」「宋調」「中唐調」「盛唐調」「晚唐調」「杜格」之稱呼。前面說的是「格」「調」分開來稱呼，如果「格調」合起來也等於「格」或「調」。這種現象，再參諸前引李夢陽總評楊一清詩「唐宋調雜，今古格混。」就更爲豁然。這八個字，互文見義，字字相當，「唐」即「古」，「宋」即「今」，

「雜」即「混」，「唐宋調雜」即等於「今古格混」，因而「格」等於「調」，並無疑義。

以上，是客觀地從李夢陽所表現出來的現象而作成的歸納結論，至於爲什麼會有這樣的情形，尙無確定答案。勉強要說的話，可能是受到語言聲韻關係的影響，「格、調」同義互用，在讀音選擇上確有其方便之處。❺比如說，「杜格」一詞，可以單稱「杜」，或「似杜」或「杜體」或「杜格杜調」，卻不稱「杜調」，是因爲「杜調」音節不響。杜，上聲定母字；調，去聲定母字，上去聲調相近，其所結合而成之名詞已稍稍不便於讀，而二字聲母又皆爲全濁之定母，增加了發音的不順程度，所以一般不會使用「杜調」，至於「杜格杜調」四字，因杜格一詞的介入，四字組成的發音結構改變了，「杜調」的拗口因素隨著「杜格」二字的合理音節的幫助而沖淡。至於「唐」字與「格、調」的關係亦然，「唐」字的韻尾與「格」字的韻頭發音部位重疊，本來這並也不會構成發音上的困難，但是「唐」爲全濁開口平聲，「格」字又是短促的入聲，再遇上發音部位相同時，兩個條件擠在一起，就會產生不順暢的感覺，所以，不論從理論或實際上看，「唐格」都不如「唐調」好讀，這應是「唐格」不被採用的緣故。又如何景明《與李空同論詩書》即稱李空同調，而不稱李空同格，其原因應與此相同。至於「宋」字與「格」字、「調」字都不相犯，但「宋調」二字都是去聲，不如用「宋格」爲去入結構，讀起來比較響亮，所以一般使用「宋格」就比較多。

---

❺ 本節中對清濁聲調的討論，採用《廣韻》爲基礎，這是考慮到南北方言差距的折中辦法，李夢陽雖是關中人，長年作官，其所使用的語言應屬於北方官話系統，不過，由於語音變化是對應變化的，我採用《廣韻》爲基礎，應不影響推論的結果。

在這種情況下，如果勉強要區分格與調，相當沒有必要，但也並不是說二者沒有語法上的差異。在某些文章中，李夢陽也有下面這第二種用法。

第二、格字與調字被平行並列

在李夢陽〈駁何氏論文書〉和〈潛虯山人記〉中，都有把「格、調」二字平行並列的情形：

> 高古者格，宛亮者調……。（駁何氏論文書）❻
>
> 詩有七難，格古，調逸……。（潛虯山人記）❼

以上二例，格與調都是在平行的位階上，與前段的二詞同義互用情況，有所差別，我們再從《批點石淙詩稿》來舉證，也會發現二字在用法上同中有異的地方。比如說，「格」字除了被冠以「古」、「選」、「唐」、「宋」、「杜」等時代詞作形容外，就只有「高、古」二字可加在「格」字的上下，而所謂高與古，也並非空泛的形容詞，而是確有實指的，在《批點石淙詩稿》中，所有被評爲「古調」的七古例子，完全都是學杜的七言古詩，因此，看到「古調」即等於「杜格」，這是因爲李夢陽認爲七言古詩之「格」，以杜甫詩最爲「高古」，

❻ 李夢陽：《空同先生集》，卷61，頁六上，總頁1735-1741。

❼ 李夢陽：《空同先生集》，卷51，頁四下，總頁1462-1463。

由於這層緣故，當李夢陽使用了「高古」二字來形容「格」時，其實與使用時代詞並無太大區別。

至於「調」字的運用，雖然主要也是被冠以「古」、「選」、「唐」、「宋」、「杜」等時代名稱作爲等級分界，但有時也會被附加上與時代詞性質不同的純粹形容詞，像下面這樣的例子：

> 雅調。（13/27再和演竹詩韻）

或是前面所舉出的「調逸」「宛亮者調」之類。因此，如果一定要分別「格、調」的話，也可以這樣說：「調」是歌吟的聲音實體，「格」是詩指著實體所進行的等第分界。正因爲「調」是實體，「格」是實體上的評鑑，所以「格、調」二字可以互補的方式同義互用。這也就是爲什麼在李夢陽實際的用語例子中，大量地混用「格、調」，有時卻仍保持其各自的分別義。

第三、「格、調」與其他批評術語平等序列

在李夢陽的論詩文章及實際批評中，「格、調」與其他批評術語，經常是被放在平等的位置，以平行序列的方式，呈現它們等值的分析義，比如下面二例：

> 柔澹者思，含蓄者意也，典厚者義也，高古者格，宛亮者調，沈著、雄麗、清俊、

> 閑雅者，才之類也，而發於辭，辭之暢者，其氣也。中和者，氣之最也。夫然，又華之以色，永之以味，溢之以香。是以古之文者，一揮而衆善具也。然其翕辟頓挫，尺尺而寸寸之，未始無法也，所謂圓規而方矩也。（駁何氏論文書）
>
> 詩有七難，格古，調逸，氣舒，句渾，音圓，思沖，情以發之，七者備而後詩昌也。然非色弗神，宋人遺茲矣，故曰無詩。（潛虯山人記）

在〈駁何氏論文書〉中，李夢陽把詩法理論和抽象感受分爲兩類，以「思、意…」爲一類，以「香、色…」爲另一類。由於「香、色…」之類與「格調」本題較無直接關係，按下不表，而「思、意、格、調、辭、氣」一類，則把這六個批評術語無等差的並列著。至於〈潛虯山人記〉，則又以「格、調、氣、句、音、思、情」七者並列同一等級；這兩段話所使用的批評用語相當接近，如「格、調、思、氣」四項完全相同，「情」雖不等於「意」，但可以相近，「辭」雖不等於「句」，也可以類同。至於在〈潛虯山人記〉未言及「才」，在〈駁何氏論文書〉中未言及「音」應該是行文時的輕重所致，前者主要談詩篇本身，而「才」是討論作者特殊屬性的問題，不妨暫時不提。後者重視創作的全體過程，所以要講「才」，至於忽略了「音」的問題並不大。

這兩篇文章中，各項批評術語是水平並列的方式排列，而不是以「格、調」統領其他批評術語的垂直樹狀關係，我們看不到「格、調」有凌駕其他用語之上的意思，即使在平行並列的排列順位上，「格、調」也未必排在首位。

至於〈缶音序〉中雖然以「調亡」爲主要線索，當李夢陽解析各項作詩法則時，仍是以「夫詩…」來統領，而不至於以格調來領導其他批評術語：

詩至唐，古調亡矣。…夫詩，比興錯雜，假物以神變者也。難言不測之妙，感觸突發，流動情思。故其氣柔厚，其聲悠揚，其言切而不迫，故歌之心暢而聞之者動也。宋人主理作理語，於是薄風雲月露，一切剷去不爲，又作詩話教人，人不復知詩矣。（缶音序）

文中李夢陽以「夫詩」作統領，以「情、思」與「氣、聲、言、歌」作兩段式討論，從「比興、感觸、情思、氣、聲、言」層層討論下來，認爲宋人的不當作法，將會使「調」喪亡，雖然「調」之亡是在層層因果之後才會發生，而這層層因果並不是爲了「調」才存在，他們都是各自獨立而互有關聯的批評序列。各自獨立的批評序列爲什麼會看起來像是爲「調」在做討論，這就是所謂「一揮而眾善具」的客觀現實，當作品存在時，各種批評術語所專注的「眾善」範疇也同時存在了，因此，當本文一開頭先提出「調亡」之後，讀者有可能把各項分析過程誤以爲是「調」所屬的成分。

再從李夢陽的實際批評來看，與前文相同的情況也呈現在他所評點的《批點石淙詩稿》中，比如他也常常在一條評點中，將「格、調」和其他批評詞語並列，其例如下：

二篇情眞景眞，句逸調逸。〈13/2安汝礪訪予待隱園喜而有作二首之二〉

此篇古調古句古意，唐以上之作。（17/9紅白葵）

雅調、幽思。〈16/21林隱辭爲潘隱翁賦〉

首例將「情、景、句、調」並列，次例將「調、句、意」並列，第三例將「調、思」並列，在這三個例子中，彼此的條件都是互相構成影響的，如調之雅與思之幽，互爲因果，意之古與句古調古，也是互爲連鎖的，但是，就批評行爲而言，注意「句」與注意「意」、注意「思」、注意「調」，都是各自獨立的注意焦點、各自獨立的批評行爲，「調」的範疇不能包括「句」「意」「思」的範疇，應可確認。又如：

忠誠惻怛（句中）。夢陽曰：此篇氣格皆杜，詩之史也。（全篇）（10/3事平志感）

五篇杜格杜調，高之高，忠義之氣，觸之勃然。（14/7得王陽明詩，依韻寄答）

長篇情事鋪敘非不工，然格調時□（末字原佚）。（15/6鷹塔題名歌爲許豸史伯誠賦）

第一例將「氣」與「格」並列，利用「皆」的並列義，明確顯出「格」不能包含「氣」的事實。第二例則顯示，「氣」之由來，即「忠誠、忠義」之類，與「格、調」的批評著眼點並不相同。第三例也是以「情事鋪敘」與「格調」爲平等位階的批評用詞。

以上數條不過是舉其一臠而已，事實上，在《批點石淙詩稿》全部的評點中，以「格、調」來評點的只有七十餘例，而以其他術語來評點的，卻佔了三百多例，可知「格」與「調」並不是他主要的用語；他大量使用的其實是「大作（12條）」「大筆、大手筆（4條）」，「堂堂（12條）」「整、整整（4條）」「情（15條）」「實（6條）」「平正（4條）」「氣（22條）」，

「句（30條）」其他如「雅潤」、「細潤」、「有味、有趣」、「如畫」、「風流、風韻、蘊藉」、「宛、宛麗、宛曲」、「豪壯、壯麗」、「灑、灑然、灑灑」、「體面、氣象、氣概、慷慨」、「鋪敘、流動」、「纖細」、「跌蕩精神」、「雄渾」、「遠」、「意、意象」、「新、新意」、「照應」、「渾、渾渾、渾成」、「活、虛活」、「貴瘦」、「淡、淡淡、淡然」、「深秀、深穩」、「典則」、「約而該」、「奇」、「自然、天機、物理」、「比興」、「開合、沈著、頓挫」、「工、工致」。

這些在《批點石淙詩稿》中出現的大量批評術語，顯然和「格、調」批評術語沒有直接的從屬關係，反而與前舉並列於「格調」的「思、意、格、調、才、辭、氣」、「氣、句、音、思、情」之類批評用語，若不是字詞完全相同，就是有連類呼應的關係。這些術語大量出現於實際批評中，似可說明了李夢陽並無意以「格調」涵蓋其他批評術語。

以上，我分析了李夢陽本人使用「格調」二字的經驗。很多時候，李夢陽把「格」「調」兩字視爲同義互用，不時地混用。當「格調」二字與其他批評術語相遇時，他雖以「格調」的追求作爲新的批評方法之一，但是，並不以「格調」取代或領導其他的批評角度。「格、調」乃是「思、意、格、調、辭、氣、句、音、情」等各種一揮而具的「眾善」之一，他雖然偶而一次把它們放在評批術語群的首位，但並無意以此來涵括其他的批評工作。❽

❽ 像胡應麟《詩藪》（台北，正生出版社，1976）內編卷5，頁97。所說：「作詩大要，不過二端，體格聲調，興象風神。…故作者但求體正格高，聲雄調鬯，積習之久，矜持盡化，形跡俱融，興象風神，自爾超邁。」就把「體格聲調」與「興象風神」並列，成爲二分之勢，等於是整理簡化了李夢陽的多元批

四、格調的提出及其定義

在這一節中，我們希望能確認李夢陽對「格、調」的定義是什麼？前面引述過的李夢陽〈缶音序〉曾說：

> 詩至唐，古調亡矣。然自有唐調可歌詠，高者猶足被管絃；宋人主理不主調，於是唐調亦亡。（餘見前引）

由「可歌」與「不可歌」來判定「調存」與「調亡」，就是把「調」明確地定位在「可歌詠」上。而「可歌詠」的定義又放在「被管絃」上面，因而使「調」的定義，相當明確地鎖定在吟詠聲響上。格與調既同義互用，那麼，最簡單地說，「格調」就是「批評者通過詩篇歌詠的聲響作媒介，去評價一首作品的優劣」。

這並不是偶然的現象。事實上，這正是李夢陽詩學改革的重點工作之一，在李夢陽提倡歌吟前，歌吟的風氣不盛，能歌吟者無多，李東陽《懷麓堂詩話》第三條曾指出這個困境：

評方法。關於《詩藪》此二條引文之詮釋，胡應麟之持論蓋本於王廷相，可以參看王廷相：《王氏家藏集》卷23，頁1。〈與郭价夫學士論詩書〉，以及拙著《明代中期文學批評研究》（台北：學生書局，1989），頁230，及拙著〈胡應麟詩藪的辨體論〉（載《古典文學》第一集。台北：台灣學生書局印行，1979）。又、陳國球《古應麟詩論研究》（香港：華風書局，1986）亦有精闢見解可以參考。

今之詩惟吳越有歌，吳歌清而婉，越歌長而激，然士大夫亦不皆能。予所聞者，吳則張亨父，越則王古直仁輔，亨父不爲人歌，眞有手舞足蹈意。仁輔性亦僻，不時得其歌。予値有得意詩，或令歌之，因以驗予所作，雖不必能自爲歌，往往合律，而亦有不容強者也。❾

文中談到現在的士大夫不皆能歌，又說他把詩寫好以後，交給張亨父歌吟，來檢驗自己作品是否有瑕疵，從聽人吟詠可以判斷詩的優劣，這與李夢陽以可歌不可歌來論「調」的說法是一致的。但是，終李東陽一生，他並未努力學習歌吟的方法，而李夢陽卻是處處提倡歌吟，大大增加了其詩論的改革特色。

再者，前條中提到「今之詩惟吳越有歌」似可從吳人文林及越人王守仁的敘述得到證明。文林《始閒翁墓志銘》云：「醉則歌古風一、二篇，音吐洪暢，聞者傾耳。❿」王守仁《瘞旅文》中，記載自己於僕病之後，爲釋其抑鬱，「則與歌詩，又不悅，復調越曲，雜以詼笑，始能忘其爲疾病夷狄患難也。」觀此所述，則詩與越曲皆可歌，而爲二物。此外，嘉靖中王氏於天泉橋與諸生來會者環唱之詩，皆七言四句。這些歌詩的實例，與李夢陽詩論的

---

❾《懷麓堂詩話》，收入丁福保編《續歷代詩話》（台北：木鐸出版社，1983）頁1367-1400，因詩話各條皆極簡短，下文再引同一詩話其他條時，不另標注。

❿文林：《文溫州集》（台北：國立國家圖書館，明刊本）卷9，頁2。始閒翁原名祁旭（1407—1489），弘治時已七十、八十歲。

興起同一時期，王守仁與李夢陽且曾因同年出生又爲同事而結交爲論詩之友。

李夢陽與其友人談詩時，都稱詩爲「歌吟、歌詩、聲詩」，其《與徐氏論文書》中說：「僕西鄙人也，無所知識，顧獨喜歌吟，第常以不得善歌吟憂，問吳下人，吳下人皆曰：吾郡徐生者，少而善歌吟，而有異才。」⓫徐禎卿答書亦云：「僕少喜聲詩。」這兩篇文章是李夢陽詩論初創建時與徐禎卿的對話，二人都以「歌吟聲響」來談自己的詩，應是有意強調新的論詩主張特別重視歌吟聲響。

在李夢陽的影響力漸增的那幾十年中，歌吟的風氣被從各地發現並記載下來，如唐龍《逸老堂記》云：「于是先生退而登索鼓琴陶陶然，琴已賦詩，詩已放音而長歌，歌已舉觥酌飲三行五行」⓬彈琴賦詩，然後再吟唱所作之詩，飲酒爲樂，成爲一種作詩模式。沈愷《采詩樓記》云：「余少時即愛慕人論詩，每侍長者側，見酒酣擊缶豪吟朗詠，即不意會，輒沾沾喜⓭」而如孫緒《病解》贊美聶東之說：「既謝事（倅華州五年，貳濟州又五年），…杜門卻軌，偃臥後園小軒，誦道書、歌古調以自娛⓮」。聶東之乃聶豹（1487—1563）之子。至於聶豹家的歌吟傳承，見於他的《刻虛菴先生言志集序》一文云：

⓫《空同先生集》卷61，頁2下，總頁1728-1735。

⓬唐龍：《漁石集》（台北：國立國家圖書館，明嘉靖刊本）卷1，頁54。逸老亦蘇州人，稱爲白樓先生，爲唐龍之師。

⓭沈愷：《環溪集》（台北：國立國家圖書館，明隆慶間刊本）卷1，頁2。

⓮孫緒：《沙溪集》（台北：商務印書館，四庫全書本）卷10，頁5。

> 予少侍先公水雲大夫，每聞誦先生洞庭舟次五言絕句云：辭家一千里，惆悵不能吟，昨夜巴陵雨，洞庭春草深。顧某曰：此唐音也，小子識之。⑮

此文作於嘉靖庚申（39）年，聶豹既追述少年之日，則文中記事，當在弘治正德之時，所記乃由歌詠來辨識作品的時代體製的實例。

至於私淑李夢陽的李開先，其〈九子詩〉的序言曾說：「爰念同心，作爲九詩歌之，童子群然和之，聲驚鄰舍⑯」這九首都是五言古詩。李開先還有〈塞上曲〉，〈序〉中也說：「予嘗兩使上谷、西夏，…昔在馬上，愛唐詩數聯及宋詞詠之。『縱有還鄉夢，猶聞出塞聲。』…云云。每高歌不休，聞者以爲狂，今狂亦不能矣！⑰」爲嘉靖十年之事。在這兩段紀事中，李開先嘗試歌吟之詩有七言、五言之古風，有五絕、五律，並無體裁之限制。李開先家中的童子，他稱之爲「歌童」，皆能歌元曲，並非一般書童，因此，他對歌吟的講究，顯然十分重視。

另一方面，學校的正式教育中，歌吟也被列爲教學重點，正德十六年，出任廣東按察

---

⑮ 聶豹：《雙江聶先生文集》（台北：國立國家圖書館，明嘉靖刊本）卷3，頁18。

⑯ 李開先：《閒居集》（台北：國立國家圖書館，明嘉靖間原刊黑口本）卷1，頁7 。李開先談歌詠處，如卷5 ，頁76，《歇指調古今詞序》云：「可由之歌詠唐宋詞，而追繹古樂府，雖三百篇亦當不遠矣！」可見彼亦主張由樂聲以求詩之觀念。

⑰ 李開先：《閒居集》卷5，頁85下。

司提學副使的魏校，要求社學必須教諸生吟詠群歌，並親擬《嶺南學政公移》，提出許多教學辦法，比如在吟唱前先抄寫詩篇，詩篇包括詩經、律詩、絕句，選擇其得性情之正與音律之和者來教學。教唱時以官話和方言雙語教學，演唱時先背熟作品，然後排隊，每十人一隊等候升歌，歌吟時一定有樂器伴奏。⑱明代社學雖然經營得不甚成功，但是各地的熱心人士，仍投予高度關心。魏校的歌吟教學，在此不妨視爲典範，當時必定有不少提供兒童學習的場所參考他的做法。⑲

《詩經》與吟唱結合觀念，淵源於程朱的詩經學，孫緒《無用閒談》云：「朱子作詩傳註，盡去序說，惟諷誦詞氣抑揚以求時世，今人翕然宗之。」⑳同時之黃綰有《論詩》一文云：「南容三復白圭，最是古人學詩之法。夫詩之爲教，要正在優游諷詠以得之。」又云：「程伯子之優游玩味，吟哦上下，眞得讀詩之要矣！」㉑其意皆同。湛若水於嘉靖二十年作《釐正詩經誦》一書，所載歌法尤詳。該書自序說是源於「程明道於詩不用訓說，惟加一、二字吟哦上下，以養其性情」，㉒所以他也不自訓註，僅於訓詁難明處取朱文公注旁註於逐

⑱ 請參閱拙著《明代中期文學批評研究》，頁234-236。
⑲ 關於明代社學，請參閱拙著〈明代成化嘉靖年間之地方學〉（高雄：國立中山大學學報第四期，1987），頁1-31。
⑳ 魏校：《莊渠遺書》（台北：商務印書館，四庫全書本）卷15，頁12。
㉑ 黃綰：《石龍集》（台北：國立國家圖書館，明嘉靖刊本），卷10，頁5-6。
㉒ 湛若水：《甘泉先生續編大全集》（台北：國立國家圖書館，明嘉靖刊萬曆修補本）卷2，頁12下《釐

句逐字中，而於每章之下，加數字為「誦語」，以備學者吟哦咨嗟之助。㉓雖然《詩經》的吟唱效果恐怕並不好，李東陽《懷麓堂詩話》曾云：

古詩歌之聲調節奏，不傳久矣。比嘗聽人歌《關雎》、《鹿鳴》諸詩，不過以四字平引為長聲，無甚高下緩急之節。意古之人不徒爾也。

李東陽所聽到的《詩經》歌法乃四字平引為長聲之歌法，故以為不悅耳；唐順之在《送陸訓導文楨序》一文中，㉔也描述其不中聽之狀，有「噶噶然若擊土鼓然」之語，形容其聲之醜，但是這個風氣在眾人投下許多心力之後，確實流行起來，則是事實。

正詩經誦序》。據同書中有《答洪覺山侍御》言及《釐正詩經誦》之完成，知當在嘉靖二十年。又，同書卷30，《約言．內外第十二》自「孟子云：誦其詩」以上，似為討論《釐正詩經誦》之內容，其中如「明道於詩只添一、二字吟哦上下，以得其性情之正，豈得其性情之正？養其性情之正，所謂蓄也。」等數語可與前文參看。

㉓ 所謂「誦語」，似為吟詠時之輔助聲。詳見《甘泉先生續編大全集》卷8，頁19，〈《與李濬岡僉憲書》〉。又《明史藝文志》卷1，頁21，載湛氏另有《古樂經傳全書二卷》，惜未見，無以參校。

㉔ 唐順之：《荊川集》卷7，頁33下，（台北：商務印書館，四庫全書本）。陸文楨治詩經，唐順之為諸生時嘗受詩經於陸先生，故此文提出當時詩經吟唱廢壞之問題，其基本上，仍以為吟詠足以「陶養性靈，風化邦國」，而惜其不能歌，歌亦不堪聽也。清初永瑢、鄒奕孝等編《欽定詩經樂譜全書》（四庫全書有之）然至今亦無好之者，恐仍為不諧於耳也。

李夢陽既然處在重視歌詠的情境下，也把自己投身入力圖恢復古人重視歌吟習慣的工作中，那麼，他會主張以「格、調」來作爲檢驗作品的工具之一，乃是順應時世的自然行爲。特別是那種不求深入講論義理，只需吟哦上下，就可以經由詞氣抑揚，而得到古代盛世教化之美的「以求時世」的觀念，應是影響李夢陽提出「格、調」說的主要淵源。

果然，在他晚年所作《答周子書》中就說：

> 僕少壯時，……謂學不的古，苦心無益，又謂文必有法式，然後中諧音度，如方圓之于規矩。㉕

「音度」的詞義雖不易明，但由「中諧」二字看來，音度也者，是音的法度，所謂「文必有法式，然後中諧音度」是指在學古的過程中要注意各種寫作的「法式」，但作品完成之後，是由傾聽歌吟的聲音效果，以檢驗它合於古人的標準。其弟子崔銑在《殷近夫墓志銘》一文也說：

> 其爲文非秦漢人語不習，又以詩者抒情志，風人爲善，自漢魏至唐作者，皆辨其音

㉕《空同先生集》卷61，頁11下，總頁1747-1750。周子名祚，山陰人。

節而擬之。㉖

節與度同義，音節實即音度，其言「辨其音節而擬之」，就等於李夢陽以「中諧音度」求似於古人的主張。崔銑所採用的「音節」一詞，在復古派支持者的言論中，經常被使用，事實上這就是李夢陽提倡歌吟以求調的主張。

我們還可以再從更深層的文化信仰去探索李夢陽提倡「格、調」的原因，和大多數明人一樣，李夢陽的詩觀，基本上是由傳統儒家經典而來，㉗只是他比別人談得更爲徹底，〈虞書〉、〈詩序〉皆謂「聲依永，律和聲」、「聲成文，謂之音」，李夢陽的《林公詩序》則說：

李子讀莆林公之詩，謂然而嘆曰：嗟呼！予於是知詩之觀人也。石峰陳子曰：夫邪

㉖ 見《國朝獻徵錄》（台北：學生書局，1972）卷80，頁126。《南京工科給事殷公雲霄墓誌銘》。

㉗ 明人言詩由傳統儒家經典而來，重視吟詠聲響之說一出，再開新徑，仍不出於此。李夢陽之追隨者胡纘宗《刻唐詩正聲序》可爲代表之一。此嘉靖三年（一五二四）春胡纘宗任蘇州知府時所作也。《唐詩正聲》乃明高秉所編，秉感於元楊士弘《唐音》之書，既編就《唐詩品彙》，乃約此書而成正聲，若干觀點與《唐音》不同。纘宗釋二書或名音，或名聲，故引虞書以證之。然則，不論楊士弘、高秉、胡纘宗皆承傳統儒家之說，以音聲爲成詩之條件也。此種觀念，其他時代亦有之，實際運用於創作及鑑賞論中者，實爲明人之特色。

也不端言乎？弱不健言乎？躁不沖言乎？顯不隱言乎？人烏乎覩也？李子曰：是之謂言也，而非所謂詩也。夫詩者，人之鑒也。夫人動之志，必著之言，言斯永，永斯聲，聲斯律；律和而應，聲永而節，言弗睽志，發之以音，而後詩生焉，故曰：詩者非徒言者也。是故，端言者未必端心，健言者未必健氣，平言者未必平調，沖言者未必沖思，隱言者未必隱情。諦情探調，研思察氣，以是觀心，無廋人矣！㉘

林俊（一四五二—一五二七），閩之莆田人，正德十六年詩集成，委李夢陽序之。陳石峰，名沂。從三人的關係看來，此序並非敷衍應酬之作。文中他提出「情—言—聲—詩」的分析法，認爲詩人感於外物而生「情」，情既發生而後有「言」，但是人說話可能有所隱瞞僞裝，必須由「聲」去觀察，和律永聲，會使作者心事無法隱藏，眞情畢見，然後眞詩才會出現。這所謂的「律和而應，聲永而節，言弗睽志，發之以音」，就是以「歌吟」的聲響來檢驗作品，請參考拙著《李何詩論研究》。㉙李夢陽對這點主張終身都不放鬆，他在《題東庄餞詩序》一文也說：「情動而言形，比之音而詩生矣！…發之者言，成之者詩也。」㉚也是強調作品經吟詠成聲，才謂之詩，否則，徒有似詩之外形而不可歌的作品，只可稱爲「韻言」，

㉘《空同先生集》卷50，頁5上，總頁1441-1444。

㉙見拙著《李何詩論研究》（台北：台大碩士論文，1980）頁188至189，曾申論李夢陽分析「情、言、聲、詩」四者關係。

㉚《空同先生集》，卷58，頁14下，總頁1670-1671。

非「眞詩」也，晚年他寫〈詩集自序〉反復論辯「韻言」「眞詩」，且自謙一生所作不過是「學士大夫之韻言」，意旨完全相同。「韻言」「眞詩」二詞也必須從這個角度詮釋，才能了解其意。

總之，李夢陽認爲詩作的形成，在未歌之前，只是「韻言」，必須進入「歌吟」的手續，經過「長聲吟詠」而確認該詩聲響達到標準，才算一首好詩。這樣的創作理論之下，他所謂的「格、調」，事實上也就如我們前面所說，是指通過「歌吟、歌詠」行爲去認識作品的批評術語。換句話說，「歌吟」是一種探調的行爲，而「格、調」則是歌吟的聲音表現。「唐調」就是具有唐人的聲音表現特色，「宋調」就是具有宋人的聲音表現特色，「杜格」就是具有杜甫的聲音表現特色。「格、調」這個術語的範疇只是這樣，不能再加以擴大解釋了。現在很多人分析「格調」是什麼，寫了很多文章，用了很多術語，其實「格調」和他們所說的什麼也不像，不是「內容」，也不是「風格」，它只是開口吟唱出來的聲音而已。

五、格調批評法的實際運作

如上所論，「格、調」的實質是什麼？就是歌吟的聲音，「格調」的批評工作是什麼？就是根據這些聲音的表現去判別作品的優劣。

最理想的「格、調」批評法，應如孫緒所說：「朱子作詩傳註，盡去序說，惟諷誦詞氣抑揚以求時世。」讀《詩經》時，不必深求內容義理，只須識得文字，開口歌詠，從歌吟的聲音當中，便可以追求古代盛世的教化，涵養自己的德行。同理，讀一般詩篇的目的也是這樣，由吟詠而得聲響，本身對於批評者來說，意義並不充分，它的意義之所以充分建立，是在於聆聽之後能使人得到較好的人格影響，學到更高的寫作水準才存在的。

但是，歌詠《詩經》可以這樣做，是因爲詩經的每一篇章已經被眾人熟悉，正變之辨，早已確認，在「以求時世」的標準中，已沒有爭論，一般詩人作品卻不是這樣。因此，李夢陽認爲在歌詠一般詩作時，也必須先把古代詩史依時代先後、整體優劣，預先安排等級，判定高下，然後在吟詠，個別作品「以求時世」，才有依據。這種需求反應在實際批評時，就產生了法古求似的現象。

當李夢陽以「格、調」在作實際批評時，他是以「學古」和「求似」的認知作爲輔助，聽出某篇作品和優良的古人古作的相「類」、相「似」之處。也就是說，當詩人拿到一首作品去歌詠的時候，他要注意本詩和古作的相似，一但發現它和高水準的作者作品相似，便賦予較高的評價：

> 歸田稿中長篇惟此以下四篇爲最，以格之高也。夢陽曰：二篇似杜，後篇更好。（8/1畦拱貞所藏沈石田山水二圖第一首）
>
> 此篇純類唐者也，它篇多唐宋雜（13/11汝成將別予邀飲逸老園）
>
> 二篇好作，然結句皆未稱，以唐宋之雜也。（15/17和馬豸史君卿立秋日）

從這三例來看，第一例格高是因爲似杜，第二例詩好則是因爲類唐，第三例詩雖好卻有缺陷，是因爲結句不類唐而類宋。所以要成爲唐調也好，要成爲古調也好，「求似」顯然是主要的方法。

這些「似」是全面的相似，不能肢節地去看，李夢陽說過的「尺尺而寸寸之」「一揮而眾善具」都是從作品的全面觀點來說的。因此，「格、調」上的「似」應只是他全面相似的一部份，當李夢陽評爲「類唐」的時候，當然是在「調」的方面與盛唐相似，但並不是說只有「格、調」這個條件類唐，而其他與「格調」平行並列的批評條件不類唐。李夢陽在《批點石淙詩稿》中出現大量使用非「格、調」術語的評點條文，在「格、調」以外的條件上去做作品評量，就是這個意思。

簡單地說，李夢陽以「格、調」術語來談詩，只是他諸多批評方法中常有的一種，「格、調」批評的方法很簡單明確，就是從詩的歌吟聲響中，探賾該詩的時代等級，一點也不神祕。由於李夢陽在對楊一清《石淙詩稿》的實際批評中，標舉出許多範例，使我們可以經由實物比對來作進一步的了解和驗證，下文中，我分別舉出李夢陽評爲盛唐和中唐、晚唐的楊一清詩作，供大家參考。

首先請看被評爲盛唐的兩個例子：

江南無處無幽棲，拄杖獨往窮攀躋。莫教迷卻歸時路，春雨夜漲桃花溪。（11/34次崔世興李繼伯席上聯句韻五首）

……更箭早催行殿漏，明衣猶帶御爐薰。盛時典禮瞻周洛，往日封章陋漢汾。要識神天昭答意，君看日下有祥雲。（11/17正月十日神樂觀齋宿有述）

另有二首也被評爲唐調，應該也是盛唐之意，再引錄於下：

> 北上纔瞻尺五天，懷歸又向白鷗邊。□鬚亭上人方迓，侍隱園中榻正懸。春水碧連南浦草，夜虹晴貫潞河船。明年遲我波心寺，同試中泠第一泉。（12/26劉希載南還送別）
>
> 一出頻看隴月圓，朔雲回首隔晴川。鄉心已落征鴻後，行色還當小雪前。二十年來三建節，六千里外五籌邊。亦知保障爲長策，全陝蒼生望息肩。（17/16巡邊偶吟）

這四首詩，如果分別用國語、台語讀書音、客家語讀書音逐字誦讀、長聲曼吟，就會發現它們有共同特點，發響寬宏，音色飛揚，沒有任何吐字停滯的毛病。此外，還有個共通點，就是每一首詩彷彿都神似某一首或某一種唐詩。

下面，再看兩首被認爲是唐宋調雜的詩例：

> 細雨瀟瀟釀薄寒，深秋搖落水無湍。荒村一棹來何客，夜半能勞兩豸冠。
>
> 足音空谷遠能聞，一笑相逢坐夜分。舊事依稀談不盡，明朝回首隔重雲。（14/18予歸自茅山，路出金壇河口，希宋約許御史伯誠來會舟中話舊，久之，解纜而別，時漏下三鼓矣，次日寄詩爲謝）

本組詩李夢陽評爲「二篇前宋後唐」，如果仔細分辨的話，前半的音響確實比後半低斂滯啞，二首皆然。

再看他評爲「晚唐調」的一首七言律詩：

秋風細雨晚蕭蕭，歷盡荊榛見古橋。樹色帶煙迷近郭，泉聲瀉月落寒潮。未能投轄翻愁別，有意尋幽不待招。裴相勳名公等在，吾衰只合老漁樵。（14/11希大將歸南都，余餞之丁卯橋山莊）

這首七律和前面被判爲盛唐的七律，在以歌吟方法相比較時，會感受到明顯的不同，本詩的聲音比較內凝，吞吐嗚咽，難以開揚。

總之，「格、調」的實際批評方法，是以傾聽「歌吟」的「聲響」爲方法，這種批評工作的重點，乃在分辨「歌吟」的「聲響」與前代各種受指定的高標準作品之間的相似程度，由於「格、調」是這樣簡單，所以它幾乎是取決於人體感官的經驗判斷，沒有什麼長篇大論可講。以上這些詩例，如果從吟詠的聲音去玩味的話，確實有各時代特色的分別，但是，這樣的說法固然合於李夢陽本意，然而讀這篇論文的人，也許都要罵我主觀荒唐了。

六、格調批評實務討論一：平仄結構

「調」既是以歌詠求似古作，其與平仄的關係究竟如何？我們可以說，平仄本身並不等於調，但是，由於不同的平仄組合方式，可能會影響到吟詠的結果，因此，平仄應納入調的考慮係數中。

在一般討論「格調」時，平仄問題常常被忽略，這與李東陽的兩段話應有關係，《懷麓堂詩話》說：

今之歌詩者，其聲調有輕重清濁長短高下緩急之異，聽之者，不問而知其為吳為越也。……所謂律者，非獨字數不同，而凡聲之平仄，亦無不同也。然其調之為唐、為宋、為元者，亦較然明甚。此何故邪？大匠能與人以規矩，不能使人巧，律者，規矩之謂，而其為調則有巧存焉，苟非心領神會，自有所得，雖日提耳而教之無益也。㉛

在這裡，他具體講到「調」的考量應在「輕重清濁長短高下緩急之異」，至於詩律平仄則不在其數。唐調、宋調、元調之異，即使在平仄句數完全相同的律詩中，也會顯現其差異，可見平仄不是探調時的考慮條件。這樣的說法固然是常理，但是，如果說平仄與「調」全然無關，那也不盡然，因為當後人有意學古的時候，平仄是最直接的學習點。

請看楊一清《石淙詩稿》的〈塞上曲十首〉，㉜李夢陽批云：「十首俱杜格，末二首更

㉛ 此言倘由方言腔調之異而發，並無意義，惟當時浙江戲曲有海鹽腔，唐順之《送陸訓導文楨序》（見147）討論詩經吟誦之外，尚提及海鹽腔，唐順之評為「豔詞麗曲」，或其體式類詩而與詩吟有關？王守仁能歌越曲，不知是否亦為海鹽腔。但唱曲與歌詩畢竟不同。俟考。

㉜ 《批點石淙詩稿》卷17，頁20。

高。」今舉其詩，且標平仄於下：

《表二》楊一清詩例：塞上曲十首

正文	平仄	說明
張公受降不可尋。東勝一棄到于今。遂使豺狼臥門闥。辜負山長河水深。〈其四〉	——+—+——韻。—||||—— 韻。++——+—+。——————— 韻 || | | | |	一、二俱非律句，三、四句為律拗但失對。
連年鐵甲戍窮邊。霜裡棲身草上眠。為王戍邊良不惡。忍凍妻兒還可憐。〈其七〉	——|||——韻。—|——||— 韻。|—|——||。||———|— 韻	一、二為律句，前後兩聯失黏，三句非律句。
漠漠深山連大沙。犬狼長此伏機牙。亦知田禽利搏執。不以遠裔勤中華。〈其八〉	||———|—韻。|——||—— 韻。|———|||。||||——— 韻	一句為律拗，二句律句，三、四俱非律句。
花馬池連興武營。東有清水西橫城。上得邊牆望環固。千里沙場如砥平。〈其九〉	—|———|—韻。—|—|——— 韻||——|—|。—|———|—韻	一句為律拗，二句非律句，兩句又失對。三、四句為律拗但失對。
玉門金壘勢崔嵬。百二秦關亦壯哉。天為華夷限疆域。河湟一水故西來。〈其十〉	|——||——韻。||——||— 韻—|——|—|。——|||——韻	一、二、四俱為律句，三句律拗。

《塞上曲》十首中，僅〈其一〉、〈其二〉、〈其三〉、〈其五〉、〈其六〉、〈其十〉等六首合於近體詩絕句之格律，〈其四〉、〈其七〉、〈其八〉、〈其九〉俱為不合格律者。本文所舉五首中，只第十首合於格律。凡不合格律諸詩中，有兩種情況：一、本聯失對，或二聯間失黏。二、本句中第二字及第四字平仄應相對而未對。平仄既然不合，李夢陽

何以稱之爲「杜格」，並且給予贊頌，原因乃在此種平仄不合格律之絕句平仄方式，實出於杜甫，杜詩之絕句，如《絕句漫興》、《春水生二絕句》、《李司馬橋成承高使君自成都回》、《江畔獨步尋花七絕句》、《謝嚴中丞送青城山道士乳酒一瓶》、《三絕句》、《戲爲六絕句》、《答楊梓州》、《黃河》、《奉和嚴公軍城早秋》、《三絕句》（又）、《夔州歌十絕句》、《解悶十二首》、《承聞河北諸道節度入朝歡喜口號絕句十二首》等題中，皆有平仄不合律者，可以說平仄不合律的絕句，占了杜甫七絕的大部份。考諸盛唐詩人，如王維、李白、高適、岑參、王昌齡、王之渙等人的七言絕句，除偶而一二字失黏失對外，並無平仄大量不合律的現象，故此法實爲杜甫之特殊作法。證之明代，標榜學杜的李夢陽，其自作之七言絕句平仄甚多不合格律，㉝而吳中標榜學唐詩者，如吳寬、王鏊等，俱無此種平仄法。由是觀之，楊一清《塞上曲》的平仄現象是取法杜甫，而李夢陽於《塞上曲》下評曰：「杜格」，部份原因當是基於平仄現象才作此評論。但李夢陽說第九首及第十首「尤高」，可是第十首卻並沒有平仄問題，可見平仄表現方式在判別「格調」的影響仍很有限，這樣融通來看問題，才不致於拘泥。

相對的例子，再看他評爲「晚唐調」的三首絕句：

㉝《空同先生集》中，此體甚多，俯拾皆是，如卷34，第10頁有《送篇總制赴鎮》，《送修武知縣》，《贈李東陽二首》等俱此體。明人如劉基、高啓，李東陽、徐禎卿、王廷相、朱應登、顧璘、孫一元、方豪、楊愼俱有此體，除方豪較多外，他人皆不多見。

天近銀河拂曙流，巷深不隔市煙浮。夕陽墮地鳥投樹，明月滿空花入樓。（12/2和西涯先生漫興二十首）

世上幾多閒歲月，浮生誰是散神仙。風光如此不同賞，空羨日高花影眠。（12/4和涯翁漫興後十首）

數畝芳塘數尺牆，功成聊向此深藏。青林日午鳥啼歇，花氣晴薰入畫堂。（12/4和涯翁漫興後十首）

以上三首七絕，恰巧第三句第五字都是應平而仄的拗句，第四句或救或不救，在實際吟唱時，這個應平而仄的字應會產生的影響，是否因此被判爲晚唐之調呢？似不然。在同一組詩中，還有如下之例：

曲巷回廊隔市聲，花徑不掃蕪苔平，多情山鳥解人意，何處飛來時一鳴。（12/2和西涯先生漫興二十首）

這首詩被評爲「杜格」，第三句第五字也是應平而仄，下句以應仄而平相救。「杜格」與「晚唐調」相去甚遠，這兩例的平仄卻相同，因此，如果逕認爲第三句第五字的平仄方式影響了李夢陽的判調，應是難以成立，這也是談到平仄與「格、調」關係一時必須小心求證的地方。

但是，也不能因此就認爲平仄與「格、調」無關，下面再以楊一清《睢拱貞所藏沈石田山水二圖》與杜甫《奉先劉府新畫山水障歌》㉞作爲比較（表二），有些現象就非常値得注意：

（表二）楊一清《賍拱貞所藏沈石田山水二圖》與杜甫《奉先劉府新畫山水障歌》之比較

說明／詩題	楊一清詩例	杜甫詩例
	賍拱貞所藏沈石田山水二圖	奉先劉少府新畫山水障歌
一段：俱寫畫師	石田毫素久擅場，此圖云贈束用光。詩才字畫亦不俗，畢竟未奪丹青長。	堂上不合生楓樹，怪底江山起煙霧。聞君卻赤縣圖，乘興遣畫滄洲趣。畫師亦無數，好手不可遇。對此融心神，知君重毫素。
二段：俱寫畫中內容	山高水闊鳥飛盡，叢杉集篠迴林塘。蓬門蕭蕭絕車馬，落葉不掃苔蝕牆。松根兩翁相揖讓，狀貌奇古鬚眉蒼。豈無王猷棹剡曲，或有孺子歌滄浪。	豈但祁岳與鄭虔，筆跡遠過楊契丹。得非玄圃裂？無乃瀟湘翻？悄然坐我天姥下，耳邊已似聞清猿。反思前夜風雨急，乃是蒲城鬼神入。元氣淋漓障猶濕，眞宰上訴天應泣。野亭春還雜花遠，漁翁暝踏孤舟立。滄浪水深青溟闊，欹岸側島秋毫末，不見湘妃鼓瑟時，至今斑竹臨江活。
三段：楊寫收藏此畫者及其友人，杜寫畫師及其二子	有菴好畫眞成癖，用光割愛不自惜。楚弓得失皆吾人，寶劍烈士非輕擲。	劉侯天機精，愛畫入骨髓。自有兩兒郎，揮灑亦莫比。大兒聰明到，能添老樹巔崖裡，小兒心孔開，貌得山僧及童子。
四段：二人寄興相同	白石清泉無處無，世有眞樂寧在圖，青鞋步襪誰爲侶？吾已拂袖歸江湖。	若耶溪、雲門寺，吾獨胡爲在泥滓，青鞋步襪從此始。

㉞《石淙詩稿》卷8，頁1，及《杜詩詳注》（北京，中華書局，1979），卷4，頁275。

李夢陽評《畦拱貞所藏沈石田山水二圖》詩云：「歸田稿中長篇惟此以下四篇爲最，以格之高也。」又云：「二篇似杜，後篇更好」，後篇即本詩也。

原評未舉杜甫何詩與楊詩相似，今自杜甫七古中訪得此首較近似，爲了便於比較，我把兩首詩分段切割，確實發現兩人在布局方面，以及用字用詞上，乃至通首氣氛的營造，都有相似之點。但是，這些相似點都不及平仄押韻方法的相似令人驚訝，這裡單談平仄押韻問題。

杜楊二作皆用轉韻法，楊詩凡三轉韻，其韻字「場、光、長、塘、牆、蒼、浪/癖、惜、擲/無、圖、湖」；杜詩凡五轉韻「樹、霧、趣、數、素/虔、丹、翻、猿/急、入、濕、泣、立/闊、末、活/髓、比、裡、子、寺、始」。杜詩篇幅較長，故用韻較多。至於其轉韻之法，則有相似之處，吾人試比較盧照鄰〈長安古意〉、劉希夷〈代悲白頭翁〉、張若虛〈春江花月夜〉、白居易〈長恨歌〉，皆轉韻體，主要以整齊的「四句一轉，一、二、四押韻」之法爲之。其間偶於兩組四句之押韻中插入連押之兩句，以寬其氣。杜甫則另創新變之體，他往往不顧一、二、四句押韻的原則，連用多句一韻，楊一清起首十二句的押韻之法，即有杜詩影子。

尤其重要的是句中平仄，盧、劉、張、白等人的七言轉韻體詩，若各取同韻之四句組來分析，其平仄率多近似於七絕格律；杜、楊二詩則皆亂其平仄。由此言之，李夢陽評楊一清此篇似杜，拋開其他因素，單論平仄押韻方面，蓋有明確之相似之跡也。

與此相似的還有楊一清〈8/2題閻允德畫贈孫廷賢〉詩和〈17/11開府行〉詩，李夢陽分別評爲「杜格」及「杜體」，二詩也有與上例相似的特徵。

此外，方豪評點徐問《山堂萃稿》，於徐問《盛中丞相臺凝翠行》下評云：「宛有古柏行聲響。」也有相似的情形。[35]方、徐二人論詩都是傾向李夢陽一派，且號爲知杜氏家法者，他們都在平仄押韻上學杜，的確不可輕忽。[36]

以上都是用杜詩來作比較的，從實例中也發現了李夢陽及其師友在學古過程中，對杜詩的平仄現象，體會既深且微。吾人固不必強調「平仄」與「調」關係如何緊密，但揣摩平仄，當爲學習格調的重要手段，而且，不同的平仄結構，在吟詠時也應該會有所影響，脫離平仄而論「格調」，似有缺憾。

下面再舉其他的例子：

弘治、正德時年間，李夢陽正在創建他的詩學理論時，曾批點《孟浩然詩集》，其友人顧璘也利用批點《唐音》，來呼應李夢陽的主張，這兩部書都曾使用「調雜」二字，似乎都與平仄有關：

> 顧璘評《盧照鄰、三月曲水宴》詩云：初變六朝，故選調與律調相雜。[37]

---

[35] 徐問詩例見《山堂萃稿》（台北：國立國家圖書館，明張志選刊本），卷3，頁1；杜甫詩例見《杜詩詳注》卷15，頁1357。

[36] 說見《山堂萃稿》卷3，頁11，〈題短竹詩卷〉。徐氏爲弘治十五年進士，正德初至六年間爲刑部主事；方豪爲正德三年進士，釋褐後觀政刑部，於四川司辦事二年有奇，故二人相交極深。

[37] 楊士弘編、顧璘批點：《唐音·唐詩始音》（台北：國立國家圖書館，湖北先正遺書本），卷1，頁14。

李夢陽評《孟浩然，彭蠡湖中望廬山》詩云：調雜。㊳

李夢陽評《孟浩然、從張丞相獵贈裴迪》詩云：雜，非古非律。

上述三詩的體裁皆爲五古，而各詩合於律詩平仄之句，遠多於不合律之句，請讀者自行找出原詩比對，或參閱拙著《李何詩論研究》。

此外，李夢陽曾因駱賓王《蕩子從軍賦》的聲調不類賦，而改作爲《蕩子從軍行》㊴，這裡所謂聲調與平仄也有關係。

（表三）：李夢陽《蕩子從軍行》與駱賓王《蕩子從軍賦》之比較

㊳ 此二詩余曾分析其調雜之情形，請參閱拙著《李何詩論研究》，頁107-109。又，顧批之年代，據其《題批唐詩正音前》一文，當在弘治九年以後；李批之年代未詳，據書後有李克嗣正德七年跋文，成書當在此年以前。

㊴ 《空同先生集》卷二十，頁十八。

蕩子從軍行　李夢陽	蕩子從軍賦　駱賓王
序曰：蕩子從軍行者，本駱氏蕩子從軍賦也。余病其聲調不類，於是改焉。	
胡兵十萬起妖氛，漢騎三千掃陣雲。隱隱地中鳴戰鼓，迢迢天上出將軍。邊沙遠離風塵氣，塞草常萎霜露文。	胡兵十萬起妖氛，漢騎三千掃障雲。隱隱地中鳴戰鼓，迢迢天上出將軍。邊沙遠離風塵氣，塞草長萎霜露文。
蕩子辛苦十年行，回首關山萬里情。才聞突陷賢王陣，又遣分圍右校營。紛紛鐵騎朝常警，寂寂銅焦夜不鳴。滄波積凍連蒲海，雨雪凝寒遍柳城。	蕩子辛苦十年行，回首關山萬里情。遠天橫劍氣，邊地聚笳聲。鐵騎朝常警，銅焦夜不鳴。抗左賢而列陣，比右校以疏營。滄浪積凍連蒲海，雨雪凝寒遍柳城。
地分玄徼指青波，關塞寒雲本自多。嚴風凜凜將軍樹，苦霧蒼蒼太史河。揚麾拔劍先挑戰，征旆凌沙犯霜霰，樓船一舉爭沸騰，峰火四連相隱見。戈文耿耿懸落星，馬足駸駸擁飛電。終嘗取俊效先鳴，豈暇論功稱後殿。	若乃地分玄徼，路指青波；邊城暖氣從來少，關塞寒雲本自多。嚴風懍懍將軍樹，苦霧蒼蒼太史河。既拔距而從軍，且揚麾而挑戰。征旆凌沙漠，戰衣犯霜霰。樓船一舉爭沸騰，峰火四連相隱見。戈丈耿耿懸落星，馬足駸駸擁飛電。終取俊而先鳴，豈論功而後殿。
征夫行樂踐榆溪，倡婦銜怨坐空閨。蘼無舊曲終難贈，芍藥新詩豈易題。池前對怯鴛鴦伴，庭際羞看桃李蹊。蕩子別來年月久，賤妾空閨更難守。鳳凰樓上罷吹簫，鸚鵡杯中臨勸酒。	征夫行樂踐榆溪，倡婦銜怨坐空閨。蘼蕪舊曲終難贈，芍藥新詩豈易題。池前怯對鴛鴦伴，庭際羞看桃李蹊。花有情而獨笑，鳥無情而怕啼。蕩子別來年月久，賤妾空閨更難守。鳳凰樓上罷吹簫，鸚鵡林中臨勸酒。
同道書來一雁飛，此時緘怨下鳴機。已剪鴛禽帖夜被，更薰蘭麝染春衣。屏風宛轉蓮花帳，窗月玲瓏翡翠幃。箇日新妝如復罷，秪應含笑待郎歸。	同道書來一雁飛，此時纖怨下鳴機。裁鴛帖夜被，薰麝染春衣。屏風宛轉蓮花帳，窗月玲朧翡翠帷。箇日新妝如復罷，秪應含笑待君歸。

以上並列駱賓王〈蕩子從軍賦〉與李夢陽〈蕩子從軍行〉以供比較，駱賦大部分由合於近體詩格律之七言及五言詩句組成，其不似律者，僅「邊沙」、「蕩子」、「戈文」、「倡

婦」等句而已，其他近於賦體句式者，如「抗左賢而列陣，比右校以疏營」之類，皆僅有穿插之效果，數量無多。至於轉韻之法，皆與七言長篇轉韻體相合，故李夢陽以爲不如改爲歌行。李夢陽既指出駱賓王之篇「聲調不類賦」，而駱賓王這篇賦讀起來的聲調顯然受詩的平仄結構影響甚大。換言之，當李夢陽考慮把駱賓王〈蕩子從軍賦〉改寫爲歌行體時，雖不無其他因素，平仄現象實爲首要。同樣的事例，也發生在李開先的創作經驗中，由於兩段經驗頗有重複，文長不錄。[40]

由此言之，如欲詮釋「調」，執著於平仄，並非正解，但越過平仄現象而談，亦不正確。

七、格調批評實務討論二：文字內容

從批評實務上來看，「格、調」的定義雖然明確地是以歌詠的聲音爲訴求。但是，一首詩的文字與被吟詠的聲音畢竟是一體的，不認識文字，固然無法吟詠，吟詠文字，當然不可能不受到字面內容的牽引。因此，當運用「格、調」二字從事批評時，必須先放下對文字內容的考量，讓文字內容由其他的批評術語角度去處理，而盡其可能地把重點放在吟詠聲響

---

40 見李開先：《閒居集》卷1，頁1。〈曳石歌自序〉云：「此與前後象棋歌，原是三賦，因聲調不似賦體，改爲三歌，然亦非歌體，諺所謂：一家不成，兩家不就者也。」與李夢陽爲聲調改寫駱賓王詩，動機及行爲皆同。

上。不過，假使批評者一不小心，將很難避開來自詩篇文字內容的影響，會與其他批評方法相混，這就是爲什麼歷來對「格調」這個批評術語有那麼多誤解的緣故。

舉例言之，在前面已舉出的一首被評爲「似杜」的絕句中，我們看到這樣的現象：

曲巷回廊隔市聲，花徑不掃蕪苔平。多情山鳥解人意，何處飛來時一鳴。（12/2和西涯先生漫興二十首）

這首詩的吟詠聲響，確實像杜甫在成都草堂的那些絕句，不過，字面上也有「花徑」等詞彙是從杜詩來的。同樣被評爲杜格的另一首詩，也有這種情形：

韓公遺跡不須問，范老經營說到今。今代輿圖非弱宋，良工獨苦是誰心。〈17/16巡邊偶吟〉

此詩平仄是標準絕句格律，吟唱起來，音感中有很強烈的杜詩味道，但是，除了這點之外，詩中的詞意字面，與杜甫《諸將》第一首頗爲相近，❹❶而章法結構又與杜甫《存歿口號》相同，❹❷會不會是因爲內容文字的「似」，所以被判調爲杜格呢？如果這兩首詩都是因爲文字

❹❶《杜詩詳注》卷16，頁1363。

❹❷《杜詩詳注》卷16，頁1451。

內容而被稱爲「杜格」，那麼，李夢陽在執行「格、調」批評術語時的方法誤差就太大了，我想不應如此才對。李夢陽下評語時僅僅指出「格、調」，應該是著重指出本詩在「歌吟聲響」上，確有與杜甫相似的音節；至於其他文字內容上的相似，是屬於與「格、調」平行的各批評條件所轄的範疇，那些批評範疇也在追求「似」，只是李夢陽指出了「格、調」之似，就疏於指出其他各批評術語的比較結果，因而產生誤解。

再回顧前舉的徐問〈盛中丞相臺凝翠行〉與杜甫〈古柏行〉，兩詩對比時除了平仄之外，用語也有相似之跡，如徐用「高明擎天」，杜用「萬牛回首」，皆壯語。徐之「繁華」二句與杜「落落」二句之感慨、神味相似，又如兩詩之第五、六句，徐云：「長年…隱有…」，杜云：「已與…猶爲…」俱有開合之法。他如對仗之運用，二詩亦有相似處。這些細微的相似之處，會不會影響到吟詠時的發音呢？我想是無可避免的。

照這樣說，文字內容似乎是「調」的一部份，可以推翻前面所說對「調」的定義。其實不然，這仍只是批評者用語不夠明確的問題。我們再從另一個角度來談：

前舉的顧璘是李夢陽在江南最大的支持者，在批點《唐音》中，他說：

> 音律格調何忝中唐正音。（唐詩正音評：元使君自楚移越）[43]
>
> 獨此十首似盛唐音調，可入正音。（唐詩正音評：訪羊尊師）[44]

---

[43] 批點《唐音・唐音遺響》，卷15，頁15。

[44] 批點《唐音・唐音遺響》，卷15，頁19下。

不意晚唐有此，稍入古調，可入正音。（唐詩正音評：步虛詞）[45]

詞語浮豔，骨力較輕，所以爲初唐之音也。（唐詩始音評：長安古意）[46]

《唐音》分〈唐詩始音〉、〈唐詩正音〉、〈唐音遺響〉三部，前三例皆見於〈唐詩正音〉，故皆有「正音」二字。顧璘使用「音律格調」「音調」「調」等詞彙來解說正音，無形中就印證了李夢陽以聽取歌詠聲響來定義「調」的意旨。但是，在第四條中，他卻超出聲響範圍，從文字內容上去判調。

在何景明談「調」的時候，也有這種混亂現象，其《明月篇》前有長序，云：

僕始讀杜子七言詩歌，受其陳事切實，布辭沈著，鄙心竊效之，以爲長篇聖於子美矣。既而讀漢魏以來歌詩及唐初四子者之所爲，而反復之，則知：（唐初四子）去古遠矣，至其音節，往往可歌，乃知子美辭固沈著，而調失流傳，雖成一家語，實則詩歌之變體也。詩本性情之發者也，其切而易見者，莫如夫婦之間。是以三百篇首雎鳩，六義首乎風。而漢魏作者，義關君臣朋友，辭必托諸夫婦，以宣鬱而達情焉；其旨遠矣！由是觀之，子美之詩，博涉世故，出於夫婦者常少，致兼雅頌，而風人之義或缺，此其調反在四子之下歟？暇日爲此篇，意調若髣彿四子，而才質猥弱，思

---

45 批點《唐音・唐音遺響》，卷15，頁57。

46 批點《唐音・唐詩始音》卷1，頁11。

致庸陋，故摘詞蕪紊，無復統飭，姑錄之以俟審聲者裁割焉。[47]

何景明在文章之末既然說了：「以俟審聲者…」，文章中段也有「（唐初四子）去古遠矣，至其音節，往往可歌，乃知子美辭固沈著，而調失流傳。」，足見他所追求的「調」仍是在「歌詠」的定義上，但是，他連篇累牘卻都是談文字內容的問題，如所謂「辭必托諸夫婦」之類，粗淺讀去，會誤以為他是主張兼內容、聲音以名「調」的。

而前舉〈缶音序〉一文中，他指責宋人「薄風雲月露，一切剷去不為」，專作「理語」，所以宋詩「其詞艱澀」「不香色流動」，從而變成「不可歌」。反之，若詩人用「風雲月露」作為「比興」，於是「觸感」而產生「情思」，其「氣」「聲」「言」就會產生變化，歌詠起來，令人心暢而感動，成為「可歌」的作品。這裡把「風雲月露」等屬於文字內容的成分，視作達到作品「可歌」的基本元素，與何景明的〈明月篇序〉一樣，把實質內容與歌吟聲音之間的關係複雜化了。

其實，如果李夢陽仔細處理實際批評時，仍可以條理分明，請再以楊一清這首詩為例：

乍逢仍別意踟躕，暫息南園水竹居。菊露帶香秋澹澹，柳風入面晚徐徐。秪緣抱病常辭酒，縱使臨淵不羨魚。莫嘆衰翁渾潦倒，也能揩眼為君書。〈13/11汝成將別予邀飲逸老園再賦一首〉

---

[47] 何景明著、李淑毅等點校：《大復集》（河南：中州古籍出版社，1989）卷14，頁210。

對這首詩，李夢陽的評語是：「此篇純類唐者也，它篇多唐宋雜。」如果從字面來看，「縱使臨淵不羨魚」正是從黃山谷詩句：「我自臨淵不羨魚」翻出，怎能說不雜唐宋呢？可見認定從字面的相似著眼判調，並不見得說得通。這首詩在吟詠時，聲音並不高朗，但是悠長柔遠，感慨不盡的意味，從首句的踟躇到三四句的晚徐徐，這種感覺都存在著。第七句的潦倒之思，和杜甫的詩境類似，吟詠起來，那種不得意的感覺也很分明。確可由吟詠中感受到「唐調」的氣象。

再說，當李夢陽批評宋詩不可歌時，曾批評它刪芟風月香色，所以不可歌，固然在李夢陽評爲宋格的例子中，也有這樣的情形：

師道欠絕響，古風日沈淪。彎弓信有之，何止越與秦。昌黎憂籍湜，餘子安足論。
況我素虛薄，業荒道無聞。門牆亦多士，子尤信且親。時時效忠告，不避流俗嗔。
群囂未底定，亦復解吾紛。節應利金石，心可質鬼神。迂戇豈足師，占道君所敦，
此意兩自會，難語行路人。（13/12王堯卿自終南謁余鎮江話舊有述四首）

夢陽在本詩下批云：「情到、理到、景到、筆到，然宋格也。」仔細讀這首詩，確如李夢陽所說，這首詩的師生之情，師生之理，二人會面景況都能寫到，但是，並沒有引人可歌的動機。風月香色都沒有了。用這點來印證（缶音序）那段話，是說得不錯了，但是，下面這兩首都是他標爲宋調的詩，字面有無「風雲月露、比興錯雜」呢？

謝公昔在東山住，翠管嬌歌出每攜。不似雲仍冰雪侶，任他岐路有東西。（14/13題畫送謝梅岐歸閩）

有足不踏風塵車，有手不草封禪書。茫茫天地誰知己，還指梅花是故廬。（14/13題畫送謝梅岐歸閩）

二詩中用了冰雪、梅花起興，假使批評者覺得這兩首詩作得不好，只可以說作者的能力不佳，但不能說他沒有運用比興的用心，不能說他不想香色流動，這是常識。換言之，詩的內容與「格調」判斷應沒有絕對關係。

總之，由前述，李夢陽分析理論的基礎上來說，有關作品文字內容的許多批評項目，乃是與「格」「調」平行並列的，應無從屬關係。事實上，不論是語言也好，詩文也好，每一段文字本身即已具有字面內容以及對字面內容的評價，讀者是由字面的抄寫誦讀而認識這首詩，當然會知道詩意，由詩意的傳達到開口吟詠，再由吟詠表現，檢驗出其對古人古作之似與不似，每個過程都是連鎖不斷的，每一項批評術語也代表了不同種角度的「求似」的判斷，「格、調」只是從歌吟聲響來判斷的一種方法，不能擴大到其他範圍。雖然，李夢陽有時自己也會糾纏不清，不過，像這種使用「格、調」批評法，卻參雜了文字內容影響的少數情形，只可視為理論實踐上的不嚴謹，並非理論本身的問題。

八、結　論

詩學發展到明代中期，由於受到儒家古典詩觀的影響，「歌吟、歌詠」已成文人生活之一部分，從「歌吟、歌詠」以求似古人，玩味美感，締情養氣，已經成了共識，李夢陽適時而起，大力提倡歌吟，將「格、調」二字，建構於其詩論之中，並從事實際評點工作，成為他理論的重心之一。不過，由於長期以來學者們對「格、調」的解釋，求之太深，反生曲解，本論文純粹採證李夢陽本人的言論資料，企圖還原李夢陽當年的「格調」眞貌，特別是本文採用李夢陽《批點石淙詩稿》，不但他人從未引用，其數量之大，批評範疇之廣，與李夢陽理論架構配合之準確，都是文學批評史上前所未見的。經過嚴密考證，得到下面五點結論：

1、「格、調」二字在實際批評時，經常是同義互用的，二字所指的是同一指謂。

2、「格、調」二字與李夢陽其他批評用語，是平等並列的結構，並沒有超越其他批評用語，成為樹狀的高下差別架構。

3、「格、調」的定義應限制在「歌詠」的聲調上，批評家聽取歌詠一首詩的聲調，藉以判定作品的時世，就是「格、調」批評的全部工作。這種以「歌詠」聲響來判「調」的觀念，表面看來十分粗拙而不可思議，卻是「格、調」的眞實定義。在本文中也舉了許多詩例，供學者自行判「調」。

4、「調」並不是平仄律，但是平仄的運用情形，經常會直接影響到吟詠聲響，此時對於批評者判調工作，應有較密切之關係。

5、「格、調」不能延伸到作品的文字層面，不能以「內容風格」來解釋「調」。作品文字內容本屬於其他的批評術語的範疇，與「格、調」定義無直屬關係，但吾人在吟詠之際，字面意思可能會融入吟詠者之聲情中，也是事實。因此，李夢陽有時會語帶含糊地把原屬於其他批評術語領域的意見，混進談論「格、調」的文句中，乃是實際批評時的誤差，不是理論上的問題。

徐禎卿《談藝錄》之審美觀

林淑貞

一、前言

明代復古詩風以前後七子為主導，前七子有李夢陽、何景明、徐禎卿、邊貢、康海、王九思、王廷相等人；後七子有王世貞、李攀龍、謝榛、徐中行、梁有譽、宗臣、吳國倫等人。前七子當中，唯一有正式詩話論著傳世者，厥為徐禎卿《談藝錄》，後七子則有王世貞《藝苑卮言》、謝榛《四溟詩話》著錄，其餘或為往來論述詩文書信，或為序跋之作，或為送序，或為讀詩有感，或以歌詩說明自己的詩文理念者❶，形式上較為零散，是故，前七子

❶ 例如李夢陽有《空同集》，其卷四十八有〈潛虬山人記〉、卷五十〈刻陸謝詩序〉、〈林公詩序〉等等。王廷相有《王廷相集》，其卷二十三有〈李空同集序〉、卷二十八有〈與郭價夫學士論詩書〉等。王九思著有《渼陂集》，其卷四有〈讀仲默集〉二首、卷七有〈與劉德夫書〉、卷八有〈康德瞻集序〉、卷九有〈秋夜燕集詩序〉等等。凡此為例甚夥，不一一列舉。而此類論詩作品雖雜存於詩文序集或書信之中，亦有可觀，本文並未悖棄不論。

中唯一以詩話論著的方式布諸於世的《談藝錄》，相較於其餘六子，更能呈現整體的詩學理論，甚至前七子之首李夢陽有云：「《談藝錄》備矣。夫追古者未有不先其體者也。然守而未化，故蹊徑存焉。雖然辭榮而耽寂，浮雲富貴，慷慨俯仰，迪功所造詣，予莫之究竟矣。」（《空同集·徐迪功集序》卷五十二）文中先盛讚《談藝錄》「備矣」，其後又云「守而未化」，褒貶俱存其中，意究如何？實則李夢陽雖貴爲前七子之首，然與何景明、徐禎卿之理論未必相符相契，曾有過論辯，此中仍可見二人殊異之處，容後詳論。

徐禎卿（1479—1511）字昌穀，一字昌國，常熟人，後遷吳縣，因作吳人，少與唐寅、祝允明、文徵明號稱「吳中四才子」。弘治年間舉進士，歷官大理寺左寺副、國子監博士等，得年僅三十三歲，有《迪功集》❷、《談藝錄》❸、《剪勝野聞》、《新倩籍》、《異林》等著作。與李夢陽、何景明等人同爲明代前七子之一。詩學理論俱存於《談藝錄》一書，凡

---

❷ 據毛先舒《詩辨坻》所云：「《迪功集》是自選，風骨最高，外集殊復奕奕……」，可知徐氏有《迪功集》並《迪功外集》，今《四庫全書》僅收《迪功集》六卷，不見外集。復次，偉文書局出版明人叢刊，文前有〈迪功集序〉、〈迪功外集序〉，唯該書爲選集，未能窺全書原貌，據聞內外集合爲十六卷，未詳其內容，存而不論。又，《迪功集》六卷之中，前五卷爲詩辭創作，第六卷爲書論序記碑誄之作，〈與李獻吉論文書〉爲卷六第一篇。另，攸關徐禎卿著作版本問題暨《談藝錄》成作年代之考辨，可參考陳錦盛《徐禎卿之詩論研究》，第二章第三節著作之部份，政治大學八十年六月碩士論文。

❸ 目前較易尋閱之《談藝錄》有二，一爲《四庫全書》本附於迪功集之後。一爲丁福保輯錄《歷代詩話本》。

二十四則，文字精約，論見剴切，爲前七子詩論之重要作品。《四庫提要》云：「其平生論詩宗旨，見於《談藝錄》及與李夢陽第一書……。」（卷一七一・集部・別集類二十四）可謂中的之論。

詩話作品，若依章學誠《文史通義》所分，有「論詩及事」、「論詩及辭」二大類別，前者以蒐輯詩家軼聞、考索詩歌本事爲主；後者以揭示詩學理論、評騭詩家、賞鑑詩歌爲主述。《談藝錄》即是屬於「論詩及辭」之類，以示現詩學論見爲主。然詩話之創製，從形構而言，亦有二類，一爲體系完整、自成論述結構者，一爲叢殘小語式的著述，中國詩話之論著，大都屬於叢殘小語式的作品，《談藝錄》亦是屬於此類，後世觀覽此類作品，欲考察其詩學理論必須作一番審閱檢視的功夫，方能得其三昧。而《談藝錄》究竟展現什麼樣的詩學理論？與李、何所倡導的復古詩風是否一致？究竟要傳導出什麼樣的美學觀點，以導引後學翕然宗之？本文即在鉤棘《談藝錄》的詩學審美觀，以管窺論詩方向暨審美觀照。

二、本源論：情為心精

中國傳統詩學對於詩歌本源論，拈出兩大體系觀念，一爲詩言志，以《尚書・堯典》爲首出，其云：「詩言志，歌永言，聲依永，律和聲，八音克諧，無相奪倫，神人以和」。一爲詩緣情，主要是由陸機《文賦》所提出的「詩緣情而綺靡」，其實詩言情之觀念在屈原〈惜誦〉早已有之，其云：「惜誦以致愍兮，發憤以抒情」，然未受重視，仍是循著言志的觀念爲主。其後的學者嘗試在「言志」與「緣情」找到一個中間的道路，例如宋代張表臣《珊瑚鉤詩話》云：「吟詠情性，總合而言志，謂之詩」、清代薛雪《一瓢詩話》開宗明義即云：「趨庭之訓，首及詩。詩以道性情，感志意，關風教，通鬼神，倫常物理，無不畢具」，二人皆說明詩歌是用來言志抒情的，二者似乎不應分別言之，而清代的錢泳《履園譚詩》則以古今分別言之：「古人以詩觀風化，後人以詩寫性情」，指出古今詩歌的效能不同，古人以詩觀風化，以達諷諭教化之功能，後世則以攄寫性情爲主。❹

其實，無論是言志或緣情之說，其主要的差別是在於二者所欲傳達的效能爲何？主「言志」者似乎將詩歌定位在諷諭教化的功能上，而主「緣情」者又似乎將詩歌定位在抒寫個人情志，事實上，詩歌的本質可以用來抒寫「情」與「志」，而非斷然將二者截爲二，但是誠如錢泳所言，古人較側重詩歌的教化功能，後世則較重視抒寫個己的性情懷抱，如是而已。

徐禎卿論詩首重「情」，認爲「情者，心之精也」，情是掌控心識活動的主要關鍵，情依隨外物變化而隨之感蕩觸發，內心既受感動必以音聲形諸於外，其云：「情無定位，觸感而興，既動於中，必形於聲。故喜則爲笑啞，憂則爲吁戲，怒則爲叱吒。」，「情」是無

❹ 蔡鎮楚《詩話學》第七章詩話理論體系論第一節詩歌本質論，將歷代詩話對詩歌本質的探討分爲三大派別：重志派、主情派、情志並舉派。並指出「言志派」以重詩教、重人品、復古擬古三種觀念爲取向。「主情派」則以重情趣、重意境爲主。「情志並舉派」則揭示文質並重、情物融洽、美刺功能、以形傳神之社會功能及藝術境界。其所論已能涵括中國詩學上重要的觀念，然而，其間仍有辯證關係存乎其間，未必強分涇渭。例如復古擬古是一種學習的方法，未必「言志派」才能提倡，徐禎卿主緣情，但也主張學古。且「主情派」亦可重視詩歌的教化功能。

法掌控的，觸感而興，喜者爲笑，憂則爲嗟歎，怒則爲叱嚇，此說與〈毛詩大序〉：「情動於中而形於言，言之不足故嗟嘆之，嗟嘆之不足故永歌之，永歌之不足，不知手之舞之，足之蹈之也。」❺之說有異曲同工之妙。二說皆揭示情感之激發雖是無形的，但是皆會以有形的情緒表露出來。其實「情」的發源有二，一爲本心內涵，蘊積而發，一爲隨外物感蕩而發。徐氏主張「情」是因外物感蕩而激發情緒的變化，若再以語文形式表現出來，即是詩歌創作雛型，所以「情」成爲推導創作的原動力。

然而「情」是飄忽無定的，會隨外物而感蕩，其云：「朦朧萌坼，情之來也；汪洋漫衍，情之沛也」，情之發端，朦朧萌坼；情之汪肆，無涯漫衍，由是而順情發展，必致感蕩飄忽無法捉摸，是故必以形式規範之，應如何控引情源，使之成爲動人的詩篇呢？其云：

> 連翩絡屬，情之一也；馳軼步驟，氣之達也；簡練揣摩，思之約也；頡頏累貫，韻之齊也；混沌貞粹，質之檢也；明雋清圓，詞之藻也。高才閒擬，濡筆求工，發旨立意，雖旁出多門，未有不由斯户者也。

控情的方法，須藉助一定的軌度來掌握，縱使是高才鴻匠，亦須以此爲法。情之興發，雖汪洋無涯，仍須控住情感主線，使之連翩絡屬，不散逸旁肆；而文氣馳軼滂沱，以矩矱規範，

❺ 此段引文雖以情意感蕩爲主，但是毛詩序主張詩言志，重詩教，其功能在於「正得失，動天地，感鬼神、莫近於詩，先王以是經夫婦，成教敬，厚人倫，美教化，移風俗。」

使在幅輳之內流轉變化；其次，思想主旨須仔細揣摩咀嚼，使之簡練精約，無蕪雜散冗之弊；而韻律之掌握須高下相間，使之呈現抑揚頓挫之妙；呈現出來的本質、風格，必能展示貞粹渾全之姿，至於詞句之運用，則以明朗雋永，清新圓潤爲主，若能分從情、氣、思、韻、質、詞諸方面控引，則必能運情創作，不逸失於汪洋萌坼之情感發肆。

徐氏又具體指出創作的過程當中，應如何協調情感，其云：

> 然引而成音，氣實爲佐；引音成詞，文實與功。蓋因情以發氣，因氣以成聲，因聲而繪詞，因詞而定韻，此詩之源也。然情實眑眇，必因思以窮其奧；氣有粗弱，必因力以奪其偏；詞難妥帖，必因才以致其極；才易飄揚，必因質以禦其侈。此詩之流也。

文中明確揭示，徒有「情」仍不足以成就詩歌，必藉助「氣」與「文」二者相輔相成。從文學角度來觀察❻，「氣」之使用有三義：一指才氣，首由曹丕〈典論論文〉指出：「文以氣爲主，氣之清濁有體，不可力強而致」；二指氣勢，指文章布局的氣韻生動。三指風格而言，指創作能藉由作品與作家才氣之結合而表現出來的文氣，也就是後人所說的風格。此處所陳

❻「氣」之使用，在哲學範疇中，原是指構成天地萬物之初質，無形無影，與「形」是相對而言的，「氣」是形上，布諸於萬事萬物則爲形下之「形」。例如《莊子、知北遊》云：「人之生，氣之聚也。聚則爲生，散則爲死」即說明氣聚爲生，氣散爲死的哲學意涵。

之「氣」應是指文章布局之氣勢而言，情感激發而成音聲，必輔以形構之氣勢形諸於詩，而文氣之發抒，必藉助有形的文字來表露，是故「文」是指創作詩歌過程的形式，含有辭采之運用，所以徐氏認爲「氣」、「文」二者是創作必備的。

若依創作的主客體來擘分，又分爲兩大系：一、客體的詞采聲韻之表達，此即徐氏所云「氣、聲、詞、韻」等等，必有一定的形式規範，情志之表抒乃因諸物之感蕩興發，再藉由「氣」形諸於外，「聲」以表述情感之音聲感蕩，而以詞采捕捉這份情思的激發，再結合韻腳的使用，則可完足表現情感所欲形諸於外的創作媒介。

二、指作者在創作時的主體流思過程。因爲，情思之感蕩，眑眇難探；才氣之強弱，不可掌控，詞采之運用，必須適切，是故徐氏再揭示「思、力、才、質」以拯救其偏失，此乃屬於作家主體才氣的運用而言。以思旨救濟情感的飄揚無定，以才力以救氣勢之粗弱，而才力汪沛難以捉摸，須濟之以「質」，所謂的「質」是指眞情實感，亦即與「文」相對而言的「質」如是方能充分掌握創作的規則。職是，「詩之源」是指創作過程之形式基礎，而「詩之流」是指創作的主體性。由於詩歌之創制須經由情、氣、文、思、力、才、質之充分運用方能達其極至，因此，徐氏稱讚詩歌是「知詩者乃精神之浮英，造化之秘思也。」。

復次，創制的過程，任隨心緒、靈感之揚飛，須隨體製之變化以合節奏韻律平仄之使用，然而布施的技巧卻因人而異，是故徐氏又揭示表現的情態將因人而有殊別，其云：

若夫妙騁心機，隨方合節，或約旨以植義，或宏文以敘心，或緩發如朱絃，或急張如躍楛，或始迅以中留，或既優而後促，或慷慨以任壯，或悲凄以引泣，或因拙以得工，或發奇而似易。此輪匠之超悟，不可得而詳也。」

謂「妙騁心機，隨方合節」即是指創構詩歌時主體心靈的妙思，再配合形式規範而成，如是則能示現各種不同的情狀：有簡易呈現主旨包涵義蘊者、有鋪陳文辭以抒寫情志者、有節奏緩慢如奏朱絃、有急促如發弓矢、亦有先緊後寬或先寬後緊的運用技巧、或表現出慷慨氣度、或以悲悽之辭引發深情實感、或以大拙之手法展示工整之字律、或出以奇字而似平易得之，此皆創作者憑心感悟，自由發揮之處，不可強求爲一。然而，所有的技法皆是一種型範，不可視爲不變的法則，且將因人而異，不可以言意盡之。是知匠人能示人以規矩，不能使人巧。

三、批評論：由質開文

在徐氏的批評論中，拈出一個銓品高下的標準：文、質。據顏師崑陽所言，文質之原始發生意義並非針對文學現象所提出來的問題，而是針對人以至於宇宙一切生命存在本質與表現的問題所提出來的，其後衍成文學術語，可分成兩種層次來談論，一是從形式內容來討論，「文」指形式，「質」指內容。一是從語言形式來討論，「文」指文采藻飾，「質」指樸實無華的語言形象。❼

❼ 請參見顏師崑陽《六朝文學觀念叢論·論魏晉南北朝文質觀念及其所衍生諸問題》，文中亦闡明文質的基源意義其及關涉問題，嘗試爲六朝之文質觀念提出五個解答，其中並揭示若將文、質對立爲兩重抽象

從審美觀點來考察形式與內容之關涉時，誠如陳良運所言：「文質兩個觀念是在人們不同層次的認識領域內發生的，一屬於對事外部形式的審美感受，一屬於對事物內部蘊含的審美認知。」❽。形式是屬於外部形式的審美感受，內容則是內部蘊含的審美認知，二者明顯不同。其實，形式與內容兩相依存，不能各自獨立。據黑格爾《美學》所言，美的要素可分為兩種，一種是內容，一種是形式，內容藉形式以外顯，人方能認識其內在的意涵，而形式是藉以表現出意蘊和特性的媒介。因為我們是藉由形式本身指引到內在的意涵。❾又在〈全書序論〉中指出：「一種眞實的也就是具體的內容既然應該有符合它的一種感性形式和形象，這種感性形式就必須同時是個別的，本身完全具體的，單一完整的。藝術在內容和表現兩方面都有這種具體性，也正是這兩方面同有的具體性才可以使這兩方面結合而且互相符合。」❿明確指出沒有外在於形式的內容，內容必藉形式外現意涵，而形式必負載內容之意義，方能成就價值，二者有其依存性。

徐氏之「文、質」概念，亦可分從兩方面來討論：一是從形式內容來談，一是從語言

的審美標準，易形成「崇古」、「趨新」兩種史觀。正中書局。

❽ 請參見《中國美學範疇辭典》「文與質」辭條、頁六十四、成復旺主編、中國人民大學出版社、一九九五年版。

❾ 請參見《美學》．全書序論、二、美和藝術的科學研究方式，頁二十六、朱光潛譯、里仁書局、一九八六。

❿ 《美學》、全書序論．四、題材的劃分，頁九五。

形象來談。

徐氏對於形式之美（文）與內容之美（質）究竟以何者爲重？其云：

夫欲拯質，必務削文，欲反本，必資去末。是固曰然。然非通論也。玉韞於石，豈曰無文？淵珠露采，亦匪無質。由質開文，古詩所以擅巧。由文求質，晉格所以爲衰。若乃文質雜興，本末並用，此魏之失也。故繩漢之武，其流也猶至於魏；宗晉之體，其敝也不可以悉矣。

「質」是指樸實無華的內容，「文」指華文麗藻的形式。徐氏分從三種視角來評騭古詩、魏、晉詩歌之高下。一、「由質開文」，即是先求內容本質，再求形式之雕塑，使能本末有致。古詩之所以擅巧，是「由質開文」，即是先求樸實無華地表露眞情實感，並由此開發華文麗藻，亦即揭示「先質後文」的美學觀點。二、「由文求質」，即是先講求形式之雕琢，再求內容義蘊之充實飽滿，此所以晉詩流於華靡之因。晉格衰弱乃肇始於先求文采藻飾，再求本質情意的眞實，此即是「先文後質」的美學觀點。三、「文質雜興」，即是未辨文質先後之理序，魏詩之偏失即在於文質雜興，駁而不純。是故對徐氏而言，「由質開文」是創作詩歌的法則，也是批評論的審美基源。職是，徐氏以文、質作爲評騭各代詩歌高下的標準，乃得出「文勝質衰，本同末異，此聖哲所以感歎，翟朱所以興哀者也。」的浩歎。此說與《文心雕龍・時序》云：「時運交移，質文代變」有相同之嘆。對於徐氏而言，雖說華文麗藻必不能廢，但是仍以眞情實感爲重，持此標準以衡度詩歌，對於後世重文不重質，深表感歎。

若從語言形象來考索，華文麗藻是否被徐氏摒棄不顧？其云：⓫

> 夫情能動物，故詩足以感人。……故夫直戇之詞，譬之無音之絃耳，何所取聞於人？至於陳采以眩目，裁虛以蕩心，抑又末矣。

明確指出「情」雖能感蕩人心，但是若出以直戇之詞，亦不足觀也，猶如無音之絃，如何取聞於人乎？但是華辭麗藻太過，反傷本質，又等而下之了，是知，在語言形象的要求上，徐氏並未廢棄雕琢功夫之講究，玉韞於石、虎豹有紋，皆是自然之文，皆不能偏棄。然而，若在二者取擇時，徐氏仍以內容重於形式爲取向，〈與李獻吉論文書〉：「若徒務琱切之華而不責其實，則恐爲揚雄之玄徒，取病於後世耳。」（《迪功集》卷六）已揭示求實責華的美感要求，亦即先求內容之實在，再求形式之雕琢，使能文質彬彬。此中乃有須說明者即是，徐氏雖主張「詩緣情」但是不以「綺靡」爲典則，亦即陸機「詩緣情而綺靡」被徐氏判爲「則陸生之所知，固魏詩之渣穢耳」，

「文、質」雖有先後之別，但是形式的客觀規範仍不可廢棄，徐氏特地辨明「情」與「文」之關涉。其云：

⓫ 徐氏論古詩，取徑的對象以漢魏爲主，是故特就論述對象來論漢魏。魏以降皆不論列。

夫任用無方，故情文異尚：譬如錢體爲圓，鉤形爲曲，箸則尚直，屏則成方。大匠之家，器飾雜出。要其格度，不過總心機之妙應，假刀鋸以成功耳。至於眾工小技，擅巧分門，亦自力限有涯，不可彊也。

「情」雖重要，仍須輔之以「文」，此「文」乃指詩歌創作過程的形式規範而言，作詩之法譬諸大匠製器，須善用刀鋸以成其功，至於各種擅巧之方法分門別類各有不同，必隨器用之不同而有不同的使用技法，運用之妙端存乎心機之妙應。

四、體式論：因情立格

徐氏對於詩歌體裁說，提出了「因情立格」的美感觀照，其云：「夫情既異其形，故辭當因其勢。譬如寫物繪色，倩盼各以其狀；隨規逐矩，圓方巧獲其則。此乃因情立格，持守圓環之大略也」。

由於「格」義複雜，故先須辨明其用法。「格」在中國詩學有二義，一是指風格，例如謝榛《四溟詩話》云：「詩有四格，曰興，曰趣，曰意，曰理」（卷二），此指詩有四種風格：興、趣、意、理各有所善⑫；二指體製、規格，王昌齡《詩中密旨》云：「詩有九格，

⑫ 謝榛所列四格，或謂非指風格，而是指作法而言，吾人則認爲風格無高下之分，而有陽剛、陰柔之別，此四格應指詩歌各自示現出來的藝術風格而言。謝榛所舉的詩例云：「太白贈汪倫曰：『桃歡潭水深千

一曰重疊用事格，二曰上句立興格……」，即是說明詩有九種體製。又，李東陽〈答吳謹書〉：「夫文自有格，不祖其格終不足以知文」，此「格」仍是指體製、體式而言。三指力度、氣勢，例如皎然《詩式》云：「格雖弱，氣猶正，遠比建安，可謂變體」，此中「格」字是指氣勢、氣度。又，胡應麟《詩藪》云：「大率唐人詩主神韻，不主氣格，故結句率弱者多。」（內編卷五），此「氣格」亦是指力度、氣勢而言。

「格」義凡有以上三種，徐氏所稱應指體製、體式而言，亦即詩歌之體裁；「因情立格」即指不同的體裁應體現不同的意涵，而不同體裁的選用當與情志相關涉，亦即創作時，詩家選用何種體裁以表抒情志，較能適切達情表意，所以選用適當的體裁，乃關乎情志的抒發。而體裁若能適當的表抒情志，亦可形成特殊的體裁風格。此所以詩歌體裁名號各有不同的情志要求，徐氏云：

> 詩家名號，區別種種。原其大義，固自同歸。歌聲雜而無方，行體疏而不滯。吟以呻其鬱，曲以導其微，引以抽其臆，詩以言其情，故名因象昭。合是而觀，則情之體備。

尺，不及汪倫送我情。』此興也。陸龜蒙詠白蓮曰：『無情有恨何人見，月曉風清欲墮時』此趣也，王建宮詞曰：『自是桃花貪結子，錯教人恨五更風』此意也。李涉〈上于襄陽〉曰：『下馬獨來尋故事，逢人惟說峴山碑』此理也。悟者得之，庸心以求，或失誤。」此中並無明確標示指導創作的矩矱，而是舉出詩歌，讓讀者興發同質的美感意趣。

「名因象昭」即是指出詩歌體裁的名義與表達的外象必相符應，而情緒變化萬端、情感示現情狀不一，文采、文辭之使用當隨著情感的發端而有不同的體現，而不同的情感又當隨順體裁規矩而展示不同的變化。

關於「因情立格」之說，一般學者將之視爲「格調說」之先聲，例如陳良運云：「《談藝錄》中也涉及到『格調說』，徐禎卿獨出一個『因情立格』說……」。又，《明代文學批評史》亦指出：「故他『因情立格』之說，也即是以情爲本的格調之說」。⓭吳文治亦揭示徐氏論詩，重情貴實，強調情感於詩歌創作的作用。「因情立格」就是主張詩歌的格調和它所運用的各種藝術法則，都應爲表現詩人情感服務。指出徐氏「情」與「格」高度和諧地統一起來，爲古代詩歌美學創建一個新的理論範疇。⓮

以上「因情立格」之討論，皆未明示「格」義，只是將「格」與「格調」說鉤聯起來，甚至吳文治認爲徐氏是將格調與藝術法則統合，並指出王廷相在《與郭價夫學士論詩書》中討論詩歌審美意象問題時，將「情」、「格」交融在一起，成就和諧之美。⓯但是吾人認爲「格」義較接近體格、體式，即體裁之義，體裁不同而負載不同的情義內容，亦會展示不同的格調，此即是風格之示現。

⓭ 請參見陳良運《中國詩學批評史》、頁四三三。又，請參見《中國文學批評通史・明代卷》第四章、頁一七二。

⓮ 請參見《明詩話全編》、前言、頁十五。

⓯ 請參見《明詩話全編・前言》頁十五、江蘇古籍出版社、一九九七年版。

因爲體製不同，對於形式內容亦有不同的要求，其云：「樂府往往敘事，故與詩殊。蓋敘事辭緩，則冗不精。」剴切指陳樂府以敘事爲主，不重精鍊的意象凝鑄，而以鋪陳事理爲主，所以易表現出冗而不精的風格，此乃因體格不同而展示不同的風姿格調，是故「格」之意涵雖是體格、體裁，但是仍可向上通爲體裁的風格示現。此即因情不同，選用不同的體裁，表現不同的體裁情志，則外現爲體裁的風格。此所以歌、行、吟、曲、引、詩之不同，仿諸近體詩、古體詩之各種體式亦當有所不同。而同一體式，又當因五、七言之不同而有不同的風格，徐氏指出七言之蘊氣琱詞與五言大相逕庭，而同是七言，亦會因所欲表達的情志而示現不同的風格，其云：

> 七言始起，咸曰「柏梁」。然甯戚扣牛，已肇南山之篇矣。其爲則也，聲長字縱，易以成文。故蘊氣雕詞，與五言略異。要而言之：滄浪擅其奇，柏梁宏其質，四愁墜其雋，燕歌開其靡。他或雜見於樂篇，或援格於賦系，妍醜之間，可以類推矣。

滄浪之歌展示與世推移的生命哲學；柏梁之詠表現廊廟閎肆氣勢；張衡的四愁詩則表現雋永有味之姿；曹丕的燕歌行表現華靡風格，各自示現不同的風姿格調，此即是「因情立格」。換言之，「因情立格」之「情」是指眞情實感，亦即內容題材所欲表現的主體心靈流思，「格」是指體式、體裁，亦即是表現內容情感的形式，合而言之，即是題材內容與形式體裁相合相應的一種美感要求。

復次，徐氏只原則性地提出「因情立格」的美感要求，並非實指那一種體裁應符應何種內容，與楊載《詩法家數》或是劉熙載《藝概》明確指出五言、七言應具何種情感內容，或近體詩、古體詩應具何種體裁風格嶄然不同。⓰

又，「情、文」不同，所以詩歌之創製必須隨著詩歌所欲展示的功能而有不同的情文要求：

> 郊廟之詞莊以嚴，戎兵之詞壯以肅，朝會之詞大以雝，公讌之詞樂而則。夫其大義固如斯已。

徐氏揭示郊廟之詞，必出以莊嚴以符應肅穆莊重之祭典所需，軍歌之詞必出以軍容壯盛靜肅之詞，使能表現威武氣勢，朝會之詞則必顯現雍容雅正之態，宴饗之樂，則極現歡樂之情，如是方能使文辭與義理內容相稱，此即所謂的「任用無方，情文異尚」。

然而在創作過程中，縱使知道情文異尚，仍不免在運用時有所偏失，或重華采而喪失樸素本質，或鋪陳功德而易夸無節，缺乏雅正之姿，或敘干戈陣容而易流於華靡，其云：「崇功盛德，易夸而乏雅；華疏彩繪，易淫而去質；干戈車革，易采而成靡。」為了解決負面偏失，乃糾舉出宏詞之極軌在於：「蓋觀於大者，神越而心遊，中無植幹，鮮不眩移，此宏詞之極軌也。」神越而心遊，使能中有植幹，不會造成眩移之失，是故提出正面的創作法則，

⓰ 例如楊載《詩法家數》云：「七言：聲響，雄渾，鏗鏘，偉健，高遠」，「五言：沈靜，深遠，細嫩」等等。例如劉熙載云：「五言質，七言文；五言親，七言尊」等等。

而能遊刃有餘，在於「神」能超度有形之形式規範，「心」能悠遊自在，不受拘束，再加上中有義理爲幹，方爲極則，職是則能掌控原則性的宏詞變化，再根據所欲傳達的內容來表現不同的情致，方能從容有度，其云：

> 若夫款款贈言，盡平生之篤好；執手送遠，慰此戀戀之情。勗勵規箴，婉而不直；臨喪挽死，痛旨深長。雜懷因感以詠言，覽古隨方而結論。行旅迢遙，苦辛各異；遨遊晤賞，哀樂難常；孤孽怨思，達人齊物；忠臣幽憤，貧士鬱伊。此詩家之錯變，而規格之縱橫也。

「情」之發抒必因情境之殊異而有迥異的情思，贈別之詩須表現二人交往之深情篤好，送人遠行之詩，須表露依戀不捨之情狀，勗勵規箴之詩，當秉詩教之婉曲而不直露；輓詩喪詞，應盡痛切情深之至，或雜感而詠言，或覽古而有啓發；忠臣幽憤，遨遊晤賞，行旅迢迢各有哀樂鬱伊之情，不可強作一種情緒發抒，此即是詩家針對不同的情境而展示不同的詩情，詩家之技法即在此中運用自如，縱橫變化。

至於詩家創作時應如何「因情立格」？其云：「若夫神工哲匠，顛倒經樞，思若連絲，應之杼軸，文如鑄冶，逐手而遷，從衡參互，恆度自若。此心之伏機，不可強能也。」徐氏指出，創作如同鑄冶器具，應隨順自然，遵守法度，不可強求，因思緒萬端，不能一一掌控，順應杼軸變化，自能不越矩度，又能超形其外，如是方能遊刃有餘。

五、創作論：詩貴合度

徐氏之詩學，非僅僅是以開示審美知能而已，欲藉由美感來激發對於詩歌的鑑賞力，且揭示實際的創作矩矱以具現其詩歌美學理論。其云：

詩貴合度，而後工拙。縱橫、格軌，各具風雅；繁欽〈定情〉，本之鄭衛；『生年不滿百』，出自〈唐風〉；王粲〈從軍〉，得之二雅；張衡〈同聲〉，亦合〈關雎〉。諸詩固自有工醜，然而並驅者，託之軌度也。

創作詩歌首先須合矩度，所謂矩度即是創作時各種律法之規定，例如近體詩與古體詩不同，絕、律、俳亦迥異，在平仄、押韻、對仗、句數上大相逕庭，由於體式不同，所以創作時，當先辨明選用何種體製，以求合其矩度，然後再求創作技巧之善用，或在矩度中循規蹈矩，或是憑心運用自求縱橫變化，皆能有得，然而，無論是直抒胸臆或是託物婉轉，皆須有矩度以規蹈，文中所列舉之〈定情〉、〈從軍〉、〈同聲〉諸篇皆一本於風雅，所創作出來的詩歌，雖有工拙、雅俗之別，但是皆能長驅於詩壇，以其依附《詩經》之軌度，合乎律度之規範。由此又可窺見徐氏以《詩經》為不刊鴻教，是一切創作的源頭。

復次，影響創作的因素特多，劉勰揭示有才、氣、學、習四者之異，其後或繁說或簡說大抵未能超越其說，徐氏亦云：

> 夫哲匠鴻才，固由內穎；中人承學，必自跡求。大抵詩之妙軌：情若重淵，奧不可測；詞如繁露，貫而不雜；氣如良駟，馳而不軼。由是而求，可以冥會矣。

指出創作時因資質不同而有兩種人才，對治的創作矩度亦應有別。一是哲匠鴻才之人創作時，秉持才氣一瀉直下，展示豐沛的氣勢，二是中等之資則應多學，以求取法古人，此乃有跡可尋，可學而致之，而創作的良法，即在於情感之激蕩雖如重淵，奧不可測，但是可以掌控的是文詞之運用當如繁露，求其貫通而不蕪雜，布施章法結構時應遵守法度，雖馳騁於千里，卻不逸失方向，如是冥會創作法則，是爲妙軌。

徐氏又指出創作之弊失在於：「然思或朽腐而未精，情或零落而未備，詞或罅缺而未博，氣或柔獷而未調，格或莠辭而未協，咸爲病焉。」詩思或陳言未精切，情感或零落而未整全，詞或窘困而未能旁徵博採，文氣或柔獷未達融契之致，格律之運用或蕪莠未經揀選，此皆爲創作缺失，是故「驅蹤靡常，城門一軌，揮斤污鼻，能者得之」唯能者能得其妙法，運用自如，然而技法之使用，雖有法則可以規範，但是運用之妙，仍在操作者靈心妙用，創作之法則應在：思、情、詞、氣、格方面著力，方能補苴罅漏，「若乃訪之於遠，不下帶衽；索之以近，則在千里。此詩之所以未易言也。」詩歌創作縱有法則可爲型範，然而不易捉摸，或在尺寸間則如在千里之外，或在迢遙遠方，卻又索之甚近，正是詩之未易言其法則，端在妙心運用。

除了講究規範之外，尚須取法古人作爲學詩的矩矱，「法經而植旨，繩古以崇辭」是不變的法則，以經典作爲創作時導引思想的旨趣，以古爲法，來豐厚辭藻的典雅，如是必能控馭得當，未有學詩，未經學習而自致者。至若學習的門徑則揭示：「魏詩，門戶也；漢詩，堂奧也。入戶升堂，固其機也。而晉氏之風，本以魏焉。然而判跡於魏者，何也？故知門戶非定程也。」，前云，文質對舉的批評論中，以質重於文，是故取法古人時，亦須有一定的取擇標準，當以魏詩爲登堂入室之法則，晉以下皆不足觀也，且「古詩句格自質，然大入工。」盛讚古詩句法格律樸質，然卻精工存乎其間，文質並茂，可爲後世法。

六、功能論：精詩養德

徐氏提舉詩歌的效能，可達與經典等同的地位；不僅可諷寫個己的情志，亦可達致「主文而譎諫，言之者無罪，聞之者足以誡」的效能。是故，在《談藝錄》中列舉《詩經》有宴好之〈鹿鳴〉、〈頍弁〉詩歌；有哀傷之〈黍離〉、〈有蓷〉之詩歌；有悔嘆之〈氓〉、〈蚩〉、〈晨風〉之詩歌等等，凡是表現感慨、憤懣、憫恤、譏訕、痛悼、怨誹、戒惕、困疵、惡惡、歡慶、情念、思懷、行役、勤敏、大義等情感變化者，皆可藉由詩歌來傳遞，是故「皆曲盡情思，婉孌氣辭，哲匠縱橫，畢由斯閾也。」詩歌不僅能格天地、感鬼神，其效能直通天地，且能曲盡情思。蓋徐氏論詩，傷王者之跡熄而詩亡，特別指出詩歌之作用當如古風，能上緣聖則，下達儒玄，以達教化之源、文雅之致，徒務風華皆不足取，詩人創作應在此處留意，而去除耳目之玩。其云：「客論曰：傳云『王者之跡熄而詩亡』，蓋傷之也。降自桓靈廢而禮樂崩，晉宋王而新聲作，古風沈滯，蓋已甚焉。述者上緣聖則，下擿儒玄，廣教化之源，崇文雅之致，削浮華之風，敦古朴之習，誠可尚已。恐學士狎耳目之玩，譏瑣尾之文，故序而系之，俾知所究。」，揭示詩歌永恆的效能在於廣教化、崇文雅、削浮華、敦古朴。

糾舉言之，徐氏對於詩歌的功能持正面肯定的態度，大約可分爲三方面來說明，一是重視詩歌的教化功能，可與經典相提並論：「蓋以之可以格天地，感鬼神，暢風教，通世情。」。此乃高舉其地位幾可通天人之變化。乃承毛詩大序之說而來。二是詩歌可以存養性情、曲盡情思，以追知「則知詩士，所以宣元之思，光神妙之化者也」。徐氏更指出漢代之詩歌鴻朗，可爲雅頌之嗣，「興懷觸感，民各有情」是賢人逸士、棄妻思婦、鼓吹軍曲、閭巷童謠所發之聲歌詩詞，皆是十五國風風謠之遺風，是知詩之作用無遠弗屆，然漢代以後魏氏文學慷慨多氣，晉以下則時與之闇化，則知「國運風移，古朴易解……世代推移，理必有爾」此乃揭示詩歌流變由於國運推移，而互有變化，其尊漢魏、抑晉以降，由斯可得。三、精於詩歌者，必能養其德。其云：

> 夫詞士輕偷，詩人忠厚。上訪漢魏，古意猶存。故蘇子之戒愛景光，少卿之厲崇明德，規善之辭也。子建言恩，何必衾枕，文君怨嫁，願得白頭，勸諷之辭也。究其微旨，何殊經術？作者蹈古轍之嘉粹，刊佻靡之非輕，豈直精詩，可以養德也。

徐氏評騭詩人與詞人有不同之見解，指出詞士以刻摹光景，指事造形爲主，所爲辭采多爲輕偷之作，而詩人之詩，本之性情，故能示現忠厚本質，上溯漢魏之作，猶有古意，有規善之辭、勸諷之辭，此皆以詩達諷諫之意，察其用意，與經術無殊，詩家在創作詩歌時，若能以古代諷諫之旨意作爲創作的目標，而去除佻靡之輕辭麗藻，不僅是詩歌有進境，且可以存養性情，此乃詩歌最大效能也。

七、風格論：藝隨品殊

中國論詩傳統，向有以人品求詩品之相應合，或由詩品逆求人品之符應，但是其中仍有逆反之處，畢竟詩歌展現的文學美與人格美未能相呼應，由是而求二者相符，必有悖逆之處。若從心理學的角度考察，人品與詩品相應合是指本我與超我合一，人品與詩品無法相應，則是本我與超我出現無法相應的情形，然而，中國人仍然執意求人品與詩品相應合，其理在於中國人對於人格美的展示應是全幅完美的具現，二者不可逆出，是故求諸詩學傳統皆有此說，但是考諸事實，仍是不可能完全的合一，而我們仍在此中求索其相合相應的意義乃在：主要是要求道德人格之整全合一、全幅展現。歐陽修的《六一詩話》如是，江盈科的《雪濤小書》如是，劉熙載的〈詩概〉亦如是。

徐氏提出精詩可以養德，順勢推論，必導向以詩品求人品之說，其云：

> 詩之詞氣，雖由政教，然支分條布，略有逕庭。良由人士品殊，藝隨遷易。故宗工鉅匠，詞淳氣平；豪賢碩俠，辭雄氣武；遷臣孽子，辭厲氣促；逸民遺老，辭玄氣沈，賢良文學，辭雅氣俊；輔臣弼士，辭尊氣嚴；閹童壼女，辭弱氣柔；媚夫倖士，辭靡氣蕩；荒才嬌麗，辭淫氣傷。

指出詩歌創作雖以政治教化爲要，但是人品殊異、遭遇迥然甚或才份高下，所對應出來的生命氣質自應有別，詩歌創作亦必隨之展示不同的風格，例如嫻熟詩歌創作之宗工鉅匠，所表現出來的風格必是氣勢平和、文詞淳厚；豪賢碩俠之士，所作之詩必能展示文句雄渾、氣勢威武之姿；遷臣孽子由於處境傷離困窘，所作詩歌必是辭句淒厲、文氣迫促，至於逸民遺老，歷經家國之變，所示現出來的詩歌是一番大徹大悟之後的冷淡平和，故表現出辭深氣沈之風貌；賢良文學之士則表現出端正和雅、氣勢俊秀之格調，輔臣弼士一心以忠愛國家爲念，自能表現文辭尊重、氣勢嚴謹的風姿，至於閹童壼女、媚夫倖士、荒才嬌麗等詩歌作品自是展示華辭靡句、氣勢柔弱不振的風格。由是可知，徐氏論詩以詩品求人品，大率不失。然而，我們深度思考，亦可知文學之眞未必符應於事實之眞，文學作品果眞能示現人品乎？此乃忽視文學創作的悠遊想像的空間，人品與詩品未必能畫上等號，但是中國人以人品求詩品能相應合，即刻意要求詩家應展示整全的人格美使之體現於作品之中。

八、結論

盱衡徐氏《談藝錄》所論可約簡爲本源論、批評論、體式論、創作論、功能論、風格論六部份，若以圖來顯示，可得：

（見次頁）

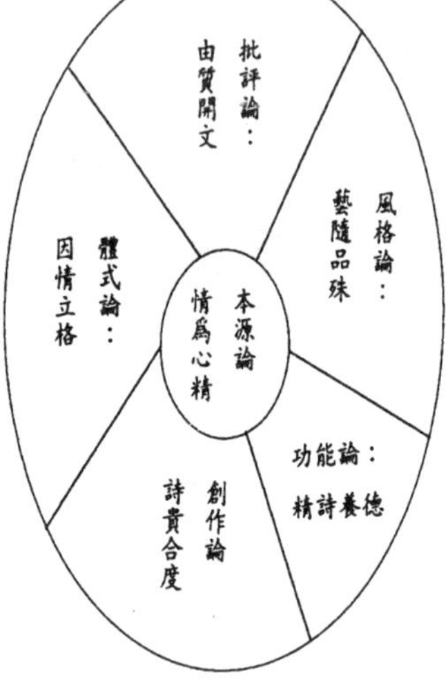

各論咸以本源論爲核心，亦即「情」爲詩歌各論之創作原動力，其下開出：以質開文、因情立格、詩貴合度、精詩養德、藝隨品殊之美感觀照。徐氏以此立說，照映於前七子之說，同中有異，異中有同。

從本源論檢視，李夢陽、何景明皆明示「情」對詩歌創作的重要性，例如李氏曾指出詩有七難，而「情以發之」，即是肯定「情」的興發作用⓱；或是指出「詩乃情之自鳴」的

⓱〈潛虯山人記〉：「夫詩有七難：格、調逸、氣舒、句渾、音圓、思沖、情以發之。七者備而後詩昌也，然非色弗神，宋人茲矣。」

說法⑱。何景明則有「領會神情」及「詩是性情之發」⑲之說。凡此等等，皆用以說明李、何重視「情」對於詩歌創作的重要，徐氏的「情為心精」說法亦與之類同，然而徐氏能夠明確指出控引源情源的方式，使不逸失汪肆，較李何更有矩度可尋。

從批評論考索，李、何倡導「文必秦漢，詩必盛唐」之說，此即後世所謂的復古主張，審視徐禎卿《談藝錄》所論詩歌取法更在盛唐之前，且有世代推移，每況愈下之嘆，是故當以魏詩為入門之徑，並開出「由質開文」的批評典範。後世考究復古或學古之說時，當細辨識其所欲達致的效能，方能明悉其創制初心，非徒以訾議追求形式技巧刻鏤為能事。在復古的要求與作法上，三人有所差別，李夢陽主張刻意古範，鑄形宿模，獨守尺寸，而何景明則主張「富于材積，領會神情，臨景結構，不仿形跡」（〈與李空同論詩書〉）。徐氏側重在「情」之表述，但是又不能任其漫衍，不知節制，必以客觀外在的氣、聲、詞、韻來規範，並輔濟以思、力、才、質的控引，方能執篇馭術。是知徐禎卿自然不會同意李夢陽刻意古範、鑄形宿模之說。既然徐氏之學古、復古的方式不同於李夢陽，則高下如何？時人如何評價二人？《四庫提要》揭櫫：「特夢陽才雄而氣盛，故枵張其詞，禎卿慮澹而思深，故運密以意，當時不能與夢陽爭先，日久論定，亦不與夢陽俱廢，蓋以此也。」（卷一七一・集部・別集類二十

⑱〈鳴春集序〉夫天地外能逆寒暑以成歲，萬物不能逃消息以就情，故聖以時動，物以情徵，窮遇則聲，情遇則吟，吟以和宣，宣以亂暢，暢而永之而詩生焉，故詩者吟之章而情之自鳴者也。」（《空同集》、卷五十一）

⑲〈與李空同論詩書〉云：「夫詩，本性情之發者也。」（《大復集》卷十四）

四），又指出「其所談仍北地摹古之門徑」，實則徐氏吳人北居，倡導復古，卻有徑可尋，有法可習，非字摹句擬，徒務剽竊而已，與復古派之末流不可同日而語。當日雖與李夢陽持論不合，但是日久論定，特以慮澹思深、運密以意，故能與夢陽爭鋒並存。

從體式論觀察，後世以格調之說成於明代中期⑳，尤以前後七子為主導，攸關「格」之用法，因李東陽有云：「詩必有具眼，亦必有具耳。眼主格，耳主聲。……即能識其時代格調，十不失一，乃為有得。」（〈麓堂詩話〉）。李夢陽復云：「夫詩有七難：格古、調逸、氣舒、句渾、音圓、思沖、情以發之。七者備而後詩昌也。」（〈潛虬山人記〉）。職是，前人先將李東陽、李夢陽與格調說鉤聯起來，再將格調派淵源於此，而徐禎卿又恰有「因情立格」之說，格調說遂成為復古派的一個美學標幟，到底其間關涉如何？

格調，據成復旺所言，其含意有三：一指體格亦即形體的度量；二指聲調，三指風格。由是可知，李東陽的「眼主格」之格應指體格之形體而言，而「時代格調」之「格調」應指時代風格而言；至於李夢陽的「格古」之「格」亦指表現的形體。

而格調說到底要揭示什麼樣的美學意涵呢？若再依成氏所云，其在中國美學思想史上的意義，可擘分為為三層意義：內在意義是指思想情感而言；外在形態意義是指體格聲調而

⑳ 例如《中國文學批評通史·明代卷》云：「李東陽倡導以音聲句法辨別體製的格調說，李夢陽出於李東陽門下，成化弘治之際，李東陽主持文壇，李夢陽自必受其影響。他論詩亦談格調。」頁一五一。又，簡錦松云：「近人往往以『格調』名李夢陽領導之復古派，雖不足以表現復古派之精義，亦非全無所見。」、明代文學批評研究、頁二三八。

言；形上之神之意義，是指意境、韻味而言。

是故，格調說在中國美學思想上，曾經發生過的意義，在沈德潛的格調說是指思想情感，在李夢陽與徐禎卿是指體格聲調，而徐氏「因情立格」之說又落實於體式、體裁說。「因情立格」的美學意義，即是將「情」之內涵意蘊與「格」之形式表抒的體格、體式、文辭結合起來，使形式與內容能交融爲一。徐氏開出「以質開文」的審美觀，再由「因情立格」來確立形式（格）與內容（情）的關係，爲中國情文、形文、聲文打通了一條通往質文交融的道路。

再從創作論立論，徐氏雖重「情識」對詩歌興發的作用，但未嘗悖棄創作矩度的確立，欲度人以方法，使有津筏可引渡。

至於功能論即揭示詩歌的效能在精詩養德、曲盡情思並進而進入風格論中的以人品逆求詩品的道路，呈現出詩家的詩歌美感，同時也揭示徐氏在復古的風潮中，並非尺寸獨守的主張，而是要映照生命美學於詩歌之中。

綜合言之，《談藝錄》的詩學美感架構出「情爲心精」的本源論，以肯定情識對詩歌的興發作用；批評論揭示眞情實感的質樸文字重於華文麗采；體式論則指出情感當依託於體裁之上，適當選用體裁以表達情志方能展示體裁名義與情志相符的詩歌；功能論肯定了詩歌之效能可通天地、感鬼神，並藉由曲盡情思以達至精詩可存養德性之見解；風格論則符應了中國詩學以人品逆求詩品的觀念，從詩歌體察全幅的人格美感。

前後七子復古詩風雖如波潮迭宕起伏，然而徐禎卿《談藝錄》所架構的審美觀念，仍是不可忽視的照影，投映在詩史的波心。

▲主要參考書

徐禎卿，《談藝錄》（歷代詩話本），台北：木鐸，一九八二。

徐禎卿，《迪功集》（四庫全書本，第一二六八冊），台北：商務本

徐禎卿，《徐迪功集四卷外集三卷附錄一卷》，台北故宮藏本，台北大立出版社一九八一年翻印。

李夢陽，《空同先生集》（明代論著叢刊），台北：偉文圖書出版社有限公司何大復，《何大復集》，李淑毅等點校，中州古籍出版社，一九八九。

胡應麟，《詩藪》，台北：廣文，一九七一。

何文煥輯，《歷代詩話》，台北：木鐸，一九八二。

丁福保輯，《歷代詩話續編》，北京中華書局，一九八三。

吳文治主編，《明詩話全編》，江蘇古籍出版社，一九九七。

丁福保輯，《清詩話》，台北西南書局，一九七九。

郭紹虞輯，《清詩話續編》，台北：木鐸，一九八三。

蔡鎮楚，《中國詩話史》，湖南文藝出版社，一九八八。

蔡鎮楚，《詩話學》，湖南教育出版社，一九九〇。

劉德寅、張寅彭，《詩話學概說》，北京中華書局，一九九〇。

陳良運，《中國詩學批評史》（東方文化叢書），江西人民出版社，一九九五。

王運熙、顧易生主編，《中國文學批評通史·明代卷》，上海古籍，一九九六。

成復旺主編，《中國美學範疇辭典》，中國人民大學出版社，一九九五。

簡錦松，《明代文學批評研究》，台北：學生，一九八九。

陳錦盛，《徐禎卿之詩論研究》，政治大學一九九一碩士論文。

「童心」、「初心」與「赤子之心」

周志文

一、

李贄（一五二七—一六〇二）的〈童心說〉❶基本上是爲文學創作而提出的起源性質的理論，這可以從下面引出的文字看出來，李贄說：

> 天下之至文，未有不出於童心焉者也。苟童心常存，則道理不行、聞見不立，無時不文，無人不文，無一樣創制體格文字而非文者。詩何必古選？文何必先秦？降而爲六朝，變而爲近體；又變而爲傳奇，變而爲院本，爲雜劇，爲《西廂曲》，爲《水滸傳》，爲今之舉子業，皆古今至文，不可得而時勢先後論也。

十分明白，〈童心說〉是針對文學創作而言的。李贄提倡「童心」，是因爲他以爲天

❶ 李贄《焚書》卷三〈童心說〉。

下之至文，莫不出於童心，所謂童心，依李贄的解釋是「絕假純眞，最初一念之本心也」，因此他又直接將童心說成是「眞心」。他既以爲天下之至文是來自這個絕假純眞的原始眞心，那麼與「眞心」相反的「假心」自然是有害於文學創作，李贄將所謂「假心」形成的現象，稱作「假人」、「假言」、「假事」、「假文」等，他形容在眞心消失後的世界是這樣子的：「由是而以假言與假人言，則假人喜；以假事與假人道，則假人喜；以假文與假人談，則假人喜。無所不假，則無所不喜，滿場是假，矮人何辯也？然則雖有天下之至文，其湮滅於假人而不盡見於後世者，又豈少哉！」

童心是人人所具有的，因爲人人皆有童年；童心又是自然而具足的，否則便無法成爲文學創作的眞正源頭。人人都從童年而成年，但當人一成年之後，那原始的童心卻往往消失了，究竟是什麼原因使得人人具有且具足的童心消失呢？李贄解釋此一現象說：

> 童心者，心之初也；夫心之初曷可失也，然童心胡然遽失也？蓋方其始也，有聞見從耳目而入，而以爲主於其內而童心失。其長也，有道理從聞見而入，而以爲主於其內而童心失。其久也，道理聞見日以益多，則所知所覺日以益廣，於是焉又知美名之可好也，而務欲以揚之而童心失；知不美之名之可醜也，而務欲以掩之而童心失。

很簡單，李贄以爲人在由童年而成年的過程中，「聞見、道理」不斷從外而入，逐漸佔領他的心靈，「以爲主於其內」，因此童心就消失了；所以他主張要恢復文學創作的眞精神，必須將「聞見、道理」從心中掃除，務使「聞見不立、道理不行」，當那個原始初心的「眞心」又再度呈現的時候，創作的能力才會眞正煥發，這時創作的文學才是眞的文學。

從「童心說」所發展出來的文學創作論不是增添，而是擺脫；外面的知識和規矩形式都不重要，甚至竟是創作的阻礙。主張這種理論的人，都以爲最好的文學，在於它是人在最眞實的心情狀況下的作品。李贄曾批評《琵琶記》雖極爲工巧，但感人不深，他說：「彼高生者，固已殫其力之所能工，而極吾才於既竭。惟作者窮巧極工，不遺餘力，是故語盡而意亦盡，詞竭而味索然亦隨之竭。吾嘗攬《琵琶》而彈之矣；一彈而嘆，再彈而怨，三彈而向之怨嘆無復存者。此其故何也耶？豈其似眞非眞，所以入人之心不深耶？蓋雖工巧之極，其氣力限量只可達於皮膚骨肉之間，則其感人僅僅如此，何足怪哉！」❷格律上、技巧上的講究，所能達到的成就是「氣力限量只可達於皮膚骨肉之間」，更深的心靈就達不到了，因此他說：

> 且吾聞之：追風逐電之足，決不在於牝牡驪黃之間；聲應氣求之夫，決不在於尋行數墨之士；風行水上之文，決不在於一字一句之奇。若夫結構之密、偶對之切，依於理道，合乎法度，首尾相應，虛實相生；種種禪病皆所以語文，而皆不可以語於

---

❷《焚書》卷三（雜說）。

天下之至文也。❸

所謂「天下之至文」，不在於它的形式，而在於它是否具有眞心，也就是李贄說的「童心」。所以他說「苟童心常存」，則「無時不文，無人不文，無一樣創制體格文字而非文者」，這個理論發展下來去，自然是公安派的「獨抒性靈，不拘格套」了。

古今呼應這個看法的人其實極多，譬如王國維在《人間詞話》中就說：

「昔爲倡家女，今爲蕩子婦。蕩子行不歸，空床難獨守。」「何不策高足，先據要路津？無爲久貧賤，轗軻長苦辛。」可謂淫鄙之尤。然無視爲淫詞、鄙詞者，以其眞也。五代、北宋之大詞人亦然。非無淫詞，讀之者但覺其親切動人；非無鄙詞，但覺其精力彌滿。可知淫詞與鄙詞之病，非淫與鄙之病，而游詞之病也。「豈不爾思，室是遠而。」而子曰：「未之思也！夫何遠之有？」惡其游也。❹

不論王國維對此處的「淫詞」、「鄙詞」的判斷是否正確，然而王國維以爲只要是「眞」的，則讀者在讀到這些淫詞與鄙詞的時候，會「無視」其淫其鄙。王氏此處所謂的「眞」，不是事實的眞假，而是作者在寫作的時候，是否用了眞心，假如用了眞心，則即使是淫詞，讀者

---

❸ 同❷。

❹ 王國維《人間詞話》卷上。

也覺得「親切動人」，即使是鄙詞，也覺得是「精力彌滿」，可見王國維的創作論，其實和李贄相同，是基礎於「眞」這個字上面，與李贄稱之爲童心的，並沒有什麼不同。

王國維對「淫詞」、「鄙詞」的看法，跟蘇軾對陶淵明的批評十分接近，蘇軾說淵明：「欲仕則仕，不以求之爲嫌；欲隱則隱，不以去之爲高；饑則扣門而求食，飽則雞黍以迎客；古今賢之，貴其其眞也。」❺蘇強調的是陶淵明人格中的眞，而王國維強調的則是詩人在詩作中所呈現的眞，表面上看是兩件事，而其實是一回事，因爲讀者與作者的會面，是藉著作品，而作者勢必透過作品展現他的人格，因此作品中的眞即是作者人格的眞。

當把注意力放在作品所呈現的「眞」的時候，文學上其他的一些屬於技巧上的問題就顯得不重要了，所謂「結構之密、偶對之切，合乎法度，首尾相應，虛實相生」等等皆屬下乘，無須討論，方回曾說：

> 古之人，雖閭巷子女風謠之作，亦出於天眞之自然，而今之人反是。惟恐夫詩不深於學問也，則以道德性命、仁義禮智之說，排比而成詩；惟恐詩之不工於言語也，則以風雲月露、草木禽魚之狀，補湊而成詩。以嘩世取寵，以矜己耀能。愈欲深而愈淺，愈欲工而愈拙。此其何故也？青霄之鳶非不高也，而志在腐鼠，雖欲爲鳳鳴，得乎？爲故詩也者，不可以勇力取，不可以智巧致，學問淺深、言語工拙，皆非所

---

❺ 蘇軾《蘇軾文集》卷六十八〈書李簡夫詩集後〉。

以論詩。❻

由方回說的「學問深淺，言語工拙，皆非所以論詩」看來，李贄在〈童心說〉中申論出這樣的句子：「故吾固是而有感於童心之自文也，更說什麼《六經》，更說什麼《語》、《孟》乎？」我們就不應以爲怪了。

〈童心說〉一方面是創作論，一方面又是批評論和欣賞論。從欣賞論入手，〈童心論〉的主旨是強調人在欣賞文學作品時，應注意作品中流露出來的眞情，而不是聞見、道理裡面的知識與道德。審美與道德基本上是兩回事，彼此無甚關涉，然而在一般的審美活動中，經常將兩者混淆，所以〈童心說〉有澄清的作用，它的所謂「聞見不立，道理不行」其實在擺脫審美活動中的外在干擾，前面說過由〈童心說〉引發出來的創作論不是增添而是擺脫，在欣賞論與審美活動中也是依然。

在藝術欣賞（當然包括文學欣賞）時，一般人經常將美與眞（truth）與善（good）的意義相混。在文學上，美與眞相混的例子是人在面對文學作品時經常問及這類的問題：「這件作品寫的是不是眞實的故事？」「故事中的人是影射社會上的那個人？」美與善相混的例子是人在處理作品時經常以道德的立場來干擾它，有時甚至以爲文學的價值是在它的諷諭或衛道功能，「文以載道」、「文須有益於天下」、「士必先器識而後文藝」……都是類似的看法。

如果從西方的「美學」觀點來看這件事，可能得到一些不同的啓發。美學（Aesthetics）

---

❻ 方回《桐江集》卷一〈趙賓暘詩集序〉。

這個字，其實可以直接翻譯作「直覺學」，所謂直覺，即是指人的心和外物之間的最單純且原始的一種活動，和 Intuition（直觀）這個字往往是相通的。❼

美學就是直覺，又與直觀這個名詞相通，則審美活動我們可以解釋爲一個對形象的直覺的活動。面對一個藝術品（包括自然），在「形象的直覺」活動中，欣賞者全心全意的欣賞它、領略它、以至把它外在的一切事物與意義都忘記了，這才叫做「形象的直覺」。所謂外在的事物與意義是那件被欣賞物與其他事物的關係，以及他本身之外的附加意義；例如欣賞一幅肖像畫，欣賞者直接與這幅肖像畫相對，欣賞畫中所呈現的美，絕不去管這幅畫像到底像誰。假如它畫的是一個女子，欣賞者絕不去想如果跟畫上的女子發生戀愛，勢必影響自己的家庭，有違道德這類的問題，欣賞這幅畫就是直接的面對這幅畫，直接的觀賞這個藝術品，這個審美的活動才是純粹的。

又如一個人在原野被一棵巨大的松樹鎮懾住了，當他面對這棵松樹時，他沒有想到松樹的經濟價值，也沒有想到松柏不凋於歲寒等等的道德含意，這才叫眞正的審美，這種經驗才是純粹的「審美經驗」。❽

---

❼ 參考黑格爾（G.W.F.Hegel 1770—1813）《美學》（朱光潛譯）第一冊序論〈一、美學的範圍和地位〉；朱光潛《文藝心理學》第一章〈美感經驗的分析一、形象的直覺〉；劉昌元《西方美學導論》第二部第五章〈論審美態度〉諸文。

❽ 這個稱形象直覺爲審美經驗的主張原起於康德與克羅齊，被許多美學理論家所接受，但爭議也還是有的，反對的意見最主要在於：一、形象直覺最多只是種審美態度，這種態度並不一定可以給我們帶來審美經

然而這說起來簡單，做起來卻十分困難，尤其當一個人涉世既深，學問益博之後，他的審美經驗愈發難以維持純粹，日子久了，甚至會完全的喪失了這種直覺式的欣賞能力，老子說的：「爲學日益，爲道日損」，所指的非常接近這種狀況。叔本華在他的名著《意志與表象世界》中說過：

> 如果一個人不讓抽象的思考和理智的概念去盤踞意識，只把全副精神專注在所覺物上面，把自己沉沒在這所覺物裡面，讓全部意識之中只有對於風景、樹林、山岳或是房屋之類的目前事物的恬靜觀照，使他自己「失落」在這事物裡面，忘去他自己的個性和意志，專過「純粹自我」（pure subject）的生活，……如果事物這樣的和它本身之外的一切關係絕緣，而同時自我也和自我的意識絕緣，那麼，所覺物便非某二物而是「意象」（idea）或亙古常存的形象，……而沉沒在這所覺物之中的人也不復是某某人（因爲他把自己「失落」在這所覺物裡面），而是一個無意志、無痛苦、無時間的純的知識主宰（pure subject of knowledge）了。❾

叔本華是一種有悲劇傾向的哲學家。叔本華認爲主宰個人的是意志，人人都是自己意志的奴隸，意志逼使我們追求更高的理想，而人在追求掙扎之中就有了悲苦煩惱。人只有在

驗；二、顯然有此審美經驗並不會有形象直覺這個條件。詳見劉昌元《西方美學導論》第五章。

❾ 朱光潛譯，見《文藝心理學》第一章引文。

欣賞藝術的時候，才擺脫了意志的束縛和鞭策，暫時的忘去自我，由意志世界而轉入了意象或表象世界，這時人才是自由而解脫的；所以叔本華認爲藝術對於人生是一種解脫，欣賞藝術其實是尋求人生更徹底的解放和自由。

這當然跟叔本華對人生的解釋有關，叔本華把理性看作是意志的奴隸和工具，他斷言依靠理性或邏輯思維不能認識世界的本質，只有直覺才是認識世界的唯一途徑。❿這個推論也許太極端了，可能不會被大多數人承認，然而透過直覺來進入藝術的世界，是審美活動最原始、最直接乃至唯一的途徑，則無須懷疑。

如果從這個思維方式切入李贄的〈童心說〉，那麼〈童心說〉的理論就不那麼突兀而且有抗爭性。欣賞藝術必須從知識、道德的束縛中追求解脫，〈童心說〉裡面提倡「聞見不立、道理不行」就十分合理了，因爲所謂「聞見」、「道理」指的就是一般的知識和道德，也就是叔本華所說的「理性」，爲求審美的活動進行得更自由，更純粹，叔本華說必須把審美之外的一切事物「絕緣」掉，甚至也將欣賞者本身的意志「絕緣」掉，這種拋棄與擺脫，是進入審美世界的必要手段。

因此，我們可以將〈童心說〉的中強調的眞心，「最初一念之本心」解釋爲擺脫一切進入對形象的直覺式的思維之中。童心指的就是最初的、有直覺能力的「心」，它強調審美活動，（包括文學的創造與欣賞），不在事物的外在的（extrinsic）價值，審美活動是一種純粹而獨立的活動，不依靠任何外緣的事物，它的價值是純然的內在的（intrinsic）。

❿ 參考叔本華（Arthur Schopenhauer 1788—1860）《意志與表象世界》卷三。

二、

李贄的〈童心說〉基本上是爲文學創作立論，然而它的影響卻不限於文學，〈童心說〉批評《六經》、《語》、《孟》，說是「道學之口實，假人之淵藪」，很引起衛道之士的攻擊，顧炎武說李贄是「詆毀聖賢，自標宗旨」，根據的大半是〈童心說〉。事實上李贄在文中舉《六經》、《語》、《孟》的例子，並不是必要，反而分散了主題，以文章而言，是個敗筆，然而世人以此主題之外的言論攻擊他，確也有些小題大作，不切實際。

〈童心說〉主張人應恢復其「最初一念之本心」，除了在文學創作及欣賞上的意義之外，另有其他的道德含意。從本質上說，〈童心說〉的主張與老子的「常德不離，復歸於嬰兒」，以及孟子的「大人者，不失其赤子之心」的啓發有關。王陽明的「良知」說，其實也有不少類似的的論述，很簡單，「良知」既然是個人在其內心自然顯現的，不是從外而入的，在討論良知的起源時，就必然與毫無經驗的童年牽涉了關係，《傳習錄》記陽明言：

> 知是理之靈處。就其主宰處說，便謂之心；就其稟賦處說，便謂之性。孩提之童無不知愛其親、無不知敬其兄，只是這個靈能不爲私欲遮隔。充括得盡，便完完是他本體，便與天地合德。⓫

⓫ 王守仁《傳習錄》卷上。

陽明以爲世上只有孩童才具有那種「無不知愛其親、無不知敬其兄」的「靈」，陽明的「良知」，並不是從外而來的，當然也不是由「道理」而來的，因爲他說過「如事父不成，去父上求個孝的理；事君不成，去君上求個君的理」是斷然不能成立的。陽明說：

都在此心，心即理也。此心無私慾之蔽，即是天理，不須外面添一分。以此純乎天理之心，發之事父，便是孝，發之事君，便是忠，發之交友治民，便是信與仁。⓬

無私欲間隔遮蔽的心就是良知，就是天理，因此良知與天理並不難於察覺；然而人被己情牽扯，被私慾遮蔽，要覓察良知、重見天理卻並不容易，只有在孩提時代，因沒有後天的間隔遮蔽，所以有「純乎天理之心」，陽明以爲孩子比大人更接近天理。

陽明哲學極強調「自然」，他說：「此心若無人欲，只是天理，是個誠於孝親的心，冬時自然思量父母的寒，便自要去求個溫的道理；夏時自然思量父母的熱，便自要去求個清的道理。」又說：「知是心之本體，心自然會知。見父母自然知孝，見兄自然知弟，見孺子入井自然知惻隱，此便是良知，不假外求。」⓭陽明反覆說自然，是他以爲良知人人所有並且先天具足，只要不受到外界事務的間隔阻礙，每個人都足以成爲聖賢；因此，陽明的致良知，總帶著「復性」的成份，所謂復性即是恢復人生下來即有的情性，陽明說：「就其主宰

⓬《傳習錄》卷上。
⓭兩段引文皆見《傳習錄》卷上。

處說，便謂之心；就其稟賦處說，便謂之性。」陽明的之與性是一體的兩面，所以是之性一元論者，復其性即是復其心；復其心就是恢復孩童時之初心，從這個角度看，陽明的看法與李贄的〈童心說〉是一致的。

對於「道理、聞見」，陽明的態度與李贄也十分接近。他曾說：

世儒之支離，外索於刑名器數之末，求其所謂物理者，而不知吾心即物理，初無假於外物也。⓮

又說：

《六經》者，吾心之記籍也。而六經之實，則具於吾心。……而世之學者不知求六經之實於吾心，而徒考索於影響之間，牽制於文義之末，硜硜然以爲是《六經》矣。⓯

這個說法，與《童之說》中的「夫《六經》、《語》、《孟》非其史官過爲褒崇之詞，則其臣子極爲贊美之語。」比較，說話的方式雖然不同，而實質的意義則相似，即是：外在的聞

⓮《王文成公全集文錄》卷三〈象山文集序〉。

⓯《全書·文錄》卷四〈稽山書院尊經閣記〉。

見道理甚至於《六經》、《語》、《孟》之都不如一個人天生具足的內心重要，這個天生具足的「內心」，陽明稱之爲良知，而李贄稱之爲「童心」罷了。

陽明的良知是受孟子「大人者，不失其赤子之心」觀念的啓沃與影響，這是個不容懷疑的事實。但陽明的良知，與孟子所謂的赤子之心還是有些不同，那就是當那個「最初之本心」失墜了之後，究竟該用什麼方法以圖恢復呢？孟子提出「求放心」的說法，因爲那個「赤子之心」被「放」了出去，現在應該將之「求」回來；又提出「養」的說法，所謂「苟得其養，無物不長；苟失其養，無物不消。」赤子之心之可以「養」，在於有些人之「所以放其良心者，亦猶斧斤之於木也，旦旦而伐之」，假如不再加斧斤於木，並注意培「養」，則受損之木，亦可以欣欣向榮，即所謂：「苟得其養，無物不長；苟失其養，無物不消」。⑯

赤子之心如「斧斤之於木，旦旦而伐之」，則表示那原如初心已有殘破受損之可能，因此孟子的「養」有一些彌補創傷的味道。陽明之形容良知之失墜不是這樣子的，他認爲人之失墜良知是良知被「人慾」習染所「蔽」，換言之，良知還是原來樣子，並沒有被傷害。人要復性，只要把那些遮蔽物移除，就像將鏡子上的灰塵揮去，明鏡就依然能映照萬物一樣。陽明曾說：

> 性無不善，故知無不良。良知即未發之中，即是廓然大公，寂然不動之本體，人人之所同具者也。但不能不昏蔽於物。故須學以去其昏蔽，然於良知之本體，初不能

⑯ 參閱《孟子·告子第六》〈牛山之木〉章。

有加損於毫末也。⓱

又說：

聖人致知之功，至誠無息，其良知之體，皦如明鏡，略無纖翳妍媸之來，隨物見形，而明鏡曾無留染，所謂情順萬事而無情也，無所住而生其心。佛氏曾有是言，未爲非也。⓲

以上兩段引文，可以見出陽明致良知的方法其實在去其「昏蔽」，則皦如明鏡之良知便隨物見形；將良知比喻成明鏡，使人不由得想起《六祖壇經》中神秀的偈語，又「無所住而生其心」是從《金剛經》裡面引出來的，雖然陽明一生經常闢佛，但他的良知說還是受到佛學的影響，此處可見一斑。

在李贄之前，最「具有」〈童心說〉理論的該是羅汝芳了。黃宗羲在《明儒學案》中說：「先生之學，以赤子良心，不學不慮爲的，以天下萬物同體、徹形骸、忘物我爲大。」⓳這個說法是正確的。羅汝芳頗能把握陽明學的眞精神，陽明之良知，其實即是赤子之心，

⓱《傳習錄》中〈答陸原靜書〉。

⓲同⓱。

⓳《明儒學案》卷三十四〈泰州學案三〉。

陽明提倡的致良知，一反以往學者在談「格物致知」時的繁瑣，而使用一種十分簡易的方式，就是承認每一個人都有先驗的、具足的分辨是非善惡的能力，爲學只是要把那些「昏蔽」之物除去即可，這種「復性」的方式是最自然也是最有效的。《學案》稱羅氏之學：「此理生生不息，不須把持，不須接續，當下渾淪順適」，很有解纜放船、順風張棹的氣勢。

羅汝芳論學，時常強赤子之心的重要，他在回答學生「赤子之心，如何用功？」的問題時這樣說：

> 心爲身主，身爲神舍，身心二端，原樂於會合，苦於支離。故赤子孩提，欣欣常是歡笑，蓋其身心猶相凝聚。及少少長成，心思雜亂，便愁苦難當。世人於此隨俗習非，往往馳求外物，以圖安樂。不思外求愈多，中懷愈苦，老死不肯回頭。惟是有根器的人，自然會尋轉路。曉夜皇皇，或聽好人半句言語，或見古先一段訓詞，憬然有個悟處，方信大道只在此身。此身渾是赤子，赤子渾解知能，知能本非學慮；至是精神自是體貼，方寸頓覺虛明，天心道脈，信爲潔淨精微也已。[20]

羅汝芳認爲知與行原本是一體的，就像是「心」與「身」是「會合」的，赤子孩提因爲是心身合一，所以欣欣長是歡笑，但當人成年之後，身與心相離爲二，這樣不但不見歡笑，反而

---

[20] 《明儒學案》卷三十四〈近溪語錄〉。以下所引羅汝芳言論依據《盱壇直詮》及《學案》〈近溪語錄〉摘出，不再注明出處。

心思雜亂而愁苦難當起來，如果不向內去尋求解決，只向外去「馳求外物」，則「外求愈多，中懷愈苦」，因此他主張人應悟得「大道只在此身」，而「此身渾是赤子，赤子渾解知能，知能本非學慮」。這裡所謂的知能，是指良知良能，良知良能是每個人與生俱來的，不是在外求得的。這個思維方式與〈童心說〉極爲類似，只不過李贄的「童心」羅汝芳說成「赤子之心」，李贄所謂的「聞見不立、道理不行」，羅汝芳說成「知能本非學慮」罷了。羅氏經常強調「赤子」的「不學不慮」的狀態，那才是一個人天理充滿的最佳時機，他說：

> 天初生我，只是個赤子。赤子之心，渾然天理，細看其知不必慮，能不及學，果然與莫之爲而爲，莫之致而至的體段，渾然打得對同過。然則聖人之爲聖人，只是把自己不學不慮的見在，對同莫爲莫致的源頭，久久便自然成個不思不勉而從容中道的聖人也。

從以上兩段引文，可以知道羅汝芳的赤子之心至少有兩項特徵，其一是赤子之心是先天自足的，因爲先天自足，則是不學不慮的，羅汝芳承認自孟子以來大部分儒家都接受的先驗道德，所謂先驗道德是指人在最原始的「初心」的狀態之下即有道德的能力，孟子說的「四端」是與生俱來，並不是後天學習而得，因此說赤子之心是「不學不慮」的。由於道德（良知）是先天自足，則行道德（良知）是自然的，不是勉強的，羅氏說：「久久便自然成個不慮不學不思不勉而從容中道的聖人。」便是這個道理。

　　良知的展現與實踐對人而言是極自然而不勉強的，人在赤子的狀態之下是快樂的，因此道德良知就有一種令人喜悅的特性，他說：「故赤子孩提，欣欣長是歡笑」，他在應答人問「孔顏樂處」時說：

> 所謂樂者，竊意只是個快活而已。豈快活之外，復有所謂樂哉！生意活潑，了無滯礙，即是聖賢之所謂樂，卻是聖賢之所謂仁。蓋此仁字，其本源根柢於天地之大德，其脈絡分明於品彙之心元，故赤子初生，孩而弄之，則欣笑不休，乳而育之，則歡愛無盡。蓋人之出世，本由造物之生機，故人之爲生，自有天然之樂趣，故曰：「仁者人也。」此則明白開示學者以心體之眞，亦指引學者以入道之要。

在羅汝芳的觀念裡，赤子之心當然是道德之心，但它並不全等於道德，因爲一般對道德的解釋太嚴肅了；赤子之心是極其自覺的、生機條暢的快樂泉源，這一點並不是道德的意義所能涵蓋的。在羅氏而言，道德良知都有一種令人愉悅的特質，它不是艱苦的、刻意作爲的，而是生生不息、自然而然的，所以良知是不學不慮的。《語錄》載羅汝芳在癸丑過臨清忽遘重病，聆一老翁之言霍然驚起的故事，老翁言：

> 人之心體出自天常，隨物感動，原無定執。君以宿生操持，強力太甚，一念耿光，遂成結習。日中固無紛擾，夢裡亦自昭然。君今謾喜無病，不悟天體漸失，豈惟心病，而身亦不能久延矣。蓋人之志意長在目前，蕩蕩平平，與天日相交，此則陽光宣朗，是爲神境，令人血氣精爽，內外調暢。如或志氣沉滯，胸臆隱隱約，如水鑑

相涵，此則陰靈存想，是為鬼界，令人脈絡糾纏，內外膠泥。君今陰陽莫辨，境界妄縻，是尚得為善學者乎？

這段故事對羅汝芳而言，顯然十分重要，老翁對他說的話改變了羅汝芳對身心乃至對知識、道德的認識，所謂「日中固無紛擾，夢裡亦自昭然」，是何等的一種景象？《學案》記羅氏少時嘗病心火，得見顏鈞，自述其不動心於生死得失之故，顏鈞曰：「是制欲，非體仁也。」羅曰：「克去己私，復還天理，非制欲，安能體仁？」顏曰：「子不觀孟子之論四端乎？知皆擴而充之，若火之始然，泉之始達，如此體仁，何等直截！故子患當下日用而不知，勿妄疑天性生生之或息也。」汝芳時如大夢得醒，明白五鼓，即往納拜稱弟子。

顏鈞以於為羅汝芳的修養方法「是制欲，非體仁」，而老翁亦覺得羅汝芳「宿生操持，強力太甚」，都是過份重視外在的工夫，而忽略了道德良知其實在自己心中，當羅汝芳被人點醒而體悟了這個眞理之後，他便覺得自己內外條暢而生機勃發，致良知不但是個直截的工夫而且是愉快的經驗。

羅汝芳的這個想法，如果不說「影響」了李贄的「童心說」，至少鼓舞了李贄的信心。李贄對羅汝芳是十分敬佩又傾心的，這可以從《焚書》中的一篇〈羅近溪先生告文〉看出來。「赤子之心」與「童心」都是強調人現存的本眞，都有破除知覺主義、理性主義的傾向。李贄尙有篇〈四勿說〉㉑，其中有言：

㉑ 見《焚書》卷三。

> 蓋由中而出者謂之禮，從外而入者謂之非禮；從天而降者謂之禮，從人得者謂之非禮；由不學、不慮、不思、不勉、不識、不知而至者謂之禮，由耳目聞見、心思測度、前言往行、彷彿比擬而至者謂之非禮。無蹊徑可尋、無塗轍可由、無藩衛可守、無界量可限、無扃鑰可啓，……。

此處的見解，較之〈童心說〉更爲大膽激烈，他不但反對《六經》、《語》、《孟》，甚至反對所有的客觀知識，而幾乎已純然的墮入了佛學空無的主張之中。

三、

羅汝芳強調「赤子之心」，李贄提倡「童心」，在晚明思想界引起了極大的回響，羅氏的赤子之心，是用來解釋陽明的現成良知的，而李贄的童心說，其實主要是爲文學創作與批評立論，所論的對象不同，但引發的結果，卻相當一致。譬如焦竑受羅、李的影響，爲學特別標出「初心」，其實初心與童心、赤子之心並無不同，李贄就說過：「夫童心者，絕假純眞，最初一念之本心也。」焦竑說：

> 夫學必有宗，如射之的也。……的者何？吾之初心是也。嬰兒之始生也，不以目求乳、不以耳向明、不以手任行、不以足探物，此豈待於外索哉？譬之魚鳥至渺小耳，而飛雲泳川，不借人之力，何者？道自足也。

他強調「初心」的原始自足，學者明此，不須向外借力，他又說：

禮也者，體也，天則也。是禮也，能視聽，能言動，能孝弟，能賢賢，能事君，能交友；可以爲堯舜，可以通天地，可以育萬物，人人具足、人人渾成。所謂與天地萬物於一體者，乃其體自如是，非我強與之一也。學者不知目之自視，又爲視以視之；不知耳之自聽，又爲聽以聽之；不知口之自言、身之自動，又爲言動以言動之，此所謂已也。㉒

《學案》稱焦竑「師事耿天臺、羅近溪，而又篤信卓吾之學。」可見這些言論之所從來，不過近溪、卓吾稱之爲赤子之心或童心，陽明稱之曰良知，而焦竑此處獨稱之曰禮而已，皆是「人人具足，人人渾成，所謂與天地萬物爲一體者」。

在文學方面，「赤子之心」、「童心」的影響更大而且具體。湯顯祖的「唯情主義」㉓和袁宏道的「獨抒性靈、不拘格套」，都可以看到「童心」理論的影響，此處不再詳論。

㉒ 以上二引文見《學案》卷三十五〈焦澹園論學語〉。

㉓ 湯顯祖在〈牡丹亭記題詞〉中說：「情不知所起，一往而深，生者可以死，死者可以生，生而不可與死，死而不可復生者，皆非情之至也。」強調「眞情」已超越了生死，而成爲道德及審美價值的最高意義。〈合奇序〉曰：「文之妙，不在步趨形似之間，自然靈氣恍惚而來，不思而至，怪怪奇奇，莫可名狀，非夫尋常得以合之。」似乎有神秘主義的傾向，然而在創作中主張不學不慮，反對聞見道理則十分明顯。

「童心」或「赤子之心」雖可說是導源於孟子，也有部分是是受老子的啓沃而來，但晚明思想界在這方面的思考，可能更多是受佛教思想的影響。羅汝芳從來不避諱他與佛教的關係，《學案》說他「得祖師禪之精者」，可謂確論。李贄更是禪儒不分，明白提倡「三教合一」的人物，因此說他們提倡的赤子之心與童心，其中有強烈佛學色彩，是不可懷疑的，但如說「童心說」是純粹的佛教思考方式，則還是有相當的危險性。

李贄的「四勿說」可以說是襲取佛教的見解而來的，所謂，「語言道斷，心行路絕，無蹊蹺可尋、無途轍可由、無藩衛可守、無界量可限、無扃鑰可啓，……」㉔強調一無所有，而進入了一個所謂的寂寞的眞性世界，由這不斷呈現的「無」字，李贄也應該否定了一切的在世行爲，當然也包括了否定了文字表述的作用在內。在六祖惠能看來，菩提本無樹、明鏡亦非臺，「本來無一物」，所有現世的既有現象都在他否定的範圍之內，因爲一切都無，所以塵埃不惹，以明鏡喻心已無必要，更無須「時時勤拂拭」了。以禪學的理論，惠能勝過神秀之處在此，如果從這個角度來看赤子之心或童心說，便知道他們是受到佛學的影響，但並不徹底。赤子之心與童心即「最初一念之本心」，這個「本心」並不是完全空無的，它具有最原始的辨別是非、善惡的能力，它是先驗的道德，頂多它是永嘉所謂的「一念者，靈知之自性也」的那個「一念」㉕，然而，作用可能完全不同，在永嘉而言，這「一念」的自性足以體會空無的精義，而在「童心」裡面，這個原始初心是文學創作的眞正泉源，文學創作，

㉔《焚書》卷三〈四勿說〉。

㉕參考《景德傳燈錄》〈玄覺禪師〉。

無論從創作的過程和所完成的作品來看，都是存有的，而非是空無的。陽明的良知是「見父母自然知孝，見兄自然知弟」，羅汝芳的赤子之心是「只是把自己不慮不學的見在，對同莫爲莫至的源頭，久久便成個不思不勉而從容中道的聖人。」可見是有功能、有效應的，聖人雖「不思不勉」，但依然「從容中道」，足證主「赤子之心」的論者並不採禪家空無的看法。

〈童心說〉裡有一段文字：「古之聖人曷嘗不讀書哉！然縱不讀書，童心固自在也；縱多讀書，亦以護此童心而使之勿失焉耳，非若學者反以多讀書識義理反障之也。」這一段文字與他的「聞見不立，道理不行」基本是有矛盾存在的，李贄排斥聞見、道理，當然排斥讀書，因爲讀書與聞見、道理一樣都是會「障」此童心的，但上段文字卻開了例外，有些「古人」讀書便不見得「障」了童心，而且還「護」了此童心使之勿失。假如讀書可以「護此童心」，則自然勿須排斥讀書。是故〈童心說〉並未直接走入佛教空無的核心，而是有條件的排斥知識和讀書，所以說它在發揮「應無所住而生其心」的時候，並不是徹底的。

因此，晚明的「童心」、「初心」說或「赤子之心」說，大約只可從執行「自然主義」的角度入手，他們鼓勵人擺脫外在的（後天形成的）所有，而恢復人早已失去的的最自然原始的部分。在道德家的眼中，人在最初的狀態中（童年），已充滿了偉大的道德能力，不僅如此，他還會極自然的實踐道德；在文學家的眼中，直覺式的「自然」具備了最豐足的創作及欣賞的材料，除此之外，「自然」還是一種最有力的創作方法，李贄說：

蓋聲色之來，發於情性，由乎自然，是可以牽合矯強而致乎？……惟矯強乃失之，故以自然之於美耳，又非於情性之外復有所謂自然而然也。故性格清澈者音調自然宣揚，性格舒徐者音調自然疏緩，曠達者自然浩蕩，雄邁者自然壯烈，沉鬱者自然悲酸，古怪者自然奇絕。有是格，便有是調，皆性情自然之謂也。㉖

《童心說》即是主張恢復這個「性情」之自然，因爲自然便足以「成文」，而且成就的是「古今之至文」。「雲無心以出岫，鳥倦飛而知還」，表面上，自然是一種寧靜似乎無所作爲的狀態，其實卻包涵著最大的創作可能，〈童心說〉中說：「吾因是有感於童心心自文也。」這個理論和道德家是一樣的，陽明說：「見父母自然知孝，見兄自然知弟」，羅汝芳說：「水流物生，天機自然。」主張赤子之心與童心的人都這樣認爲，道德與文學都已在自然而然的狀態之下徹底的完成了。

㉖ 見《焚書》卷三〈讀律膚說〉。

論湯顯祖「主情說」之淵源、內涵與實踐

羅麗容

前言

於元明兩代戲曲史中，足以籠罩一世、凌越千古，卓然而爲曲壇宗師、曲家冠冕者，其唯關漢卿與湯顯祖乎！此二家者，各於其不同之時代與環境中，發爲不朽之歌聲，然關漢卿所處之元代，戲曲作家表現在劇作中之哲學思想性，普遍較爲薄弱，故有元一代之戲曲作品，大都缺乏哲學思潮作骨幹，唯此乃爲時代之共象，關氏不任其咎也；然就此而論，則晚明湯顯祖之成就，實遠在關漢卿之上，蓋其作品具有深刻之哲學精神，反映時代思潮，揭示千古以來，人類所共同追求之幸福目標，故能深入人心如此也。

而湯氏筆下之人物，雖多生於古封建制度下之特殊官宦世家，然其所標榜者，實爲古今中外、貧富貴賤，人人所具有之「本性」；其所追求者乃爲古往今來、賢愚不肖，人人所忻羡之「情感」也。故雖歷經四百年，不僅成爲愛好戲曲者所耽讀之作品，且在舞台上搬演不輟、歷久不衰。後世以湯氏爲研究對象之期刊論文專書，基本上皆肯定「情」爲其創作思想之核心。郭漢城〈心靈的巨匠，無畏的鬥士—紀念湯顯祖逝世三百七十週年〉一文云：

湯顯祖是中國藝術史上最富于哲學氣質的戲劇家，他自覺地用哲學思想來指導自己的戲劇實踐，把哲學鎔鑄在形象裡面，使全部劇作爲『主情說』的哲學思想所貫穿。❶

又張庚、郭漢城《中國戲曲通史》亦云：

湯顯祖提出來『情』的哲理，是同程朱以來的整個理學傳統相背逆的。在政治生活中，湯顯祖沒有做到用『豫章之劍』、『已世之亂』，但在意識行態領域，他卻揮動『情』的寶劍，砍伐了封建專制主義的統治，及其官方哲學。因此湯顯祖禮讚的『情』字，不僅在晚明的現實中起著戰鬥號角的作用，而且在我國思想史上也具有重要的地位。❷

在現實政治生活中，湯顯祖究竟有無用劍已亂世，姑且不論，然其用「情」字突破傳統程、朱思想之束縛，則爲不爭之事實，而其「主情說」之思想觀念，影響其戲曲創作乃至戲曲理論甚鉅，而此理論觀念又受當代哲學思想之啓發實多。

❶ 原載於《光明日報》一九八六年一二月二日，本文轉引自《明代戲劇研究概述》頁一五三，天津教育出版社。

❷ 《中國戲曲通史》張庚、郭漢城主編，頁五四二，中國戲劇出版社。

以晚明而論，王艮所創之泰州學派，曾在當代造成「掀翻天地」、「赤身擔當」、「非名教所能羈絡」之風潮，流風所被，湯顯祖，身爲泰州學派第三代傳人羅汝芳之弟子❸，在在將泰州風範表現於其劇作、曲論、詩文、尺牘之中，而全數以「情」字貫穿之。

本人篤好中國哲學，兼之所學又以詞章之戲曲爲主，故本文欲將湯顯祖「主情說」分爲三方面討論。其一爲淵源說，其二爲內涵說，其三爲實踐說。俾使泰州思想能藉湯氏而體現，且湯氏之作亦因有哲學思想爲主幹而趨於深厚。倘能達此目的，則本文所費之心力，庶幾不虛擲矣。

壹、主情說之淵源

湯顯祖一生之思想得之於三人之影響頗深，其一是泰州學派三傳弟子羅汝芳近溪，其二是達觀禪師，其三則是李贄百泉。其《玉茗堂尺牘卷一・答管東溟》云：「得奉陵祠，多暇豫。如明德先生者，時在吾心眼中矣。見以可上人之雄，聽以李百泉之杰，尋其吐屬，如獲美劍。」可見此三人在湯氏心目中之份量，而其「主情說」即由此三位晚明進步之思想啓蒙家激盪而成。

❸ 泰州學派之承傳爲：王艮傳徐樾，徐樾傳顏鈞，顏鈞傳何心隱、羅汝芳；何心隱傳錢懷蘇、程后台；羅汝芳則爲楊復所、湯顯祖之師。

首先提羅汝芳對湯顯祖之影響

湯氏十三歲即拜羅汝芳爲師，其《玉茗堂文之十·秀才說》云：

十三歲時，從明德羅先生（案：明德先生即羅汝芳）遊。血氣未定，讀非聖之書。所遊四方，輒交其氣義之士，蹈厲靡衍，幾失其性。中途復見明德先生，嘆而問曰：『子與天下士日泮渙悲歌，意何爲者？究竟於性命何如？何時可了？』夜思此言，不能安枕，久之有省。❹

根據徐朔方《湯顯祖年譜》所載❺，湯父曾於嘉靖四十一年，湯顯祖十三歲前後延請羅汝芳至臨川講學，教其子六人于城內唐公廟，唯時間不會超過一年，直至嘉靖四十五年，羅汝芳建「前峰書屋」于從姑山，湯父始又命顯祖負笈詣從姑，從學於其門下。而前引文中所謂「中途復遇見明德先生」，則根據年譜，極可能係指萬曆十四年夏，羅汝芳至南京講學，顯祖從之游之事，楊起元〈羅汝芳墓誌銘〉云：

麻城周柳塘公來訪（指羅汝芳）。同舟下南昌，游兩浙，至留都。日與朱子延益、焦

---

❹《湯顯祖集》卷三十七，頁一一六六，洪氏出版社。

❺《晚明曲家年譜·湯顯祖年譜》頁二二五、二三〇。徐朔方著，浙江古籍出版社。

子紘、李子登、陳子履祥、湯子顯祖等談學城西小寺。未幾，同志咸集，會憑虛閣、會興善寺。❻

唯此時顯祖已三十七歲，距少年時求學於其門下已越漫漫二十餘載，然亦可知羅汝芳與顯祖師生情誼之深厚，是終其一生皆不改其志者。故其《玉茗堂之文三・太平山房集選序》云：

蓋予童子時，從明德夫子遊，或穆然而咨嗟，或熏然而與言，或歌詩，或鼓琴。予天機泠如也。後乃畔去，為激發推蕩歌舞誦數自娛，積數十年，中庸絕而天機死！❼

所謂「天機」根據湯顯祖之說乃「見其內，而忘其外」者，亦即人之所以為人之最精華可取之處，此乃人之思想也。故竊以為顯祖之意乃曰：「數十年不見羅師，中庸之道絕而思想亦一無可取。」可見羅汝芳之學在顯祖思想領域中之重要性。

羅汝芳乃泰州學派之第三代傳人，自其開山祖師王艮創立學派始，即以反傳統、反統治階級之異端姿態出現，影響所及，上自士大夫階級，如徐樾、何心隱、羅汝芳，下至販賈走卒，如顏鈞、韓樂吾、朱恕，莫不受其感化，其間亦有不見容於統治階層，而被迫害至死者，如何心隱、顏鈞等人，然而泰州子弟赤身擔當，愈挫愈奮、愈戰愈勇之精神，實非一個

❻《晚明曲家年譜・湯顯祖年譜》頁二八四、二八五。徐朔方著，浙江古籍出版社。

❼《湯顯祖集》卷三十，頁一〇三七，洪氏出版社。

「死」字可以遏抑。今略述其學派之宗旨，亦可見湯氏主情說思想之淵源。

一、主張百姓日用即是道　王艮曰：「聖人之道，無異於百姓日用，凡有異者皆謂之異端。」❽反對傳統章句誦習，教人放下書本，不必依靠經傳支撐，凡講經說書，多發明自得，謂之「心悟」、「獨解」，跳出傳統經學拘泥於注疏之範疇，所講內容平易近人，人人樂與之親。耿定向《王心齋傳》云：

> 同里人商販東魯，間經孔林，先生入謁夫子廟，低徊久之，慨然奮曰：『此亦人耳，胡萬世師之稱聖耶？』歸取論語孝經誦習。至顏淵問仁章，詢之塾師，知顏子爲孔門高第弟子。曰：『此孔門作聖功，非徒令人口耳也。』爲笏書『四勿』語，昕夕手持而躬踐之。……久之，行純心明，以經證悟，以悟釋經。❾

故王艮之說除「心悟」外，尚主張「實踐」，以爲六經傳統特印證我心，既已「心悟」、「實踐」，則經傳不復用矣。

二、宇宙一元論　王艮以爲「天地萬物一體」、「仁者渾然與物同體」、「混沌一元」，亦即主張宇宙一元論，天地、萬物、人皆爲一體，故可稱之曰「自然」或「天」，由此觀點出發，王艮以爲「人性之體」即「天性之體」，皆爲「自然」之同義語。故曰：「天性之體，

---

❽《明儒學案・泰州學案・心齋語錄》卷三十二，頁三一六，黃宗羲著，世界書局。

❾《中國思想通史》第四卷，頁九六〇，侯外廬主編，中國史學社印行。

本自活潑。鳶飛魚躍，便是此體。」⑩故人性中飢思食、渴思飲、男女之愛，亦為活潑潑之「人性之體」，無可忽視。因此人學習之目的即發展自然之樂，學習方法須簡易快樂。由此而衍生「自然論」與「樂學說」。王艮認為人心本諸自然，即能快樂，其仲子王襞《東崖語錄》云：「鳥啼花落，山峙川流，飢食渴飲，夏葛冬裘，至道天餘蘊矣。」⑪以此詮釋自然說最為貼切。而三傳弟子羅汝芳亦對此有所體悟，《近溪語錄》云：

> 不追心之既往，不逆心之將來。任他寬宏活潑，眞是水流物生，充天機之自然，至於恆久不息，則無難矣。⑫

《近溪語錄》又云：

> 我的心，也無個中，也無個外，所用功夫，也不在心中，也不在心外，只是童子獻茶來時，隨眾起而受之，從容啜畢。童子來接時，隨眾付而與之。君必以心相求，則此無非是『心』，以工夫相求，則此無非是『工夫』，若以聖賢格言相求，則此

---

⑩《明儒學案·泰州學案·心齋語錄》卷三十二，頁三一六，黃宗羲著，世界書局。

⑪《明儒學案·泰州學案·東崖語錄》卷三十二，頁三二〇，黃宗羲著，世界書局。

⑫《明儒學案·泰州學案·近溪語錄》卷三十二，頁三三八，黃宗羲著，世界書局。

亦可說動靜不失其時，其道光明也。⑬

凡此皆指明學習之目的即回歸自然。至於學習方法則必須以「快樂」爲主體，王艮《心齋語錄》云：

樂是樂此學，學是學此樂，不樂不是學，不學不是樂，樂便然後學，學便然後樂，樂是學，學是樂。⑭

此即王艮有名之「樂學歌」，羅汝芳亦發展出一套近似樂學之理論：

學問須要平易近情，不可著手太重。如粗茶淡飯，隨時遣日，心既不勞，事亦了當。久久成熟，不覺自然有個悟處，蓋此理在日用間，原非深遠，而工夫次第，亦難以急迫而成，學能如是，雖無速化之妙，卻有雋永之味也。⑮

此亦體悟出學習不可操之過急，當以平易從容爲之，大致符合「樂學說」之主旨。

⑬《明儒學案・泰州學案・近溪語錄》卷三十二，頁三四〇，黃宗羲著，世界書局。
⑭《明儒學案・泰州學案・心齋語錄》卷三十二，頁三一八，黃宗羲著，世界書局。
⑮《明儒學案・泰州學案・近溪語錄》卷三十二，頁三三八，黃宗羲著，世界書局。

三、政治理想　王艮襲用王陽明之觀點，將政治分為三種不同類型，即羲皇景象、三代景象、五伯景象，彼嚮往者乃羲皇時代之生活和諧、列坐詠歌；而最不以為然者則是五伯之世紛爭擾攘，可見泰州學派在政治上所追求者乃為平等、自由、快樂、免除剝削壓榨，「只是相與講學」之世界，故泰州子弟，人人注重講學，如何心隱、顏鈞、羅汝芳之輩，皆有「入山林求隱逸，至市井啓發愚蒙之胸襟理想」，所謂「隱逸」、「愚蒙」即是社會地位低下，文化教養缺乏之下層百姓，故所至之處，「無賢不肖，皆赴之」，例如《明儒學案·泰州學案》提及何心隱講學，奔走四方，南至福建，北達京師，東到長江下游，西走重慶，而至京師之時，「辟谷門會館，招來四方之士，方技雜流，無不從之。」可見其盛況。而講學之目的即是傳播政治上人人平等、自由、快樂之理想。故泰州學派主張「出必為帝者傅，處必為天下萬世師」，拒絕在朝為官，充當爪牙，例如王艮於其五子之教育方式乃為「皆令志學，不事舉子業」，故弟子徐樾為追隨王艮而解官，因受王艮之讚賞，而傳授「大成之學」。⑯

四、淮南格物說　此為泰州開山祖王艮重要學說，約而言之，主要論點有三──

（一）從「天地萬物為一體」做出發點，故人己平等，愛己身即須愛人身，故強調「明哲保身論」，王艮語錄云：

明哲者，良知也；明哲保身者，良知良能也；知保身者則必愛身，能愛身則不敢不

---

⑯「大成之學」乃為泰州學派之精華思想，只傳予諸弟子中，成材而為老師所賞識者。

> 愛人，能愛人則人必愛我，人愛我則吾身保矣。⑰

同時亦反對「知保身而不知愛人」，勢必至於「適己自便」、「利己害人」，而他人亦將以此報我，則自身不能保矣；一身之不能保，又何以保天下家國哉！

（二）安身說　首先人須吃飽穿暖，讓自己活下去，此乃基本物質條件，人若有困于貧而凍餒其身，亦失其本而難以學，待自己與天下人皆能飽暖，亦達安身之先決條件矣。故《心齋語錄》云：

> 安身以安家而家齊，安身以安國而國治，安身以安天下而天下平……不知安身，便去幹天下國家事，是之爲失本，就此失腳。⑱

可見安身爲安天下之本。

（三）成己成物說此爲安身說之延伸，人不僅止於做到物質條件之安，更須進一步對天地萬物負責任，故首須嚴格要求自己，《心齋語錄》云：

> 吾身是個矩，天下國家是個方，絜矩則知方之不正，由矩之不正也。是以只去正矩，

---

⑰《明儒學案．泰州學案》卷三十二，頁三一七，黃宗羲著，世界書局。

⑱《明儒學案．泰州學案．心齋語錄》卷三十二，頁三一六，黃宗羲著，世界書局。

> 卻不在方上求，矩正則方正矣，方正則成格矣。⑲

所以先正己身才能「內不失己，外不失人，成己成物」，亦方能擔起「一夫不獲其所，即己不獲其所，務使獲其所而已」之重責大任。

凡此學派之宗旨，在晚明造成了「掀翻天地」之局面，而湯顯祖生於明世宗嘉靖廿九年（一五五〇），卒於神宗萬曆四十四年（一六一六），當時泰州學派正盛行於湯顯祖之家鄉江西省，而他十三歲始即入泰州之門，終其一生，皆受其影響，遂令此原本可握麈毛而登皋比之才子，捨棄榮華，走向反壓榨、反剝削之不歸路，泰州學派之神力可謂大矣。黃宗羲於《明儒學案》中評論泰州學案之語，頗値深思：

> 陽明先生之學，有泰州、龍溪而風行天下，亦因泰州、龍溪而漸失其傳。泰州、龍溪時時不滿其師說，益啓瞿曇之秘而歸之師，蓋躋陽明而爲禪矣。……泰州之後，其人多能赤手以搏龍蛇，傳至顏山農、何心隱一派，遂非名教所能羈絡矣。顧端文曰：『心隱輩坐在利欲膠漆盆中，所能鼓動得人，只緣他有一種聰明，亦自有不可到處。』義以爲非其聰明，正其學術所謂祖師禪者，以作用見性。諸公掀翻天地，前不見有古人，後不見有來者，釋氏一棒一喝，當機橫行，放下拄杖，便如愚人一

---

⑲《明儒學案・泰州學案・心齋語錄》卷三十二，頁三一六，黃宗羲著，世界書局。

般。諸公赤身擔當，無有放下時節，故其害如是。⑳

黃宗羲從傳統觀點出發，將泰州視爲洪水猛獸般肆無忌憚，殊不知此即爲其特色，「掀翻天地」、「前不見古人，後不見來者」，顯現其急欲擺脫傳統束縛之勇氣；「非名教所能羈絡」，表現其衝破名利網羅之決心；「赤身擔當，無有放下時節」，說明其犧牲奉獻，不惜殉道之精神。凡此皆屬泰州學派躬行實踐之功夫，而泰州子弟，個個皆是熱血沸騰、擔當一切之好漢，即此「富貴不能淫、貧賤不能移、威武不能屈」之精神，爲湯顯祖樹立大丈夫之典範。

其次論達觀禪師對湯顯祖之影響

眞可和尚字達觀，號紫柏，是晚明四大禪師之一。他與湯顯祖之相識，頗富傳奇性，據《玉茗堂詩卷十四·蓮池墜簪題壁二首序》云：

予庚午（一五七〇）秋舉，赴謝總裁參知餘姚張公岳。晚過池上，照影搔首，墜一蓮簪，題壁而去。庚寅（一五九〇）達觀禪師過予于南比部鄒南皋郎舍中，曰：『吾望子久矣。』因誦前詩。㉑

⑳《明儒學案·泰州學案》卷三十二，頁三一一，黃宗羲著，世界書局。
㉑《湯顯祖集》卷十四，頁五四九，洪氏出版社。

依此，達觀在庚寅年（萬曆十八年，一五九〇）于南刑部鄒元標家中初遇湯氏之前二十年，即因二首〈蓮池墜簪題壁詩〉㉒饒富禪意而知湯氏其人，故初遇時即曰：「吾望子久矣。」二人之交自此始。根據達觀《紫柏大師集・與湯義仍》所載，彼二人交往過程中，有所謂「五遇」；

第一遇爲：「野人追維往游西山雲峰寺，得寸虛（指顯祖）于壁上（指題壁詩），此初遇也。」

第二遇爲：「至石頭（南京），晤于南皋（指鄒元標）齋中，此二遇也。」

第三遇爲：「辱寸虛冒風雨而枉顧棲霞，此三遇也。」

第四遇爲：「及寸虛上疏后，客瘴海，野人每有徐聞之心，然有心而未遂。至買舟絕錢塘，道龍游，訪寸虛于遂昌，遂昌唐山寺，冠世絕境，泉潔峰頭，月印波心，紅魚誤以爲餌，虛白吞吐。吞吐既久，化而爲丹，眾魚得以龍焉。故曰，龍乃魚中之仙。唐山，禪月舊宅，微寸虛方便接引，則達道人此生幾不知有唐山矣。然此四遇也。」

第五遇爲：「今臨川之遇，大出意外，何殊雲水相逢，兩皆無心，清曠自足，此五遇也。」

依此可知，達觀禪師對湯氏之情深意厚。㉓於《紫柏大師集・與湯義仍》書信中亦可知：

㉒ 其詩曰：「搔首向東林，遺簪躍復沉。雖爲頭上物，終是水雲心。」（其一）「橋影下西夕，遺簪秋水中。或是投簪處，因緣蓮葉東。」（其二）。

㉓ 凡此五遇皆見《紫柏大師集・與湯義仍》，頁九九，台灣印經處印行。

嗚呼！野人與寸虛必大有宿因，故野人不能以最上等人望寸虛，謂之瞞心。潙山曰『但不瞞心，心自靈聖。』且寸虛賦性精奇，必自宿植，若非宿植，則世緣必濃，靈根必昧。年來世緣，逆多順少，此造物不忍精奇之物，沉霾欲晦，暗物接引，必欲接引寸虛了此大事。㉔

文中所謂「世緣必濃」即指湯氏對人間之「一往情深」而言；而自湯氏之詩文集觀之，每有論及與達觀交游者，如〈達公忽至〉、〈達公舟中同本如明府喜月之作〉、〈達公過盱便云東返，寄問賀知忍〉、〈達公來自從姑過西山〉、〈得馮具區祭酒書示紫柏〉、〈達公來別云欲上都二首〉、〈拾之偶有所繾，恨不從予同達公遊，爲詠此〉、〈謝埠同紫柏至沙城，不肯乘驢，口號〉、〈別達公〉、〈章門客有問湯老送達公悲涕者〉、〈歸舟重得達公船〉、〈江中見月懷達公〉等詩，皆可看出達觀在湯氏心目中之份量。

達觀禪師在第二次遇湯顯祖時，曾謂之曰：「十年後，定當打破寸虛館也。」㉕謂十年後欲勸湯氏皈依出家也，然湯氏終其一生，究竟未能捨棄紅塵，出家爲僧，因此，在湯氏思想領域中，達觀禪師所佔之地位，及其佛道思想，究竟佔何比重，即成爲眾所矚目之焦點。

中國大陸在一九八三年舉辦「紀念湯顯祖逝世三百六十六週年學術討論會」會議中，有多篇論文探討此問題，大陸學者的看法，大致可歸納爲三類：

㉔《紫柏大師集．與湯義仍》，頁一〇〇、一〇一，台灣印經處印行。

㉕《紫柏大師集．與湯義仍》頁一〇一，台灣印經處印行。

其一主張佛道思想在湯氏思想領域中，占有重要地位。如藍凡《試論湯顯祖四夢的佛學禪宗思想》云：

> 湯顯祖是個佛學禪宗思想很濃的封建時代知識份子……已經超越了把佛學當作思辨哲學來研究的範圍，而體現了出世入佛之思想。……晚年因爲政治上失意和愛子夭折，消極出世思想更有所滋長。㉖

此即就湯氏早年喜觀佛書，中年又與達觀交往，及其字號「若士」、「海若士」、「寸虛」等觀察之心得。

其二主張儒家正統思想依然是湯氏之主要思想。如羅傳奇、萬斌生都一致認爲將佛道思想視爲寄託苦悶之對象，是當時之社會風尙，湯氏自不例外，然彼絕非虔誠之信徒，在重大問題之考驗下，儒家思想仍是湯氏唯一抉擇。周育德甚至認爲湯氏始終不能與佛教徒保持「認識與行動」上之一致性，「他寫由情入夢，夢了而覺，覺醒后又無路可走，思想是深刻而沉痛的，是入世而非出世的。」㉗

其三主張將湯氏思想以一五九八年爲界線分爲前後二期，「前期的湯顯祖懷著遠大的

㉖ 原文載《河北大學學報》一九八四年三期。轉引自《明代戲劇研究概述》頁一五四，天津教育出版社。

㉗ 原載於《中國戲劇年鑑・紀念湯顯祖逝世三百六十六週年學術討論會綜述》，一九八三年。轉引自《明代戲劇研究概述》頁一五五，天津教育出版社。

政治抱負，和剛正不阿的品質而積極入世，并無人生如夢的觀點」㉘，而後期他「加快向禪宗靠攏的步伐。……向消極避世方面的動搖，日趨激烈而迅速。……始終不能完全合拍（指與禪宗之關係）……湯顯祖晚期思想的根本特點就是——處于入世和出世兩種思想、兩種學說的困擾中。」㉙

綜觀此三種說法，其共同缺點乃在於僅從湯顯祖之角度來探討湯顯祖，而獨遺漏達觀禪師此一重要關鍵性人物。鄙意以爲要了解湯顯祖必須先了解達觀。究竟達觀是否爲傳統觀念中眾所認定之刻板印象如：說偈語、打棒喝之一般禪師？試觀萬曆三十年（一六〇二）御史康丕揚疏劾達觀之文，或可知其行止之一斑：

> 狡黠善辯，工于籠術，動作大氣魄以動士大夫，如廣平太守蔣以忠參拜，公然坐受。先吏部尚書陸光祖訪于五台山，盤桓十餘日，地方官無不俟候。撫臣欲行提問，彼懼而隨光祖歸。后再至眞定，從講益多。甚有妻女出拜，崇奉茹齋，跪進飲食。指以五台刻經，借取重利。復令五中極無賴之繆慕台者，鼓舞人心，捐財種福，一時收受數盈三萬。其自南入都也，貴人爭候，倒屣恨遲，入見跪伏，轉相慕效。識連

㉘ 原載於《湯顯祖研究論文集·從夢幻意識看湯顯祖的二夢》，郭紀金著。轉引自《明代戲劇研究概述》頁一五五，天津教育出版社。

㉙ 原載《湯顯祖研究論文集。湯顯祖晚年思想及二夢創作及芻議》，楊忠、張賢蓉著，轉引自《明代戲劇研究概述》，頁一五五，天津教育出版社。

> 中外，交結奧援，近有一大臣，雅負時望，身止一子，緣其崇信流僧，遂即祝髮從游，父死不奔喪。濫觴之極至此，況數年以來，遍歷吳越，究其主念，總在京師。始而由丹陽、金壇歸于燕，繼而由五台、留都再歸于燕，終由眞定、五台卒入于燕，意欲何爲？夫盡人咸可說法，何必朝省？深山盡可習靜，安用都門？而必戀戀長安，與縉紳爲伍者何耶？[30]

據此可知達觀在當代活動傳教情形，已深入一般百姓，乃至達官王侯皆「倒屣恨遲、入見跪伏、轉相慕效」而朝廷亦視之如洪水猛獸，甚至鄙見之官吏如御史康丕揚在彈劾文中，再三申告其居心叵測，聳動百姓。此與當日泰州學派廣遍天下，引起朝廷疑懼之情況頗爲類似，換言之，達觀雖爲方外之士，然而乃是稟性剛烈，喜怒形諸言表，頗有俠士風骨之佛教大師。曾經有平生三大負之感慨：

> 老憨不歸，則我出世一大負；礦稅不止，則我救世一大負；傳燈未續，則我慧命一大負！[31]

---

[30] 原載《明神宗實錄》，轉引自《晚明曲家年譜·湯顯祖年譜》，頁四〇六、四〇七。徐朔方著，浙江古籍出版社。

[31] 《紫柏大師集·紫柏大師傳略》頁五，台灣印經處印行。

「老憨」即指明末高僧憨山大師德清，此人為達觀生平最相契之道友，二人曾合計修《傳燈錄》、復興曹溪禪源、修復琬公塔、復刻方冊大藏等佛教界大事。而德清於神宗萬曆二十二年，因弘法被誣入獄，達觀曾多次營救不成，後德清被遣戍雷州，達觀反因營救德清，引起神宗不悅，而於萬曆三十一年，因妖書事件㉜被牽連而入獄。而所謂「礦稅不止」則指萬曆二十四年，神宗為充實內帑，營建內殿，下詔開採銀礦，廣徵稅收，於是無地不開，中使四出，奸人假開採之名，乘勢勒索民財，若有富家良田美宅，則指下有礦脈，或誣以盜礦，或率役圍捕，甚且辱及婦女。萬曆二十八年，南康太守吳寶秀拒繳礦稅，為中使劾奏入獄，吳妻哀憤自縊，達觀時在匡山，聞說此事，策杖出山，多方調護營救，並授吳寶秀「毘舍浮佛偈」令其持誦十萬遍，後蒙神宗飭赦出獄。而礦稅之危害天下，直至達觀死前猶未消止。此即達觀之「生平三大負」。觀此「三負」，無一為己，皆為天下眾人之事，故《中國戲曲通史》評之曰：「他是恨眾生不能成佛，而見義勇為的和尚，由于他的無畏和舍生，以及對程朱理學的攻擊，也被當權的統治者視為洪水猛獸。……更被迫害至死。」㉝

關于此點，湯氏在〈滕趙仲一生祠記序〉有更深入之描述：

㉜ 此事史稱「癸卯冤獄」萬曆二十六年秋，有人撰寫「憂危竑議」，離間鄭貴妃與皇長子常洛，此書以焚毀了事。萬曆三十一年，又有人續撰「續憂危竑議」言鄭貴妃將以親生子常洵取代常洛為東宮太子。帝震怒，下旨嚴查妖書出處。而達觀之弟子沈令譽遭株連被捕，御史康丕揚自其宅搜出達觀予沈之信札，其中言及營救德清及帝毀海印寺之事，帝怒，達觀因之繫獄。

㉝ 《中國戲曲通史》頁五四二，張庚、郭漢城主編，中國戲劇出版社。

後一年，而紫柏先生來視予曰：『且之長安。』予止之曰：『公之精神才力體貌，固不可以之長安矣。』先生解余意，笑曰：『我當斷髮時，已知斷頭，第求有威智人，可與言天下事者。』予曰：『若此必趙君可。』久之，則聞朝士大嘩，而趙君去；又久之幾起大獄，而紫柏先生死矣！㉞

推論至此，當可知湯顯祖與達觀投緣之因，乃為個性、思想之接近而惺惺相惜，彼此效慕，行誼在師友之間，湯氏欣賞達觀勇敢無畏忠於理想之精神，一如崇拜其恩師泰州學派羅汝芳；而達觀賞識湯氏如水雲心般之禪機與才華，又見其蓮簪詩未出仕即有歸隱心，以為有宿緣，故再三勸其皈依佛，而湯氏亦受記㉟於達觀。湯氏結識達觀後，更堅定其思想上以「情」反對程朱理學之決心，故達觀對湯顯祖之影響當屬此類，而非一般所云，必斤斤計較於《南柯》、《邯鄲》中所呈現之佛道思想，而曰湯氏必受達觀之影響，凡此皆屬淺見，若果湯氏之佛道思想必待達觀而後有，如此，則當日未遇達觀而具佛道思想者之思想，又從何而來耶？

第三論李贄對湯氏之影響

李贄號卓吾、篤吾，師事泰州學派祖師王艮之子王襞，論輩份，當與羅汝芳、何心隱

㉞《湯顯祖集》頁一〇二〇，洪氏出版社。達觀禪師於萬曆三十一年被害於北京監獄，湯氏作詩〈西哭三首〉以悼之。

㉟受記又名受莂，由佛受當來必當作佛之記別也。

同，並與羅汝芳友善，曾撰〈羅近溪先生告文〉以弔羅汝芳。湯顯祖早慕其名，《玉茗堂尺牘卷一・寄石楚陽蘇州》云：

> 有李百泉（贄）先生者，見其《焚書》，畸人也。肯爲求其書寄我駘蕩否？[36]

此爲萬曆十八年庚寅（一五九〇）年之事也，而《焚書》即於此年刻於麻城，亦爲當時蘇州知府石崑玉（楚陽）之家鄉之鄰縣，湯氏此時已見到此書，故以此信慇勤求訪，其對李贄之傾慕有如此者。至於二者之間是否有會面之事，頗難一窺究竟。根據《湯顯祖集》所附之簡易湯氏年譜，並無提及會面之事。而徐朔方所編之《湯顯祖年譜》乃繫於萬曆二十七年（一五九九）之下，曰：

> 李贄來訪。《臨川縣志》卷十李氏正覺寺《醒泉銘序》云：萬曆己亥，余與湯西兒正覺寺后作繫念。寺之伯用材上人邀余茶話。[37]

案湯西兒爲湯顯祖之子，殤於萬曆二十六年（一五九八），距生年僅八歲。而依《臨川縣志》所云，李贄來訪事，必當不假，然彼時湯西兒已殤一年，亦不見湯氏爲此事有詩文與李贄唱

---

36 《湯顯祖集》尺牘卷一，頁一二四六，洪氏出版社。

37 《晚明作家年譜・湯顯祖年譜》頁三八六，徐朔方著，浙江古籍出版社。

和往返，而於湯氏全集中，僅得一首〈嘆卓老〉之詩，作於萬曆三十年（一六〇二）李贄于獄中自殺之後，詩云：

自是精靈愛出家，鉢頭何必向京華？知教笑舞臨刀杖，爛醉諸天雨雜花。㊳

據此推論，李贄或有往訪湯顯祖而未遇，僅於正覺寺與湯西兒「作繫念」，亦未可知。準此，李贄對湯顯祖之影響僅止於其行事風範及其著作思想，不若羅汝芳及達觀上人之親炙也。然李贄亦爲泰州一派之傳人，其行事作風幾與泰州無異，試觀萬曆三十年（一六〇二）禮科都給事中張問達劾李贄之疏可知：

……壯歲爲官，晚年削髮。近又刻《藏書》、《焚書》、《卓吾大德》等書，流行海內，惑亂人心。以呂不韋、李園爲智謀，以李斯爲才力，以馮道爲吏隱，以卓文君爲善擇佳偶，以司馬光論桑弘羊欺武帝爲可笑，以秦始皇爲千古一帝，以孔子之是非爲不足據。狂誕悖戾，未易枚舉。大都刺繆不經，不可不毀者。尤可恨者，寄居麻城，肆行不簡。與無良輩游于庵，挾妓女白晝同浴，勾引士人妻女入庵講法，至有攜衾枕而宿庵觀者，一境如狂。又作《觀音問》一書，所謂觀音者皆士人妻女也。而後生小子喜其猖狂放肆，相率煽惑，至于明劫人財，強摟人婦，同于禽獸之

㊳ 《湯顯祖集·玉茗堂詩之十》頁五八三，洪氏出版社。

不恤。邇來縉紳士大夫，亦有啐咒唸佛，奉僧膜拜，手持數珠以爲律戒，室懸妙像以爲皈依，不知遵孔子家法，而溺意于禪教沙門者，往往出矣。近聞贄且移至通州，通州離都下僅四十里。倘一入都門，招致蠱惑，又爲麻城之續。望敕禮部檄行通州地方官，將李贄解發原籍治罪，仍檄行兩畿各省，將贄刊行諸書，并搜簡其家未刊者，盡行燒毀，毋令貽亂于后，世道幸甚。㊴

依此，朝廷目之爲「妖人」，降罪於李贄之原因有二，其一爲思想上之毀聖叛道、批駁詭笑、攻古君子之短、護小人之所長，且刻爲書籍，廣爲流傳；其二爲行爲上之好剛使氣、行復詭異、快意恩仇、急乘緩戒、細行不修、任情適口、鸞刀狼藉，影響所及，士人庶民皆望風披靡。殊不知李贄之書其意大抵在於「黜虛文、求實用；舍皮毛，見神骨；去浮理，揣人情；即矯枉之過，不無偏有輕重，而舍其批駁詭笑之語，細心讀之，其破的中窾之處，大有補於世道人心。」㊵眞如公安派袁中道所云：「世間一種珍奇，不可無一，不可有二」之書；而其人之「才太高、氣太豪」思想超越當代太遠，又不能「埋照溷俗」、「爲人所屈」，遂得罪於名教，禍逐名起，卒就囹圄，而毫無懼色，凡此皆爲泰州學派之特色風範之所在，抑且爲湯顯祖一心向慕之所在！

㊴ 原載《實錄》，轉引自《晚明曲家年譜·湯顯祖年譜》，頁四〇四、四〇五，徐朔方著，浙江古籍出版社。

㊵ 《李溫陵傳》袁中道作，收於《焚書、續焚書》之第三篇，頁三，漢京文化印行。

觀顯祖之生平行跡，其雖自認「天資怯弱」，精神、才力、體貌皆不如人，故在行事上不如其師羅汝芳及達觀和尚、李贄之風雨江波、慷慨激昂；然其早年不屈於張居正之籠絡、悍然拒絕名利誘惑；中年無懼於權貴如日中天之勢，上《論輔臣科臣疏》彈劾首輔申時行、給事中楊文舉，皆可謂之得泰州學派之眞傳；至於思想上創「主情說」以對抗當日盛行之程、朱理學，無懼於名教之攻訐，更可謂得泰州之精神神髓，而足以令湯氏永垂不朽矣！

貳、主情說之內涵

湯顯祖「主情說」之內涵主要體現在其劇作、曲論、詩文、尺牘之中，皆以「情」貫穿之，而主「情」思想之所自來，即受前所論三人之影響，自不待言，茲將其主情說之內涵分述於後。

一、情不可以論理，死不足以盡情

湯顯祖曾自謂，一生「四夢」得意處惟在《牡丹》，即因《牡丹亭》之立言神指是以「情」爲主，其〈牡丹亭題詞〉云：

> 天下女子有情，寧有如杜麗娘者乎。夢其人即病，病即彌連，至手畫形容，傳於世而後死。死三年矣，復能溟沒中求得所夢者而生。如麗娘者，乃可謂之有情人耳。情不知所起，一往而深，生者可以死，死可以生。生而不可與死，死而不可以復生

者，皆非情之至也。㊶

杜麗娘之所以符合「有情人」之條件，乃因「爲情而死」又「爲情而生」，至於爲何會對一個素昧平生之夢中人產生如此深厚之情，湯氏則曰「情不知所起」，其意乃以爲「情」乃人人具有之天性，非人爲之理性所能消滅，凡欲以「理」來滅「情」者，皆非自然也。其與達觀禪師之詩，大皆流露此種「不可以論理」的「情」，例如：

無情當作有情緣，幾夜交蘆話不眠。送到江頭惆悵盡，歸時重上去時船。㊷（歸舟重得達公船）

無情無盡恰情多，情到無多得盡麼。解到多情情盡處，月中無樹影無波。㊸（江中見月懷達公）

水月光中出化城，空風雲裡念聰明。不應悲涕長如許，此事從知覺有情。㊹（離達老苦）

㊶《湯顯祖集·玉茗堂文之六》頁一〇九三，洪氏出版社。

㊷《湯顯祖集·玉茗堂詩之九》頁五三一，洪氏出版社。

㊸《湯顯祖集·玉茗堂詩之九》頁五三一，洪氏出版社。

㊹《湯顯祖集·玉茗堂詩之九》頁五三二，洪氏出版社。

達公去處何時去？若老歸時何處歸？等是江西西上路，總無情淚濕天衣。㊺（章門客有問湯老送達公悲泣者）

達觀是禪宗一代大師，湯氏時與之處，對「原來無一物，何處惹塵埃」之境界當有所體悟，然而其詩乃於禪機處處之餘，自然而然流露對達觀之友情，此乃無可矯飾不可訴諸理論者，亦當爲湯氏不選擇出家之最大關鍵所在。

至於「死不足以盡情」之說，在湯氏之觀念中，爲情而死，不可算多情，要爲情而復生，才可算是情之至。明謔菴居士王思任〈批點玉茗堂牡丹亭敘〉云：

若士以爲情不可以論理，死不足以盡情。百千情事，一死而止，則情莫有深於阿麗者矣。況其感應相與，得易之咸；從一而終，得易之恒。則不第情之深，而又爲情之至正者。今有形一接而即殉夫以死，骨香名永，用表千秋，安在其無知之性不本於一時之情也，則杜麗娘之情，正所同也，而深所獨也，宜乎若士有取爾也！㊻

此文說明杜麗娘之所以能稱爲「至情」者，蓋他人之情皆因死而止，唯杜麗娘「感應相與」、「從一而終」，合於易之「咸」與「恒」，可謂情之「深」且「正」者，而一般婦女之殉夫，

㊺《湯顯祖集·玉茗堂詩之九》頁五三一，洪氏出版社。

㊻《湯顯祖集·批點玉茗堂牡丹亭敘》頁一五四四，洪氏出版社。

大皆是殉「理」而非殉「情」，如若有因一時之「情」而殉者，亦不如麗娘之一往情深耳！王思任之論情，亦可謂之湯氏論情之最佳註解矣。

二、情有者理必無，理有者情必無

此言出自湯氏寄達觀之尺牘，深感「情」、「理」不能并存，無奈之情躍然紙上。

情有者理必無，理有者情必無，眞是一刀兩斷語，使我奉教以來，神氣頓王，諦視久之，并理亦無，世界身器，且奈之何。[47]

其於《青蓮閣記》又云：

世有有情之天下，有有法之天下。唐人受陳、隋風流，君臣游幸，率以才情自勝，則可以共浴華清、從階升、娭廣寒。令白也生今之世，滔蕩零落，尚不能得一中縣而治，彼誠遇有情之天下也。今天下大致滅才情而尊吏法，故季宣低眉而在此。假生白時，其才氣凌厲一世，倒騎驢，龍巾拭面，豈足道哉！[48]

[47] 《古典戲曲美學資料集》頁一二三，隗芾、吳毓華編，文化藝術出版社。

[48] 《古典戲曲美學資料集》頁一二三、一二四，隗芾、吳毓華編，文化藝術出版社。

此藉季宣（後魏、賈粲）之生不逢時，宣洩一己胸中之塊壘。蓋湯顯祖乃一代之才子，若能生逢其時，則李白倒騎驢之狂放、龍巾拭面之恩寵，皆不足論矣。然李白狂放不羈、恃才傲物，尚能見容於國君，蓋繫於「情」之一字爾。彼唐之時，天下有情，重情，故君臣能相率而浴華清；反觀明代，一切以法為尊，以理為尚，然法、理者，情之大敵也，故法、理存則情滅亡，無情則不能容人，不能容人則有才情之士遂不得發揮其才情於天下矣。湯氏於此明白指出有「情」之天下，方為人心希望之所寄託。有明一代程、朱理學盛行，禮教束縛人心甚深，「情」至此而蕩然無存矣！

泰州子弟、達觀、李贄、湯顯祖，此輩進步之思想家皆已看出其弊病所在，故各用不同之方式力矯時弊，而湯顯祖則選擇深入民間的戲曲做為主情思想寄託之所在，陳繼儒《批點牡丹亭・題詞》云：

> 張新建相國嘗語湯臨川云：『以君之辯才，握麈而登皋比，何渠出濂、洛、關、閩下？而逗漏於碧簫紅牙隊之間，將無為青青子衿所笑矣！』臨川曰『某與吾師終日共講學，而人不解也。師講性，某講情。』張公無以應。[49]

張位（新建）之見，誠世俗所謂之硜硜然鄙人也，彼燕雀焉知鴻鵠之志哉！

---

[49] 《湯顯祖集・附錄》頁一五四五，洪氏出版社。

三、情者志也，情之所至，志之所向

湯顯祖將一己之眞情皆寄託於戲曲中。書經所謂「詩言志，歌永言」之「志」，湯氏釋爲「情」，並認爲「萬物之情各有其志」，也就是說萬物之「志」，各表現在「情」之中，所以志就是情。以戲曲而論，作者之情寄託在劇中，劇中人所流露之情，即作者之情，觀者只須了解劇中人之情，即是得劇作家情之三昧。湯氏《董解元西廂題辭》云：

董以董之情而索崔、張之情于花月徘徊之間；余亦以余之情而索董之情于筆墨煙波之際。董之發乎情也，鏗金戛石，可以如抗而如墜；余之發乎情也，宴酣嘯傲，可以翱而以翔。㊿

湯氏提出觀衆與作家間之連繫，即在劇中人所表現之「情」字，頗近於近世所謂「創作理論」之觀念，唯獨特別強調「情」而已。孫永和〈論湯顯祖在戲曲理論史上的地位〉云：

他（指湯氏）認爲作者的情感是寓于形象之中，通過形象具體地顯現出來的。在藝術欣賞中，觀衆又必須通過舞台形象這一中介因素來體驗作者的情感，從而最後理解作品。

㊿〈戲曲研究〉第二八期。頁一七二。文化藝術出版社。

> 主情說的可貴之處，不但在于他提出了戲曲要表現人生理想和自然的性情，更重要的是，他意識到作者的情感要借助舞台形象來表現，把情感這一因素通達到對人物形象的探求。51

此即將湯氏主情說導向創作論之說法，雖然，當時湯氏未必有此種意圖，然近世西方創作理論發達後，用以檢視中國之曲論，使之亦能符合條理化、縝密化之要求，亦不失爲可行之研究方法。

四、世總為情，詩歌以情為內涵，方能行於意趣神色之間

湯顯祖在《復甘義麓》書中云：「性無善無惡，情有之。」所謂情有善惡即是指「眞情」與「矯情」而言。「眞情」必出於自然，湯顯祖所謂之「眞色」；「矯情」則指扼殺、束縛人性之禮教而言。湯氏認爲情出自人性之本然，「人生而有情，思歡怒愁，感于幽微，流乎嘯歌，形諸動搖。或一往而盡，或積日而不能自休。蓋自鳳凰鳥獸以至巴渝夷鬼，無不能舞能歌，以靈機自相轉活，而況吾人。」52情既出乎本性，故以自然爲貴：

> 曲者，句字轉聲而已。葛天短而胡元長，時勢使然。總之，偶方奇圓，節數隨異。

51 〈戲曲研究〉第二八期。頁一七一。文化藝術出版社。

52 《湯顯祖集·玉茗堂文之六·宜黃縣戲神清源師廟記》頁一一二七，洪氏出版社。

四六之言，二字而節，五言三，七言四，歌詩者自然而然。乃至唱曲，三言四言，一字一節，爲緩音，以舒上下長句，使然而自然也。[53]

此傳大略近于《荊釵》……作者精神命脈，全在桂英冥訴幾折，摹寫得九死一生光景，宛轉激烈，其塡詞皆尚眞色，所以入人最深，遂令后世之聽者淚，讀者顰，無情者心動，有情者腸裂。何物情種，具此傳神手！[54]

此貴自然之說，與李贄之「童心說」相近，唯二人所言皆爲眞情耳。李贄〈童心說〉云：

夫童心者，眞心也。……夫童心者，絕假純眞，最初一念之本心也。若失卻童心，便失卻眞心，失卻眞心，便失卻眞人。人而非眞，全不復有初矣。[55]

天下之至文，未有不出于童心焉者也，苟童心常存則道理不行，聞見不立，無時不文，無人不文，無一樣創制體格文字而非文者，詩何必古選，文何必秦漢。[56]

此二人之主張，一曰眞色，一曰童心，皆以「自然」爲本，其實一也。李贄將此思想發於其

[53]《湯顯祖集．玉茗堂尺牘之四．答凌初成》頁一三四四，洪氏出版社。
[54]《湯顯祖集．焚香記總評》頁一四八六。洪氏出版社。
[55]《焚書．雜述．童心說》頁九八，李贄著，漢京文化事業。
[56]《焚書．雜述．童心說》頁九九，李贄著，漢京文化事業。

作品、文學批評之中；湯氏則發於其戲曲創作上，要求自然爲尙，若與此一原則相牴觸，寧可犧牲其他，矢言維護自然之特色。

> 弟在此自謂知曲者，筆懶韻落，時時有之，正不妨拗折天下人嗓子。兄達者，能信此乎。[57]
>
> 不佞《牡丹亭》記，大受呂玉繩改竄，云便吳歌。不佞啞然笑曰：『昔有人嫌摩詰之冬景芭蕉，割蕉加梅，冬則冬矣，然非王摩詰冬景也。其中駘蕩淫夷，轉在筆墨之外耳。若夫北地之于文，猶新都之于曲。余子何道哉。』[58]

此段言湯氏不屑他人竄牡丹亭之事，適可看出其執著於自然之所在，故王驥德《曲律》卷四雜論第三十九下云：「臨川尙趣，直是橫行，組織之工，幾與天孫爭巧，而屈曲聱牙，多令歌者齚舌。」[59]當時湯氏除寫〈見改竄牡丹詞者失笑〉詩諷刺竄改人之外[60]，又不惜多費筆墨寫信予宜伶羅章二，愍愍告誡云：

---

[57] 《湯顯祖集·玉茗堂尺牘之三·答孫俟居》頁一二九九，洪氏出版社。

[58] 《湯顯祖集·玉茗堂尺牘之四·答凌初成》頁一三四四，洪氏出版社。

[59] 《中國古典戲曲論著集成·曲律》頁一六五，王驥德著，中國戲劇出版社。

[60] 其詩云：「醉漢瓊筵風味殊，通仙鐵笛海雲孤，總饒割就時人體，卻愧王維舊雪圖。」

《牡丹亭記》，要依我原本，其呂家改的，切不可從。雖是增減一二字，以便俗唱，卻與我原作的意趣大不同了。……如今世事總認眞，而況戲乎！若認眞，并酒食錢物也不可久，我平生只爲認眞，所以做官做家，都不起耳。[61]

此信前半段是告誡，後半段是感慨，然皆透露出爲堅持自然之眞情，即使「做官做家，都不起耳」，亦絕不後悔之之泰州本色！而於戲曲表演中，湯氏亦一貫崇尚眞情、自然，於〈宜黃縣戲神・清源師廟記〉一文告誡江西唱海鹽腔之宜伶曰：

爲旦者常自作女想，爲男者常欲如其人。……使舞蹈者不知情之所自來，賞嘆者不知神之所自止。[62]

此即要求演員須隨時隨處揣摩角色之情感，以便上演時，得以表現出自然眞實之形象。

此外，在其他文學形式創作中，亦主張以自然、眞情爲主之「意、趣、神、色」，而不是「按字模聲」或「步趨形似」之表象而已。

凡文以意趣神色爲主。四者到時，或有麗辭俊音可用。爾時能一一顧九宮四聲否？

[61] 《湯顯祖集・玉茗堂尺牘之六・與宜伶羅章二》頁一四二六，洪氏出版社。

[62] 《湯顯祖集・玉茗堂尺牘之七・宜黃縣戲坤・清源師廟記》頁一一二八，洪氏出版社。

如必按字模聲，即有窒滯迸拽之苦。恐不能成句矣。63予謂文章之妙，不在步趨形似之間，自然靈氣，恍惚而來，不思而至，怪怪奇奇，莫可名狀。非物尋常得以合之。蘇子瞻畫枯株竹石，絕異古今畫格，乃愈奇妙。若以畫格程之，幾不入格。64

所謂「意趣神色」，殆指主題、機趣、神韻、詞藻而言，文章因情而生，意趣神色自然來到，絕不為符合聲律之故而改變。而所謂「文章之妙，不在步趨形似之間」亦指藝術作品不求形貌上之肖似，當以神韻為主。凡此皆須本乎自然，此亦為泰州學派求自然、反傳統精神之再現，遂令湯氏反對為求聲律之美、求形貌之似而改變自然，故寧可拗折天下人嗓子而不改其自然本色。

參、主情說之實踐

湯顯祖主情說之實踐表現於其創作及其一生行事風格中。彼於世間充滿不可言喻之情，所謂「情不知所起，一往而深」故發而為文，即為《牡丹亭》之創作；現而於外，即泰州學派不畏惡勢力，反傳統、反禮教之精神。

63 《湯顯祖集·玉茗堂尺牘之四·答呂姜山》頁一三三七，洪氏出版社。

64 《湯顯祖集·玉茗堂尺牘之五·合奇序》頁一〇七七，洪氏出版社。

明代程朱思想盛行，就婦女而論，明代婦女所受禮教之束縛，較之前此任一朝代皆嚴格，《明史》所收之節婦、烈女傳，較之前代多出四倍以上[65]，明代皇帝、后妃力倡女德，有關婦德之教科書，頗爲通行，不少婦女輾轉呻吟於禮教下，故在湯顯祖《牡丹亭》中，明顯表現出以杜麗娘爲代表之時代苦痛：

> 【皂羅袍】原來姹紫嫣紅開遍⊙似這般都付與斷井頹垣⊙良辰美景奈何天⊙賞心樂事誰家院⊙……朝飛暮捲⊙雲霞翠軒⊙雨絲風片⊙煙波畫船⊙錦屏人忒看的這韶光賤⊙[66]

此曲將春光、春情、青春交織成片，春光雖美，而春情寂寥，青春正好而徒感灰頹！飲食男女本爲極其自然之事，乃不見容於禮教，於嚴苛之閨秀教條下，杜麗娘甚至晝寢遊園皆見責於雙親，更遑論男女之情矣。然而杜家園林春色，喚起伊人沉睡、禁錮已久之少女情懷，眼見大好春光全被辜負，一如青春年華，知心無人，不由發出由衷之喟嘆；

> 吾生於宦族，長在名門，年已及笄，不得早成佳配，誠爲虛度青春，光陰如過隙耳。

---

[65] 《徐朔方集·論牡丹亭》第一卷，頁三八七，徐翔方著，浙江古籍出版社。

[66] 《牡丹亭·驚夢》頁五八，湯顯祖著，徐朔方、楊笑梅校注，里仁書局。本文所舉偏旁之字皆爲曲中襯字。

（淚科）可惜妾身顏色如花，豈料命如一葉乎！67

其哀憐青春將如三月殘春，消逝無蹤，然在重重束縛之禮教下，豈能有所做為？在現實中無法找到宣洩之途，夢幻即成唯一之出路，即是湯氏所言「因情生夢」。故遊園後即驚夢、尋夢，麗娘哀怨唱出心目中對愛之渴求：

【江兒水】偶然間心似繾⊙梅樹邊⊙這般花花草草由人戀⊙生生死死隨人願⊙便酸酸楚楚無人怨⊙待打併香魂一片⊙陰雨梅天⊙守的個梅根相見⊙68

如果人之愛戀、生死可以自主，當不會有人為愛而淒楚怨嘆，偏獨麗娘之對象為不由自主、杳如黃鶴之夢中人，尋夢歸後，寢食悠悠、頓成消瘦，自知泉壤非遠，故以丹青描就玉容，傳于後世，卒因相思病發而殞命，葬於園中梅花樹下。麗娘之情感受壓抑無法舒展，只得結束缺乏愛情澆灌之貧瘠生命，構成反抗禮教之第一階段。

第二階段，湯顯祖用激情浪漫手法描寫成為鬼魂後之杜麗娘，勇敢追求愛情之行動，若伊人處於陽間，此種大膽主動、自荐枕蓆之行為，必不為社會禮教所接納，然身而為人，即必須受「理」之束縛，幸而麗娘是鬼魂，所以可以不講「理」，悲乎！人生乃為理想而活，

67 《牡丹亭・驚夢》頁六〇，湯顯祖著，徐朔方、楊笑梅校注，里仁書局。

68 《牡丹亭・驚夢》頁七四，湯顯祖著，徐朔方、楊笑梅校注，里仁書局。

而禮教之束縛人，乃至於必須化身爲鬼，方能如意而行。湯氏即以此方式凸顯禮教束縛下，人心之苦悶，兼之鼓舞天下追求心靈自由之男女，需勇於尋求自身之幸福。

第三階段則是杜麗娘還魂回陽後，所需面對者，依舊是令人窒息之禮教社會，然經過一番生死磨練之杜麗娘早已成熟，乃力爭婚姻之合法性，敢於向迂腐之父親杜寶陳述己志，甚至面對皇帝詰其「自媒自婚有何話說」之時，皆毫無畏懼之色，以潑辣、伶俐之口吻表白一己「無媒而嫁」、「喪門保親」、「夜叉送親」之情況，至此可看出麗娘日臻圓融之個性，及不服輸之抗爭性格。此反抗精神，有如一帖清涼劑，在晚明日漸崩壞、日益腐朽之社會注入一股清流。

杜麗娘是湯氏筆下追求「情」之正面人物；而在《牡丹亭》中不乏爲存天理而毀人情之反面形象人物，凡此之類，皆於劇中受湯氏嚴厲之貶斥。如杜寶是正派人物，對麗娘亦愛如掌珠，然受禮教之束縛太深，使其忘卻人間除天理之外，尚有人欲。杜寶反抗與禮教牴觸之一切事物，故其得知麗娘除刺繡之餘，尚兼晝寢，立即責備夫人「縱容女兒閒眠，是何家教？」女兒傷春成疾，乃以「往來寒熱，急慢驚風。」掩飾之。且教訓女兒云：「假如刺繡餘閒，有架上圖書，可以寓目，他日到人家，知書知禮，父母光輝。」眞可謂迂腐頑固之至！而麗娘還魂後，杜寶謹遵「子不語怪力亂神」之明訓，不惜將女兒打死，以除鬼魅，其後不得不承認麗娘時，又逼其與「無媒而婚」之柳夢梅離異。凡此作爲絕非根源於其不義、邪惡，而是人欲已滅，僅存天理之結果。此外劇中之塾師陳最良及石道姑、癩頭黿、郭槖駝等人，大都是理教鎔鑄下之秕糠，彼等皆爲精神上或生理上有缺陷之人，與其說湯氏諷刺、刻薄其人，不如說彼以哀矜、悲憫之心態刻畫此等「飽食終日，無所用心」之小人物爲是。

湯顯祖早有文名，二十一歲秋試，中第八名舉人後，迄三十四歲方以三甲第二百一十名賜同進士出身。其間二十八歲及三十一歲參加春試皆不第，此皆與張居正之私心及湯顯祖本身剛正不阿之泰州精神有關。

張居正是有明一代之名臣，梁啓超譽之爲中國六大政治家之一，其於政治之改革頗有成就，如重新丈量全國土地，及實施一條鞭法等，在歷史上皆有一定之地位，然其他如：專擅朝政、一意孤行、排斥異己之事，徐朔方云：「嚴嵩和張居正雖有正邪之分，相同的是他們專權程度遠遠超過明初的丞相。」[69]考諸張居正之行誼，確可稱之爲「專擅跋扈」。據〈湯顯祖年表〉所云：

> 萬曆五年（一五七七）湯氏三十八歲，首相張居正欲其子及第。羅海內名士以振之，聞湯顯祖及沈懋學名，命諸子延致。顯祖謝勿往。春試不第。沈懋學以一甲一名進士及第，張居正次子嗣修，以第二名及第。[70]
>
> 萬曆八年（一五八〇）湯氏三十一歲，不與張居正三子懋修交游，春試不第，張懋修以一甲一名進士及第。張居正長子敬修以二甲十三名登第。[71]

[69]《徐朔方集．湯顯祖的思想發展和他的四夢》頁三五一，徐翔方著，江浙古籍出版社。

[70]《湯顯祖集．湯顯祖年譜》頁一五七六，洪氏出版社。

[71]《湯顯祖集．湯顯祖年譜》頁一五七六，洪氏出版社。

此即二次不第之眞相，張居正欲利用其權勢籠絡湯顯祖，一則欲湯氏伴讀，爲其子之及第做陪襯，再則待湯氏及第之後，亦可藉其擴張一己之政治勢力，若湯顯祖依此路而行，則榮華富貴、功名利祿，庶幾唾手可得，然其泰州學派之精神，斷不容許彼背昧良心，違背眞情，故此泰州子弟精神，同時亦斷送其仕宦前途，湯氏乃以一往不悔之精神，繼續其「情」字之路。

張居正之後，繼任首輔申時行，張羅招致湯氏爲同黨，仍爲其所拒，彼絕非以清高自持，此乃泰州學派之求眞精神有以致之也。遂於萬曆十九年（一五九一）四十二歲時，上〈論輔臣科臣疏〉，彈劾首相申時行及門生吏科給事中楊文舉、胡汝寧，亟言申時行科場蒙蔽，邊鎭欺罔，雖不似張居正之酷，然「柔而多欲」，庇護黨羽，靡然亂政；楊文舉則奉詔經理，釐清荒政，而索賄納賍、酣酒無度；胡汝寧則「除參主事饒伸外，一蝦蟆給事而已。」[72]湯顯祖此舉，震驚朝廷、人人側目，而亦因此而被詔切責，遠謫廣東徐聞縣典史，凡此皆爲泰州精神中「躬行實踐」、「百姓日用即是道」之發揮，身爲泰州羅汝芳先生之弟子，湯氏可以無愧矣！

結語

以上各段是從淵源、內涵與實踐三方面探討湯顯祖之主情說。湯氏少年即以羅汝芳爲

[72]《湯顯祖集·論輔臣科臣疏》卷四十三，頁一二一一，洪氏出版社。

師，中年結識方外士達觀禪師，萬曆十八年，得讀李贄《焚書》，此三者皆爲帶領晚明一代思想進步之功臣，然湯氏畢竟不是亦步亦趨之庸奴之輩，他擷取三位大師反傳統、反禮教，不向現實妥協之精神，開創情與理抗爭之艱險路，以「情」喚回人類被「理」禁錮已久乾涸之心靈，抱持「不信東風喚不回」之決心，鼓舞天下有情人繼續邁向追求幸福之路。

而湯顯祖在「情與理何者爲重」之命題上，與達觀上人，大有歧異，達觀「主理不主情」，湯氏則以爲喜怒哀樂乃人必具之常情，即因他對情之執著，促使他即使萬念俱灰，亦不肯捨棄情緣，隨達觀出家，他爲自己選擇「爲情作使，劬于伎劇」[73]之人生路，而創作出《牡丹亭》之鉅著，抓住了時代命脈，將人從「理」之枷鎖中解放出來，感動天下之有情人，故有馮小青、婁江女子讀《牡丹亭》而傷心欲絕之事，今以湯顯祖〈哭婁江女子二首〉詩中之第二首，做爲本文之結束，亦可視爲湯氏一生所追求理想之註腳。

「何自為情死，悲傷必有神　一時文學業，天下有心人。」[74]

主要參考書目

專書部分：

1.《紫柏老人集》，釋達觀著，台灣印經處印行。

[73]《湯顯祖集・續棲賢蓮社求友文》卷三十六，頁一一六〇，洪氏出版社。

[74]《湯顯祖集・玉茗堂詩集・哭婁江女子二首》頁六五四、六五五。洪氏出版社。

2.《焚書、續焚書》，李贄著，漢京文化印行。
3.《湯顯祖集》，洪氏出版社。
4.《牡丹亭》，湯顯祖著，徐朔方、楊笑梅校注，里仁書局。
5.《中國古典戲曲論著集成》，王驥德著，中國戲劇出版社。
6.《明儒學案》，黃宗羲著，世界書局。
7.《明代戲劇研究概述》，天津教育出版社。
8.《中國思想通史》，侯外廬主編，中國史學社印行。
9.《中國戲曲通史》張庚、郭漢城主編，中國戲劇出版社。
10.《古典戲曲美學資料集》，隗芾、吳毓華編，文化藝術出版社。
11.《徐朔方集·論牡丹亭》，徐朔方著，浙江古籍出版社。
13.《晚明曲家年譜·湯顯祖年譜》，徐朔方著，浙江古籍出版社。

期刊論文部分：

1.郭漢城〈心靈的巨匠，無畏的鬥士——紀念湯顯祖逝世三百七十週年〉，〈光明日報〉，一九九六·一二·〇二
2.藍凡〈試論湯顯祖四夢的佛學禪宗思想〉，《河北大學學報》，一九八四，第三期。
3.楊忠、張賢蓉〈湯顯祖晚年思想及二夢創作及芻議〉，《湯顯祖研究論文集》，一九八三。
4.孫永和〈論湯顯祖在戲曲理論史上的地位〉，《戲曲研究》，一九八八·〇三，文化藝術出版社。
5.郭紀金〈從夢幻意識看湯顯祖的二夢〉，《湯顯祖研究論文集》，一九八三。

晚明「尊藝」觀之探究

林宜蓉

壹、問題之提出

文人階層中，將詩文書畫四藝視爲「文人之餘事」❶的觀念，早已行之久遠。即便在明代眾多不循仕進成就功名而是以藝成名的文人身上，也可看到諸如「大則道德禮樂，節義事功；小則文辭翰墨，百家眾技❷。」此類帶有濃厚「重道輕藝」觀念的說法。這些以藝成名

---

❶ 此觀點或自「士先器識而後文藝」發展而來，下文中第參章第一節將論及。

❷ 引文出自陳洪綬《寶綸堂集・序・張平子品山拈序》（清光緒十四年刻本）。（明）陳洪綬（一五九九—一六五二），爲明末清初著名文人畫家。考其平生自十九歲中秀才到四十五歲捐貲入國子監，共二十多年的時間都心繫舉業，符合上述未能功成名就而以藝成名者。明代「以藝成名」的文人中，持此種傳統觀念者不在少數，如祝允明（一四六〇—一五二六）〈夢墨亭記〉載唐寅（一四七〇—一五二三）在二十七歲（一四九六年）時「塗楮畫素，或但成細瑣藝玩，殆澀儒腐聲之業，亦何自許？」，見《祝氏集略・卷二十七・夢墨亭記》，收入氏著《祝氏詩文集》（臺北：國立中央圖書館，一九七一年六月，

者，尤其是以「畫」成名者，多半強調自己游心藝事乃閒暇「自娛」❸，心志所在則爲層次更高的「道」，言下之意，甚不以詩文書畫爲要事。倘若舉世皆準此「重道輕藝」之觀點來審視文人四藝之創作以及庶民百工之技藝，那麼專精一藝者之社會地位及評價勢必低微卑賤，又何以在晚明能成就個人聲名並造就出如此蓬勃盎然的藝壇盛況？（明）謝肇淛（一五六七—一六二四）觀察到明代文藝社會這種迥異於昔日的特殊觀點：

（晉）王子敬（獻之）善書，朝廷欲令書太極殿榜，堅辭不書。（魏）韋仲將（誕）書凌雲閣畢，鬚髮盡白，戒子孫勿習此技。唐閻立本奉詔畫鸂鶒，伏地吮毫，意甚愧之；亦以戒子孫。……宋孫知微以畫得名，馬知節知成都，欲見之不可得，伺其與壽寧院僧畫壁，逕往從之。知微不得已，擲筆而下，不復終畫，數者皆非末藝，而猶有

頁一六七二—一六七六）：詳論見本文第參章。

❸以詩文書畫自娛的說法在晚明十分常見，詩文方面有所謂「文娛說」如鄭元勳（一六〇四—一六四五）輯小品《媚幽閣文娛》自序中倡言文學以「供人愛玩」的娛悅作用爲第一；又如江盈科（一五五三—一六五〇）《雪濤閣集・卷八・閑閑草引》（氏著、黃仁生輯校，湖南：岳麓書社，一九九七年四月，頁四四二）載詩集之製乃是「永日無營，取以自娛。」。相關論述可參見郭英德、過常寶著《雅風美俗之明人奇情》（臺北縣中和市：雲龍，一九九六年），頁八九—九一。

後悔若此；然終是古人事，今人則靦然以為榮，不復悔矣❹。

文中以昔人視書畫藝事為悔的傳統「重道輕藝」情結，來突顯出明代時人大言不慚地以技藝為榮的新興觀念—即本文中所謂之「尊藝」觀念。這種「尊藝」觀大致包含兩個層面的問題：一是以藝成名者如何自我看待，屬於「自我期許」層面的問題；一是世人如何看待「以藝成名」者，屬「社會評價」層面的問題，基於討論問題的方便，故將文藝社會，依官僚體系權力結構，由上而下的分布，簡化為「仕紳大夫」→「邊緣化文人」→「不仕文人」→「百工技藝（庶民階層）」四階層。其中「仕紳大夫」主要是指較接近政壇權力中心者，如二司馬王世貞與汪道昆；「邊緣化文人」則指居處政壇邊緣、投閒置散之文人，如袁宏道一類自言「最天下不緊要之人❺」者；「不仕文人」則主要是指「屢試不中→棄儒→以藝成名」者（詳見第貳章所述）；「百工技藝」，所指為未經科舉洗禮、各行各業之庶民階層。本文據以觀察「以藝成名」現象的焦點放在「不仕文人」與「百工技藝」（庶民階層）；據以建構晚明「尊

❹ 《文海披沙．末藝有悔》（台北：西南書局，一九九一年據《申報》光緒丁丑活字本重印），頁二七。

❺ 語出《袁宏道集箋校．卷五．錦帆集之三—尺牘．徐漢明》（上海：上海古籍，一九八一年七月），頁二一七—二一八：「獨有適世一種其人，……於業不擅一能，於世不堪一務，最天下不緊要人。……弟最喜此一種人，以為自適之極，心竊慕之。」；據該書錢伯城〈前言〉中統計：袁宏道自萬曆二十年（一五九二年）中進士，到萬曆三十八年（一六一〇年）逝世的十九年中，共當了三次官，但都為時不久，加起來的時間不過五六年光景。

藝」觀的追尋線索則是由「仕紳大夫」↓「邊緣化文人」↓「不仕文人」，從上而下地觀察傳統重道輕藝觀之延續、鬆動到轉化。在這樣的架構中，筆者發現創作者之「自我期許」及閱讀消費者之「社會評價」兩個層面間的思考並不一致，可說是傳統「重道輕藝」觀與新興「尊藝」觀雜然並陳，無從劃分涇渭，甚而同一個人也會並存兩種觀念，足見當時爲觀念轉變之初的朦朧時期。然而大體而言，越接近權力中心的越是純粹的「重道輕藝」觀；越是遠離權力中心的，則傾向於「尊藝」觀念。茲模擬「尊藝」觀念形成之過程—初始萌發於百工技藝的庶民階層，他們或因文藝社會中蓬勃經濟的支撐，而得以迅速崛起、享有名利❻。同時再加上大批屢試不中的「不仕文人」，持四藝本事而投身其間，最後也因技藝專精而成名享利，此其間遂隱然形成一種新的價值觀及社會秩序。相對的部份「仕紳大夫」以及「邊緣化文人」與之來往交接，久而久之也自然對向來依附於官僚體制下「重道輕藝」觀念有了自

❻ （明）袁宏道《袁宏道集箋校・卷二十・瓶花齋集之八—雜錄・時尚》，頁七三〇）嘗言：「近日小技著名者尤多，然皆吳人，瓦瓶如龔春、時大彬……銅鑪稱胡四蘇……扇面稱何得之……一時好事家爭購之，如恐不及。其事皆始於吳中獧子，轉相售受，以欺富人公子，動得重貲，浸淫至士大夫間，遂以成風。」文中提及晚明文藝社會循此途徑：「獧子」（仲介射利者）↓「富人公子」↓「士大夫」而形成一個廣大的消費市場，其中顯然有雄厚的「經濟」爲後盾，由於本文並非以此爲論題重心，故在此姑擇一例說明，詳論請參見黃明理：《「晚明文人」型態之研究》（臺北：國立台灣師範大學國文研究所碩士論文，一九八九年）第二章及拙著《晚明文藝社會「山人崇拜」之研究》（臺北：國立台灣師範大學國文研究所集刊第三十九號，一九九五年）頁二三—二七。

覺的反省，遂逐漸出現鬆動與轉化的跡象，甚而逸出「唯德是尊」的一元思維，提出「以技藝爲人生志業與成就」一類正面肯定的說法。這樣的「尊藝」觀縱然僅是晚明多元化價值觀雜然紛呈的一端，終究未能取而代之成爲主流思潮❼，然而就文藝社會的發展歷史而言，則具有時代特殊性的意義，明代基本上仍延續宋代以來「道／藝」辯證主題所存在「道學家」與「文人」間緊張對立的模式❽，然而呈現晚明迥異於他時的特殊之處，就在於當時「以藝成名」者，是以百工技藝之「庶民階層」及「不仕文人」爲主力，而並非宋代蘇軾那類正統的文人階層。這種時代變數宜納入考量，否則研究者將無由察知當時傳統「重道輕藝」觀與新興「尊藝」觀之對壘相抗有烈於昔，更遑論理解有些「以藝成名」的文人爲何會「藝日精而名日盛而意滋不悅❾」，其內心矛盾衝突何其大也。

---

❼ 傳統「重道輕藝」觀在新興「尊藝」觀的對立下並未瓦解，其觀點延續至明末清初，在顧炎武（一六一三—一六八二）、王夫之（一六一九—一六九二）的言論中俯拾皆是，可參見劉道廣：《中國古代藝術思想史》（上海：上海人民，一九九八年四月）頁二一二—二一九。

❽ 有關宋代「道」與「藝」的問題可參見陳昌明：〈宋代美學中「道」與「藝」的辯證〉，見國立成功大學中文系主編《第一屆宋代文學研討會論文集》（高雄：麗文，一九九五年五月），頁三九九—四一七。早先黃明理：《「晚明文人」型態之研究》，（臺北：國立台灣師範大學國文研究所碩士論文，一九八九年。）一書即指出晚明文人延續宋代「道學家」與「文人」對立的特質。

❾ 語出孟遠〈陳洪綬傳〉，收入（明）陳洪綬（一五九九—一六五二）所撰之光緒刻本《寶綸堂集》卷首之前。關於文人以傳統「重道輕藝」觀念期許自我，而與文藝社會「尊藝」觀下所造就之畫名，二者在其內心中所引起的衝突與矛盾情結，可參見拙著：〈理想的頓挫與現世的抉擇—陳洪綬「狂士畫家」生

至於明代文人觀念中「藝」之指涉，則依文人活動之本末輕重，主要是以詩、文、書、畫爲核心，繼而外及百工技藝。其中又以「繪畫」一藝爲界臨於文人階層與庶民百工技藝之模糊點。就架構於官僚體系的傳統觀念而言，「繪畫」因源始於工匠階層而在四藝之中屈居末位，則是大部分文人持有的觀念。遲至宋代，因爲徽宗的大力提倡並延攬擅繪者入宮任職而大開文人兼習四藝之風，繼而文人鄧椿（？—？，一一六七年撰《畫繼》自序）道出「畫者，文之極也。❿」一類將「繪畫」視爲文藝發展極致的說法，才明顯地將「繪畫」由工匠技藝層次提升爲文人創作時主體精神之表現的較高層次。然而因爲四藝基本性質的差異⓫，導致後來的論者在敘述文人兼擅四藝時，仍時而流露主次之別。如（明）葉盛（一四二〇—一四七四）〈范啓東述前輩語〉⓬所言：

范啓東（暹）（一四〇三—一四二四中徵入畫院）聞之前輩云：『士大夫游藝，必審輕重，

命型態之開展〉，國立台灣師範大學國文研究所《中國學術年刊》第二十期，一九九九年三月，頁二九五—三三四。

❿ 《畫繼·卷九·論遠》（上海：上海書畫，《中國書畫全書》第二集，一九九三年一〇月），頁七〇三。

⓫ 「詩」「文」爲文人基本活動，「書法」則爲書寫時美感追求之呈現方式，至於「繪畫」一藝之具備與否，並不減損其文人身分。詳論見黃明理：〈徐文長書詩文畫自評之研究〉，淡江大學中文系主編《晚明思潮與變動》（臺北：弘化，一九八七年一二月），頁四六七—五〇八。

⓬ 《水東日記·卷四》（北京：中華書局，一九八〇年一〇月），頁四一。

> 且當先有跡者。謂學文勝學詩，學詩勝學書，學書勝學圖畫。此可以垂名，可以法後；若琴奕，猶不失爲清士，捨此則末技矣。』

其意以「文」→「詩」→「書」→「畫」爲文人游心藝事輕重之次，然不論是以「詩」爲先或以「文」爲先，「詩」「文」二藝多混爲一概念，其次爲「書」，最下者「繪畫」，如（明）胡應麟（一五五一—一六〇二）在敘述前朝（元代）「文士鮮不能詩，詩流靡不工書，且時旁及繪事」⑬；又鄧實（？—一九四八？）「晚明士大夫擅文藝者，多兼繪事」二例，其敘述之語次乃先「詩書」而後「繪事」；用詞則以「旁及」、「兼」等語彙呈顯出主次之別。謝肇淛在論述門戶興衰與弟子志趣之相應關係中提到：

> 人家子弟，好尚不同，觀其志趣足覘門户之興衰。好詩書文墨，卓爾大雅，其最矣。好畫帖珍玩者次之，雖近文雅，未免惑溺。⑭

值得注意的是：他將詩、文、書、畫四藝中的「繪畫」分出，而與「珍玩」歸爲一類，於是將所論之志趣分類爲「詩書文墨」（案：「書」、「墨」當爲一事。）及「畫帖珍玩」二科。且二者有層次之別，前者「詩書文墨」在諸類中最爲高尚，弟子苟能有志於此，足臻大雅殿堂；

---

⑬《詩藪‧外編‧卷六》（臺北：廣文，一九七三年，據國立中央圖書館珍藏善本書影印）。

⑭《文海披沙‧弟子好尚》，頁一〇三。

後者「畫帖珍玩」類，則雖爲文房清玩，然而有使人陷溺於玩物喪志之潛在隱憂，故次第較低。該說法顯然有抬舉「詩、文、書」三門而貶抑「繪畫」一門之高下分判。足見將「繪畫」視爲文人餘緒之末的傳統觀念仍存在於時人論者的潛意識中。

就因爲文人看待「繪畫」的觀點，仍游移於文人四藝之末以及工匠技藝之間，比起早已列爲文人本業的「詩、文、書」而言，「繪畫」評價之歧異往往呈現兩極化，比較容牽涉到「道」與「藝」分判的問題。對於文人從事「繪畫」一事持貶抑意見者如謝肇淛所言：⓯

> 畫視書微不及者，品稍下耳。……徒供玩弄，樹屏障，故其品尤自猥劣。（南朝梁）顧士端父子每被任始，常懷羞恨；（南朝梁）劉岳與工匠雜處；（閻）立本以畫師傳呼，雖聲價重於一時，而恥辱懷於終身矣。自宋以來，雖尚平淡輕遠之趣，而吮筆和墨，終未能脱工藝蹊徑。

認爲文人如果創作繪畫，不但品第不高，又容易招致悔辱⓰，主因在於繪畫是「爲人所役

⓯ 《五雜組．卷七．人部三》（臺北：偉文，一九七七年四月），頁一七〇。

⓰ （明）李日華（萬曆二十年進士）《竹嬾墨君題語．與孔孫論畫散語》載「士人以文章德義爲貴，若技藝多一不如少一。匪徒受役，兼亦損品。」（北京：北京古籍，一九九六年，中華「美術叢書」第二集第二輯，頁二七三—二七四。），由題目知所言技藝爲「繪畫」，李也認爲繪畫品第不高且受役於人。

⑰」，缺乏文人創作自主性，終究未脫工藝蹊徑，所以「宜乎閻立本有廝役之恨⑱」，文人當以「末藝有悔」⑲爲殷鑑。

至於對文人從事繪畫創作持正面褒讚意見者，除了董其昌（一五五五—一六三六）一類積

---

⑰《五雜組．卷七．人部三》，頁一七九：「凡百技藝，書上矣，卜筮次之，棋損閒心，畫爲人役。其他術數，致遠恐泥，苟精其理，皆足成名，而高下之間，判然千里。」

⑱《五雜組．卷七．人部三》，頁一七九：「戴文進（戴進）（一三八八—一四六二）不肯爲方伯作門神，方伯怒，囊以三木。……姑蘇沈啓南（沈周）（一四二七—一五〇九）亦爲太守召作屛風，不應，大怒，欲辱之。即入覲，謁太守吳原博，首問：『石田先生安否？』出問從者，始大驚，歸而謝罪。……文徵仲（一四七〇—一五五九）在史館，同時諸翰林相謂：『奈何以畫匠辱我木天！』徵仲聞，即日拂衣歸。三事皆相類，宜乎閻立本有廝役之恨也！」

⑲關於「末藝有悔」之傳統觀念，在（明）何良俊（？—？）《四友齋叢說．卷十五．史十一》（北京：中華書局，一九五九年四月初版），頁一二五，記有一則文人因爲從事書畫創作而爲朝紳大夫以言語屈辱的故事：「衡山先生在翰林日。大爲姚明山楊方城所窘。時昌言於眾曰：『我衙門中不是畫院，乃容畫匠處此耶？』。惟黃泰泉佐馬西玄汝驥陳石亭沂與衡山相得甚歡。時共酬唱。乃知薰蕕不同器，君子小人固各以其類也。然衡山自作畫之外，所長甚多。二人只會中狀元，更無餘物。故此數公者，常在天地之間。」雖然何良俊是站在肯定文徵明的立場而論，反唇相譏那些高官不過「只會中狀元，更無餘物」，但在此也忠實地記錄了：即是吳派棟樑文徵明亦嘗爲朝中士夫以「畫匠」譏諷的事件。此事亦見載於（清）陸時化（一七一四—一七七九）《吳越所見書畫錄．卷一．明文待詔永錫難老卷》（上海：上海書畫，《中國書畫全書全集》第八冊，頁九九九）其中董其昌題跋，亦言及此。

極建構文人畫傳統與繪畫理論的做法外⑳，在一般文人身上也可看到他們對於這個問題的思考與努力的痕跡，或有強化（宋）鄧椿所言文人兼習四藝㉑說法者，如（明）姜紹書（明崇禎十五年（一六四二年）南京工部郎）所敘：

> 文運莫盛於有明，文心之靈溢而爲畫，故氣韻生動之跡，每出於勝流高士。畫者，文之極而彰施於五采者也。……夫雅頌爲無形之畫，丹青爲不語之詩。㉒

以詩經之正統文學地位比附「繪畫」，與前者貶抑爲「工匠」地位的做法恰爲對比。這兩種詮釋方法，前者顯然爲傳統「重道輕藝」觀念，故看待「繪畫」多半停滯於「工匠」技藝卑下地位；後者則爲「尊藝」觀念者，對於「繪畫」一藝，多予以直接而正面肯定。所以「繪畫」因爲具有「工匠」歷史色彩反而成爲判斷該人觀點爲「重道輕藝」觀抑或「尊藝」觀之關鍵觀察點。故本文據以研究之基本資料，有一大部分，來自於時人詩文集中對於「繪畫」一藝的看法，以及明代繪畫賞鑑書籍前的自序或他序。

---

⑳ 關於董其昌文人畫理論如「南北宗」分派的做法，都是由有關繪畫內在問題來確立其地位，目前學者研究的成果甚爲斐然，故本文並不選擇此進路來討論文人從事「繪畫」創作之正當性。

㉑ 出處同註⑩。詳論可參見黃明理：〈徐文長書、詩、文、畫自評之探究〉一文，收入淡江大學中文系主編《晚明思潮與社會變動》，（臺北：弘化，一九八七年一二月），頁四七六—五〇八。

㉒ 氏著《無聲詩史》自序（上海：上海書畫，《中國書畫全書》第四冊，一九九二年一〇月），頁八七七。

此外，因爲晚明挾一技之長而揚名於公卿者不在少數，遂有文人爲這些名不見經傳的技藝者撰寫小傳，因爲以藝揚名的庶民百工以及「不仕文人」並非官僚體系中人，傳統「重道輕藝」觀的詮釋模式勢必需要加以調整與轉化，方足以適用。是以時人文集中「以藝成名」者之小傳，亦納入研究線索之一。

就代表性而言，人稱「二司馬」的王世貞（一五二六—一五九〇）、汪道昆（一五二五—一五九三）㉓，位高權重又爲文壇聲氣之紐，所發議論堪以左右輿論視聽，故本文第參章中以二人之說爲代表；第肆章則以活躍於晚明文壇之李贄（一五二七—一六〇二）、袁宏道（一五六八—一六一〇）的觀點爲主，並旁及時人筆記雜論之史料爲佐。

時間的斷限則大致與山人輩出㉔、小品興盛的晚明時期吻合，約爲隆慶（一五六七年）、萬曆（一五七三年）至崇禎末年（一六四四年）間。

本文研究之進路，首先就晚明「以藝成名」的現象切入，繼而追尋傳統「重道輕藝」

㉓ 二人之代表性可由（清）錢謙益（一五八二—一六六四）之評語見端倪，見《列朝詩集小傳．丁集．汪侍郎道昆》（臺北：世界，一九八五年，頁四四一—四四二）載：「厥後名位相當，聲名相軋，海內之山人辭客，望走噉名者，不東之婁東，則西之谼中，又或以其官稱之，曰兩司馬。」足知二人在山人墨客中的影響力頗大，而山人墨客又是晚明文藝社會的主力之一，以故王、汪二人之言論具有相當大的代表性。

㉔ 有關明季山人輩出的現象，詳見拙著《晚明文藝社會「山人崇拜」之研究》（臺北：國立臺灣師範大學國文研究所碩士論文，一九九四年）。

觀在明代的延續、鬆動、或轉化的情形，最後再列舉諸家說法以勾勒出晚明新興的「尊藝」觀念。

首先，就「以藝成名」的現象來分析。

貳、「以藝成名」之現象及其時代特殊性

在文藝社會中，庶民百工之技藝成爲消費商品流傳於世，遂隱含以「價錢」之高低，決定事物「價值」及「評價」之可能性㉕。這種文藝商品化所形成的思考邏輯—「價錢增值↓名利聲望增加↓社會地位提升↓成功而有價值的人」，顯然瓦解了架構於官僚體系下的傳統倫常秩序—原本經由科舉進入官僚體系，隨著官階之尊卑相應而享有的利祿及社會地位，如今在明代的文藝社會中，任何一個名不見經傳的凡夫俗子，只要專精一項技藝，即可循上述文藝商品化後的途徑，獲取名望與社會地位。在王世貞《觚不觚錄》㉖中明載一則以往嚴守「四民不雜處」價值觀時不易見到的情形：

㉕ 詳論見龔鵬程：〈消費社會中的文化問題〉一文針對消費社會成形後所引發之文化上的隱憂，共舉出十大問題，見氏著：《文化、文學與美學》（臺北：時報，一九八八年二月），頁四〇七—四二七。

㉖ 見「叢書集成初編」，（上海：上海商務，一九六三年）），第四二六冊，據寶顏堂秘笈明刊本排印，頁一七。

今吾吳中陸子剛之治玉，鮑天成之治犀，朱碧山之治銀，趙良壁之治錫，馬勳治扇，周治治商嵌，及歙呂愛山治金，王小溪治瑪瑙，蔣抱雲治銅，皆比常價再倍，而其人至有與縉紳坐者。

市井小民因爲技藝專精而價錢日倍於昨者，連帶的該人之身價與聲名以及社會地位也向上提升，進而躋身上流與仕紳大夫平起平坐！此間，除卻明代仕紳大夫賞鑑愛清之風雅習氣㉗——往往於文人雅集時接引專精技藝之人士爲座上客的外在因素，若非挾技藝之能、名利雙全於一身而自恃自重，市井小民豈能言談自若地與仕紳同座而分庭抗禮！又如（清）俞樾（一八二一—一九〇六）〈雜技人成名〉㉘條所載：

明時有童佩，書賈也，有《童子鳴集》六卷。方于魯，墨工也，有《方建元詩集》十三卷，近墨者黑，其斯謂之乎？明曹安《讕言長語》載：「江西新喻人傅若金，少年家貧，以織席爲生，又改業爲針工。後有所激，乃讀書。」按：若金字汝礪，謁文安，改爲與礪，……有詩文集行世，以一針工而成名，更奇。

㉗ 姑擇（明）陸容（一四六三—一四九四）一則記載來看：「京師人家能蓄書畫及諸玩器盆景花木之類，輒謂之愛清。蓋其治此，大率欲招朝紳之好事者往來，壯觀門戶；甚至投人所好，而浸潤以行其私，溺於所好者不悟。」，見氏著：《菽園雜記・卷五》（北京：中華書局，一九八五年五月），頁六二。

㉘ 氏著《九九銷夏錄・卷六》（北京：中華書局，一九九五年六月），頁五八。

顯而易見的是—童珮、方于魯、傅若金之所以成名，不是因爲各自出了詩文集，而是分別以書賈、墨工、針工之技藝專精而得名；至於在得名後出詩文集的情形，則是庶民「文人化」現象，屬另一層面的問題，並非本文重心所在，故略而不談。其中童珮㉙一人名動公卿之情狀，可由王世貞所作〈童子鳴傳〉㉚之敘述窺見一斑：

> 諸公子心慕之，爭欲得子鳴一顧，以重子鳴不爲逆，時時有所過從。

明人觀念中已經不以看重這類雜技人等爲違逆常情之舉。至於方于魯則嘗撰寫《方氏墨譜》一書，羅致當時文壇重要文人爲之作序，如汪道昆、李維楨（一五四七—一六二六）、屠隆（一五二四—一六〇五）、莫雲卿（是龍）（?—一五八七）、王穉登（一五三五—一六一二）、王世貞、王世懋（一五三六—一五八八）㉛等，足見這些以雜技成名者已經享有昔日經由科舉制度方得以擁有之名利聲望與社會地位。文人欣然爲之作序，公子士夫樂於與之過從，這在在都透露出明人價值觀念已然改變的訊息。

㉙ 錢謙益亦嘗撰〈童書賈珮〉小傳（《列朝詩集小傳・丁集中》），頁五二四。

㉚ 氏著《弇州續稿・卷七十二》（臺北：臺灣商務，一九八六年，「景印文淵閣四庫全書」第一二八三冊）頁六八—七〇。

㉛ 有關研究可參見（日）中田勇次郎《方氏墨譜解說》（京都市：株式會社同朋舍，文房精粹—《方氏墨譜》，昭和五五年六月二〇日（一九八〇年））。

相對的上層仕紳大夫，雖大部分存有傳統「重道輕藝」觀念，然如謝肇淛所言：

> 士夫生宇內，豈必高談性命，弘展動籌，即一技造極，亦足列作者之林而垂不朽㉜。

又如（清）錢泳（一七五九—一八四四）所言：

> 大約明之士大夫，不以直聲廷杖，則以書畫名家，此亦一時習氣也。㉝

似乎也勾勒出明代士大夫中，在以「弘展動籌」經世致用爲人生成就的型態之外，也有成功地開展出以「書畫名家」、「技藝造極」型態的例子。此間，二者對舉之意義，頗類宋代美學「道」「藝」辯證中存在之「道學家」與「文人」間的緊張對立關係。然而，本文焦點主要是放在晚明大量出現的「不仕文人」，他們因爲科場失意繼而「棄儒」，選擇以「詩文書畫」四藝爲人生事業，形成晚明文人轉型後的新興族群，其數量倍於官僚階層之朝紳士夫，其文藝創作動力充沛成品繁多，再加上這類文人本身具有的特質，更是將宋以來「道學」與「文人」間的緊張關係推到極點。

這類文人，以具體而充滿儀式象徵意味的方式—或焚儒巾或撰文明志來表明自身不仕

㉜《小草齋文集・卷六・蜀中畫苑序》（臺北：國立中央圖書館漢學資料中心景照海外佚存古籍）。

㉝《履園叢話・卷十・收藏》（北京：中華書令局，一九七九年一二月），頁二六三。

的決心㉞，將傳統「重道輕藝」觀中視為首要之務——「仕進用世」，屬於「道」實踐的基本方式，完全棄絕。如此一來，世人在為這類文人作傳並賦予歷史定位與評價時，往往會更刻意而明確地標舉該類文人所作所為乃相應於所謂「高談性命、弘展勳籌㉟」者，如（明）朱安㴾所撰〈張平山先生〉㊱小傳中所載：

張平山先生者，大梁之畫史也。……然初習舉子業，即于書案之上，或課稿之末畫人物山水之狀。弱冠考入郡庠為弟子員，屬文雋永，為時輩所宗，爾乃清介持身，忠義自許，慨然有經濟之志，既屢舉不第，是以棄置舊學，專精畫理。……嘗有監司以勢位加于先生，欲得其畫，先生避去之，監司怒，欲中以危法，先生怡然俟之，監司亦莫如之何也。……凡四方求畫者，若韻人佳士，無不應之，……其運用之際，若扁匠之斲輪，庖丁之解牛，有出于筆墨之外者矣！

由其所勾勒張平山先生一生輪廓來看：屢試不第後棄儒終成「大梁之畫史也」，以「畫史」

㉞　詳論見陳國棟：〈哭廟與焚儒服——明末清初生員層的社會性動作〉，《新史學》三卷一期，（一九九二年三月），頁六九—九五。

㉟　同註㉜。

㊱　見（明）黃宗羲輯《明文海·卷四一九·傳三十三》（臺北：臺灣商務，一九八六年，「景印文淵閣商務印書館」第一四五八冊，頁六四—六六。

稱之，足知以畫成名，符合本文所指「棄儒→以藝成名」型態的「不仕文人」。「棄置舊學」「專精畫理」二句對舉，吾人由前後文得知其人所欲棄置的「舊學」之內容爲前所言「忠義自許」、「經濟之志」，屬於傳統「仕進用世」觀念，意即「道」實踐層面之問題；所欲開展之新人生型態爲「專精畫理」，則屬「藝」層面的問題。「道」「藝」相對之緊張性，頗有「勢不兩立」的相抗意味，較之昔日更爲激烈。這類文人大多經歷過如曹長庚作出「棄儒不仕」抉擇前的內心掙扎[37]：

> （曹）長庚既自負意，不可一世。迺屢不得志于所試，視青衿之於身，如桎梏之於手足。傲然曰：『士子重一藝，姑嘬不已。不能退，不能遂，如觸藩之羊，苦且滋甚。吾何戀戀一藍袍而不獲安意肆志爲？』於時年未四十，即決意棄去不顧，而獨縱情麴蘖、鳥鳴、花艷、日落、雲飛及人世可笑、可悲、可喜、可愕之事，一發之於詩。

明代文人在成爲諸生（即秀才，廣義言之包括廩生、增生、附生等各種生員[38]）之後，卻屢試不第者甚眾，如曹長庚棄儒時已近四十，終其生年有一半以上的時間白白耗費在科舉一事，此所謂「如觸藩之羊」「不能退，不能遂」的懸空狀態。而明代主要據以爲科考取士的準繩，即是

37 （明）畢自嚴《石隱園藏稿・卷二・刻曹長庚詩序》（臺北：台灣商務，一九八六年「景印文淵閣四庫全書」，別集五，第一二九三冊），頁四一四。

38 此處說法採用陳國棟：〈哭廟與焚儒服—明末清初生員層的社會性動作〉一文，出處同註三四。

以朱子思想爲主要內容，此事可由明成祖命大學士胡廣所編纂《五經大全》、《四書大全》、《性理大全》諸書中見其大要㊴。而朱子所強調「道本藝末」㊵的觀念，更使文人視「青衿之於身，如桎梏之於手足」，終無法「安意肆志」，而其意之所欲安，志之所欲肆者，即所言「士子重一藝」也。又如（明）李日華〈四留堂記〉㊶載「文蘭先生」：

> 文蘭先生……初思以儒奮，已悟眞儒固不必以高軒駟馬顯也，棄去故儒，一意修隱君子之節，已又悟眞儒亦不必爲專經墨守之拘拘也，間爲詩歌以自適。其爲詩歌又不務聲華矜俊，築壇自樹。

「不必以高軒駟馬顯也」、「不必爲專經墨守之拘拘也」皆是表明自己以藝爲生命成就的抉擇，乃是與「仕進用世」及「道學家」墨守專經的態度相對立。大概這類「不仕文人」最初莫不以儒者自視，以忠義自許；然因屢不得志，遂有「已悟眞儒固不以高軒駟馬顯也。」之感想，故「棄儒」轉而以藝爲生活主要內容。

是以宋代「文人」與「道學」間緊張對立的所形成「道」與「藝」間的模式，到了明

㊴ 詳論見容肇祖《明代思想史》（上海：開明，一九四一年），頁二。

㊵ 見（宋）黎靖德編著《朱子語類・卷一三九・論文上》（臺北：文津，一九八六年）：「文是文，道是道，文只是如吃飯時下飯耳，若以文貫道，卻是把末爲本，以末爲本乎？」。

㊶ 《恬致堂集》（臺北：國立中央圖書館，一九七一年一〇月）卷二十三，頁二一〇三—二一〇五。

代，又加入先前所言庶民「以藝成名」現象與「棄儒→以藝成名」的「不仕文人」這兩大變數，對於整個架構於官僚體系的傳統「重道輕藝」觀念的轉變，起了相當大的催化作用。(明)唐志契(一五七九—一六五一)在〈繪事微言自序〉[42]中，便爲自己潦倒圍屋遂轉心力於繪事的狀況辯解：

> 蓋繪事小事也。然鑿帝而通天地之德，象形而類萬物之情，噫！微矣！亦復巨矣哉！非周覽博古，惡足與言之。……予家世業儒，儒事之餘，旁及繪事，自垂髫至今，已非朝夕。而無奈潦倒圍屋，壯懷漸灰，覺古來才逸高尚者，得趣無過於茲，則遂成癖子矣。嘗自書小像云：半生全力圖書耗，三世微資石塊消。蓋漫擬愛石而不減米顛，而繪事以不學而能恍恍，猶之前身是畫師耳。……時客有持儒事相商者，詔予曰：「子何經心於不切要之務爲？」予莞爾曰：「畫妙天下，總屬閒情，豈不爲奔馳名利者所嗤笑，但名利笑我，我亦笑名利，予既不言名利，則安得禁予所言繪事」，客不覺瞿然，亦從吾所好。

除了以王維「前身是畫師」自喻外，並以主客答問方式駁斥世人以繪事爲「不切要之務」的成見，頗有標舉「繪事」以與「儒事」、「名利」相抗之意。足見到了晚明，「繪畫」與諸般工匠技藝是可以被文人當作人生成就來看待的，文人士夫不一定要循「立德、立功、立言」

---

[42] 氏著《繪事微言》，(臺北：國立中央圖書館，一九七四年八月)。

的老路子才會被肯定。其以藝成名的成就終究是事實，傳統觀念也需要應時而轉變，世人對這類「以藝成名」的現象於是出現了兩種詮釋模式——一是循傳統「重道輕藝」觀解釋「藝」，或延續或鬆動或轉化（此說詳見本文第參章）；一是拋棄「唯德是尊」的觀點，正面肯定「藝」之價值，即本文中所言之「尊藝」觀（此說詳見本文第肆章）。

參、傳統「重道輕藝」觀在明代的發展

一、傳統「重道輕藝」觀之延續

「語言」是人對現象界「理解」「認知」的外現符號。而「理解」及「認知」本身，就是一種「詮釋」和「評價」的過程，一種「意義」與「價值」的設置建構。在諸多明人書畫賞鑑筆記以及詩文集中，我們很容易歸納出一些明人理解認知「以藝成名」現象（包含創作者、作品、閱讀者三個基本層面）時經常使用的語詞，由這些詮釋用語，筆者可以回溯該人之價值觀，從而建構出一套明人的價值觀念系統。

此間，經常出現一種所謂「曲解故訓」的情形。吾人不妨把典籍「故訓」視為「文本」㊸（text），易時易代，自然會出現有別於典籍成形時的價值觀，對「文本」的詮釋很容易

㊸ 參見羅蘭·巴特（Roland Barths）〈從作品到文本〉一文，其說主張一個可理解的對象稱作「文本」，而不以「作品」稱之，因為它可以經由「意符」不斷活動、重組而擴散其意涵。收入朱耀偉編譯《當代

就與「故訓」不同，甚至大相徑庭。明人之所以作出此種有別於「故訓」的詮釋，論者恐怕不宜據此而簡單論斷該人學問空疏，而較適切的做法則是將它視爲一種再詮釋的活動，吾人正可藉此觀察該人價值觀及時代特殊觀念，並視「曲解故訓」爲傳統觀念鬆動與轉化的跡象。

至於傳統「重道輕藝」觀中「道」的指涉，雖然在美學史上可略分爲儒、道、禪佛三類意涵㊹，然就本文關注焦點爲文士階層而言，仍以儒家思想爲主流。是以本文中所言「重道輕藝」觀乃鎖定儒家思想中之「道」意涵爲研究核心，旁及莊子「技進於道」說。

傳統「重道輕藝」觀源遠流長，演變到明代時仍可經常見到的用語有下列數種，在此聊備一格（因爲本文非以它爲論述重心）：其一，有所謂「游於藝」說法者—此說源自《論語・述而》：「志於道，據於德，依於仁，游於藝。」而來，原義以「志道」、「游藝」分別代表圓成生命的不同面向；就敘述的語序而言，「游藝」置之「志道」、「據德」、「依仁」之後，隱含有「本」「末」的意味。而後人遂以「藝」乃游心所及，非志所宜在，如（宋）《宣和畫譜・卷一・道釋敘論》所敘：「志於道、據于德、依於仁、游於藝也者，雖志道之士所不能忘，然特游之而已。」強調士人著意於藝，只是「游」而已。明人亦常沿用此說。

其二，有所謂「士先器識而後文藝」的說法—此說與前說之別，在於明確道出「先」

西方文學批評理論》（臺北：駱駝，一九九二年四月），頁一五—二二。

㊹ 詳見陳昌明一文，同註❽。

「後」之次。細究該說法源出於《新唐書・裴行儉》㊺傳，文中載（唐）裴行儉取士之標準為「士之致遠，先器識，後文藝。」，所以他認為初唐四傑「雖有才」，然在其「器識為先」的標準下，是不宜取用這類「浮躁衒露㊻」的文人。該觀念下延至宋代，道學家特別強調朝廷當準此取士，如（宋）司馬光〈論選舉狀〉中言：「竊以取士之道，當以德行為先，其次經術，其次政事，其次藝能。㊼」；明人因為科舉取士之故，連公安派袁宗道（一五六〇—一六〇〇）也曾經寫過以「士先器識而後文藝」為題的館閣文章㊽；又如（明）安世鳳（？—？）《墨林快事》載類近說法：

> 今則更自尋出路，不曰躬行，則曰見性，視詞人墨客為末技。㊾

以「躬行」「見性」等「道」層面為上，「視詞人墨客為末技」實為「後文藝」的另種說

㊺ （宋）歐陽修、宋祁撰《新唐書・卷一八〇・列傳三十三・裴行儉》（臺北：鼎文，一九七九年一一月），頁四〇八八。

㊻ 上述括弧中引文出處皆同前註。

㊼ 見氏著《溫國文正司馬公文集》卷十九，頁一九九（四部叢刊初編集部，上海商務印書館縮印，常孰瞿氏藏宋紹興本）。

㊽ 見氏著《白蘇齋類集・卷七・館閣文類》。

㊾ 氏著《墨林快事・甲子正月阿彌陀佛銘》（臺北：國立中央圖書館，一九七〇年一〇月），頁三九八。

法。又（明）沈沈淵〈繪事微言引〉[50]稱許唐志契為「黌宮巨擘」，即推舉「器識」學問的成就，至於繪畫成果僅評之為「畫衹其餘事耳」，以文藝之事為後[51]，在此僅姑擇數則以為證。

其三，有所謂「以藝掩德」說者──如（宋）《宣和畫譜·卷十·王維》所載：「且往時之士人，或有占其一藝者，無不以藝掩其德，若閻立本是也。至人以畫師名之，立本深以為恥，若維則不然矣。乃自為詩云：『宿世謬辭客，前身應畫師。』人率不以畫師歸之。」，其中閻立本之例為「以藝掩德」說法中經常引用到的例子，此外王羲之以書名掩其經濟之才也是一例，足知「以藝掩德」說中的「德」字意涵多半指「經世致用」方面的成就。明人在面對「以藝成名」的文人時，多半會稱許該人經世致用的成就，這樣似乎較具有文士階層的意味。如程象復〈初刻寶綸堂集跋〉[52]中稱陳洪綬：「豈僅以翰墨見長哉！」「得讀藏文，乃知忠孝大節，反為才名所掩，如晉之右軍、唐之魯公者，非歟？」即為一例。不正面肯定「藝」的成就，甚至認為技藝專精會掩蓋更重要的德行，並據此否定專精技藝之價值，成了

[50] 見（明）唐志契《繪事微言》（臺北：國立中央圖書館，一九七四年八月）。

[51] （明）都穆《鐵網珊瑚·卷三·少傅王公詞》（臺北：國立中央圖書館，一九七〇年），頁七一：「夫辭翰之妙，此直先生之餘事。」，此說亦下延至清代，見《四庫全書總目提要·卷九十一·子部總敘》：「百家方技，或有益，或無益，而其說久行，理難竟廢，故次以術數。游藝亦學問之餘事，一技入神，器或寓道，故次以藝術，以上二家皆小道之可觀者也。」。

[52] 陳洪綬撰、吳敢輯校《陳洪綬集》（杭州：上海古籍，一九九四年三月），頁五八四。

部分明人慣用的詮釋方式之一。

其四，有所謂「藝爲小道」說者—典出《論語．卷十九．子張》：「子夏曰『雖小道，必有可觀焉。致遠恐泥，是以君子不爲也』」，論者就後半句發揮：因爲「藝」致遠恐泥，故君子不爲也。而轉化者多就前半部發揮，詳見下節討論。如（明）湯顯祖（一五五〇—一六一六）稱「藝爲小道[53]」又（明）蔣王忠稱「一藝之微[54]」，多半帶有「君子不屑爲之」的意涵。

其五，有所謂「技進於道」說者—典出於《莊子．養生主》。徐復觀先生認爲「庖丁解牛」的寓言[55]，實揭示「技進乎道」的藝術創作過程，然庖丁並非在「技」外見「道」，而是在「技」中見「道」。世人據此而以「技」「道」爲藝術境界高下分判的兩層次。如《宣和畫譜．卷一．道釋敘論》：「畫亦藝也，進乎妙則不知藝之爲道，道之爲藝，此梓慶之鎖鐻、輪扁之斲輪，昔人亦有所取焉。」肯定「技（藝）進於道」爲較高層次的藝術表現。「藝」因爲有「道」意涵內充貫注，則亦可「入神證聖」，故言「藝」之價值，乃依附於「顯道」「承載道」之功能而具有。明人持此說法者如安世鳳[56]所言：「則其平所營尚有大小之分焉，

---

[53] （明）湯顯祖撰、徐朔方箋校《湯顯祖全集．詩文卷三十三．合奇序》（北京：北京古籍，一九九九年一月）頁一一三八—一一三九。

[54] （明）都穆《鐵網珊瑚．卷七》（臺北：國立中央圖書館，一九七〇年）頁一八八。

[55] 見氏著《中國藝術精神》（臺北：學生，一九六六年二月初版），頁五一—五三。

[56] 氏著《墨林快事》，頁三三六。

此有德有技之辯，聖人亦謹之，固不可欲速而甘小成，又烏可取本而斷其末也。」即以「德」（道）爲大爲本，以「技」（藝）爲小爲末，層次高下分明。

總上所述，大致可以確定論斷：在明人看待「以藝成名」現象時，傳統「重道輕藝」觀仍爲普遍使用的詮釋方式。至於其間，也有出現下列所述之鬆動與轉化者。

二、傳統「重道輕藝」觀之鬆動與轉化

咳唾成珠的文壇二老—王世貞與汪道昆，一個是官至刑部尚書，一個是兵部左侍郎，言論足以視爲「仕紳大夫」階層的代表。王世貞在爲文徵明（一四七〇—一五五九）作傳[57]時，就曾針對「以藝掩德」的傳統說法提出不同見解：

> 余讀太史公敘致九流，顧獨不及文章家，言詎藝乎哉？誦者少其貶詘節義，然至於傳田叔、司馬相如，抑何其詳亹厭志也。范詹事爲漢書，稍稍具列獨行、文苑，稱有尚矣！……今夫文先生者，即無論田畯婦孺、裔夷至文先生嘖嘖不離口，然要間以其翰墨得之，而學士大夫自詭能知文先生，則謂文先生負大節，篤行君子，其經緯足以自表見，而惜其掩於藝。夫藝，誠無所重文先生，然文先生獨能廢藝哉！造

[57] 見〈文先生傳〉一文收入（明）文徵明《甫田集》（臺北：國立中央圖書館，一九六八年，清康熙本景印），頁一—二。

> 物柄者，不以星辰之貴而薄雨露，卒亦不以百穀之用而絕百卉，蓋兼所重也。

文中刻意強調史傳中忽視「文章家」一流人物之不妥，並流露出以「文章家」自恃自重、以廁身「文苑」者為高的價值觀。對於學士大夫慣用「以藝掩德」的詮釋用語頗不以為然，雖然其說不離「重道輕藝」的架構—仍舊採用「百穀」「星辰」與「雨露」「百卉」含有相對尊卑意味之譬喻，然而王所強調「道」「藝」二者不得偏廢、應「兼所重」，則是對傳統「重道輕藝」觀念的一種鬆動。這種說法，已然跨越「唯德是尊」的門檻，循「重道輕藝」的架構轉化為「道藝兼重」。

再者如汪道昆，嘗為明代明琵琶手查八十[58]作傳，文中以「野史氏」口吻[59]：

> 野史氏曰：『古之人不卑小道，務有所成名，彼操一技之能，必入其室，君子蓋有述也。查八十，名鼐』，……野史氏曰：『世俗言琵琶一部樂耳，鼐獨以此稱絕技，其專壹之效，與先民或以蒐稗為美，博奕為賢有以也。』

「古之人不卑小道，務有所成名」一句，結合《論語·卷十五·衛靈公》：「君子疾沒世而

---

58 查八十為明代琵琶名手，如《元明事物類鈔琵琶門》中載有張佑〈聽查八十琵琶〉詩、王寅〈訪查八十〉。此外汪道昆也嘗為庖人、墨工作傳，足知汪身為朝紳文士，然多與下層百工匠藝交接往來，觀念之改變是可理解的。

59 （明）黃宗羲《明文海·卷四一八·傳三十二·查八十》，頁五五。

名不稱焉。」以及《論語・十九・子張》：「子夏曰『雖小道，必有可觀焉。致遠恐泥，是以君子不爲也』」二說並加以轉化，顯然爲前文所分析的「曲解故訓」式的再詮釋作法。前則《論語》之故訓原義，認爲技藝小道雖有可觀之處，然恐有無法推行久遠的潛在弊病，故「君子不爲也」；此處汪道昆則斷章取前半段之義，來肯定技藝雖爲小道然有可觀之處，並進而轉化爲「不以小道爲卑」；至於「務有所成名」之意義，更與孔子強調「名」「實」相符的初衷相背離，如《論語・卷二十・顏淵》篇即載孔子明辨「達者」與「聞者」之別。儒家對於名譽著聞者，必定以內在「仁心」之具備以及外在「行爲」相符二方面的道德條件來考察，若名實不符，就只是落入「聞」之低層次，而非「達」之高層次。再者，孔子所認定的君子，當求博學通才，而非僅僅以技藝成名者，所謂「君子不器」[60]以及「博學而無所成名」[61]，是以「君子疾歿世而名不稱焉」，並不是「務求成名」，而是著重於平日實踐力行之篤實。汪有意結合二說，其目的就是要援引經典以證成「以技藝成名」者之成就的合理性。

此外，結語中「以荑稗爲美」的用語，其詮釋路徑與上述王世貞以「雨露」「百卉」爲喻如出一轍；「博奕爲賢」典出《論語・卷十七・陽貨》：「子曰：『飽食終日，無所用心，難矣哉！不有博奕者乎？爲之猶賢乎已。』」，故訓原義在於強調「飽食終日無所用心」之不可，「博奕猶賢乎已」已落第二等做法，然汪亦斷章取末句之義來肯定博奕小技爲君子

---

[60] 《論語・卷二・爲政》。

[61] 《論語・卷九・子罕》：「達巷黨人曰：『大哉孔子！博學而無所成名。』子聞之，謂門弟子曰：『吾何執？執御乎？執射乎？吾執御矣。』」

之賢。這些都是整個文藝社會價值觀念產生質變才會導致明人刻意循「重道輕藝」的傳統論題加以詮釋轉化，藉由迂迴的方式來肯定「藝」之價值。

再引謝肇淛之說法爲證62：

> 牛馬龍虎之屬，畫之固亦俊爽可喜，至羅隱之子塞翁者，專畫羊；……專畫犬；……專畫貓；……專畫蜂蝶；……專畫草蟲。彼顧有所獨會耶？抑幽人高尚之致托於是以寓意耶？而名亦因之以顯。故曰：「雖小道，必有可觀者。63」孔子謂：「飽食終日，無所用心，不有博奕？猶賢乎已。64」茍能專工一藝，足以自見，亦愈於歿世

62 《五雜組·卷七·人部三》，頁一七五。

63 姑引《論語集註大全·卷十九·子張》之說法爲對照（見（明）胡廣等纂修《四書大全》，孔子文化大全編輯部編輯《孔子文化大全》叢書，山東：山東友誼書社，一九八九年七月，頁一九七二—一九七三）：「子夏曰『雖小道，必有可觀焉。致遠恐泥，是以君子不爲也』」小道，如農圃醫卜之屬。引朱子之註：「朱子曰：『小者，對大之名，正心修身以治人，道之大者也。……道之小者也，然皆用於世而不可無者，其始固皆聖人之作，而各有一事一物之理焉，是以必有可觀』」；又「新安陳氏曰：『是以君子於大道盡心焉，而于小道不屑用其心也。』」，認爲君子對於技藝小道不屑用心，可知儒家「故訓」之說仍下沿至明代，汪、王、謝應是刻意曲解故訓，用意甚爲明顯。

64 出處同前註，卷十七〈陽貨〉，頁一九二二—一九二三。：「子曰：『飽食終日，無所用心，難矣哉！不有博奕者乎？爲之猶賢乎已。』」又李氏曰：『聖人非教人博奕也。所以甚言無所用心之不可爾。』」又「此非啓博奕之端，乃假此以甚彼之辭。」皆沿「非教人博奕」之故訓。

而名不稱者矣[65]。

循「重道輕藝」觀念，結合上述三說於一身。足見明人循傳統「重道輕藝」觀並重新詮釋典籍、賦予新意，從而迂迴肯定「藝」之意義的詮釋模式，已經十分常見了。

肆、新興「尊藝」觀之出現

上述王世貞、汪道昆、謝肇淛等人之說法，雖然已有肯定「藝」的意味，然仍不脫以「道」爲重爲尊、以「藝」爲輕爲卑的思考模式。到了晚明李卓吾（一五二七—一六〇二）、袁宏道（一五六八—一六一〇）等人的說法中，則更積極而直接地揚棄「唯德是尊」的包袱，此舉一方面可視爲對宋明以來道學形式化、空洞化的反動，一方面則可視爲晚明新興「尊藝」觀念的呈現，如李卓吾〈與管燈之書〉[66]：

> 如空同（李夢陽）先生與陽明先生同世同生，一爲道德，一爲文章，千萬世後，兩先生精光具在，何必兼談道德耶？人之敬服空同先生者，豈減於陽明先生哉？

---

[65] 同前註出處卷十五〈衛靈公〉，頁一七九二。「君子疾沒世而名不稱焉。」「南軒張氏曰：『有是實，則有是名，名者所以命其實也。終其身而無實之可名，君子疾諸，非謂求名於人也。』」。

[66] 《焚書》增補一（臺北：漢京，一九八四年五月一〇日），頁二六七。

專精「文章」一藝即是能經歷千年萬載的不朽成就，且足與道德有成者並列相抗！更毋須「兼談道德」以增添「藝」之存在價值，因爲「人」之主體精神（精光）具存於其間，即足以爲重。世人以羲之書藝掩其經濟才能或以孔融「文章末技67」見稱爲遺憾，誠爲偏見，蓋文章書藝即足以爲重。

李卓吾「何必兼談道德！」一語，已然跳脫傳統「重道輕藝」觀中「唯德是尊」的思考模式。然「技藝」之足以尊重，並非就此落入技術精巧與否的考量，而在於「人」之主體精神（即其所言之「精光」）具存其中，是以李雖揚棄傳統「重道輕藝」觀中之「道」（尤其是「經世致用」，如羲之的經濟才能）意涵，然實則轉變「道」之意涵回歸爲「創作者之主體精神」。如此一來，「技藝」之價值也毋須「道德」「事功」充注其內而始具有：

> 鐫石，技也，亦道也。文惠君曰：「嘻！技蓋至此乎？」庖丁對曰：「臣之所好者道也，進乎技也。」是以道與技爲二，非也。造聖則聖，入神則神，技即道耳。技至於神聖所在之處，必有神物護持，而況有識之人歟！且千載而後，人猶愛惜，豈有身親爲之而不自愛惜者？石工書名，自愛惜也，不自知其爲石工也。神聖在我，技不得輕矣！……鐫者或未甚工，而所鐫之字與其文，或其人之賢，的然必傳於世，則鐫石之工亦必鐫石以附之。所謂交相附而交相傳也。蓋技巧神聖，人自重之。能

67《焚書・卷五・讀史・逸少經濟》及同卷〈孔北海〉條，見頁二一八。

爲人重，則必借重於人[68]。

文中對莊子「技進乎道」中「道」「技」兩分的說法另有一番見解，「造聖則聖，入神則神」，「技」「道」應是不分的；所謂「神聖在我」，即言「道」具存於「創作主體」，人爲創作主體而有具體「技藝」呈現於外，則主體之精神情志，自然也隨之貫注於「技藝」，內充其間，故言「技即是道」。所以「技」之意義本然具足，毋須依附外求，故「技不得輕」。至於鐫石之工巧與文字藝術，與創作者之賢，即所言之「藝」與「道」，其關係是「交相附而交相傳」，不必然爲傳統「重道輕藝」觀中所謂「以人傳藝」的單向流傳，而是與「技藝傳人」的情形交相循環的。李卓吾肯定專精藝術之創作者，故曰「凡藝之極精者，皆神人也。[69]」，又曰「但其技精，則其神王，決非拘牽齷齪，卑卑瑣瑣之徒所能到也。[70]」，其說與莊子藝術精神頗類通，又與時人湯顯祖「自非通人，誰與解此[71]」及（明）蔣王忠「苟非有

---

[68]《焚書・卷五・讀史・樊敏碑後》。

[69]《焚書・卷五・讀史・逸少經濟》：「先生謂逸少『識慮精深，有經濟才，而爲書名所蓋，後世但以翰墨稱之，藝之爲累大哉！』卓吾子曰『藝又安能累人？凡藝之極精者，皆神人也，況翰墨之爲藝哉？先生偏矣！』」。

[70]《焚書・卷三・李生十交文》。

[71]（明）湯顯祖撰、徐朔方箋校《湯顯祖全集・詩文卷三十三・合奇序》。

自得之妙趣，卒莫能造其妙！⑫」說法相近，足知循此法者亦有之；也因爲專精技藝者有如通人、神人般恢弘廣肆，所以比起「按籍索古、談道德、說仁義」⑬那類空洞僵化的道學家更勝一籌。此間所強調專精「技藝」者勝於說「道德」者，已反轉傳統「重道（德）輕藝」的局勢。

再者，袁宏道亦嘗由肯定創作者主體精神的方式來確立「藝」之價值，如〈紀夢爲心光書冊〉⑭所言：

> 余嘗論古人，如東方曼倩、阮步兵、白香山、蘇子瞻輩，皆實實知道，而畫苑書法，下至薄技能之入妙者，若其資非近道，技與神卒不相遇。夫畫如吳（道子）如顧（愷之），書如王如旭輩，豈可以技能之士目哉？……余於世之名儒大僧，僞以性命自標幟者，視之與屠估傭保等，曰：是其中有未變者在。而一種豪爽雋快及技能入妙之士，神與道遇者，曰：是其中有未變者在。

技藝入妙者，其資質必有過人之處，不可鄙之爲「工匠」而輕視之。而且創作者「皆實質知道」，技藝入妙之創作主體與「道」相近，是以較之「世之名儒大僧，僞以性命自標幟者」

⑫ 〈元柯敬仲畫竹譜〉題跋，見（明）都穆《鐵網珊瑚》，頁一八八。

⑬ 《焚書・卷三・李生十交文》。

⑭ 《袁宏道集箋校・卷四十一・瀟碧堂集之十七—雜錄》，頁一二二三。

更可「敬之若先賢古佛」。

其說與李卓吾論述路徑不同之處，在於李以「神聖在我」，「創作主體精神」即「道」之意涵，遂得「技」「道」不分；而袁則以創作主體之精神爲「神」，其意並不等同「道」，然而凡是專精技藝者，其資質近「道」，且皆「實實知道」，故「技」與「神」（創作主體之精神）相合相遇，進而上與「道」相遇合，而達「技」「道」合一之境，此李袁二人論「藝」路徑之異同，大致如此。

二說皆始於對「創作主體之精神」的肯定而後殊途同歸於「技道合一」之境；李卓吾之說，乃對傳統「重道輕藝」觀念中視爲首要之務的「仕進用世」的一種反思，所謂「道」者所謂「神聖」者毋須外求，而是創作者主體精神所在，而「技藝」即是人主體精神（精光）之展現，是以「技即是道」「技不得輕」；袁說亦可循此推出「技藝」精妙者含蘊「道」之結論，故「技藝非小道」，且「萬理具存」，如（明）李開先（一五〇一—一五六八）《中麓畫品・自序》[75]：

> 物無巨細，各具妙理，是皆出乎玄化之自然，而非由矯揉造作焉者。萬物之多一物一理耳，惟夫繪事，雖一物而萬理具焉。非筆端有造化，而胸中備萬物者，莫之擅場名家也。

---

75 《中麓畫品》（《美術叢書》第二集第十輯），頁六五。

創作者胸中備萬物，筆端造化萬千，所呈現之創作藝術，自然也含蘊萬理。是以「技藝」之價值，非依附於「道德爲本爲尊」之消極存有，而是蘊含「創作主體精神」而積極存有。「技藝」之內在價值既已確立，故可將之視爲人生志業及成就，從而享有聲名、流芳百世，所謂「名不必文章功烈76」，如袁宏道所倡言，只要專精技藝，皆足以成名：

古今好尚不同，薄技小器，皆得著名。鑄銅如王吉、姜娘子；琢琴如雷文、張越；窯器如哥窯、董窯；漆器如張成、楊茂、彭君實。經歷幾世，士大夫寶玩欣賞，與詩畫並重，當時文人墨士，名公巨卿炫赫一時者，不知湮沒多少，而諸匠人名顧得不朽。所謂五穀不熟，不如稊稗者也。近日小技著名者尤多，然皆吳人，瓦瓶如龔春、時大彬……銅鑪稱胡四蘇……扇面稱何得之77。

文中雖採用「五穀」與「稊稗」傳統譬喻來比況封建體制下的「仕紳大夫」與「市井百姓」階層，然而他主張這些未具基本文學素養、出身如「稊稗」的「百工匠師」，雖無法取得出身如「五穀」的「仕紳大夫」正統地位，但只要在「藝事」方面或鑄銅或漆器或窯器等有所專精，便可在流名青史，較之顯赫一時卻無所長的袞袞諸公來得永垂不朽。所以世人應當拋開傳統儒生僅以「立德」、「立功」、「立言」爲人生成就的狹隘觀念，與其老是在一些空

---

76 （明）薛岡《天爵堂筆餘·卷三》（明崇禎間刻本）。

77 《袁宏道集箋校·卷二十·瓶花齋集之八—雜錄·時尚》，頁七三〇。

虛浮泛的詩文裏兜圈子，還不如移志於藝事，專就下棋、蹴踘、檔彈等技藝下工夫，只要專研極致，亦可成就聲名：

> 人生何可一藝無成也？作詩不成，即當專精下棋，如世所稱小方、小李是也。又不成，即當一意蹴踘檔彈，如世所稱查八十、郭道士等是也。凡藝到極精處，皆可成名，強如世間浮泛詩文百倍78。

亦有轉化「三不朽」內容者，如張岱（一五七九—一六八九？）在撰寫《明於越人三不朽圖贊》79時，便將「畫藝」列爲三不朽「立言」之中，這與昔日將繪畫視之爲工匠地位的情形對照，其意義則昭然若揭。就人追求精神主體超越形軀及時間侷限，終至永恆不朽的意義而言，名公巨卿雖炫赫一時，然轉眼化爲塵沙，煙消雲散，反不如藝術之亙久彌新，如（明）李日華〈書錢眞長詩草後〉所言80：

> 天嘗以仙福縱一唐子畏，令其一躍名場，即裂世網，日從花香鳥韻中，與天下勝流

---

78 《袁宏道集箋校・卷五・錦帆集之三—尺牘・寄散木》，頁二〇二。

79 張岱《明於越人三不朽圖贊》（臺北：明文書局，周駿富輯《明代傳記叢刊・綜錄類—吳郡人物志》一書名下）。

80 氏著《恬致堂集・卷三十六》頁三一五九—三一六一。

打滾過日，所謂灑落筆墨，濬爲書法、爲繪事，人願以連城享之，至今重爲瑰寶，當時與子畏同進而軒軒得意者，竟復何在？風散湮滅，爲蟲爲沙，俱不可知矣！

所以「技藝」不但不得輕視，且可作爲創作者主體精神超越形軀時空之侷限而流傳久遠之資藉，所謂「技到妙處，皆足不朽」[81]，故知書畫足恃，藝術足恃，生命形軀雖有限，卻可在藝術領域中開拓出一片寬闊的天地，幻化成一朵朵蘊含主體生命感思與情意的花朵，在歷史的微風中，招展出千姿百態，散發出雋永亙古的香味——這就是「藝術」價值底蘊之所在。

伍、結　論

晚明有關「尊藝」觀念的文獻，多凌亂散見於史料雜俎或賞鑑詩文中，似乎缺乏嚴謹的理論系統，邏輯思考亦顯薄弱，然而即便是浮光掠影式的評語，事實上即隱含價值判斷，本文嘗試由此勾勒出晚明新興的「尊藝」觀念，所得之研究成果，除了可以解釋晚明「以藝成名」現象與之循環相生、互爲因果的情形；此外，亦可由此觀察美學觀念的蛻變，並據此掌握後人藝術創作及賞鑑詮釋方法的脈絡。

---

[81] 又（明）何偉然〈馬又如〉一文載：「馬又如，……擅長鵾弦、婁東弦索一道，爲海內絕唱本領。……又如且以卑既無品，每一曲罷，必藉文辭掩之。……仙郎曰：『技到妙處，皆足不朽，何必騷詞！』」，收入（明）黃宗羲《明文海·卷四一九·傳三十三》，頁六六—六七。

首先，就美學史上「道」「藝」辯證的命題而言，宋代「道／藝」之間的關係是不脫「主道藝進」的思考模式的，意即以道爲主、由藝顯道，以達道藝圓融之境[82]。到了明代，對於「道」「藝」關係的思考，雖延續宋以來存在於「道學家」與「文人」間緊張對立的模式，然因當時「以藝成名」者，是以百工技藝的庶民階層及「棄儒從藝」的「不仕文人」爲主力，有別宋時如蘇軾一類的正統文人，所以「道」「藝」之間相抗對壘尤烈於昔，於是加速催化傳統「重道輕藝」的鬆動與轉變，並促成「尊藝」觀念的形成。此時，「道」與「藝」之內涵也有了變化，一方面因爲宋以來道學的空洞僵化，使「道」之內涵簡化爲「經世致用」、「仕進用世」之外在意義；另一方面又因爲明以來文藝社會發展的型態不同，使「藝」之意涵豐富爲「四藝」以及「百工技藝」。「尊藝」觀之出現，一方面揚棄道學空洞化後的「道」意涵，一方面又將「道」意涵轉向，回歸創作主體之精神。因爲「技藝」蘊含「創作主體之精神」，故從而得以正面肯定「藝」之價值。不但可以將「技藝」視爲人生志業及成就，同時還因爲創作者之主體精神可藉之通達亙古不朽，「技藝」遂得以有獨立存在之價值，而非昔日依附於「道德」「事功」之下而消極存有，此即爲明代「道／藝」辯證命題所開展出來的新局面。由於，肯定「人」之爲創作主體，其吃飯穿衣情慾亦從而肯定，故明代藝術表現之特質，迥異於宋時知性反省式的內攝平淡，而趨於展現個人姿態及情慾外放。

此外，本文中列舉出幾種常見「重道輕藝」觀的詮釋用語，如「游於藝」、「士先器識而後文藝」、「以藝掩德」、「畫爲小道」、「技進於道」等；以及循傳統「重道輕藝」

---

[82] 見陳昌明一文，出處同註[8]。

架構，迂迴曲折地證成「技藝」價值的方式中，有所謂「曲解故訓」式的再詮釋做法所經常運用到「雖小道，必有可觀焉」「君子疾歿世而名不稱焉」「不有博奕乎？爲之猶賢乎已」等三種「文本」（text），以上用語之歸納與分析將有助於論者在閱讀明清賞鑑藝術札記時，對言說者之價值觀念的追尋與掌握。如（清）路朝鑾〈益州書畫錄序〉[83]所言：

> 竊謂：書畫雖一藝，而道存乎其間，爲之者，必志潔而行端，神閒而氣靜，嫥肆力於其內，而毋馳騖乎其外，漸以歲月，澤以詩書，優游而饜渥之，然後其術益精，其品益峻。……宣聖以游藝一端，列於志道、據德、依仁之後，所謂先立乎其大者，則其小者不能奪也。……士當讀書治事，餘暇以此陶寫性靈，自適其樂。初無角勝求沽之意，當時雖乏赫赫名，迄今縑素流傳，視時流之蜚聲振耀者，造詣精卓，恆覺過之，此其故可長思也。……爰爲推論道藝一貫之理。

細究言說者之觀念雖不脫「道爲大爲本爲先」「藝爲小爲末爲後」的架構，然實則循傳統「重道輕藝」觀來消極證成「藝」之「不能奪」不可偏廢。足見晚明「尊藝」觀的出現，與傳統「重道輕藝」觀揉雜並存，或重組或再轉化，豐富了明以後賞鑑技藝的詮釋方法及觀念。

至於晚明「尊藝」觀掉轉方向、回歸「創作主體精神」以確立「藝術」價值的作法，

---

83 見（清）薛天沛《益州書畫錄》（臺北：國立中央圖書館，一九七一年二月，景印北平莊氏洞天堂藏民國三十四年成都崇禮堂刊本）。

實向吾人揭示藝術賞鑑及創作時一個重要的路徑。蓋揚棄「唯德是尊」的包袱後，並非落入技術分析或感官賞析的層面尋求其價值，當知：藝術之價值，在於人之主體精神充注其間，如（清）戴熙〈墨林今話序〉[84]所載：

> 聰於耳者長於聲，聲爲詩。明於目者長於形，形爲書爲畫，三者本於耳目，而耳目本於心，則其□之施於耳目而成聲與形者，必清澄淡古，爲世寶重。

又如（明）李陳玉〈書李山人畫冊〉[85]所言：

> 其人之精神，必有以取萬物之微，而後倒順橫斜，能轉折賦形而出。……原其巧妙，同一關捩。是以東坡書法以塗竹，山谷竹法以作書，摩詰詩中有畫，畫中有詩，精靈所映，千輝一燈。

舉凡詩文書畫下及百工技藝，皆爲人主體精神之外在表現，所謂「精靈所映，千輝一燈」，而賞鑑者在審視藝術成品時，亦當以回溯創作者主體精神爲依歸，而非見畫止於畫、見詩文止於詩文地徒然流連於藝術形式分析或感官賞析的層面，若準此當可避免偏執一端而轉成支

[84] 見（清）蔣寶齡撰、蔣茝生續《墨林今話》（臺北：學海，一九七五年八月）。

[85] 朱劍心選注《晚明小品選注．卷四．序跋之三》（臺北：台灣商務，一九六九年一一月）。

離破碎的弊端。藝術創作者，亦當著眼於創作主體精神之充實，而非徒停滯於技巧層面的琢磨，如此一來方足以提昇藝術創作之境界，此乃晚明「尊藝」觀中最值得吾人深思咀嚼之處。

江盈科詩論小箋

龔鵬程

江盈科《雪濤小書》二卷，又名《亙史外記》，題冰華生輯，現存爲「詩評」及「譜史」兩部分。

江氏是袁中郎兄弟之好友，亦曾替中郎〈敝帚集〉作序，其言論頗足以代表所謂公安派的意見，他本人也是小品文的名家。故籀論其說，可使我們對公安之觀念有進一步的了解。

江氏論詩，首重辨體，亦即辨詩與文的不同。謂：「從古以來，詩有詩人、文有文人。譬如斲琴者不能製笛，刻玉者不能鏤金。專擅則獨詣，雙騖則兩廢」「以議論典故爲詩，所謂文人之詩，非詩人之詩也」「詩有詩體、文有文體，兩不相入」「余謂爲詩者，專用詩料；爲文者，專用文料。如製朝衣，須用錦綺。如製衲衣，須用布帛，各無假借」（〈詩文才別〉條）。

詩與文，在材料、作法、創作能力等各方面均不相同。因此，作詩最大的忌諱，就是：「凡詩欲雅，不欲文。文則爲文章矣」（〈詩忌〉條）。

作詩要像詩，而不像文，才叫做當行。〈當行〉條曰：「時文中，只宜入時文調。用古文，雖極好，亦非當行。……論詩亦然。詩自有詩料，著個文章字不得。試看唐人詩句，何一字一句非詩？近時文人用文筆爲詩，敷暢曼衍，譬如縉紳先生，剽竊雅致，綸巾深衣，打扮高士裝束，終有軒冕意思」。

這是他辨體之基本觀點。據此觀點，他批評宋朝以後許多詩人的詩根本是文不是詩，認爲漢魏及唐人詩才是詩。例如：

△詩有詩體，文有文體，兩不相入。……若宋人無詩，非無詩也，蓋彼不以詩爲詩，而以議論爲詩，故爲非詩。若乃歐陽永叔、楊大年、陳后山、黃魯直、梅聖俞諸人，則皆以詩爲詩，安見其非唐耶？我朝如何李以後，一時詞人，自謂詩能復古。然誦其篇章，往往取古人之文字句藻麗者，襯貼鋪飾，直是以文爲詩，非詩也（〈詩文才別〉條）。

△試看唐人詩句，何一句一字非詩？近時文人用文筆爲詩（〈當行〉條）。

既然宋朝以後的詩大都不能稱爲詩，則詩的典範自然就是漢魏及唐詩了。這其中，江盈科認爲〈蘇李贈答〉及〈古詩十九首〉渾樸古茂，但魏晉六朝，已趨軟媚，唐人的詩才又好了。可見其重點只在唐，以唐詩爲詩的典範。故彼曾藉蘇東坡之口說：「或有人在蘇子瞻面前誦詩語云：『一鳩啼午寂，雙燕話春愁』，曰：『此學士詩乎？』子瞻曰：『此唐人得意句，我安能爾？』噫！子瞻非謙詞也。眞是下手不得，只如此看詩，乃知唐人境界原不易詣」（〈評唐〉條）。

但其推崇唐詩，與李夢陽何景明等人不同之處，在於李何諸人主張「文必秦漢，詩必盛唐」，他則認爲：「善作詩者，自漢魏盛唐之外，必遍究中晚，然後可以窮詩之變」（〈用今〉條）「中晚之詩，窮工極變，自非後世可及」（〈詩文才別〉條）。整個唐代詩都是美的典範，並不限盛唐。

唐詩既爲美之典範，自然也就是作詩者學習效法的典範了。相對於宋朝以迄明朝的時代風氣而言，此即爲復古。因此，從辨體論發展出來的江盈科詩說，其實乃一復古論。

復古論者看不起他所處那個時代的風氣，認爲作詩必須要作成像古代的唐詩才好，所以說某某詩：「此等句，置之唐人集中，誰復優劣？恐非嘉靖七子所易造」，某人詩：「絕是唐調」（皆見〈采逸〉條）。詩若能作得像唐詩就是好詩了。

相對於時人之作，唐詩之風格即可稱爲「古」。所以評斷好詩，也往往說它「甚有古意」「自然高古，所以難及」（見〈雌黃〉條）。

也就是說，所謂「唐詩」，有歷史義、也有風格義。指詩之風格時，與「古」是同義字。追求唐詩之風格，不但具有歷史性的復古意義，也有建立一種「古」的審美標準之意，因此《雪濤小書》中論及法古、貴古、復古之處甚多。如〈法古〉條云：「詩所爲貴古」、〈復古〉條云：「韓昌黎力追西京，柳柳州相與提挈，眞是能復古者」、〈閨秀詩評〉謂孟淑卿詩：「清淺而古，人不易及」、黃氏詩：「古意、古調、古詞，恐知音者寡矣」、劉采春詩：「商彝周鼎，古色照人，不意閨門能爲此語也」、魚玄機詩：「蒼老古拙，如孔明廟柏，柯石銀銅」。

這些話語，無不顯示江盈科復古、追求古的風格之用心。但歷來研究晚明文學的人，只曉得江盈科屬於公安一派，是反對復古的，此眞知一五而不知二十之見也。蓋江盈科反對七子之復古，跟他自己主張復古，本不矛盾。並非反對別人復古，自己就是個反復古論者。五四運動以來，講文學史思想史者，大多不甚懂文學，亦無思想能力，故一見江盈科等人之批評七子復古，即謂江氏反對復古。殊不知正因江盈科主張復古，所以對七子派之復古瞧不順眼，認爲像他們那樣子復古，恐怕並不眞能復古。

在〈詩文才別〉條中，江氏評論七子云：

李崆峒文筆古拙，所以七言古詩，幾於逼眞子美。何太復詩文，庶幾雙美。而挺拔絕特，已遜古人，遂開吳明卿劉公實一派，流於平衍。七子之中，王元美終當以文冠世。求眞詩，於七子中則謝茂榛者，所謂人棄我取也。李于麟之文，初讀之，令人作苦，久而思索得出，令人欠伸思睡。若其詩，大都以盛氣雄詞，凌駕傲睨。數十年來，但留「中原紫氣」「我輩起色」等語，爲後生作惡道。若此公者，幾乎併文與詩兩失者也。……我朝如何李以後，一時詞人，自謂詩能復古。然誦其篇章，……直是以文爲詩，非詩也。……奈何以文爲詩，乃反自謂復古耶？

通論七子，則俱斥其以文爲詩，非眞能復古。細細分論，則對何景明與宗子相尙頗欣賞，稱贊何景明詩文雙美，又說：「何太復詩與李崆峒齊名，然余讀其〈樂陵令行〉一篇，亦何嘗規規模古？不過就當日時事，鋪敘結構，自具古體」（〈配合〉條）。由他這些批評與贊美中，我們可以知道江盈科所反對的，乃是不恰當的復古方式，例如以文爲詩，或以模擬、泥古的方式去復古之類。

那麼，他所主張的復古之道，究應如何？

譬如我們今天甚爲仰慕孔子，願學孔子。則將模仿孔子的衣冠、言談與行事，以爲即是孔子；抑或思考孔子之所以能成爲聖人的緣故，而學習之，使自己也成爲像孔子一樣的聖人呢？江盈科的思路，就屬於後者。因此他說：「如善書之人，睹驚蛇而悟筆意、觀舞劍而得草法，不專倚臨帖摹本也」（〈用今〉條）。

江盈科許多討論復古的言論，都是在爭辯這個原則。謂擬古者不足以復古，而後人遂誤以彼爲反復古者，實在冤枉。〈擬古〉云：

古樂府古詩所命題目，如〈君馬黃〉〈雉子班〉〈艾如張〉〈自君之出矣〉等類，皆就其時事搆詞，因以名篇。自然妙絕。而我朝詞人，乃取其題目，各擬一首，名曰復古。夫彼有其時、有其事，然後有其情、有其詞。我從而擬之，非其時矣，非其事矣，情安從生？強而命詞，縱使工緻，譬諸巧工能匠塑泥刻木。儼然肖人，全無人氣。何足爲貴？夫肖者且不足貴，況不肖者乎？且〈君馬黃〉〈雉子班〉等題，若必一一擬作，則〈關雎〉〈螽斯〉之類，何爲丟下不擬？豈古樂府古詩能古于三百篇耶？以此見擬古無用，疊屋加床，虛糜歲月，不足立名。若李杜歌行，如〈盧山高〉〈蜀道難〉〈渼陂〉〈打魚〉〈縛雞〉〈茅屋爲秋風所破〉等類，皆因時因事命題名篇，自是高古奇絕，所以爲詩中豪傑。然則作詩者，不能自出機軸，而徒踽踏千古之題目名色中以爲復古，眞處褌之虱也。

由此可知，欲復古道，達到自然高古的目標，便不能擬古或泥古，而應該寫自己的眼前事物，因其時因其事因其情而作。能如此，始爲「眞古」。

〈法古〉云：「詩所爲貴古者，自雅頌離騷之後，惟蘇李〈河梁詩〉與〈十九首〉係是眞古。彼其不齊不整，重複參差，不即法，不離法，後人模之，莫得下手，乃爲未雕之樸」。眞古之所以眞，有幾個條件，第一是本諸自己之才性，所以能成就自己的面目，所謂：「詩本性情，若係眞詩，則一讀其詩，而其人性情，入眼便見。大都其詩瀟灑者，其人必暢快」（〈詩品〉條）「夫爲詩者，若係眞詩，雖不盡佳，亦必有趣。若出於假，非必不佳，即佳亦無趣」（〈貴眞〉條）。

這種眞，乃是因自己之才性而發、緣自己情之所感，所以好，所以不是擬古。彼所謂詩本性情者，其實是指才性，故強調詩才與詩膽。〈詩膽〉條說：「詩人者，有詩人，亦有詩膽。……膽之大小不可強爲。世有見猛虎而不動，見蜂蠆而卻走者，蓋所稟固然。矯而效之，終喪本色」，這天生稟賦之膽，就是才性，所以他又以天生的形貌來擬喻說明。如此論眞、論性情，自不免偏於本然，而忽略人工學力等問題。

也由於如此，故江盈科論眞詩，也就是直寫眼前景、當時事，且主張用大家都懂的語言。〈語文才別〉條說：「詩寧質、寧朴、寧摭景目前，暢協眾耳眾目」，〈評唐詩〉稱贊白居易：「意到筆隨，景到意隨，世間一切都著併包囊括入我詩內」，〈用今〉條說：「詩人所引之物，皆在目前，各因其時，不相假借。……非不欲假，目到意隨，意到筆隨，自不暇捨見在者而他求耳。……必盡目前所見之物與事皆能收入篇章，然後可以極詩之妙」。〈求眞〉條說：「凡爲詩者，或因事、或緣情、或詠物寫景，自有一段當描當畫現前境界，最要闡發玲瓏。……擬古而反博笑世人於字句間，學盛唐，失卻眼前光景，大率類此」。都強調了詩應刻畫眼前的觀點。

因此詩的眞假，判斷標準即在兩方面，一是與作者之性情合不合，能否體現作者之性情；二是與所寫之事景合不合，能否表現出所寫之景物。後面這一點，他稱爲「體物」。就像畫人像時之「寫眞」一樣，詩也要能讓人彷彿看見眞景眞物。他稱贊杜甫：「少陵能象境傳神，使人讀之，山川歷落，居然在眼。所謂春蠶結繭，隨物肖形，乃謂眞詩人、眞手筆也」（〈評唐〉條）。又說詩應體物：「余觀唐人之詩，切於體物。蓋隨地隨事，援入筆端，初非摭拾以往陳言，圖爲塞白。……詩不體物，泛泛然取唐人熟字熟句，粧點成章，遂號於人曰詩。眞袁中郎所謂八寸三分帽子，人人可戴者也。烏乎詩？烏乎詩？」（〈體物〉條），又稱：「唐人登眺之詩，皆與山川相稱，中間聯句，眞是移動不得。……本朝詞人，登眺之詩亦多矣，摘而懸之，可有如唐人詩酷肖山川者乎？」（〈摘聯〉條）都顯示了這種觀點。

依此觀點，本諸自己的性情即是復古，古就是眞，眞才是唐。所以江盈科才會說：「……此詩綽有古意。然未嘗有意模古。乃知眞詩自古，不在模古」（〈尚意〉條）「……此等語取之目前，要自古雅暢快，有三百篇之風」（〈詩有實際〉條）「世之負詩才，觸景寫興，合符古人者，不少矣」（〈采逸〉條）「各無假借，則其詩不求唐而自唐。蓋未有眞詩而不唐者」（〈詩文才別〉條）等等。江盈科詩論之曲折如此。後人但見一偏，只知他講「詩本性情」、強調眞、批評七子派之擬古，遂謂其爲反復古的性靈派。不知眞即是古；而觸景寫情、用眼前物事語言，就是唐。故歷來所論多不中竅。

從江氏對七子的指摘來看，如謂：「本朝論詩，若李崆峒、李于鱗，世謂其有復古之力。然二公者，固有復古之力，亦有泥古之病。彼謂文非秦漢不讀，詩非漢魏六朝盛唐不看；故事凡出漢以下者，皆不宜引用。噫！何其所見之隘，而過於泥古也耶？」（〈用今〉條）江盈科認爲自己才能眞正復古的態度實極明顯。

但是，江盈科本身這套詩觀也不是沒有可再深論之處的。因爲復古論者之間的分歧與爭議，眞正的關鍵並不在於某方蹈襲模擬而另一方不模擬。詩歌創作，不可能脫離一個文學發展的傳統，因此不因循或效法某些規則典範、學習某些創作方法，是不可能的。寫作者無論如何說要自出心裁、本諸性情，畢竟人都不是在眞空中創作。既然人皆有所學、皆有所承、皆有所法，那麼，法效之方式，可能才是彼此有歧分的原因；而更關鍵之處，則又在於大家所效法的對象不同。

復古論者尤其如是。彼此均言復古，然所欲復之古不同。事實上就是彼此腦海中對於理想詩歌之美感模型，各有不同的抉擇與認定。前後七子心目中的美典，是盛唐；江盈科心目中的美典，其實是中晚唐。

因此江氏所說的「古」，乃是一種清淺曉暢的風格，也主張詩句要用巧思，故曰：「大凡詩句，要有巧心，蓋詩不嫌巧，又要巧得入妙。……彼以巧病之候，不悟詩之妙境也」（〈巧詠〉條），所舉詩例，如「立當青草人先見，行傍白蓮魚未知」「乍過煙塢猶回首，只渡寒塘亦共飛」之類，皆無盛唐渾厚氣象。而且一再說詩應明白易懂：「凡詩欲雅不欲文，文則爲文章矣。凡詩欲暢於眾耳眾目，若費解費想，便是啞謎，非詩矣」（〈詩忌〉條）。

正因他所欣賞嚮往之詩境，是這樣一種美感樣態，所以才會反對七子派主張「詩必盛唐」，謂詩應用眼前語寫當前之事。詩用眼前事與當時語彙，自然曉暢易懂。江盈科以此爲眞詩，以此爲能符合中晚唐的「古」風，批評七子之不用唐以後語，譏笑他們「千言萬語，不過將旌旗、宮殿、柳拂、花迎、金闕、玉階、晚鐘、仙仗，左翻右覆」（〈用今〉條）。卻沒想到七子這種運用古代語詞，以達成「陌生化」的美感效果，也同樣可以有效地製造出距離感，形成另一種古的趣味。而詩之風格，當然也未必就非要暢協於眾耳眾目不可。

因此，江氏之說，與其說有什麼道理，毋寧說它出自於一種審美的偏執。依這種偏執論詩，他的某些論案自然也就不能盡信了。

例如〈詩文才別〉條說宋人無詩，因爲宋人以議論爲詩，故所作非詩，「若乃歐陽永叔、楊大年、陳后山、黃魯直、梅聖俞諸人，則皆以詩爲詩，安見其非唐耶？」這就近乎信口雌黃啦。黃陳梅歐，正是「宋詩」之代表，是所謂宋人以議論學問爲詩之典型，乃竟以彼等爲「唐詩」。可見只要是他推崇的詩人，他就都稱之爲唐詩。而根本不管李商隱、李賀、黃庭堅、陳師道這些人的詩是否「摭景目前，暢協眾耳眾目」。

不僅如此。以才性爲本色來論詩，也會忽略了詩文創作都是需要學力的事實，更會偏於天才決定論。

江盈科對皇帝們的詩大爲欣賞，就基於此一因素。〈皇風〉條說漢高詩有帝王之盛概，武帝詞乃詞人之高標，明太祖亦然；宣廟之詩「豈是凡物？」建文帝「眞詩人也」，武宗「亦自風騷可喜」，結論則是：「由斯以觀，賦性不群者，開口便能驚人。區區學究，呻吟模擬，終不能逮」。其他如論〈早慧〉，也表達了同樣的意思。

如此論詩，既未處理到「才／學」的問題，也未能從「詩本性情」和「觸景寫興」處發展出「情／景」的討論，實在是非常可惜的。其詩論之理論價值也就因此而甚爲有限了。

然而，審美之偏執者或許原本就不在意這些，江氏《諧史》載一諧談，錄之，以終吾篇：

> 閩人篤於男色者，見一美姬，恣態絕倫，乃嘆曰：「可惜是婦人耳！」又有與眇姬相處者，寵戀異常。或詰之曰：「此少一目，何足戀？」其人低回嘆曰：「公不知趣！我看了此姬，天下婦人都似多了一隻眼！」……曹公欲贅丁儀，以目眇不果。後悔曰：「以儀之才，令盡盲，當妻以女，何況只眇一目！」此謂愛而忘其醜。英雄且然，人情之偏，不足怪也。

王昌會論六志十九式——《詩話類編》研究之二

張　健

明末的王昌會（約生於一五八〇年左右）編撰《詩話類編》一書，卷帙繁多，見解豐富，大半爲前人論著之彙萃，少數爲個人論見，本人前已有〈王昌會論詩有三十四門〉一文論述之❶，茲再論「六志」、「十九式」。

壹、六　志

此六志見於卷二〈名論〉上❷：

詩有六志，一曰直言。如畫屏風詩云：「去馬不移足，來車豈動塵。」謂的中物體，指事而直也。……

---

❶已發表於九歌版《結網與詩風》，八八年六月。

❷見《詩話類編》頁一七四—一七五。

一、直言

按王會昌的論述，「直言」是指運用物象，直接表現一種旨意。他所舉的詩例「去馬不移足，來車豈動塵」是詠物詩〈畫屏風〉中的兩句，屏風上的事事物物，都是靜止的，雖爲來來往往的車馬，也不能移動雙足和揚起塵埃，這十個字一目了然，十分切題。如王勃〈送杜少府之任蜀州〉之前四句：「城闕輔三秦，風煙望五津」一樣是點明了長安、四川兩個地方，三四句又說明雙方身分及此次的別離，亦爲直言一例。❸

二、比附

如贈別詩云：「離情絃上怨，別曲雁邊嘶。」謂論體寫狀，寄物方形也。

比附與上體不同之處在於：不直接說事物本身，而用有關的事物及意象來映襯烘托。「絃上」的離情曲、雁叫聲所展示的離別之感，都可以烘出別情離意。如宋之問的〈經梧州〉一詩，中四句云：「青林暗換葉，紅蕊續開花。春去聞山鳥，秋來見海槎。」前三句寫梧州的亞熱帶風光，後一句則寄托其流寓之感，是比附一例。❹

❸ 見《全唐詩》二冊，頁四〇二，又見《中國歷代名詩分類大典》四冊頁三。

❹ 見《全唐詩》二冊，頁三八三，又見《中國歷代名詩分類大典》四冊頁七十一。

三、寄懷

如幽蘭詩云：「有怨生幽地，無情逐遠風。」謂含情鬱抑，語帶幾微也。

此格爲抒寫鬱抑情懷，微妙而切實者。詩例謂幽地生怨，沒有心情追逐遠風。如楊萬里〈寄陸務觀〉：「花落六回疏信息，月明千里兩相思。」由疏信息到兩地相思，是標準寫懷之作，花落、月明乃外界物象之烘陪。❺

四、賦起

如讚魯司寇詩云：「避席談曾子，趨庭誨伯魚。」謂就跡題篇，因事遣筆也。

所謂「賦起」，就是實事求是，不作比興之辭，用眞實行爲狀態來抒寫。詩例「避席談曾參」，指曾子避席受教於孔子曰：「參不敏何足以知之，……」，又孔子曾在兒子伯魚（孔鯉）趨庭而過時誨之學禮學詩，完全切合題意。如戚繼光任薊鎭總兵時所作的〈登盤山絕頂〉前四句云：「霜角一聲草木哀，雲頭對起萬門開。朔風虜酒（邊塞民族所釀之酒）不成醉，落葉歸鴉無數來。」每一句都是實情實景的寫照，不假外求。❻

---

❺ 見《中國歷代名詩分類大典》四冊頁一三二一。

❻ 同上，頁二七五。

五、貶　毀

如田家詩所云：「且悅丘園死，未甘冠蓋榮。」謂指物實佳興，文要毀其美也。

按此則稍欠明晰。大概會昌之意，「未甘冠蓋榮」是指未能享受榮華富貴，故表面上雖悅丘園之景而死，實則心有未甘也。此中貶毀之意，頗爲微妙。故曰：寫物佳好，而實寓毀貶之旨。杜甫〈贈花卿〉：「錦城絲管日紛紛，半入江風半入雲。此曲祇應天上有，人間能得幾回聞？」❼楊愼曰：「花卿（驚定）在蜀，頗用天子禮樂，子美諷之，意在言外。」甚是。按花氏跋扈，子美此絕，明示讚揚，其實貶其僭越：「天上聞」者，天子之樂曲也。至於純粹的貶毀實例更多，如司空圖〈河湟有感〉：「漢兒盡作胡兒語，卻向城頭罵漢人。」

六、讚　譽

如古詩云：「粧罷花更醜，眉成月對慚。」謂小中生大，短內生長也。

讚譽一則，十分清楚。由小見大，由短見長；用對比的方式表達讚美稱譽之意。詩例讚女子之美：化粧以後，鮮花相對失色而覺其醜；畫眉之後，新月亦相對慚愧。如詩經衛風

❼ 見《杜詩鏡銓》卷八，又見《讀杜心解》卷六之下，頁八三七。

碩人：「手如柔荑，膚如凝脂。領如蝤蠐，齒如瓠犀，螓首蛾眉。……」亦為一例。[8]此為一般性的讚譽，張耒〈贈營妓劉淑女〉云：「未說蝤蠐如素領，固應新月學蛾眉。」其讚美方式相似而用對比之法。又如鮑照〈代出自薊北門行〉云：「時危見臣節，世亂識忠臣。」是用對比烘托的方式來讚譽。王叡的〈牡丹〉：「牡丹妖豔亂人心，……曷若東園桃與李，果成無語自成陰。」亦是。

以上六志，可分為兩組：

(一)技巧的：直言、比附、賦起。

(二)內容的：寄懷、貶毀、讚譽——不過三者兼及表現技巧。

技巧類應增比興等目，內容類亦欠缺頗多，但可由下述的「十九式」補充之。

貳、十九式

王昌會所說的「十九式」，與皎然詩式的「十九字」[9]不同，但或許受其些許影響。[10]

---

[8] 見《詩經評註讀本》頁二一九。

[9] 見《詩式校注》頁五三—五四。

[10] 如《詩式》有「高」、「遠」二體，此則有「高逸」一式；《詩式》有「靜」體，此則有「靜興」一式。

一、出入

詩有十九式。一出入。詩曰：「雨漲花爭出，雲空月半生。」⓫

所謂「出入」，是指詩句中意象有出有入。以上之詩例二句均為「出」：花開月出，乃由雨漲、雲空而致。如嵇康〈遊仙詩〉中的「飄颻戲玄圃，黃老路相逢。」可謂之出，「長與俗人別，誰能睹其蹤」可謂之「入」。⓬

二、高逸

詩曰：「夜過秋竹寺，醉打老僧門。」

夜過寺院，醉敲僧門，是「高逸」不羈的一種實情實景。如王維〈山居即事〉：「寂寞掩柴扉，蒼茫對落暉。……渡頭煙火起，處處採菱歸。」即一例。⓭

⓫ 以下各則同註二，見頁一七五—一七七。

⓬ 同註❺，頁三三二。

⓭《王維詩》頁四十四。

三、出塵

詩曰：「逍遙非俗趣，楊柳護春風。」

按出塵者，超脫塵俗也。與「高逸」一式甚近。詩例首句直述，次句以二物象之擬人關係爲喻：楊柳、春風均爲瀟灑逍遙之物，故云。韋應物〈寄全椒山中道士〉：「澗底束荊薪，歸來煮白石。……落葉滿空山，何處尋行跡？」是一佳例。⓮

四、回避

詩曰：「烏正啼隋柳，人須入楚山。」

此「回避」當爲「避世」之意。因爲烏啼隋柳，可能是以亡國之事相警，故須入楚山以避亂世。當然，此式可稍擴大，凡避世之士、之事不論原因均屬之。如孟浩然〈留別王侍御維〉云：「……欲尋芳草去，惜與故人違。……祇應守寂寞，還掩故園扉。」是一例。⓯

⓮ 見《全唐詩》三冊，頁一〇五，又見《孟浩然韋應物詩選》頁一七二，《詩選》頁二八〇。

⓯ 見《全唐詩》三冊，頁九〇一，又見《孟浩然韋應物詩選》頁六二。

五、並行

詩曰：「終夜冥心坐，諸峰叫月猿。」

此爲以大自然景象烘陪人事，二者若相符契。詩例中一人終夜冥坐，與諸山峰上的猿對月色而叫，貌異而實有近似之處；或謂以猿叫反襯冥心而坐亦可。如李白〈塞下曲〉：「五月天山雪，無花只有寒。……曉戰隨金鼓，宵眠抱玉鞍。」可算一例。⑯

六、艱難

詩曰：「應有冥心者，還尋此境來。」

此則稍費解。大概意指難得之境。詩例是說：此境難尋，唯冥心入神者可得之。若推擴而言，一切艱難之境俱可屬之。如李白〈橫江詞〉：「白浪如山那可渡？狂風愁殺峭帆人！」即一例。⑰

（七、八兩式原書均缺漏）

⑯ 見《全唐詩》三冊，頁九三三，又見《詩選》頁一三七，《李白詩》頁四十三。

⑰ 見《李白詩》頁七十九。

九、失　時

詩曰：「高秋初雨後，夜半亂山中。」

此謂作不合時宜之行爲及動作。高秋初雨之後，亂山之中陰濕路滑，夜半走在其間，危險易躓。這是失時一例。如李白〈橫江詞〉之四：「海神來過惡風迴，浪打天門石壁開。浙江八月何如此？濤似連山噴雪來。」此時欲渡，自是失時，故〈其五〉云：「如此風波不可行！」⑱

十、靜　興

詩曰：「古屋無人到，殘陽滿地時。」

此詩例十分清晰：古屋無人，斜陽鋪地，是最安靜的境界。王維中晚年詩中多有此等境界。如〈鹿柴〉：「空山不見人，但聞人語響。返景入深林，復照青苔上。」即一佳例。⑲

---

⑱ 見同上，頁七九—八十。

⑲ 同註⑬，頁七十一。

十一、知時

詩曰：「前村深雪裏，昨夜一枝開。」

所謂知時，即明確體察時序的變化而加以吟詠。此二句爲唐僧齊己之作，原作「一枝」作「數枝」，是鄭谷代改者。一枝梅花開，自是冬日好景。如清人洪昇〈雪望〉之「溪深不受雪，山凍不流雲。」亦是一例。⑳

十二、暗會

詩曰：「重城不鎖夢，每夜自歸山。」

按詩例謂重城可鎖禁人，卻不能鎖禁夢境，故作夢者每夜自可歸山。故「暗會」者暗中喻示人之心志也。此詩蓋出仕者隱含歸隱之志。如陸游〈十一月四日風雨大作〉云：「夜闌臥聽風吹雨，鐵馬冰河入夢來。」㉑表面上是寫夢中錯覺，實際上卻是說出放翁關心國事、有志戮力疆場的素志。

⑳ 見《中國歷代名詩分類大典》一冊，頁六十七。
㉑ 見同上，第四冊，頁二七〇。

十三、直擬

詩曰：「禹力不到處，河聲流向西。」

此所謂「直擬」實即比譬，讀者可以舉一反三。詩例取大禹之力不到之地，河水泛濫向西（中國河川均東流）為例，比譬天下之亂。如呂溫〈聞砧有感〉：「所恨搗衣者，不知天下寒。」㉒此以搗衣者不知天下寒比譬喻示富貴人家不知貧窮的滋味。

十四、返本

詩曰：「又因風雨夜，重到古松門。」

人出仕或離家，抽暇歸去，回味前塵往事，叫做返本。賀知章〈回鄉偶書〉：「少小離家老大回，鄉音難改鬢毛衰。兒童相見不相識，笑問客從何處來。」㉓是一例。

㉒ 同上，頁二九二。

㉓ 《全唐詩》二冊，頁六三五，又見《唐人絕句萬首》上冊，頁二八二。後者次句作「鄉音難改鬢毛腮」，「兒童」作「家童」，「少小」作「幼小」。

十五、功勳

詩曰：「馬曾金鏃中，身有寶刀痕。」

此詩例謂人在戰場上立功受傷——馬與人同然。王昌齡〈從軍行〉：「黃沙百戰穿金甲，不破樓蘭終不還。」又，「前軍夜戰洮河北，已報生禽吐谷渾。」㉔是二例。

十六、拋擲

詩曰：「琴書流舊國，風雨出秦關。」

拋擲，謂有所割捨、別作追求。詩例：「流」疑當作「留」，琴、書妙物也，如今均留置於舊國，在風雨之季毅然出秦關去（當是去作戰或戍守）。杜審言〈渡湘江〉可算一例：「遲日園林悲昔遊，今春花鳥作邊愁。獨憐京國人南竄，不似湘江水北流。」㉕

十七、進退

詩曰：「日午遊都市，天寒住華山。」

㉔ 見《詩選》，頁二〇九。

㉕ 同註㉑，頁七十二。

進退，謂可進可退，亦出世亦入世。詩例中午遊於都市，天冷隱居華山，乃二者兼顧。元人薩都刺〈相逢行贈別舊友治將軍〉：「一年相逢在京口，笑解吳鉤換新酒。……一年相逢在闕下，……有如臣甫去朝天……」可算一例㉖。又汪遵的〈五湖〉：「已立平吳霸越功，片帆高颺五湖風。」亦一佳例。

十八、禮　義

詩曰：「送我盃中酒，典君身上衣。」

此禮義之詩例乃偏重於義氣。大概待人有禮、講究義氣均屬之。爲友典衣買酒，眞是有情有義。李白〈將進酒〉：「五花馬、千金裘，呼兒將出換美酒，與爾同銷萬古愁。」㉗可算一例。〈贈汪倫〉㉘：「桃花潭水深千尺，不及汪倫送我情。」是另一種實例。

十九、兀　坐

詩曰：「自從青草出，便不下堦行。」

㉖ 同上，頁一三一。
㉗ 《李白詩》頁十五。
㉘ 《李白詩》頁九五。

兀坐是靜坐、久坐、枯坐之意，頗有隱居之傾向。青草既出，便不下階出行；或亦有言外之思——青草或指不正之物，兀坐所以避邪也。王維〈竹里館〉：「獨坐幽篁裏，彈琴復長嘯。」㉙是此式廣義的詩例。

以上十七式（按七、八兩式原缺），也可分為兩類：

（一）關於內容的：有出入、高逸、出塵、回避、艱難、失時、靜興、知時、返本、功勳、拋擲、進退、禮義、兀坐等十四式。

（二）關於形式技巧的：有並行、暗會、直擬三式。

當然，二類均有欠缺，如既有「禮義」，亦應有「忠孝」、「廉潔」等；又如既有「並行」，亦應有「對比」或「對峙」。

此十九式與前述六志，並無本質上的差異，如「直擬」可與前述之「直言」並肩而行；「賦起」、「暗會」亦宜同列；「寄懷」、「返本」等可並列。

又，十七式中的「高逸」、「出塵」十分接近，似可合併為一式。

按王昌會在《詩話類編》中所收集或發表的「名論」（名指文學術語，尤其關於詩體詩格的名詞。另一解為名家的評論），的確有蕪雜瑣細的缺點，不過各「式」各「志」或各「門」之間，容或有彼此串連和互補的可能。譬如本文所論述的六志十七式，若與其後的「三十四（實為三十三）門」互相補合，或可構成較完整的詩體理論：如「進退」一式與三十四門中的「悲喜」頗有近似的思考模式；「得意」、「背時」與「知時」、「失時」之間亦然。

㉙《王維詩》頁七四。

詩學理論中的分類學，古今中外可謂層出不窮，本文所論述的二十三則，加上〈王昌會論詩有三十四門〉一文中所論述三十三則，統而觀之，再略加補充，已足可構成一個較完整的體系，由此足以證明：《詩話類編》雖然是一部評價不高的書，但是若加董理詮釋，仍有它相當程度的參考價值和理論意義。

參考書目

王昌會：《詩話類編》　廣文書局
何文煥：《歷代詩話》　藝文印書館
臺靜農主編：《百種詩話類編》　藝文印書館
皎然：《詩式校注》（李壯鷹注）　齊魯書社
《全唐詩》　復興書局
裴普賢編著：《詩經評註讀本》　三民書局
戴君仁：《詩選》　華岡書局
李白：《李白詩》（傅東華選註）　商務印書館
王維：《王維詩》（傅東華選註）　商務印書館
杜甫：《杜詩鏡銓》（楊倫註）　新興書局
浦起龍注解：《讀杜心解》　中央輿地出版社
李小松選注：《孟浩然韋應物詩選》　遠流出版公司
王士禛選：《唐人絕句萬首》　鼎文書局
胡先舟、周滿紅主編：《中國歷代名詩分類大典》（共四冊）　廣西人民出版社

計有功：《唐詩紀事》　中華書局
浦薛鳳選輯：《白話唐人七絕百首》　中華書局
蘇其康編：《結網與詩風》　九歌出版社

從自敍傳文看明代士人的生死書寫

曹淑娟

壹、前言

死亡作爲莊嚴人生的一部份，既是普遍而共同的事實，卻也是個別而相殊的經驗。環繞著死亡，人們體認著生命歷程的有限性，由生到死不可回轉的必然性，也感受著不可預知、不可演練的迷離虛幻之感，死生亦大矣的喟歎，令人不能不徘徊往復、致意再三。

文學作爲生命意識的表現，死亡的課題自古至今都是創作活動關注的對象。在文學的世界裡，我們看到了「人生寄一世，奄忽若飆塵」❶流露恐慌虛幻的感受，也看到了「念此

❶ 古詩十九首普遍流露一種漂泊流蕩的悲情，吉川幸次郎稱之爲「人類意識到自己生存於時間之上而引起的悲哀」，簡言之，可以稱爲「推移的悲哀」。並將之分類：一是對不幸時間的持續而起的悲哀，二是在時間的推移由幸福轉到不幸的悲哀。三是感到人生只是向終極的不幸即死亡推移的一段時間而引起的悲哀。見〈推移的悲哀—古詩十九首的主題〉吉川幸次郎著・鄭清茂譯。

死生變化非常理，中心惻愴不能言」❷的無言之言。面對死亡的議題，可能大多數人沈浸於恐慌傷痛之中，但是不同的生命個體、相殊的生存情境與生活經驗，使得人們對於死亡的回應也有不同，像陶淵明的〈擬挽歌辭〉：「有生必有死，早終非命促。昨暮同為人，今旦在鬼錄。」坦然接受死亡、旁觀自己的死亡，甚至以詼諧的口吻反駁了死亡的傷痛：「但恨在世時，飲酒不得足。」❸

人身長在，有關死亡的文學活動未曾停歇。有的反映著以死亡作為普遍命題的思索與感受，有的則載述了與死亡照面的個別經驗，而這些經驗或者來自他人，或者來自自身向死亡逼近的過程，表現的形式手法與情感姿態繁複而多元。繁複多元的表現背後，疊映著它們所生成的社會習俗、宗教信仰、倫理感情、意義價值等等文化機制的光影。

本文所以將論題設定在從自敘傳文看明代士人的生死書寫，簡要說明如下：

一、死亡既是每個人生必然的結局，古今中外以它作為普遍議題進行思索論述者無時無之，其中更不乏凝聚各自之文化傳統，提出消解死亡焦慮與痛苦的智慧資源。如中國儒家提出道德價值高於個我生命價值，而有殺身成仁、捨生取義的判斷，朝聞道、夕死可矣的從容。道家則以齊一生死來化解生死的對待，死亡作為生的一體變化，猶如春夏秋冬四時的運

---

❷ 劉宋鮑照〈擬行路難〉的詩句。這種無可奈何的沈默，在他的另一首同題詩作中有更多表現：「瀉水置平地，各自東西南北流，人生亦有命，安能行歎復坐愁。酌酒以自寬，舉杯斷絕歌路難。心非木石豈無感，吞聲躑躅不敢言。」

❸ 《陶淵明集·擬挽歌辭》三首之一，逯欽立校注，里仁書局，民國七四年。

行。此類生死論述積澱下豐富的文化資源，但本文的關懷不在整理這些以死亡作爲普遍議題的論述成果，而在觀察個人生之過程中面對眞實發生的死亡事件所進行的語文書寫。而因爲在眞實人生中，死亡不可被孤立於生之外，本文的觀察焦點雖集中在死亡，但基本上是將死亡置放在生之過程中加以理解，故總題標以生死書寫而非死亡書寫。

二、面對死亡事件，人亦可以無言無爲，在凝寂中莊嚴深刻地體認生死。然亦有不能已於言者。在中國文學史上，作爲哀辭起源的《詩經・秦風・黃鳥》❹，乃追悼三良殉死秦穆公事件，設想其臨穴惴慄與信死之心，首章云：

交交黃鳥，止于棘。誰從穆公？子車奄息。
維此奄息，百夫之特。臨其穴，惴惴其慄。
彼蒼者天，殲我良人。如可贖兮，人百其身。

此詩陳述了一個哀悼儀式的場景，在《詩序》與《左傳》的補充下❺它進入了歷史脈絡，和

❹ 《文心雕龍・哀弔篇》：「短折曰哀，哀者，依也。悲實依心，故曰哀也。以辭遺哀，蓋不淚之悼，故不在黃髮，必施夭昏。昔三良殉秦，百夫莫贖；事均夭枉，黃鳥賦哀，抑亦詩人之哀辭乎！」

❺ 《詩序》「黃鳥，哀三良也。國人刺穆公以人從死，而作是詩也。」《詩經注疏》卷六。《左傳》文公六年：「秦伯任好卒，以子車氏之三子奄息、仲行、鍼虎爲殉，皆秦之良也。國人哀之，爲之賦〈黃鳥〉。」除了提供文本的歷史性，並且進行了批判。

秦穆公薨、三良殉死的人事事件結合，互相穿透，書寫著個體死亡所引發的情感。其中「臨其穴，惴惴其慄」的具體哀感，來自作者設想三良從殉時的可能心理，更來自作者在哀悼儀式中身歷死亡場景的驚惴。因此時人對三良的哀悼，實雜揉了對其從殉不可復生與通過瀕死惴慄的雙重悲憫，而以肯定其為「良人」的意義加以安頓，而後在歷代詩歌中，三良主題有著新的轉折變化，撰者認為這些都是對三良死亡的傷口進行意義的修護❻。然而三良自身如何看待自己的死亡呢？恐怕永遠難以確定。

本文的關懷在古人如何書寫自我走向死亡的經驗，而自為墓誌銘、自敘、自傳、自撰年譜等文件較詳細載述自己由生入死的相關行事與思懷，故以之作為主要論述中心。為行文方便，統稱之為自敘傳文。

三、晉陶淵明病不求藥、不禱祀，為自祭文、輓歌自寫臨終心情，並留下遺占之言❼，早已展示了一個善處生死之際的典範，後代希陶慕陶者，實多有見於此。所謂「處百齡之內，居一世之中，倏忽白駒，寄寓逆旅，與大塊而枯榮，隨中和而放蕩，豈能戚戚勞於憂畏，汲

❻ 此義非本文主題，他日另文討論。有關三良主題在歷代詩歌中的呈現，可參見楊玉成先生〈詩與史──論古詩中的三良主題〉（政大〈中華學苑〉第四十九期，民國八六年一月）。該文主要從倫理、政治、權力等歷史條件進行詮譯。

❼ 「存不願豐，沒無求贍，省訃卻賻，輕哀薄斂，遭壤以穿，旋葬而窆」。顏延之〈陶徵士誄並序〉記之。《文選》卷五十八，中華書局，一九七四年。

汲役於人間❽」，蕭統之言，可謂深知淵明。

本文不從陶淵明「典型在宿昔」論述起，一則迴避落入單一範型的可能限定，二則在我目前的觀察裡，明人對自我生死經驗的書寫頗爲豐富多元。故本文擬從明代自敘傳文著手，分從四個方面討論作者們如何觀看自身走向死亡，而選擇了以語言文字來加以存錄。首先，語文以其表達情志的作用，爲臨終者提供了以死亡作爲生命最終行程的儀式意義，通過自傳、自爲墓誌銘等的撰寫，宣告自我覺察此生向死而存在的體認。其次，生死作爲一體的發展，臨終回顧既是對生之歷程的最後巡禮，也是對向死心魂的交待，在特定事件的檢討或綜合性的自我省察中，貞定此生最後的性質。再次，由生入死可能是一霎間事，而瀕臨死亡卻可能是一段頗爲漫長的時程。一般年老或衰病的歷程，即在日常生活中逐漸進行，故相關的生死書寫往往偏重在某一情境的共時性呈現，如曾子啓手足而知免夫的記載，所顯示的倫理道德文化意涵；而較少歷時性的經驗展示，但在明末士人殉國的事例中，我們卻可看到從生死之際的抉擇到堅持赴死的實踐過程。此外，緣於明代政壇暗潮洶湧的權勢鬥爭，許多士人受到奸小構陷，倉促之間，面臨非自然的死亡，然而這種迫死的經驗在他們自覺的觀照下，超越了形軀生命的不可自主，轉出了極爲莊嚴的意義。

---

❽ 逯欽立校注《陶淵明集》，書前錄蕭統〈陶淵明集序〉，里仁書局，民國七四年。

貳、自覺走向死亡的提前告別

多位死亡心理學的研究者，經由反覆審閱許多個案的病史，指出對臨終者而言，最終進入死亡的經驗可能只是一刹那間事，自己將無法充分自覺自主，更可能是在死亡之際，自己只能全幅地面對死亡，而無暇他顧。因而大多數人希望有機會與他們生命中重要的人告別，並且不必等到最後一分鐘，寧可在身心情況尚能自主時從容爲之⑨。這樣的觀察移到中國傳統社會的背景裡，數據上可能會有出入，伴隨告別持贈的內容自然也有不同，但臨終告別的心意是中外相通的。所以「臨終」的時間定義，與其認定爲由生入死的霎時，不如說是當事人自覺已然瀕臨死亡的一段時間歷程。

這段瀕臨死亡的歷程由當事人與親友一同參與，它既與個人獨特的經驗有關，也與文化中既有的主題關懷、歷史事件、價值結構相互照應建構，而成爲一種具象徵性的意象，猶如成年禮、婚禮的儀式。臨終的告別，便是這場儀式的宣言。

明代諸多自序、自傳、自爲墓誌銘都以宣示這份臨終前的告別爲基底，如元文發於萬曆十年因病致仕，家居以詩文自娛，有高士之風，曾撰〈清凉居士自序〉云：「歲戊子，居

---

⑨ 如澳洲社會學家凱利席爾（AllanKellehear）及拉溫（TerryLewin）從事臨終告別的研究，從百位癌症末期病人中調查發現，有八十一位明確表示希望有機會與人告別，其中有些更希望早作話別，這樣做的好處是：提早告別可以有機會致贈禮物或其他紀念品。引自《死亡心理學》Robert Kastenbaum 著，劉震鐘、鄧博仁譯五南出版公司，民八五。

士年且六十，念諸子生俱晚，未悉居士履歷，暇日因稍錄其生平大都，並所著詩文雜稿，藏於家以示之云。」[10]元氏生於世宗嘉靖七年（一五二八年），卒年不可確考，「戊子」爲萬曆十六年（一五八八年），則〈自序〉之寫作在因病致仕家居六年之後了。

劉忠生於景泰三年（一四五二年），歷任禮部、吏部等重要職位，武宗正德六年（一五一一年）以病老休退，歸遊山林。他自撰墓銘，記「野亭生景泰壬申八月十五日，誌成于正德戊寅九月十五日，時年六十有七也，沒之日久近未可卜。[11]」雖死亡之日尚未可知，然通過墓誌銘的撰寫，劉忠已作好迎接死亡的準備。

或如楊循吉自撰生壙碑：

> 今則素餐于世八十五年，行將奄歸玄宅，返乎大初，相彼廬右有丘焉，我之永歸庶幾在是，恐一旦先朝露，無人紀述，乃自爲文，琢石而鐫之。……愧無寸長，不敢勞他人之筆，所貴以自述爲不誣，故撰其碑云爾。[12]

在八十五歲高齡，「自知去死不遠」，因自築墳墓，自寫碑誄。諸人皆在人生暮年，坦然接受人生乃向死之存在，故預作文字之告別。

---

[10]《明文海》卷四三四〈墓文〉六〈清涼居士自序〉。

[11]《明文海》卷四五三〈墓文〉二十五〈自撰墓銘〉。

[12]《明文海》卷四三一〈墓文〉三〈禮曹郎楊君生壙碑〉。

另有雖在壯年，但或因體質羸弱，憂勞過度、或爲某些人事事件而自覺走向死亡者，亦所多見。如胡應麟久試不第，築室山中，購書四萬餘卷，手自編次，性又好纂述，著書數百卷，然體質孱弱，三十餘歲即有死亡的預感：

迺今疾病殷憂，年踰三十，顚毛種種，自顧項領腰肢，匪塵世物。亡論一切有爲，視同夢幻；即文字結習，且一洗空之。……惟是生平歷履，大都不亡足述者，懼久益泯泯，因稍掇拾，爲石羊生小傳，以自考焉。⓭

張自烈性剛介，負節概，明亡後堅不求仕祿，與弟奉母隱居，四十歲爲〈自祭文〉⓮，當時並無病苦，他曾自設問：「今張子未死自祭，自祭又不死，張子何心哉？」下文的自述，則勾勒了一段介於生與死的過渡時期：「母年七十六，闕祿養，又流離異鄉，是時張子晝夜祈死，不得死，又不忍死，徒死不死，皆無益，今而後張子與母存亡，共子職耳，他何冀哉！」是早已作好死亡的心理準備，自己已無生趣，死與不死，對己而言並無特定意義，若非有供養母親的責任，自己隨時可以死，也就不拘於何時自祭了。

楊廷楨於三十二歲，撰〈自狀文〉，則明白流露對死亡的焦慮：

⓭《少室山房類稿》卷八十九〈自敘一首·石羊生小傳〉，新文豐《叢書集成續編》一四六。

⓮《芑山文集》卷二十二〈自祭文〉，新文豐《叢書集成續編》一八八。

歲在戊辰，楊子年三十二於茲矣，多病無賴，無有名譽，又無妻子，愴然朝露之溘至也，乃自爲狀，略述其概，庶幾當世之人感而弔之，雖死之日，猶生之年，或未即云沒爾。⑮

死亡的日期猶未可知，然自我察覺此生實處在向死亡接近的途程中，體弱多病，是第一重無力感，未建立人世功業，博取名聲，是第二重無力感，妻子早逝，失天倫之樂，是第三重無力感，而死亡日近，廷楨不忍默對，在積累的無力感中要奮力一試，借由「自爲狀」的發言權向生之世界作別。

徐渭〈自爲墓志銘〉⑯，文中自言「生正德辛巳二月四日」，卒於「嘉靖乙丑某月、日」，正德辛巳十六年，西元一五二一年，嘉靖乙卯四四年，西元一五六五年，故知其時年四十五。蓋徐渭入胡宗憲府幕年三六，五年而罷出，徐渭知兵，好奇計，宗憲擒徐海、誘汪直，皆預其謀，而藉其勢頗橫。而〈自爲墓志銘〉自云罷幕之後，「又四年而死」，應是指宗憲下獄後，渭懼禍，遂發狂疾，引巨錐剚耳，又以椎碎腎囊的事件，故其文曰「乃渭且自死，孰與人死之」，自爲墓誌銘以宣告「自死」。徐渭自死不成，後又以疑擊殺其繼室，下獄論死，張太史元忭盡力爲之脫解，乃得免。⑰後來卒於萬曆二十一年，年七十三，那已是

---

⑮ 衛泳編評《晚明百家小品．冰雪攜》下冊〈自狀文〉，中央書店，民二四。

⑯ 《明文海》卷四六八〈墓文〉四十〈自爲墓誌銘〉。

⑰ 袁宏道〈徐文長傳〉、顧公燮〈消夏閒記摘鈔〉記此事。並可參見陳萬益先生注解〈徐文長傳〉，《性

二十八年後的事了。但他在墓志銘中的自我告白，極其懇切地觀省了自我的性格與學習傾向，仍是後人認識他最重要的憑藉。

張岱在七十四歲自爲墓志銘，預先向人世告別，同時也宣告了自己已有瀕臨死亡的準備：

> 甲申以後悠悠忽忽，既不能輕生、又不能負死，白髮婆娑，猶視息人事。恐一旦溘先朝露，與草木同腐，因思古人如王無功，陶靖節、徐文長，皆自作墓誌，余亦效顰爲之。……去年營生壙於項王里之雞頭山，……明年，年躋七十有五，死與葬，其日月尚不知也，故不書。⑱

張岱卒年難以考定，自清初即有各種不同說法，大約卒於八十四到八十八歲之間。⑲文中，張岱預期著七十五歲的死亡，雖日月尚不知，但自七十三歲營生壙，其實已是爲走向死亡作準備，七十四歲預爲墓志的行爲，正是以語言文字向人世提早話別，「恐一旦溘先朝露，與草木同腐」在年命如朝露，匆匆來去的途程中，爭取到一主動發話的權利，這話語的主權

靈之聲—明清小品》，時報公司，民七三。

⑱ 《瑯嬛文集》〈自爲墓誌銘〉，淡江書局。

⑲ 參見陳清輝《張岱生平及其小品文研究》頁十三—十五，高師大中研所碩士論文，民七〇。何冠彪《明末清初學術思想研究》頁一六九—二一三，學生書局，民八〇。

一方面爲「悠悠忽忽，既不能輕生、又不能負死，白髮婆娑，猶視息人事」的無奈「人之生」尋找一最終的依皈，一方面也爲即將與草木同腐的「人之死」尋找一可替代的出路：「雖然，第言吾之癖錯，則亦可傳也已」。

張岱提早了十年預爲墓志，向人世告別，十年的歲月可說是相當長的一段生之途程，但就七十四歲其書寫時心境而言，他並不預知死亡在十年後的彼端，而可能在某一次夜寐或晨興之際來到。這種不定而又瀕至的感受，正是促使他提前告別的因素。

參、生命歷程的回顧與定位

借由語文的撰述向人間告別，由於語文具有的時間性質，它必然是一種提前前的告別，但是它的意義不止於此，它在宣示瀕臨死亡的自覺同時，往往也宣示著對自我生命某一層面或某一範疇的了然，並以此貞定此生最後的性質。

而仔細考察他們詮釋生命乃至判斷價值的依據，往往資藉三教的生死智慧，或者偏取其一，或者兼取諸家。茲爲解說方便，大別其傾向如下。

一、從道德價值追尋安頓

儒家固然肯定人的形軀生命唯一而珍貴，但更揭出道德生命乃是人之爲人的本質所在。平時，人應該資藉形軀的存在去追求建構道德生命，充實內聖而後感化萬民。設若有形軀生命與道德生命不能兩全時，則捨生取義，殺身成仁。

文元發自省躬逢盛世，而功業不建，聞譽弗遠，似乎辜負此生：「居士結髮立志自詭不後於常人，顧當文明景運格於際會，進不得宣力樹勳，效鉛刀一割之用，退不能讚揚皇猷，撰述一家之言，爲爾寂寂幾爲胡盧生所笑。」但是自省無愧，「雖然，他日獲啓手足，所以從先君於禰廟者，儻可借日以復也，則又幸矣。膏以明自銷，薰以香自燒；吾知免夫！吾知免夫！」吾知免夫用的是曾子的典故⑳，經由德性主體的自覺，在戒愼恐懼的護持中，完成道德意義的生命價值，這是以儒家觀點安頓自己，而「膏以明自銷、薰以香自燒」二語，對應於嘉靖、萬曆年間以氣節相砥礪的士人紛紛遇害的事實，文元發這位不畏強禦、政績斐然卻堅持乞歸的知事，必然有著極深刻的時代感受。

劉忠在位參與機政，退休亦蒙寵渥㉑，他在〈自撰墓銘〉中卻不記仕宦事蹟，反省自己「性峭直狷介，既無功業以爲顯明之資，又乏低昂以爲植立之地，不即去則罪日大、愧日集」。家居早先嚴戒子孫：「吾老且病，沒之日，勿請葬祭諡贈，勿干名筆爲誄文輓詩，有一於是，吾不汝子矣。」走向死亡的路上，他從容而淡泊，不滿世俗風氣無實德而尚虛名，所以要提早告誡子孫，以免自己死後成爲負載愧恥的「愧魄」。反求諸己，求無愧負，亦是儒家修身之義。而其銘文結以：

⑳《論語，泰伯》：曾子有疾，召門弟子曰：「啓予足，啓予手。詩云：戰戰兢兢，如臨深淵，如履薄冰。而今而後，吾知免夫，小子。」

㉑月給米五石，歲撥輿夫八名，廕子元嗣爲中書舍人，他將所獲賜餘歲分十之三四救濟流離貧餓。

蓋其生也竊天地之委和，其仕也濫皇明之介祉，考諸己、考諸人，則歸有餘裕；委者還、濫者收，則死獲所止。嗚呼，世有爲野亭嗤者，曰：如斯、如斯。後有爲野亭嗟者，曰：乃爾、乃爾。㉒

順承上文反省謙退的自評，結合道家以萬物皆爲宇宙元氣生化而來的觀念。形是構造之物，生是誕育之始，老是耆艾之年，死是氣散之日，但運載有形，生必勞苦；老既無能，暫時閒逸；死滅還無，理歸停憩；四者雖變而未始非我，我自是坦然相迎，何所眷惜㉓。而自揣此生無大過尤、此心無愧負，則他人之指責或嘆惋，可以一併笑納，又有何妨。

二、以文字著述追尋不朽

胡應麟最爲典型，自爲〈石羊生小傳〉，不諱言自己面對死亡的焦慮，文中詳述讀書、著述及相關交遊，以自尋定位。大抵有二線索：（一）道教長生輕舉術的好慕。（二）立言以求不朽的追尋，而以後者爲主。胡氏自言「生少迂戇，好談長生輕舉術」，「始願從赤松兄弟牧羊窮谷間中」，及至自覺衰病，亦云「旦夕將從赤松兄弟，採藥全華石室間，呼吸靈和，永絕世緣，參乎大業，遊乎混元，斯生所夙負然哉。」然而胡氏畢竟未能捨離人世，牧

㉒《明文海》卷四五三〈墓文〉二十五〈自撰墓銘〉。

㉓《莊子・大宗師》：「夫大塊載我以形，勞我以生，佚我以老，息我以死。故善吾生者，乃所以善吾死也。」

羊採藥於窮谷。他反而有極其深入人世的一面，「生結髮從事詞場，於當時名文章士，僅吳明卿未識面目，餘鴻碩俊髦，交遊莫逆遍海內。」「生以一年少翩翩，盛集諸君子，咸國士屬之，人人意得也。」於聲色犬馬、軒冕玉帛縱使能淡泊處之，卻於「文字結習」，依依難洗，一生偏嗜古書籍，也一生好纂述，而最自得者爲以文字爲劉孝標、駱賓王二人合傳平反之事：

> 以婺先達，無若劉孝標、駱賓王二子，孝標博洽冠古今，當梁武忮，君不少殉。而賓王武氏一檄，爲唐三百年忠義倡，世率以文人亡行視之。於是合傳二子，而輯其遺文爲一編。會閩蘇君禹來督學，讀生文，稱善，相屬即日檄賓王入郡祠。千載鬱閼之疑，暴濯一旦。生亦頗自饜意云。[24]

自傳中詳載此事，與其縷述備受文壇宗匠垂青禮遇之經過，同樣是出自欲藉文章立言以求不朽的心念，觀其文未再三致意，「夫劉、駱兩生，是非旁午、歷千餘載，至生而始定。生業今方覆瓿，百年之後，或以青黃文之？」一方面證明「德與功非言弗樹」，一方面也有欲以自證其不朽的期望。

---

[24] 《少室山房類稿》卷八十九〈自敘一首・石羊生小傳〉，新文豐《叢書集成續編》一四六。

三、以任情僻錯彰顯個性

晚明士人肯定生命的價值，有時並不必然順從古人「得志澤加於民，不得志修身現於世」的政教理念，亦不必然從德功言立三不朽，他們另尋安置心力的領域，如山水、文學、藝術、宗教甚至愛情，以其非傳統士人志向所在，故謂之「寄」或「癖」，如袁宏道〈與李子髯書〉云

> 人情必有所寄，然後能樂，故有以奕爲寄，有以色爲寄，有以技爲寄，有以文爲寄。古之達人，高人一層，只是他情有所寄，不肯浮泛，虛度光景。

情有所寄，即於此寄中過生活，品享生活的滋味。他們也另行選擇表現自我的方式，寧爲狂狷，不爲鄉愿，強調個人的眞氣與深情。此一傾向也反映在自狀、自墓的文字中。徐渭〈自爲墓誌銘〉

> 山陰徐渭者，少知慕古文詞，及長益力。既而有慕於道，往從長沙公究；王氏宗謂道類禪，又去叩於禪。久之，人稍許之。然文與道，終兩無得也。賤而懶且直，故憚貴交，似傲；與眾處不免袒裼，似玩。人多病之。然傲與玩亦終兩不得其情也。㉕

㉕《明文海》卷四六八〈墓文〉四十〈自爲墓誌銘〉。

徐渭回顧平生，充滿了懷疑與否定的口吻，他從兩方面反省自己：一是生命用力的內容，慕古文詞，慕道，慕禪，率皆傾力投入，也得到外人相當的肯定，但在自我看來，「文與道，終兩無得也」，徐渭不是謙虛，也非以貶為褒，推敲其意應是在生命中道摧折的情況下，原先的生涯規畫付之流水，所以文中感嘆著：「將以比歲昏子婦，遂以母養付之。得盡遊名山，起僵仆，逃外物。而今已矣。」學文與禪道的進境自己最知不足，卻遺憾地只能中道而廢。他另一反省是處世待人的方式，自己身處貧賤，不喜與權貴周旋，故傲折公卿，但與同儕相處，則率性疏縱，無所檢束，顯得有些狎玩，這樣或傲或玩的態度頗受人訾議，但是那只不過是外顯的姿態而已，它們實根源於內在某些心理因素，非外人輕易窺知，而恐怕徐渭自身也不很自知，或者自知卻無法調適妥貼，否則怎會引發狂疾呢。㉖

楊廷楨〈自狀文〉除自言性情坦易自然、詩文與書法皆蕭疏自賞，而以更多篇幅敘寫婚姻生活。娶婦徐氏，夫妻諧好，卻二年而終，後再娶湯氏，又五年而沒，楊廷楨因而日以痛飲為事，沈溺於傷情以致傷生，而不可自拔。文末雖然曾自省不能學莊子齊物思想，「夷跖同歸，彭殤齊致」，然很快地回到深情的陷溺上：

情鍾我輩，固應爾耶，抑世所謂落寞之韻，挾蕭疏之致者，亦深情使然邪？……天

㉖ 袁宏道〈徐文長傳〉由其胸中鬱氣以論詩文：「其胸中又有勃然不可磨滅之氣，英雄失路、托足無門之悲，故其為詩如嗔如笑，如水鳴峽，如種出土，如寡婦之夜哭，窮人之寒起。」移以狀其人，大概可算徐氏之知音。《袁中郎全集》卷四。

之全人者甚多也，而萃其僻於一人者何耶？豈有情無情，人自爲之，天亦不能強耶？嗟乎！天不爲之哀而冀人哀之，人又莫之哀而自哀之，庶乎讀是狀者，知楊子之以「僻」故生，而且以「僻」故死，悲夫！㉗

楊氏提出二重角度的思辨：既以自己之孤愁落寞、蕭疏自賞源起於深情，似以深情爲先天氣稟。復以有情無情，人自爲之，天亦不能相強，將深情的性質引歸爲自己後天的選擇。這看似矛盾的雙向推論，正雙向地解說自己必然要如斯陷溺於哀情中而不能已。此種偏至的性情既是自己生的根據，也是死的根由。

張岱〈自爲墓誌銘〉㉘裡回顧平生，通過對照手法進行了兩項評論：一爲生活情境的逆轉，以國破家亡爲斷，前爲紈綺子弟，極愛繁華，後爲山間野人，苟且存活，二種迥異的生活情境有如隔世，以後視前，恍如夢幻，此意在〈陶庵夢憶自序〉已先提出：

以笠報顱，以蕢報踵；仇簪履也。以衲報裘，以苧報絺；仇輕煖也。以藿報肉，以糲報粻；仇甘旨也。以薦報床，以石報枕；仇溫柔也。以繩報樞，以甕報牖；仇爽塏也。以煙報目，以糞報鼻，仇香艷也。以途報足，以囊報肩；仇輿從也。種種罪案，從種種果報中見之。雞鳴枕上，夜氣方回；因想予生平，繁華靡麗，過眼皆空，

㉗ 衛泳編評《晚明百家小品．冰雪攜》下冊〈自狀文〉，中央書店。
㉘《瑯嬛文集》〈自爲墓誌銘〉，淡江書局。

五十年來，總成一夢。

直以佛家因緣果報、三世輪迴的觀念來解釋今昔的巨變，自己是當世即受果報，以其逆轉幅度如許劇烈，致有「總成一夢」的感受。再則爲性情行事上不拘一格，往往自陷矛盾中。世俗分明的一組組相對概念，如貴賤、貧富、文武、尊卑、寬猛、緩急、智愚，落在自己具體的生活實踐中，竟謬忽舛錯，旁迕雜出，不能以一端說之：

常自許之，有七不可解：向以韋布而上儗公侯；今以世家而下同乞丐。如此則貴賤紊矣。不可解一。產不及中人，而欲齊驅金谷；世頗多捷徑，而株守於陵。如此則貧富舛矣。不可解二。以書生而踐戎馬之場；以將軍而翻文章之府。如此則文武錯矣。不可解三。上陪玉皇大帝而不諂；下陪卑田園乞兒而不驕。如此則尊卑溷矣。不可解四。弱者唾面而肯自甘；強者單騎而能赴鹵。如此則寬猛背矣。不可解五。奪利爭名，甘居人後；觀場遊戲，肯讓人先。如此則緩急謬矣。不可解六。博弈樗蒲，則不知勝負；啜茶嘗水，則能辨澠淄。如此則智愚雜矣。不可解七。有此七不可解，自且不解，安望人解？故稱之以富貴人可；稱之以貧賤人亦可。稱之以智慧人可；稱之以愚蠢人亦可。稱之以強項人可；稱之以柔弱人亦可。稱之以卞急人可；稱之以懶散人亦可。學書不成，學劍不成，學節義不成，學文章不成，學仙學佛學農學圃俱不成。任世人呼之爲敗子，爲廢物，爲頑民，爲鈍秀才，爲瞌睡漢，爲死老魔也已矣。

七不可解以否定表疑問，借由十四個角度的不可理解來建構自己面目模糊的影像；下文續以可稱爲富貴人、貧賤人、敗子、廢物等，則是以肯定表疑問，每一個稱呼彷彿都反映了自己的一面，然又都不完整，將它們拼湊在一起，能技術合成一張完整的張岱影像嗎？恐怕張岱自己都有疑問。然則自爲墓志銘以尋求自我的定位，將是一件永無了期的工事。

肆、瀕死經驗的自我觀照

世宗嘉靖以後，統治階層的腐朽和政治的黑暗，頗爲尖銳地表現在朝臣權位的鬥爭，從嘉靖初期『大禮議』開始，內閣借此皇統繼承與家系繼承的矛盾問題，爭奪首輔的職位㉙。張璁、嚴嵩皆以奉迎世宗相繼取得首輔地位。尤以嚴嵩當國期間，培植黨羽，剷除異己，大壞朝政。後神宗萬曆初年，張居正秉政，曾進行系列的政治改革，展現一時革新氣象，然不多年，神宗即日漸縱恣荒怠，縱情聲色，貪斂財貨㉚。而晚年的建儲問題㉛與相繼發生的梃

㉙ 武宗無子，世宗以孝宗姪入嗣皇位後，繼承系統上的認定有二派說法，一派主張應以孝宗爲皇考，生父興獻王爲皇叔父，一派主張以興獻王爲皇考，孝宗爲皇伯。世宗意旨自然傾向後者。

㉚ 趙翼《二十二史箚記》卷三十五，檢討萬曆中礦稅之害，歷數稅監橫暴，如陳增、馬堂、陳奉等人之罪行，「所至肆虐，民不聊生，隨地激變。迨帝崩，始用遺詔罷之，而毒痛已遍天下矣。論者謂明之亡，不亡於崇禎，而亡於萬曆云」，即從經濟角度提出論斷。

㉛ 神宗長子常洛，母王恭妃無寵，朝臣請早立太子，神宗再三推延，蓋有意於寵妃鄭貴妃之子常洵，建儲

擊案、紅丸案、移宮案更暴露皇室內部的腐朽昏憒與權勢鬥爭的醜惡，也加劇了宦官竊威弄權，肆其毒痛的慘酷歷史。這段期間決定了晚明的國運，《明史・神宗本紀》即曾下了一個判語：「明之亡，實亡於神宗。」士人處此，受排擯壓抑者固多，而下獄慘殺者亦復不少，以下即以楊繼盛受害於嚴嵩、楊漣被禍於魏忠賢爲例，觀察忠臣志士如何看待自己與小人周旋的死亡歷程。

楊繼盛上疏論嚴嵩十罪五奸，反被其黨羽構陷入獄，備受苦刑，世宗原無必殺之意，繫獄三年，嚴嵩爲永絕後患，附繫他案奏報處決。在獄期間，楊氏自著年譜，自正德十一年記至嘉靖三十四年乙卯被判刑，又有遺書二篇給妻兒。

〈年譜〉中自述在獄期間受打、刑傷、病苦種種經歷，幾度瀕死經驗的記錄，尤其怵目驚心，首先是鎭撫司多方用刑後重打四十棍，錦衣衛又打一百棍。在受打之先，友人王西巖托人送蚺蛇膽與壺酒，勸他先服可禦痛，他卻說「椒山自有膽，何必蚺蛇哉！」只飲一杯酒。友人又安慰他「莫要怕。」他說：「豈有怕打楊椒山者。」於是談笑赴堂受打。但是廷杖是何等嚴苛的刑罰，豈是談笑間所能承受，椒山豈能不知：

> 未打之先，心已有定主，打之時乃兩目觀心，舌拄上齶，牙齒緊對，意不散亂，口不呻吟。蓋一呼叫則氣亂，氣亂則血入心，必死。方打四五棍時，心受疼不過若忙亂者，遂一覺照，自思此心亂矣，於是提起念頭，視己身若外物者，打至五六十，

一事關係至大，引起朝臣劇烈敵對，浙派、東林黨亦成於此時。

> 忽覺若有人以衣覆之者，遂不覺甚痛，謂之神助，或其然歟。㉜

兩目觀心，舌拄上齶等直是打坐心法，楊繼盛竟是在受刑中修止觀，提起念頭、自我覺照那受打的自己，「視己身若外物」的具體感受，絕非理論知識的口耳播弄，直是血肉模糊中的修持，猶如《金剛般若波羅蜜經》所宣說的：照見我人眾生壽者相，即非我人眾生壽者相。經中載佛陀解說忍辱波羅蜜，回顧當年捨身救鴿時的心境：「如我昔為歌利王割截身體，我於爾時無我相、無人相、無眾生相、無壽者相。何以故？我於往者節節支解時，若有我相、人相、眾生相、壽者相，應生瞋恨。」楊繼盛的受刑心境固然不完全等同於佛陀，但起於報國動機而能捨身的心願，同樣讓他堅挺不屈地承受辱刑，並心有定主地超越個體肉身的執著。

受打後，強行下入民監㉝，藥餌諸物，一皆阻住，棒瘡上衝，且因強走努動，又帶來一次瀕死經驗：

> 方依牆而立，忽兩耳響一聲不能聽事，兩目黑暗不能見物，予心自覺曰：此乃死矣。

㉜《楊忠愍公集》卷四〈自著年譜．癸丑年〉，新文豐《叢書集成》新編一四五。

㉝巡風官李天榮不准家人以門扇抬入獄，強迫行走，且不准攜帶藥物。又舊規官員繫獄，另有官監，當時提牢為浙江劉檟，乃嚴嵩黨羽，故意將楊繼盛入民監，受更多苦楚。類此事件極多，楊氏年譜中以平淡之筆錄存，一可見奸黨羽翼之盛，一可見士人無品之甚。

遂昏不省人事。身不覺倒地，若睡熟然。至三更始甦。噫！忽然而死，忽然而甦，如睡又醒，則人之生死亦甚易事也。

相較於受打之前，「豈有怕打楊椒山者」，彼時不怕打，但仍有怕死之心，所以有「蓋一呼叫則氣亂，氣亂則血入心必死」的顧慮，所謂「怕死」，非指如小人貪生怕死之謂，椒山上書前已有「捨身」報國的決心，但彼時眞相渾沌，死於棍棒之下，豈是本意？心中想必有「千金之子不死於盜賊」的堅持吧！所以要提起念頭，一心不亂，這是通過生死關頭的艱難體驗。及至忽然而死，忽然而甦，如睡而醒，則是「生死亦甚易事」的新經驗。到此楊氏無所畏懼矣！所以獄中種種艱苦竟一一安受。腿瘡毒發，無藥無刀，他打破茶鍾，取碎片、竹箸自製外科手術用具，打孔放血十數碗。後有刀具，復自行割肉療毒，肉盡，筋掛膜，復手截去，獄卒幫忙執燈照明，爲之手戰至將墜地，而繼盛意氣自如。

而也因了然通透於生死之艱難與容易，所以隨時有瀕臨死亡的準備，從容寫成年譜，記下自己半生逐年行事，「以爲後日墓誌之用」。當世宗親批「依律處決」，友人營救無效，消息傳來，「予付之一笑，夫予死豈係嵩，微論植、懋卿輩，天不過欲不朽此輩惡名耳。」賦詩「浩氣還太虛，丹心照萬古，生歲未了事，留與後人補。」從容受刑。並留下遺囑，勸喻性情激烈的妻子不可從死，更教導年紀尚幼的二個兒子居家做人之道，依其自注綱領，包括1.立志定基之道2.存心端本之道3.愼思篤行之道4.盡孝事親之道5.友愛兄弟之道6.和睦妯娌之道7.戒除爭訟之道8.敬讓同堂之道9.擇友愼交之道10.讀書學好之道11.勤業親師之道12.居家防微之道13.耕田守分之道14.處世待人之道15.篤親周急之道16.守禮垂法之道17.待姊體親之道

18.恩威御下之道。雖說「倉卒之間，燈下寫此，殊欠倫序，然居家做人之道盡在是矣。」從持心立志乃至待人應事，巨細靡遺，直是一本完整的家訓。他交待：

> 拏去你娘看後，做一個布袋裝盛，放在我靈前桌上，每月初一、十五合家大小靈前拜祭了，把這手卷從頭至尾念一遍，合家聽著，雖有緊事也休廢了。

此身雖死，而此心此情長在，文字代替了他，每月初一、十五與合家大小重新會面。

楊漣於光宗熹宗繼位之際，得罪中官，又與趙南星、左光斗、魏大中等人激揚諷議，務植善類，排抑憸邪，值魏忠賢用事，漣列舉二十四大罪彈劾，魏氏銜恨與許顯純等人羅織罪名，指楊漣與左光斗等黨同伐異，招權納賄，下獄酷刑，體無完膚，此案牽連甚廣，楊、左與袁化中、魏大中、周朝瑞，先後被殺害在獄中，楊漣被殺，土囊壓身，鐵釘貫耳，慘不忍睹。顧大章自殺身亡。六人死後，魏忠賢繼續迫害名節之士，高攀龍、周起元、繆昌期、周順昌等人亦一一被害㉞。茲以楊漣〈獄中絕筆〉爲主㉟，訪察他們如何回應這種集體被迫害至死的事件。文中首先說明當此被逮繫獄期間，自己處生死的轉折：最初，知道自己即將

㉞ 楊漣、左光斗、魏大中、周朝瑞、袁化中、顧大章本傳在《明史》卷二百四十四，〈列傳〉第一百三十二。高攀龍本傳在《明史》卷二百四十三，〈列傳〉第一百三十一。周起元、繆昌期、周順昌、周宗建、黃尊素、李應昇本傳在《明史》卷二百四十五，〈列傳〉第一百三十三。

㉟ 《楊大洪先生文集》卷之下〈獄中絕筆〉，新文豐《叢書集成新編》七六。

被逮，面臨三種選擇：逃亡、自殺或受捕，他選擇了後者，一則「雷霆雨露，莫非天恩。欲以身之生死，歸之朝廷」，這是封建時期迂闊的個人情感。一則「不忍概於今公論與人心天理，俱不足憑，徒以怯縮自裁，祇取妻子環泣，令明時有身死不明之大臣耳」，這是對明朝法律尚存一絲信任，以爲人心天理相應，魏黨誣詆，應有辯白的機會，故不願在帶有罪嫌被捕之時自殺。左光斗亦有相似言論：「死何恨哉，但人臣即死，當歸命君父，伏刀輦下，而先時擇便，如懼死何？」㊱相較於楊漣諸人，稍後的高攀龍不復有此信心，他先去拜謁宋儒楊龜山祠廟，歸與二門生一弟飲於後園池上，聞周順昌已就逮，笑曰：「吾視死如歸，今果然矣。」入與夫人語，如平時，出書二紙告二孫曰：「明日以付官校。」因遣之出，扃戶。移時諸子排戶入，一燈熒然，則已衣冠自沈於池矣。所留遺表云：「臣雖削奪，舊爲大臣，大臣受辱則辱國，謹北向叩頭，從屈平之遺則。」別門人華允誠書云：「一生學力到此亦少得力，心如太虛，本無生死，何幻質之足戀乎？」㊲攀龍從容自殺，其實也宣判了明朝與屈原當時一般令人絕望，並要藉由自殺的行動與遺表的昭告，在朝廷士人人格泯滅的卑微風氣中，揭示一份讀書人的尊嚴。

楊漣很快地發現自己過度樂觀，「死案密定，固不容辯，血肉淋漓，生死頃刻，不時追贓，限限狠打。此豈皇上如天之仁，國家慎刑之典，祖宗待大臣之禮，不過仇我者立追我性命耳。」據史傳記載，漣等初不承認受賄，後恐爲酷刑所斃，冤案不得昭雪，不如暫時誣

㊱ 見陳鼎《東林列傳》卷三〈左光斗列傳〉，江蘇廣陵古籍刻印社。
㊲ 黃煜《碧血錄》卷下，叢書集成初編。

服，可以轉送法司審理。但眾人誣服之後，並未轉送法司，仍令鎭撫司五日一追比，眾人始悔失計，也才恍然醒悟：原來六人被捕無關乎家國大法，不過是仇敵恩怨而已。即便如此，楊漣仍願退讓：

苦求自絕，明漣自死，非皇上殺之，內外有殺之者。漣死則仇我之忿可消，而好生之念或動，天下人心猶在，公論或伸。使國家無一獄冤死卿貳六人之慘，而漣亦得上見先帝於在天，訴明當日不忍負顧命一念。

由不願自殺而苦求自絕，楊漣的生死抉擇依然不從己身出發，一以維護熹宗仁德，一則冀望其他五人得以豁免。而在這苦求自絕的決心下，他同時極力辯明三案眞相，希望熹宗堅定是非判斷，不受佞臣蠱惑：

今漣已死矣，祗存此一段議論，灑向青天白日，爲幽冥覈實者考質，儻仁人君子，不忍絕漣竟死之言，有以付之修實錄者，亦臣子所以爲兩朝名德深忠也，然非漣所敢必也。……但願國家強固，聖德剛明，海內長享太平之福，漣即身無完肉、屍供蛆蟻，原所甘心，不敢言求仁得仁，終不作一怨尤字也，而痴愚念頭，到死不改。……漣沈死獄底之人，語言亦復何味，而人之將死，兩朝豢養，一念忠愛，恨生前未一發明，不忍不於死時痛心一宣吐也。……漣至此時，不悔直節，不懼酷刑，不悲慘死，但令此心毫無奸欺，白日冥冥，於我何有哉。

面對死亡，楊漣的焦慮不在死亡本身，也不在死亡之後家人的顧慮，〈絕筆〉中偶及「若夫家破人離，老母無終，幼子無聊，債家逼促，都非漣所念及矣。」天倫之情，豈能無感，只是在「國家大體緊關之際」，無暇也無力顧及。他的焦慮在所以致此的政治事件是否得到合理的裁斷，國家政治體制能否走向健全的路上。這樣的心情也爲其他數人所共有，如後人記載史可法獄中見左光斗的過程，左氏面額焦爛不可辨，左膝以下筋骨盡脫，史可法抱其膝而嗚咽，左氏以指撥眥，目光如炬，怒曰：「庸奴，此何地也，而汝來前。國家之事，糜爛至此，老夫已矣，汝復輕身而昧大義，天下事誰可支持者，不速去，無俟奸人構陷，吾即先仆殺汝。」[38]左光斗所以嚴責史可法「輕身昧大義」，仍是要他負擔起國家興亡的重責。左光斗的言詞與楊漣絕筆書同樣地自述了由生入死的心境，有著極強烈的昭告受話者、閱讀者的意味，包含了預作告別的心情，更企圖爲自己酷刑慘死的事件提煉出一些正面的意義。

伍、生死之際的抉擇與實踐

明祚將覆，士大夫即面臨一連串的抉擇。首先，在流寇與清兵交侵之下，不少士大夫在城陷或被俘之際，便要作出殉死與否的抉擇。殉國者既死，不殉者隨即面對反抗或不反抗的抉擇。不反抗者在新主統治下，須在出處之際作出取舍。反抗者一旦失敗，便再一次面臨生存與死亡的抉擇。若不殉死，則亦須在出處之間作出最後的抉擇。可見明季士大夫面臨一

---

[38] 《方苞集》卷九〈左忠毅公逸事〉。

個個接踵而來的抉擇，生與死作爲開端，也是關鍵，士人們在生死間作出抉擇後，才產生出殉國、起義、歸隱甚或仕敵的取向，並且許多士大夫可能經歷不只一次生與死的抉擇。明季士大夫殉國人數並無確切的統計，然其數目可以肯定較前朝爲多。㊴處此國難，士人們如何抉擇生與死，又如何實踐其對死亡的抉擇？茲以失路自盡的陳函煇與城破被殺之瞿式耜爲例試作觀察。

陳函煇，字木叔，號小寒山子，明亡後誓眾倡義，曾受福王命監軍江北，事敗，魯王擢爲禮部右侍郎，順治三年五月底，追隨魯王航海逃難，已而相失，哭入雲峰山，六月初八作〈絕命詞十章〉，遺書四封，十五日自述年譜畢，投水而死。其〈絕命詞小跋〉云：

> 予以五月三十日晚，從主上出亡，值追虜亂兵，間道相失，還自僻路，徒步重繭，八日始得抵家園，欲面申覲謁，城門晝閉，痛哭入雲峰，山中有池，可從靈均樵夫之遊。其夜宿先湛明大師禪房內，漏五下，作六言絕命詞十首，記去歲亦有五言十餘首，今不憶其稿矣。留此於後世，或與文文山方遜志二歌並傳也，將死才盡，走

㊴ 依據清朝官方資料，清高宗弘曆先後「命議予明季殉節諸臣謚典」、「命議謚前明靖難殉節諸臣」，合爲《勝朝殉節諸臣錄》一書，所載殉國人數爲三千八百八十三人，民間傳述的數字又遠過於此，如屈大均《皇明四朝成仁錄》記載，延綏鎮城破，自將帥兵民以至商賈、廝養、婦人、女子凡十餘萬人，無不慷慨激昂，爲朝廷而死。然數目恐不可盡信。參見何冠彪《生與死：明季士大夫的抉擇》第一、二章，聯經出版公司，一九九七年一〇月初版。

筆不文，亦聊以平生寸心告天下諸同志耳。㊵

在決意就死之際，這段文字透露了他的兩項顧慮，一是從魯王出亡相失的事件，極力表明自己無力隨駕的無奈，而覲謁無門，只有一死以明心志。在他隨駕逃亡而相失的情況下，自覺難免臨難苟安、背棄君王的嫌疑，旁人未必指明，但自己不能沒有表白，所以陳函煇不能不一死明志㊶，也不能不強調逃難過程的不得已和艱險，所以在〈年譜〉和多封遺書裡，他要反覆敘述逃亡失道的過程和止有一死的決心。〈絕命詞〉裡反覆致意，「生為大明之臣，死作大明之鬼」（其一）、「子房始終為韓，木叔生死為魯，赤松千古成名，黃檗寸心獨苦」（其二）、「落日樵夫湖上，應憐故國孤臣」（其三）。而〈年譜〉與四封遺書亦再三複述此段過程，如〈寄柯玉峴師相書〉云：

煇自奉召命，走還，遇見一行人已出，趨覲主上，勅無輿無馬，宜速出城。至五雲門則陳雪灘老師、謝相公俱被劫，因回走稽山門，一路與逃難民婦雜行，從閒道徒

㊵《陳寒山文．附孤忠遺稿》卷二〈絕命詞十首〉小跋。新文豐《叢書集成》續編一四八。

㊶〈寄旭陽大兄雅白二兄及諸子姪書〉云：「起義扶孤，盡忠報國，吾家世受國恩，以弟一死免眾人之累，完平生之忠心，以見大明尚有孤臣，吾家猶存忠孝，千百世之下可諒苦心，將以上見高皇帝、吾祖宗、先父母皆相對而無愧色。」似乎透露背後存在有某些陰影壓力，大概要從這裡理解，他唯有一死明志，以免牽累親人，並護持陳家家聲。《陳寒山文．附孤忠遺稿》卷二。

步重繭。在萬嶺中，身無一物，從人飢餓以死，相依得至天台之潢水，此盛使四人親見也。手足幾跌折，腸血不止㊷。僅存單衣布裙，一路為亂兵所阻，欲入見，城門已閉。妻子僕妾離散，家園被搶，亦自劫數應然，但去歲從王起義，經五六死而不得，今事復無成，痛哉哀哉，止有一死以報國恩而已。㊸

另一顧慮則為文稿能否留傳後世、昭告天下。蓋函煇生平頗自許文才，觀〈年譜〉即可見知，載週歲晬盤，惟取筆與古書，六歲能作對，稍長，作舟師稱美他「此文光芒萬丈，此子必非庸人」，而父執輩蔣岱岳等「咸器予文」、張對文等「尤相贊重」，後甚且被推為「此太白、子瞻再世也」㊹。所以〈絕命詞〉其九亦云：「手著遺文千卷，尚存副本名山，正學禁書亦出，所南心史難刪。」自注：「予有刻板在杭，棄書在紹，今遺稿在山。」以為詩文載存了他的平生心志，若能與文文山、方遜志之作品並傳，一片忠悃則可昭告於天下。㊺〈年譜〉丁未年載錄其父臨終遺命：「持躬無如忠孝，傳世惟有文章，立身顯親，以匡王

㊷ 據〈年譜〉戊辰年所載：「時病甚劇，遇武林醫者朱行仁活之，歸值午日，酣飲讀騷，忽感腸血症，一下數升，。自是來十九年幾成痼疾，內傷必發。」初發病時三十九歲，至投水之年五十七歲，陳函煇皆為腸血所苦逃亡期間，病情轉劇。

㊸ 《陳寒山文．附孤忠遺稿》卷二〈寄柯玉硯師相書〉。

㊹ 詳見《陳寒山文．附孤忠遺稿》卷一〈寒山年譜〉丙午年至癸丑年。

㊺ 〈絕命詞〉同時另有二首言志托孤之詩，標題甚長，可視如一篇小序，亦是自明心跡，其中云：「嗚呼

國，汝必勉之，吾將去矣。」正可以理解函煇忠孝持身、文章傳世的二大根本心事，而二者一屬德性，一顯才情，原本可能是兩個不同方向的成就。而陳函煇以死亡綰結它們，一方面以死亡的實踐證明自己的忠孝自持，一方面以死亡前的文字書寫：〈絕命詞〉、〈年譜〉來追尋文章傳世心願的實現。

瞿式耜於崇禎朝即剛矯敢言，申論是非，頗受崇禎器重，後受謗被廢。明亡後，迎立永明王由榔，奮身籌顧，身先士卒，勉力扶持數年。順治七年，全州破，清兵入嚴關，十一月五日桂林城破，瞿式耜與總督張同敞相誓偕死，被囚，至閏十一月十七日就刑，據《明史》本傳記載，將就刑時「天大雷電，空中震擊者三，遠近稱異」㊻。幽囚期間，二人賦詩唱和，得百餘首，另有〈臨難遺表〉敘述城破前後情勢，其間血淚斑駁，往往可見二人處生死之際的抉擇。

瞿氏「灑淚握筆，具述初五至十四十日以內情形」，指出擔任留守之責，所見「將悍兵驕，勳鎮諸臣惟以家室爲念，言守言戰，多屬虛文，逼餉逼糧，日無寧晷」，一遇大事關頭，趙印選、胡一青、王永祚、蒲纓、楊國棟、馬養麟，各營俱去，城中竟爲一空。於此公侯將領紛紛散場之際，瞿式耜與張同敞的殉國特別突出，彷如歷史劇場中兩位不肯輕易下場的角色，他們莊嚴地選擇、安排自己的戲碼，兩幕對話的場景尤堪留意。

函煇死矣，平生忠悃，得存其遺孤，藏其遺骨，收其遺草，所謂埋吾血三年而化碧地下，吾必有知矣。」遺孤、遺骨、遺草並舉，可見函煇對文學傳世的用心。

㊻《明史》卷二百八十，列傳第一百六十八。

督臣張同敞從江東遙訊城中光景，知城中已虛無人，止留守一人尚在，遂泗水過江，直入臣寓，臣告之曰：「城存與存，城亡與亡，自丁亥三月已棄一死，吾今日得死所矣。子非留守，可以無死，盍去諸。」同敞毅然正色曰：「死則俱死耳，古人恥獨為君子，君獨不容我同殉乎？」即于是夜明燈正襟而坐，時臣之童僕散盡，止一老兵尚在身旁，夜雨淙淙，遙見城外火光燭天，滿城中寂無聲響。47

在夜幕中，城外清兵圍守各門，火光燭天，是第一重背景。城內空虛無人，寂無聲響，唯夜雨淙淙之聲，散佈著淒迷沈冷的氣氛，是第二重背景。留守宅內，一燈熒然，忠誠老兵佝僂的身影陪侍在側，是第三重背景，而瞿氏、張氏正襟危坐，向沈沈人世宣告自己殉城的決心，這是一幕死亡戲碼的預先告示。告示的第一個對象是對方，彼此昭信必死之心，這也是日後幽囚期間二人相互贈和詩篇反覆申明的主題，如：

正襟危坐待天光，兩鬢依然勁似霜，願作須臾階下鬼，何妨慷慨殿中狂。憑加榜辱神無變，捉與衣冠語益莊，莫笑老夫輕一死，汗青留取姓名香。48

仗節誰云有異同，此時此難正遭逢，書生恥效荀文若，夫子堪師信國公。共看挺身

47 《浩氣吟》附錄〈臨難遺表〉，新文豐《叢書集成》新編七一。

48 瞿氏耜《浩氣吟》〈庚寅年十一月初五日聞警，諸將棄城而去。城亡與亡，余自誓一死，別山張司馬自江東來城，與余同死，被刑不屈，累月幽囚漫賦數章，以明厥志，別山從而和之〉〈其三〉。

　　當亂裡，可憐渡水入城中，願隨君死非無意，烈烈天朝賴世忠。㊾

但是在這些宣告裡，他們除了彼此約誓之外，還有更大的訴求：向大明皇朝、向丹青歷史。在這裡，我們不能忽視了〈臨難遺表〉中的另一段對話，這是初六上午，清兵執押二人往靖江府：

　　時大雨如注，臣與同敞，從泥淖中蹣跚數時，始到靖江府之後門，時清定南王孔有德已坐王府矣，……臣等以必死之身不拜，定南亦不強，臣與同敞立而語曰：「城已陷矣，惟求速死，夫復何言！」定南霽色溫慰曰：「吾在湖南，已知有留守在城中，吾至此即知有兩公不怕死而不去，吾斷不殺忠臣，何必求死？甲申闖賊之變，大清國爲先帝復仇，且祭葬成禮，固人人所當感激者，今人事如此，天意可知。」臣與同敞復語定南：「我今日已辦一死，其不死于兵未至之前，正以死于一室，不若死于大庭耳。」

定南王先以不殺忠臣寬慰二人，這是外在敵我關係的鬆動，再以清兵爲崇禎復仇，示以恩義，企圖從內在觀念上扭轉二人以明清爲敵體的判斷。但是瞿張二人不受，他們的生死抉擇在五日的言行裡已完成，所以回答的話語完全拒絕定南王所釋放的新的訊息，而只是「已辦一死」

㊾ 張同敞〈留守師贈詩賦答〉見《浩氣吟》〈別山遺稿附〉。

的決心的補充說明：「死于一室，不若死于大庭耳！」這補充說明解消了我們可能潛存的困惑，瞿式耜既已抱殉死之心。若只求心安，何不死於諸多勳臣望風逃遁之際？若只求與同敞相約為君子，何不死於夜雨燈前，亦可免於被執後的羞辱刑苦？而二人不死於彼時，原來是有意「死於大庭」，要在眾人面前，公開地完成殉死的行為，公開地昭示「烈烈天朝賴世忠」、「汗青留取姓名香」。

引刀稱一快，死亡可以是一霎那間事，但像瞿、張這樣自覺地選擇生與死的意義，進而選擇死亡的時地，使得殉死成為一段頗為漫長的過程，其實也是對自我的一重考驗。何冠彪先生曾討論慷慨仗節與從容就義的難易比較，指出如果殉國者選擇「從容就義」的方式而死，求死的過程愈長，所受的痛苦愈多：

> 「慷慨仗節」之所以易，乃因人在意氣激昂或情緒悲慟之時，無暇兼及其他，所以能勇往直前，容易犧牲生命。「從容就義」之所以難，是因為人處於舒緩不迫的狀態下，又或在激動的情緒平服後，思前想後，繫戀日多，所以難於捐棄生命。因此，如果殉國者選擇「從容就義」的方式而死，求死的過程愈長，所受的痛苦愈苦愈多。[50]

當瞿氏見各家老營俱去，城中竟為一空，在「撫膺頓足」之際，義憤填胸，勇敢自決應不困

---

[50] 何冠彪《生與死：明季士大夫的抉擇》頁一四二，聯經出版公司，民八六。

難。或者夜雨淒寂，與同敞共死，亦較後來為易。然而二人選擇了暫時不死，幽禁期間，一則定南王霽色溫慰，示以不必死，再則身不自由，恐難自裁，在日夜寂寥裡，要堅持必死意志，二公實行著嚴格的修持工夫。所以我們在二人和詩裡雖看到「忘生翻覺死難求，甲士相環任我愁[51]」的感慨，但是我們也看到他們以更嚴謹的心性修持來安定自己，如瞿式耜「殘鐙一室群魔繞，寧識孤臣夢坦然」、「已棄薄命付危疆，生死關頭豈待商」、「拘幽土室豈偷生，求死無門慮轉清」[52]。張同敞「命延一刻慚難負，論到千年慮益深」、「疊山欲附文山烈，蘇武休思漢武緣」[53]，更要自我警惕：「不朽稱三立，惟名貫此中，完貞方是德，砥世即為功。生死休言命，春秋祇教忠，失身千古恨，大擔在微躬。」[54]終於二人在最後死亡到來時，展現了從容的氣度，臨刑賦詩云：

從容待死與城亡，千古忠臣自主張。

---

[51] 張同敞〈兵部侍郎兼翰林院學士門生張同敞和〉其六，收錄於《浩氣吟》，新文豐《叢書集成》新編七一。

[52] 瞿氏耜《浩氣吟》〈庚寅年十一月初五日聞警，諸將棄城而去。城亡與亡，余自誓一死，別山張司馬自江東來城，與余同死，被刑不屈，累月幽囚漫賦數章，以明厥志，別山從而和之〉，以上三例分別出自〈其一〉、〈其二〉、〈其五〉。

[53] 張同敞〈兵部侍郎兼翰林院學士門生張同敞和〉，〈其五〉、〈其一〉。

[54] 瞿式耜《浩氣吟》〈自警〉。

三百年來恩澤久，頭絲猶帶滿天香。[55]
一月悲歌待此時，成仁取義有天知。
衣冠不改生前制，名姓空留死後詩。
破碎山河休葬骨，顛連君父未舒眉。
魂兮懶指歸鄉路，直往諸陵拜舊碑。[56]

縱使這一趟由生入死的途程，「艱難勝度萬重關[57]」，二人審視著自己的步履，並書寫下了這段生死經歷，我們看到從五日的誓死、六日大庭中的宣示、幽囚期間的賦詩砥礪，到十四日臨刑，二人將殉死的實踐過程鋪展得如許漫長、如許艱難、也如許莊嚴。

陸、結　語

人們創造語言，使用語言，一方面爲外在世界命名，另一方面也爲自我的內在世界命名，「死亡」作爲生命存在的一個重要事件，語言自然也對它進行了命名，並且因爲出于對它極其特

[55] 瞿式耜《浩氣吟》〈閏十一月十七日臨難口吟〉。
[56] 張同敞《別山遺稿附》〈自訣〉。
[57] 張同敞《別山遺稿附》〈自警〉。

殊複雜的情感關注，而呈現了極豐富的創造力[58]。本文所觀察的自敘傳文，雖然大抵質勝於文，但其中有關死亡的語言，仍然展現了相當多元豐富的變化。茲簡單歸類，舉例如下：

一、死亡現象的直述：死、塡溝壑、沒、永謝塵世、畢命、作鬼、入地、棄四大、殞。

二、死亡悲情的宣露：身無完肉、屍供蛆蟻、冤死、溘先朝露、與草木同腐、長別逆旅之舍、暫栖水伯之宮、遊魂藏魄、愴然朝露之溘至、一切有爲，視同夢幻。

三、宗教情境的追尋：從赤松兄弟採藥金華石室間、呼吸靈和、永絕世緣、魂遊寰海名山、身到兜率內院、獲啓手足，從先君於禰廟、歸休、奄歸玄宅、返乎大初。

四、道德意志的言說：自絕、自死、臨節、成仁、誓死、速死、用表汗青、長留血碧、忠魂、引決、捐身。

在年老致仕者如楊循吉、劉忠的自傳、自墓文中，大多屬第一類與第三類的能指，他們直指死亡，往往也流露接受死亡的情懷，嚮往道家或佛家等所述死後情境。而病弱窮鬱者如楊廷楨、胡應麟之文，則除第一類外，每多第二類的悲情宣露。而因激揚風義、死於黨爭或國破家亡殉主殉城者，以其皆有高度道德自覺、視死如歸，除有第四類用表意志的用語，反而以直用「死」字的頻率最高。

美國死亡學研究的開拓者之一庫布勒·羅斯（Elinabeth Kubler-Ross）在其《論死亡與

---

[58] 可參見顏翔林《死亡美學》第七章第三節有關語言對死亡的能指的分析，頁二一一—二一六，學林出版社。

臨終》（On Death and Dying）[59]一書中，曾提出五階段模型之說，他訪談兩百位以上末期患者，觀察他們精神狀態的發展，大體經過五個階段：⑴否認及孤離→⑵憤怒→⑶討價還價→⑷消沈抑鬱→⑸接受。五段說來自臨床經驗，沒有普遍必然性，前四者的起伏隱顯可能也不一定如此規律、平板的推進，但它大抵勾勒了人面對死亡時可能出現的精神狀態，衡諸明人臨終心情的自述，不論是自爲墓誌銘或撰述自傳等，不論是起因於年老、病苦、傷情或政治事件，大抵已有自己在走向死亡的途程上的體認，亦即本文所取觀者可說大抵已是接受自己正瀕臨死亡的事實，所以看不到否認的情緒，但是其中有些憤怒、有些折衝、有些抑鬱焦慮的精神狀態，卻是確實存在的。如徐渭〈自爲墓誌銘〉中「人謂渭文士且操潔，可無死，不知古文士以入幕操潔而死者眾矣！乃渭且自死，孰與人死之？」決定自殺之際，不能掩其憤世嫉俗之情。陳函煇投水之前，「攀蘿峻嶺，泣涕漣漣，家國難奔，進退維谷」，回顧舉義無成，心中不能無恨，所以絕命詩云：「故國千行淚，孤臣一寸心，深山空有恨，異日或相尋。」而楊漣、左光斗等人爲魏忠賢誣構下獄，嚴刑拷掠，他們意識到可能被殘害而死，冤案無從昭雪，因而主張暫時誣服，換取空間，可以轉送法司審理，或許還有生還的希望，這也見出他們對自己生命的珍視和對死亡的拒絕[60]。而當確知自己已不可能得到公平的審判

---

[59] 該書於西元一九六九年出版，已成爲精神醫學與死亡學的經典名著，五階段模型，可參見傅偉勳先生《死亡的尊嚴與生命的尊嚴：從臨終精神醫學到現代生死學》所作的引述和評論。頁四七—六〇，正中書局，民八二。

[60] 周明初《晚明士人心態及文學個案》中論及道義承擔者的求仁心態時，同時兼顧到他們珍惜生命及倫理

時，仍本著一點「癡愚念頭，到死不改」，希望自己的死能換取「國家強固、聖德剛明、海內長享太平之福」，如此則甘心酷死，否則「死且不瞑」，如果說這也算是向上天、向帝王討價還價，確實是將一己生死的價值超越個人利害，提昇到籠罩全民的層次。

依庫布勒·羅斯的考察，抑鬱可分為兩種·反應的（reactive）與預備的（preparatory），前者指謂患者對於已經損失或喪失的種種所表現的負面反應情緒，後者指謂患者對於即將來臨的種種損失的負面反應情緒。在本文的觀察裡，反應的抑鬱較少出現，像楊廷楨因傷逝悼亡而致酗酒傷生，「性固嗜酒，日以痛飲為事，醉則垂首沈睡，藝藝自語，如吟韓致光〈哭花詞〉。醒復飲，飲復醉，如是者殆不可得而藥焉。」或胡應麟自傷羸疾，「迺今疾病殷憂，年踰三十，顛毛種種，自顧項頷腰肢，匪塵世物。」少數例子透露了對已然衰病難醫的抑鬱。而對將來死亡之後無力作為的預期性的抑鬱則較普遍，像前文言及楊漣的討價還價，他一無把握；像胡應麟感受到死後一切歸於空無，「亡論一切有為，視同夢幻，即文字結習，且一洗空之。」憂懼生平一切努力具皆泯滅。像楊繼盛以堅卓的意志面對慘酷的毒害，〈年譜〉中未見情緒的陷溺，但在笑對死刑之際，我們也看到他對妻子兒女的牽繫，遺言再三勸解妻子不可同死，並倉促留下「居家做人之道」的教囑，希望後人時時溫習。也像陳函煇主動選擇死亡，仍對忠誠能否昭雪似有隱憂，對家人、子女的未來安頓亦皆懸繫，所以多封遺書再三致意，甚至告誡兒子：「如事稍平，不可違吾志，又做官，又受爵，又以姓名落人間，是

感情，是很平實貼切的報導。

大不孝也，只可作隱士，或能爲高僧，吾悔不早爲僧耳。[61]」這些抑鬱憂慮和他們接受死亡作爲人生即將到達的最後階段是並行的。在此，也彰顯了「接受」死亡原來不是一種單一的、平面的精神狀態。傅偉勳先生曾經補充庫布勒・羅斯的「接受」，分爲四類：第一類是不接受的被迫接受，二類是莫名所以、無可奈何的被動接受，三類是自然而然、平安自在的接受，四類是基於宗教性或高度精神性的正面接受。並分從基督宗教、印度教、傳統佛教與中國儒道兩家，探討第四類的接受所呈現的精神上超克死亡的典型[62]，這是從理論出發的探討，而我們從明代士人的自敘傳文中，也看到了「接受死亡」落在具體而個別的生命上，是一樁樁何等莊嚴、複雜而又各殊的心事。

（稿成於家父往生第六十六日）

---

[61] 《陳寒山文附孤忠遺稿》，〈別老妻併示謙巽兩兒書〉新文豐叢書集成一四八。

[62] 傅偉勳先生《死亡的尊嚴與生命的尊嚴：從臨終精神醫學到現代生死學》，頁一〇〇－一七四，正中書局，民八二。

明代動物寓言的角色與寓意

顏瑞芳

一、前言

元末劉基著《郁離子》、宋濂著《龍門子凝道記》、《燕書》、《寓言》等，掀起中唐之後寓言創作的另一波高潮❶。入明以後，寓言似乎由熱鬧而沉寂，直到中葉以後才結合笑話重新出發，而這種藉笑醒人的「詼諧寓言」❷或「笑話型寓言」，乃被視爲明代寓言的代表。

其實，明代寓言並非只有詼諧一格。它是由三個源頭、三股水流匯注而成。三個源頭分別是韓愈、柳宗元的諷刺寓言；《笑林》、《艾子雜說》等詼諧寓言；以及《伊索寓言》

---

❶ 劉基《郁離子》、宋濂《龍門子凝道記》、《燕書》等寓言集，著於元順帝至正十七年至十八年間（西元一三五七—一三五八）。

❷ 陳蒲清謂：先秦哲理寓言、兩漢勸戒寓言、唐宋諷刺寓言、明清詼諧寓言，共同構築成中國古典寓言的藝術長廊。見《中國古代寓言史》，頁一。

爲代表的西方寓言。取法韓柳著如趙撝謙、童冀、薛瑄、李賢、胡直；沿承《笑林》、《艾子雜說》者如趙南星《笑贊》、江盈科《雪濤諧史》、馮夢龍《笑府》、《廣笑府》、陸灼《艾子後語》、屠本畯《艾子外語》；而明末隨傳教士東來，西方寓言也傳入中國，萬曆三十六年（西元一六〇八年）意大利人利瑪竇著、徐光啓筆述的《畸人十篇》，當中即介紹、徵引了伊索和古希臘寓言。天啓五年（一六二五）由法國傳教士金尼閣口述，泉州人張賡筆傳的《伊索寓言》中文選譯本《況義》於西安刊行，共收寓言二十二則❸。而明末福建寧化人李世熊模仿《況義》作寓言集《物感》，這是中國人模仿歐洲寓言手法的濫觴之作❹。因此，明代寓言是文士寓言、通俗寓言和翻譯寓言的交會，表現在風格上則是諷刺、詼諧、教誡三者並陳。

中國寓言大多以人物爲主角，而西方寓言則多以動物爲主角。以動物爲主角的寓言，其虛構性較爲突出，在寓言的認定上較不會有爭議。而鮮蹦活脫、聲形萬彙的動物世界所入主的動物寓言，其生動性亦非其他角色所能及，故本文以明代動物寓言爲探討對象。

---

❸ 有關《伊索寓言》東傳的探討，請參考李奭學〈希臘寓言與明末天主教東傳初探〉（文載《中西文學因緣》，頁一-三五）；戈寶權〈談金尼閣口授、張賡筆傳的伊索寓言《況義》〉（文載《中國比較文學》第四期，頁二八七—二九八。浙江文藝出版社，一九八六）

❹ 參見陳蒲清《寓言文學理論·歷史與應用》，頁三三一。

二、畜獸寓言

若將明代動物寓言分爲畜獸寓言、禽鳥寓言、水族寓言、昆蟲寓言等四類，則其中以畜獸寓言篇數最多，出現之動物有鼠、貓、虎、猿、猴、猱、玃、猩猩、牛、馬、鹿、麋、狐、犬等，其中又以貓、鼠、虎、猿等最爲常見。

(一)鼠與貓

鼠尖嘴利牙，能走善齧，穿埇穴處，因此常比擬爲小頭銳面貪狠盜暴的「陰類惡物」。《詩經・魏風》將剝削民膏民脂的統治者喻爲貪奪糧食的大鼠；《晏子春秋》中以「人主左右」喻社鼠；柳宗元〈永某氏之鼠〉則諷刺在皇帝羽翼下，「竊時以肆暴」，無惡不作的朝廷小人。晚唐以後，寓言中的鼠不限於指朝廷奸邪，而常用以泛指敵寇、貪吏與盜賊。貍貓是捕鼠之獸，在寓言中即用以喻正直之士、風憲之官或制盜之師。如南宋李綱〈蓄貓說〉即是藉養貓制鼠，鼠患自息的故事來曉諭「任賢使能，擢威望士以爲用，則盜賊不敢起，姦宄不敢作，敵國不敢議。」❺而宋濂的〈束氏狸狌〉則藉狸狌不敢捕鼠反而爲鼠所齧的狼狽情狀，來嘲諷元末「武士世享重祿，遇盜輒竄」的窘態。

明代的貓鼠寓言中，李賢〈貍奴說〉、胡儼〈鼠說〉皆承李綱的正面論理，薛瑄〈貓說〉則承宋濂的反面寄諷。〈鼠說〉寫胡子夜臥，有鼠嚙於案，命童子起而逐之，童子就枕

❺ 李綱《梁谿集》卷一五七。

而鼠復嚙，於是命童子取貍奴置臥內，鼠乃寂然不復磔磔，由是寄寓：「貍奴非靈於人，鼠畏貍奴而不畏人，然則，彼各有職也。君子居其職者亦盡其職而已矣！」❻〈貍奴說〉寫作者入閣見書史圖籍往往爲鼠所嚙，群鼠往來自若，略不避人，乃市一小貍奴置閣中，鼠頓然潛蹤避去，因而生發「貓之職固在捕鼠以除害，必如貍奴，斯稱其無愧矣。嗚呼！士受朝廷之職者，視貍奴亦盍警歟！」❼二文皆藉貍奴的盡職來警諭士君子當居其位、稱其職。〈貓說〉則以虛有爪牙而不能捕鼠的貓，比喻竊居其位的昏官，描述極爲生動：

> ……群鼠聞其聲，相與窺其形，類有能者，恐其噬己也，屏不敢出穴者月餘日。既而以其馴也，遂解其維縶。適睹出殼雞雛，鳴啾啾焉，遽起而捕之，比家人逐得，已下咽矣。家人欲執而擊之，余曰：「勿庸！物之有能者必有病，噬雛，是其病也，獨無捕鼠之能乎？」遂釋之矣。已則伈伈泯泯，飢哺飽嘻，一無所爲。群鼠復潛視，以爲彼將匿形致己也，猶屏伏不敢出。既而鼠窺之愈熟，覺其無他異，遂歷穴相告曰：「彼無爲也！」遂偕其類復出爲暴如故。

❻ 胡儼〈鼠說〉見於程敏政編《皇明文衡》卷十二。商務印書館《四部叢刊》。
❼ 李賢《古穰集》卷九。文淵閣《四庫全書》第一二四四冊，頁五七四。

余方怪其然，復有雞雛過堂下者，又亟往捕之而走，追，則嚙者過半矣！❽

寫老鼠「相與窺其形」、「復潛視」、「歷穴相告」至「爲暴如故」的過程，由畏懼貓時賊頭賊腦，到摸透貓性後囂張橫暴的變化；以及寫貓「伈伈泯泯，飢哺飽嘻」，對鼠視若無睹，見雛則拔身而噬的模樣，都窮形盡相，摹骨傳神。文末斥貓：「無捕鼠之能，有噬雞之病，眞天下之棄材也哉！」則彼輩供職朝廷，不能爲國家興利除弊，反而貪財納賄，劫奪公款的官吏，不是更該詛咒的「天下之棄材」嗎？

〈貓說〉藉主人斥貓來寄意，而李世熊的〈鼠辨〉則是透過鼠來歷數貓的罪狀，以諷刺君王左右的寵臣（貓）才是傾國滅族的巨大危害。文敘其西鄰畜貓，主人「拆尹爲床，以便其宿；捕鮮爲脯，以待其餐」，對貓撫摩備至，而貓卻旦出而不返，群鼠於是大爲不服，告訴主人：「擇害於家，貓方倍蓰於我輩」、「計吾鼠子之爲竊也，倉囷餘粟，萬千粒中之一粒耳」，繼而控訴貓銜炙肝、攫掛肉、尾臭蒸、蹈衾錦、躍珍筵、驚夢嚇嬰、惡聲震怖、竄火積薪、矢溺滋蟻、梁摧廈傾等十大罪狀，將朝廷寵佞吃香喝辣而到處遺矢放火的醜態揭露無遺❾。雷禮〈黠鼠對〉的命意手法與此類似，文記雷子遊精舍之西隅，見童子捕黠鼠，以鐵刺木，甚爲慘愀，而責其手段太甚，童子答以：鼠「穴囷充餐粟幾罄矣」，鼠則叫聲唧唧，俛首伏地對曰：「……予晝伏不動，畏主法惕惕；伺夕竊之，亦太倉之一粒耳。……況

❽ 薛瑄《敬軒文集》卷十一。文淵閣《四庫全書》第一二四三冊，頁二一六。

❾ 李世熊〈鼠辨〉收於仇春霖主編《古代中國寓言大系（三）》，頁三八二。

於知鼠行矣，不知世有甚焉者，決性命之情，公行掊竊，其浮於鼠行多矣，而公不譴之，信遭哉！」言畢，觸木而斃。藉鼠來斥責那些「公行掊竊」的奸邪，抒發對「竊鉤者誅，竊國者侯」的不平。文末，雷子曰：「惜也，夫鼠患天刑，為世詬厲，矧又為鼠所斥耶！」❿警諭盜暴之徒，必有刑禍之殃。

貓鼠除用以諷刺官場政治，有時亦用以針砭人性。如蘇伯衡〈東郭氏之貓〉諷見利忘義者，童冀〈越人釀酒〉諷乘暗盜利者，皆針對人性的貪婪而發；《雅謔》中的〈貓祝鼠壽〉則嘲諷喜好阿諛奉承者，往往笑裡藏刀。《莊子·秋水》中以腐鼠喻相位，鵷鶵不屑一顧，而鴟梟唯恐失之，在蘇伯衡筆下，貓群爭奪腐鼠的場面更是怵目驚心：

> 東郭氏之貓群聚於庭，首以相枕，尾以相戲，舌以相呫，甚相狎也。投之腐鼠，皆鋌而起，得者馳而去，不得者或逐其後，或據其前，或號其右，或攫其左，相與鬥且噬矣。

作者由是發議：「今之人平居相與握手附耳，以致歡忻洽愛，自謂骨肉良不過是；及乎勢位一接，幸其得而忘其所以為義，醜抵而深排，陰擠而陽奪，不得之不已，心術之移於利也如

---

❿ 蘇伯衡《蘇說二十八首》之十六，《蘇平仲文集》卷十六。文淵閣《四庫全書》第一二二八冊，頁八四三。

是，則與東郭氏之貓何異哉？」析論人情之變，眞是鞭辟入裡⑪。〈越人釀酒〉寫越人釀酒大廡下，夕則鐍其戶，人跡罕至，群鼠輒肆飲焉，累累甕盎間，叫呶衝突，越人弗知。一夕，客中夜至，主人持燭取酒觴客，鼠方酣飲，不虞燭之至，驚遽而溺焉。文末云：「世之乘利沽名者，蓋亦少自儆哉？」⑫其寓意甚明。〈貓祝鼠壽〉寓諷刺於詼諧：

> 一老鼠避一瓶中，貓捕之不得，以鬚略鼠，鼠因噴嚏。貓在外呼曰：「千歲！」鼠曰：「汝豈眞爲我壽？誘我出，欲嚼我耳！」⑬

惡言固然傷人，美言也往往是騙人上當的釣餌。《伊索寓言》中烏鴉嘴上的肉，不就是被狐狸的讚美騙走的嗎？

(二) 虎

虎爲噬人之獸，「於毛蟲中最暴戾」⑭。世人多談虎色變。《禮記·檀弓》有「苛政猛

---

⑪ 胡翰於《瞽說·跋》云：「余於是得其《瞽說》讀之，託物以造端，比事以寓意，緣情以見義，明於國家之體，達於人情之變，如鉤探物，連牽不絕。」

⑫ 見童冀《尚絅齋集》卷二〈雜說〉，文淵閣《四庫全書》第一二二九冊，頁五九六。

⑬ 《古代中國寓言大系（三）》，頁三三五。

⑭ 蘇伯衡〈志殺虎〉，《蘇平仲文集》卷一。

於虎」的故事，劉禹錫〈救沉志〉中以「惡人在位」喻猛虎，惡人在位而不去之，是養虎而貽患。晚唐來鵠〈貓虎說〉、楊夔〈較貪〉，都是藉寓言以揭露「貪吏猛於虎」的現實。民間亦習稱「官府」為「官虎」。藉虎的暴戾來比喻苛政貪吏，確乎非常貼切。

明代的虎寓言中，有沿承其貪暴形象者，如蘇伯衡〈志殺虎〉、周瑛〈饞戒〉、徐芳〈太行虎記〉及馮夢龍〈勸虎行善〉；亦有逆寫虎之義行，從而反襯人有惡於虎者，如祝允明〈義虎傳〉、王猷定〈義虎記〉。

〈志殺虎〉記有虎夜踰某子甲垣攫其豕，甲乃聚鄉黨鄰里謀共殺虎，於是壯者操刃與梃，弱者敲銅鐵器以助聲威，虎終被甲之幼弟奮鉞貫脅而斃。作者由虎得一豕竟殞其命之下場，感嘆「世之人自謂威權足賴，而貪欲無顧忌者，其亦知所鑒也乎？」周瑛〈饞戒〉亦示人以虎之貪饞為戒：

> 虎性饞，不擇肉而食。有羊牧崖上，虎攫之，羊負痛墮地死，虎隨之；虎墮地不死而重傷焉，竟為鄉人所斃。⑮

虎為食亡，人為財死，人之智未必勝於虎，又何暇笑虎之愚？

〈太行虎記〉記老僧於山澗中見一小虎折前一足，委頓伏地，乃攜歸飼以粥飯，虎遂馴習，而僧亦得伏虎之名。其後，僧攜虎遠出，至天井關，鼻衄血不止，虎食血知味，遂前

---

⑮ 見《翠渠摘稿》卷四。文淵閣《四庫全書》第一二五四冊，頁八〇二。

撲僧而負至澗中，餐齧殆盡。老僧一本慈悲而救虎，卻養虎貽患，爲虎所噬，作者表面諷侯景、安祿山輩，實則隱刺吳三桂之流「厚寵隆恩，長其爪牙，豐其軀力，及情遷意改，變起倉猝，至於不可控遏」⑯，導致明朝的滅亡。虎之凶暴，人無法改變，佛亦使不上力，〈勸虎行善〉即云：

> 昔者菩薩身爲雀王，慈心濟衆。有虎食獸，骨挂其齒，因飢將終。雀王入口啄骨，日日若茲，骨出虎活。雀飛登樹，說佛經曰：「殺爲凶虐，其惡莫大。」虎聞雀誡敎聲，勃然恚曰：「爾始離我口，而敢多言！」雀速飛去。⑰

不待論贊而發人莞爾，深思，充分表現詼諧寓言的魅力。

貪暴是虎性之常，期虎以仁義，類緣木求魚，而居然有之。祝允明〈義虎傳〉寫荊溪有二人，髫丱交，壯而貧富不同，貧者妻艷，富者乃設謀欲奪，乃先引貧者入溪林中，出腰間鉞斫之，幾死；出而誑其妻曰：「若夫君噉於虎矣！」領而入溪林檢覓，至極寂處而圖淫之，忽有虎出叢柯間，咆哮奮前，齧富子去，斃焉。王猷定〈義虎記〉所記更奇：山西孝義縣有一樵者，朝行叢箐中，忽失足墮虎穴，兩小虎臥穴內，穴如覆釜，石齒廉利，樵踴躍而蹷者數，徬徨繞壁泣，待死。日落風生，虎銜生麋回，分飼兩小虎，見樵蹲伏，張爪奮搏，

⑯ 徐芳〈太平虎記〉，見《諾皋廣志》，新文豐《叢書集成續編》。

⑰ 《古代中國寓言大系（三）》，頁三七一。

俄巡視若有思者，反以殘肉食樵，彌月，小虎漸壯，虎負之出，樵急仰天大號：「大王救我！」虎乃拳雙足俯首就樵，樵騎虎騰壁，因得以歸。文末作論曰：「世往往以殺人之事歸獄猛獸，聞義虎之說，其亦知所媿哉！」⑱意謂虎未必殺人，反倒是人殺起人來，比虎更狠。

(三) 猿、猴、猱、玃

猨善援引，故名。俗作猿，產於四川、湖廣深山中，似猴而長大。猴又名狙、王孫、胡孫。猱亦名狨，《爾雅．釋獸》：「猱一名蝯，善攀援樹枝。」或謂猱即獼猴，楚人謂之沐猴。柳宗元〈憎王孫文〉云：「猿之德靜以恆，類仁讓孝慈」、「王孫之德躁以囂，勃諍號呶，唶唶彊彊」，以猿喻正人君子，王孫喻朝廷小人。宋祁〈君山養猿記〉云：「猿與沐猴，類同而種別。沐猴躁動，好騰倚挽裂，詭故百情」，「猿性靜介，善吟嘯，能通臂，亦善緣木」，亦以猿喻衛之蘧瑗、楚之屈原等受小人排擠，不見容於朝廷的君子。

《桂海獸志》云：「猿有三種：金絲者黃，玉面者黑，純黑者面亦黑。金絲、玉面皆難得。」⑲金絲猿由於美麗可愛，而遭人類大舉獵捕，今全中國野地族群僅剩約五千隻，被列爲華盛頓公約組織第一類之保護動物⑳。宋濂〈猿說〉即寫「猿毛若金絲，閃閃可觀。猿子尤奇，性可馴，然不離母。母黠不可致。獵人以毒傅矢，伺母間，射之。母度不能生，灑

---

⑱ 見黃宗羲編《明文海》卷四二三。

⑲ 見《古今圖書集成．禽蟲典．猿猴部》引。

⑳ 《民生報》民國八六年六月七日之報導。

乳於林飲子，灑已，氣絕。獵人取母皮向子鞭之，子即悲鳴而下，斂手就制。每夕必寢皮乃安，甚者輒抱皮跳擲而斃。」並於故事之後寄託諷諭：「嗟夫！猿且知有母，不愛其死，況人也耶！」

李承箕〈孝猿記〉亦記：

> 廣東之某鄉，猺人嘗樵於山，見黃猿忽自樹墜地，死。一黑猿從號鳴不止，人往來於其側，逼犯之，了無懼，乃子母猿也。猺人取以歸，投以果物，皆不食，而益號鳴不已。猺人揣其情，致其母之皮於前，則亟趨而抱之，且號且食，眾亦莫不憐之。……又嘗聞：昔之下蜀人嘗取一稚猿，猿母隨走奔走而下數百里，擲身舟中以死，剖而視之，腸寸斷矣。㉑

藉記述猿慈孝感人之事，抒發「吾寧殺其身，不忍棄其親」之志意。

猿性靜介，猴則躁囂自利，好踐稼蔬。繆一鳳〈山中雜言四條〉㉒記：鄉人開畬種粟，將熟，二人往視之，見狙猴引群啗其粟，二人持竿而逐、析木而射、設機圈以繫，百計而猴不驚，驅去復來。後生致一猴，挈至家，以紅組衣其身，而以綠組袖其手足，索固而縫之。次日，置樊籠中，俟群猴之復來集者，出而放之，此猴見其群，追之唯恐不及；彼猴訝其爲

㉑ 收於《明文海》卷三四二。文淵閣《四庫全書》第一四五七冊，頁一三。

㉒ 《明文海》卷四七九，文淵閣《四庫全書》第一四五八冊，頁七七二。

異類，避之唯恐不速。一追一避，旦夕皆踰萬山矣。末云：「人皆曰狙詐狙詐，而不知人之詐有甚於狙也。」蓋諷狙雖狡詐，自有更詐之人能制之。

明浮白主人選輯《笑林》中，有一則詼諧寓言即藉猴自私自利之動物特性，調謔謔一毛不拔之吝嗇鬼，題爲〈猴〉：

> 一猴死，見冥王，求轉人身。王曰：「既欲做人，須將毛盡拔去。」即喚夜叉拔之。方拔一根，猴不勝痛，叫。王笑曰：「看你一毛不拔，如何做人？」㉓

王世貞筆下之猱，集攀援、阿諛、狡詐、貪婪於一身，最具代表性：

> 獸有猱，小而善緣，利爪。虎首癢，輒使猱爬搔之；不休，成穴。虎殊快，不覺也；猱徐取其腦啖之，而汰其餘以奉虎曰：「余偶有所獲腥，不敢私，以獻左右。」虎曰：「忠哉！猱也。愛我而忘其口腹。」啖已，又弗覺也。久而虎腦空，痛發，跡猱。猱則已走避高木，虎跳踉大吼乃死。㉔

以猱比喻朝廷中擅於攀附、逢迎、損公肥私的宦官與奸惡；虎則暗指糊塗皇帝。奸佞挖國庫

㉓ 楊家駱主編《中國笑話書》，頁一六〇。

㉔ 《弇州四部稿》卷一一一。文淵閣《四庫全書》第一二八〇冊，頁七五三。

脂膏中飽私囊後「汰其餘」以取悅皇上，皇上還稱讚他們「忠哉！」眞是昏愚之至。

何景明《大復集》卷三十八有〈獸紀〉，序曰：「予惡世有冒名徇利，務相欺負而寡情實者焉。聞客有談二獸狀者，類其人，作二獸紀。」包含〈狐〉、〈玃〉㉕二紀。其體制類柳宗元〈三戒〉。〈玃〉旨在諷刺「務相欺負」者：

> 猿善援，玃亦猿類，惟跳躁無他長技。山之奧有洞，洞多貨物，玃弗得自致也，謂猿曰：「爾援上探出之，吾下守之，當其利也。」猿攀木蔓上取而致之玃，玃移置窟中。猿既下，玃無有也。跡之，至窟旁，曰：「貨安在？」玃據窟嘯曰：「貨，吾固有者，爾何得有也？」呼其群相毆躪猿，猿曳臂去。

寫玃慫恿猿上洞取物，相約平分其利，卻將貨移置窟中，迨猿欲分貨，玃則據窟而嘯，謂貨爲其所固有，甚而呼其群毆躪猿，其狡詐貪利之嘴臉，簡直令人不敢恭維。序言二獸之狀「類其人」，其寓意自不難想見。

明代尚有一篇著名的畜獸寓言〈中山狼傳〉，寫中山狼因東郭先生的掩護而得逃過趙簡子的追捕，可是當危機解除，狼便露出「性貪而狠」的猙獰面目，鼓吻奮爪要吃救命恩人。

㉕ 玃，《大復集》中原作「獿」，然獿似鹿而白尾，《山海經．西山經》：「皋塗之山有獸焉，其狀似鹿而白尾，馬足人手而四角，名曰獿如。」玃爲大母猴，《說文》：「玃，大母猴也，善攫持人，好顧盼。」本文既云「亦猿類」，故改。

幸虧杖藜老人用計，誘狼入囊袋之中，才得以殺死狼，救了東郭。文末，杖藜老人笑東郭先生曰：「禽獸負恩如是，而猶不忍殺，子則仁矣，其如愚何？」意在警諭：救護、憐憫惡人，其實是自取滅亡之愚蠢行為。

三、禽鳥寓言

明代之禽鳥寓言，篇數雖少於畜獸寓言，而品類之繁則過之。禽鳥之外形，大小既殊，顏色亦自有別，或毛羽彩錯，或遍身灰黑，或素質皓白。禽鳥之鳴聲，或輕脆悅耳，或啞啞噪人。至其棲所、性行，有畜養於人家，覓食於庭院者；有築巢於樹顛，食果於山林者；有循飛於水涯以攫魚者，有翰飛戾天非醴泉不飲者。凡此種種禽鳥之賦性特徵，皆可透過故事，轉化出相關寓意。

（一）錦雞、鷩、孔雀、鷸

錦雞一指吐綬雞，一指鷩。吐綬雞又名珍珠雞，斑頂，有嗉囊，內藏肉綬，每春夏晴明，則向日擺之，頂上先出兩翠角二寸許，乃徐舒其頷下之綬，長闊近尺，紅碧相間，采色煥爛，踰時悉斂不見。鷩亦稱赤雉、山雞、錦雞，背毛黃，腹下赤，項綠色鮮明。孔雀雄者尾甚長，為金綠色，其先端有寶珠形之金飾紋，可擴為扇狀以誇耀於雌。鷸又名翡翠，亦毛羽鮮麗。《埤雅》：「翠鳥，或謂之翡翠。雄赤曰翡，雌青曰翠。」此類禽鳥色彩絢爛之肉綬、毛羽，於寓言中多用以喻士人之文章才學。

蘇伯衡〈錦雞吐綬〉㉖寫楚王獵於雲夢，各種鳥獸恂然決起，翔者奮飛，走者遐竄。有一錦雞方吐其綬，王適至，見其綬五彩競明，悅焉，命虞人生致之，乃縱獵者。凡鳥獸之屬，或殪於鷹犬，或殞於鋒刃，或傷於網羅，而雞獨免。明日，王謂宋玉曰：「此雞得全其生以綬，見樊於籠亦以綬，然則士將奚處？」宋玉對曰：此雞有綬，藉使深藏，矯乎其飛冥冥，大王何見焉？彼虞人且烏乎取哉？故其無逃於樊籠之間，非綬實爲之，吐則使之也。嗟乎！士無以材自炫哉！」在作者看來官位名利，亦人之樊籠也，欲免於此樊籠，唯有卷智深藏，矯飛冥冥，勿以才自炫。

《異苑》載：山雞愛其毛羽，映水則舞。而於大鏡之前，亦鑒形而舞不止。童冀〈雜說〉亦記：「越之南有錦雞焉，每旦日出，晞其羽，悅其文采，揚揚自得也。既而浮於江滸，顧見其影，睥睨翔舞，徘徊不能去，久之，眩而溺焉。夫雞惟蔽於文而忘其身之溺也，人之眩於文而自取覆溺者，亦豈少哉？」藉錦雞晞羽悅采，顧盼自得之模樣，比擬不務情實，徒騖華辭以自矜者，極爲傳神。胡直〈雜說四首‧二〉則取孔雀、山鷩、翟雉以並說，足爲此類寓言之代表：

> 予嘗見孔雀雄者毛尾金翠殊絕，非設色者能彷彿也。詢之，性果妒，雖馴久，見童男女著錦綺，必趁啄之。山棲時，先擇貯尾，然後置身，天雨尾濕，羅者且至，猶珍顧不復騫舉，爲羅者所擒。

㉖ 《贅說二十八首》之五。

予又觀《博物志》言：山鷩亦愛重其毛，終日映水，目眩輒溺。翟雉長尾，適雨雪，惜其尾，坐樹杪不下食，以至餓死。

作者於是抒慨寄諷：「悲哉！是三禽何其智於羽毛，不智其命也！古今學士文人，役終生事藻繢詞，既自沒溺其性命，猶自珍曰：吾有詩若干、文若干卷，足表見於後世，視三禽，智愚同耶？否耶？」似罵盡古今舞文弄墨、敝帚自珍之學士文人矣。

趙撝謙〈三戒．水之鷸〉㉗亦是由羽毛而引申鑒戒：「鷸一名翡翠，體雖小，其毛羽青瑩，輝彩可玩。常循飛水涯，入水底取魚蝦水族食之。巧者利其羽毛，以一囮飛舞水上，媒而執之，取其羽，市於富貴家，為女子飾，直視金玉，家因致富。」作者哀且惜鷸「負毛羽之美，而不能遁幽藏僻，乃栩栩然終日競誘於人」，以致不斷為人所執、毛羽零落；復感嘆「世以羽毛夸於人者，豈獨一鷸歟！」顯見其藉鷸諷人之旨。

(二) 烏鴉、鵲、鴝鵒

禽鳥之中，聲音醜惡者如烏鴉、鴟梟，悅耳者有喜鵲，而鴝鵒（俗稱八哥）、鸚鵡則能調舌而人言。有些禽鳥寓言即針對其叫聲之特色而發展出寓意。如劉向《說苑．談叢》中之〈梟逢鳩〉，即掌握梟叫聲粗糙的特性，而由鳩的結語表現寓意：「子能更鳴則可；不能更鳴，東徙猶惡子之聲。」明代童冀〈雜說〉之十三、江盈科《雪濤小說》中之〈人種〉，則是以

㉗《趙考古文集》卷二。文淵閣《四庫全書》第一二二九冊，頁六九四。

烏鴉與喜鵲爲對話的角色。

童冀〈雜說〉之十三略謂：靈丘之鵲與上林之烏，相遇於丹穴之山，烏謂鵲曰：「吾與若，形質無大相遠也，音響未至遼絕也，胡若鳴則遭人之喜，予輒逢彼之怒也？」鵲曰：「予之鳴先吉而示之徵，故人喜焉；子之鳴未凶而告之咎，故人惡焉。」烏不懌，與鵲同質諸鳳，鳳曰：「子所謂不惟其時而自取焉者也。」寓言中藉烏以喻見國家之危而勇於諫諍、敢鳴於朝廷之士，鵲則喻諂諛之臣，而鳳則以智者身份指出諫諍當「惟其時」，若臧否得失，聒聒不止，必自招怨怒，甚而如龍逢、比干，因諫亡身。〈人種〉則寫母鴉引雛鴉往見乾鵲，請鵲教其聲，鵲受而教之，然鵲鳴唶唶，鴉鳴啞啞，兩不相入，鵲不勝怒，顧謂鴉曰：「汝自鴉種耳，吾不能如汝何。」遣之使歸。作者由是申言：「種類移人，即欲變化，其道無繇，故君子愼其所以爲人種也。㉘」似在強調天賦、遺傳之難以移易，即俗話所謂：龍生龍、鳳生鳳，老鼠的兒子會打洞。

莊元臣《叔苴子》之〈鴝鵒學舌〉一則，其諷意有更鮮明之時代性：

> 鴝鵒之鳥，出於南方，南人羅而調其舌，久之，能效人言，但能效數聲而止，終日所唱，惟數聲也。蟬鳴於庭，鳥鳴而笑之，蟬謂之曰：「子能人言，甚善；然子所言者，未嘗言也，曷若我自鳴其意哉！」鳥俯首而慚，終身不復效人言。今文文章

㉘ 黃仁生輯校《江盈科集》下冊，頁六九三。

家竊摹成風，皆鴝鵒之未嘶者耳。㉙

作者將當時醉心於模擬之文章家比擬爲鴝鵒，因爲在「文必秦漢，詩必盛唐」之擬古風潮中，文士們徒務「調其舌」，學古人之說話語氣，摹擬古人詩文作法，剽竊古人詩文佳句，而缺乏「自鳴其意」之本領。

(三) 鶿、雁、鶴

鶿即鸕鶿，又稱鷧，《爾雅·釋鳥》：「鶿、鷧。」長喙微曲，善沒水取魚。喉下皮囊較大，捕得魚即貯於囊內，江南漁民多飼養以幫助捕魚，俗稱魚鷹。以鶿爲角色之寓言，在明代以前較少見。於明代則有耿定向《權子》中之〈假人〉及徐芳《懸榻編》之〈鶿說〉。兩篇一詼諧一尖銳，而故事則皆著眼於鶿善於捕魚之特性。

〈假人〉㉚寫：人有魚池，苦群鶿竊啄魚爲食，乃束草爲人，披蓑戴笠、持竿，植之池中以懾之。群初迴翔不敢下，及漸審視，知其假，乃下啄魚食且飛止笠上，恬不爲驚。人乃自披蓑戴笠而立池中，鶿仍下啄飛止如故，人隨手執其足，鶿奮聲「假假」，人曰：「先故假，今亦假耶？」作者藉鶿不辨眞假而被擒，來諷刺、警惕一貫貪贓枉法而不知變通者，彼輩固然善於觀風向、審危勢，但難免會因吃到甜頭而鬆弛戒心，事發而爲法曹所「執」。文

㉙《叔苴子·內編》卷五。新文豐《叢書集成新編》。

㉚《中國笑話書》，頁一〇三。

中以鷺叫聲「假假」諧音雙關被執者懷疑不自信之哀號，饒富趣味。〈鷺說〉之諷刺對象，則指向更高之層級：

> 鷺，水鳥之類凫而健喙者也，善捕魚。河上人家多蓄之，載以小桴，至水停洑，魚所聚處，輒驅入之。鷺見魚，深沒疾捕。小者銜之以出，大者力不能勝，則碎其翅，呼類共搏，必噎乃已。而漁人先以小環束項間，其大者既不可食，得之皆攫去；小者雖已咽，至環頸處鯁不可下，漁人又提而捋之，魚累累自喉間出；至桴極，而稍以一二飼之，而又驅之如是。歲歲鷺常與魚爲仇，有貪暴名，終不得飽，而漁人坐享其利甚厚。[31]

故事中，鷺只是供漁人驅遣之爪牙，以比喻現實政治中協助朝廷催科聚斂，而本身俸祿微薄之小官吏；漁人則象徵操生殺予奪之權，掠財自肥的皇帝權臣。鷺銜小魚、搏大魚之景象固然血腥，而漁人束鷺頸，提捋喉間魚之畫面更令人印象深刻。

雁寒來暑往，飛行有序，古人婚禮「納采用雁」，六贄中「大夫執雁」，皆有所取義。古來詩文詠雁之篇不勝枚舉，使雁之人格化內涵益加豐富。李時珍云：「雁有四德：寒則自北而南，止於衡陽；熱則南而北，歸於雁門，其信也。飛則有序，而前鳴後和，其禮也。失

[31] 《古代中國寓言大系（三）》，頁三九八。

偶不再配，其節也。夜則群宿，而一奴巡警；晝則銜蘆以避繒繳，其智也。」㉜然雁爲饈品，故而寓言故事中之雁，似乎都在倉惶躲避人們的羅捕。

今所見雁奴故事，最早者爲唐末王仁裕《玉堂閒話》所載㉝，記群雁宿於江湖沙渚中，大者居中，令雁奴圍而警察，捕者俟陰暗無月時，藏燭器中，持棒者數人，屛氣潛行，將及，則略舉燭便藏之，雁奴警叫，大者亦警，頃之復定，又復前舉燭，雁奴又警，如是數四，大者怒啄雁奴，秉燭者徐徐逼之，更舉燭，則雁奴懼啄，不復動矣。捕者乃高舉燭，亂棒擊雁奴，所獲甚多。其後，宋祁〈雁奴後說〉、宋濂《燕書》中之〈具區白雁〉、徐芳〈雁奴說〉、朱企霞〈孤雁〉皆寫其事，而情節與寓意略有不同。

雁奴故事中有捕雁者、雁奴、雁群等三個角色，〈雁奴後說〉旨在斥捕雁者之狡詐，藉離間群雁與雁奴（比喻國君與臣子）以取利；〈孤雁〉重在諷群雁（比喻一般百姓）貪圖安逸，不理會孤雁之警告而被擒；〈雁奴說〉則文末寄意：「吾非悲睡雁也，悲奴之屢啄而又以俱網也。」徐氏身當明亡之際，於南明時任翰林院編修，後受同僚之攻訐而托病辭官，則雁奴之悲劇形象，或爲其自己之化身。

鶴嘴長而堅直，頭頂赤色，全身純白，形貌瀟灑，容與淡雅，類乎出塵脫俗之高士，爲詩人文士所禮讚。沈鯉〈放鶴記〉㉞則記其養一鶴於醉竹之軒，見其形質白清，心甚愛之，

㉜ 見《古今圖書集成・禽蟲典・鴻鴈部》引。

㉝ 《玉堂閒話》已亡佚，所載雁奴故事見於《古今圖書集成・禽蟲典・鴻鴈部雜錄》之中。

㉞ 《亦玉堂稿》卷七。文淵閣《四庫全書》第一二八八冊，頁三〇三。

後因有遠行，童子飼鶴者不戒其常餉，致鶴餒甚，及歸，入門，忽睹鶴正食穢，而駭然大驚，茫然若失，欲斃之不可，乃縱而放之。作者由是感諷：「物安可皮相哉！」似在譏貌似清高之隱士，一旦阨於貧窶，便不免如蛣蜣一般，食穢物，推功名之糞丸。

除以上所述，明代禽鳥寓言中最値得一提者爲馮夢龍《笑府》中之〈蝙蝠〉㉟：

> 鳳凰壽，百鳥相賀，惟蝙蝠不至。鳳責之曰：「汝居吾下，何倨傲乎？」蝠曰：「我有足，屬於獸，賀汝何用？」一日，麒麟生誕，蝠亦不至。麟亦責之，蝠曰：「吾有翼，屬於禽，何以賀爲？」
>
> 麟鳳相會，語及蝙蝠之事，互相慨嘆曰：「如今世上惡薄，偏生此等不禽不獸之徒，眞個無奈他何！」

顯然意在指桑罵槐，斥世上好騎牆、鑽營，兩面討便宜者。此則故事與《伊索寓言》中之〈蝙蝠和黃鼠狼〉、《拉封登寓言》中之〈蝙蝠與兩隻黃鼠狼〉皆是針對蝙蝠「不禽不獸」的特性而編造，不過，前者旨在貶斥善鑽營者，後二者則用以讚美能隨機應變者。

㉟《中國笑話書》，頁二三八。

四、昆蟲寓言

動物寓言中昆蟲寓言之數量較少。柳宗元〈蝜蝂傳〉堪稱昆蟲寓言中最膾炙人口者。明代寓言中之昆蟲，以蟻、蚓、蠶、蛛、蠨蛸等較具代表性。

（一）蟻與蚓

蟻體細而群居，遇物則傾穴而出，共負疾趨。胡直〈蟻說〉[36]即敘作者偶暇觀數蟻擁半死蟬負移咫步，中一小蟻返穴相語，於是群小蟻魚貫而出，共曳穴中，或挽蟲臂，或推饌滓紛紜，旋轉不能了之過程。由是而引發其俯觀山下形形色色之人，「若駕者騎者、負者擔者、趨者憩者、呼而招者、跂而望者、隊而來又復往者，其奔營亦何異群蟻之無停顧」的聯想與感慨。主題不離李公佐〈南柯太守傳〉所謂：「貴極祿位，權傾國都，達人視此，蟻聚何殊？」人汲汲於利祿，無異於蟻之爲饌滓而奔忙。

周瑛〈饞戒〉則以蟻貪饞賈禍戒人，內容寫蚓出穴，群蟻嘬之，蚓負痛宛轉泥沙中，卒莫能制蚓，鴨出欄，并蟻蚓而食之。李世熊《物感》中之〈縮蚓〉亦以蟻蚓爲角色，而諷刺對象則是蚓：

蟻游於蚓穴，聞蚓歌而善之，曰：「美哉，渢渢乎！古所謂遏雲止水聲也。」見其

[36]《衡廬精舍藏稿》卷十五。文淵閣《四庫全書》第一二八七冊，頁四〇九。

食槁壤，飲黃泉，蕭然自得，曰：「伯夷西山之操，介推綿上之清，於陵仲子不及。」見其引伸，長而黝、頎而澤，曰：「聖人其猶龍乎！」蚓聞之曰：「客知予處，未知予出也。試與客游人間世乎？」蟻從之。蚓於是奮首昂霄，出其穴，與蟻循風亭月榭、長階短砌，暢照適也。蟻益矜之。俄有雞雛過，望蚓而啄。蚓負痛顛蹈欲死，蹙縮不踰寸。蟻訝曰：「噫，能止此乎？汝終不可游人間世也！」[37]

藉蚓以暗喻深居簡出，不務實際者。作者刻意用孔子贊美老子的話：「聖人其猶龍乎！」來贊美蚓是聖人，以加強反諷效果。蚓經此贊美，居然飄然智昏，邀蟻共游人間世，結果險些喪命於雞雛之口。那些貌似清操廉厲、卓爾不群之人，一旦接觸社會，立刻暴露技窮之窘態，觀蚓之下場可知矣。

徐芳《懸榻編》有〈蟲阱〉一則，記沙中有蟲名蟻蛉，大如豆，食蟻；而短足偃腹，不能逐蟻，乃於當路處，旋沙爲窩。蟻走遇窩，弗能越，而沙滑，蟻失足掉窩中，蟲乃銜其尾，曳之深入窩底，饜其肉。作者一方面嘲諷如蟻之頭腦簡單，自蹈陷阱者；一方面則揭露如蟻蛉般巧設騙局，狡詐以殘民者。

---

[37] 《古代中國寓言大系》，頁二八六。

（二）蠶、蛛、蠨蛸

蠶與蛛皆能吐絲，然蠶絲可織綺羅，蛛網徒務捕蟲，前者利人，後者利己，其用途迥然有別。江盈科《雪濤小說》中之〈蛛蠶〉，便是掌握兩者吐絲之殊用，而賦予寓意：

> 蛛語蠶曰：「爾飽食終日，以至于老。口吐經緯，黃白燦然，因之自裹。蠶婦操汝入于沸湯，抽爲長絲，乃喪厥軀。然則其巧也，適以自殺，不亦愚乎？」
>
> 蠶答蛛曰：「我固自殺，我所吐者遂爲文章，天子袞龍，百官紱繡，孰非我爲？汝乃枵腹而營，口吐經緯，織成網羅，坐伺其間。蚊虻蜂蝶之見過者，無不殺之而以自飽。巧則巧矣，何其忍也！」
>
> 蛛曰：「爲人謀，則爲汝；自爲謀，寧爲我。」
>
> 嘻！世之爲蠶不爲蛛者，寡矣夫！㊳

蜘蛛笑蠶愚昧，蠶反譏蜘蛛殘忍，兩者同樣「巧」於「口吐經緯」，然「道不同不相爲謀」，各自堅持自己「爲人謀」與「自爲謀」的立場而不改其志。文末，作者譏刺世人願爲蠶者寡，等於是批判世上多是損人以自肥之蜘蛛。

周瑛〈育蠶說〉㊴則以主人育蠶擬喻國家育賢。蠶受主人之育，於是盡其技以報主人，

㊳ 黃仁生輯校《江盈科集》下冊，頁七〇八。

口忽忽吐絲，宛轉不已而繭成，主人乃聚繭爚諸湯而絡之。作者藉蠶之報主人以絲，諷人臣蒙受國家教養之恩而不知所以為報，「平居無事，未嘗思所以樹立以裨益國家；一旦有急，相顧而駭，卒無一人抗節仗義以死其事者」，則蠶之節義，確乎足為士人之表率。

蠨蛸為蜘蛛之一種，腳細長，淡灰色。《爾雅．釋蟲》：「蠨蛸，長踦。」趙完璧作〈蠨蛸傳〉以諷刺倖得而滅家者：

> 蠨蛸構羅牖側！大纔若杯，局狹而縷微，僅以困蟣蠓蚊蚋，即為巨充，曷敢橫異圖哉！伏匿羅際，用需來者。會有飛蠅卒誤觸之，窘鳴間，蠨蛸震慰望表，速前以承天隕。既而所以為具與力，尋集私揆，忽復卻，目伺之，罔措。中殆幸以一獲。蠅鼓翼奮躍，極力蹴踏小羅，旋空而脫。蠨蛸亦隨蕩越相失。海壑子嗢噱歎曰：「微質也，本不足以制宏；幸覬也，竟顧以滅家。小而謀大，曷可不程？憯以幸免者，其戒諸！」[40]

描寫飛蠅誤觸網羅後，蠨蛸既震慰於天降橫物，又私揆目伺、手足無措；雖自知力不能制蠅，又心存萬一之僥倖，冀能獲此超級獵物之複雜心情，藉以摹刻「幸覬」者之心理活動，可謂極為傳神。

---

39 周瑛《翠渠摘稿》卷五。文淵閣《四庫全書》第一二五四冊，頁八一二。

40 趙完璧《海壑吟稿》卷九。文淵閣《四庫全書》第一二八五冊，頁六三七。

五、水族寓言

水族寓言之角色包括魚、蝦、蟹、蛙、烏賊等，以魚最常見。明代蝦、蟹等寓言多承襲前代，故此處只論魚與龜。

（一）魚

魚之種類繁多，大者如鯨、鮪，其次如鯖、鱸、鰋、鯉，小者如魴、鯽、鯿、鱖。魚在寓言中之角色寓意，有時著眼於「權」，大魚以喻國君，小魚以喻百姓，如《戰國策・齊一》中之〈海大魚〉、宋濂《燕書》中之〈巨魚王鮪〉；有時著眼於「才」，大魚以喻賢才，小魚以喻小人，如歐陽修〈養魚記〉。其次，魚之生存情境，往往受捕魚者或養魚者牽動，表現在寓意上，即形成「捕（養）魚者／魚」與「牧民者（國君）／百姓」之對應關係，如宋濂〈鄭人愛魚〉即藉鄭人養魚「愛之適以害之」，諷陳治國重在安民而不擾民。

先王之世，魚不盈尺弗粥，故魚鱉不可勝食，後世則往往運數罟以殲之，大小畢羅。明貝瓊〈觀捕魚記〉寫「巨家」捕魚之實況：

……斫大樹置水中，爲魚叢，魚大小畢赴之，從橫盤桓，人亦無敢輒捕者，故萃而不去。天始寒，大合，漁者編竹斷東西津口，以防其佚。乃撤樹，兩涯鼓而毆之。魚失所依，或駭而懼，或怒而突，戢戢然已在釜中矣。於是駕百斛之舟，沈九囊之網，掩其左右，遮其前後，而盈車之族，如針之屬，脫此掛彼，損鱗折尾，無一縱

者。㊶

作者觀而嘆曰：「嗚呼！天下之死於盡取者，豈獨魚已乎？豈獨魚已乎？」意在諷刺統治者（巨家）「誘之者將以制之，養之者將以殺之」的機巧狡詐，「何其不仁之甚」，並傷憐百姓如魚般「死於盡取」。烏斯道〈漁記〉㊷所記更「絕」：漁者於釣、叉、射、罾之後，將陂水導去，待水竭盡，人「下繫一小囊，卻行而爬，搔奉泥土。魚瑣碎長不滿寸者，皆入囊中。」眞正做到「竭澤而漁」。捕魚不可竭澤而取，猶如治國理民不可窮徵極斂，一旦澤枯魚盡、民窮財竭，則漁者憂、國者危矣。

桑悅〈養魚說〉㊸則是藉魚以說士人應世之道。文分上下二篇，上篇寫魚養於池沼者大可盈尺，畜於盆盎者大不過盈寸，而千尺之王鮪生於江，千萬里之鯤產於海。由魚之「不拘不凝，可大可小，喜則勺水爲神淵，怒則巨浸爲焦澤」，推衍出人「惟涉位而不量，遯世而無悶，乃爲至人。」當因勢推移、順時變化。下篇記作者畜三魚，鰱二、仙鯉一，忽春雨驟，溝澮皆盈，二鰱思欲致身江海，乃隨流而逝，未及澄江，水涸石出，焦爛而死；鯉則洋洋焉吹微沫以自適。由鰱之不安分而鯉之能自守，申言「古今斗筲之士，偶借恩波，不自揣量，遂謀非望，駢首戮於東市者，何可勝計？而抱濟世安民之具者，及甘栖遲一丘壑與一小官下

㊶ 見貝瓊《清江貝先生文集》卷六，商務印書館《四部叢刊．初編》。
㊷ 見烏斯道《春草齋集》卷四。文淵閣《四庫全書》第一二三二冊，頁一二三四。
㊸ 收於，黃宗羲編《明文海》卷一〇二。

吏，泮奐以長年，不猶是耶？」表現作者平淡自守、不求非分的處世哲學。

無名氏所撰《博笑珠璣》中有一則〈常吃別人〉，於逗趣中寄託諷意，是明代魚寓言中難得的生動之作：

> 昔一鯉魚、鯰魚相爭鬥口。鯰魚曰：「你有什麼稀罕。我若一日變化，便會上天。」鯉魚曰：「眼裡有金星，身上有金鱗。桃花春浪暖，一跳過龍門。」鯰曰：「眼裡也無星，身上也無鱗。一張大闊口，常會吃別人。」[44]

鯰魚體狹長而側扁，口裂彎而闊，長可至三、四尺，體滑而無鱗，上下頷有觸鬚。作者藉鯰口大腹大齒利的特性，來諷刺「一張大闊口，常會吃別人」之貪官污吏，頗具形象性。

（二）龜

龜爲四靈之一，可以決吉凶，故古人灼龜甲以占卜。《莊子・外物》則云：「神龜能見夢於元君，而不能避余且之網；知能七十二鑽而無遺筴，不能避刳腸之患。如是，則智有所困，神有所不及也。」謂神龜能托夢給宋元君，卻不逃脫余且之網；聰明到占卜七十二卦而無不靈驗，卻不能避開殺身挖腸之災禍。可見智者亦有糊塗之時，神靈亦有意想不到之事。

---

[44] 《古代中國寓言大系》，頁三九六。

明代趙撝謙〈三戒〉㊺中有〈灘之龜〉一則，其寓意在此基礎上進一步延伸：

余舍濱溪，溪上石磊磊然，延袤數十畝間。新霽，有龜出暴於石，牧而適有見者，蹶步執之，號於眾曰：「吾得龜矣！」從眾往趨觀之，謔玩百狀。有欲視其首者，龜堅縮不出，戲祝曰：「龜乎！龜乎！能出首以示予乎？」頃復不出，乃相謀以幾棘揕之；揕其尾則首出，揕其首則尾出。兒及大笑曰：「以善道求汝則首不一出，以惡法侮汝則首尾俱出，尚爲知所從耶？吾聞汝能先吉凶以告人，而不能先吉凶以免己，尚爲智者耶？」群兒皆揶揄大笑。余聞之，亦含笑而歸。

藉由描寫龜被群兒揕首揕尾逗樂取笑之窘態，一方面嘲笑空有能先吉凶之名，而「不能先吉凶以免己」的僞智者；一方面譏諷以善道求則不出，以惡法侮則首尾俱出的假隱士。

六、結　語

每一篇動物寓言，都是一面鏡子——放大鏡、哈哈鏡或照妖鏡。經過鏡面的特寫、放大、扭曲、變異，人類社會各種貪暴、狡詐、騎牆、倖進等各種現象也就無所遁形了。

㊺ 趙撝謙〈三戒〉含〈灘之龜〉、〈穿山甲〉、〈水之鷸〉三則。見《趙考古文集》卷一。

動物世界誠然千彙萬狀，而每一種動物都有其特殊的形貌、顏色、叫聲、嗜好與性行，這些特徵經過寓言作者的加工，賦予人格化的內涵，便成爲「藉物諷人」、「言在此而意在彼」的寓言。作者或從動物之負面形象著墨，影射人類近似的缺點，從而發出人與動物相去幾希的警示；或刻劃動物的正面形象，以之做爲人們學習的樣本，從而隱刺人類有時其心反不如禽獸。

錢基博謂：文之有寓言，猶詩之有比興，皆在「託物取譬，抑揚諷諭」㊻，明代動物寓言，在尖銳的「抑揚」、嚴肅的「諷諭」之外，又融入了詼諧調謔，稍可減輕其沉重感。而處在舊體未泯、西學方來之際，明代動物寓言，應當還有許多值得探討的課題。

主要參考書目

王景琳、徐匋編著，《歷代寓言名大觀》，西安．未來出版社，一九八八年九月。

王恆展等編，《中國古代寓言大觀》，濟南．明天出版社，一九九一年一二月。

文斌選編，《元明清詼諧寓言》，廣東．新世紀出版社，一九九五年二月。

文杰、羅琳主編，《寓言鑑賞辭典》，北京．中國商業出版社，一九九四年二月。

仇春霖主編，《古代中國寓言大系》，太原．山西教育出版社，一九九四年一二月。

吳秋林著，《世界寓言史》，瀋陽．遼寧少年兒童出版社，一九九四年三月。

江盈科著、黃仁生輯校，《江盈科集》，湖南．岳麓書社，一九九七年四月。

李富軒、李燕著，《中國古代寓言史》，台北，志一出版社，一九九八年八月。

㊻ 錢基博《韓愈志》，華正書局，民國七四年，頁一二〇。

李奭學著，《中西文學因緣》，台北．聯經出版公司，一九九一年六月。
陳蒲清著，《中國古代寓言史》，台北．駱駝出版社，一九八七年八月。
陳蒲清著，《寓言文學理論歷史與應用》，台北．駱駝出版社，一九九二年一〇月。
楊家駱主編，《中國笑話書》，台北．世界書局，一九八五年一一月。
楊家駱主編，《剪燈新話等九種》，台北．世界書局，一九七四年一一月。
趙南星等著，《明清笑話四種》，台北．華正書局，一九八七年九月。
凝溪著，《中國寓言文學史》，昆明．雲南人民出版社，一九九二年一月。
顏瑞芳著，《九頭鳥——元明寓言選析》，台北．幼獅文化公司，一九九四年一二月。
顏瑞芳著，《中唐三家寓言研究》，台灣師大國研所博士論文，一九九五年五月。

從市場經濟看明代小說的幾個問題

王三慶

壹、前言

文學作品乃是作家嘔心瀝血的心靈結晶，它是崇高優美的語言藝術，奈何隸屬於文化上層結構，必須等到基層條件的發展具足之後，才能爲社會所重視，並出現波瀾壯闊的局面。也因如此，在政經社會等發展到某一程度後，文學之成爲商品，也就自然發生；唯亦何其不幸之成爲商品，終於淪落爲秤斤論兩，以字計價的悲劇命運，斫殺了多少才子，埋沒無數性靈，爲了區區的一頓溫飽，而失去了自我，甘願爲商品俗約所物役。

中國古典小說自晚唐以迄兩宋，逐漸隨著社會的脈動，成爲市場經濟商品，到了有明一代，更加確立它未來商品化的發展路線，從產銷形式以及經營策略的運用，完全具備今日營運管理的種種雛形，邁向資本主義形式的路線發展前進。這種情況的改變，對於抑商重農的中國傳統，以及向來明辨義利分界的知識份子來說，的確是一件衝擊而值得考察研究的大事。因此，本篇擬從產銷形態與行銷策略等方面來探討明代古典小說發展上的幾個問題。

貳、文化商品化的條件

從歷史事實來看，文學作品之以商品形態大量出現於市場，產生商業上的交易行爲，需待唐代中葉以後才眞正出現，在這之前，文學不過小本的經營模式，利益有限，還沒發展到成爲商品的條件。到了兩宋以後，文學作品的交易行爲更是大舉充斥於市場，這點筆者即將完成之專書中將會詳加討論，以非本論題範圍，姑且存而不論。但是這種經營模式歷經宋元，隨著市場基本條件的變化，使產銷行爲起了一陣革命性的修正——即從職業書場裡團體被動消費的經營方式轉向以個人主動消費的形態。其所以如此轉變，主要是職業書場必有如下的條件限制問題：

一、基本生活的消費能力和收入問題

首先，廣大群眾必需有錢有閒，不爲生活勞碌奔波，才有充份的時間從事休閒娛樂，並有付得起消費的經濟能力。對於說書展演者而言，有了固定的消費群眾，才能藉此經濟報酬的收入，用以維持其最起碼的基本生活。❶

❶ 有關兩宋都市的繁榮和說話業的盛況，胡士瑩《話本小說概論》（丹青圖書公司，一九八三年五月影中華書局本）第二章第一節第三八頁—四三頁曾有詳論，可資參考。

二、展演場所的固定問題

對消費者而言，有了固定的展演場所，才能知道何處是享樂的銷金鍋兒，依址走訪這些瓦子勾欄、茶樓酒肆；否則東尋西覓，時斷時續，興趣也會日漸消蝕殆盡。至於對說書展演者而言，有了固定的展演場所，才有辦法控制整體的聽講場面，先按人頭收票，取得固定的收入和基本的生活保障。免得如《聊齋、鼠戲》一篇裡的糟老頭，枵腹渡日，侷促於旅館中的萬般無奈。或如野台露天的表演，遇到收錢時節，隨意丟擲，或一哄而散，不免朝三暮五，看人眼色，內心忐忑於不穩定的生活。❷

三、展演設施的完善問題

有了固定的展演場所，才能更進一步的投資於書場上的種種設備，不但生財器具要一一的花錢打點，設備也以客人的視聽感官和精神享受作最優化的考慮；至於說書者也在如此完善的專業書場才能發揮他的職業技藝，作到客人至上的完善服務。也因如此，才能吸引住固定的聽眾群，個個成為痴心的書迷，甘心情願的掏出荷包內的錢來供養他的生活。❸

相對的，職業說書的限制在對於沒有錢閒的群眾來說，或者沒有專業書場的偏遠地區

---

❷ 同註❶，第二章第二節「演出的地方」胡氏亦有詳細的考察，可資參考該書第四三—五二頁。又不固定之場所即在要鬧寬廣處做場，又名「打野呵」，《武林舊事》所謂藝之次者，

❸ 同上，第四六頁，胡氏即說：「瓦子的出現，說明當時民間藝人已經有了固定的演唱地點，從而為他們藝術水準的提高創造了更有利的條件。」

而言，他們就無法享受到這等比較高級的待遇，他們只能在老樹下，或較爲寬廣的空庭中，落地掃出一片臨時性的簡陋場所，然後層層疊疊，人擠人，或坐或站的觀賞表演，在聽覺上的效果不過差強人意即可，談不上舒適享受。因此，對於願意付費享受，以及又富想像力而不習慣語言上南腔北調的消費群眾，最好的方式就是讓他們多一重選擇，將簡陋的文本再作更爲細緻的描摹，也好讓這批缺乏上秀場條件的群眾能夠自由自在的聯想，然後一卷在握，不受時空的限制，享受閱讀文本的樂趣。這種因市場有了另類需求的聲音，自然引起書商的注意，於是開始收集文本，請人加工，開拓了另外一種新的消費形態，毫無疑問，那也是一種進步，並引起明代小說新的轉變和發展。

參、小說商品化的演變考察

一、由秀場說話的口頭話本向案頭創作的文字話本形式演進

宋元兩代的話本創作，雖然出於書會之流，其中成員來自部份不第的舉子和其他成份的人物，他們所寫的話本也只是粗具規模綱要，眞正發揮說話藝術的還是在於雄辯社屬的說書人，他們才眞正把極爲簡單的描述，透過口頭聲音、道具及肢體語言，淋漓盡致的展示於觀眾面前。由於從說話者到接收者之間，爲著信息傳達的效力問題，必須隨著聽眾情緒的起伏和反應，臨機應變，且任意性的改變文本的敘述，這種似乎固定又帶有即興式的說話，每

次演出的情況不見得完全相同。❹

然而因爲受到演出場地、場次、時間，以及觀眾人數多寡等種種條件的制約，粗具規模和綱要式的話本並不能完全滿足部份讀者欲知的要求，不得不考慮到另一類閱讀市場的經營模式，於是衍生了向精描細寫的固定文本邁進。事實上，從市場的消費形態而言，如果前者是察言觀色，投聽眾之所好，抓住聽眾的心理，則後者是把部份詮釋的角色還之於讀者，放任讀者在有限的空間中自由聯想，補白其中的意義或不足，形成明代小說的藝術特色。

因此，生產形態的改變可說明代小說的一大特色，從書場上的創作走向案頭前的寫作，爲著因應不同市場需要所產生的兩種藝術形式，就文本來說，當然閱讀的文本必然要比粗具綱要的說話文本來得精采，但是若以講說時再加敷衍的隨興文本而言，卻有他各具特色的地方，可惜只是未曾存錄聲音而已。

二、產品形態的改變——題目

說話題目原是爲標識故事內容，最初用人物或地名、渾名等簡單的記號加以區別，可是爲了讓未曾聽過說話的人能夠了解故事的內容梗概，自然多加一些表述文字，形成較繁複的單句形式，這是爲消費者的立場所作的加工。也許一句仍然未能充份表達故事的內容，而再有複句之設。雖然成爲複句型式，初始不見得要求工整，隨著進入案頭擬話本的階段，則

---

❹ 有關「宋代的說話人和話本作者」、「書會」及「行會組織」，可參閱同上註書的第三至第五節第五五—七六頁，至於說話的藝術特色可參閱同書第三章第一節七七—八五頁。

又有更從容時間給予字斟句酌，形成後來話本形式的整齊標題，可見消費方式的改變的確影響了文本形式的走向，這也不只在題目一道而已，恐怕從內容的敘述角度和方式以及表述的語言，都會有些許的不同。

三、從短篇說話材料彙整成長篇小說的轉型

原來粗具簡單內容的綱要模式，只作爲說書者說書時，或聽眾聽書時的參考文本，因爲閱讀並非絕對必要，自然不是書場上的重點經營模式。如今由於消費形態的改變，有了另類的需求，必須將書場說話爲主的傳達方式，改以案頭的文本閱讀，於是從聲音表情的直接傳導走向文字的間接敘述與暗示。這種爲消費市場需要考慮的閱讀文本，自然有人開始收集書會編寫的話本，或者在聽了書場講說後的記錄話本，把口頭說講的語言改成適合閱讀文本的語言形式，這就是明代《六十種小說》或《三言》的編輯走向。胡萬川先生雖然說過馮夢龍編輯的態度已經無法讓我們考訂兩者之間到底有什麼樣的不同❺，但是口頭語言和身勢輔助語言的減少消失，絕對是一個必然的趨勢。

不只短篇小說如此，長篇小說到了元末明初，也是有人以匯集主題的編纂方式，加以

❺ 胡萬川，〈從馮夢龍編輯舊作的態度談所謂宋代話本〉，《古典文學》（中國古典文學研究會主編，台灣學生書局，一九八〇年一二月出版），第二集第三五九～三八四頁。又胡士瑩亦有做過一些推論，參見同書第十二章第二節「馮夢龍對《三言》的整理與加工」曾列有具體例子。

鈎輯，串聯成篇❻，自書場和野外的口頭傳述移入書坊，成爲今日所見幾種明代編輯刊定的長篇小說，《水滸》、《三國》、《西遊》等都是在此情況下，經過一批大作手把它加以補輯勾勒改寫而成。直到《金瓶梅》一出，明代小說才近乎脫離書場或野外口頭講述的創作和匯集編寫模式，成爲文人擬話本或書房案頭創作小說逐漸增多的創作型式。❼

迎合消費群爲目標的編輯導向，不只出現於創作者或私人生產線上，連公家刻書單位也都在利之所趨下，與民爭利，刊刻向來不入流的小說作品，如明周弘祖《古今書刻》即載有『都察院刊本《三國志演義》、《水滸傳》』❽，鄭以楨刊本《三國志演義》則題有金陵

---

❻ 胡士瑩認爲書會可能不僅爲藝術服務，也爲學塾服務，或許還編纂一些《蒙求》、《列女傳》、《群書類編故事》《書言故事大全》之類的通俗故事，以供社會上的需要。參見同註一，第六六頁。然而這還不是話本小說，大約在明代中葉，才有了若干單篇的結集——《京本通俗小說》出現，其前所存則爲寫本，清平山堂主人洪楩大量刊刻宋元話本，名爲《六十種小說》，殘存二十九種，此後又有《三言》、《三刻》及諸擬話本之作。至於較長篇幅者，元刊至治平話五種，雖然可見其雛形，尚不能列爲長篇之作，直到元末明初，《三國》、《水滸》出現，始算正式完成。

❼ 文人擬話本在北宋時劉斧採摘古今說部輯成《青瑣高議》、《青瑣摭遺》、《翰府名談》，又李獻民的《雲齋廣錄》等皆爲文人擬話本之先聲。參見同註一，第五章第三節「宋代文人的擬話本和說話的參考書」，第一四三—一四七頁。明代則更加盛行，胡書第十二章「明代擬話本故事的來源和影響」曾有詳細論述，可資參考。

❽ 周弘祖，《古今書刻》，《書目叢刊》（廣文書局，一九八一年再版）下篇二葉上，第六四九頁。

國學本❾，宦官劉若愚《酌中志》卷十八〈記內板經書紀略〉也記下《雍熙樂府》一七九三葉、《三國志通俗演義》二四本·一一五〇葉，並加說明：『《三國志通俗演義》、《韻府群玉》，皆樂看愛買者也。』❿凡此，足見傳統士大夫向來鄙棄的小說，因有廣大消費市場，官方居然願意集資刊印，與民爭利。

四、生產技術條件

事實上，世界文明所以能夠飛躍的進步，中國印刷術的發明絕對是一大貢獻，它不但傳承延續了人類的智慧，也使文學從單一的個別生產走向具有經濟規模的大量生產模式，對於文學的傳播與穿透力，無疑增加了不小的力道，促使文學走入了市場。

印刷術的發明時間眾說紛紜，但是敦煌寫本咸通九年金剛經印本則是目前存在的最早實物，初始所見印刷術只用於印製短篇的經文，還沒有長篇的印製作品出現。直到五代及北宋，蜀大字本正史及十三經、佛道宗教性等長篇之印行才逐漸開展，足見宋初印行者仍以經文及正史或試場備用，具有經世濟用的作品爲主。對於道聽途說九流之外的書場作品，還輪不到用上這種發明不久的新技術，縱然有之，也只是簡單備忘的話本綱要而已。

但是這種印刷技術歷經宋元的長期發展，到了明代已經相當的成熟，好幾處地點都已

❾ 鄭以楨刊本《三國志演義·序》。即自言乃據金陵國學原版新刻，唯國學本原版今已不存。

❿ 劉若愚《酌中志》，《海山仙館叢書》，（藝文印書館，《百部叢書集成》第六十，民國五四年出版）卷十八，第四葉下。按此即經廠本。

成爲全國生產中心，也大量出現了家族式的企業經營[11]。這點和生產工具的改良必有密切的關係，由於紙、墨及板刻技術的發展到了一定程度，才能普及應用，降低成本，使產品大量生產，達到一定的經濟規模。

五、設廠生產地點的考慮

生產條件除了製造業技術的考量外，還要考慮到製造業原材料的來源問題，所以生產地點絕對不是童山濯濯的華北平原，而是溼潤多山，林木蓊鬱的江南地區。所以明代書籍的生產地點除了北京以政經文化中心而也成爲刻書中心之一外，最常見的還是徽州、南京、浙江的杭州、湖州、金華和福建的建陽幾個地區，尤其南京與建寧二地可考書肆分別以九十三及八十四家分執牛耳之勢[12]，前者爲當時亞洲最大學校，留學生雲集[13]；而後者更「比屋皆鬻書籍，天下客商販者如織，每月以一、六日集。」[14]其盛況可以想見。

這幾個地點除了徽州稍處內陸之外，幾個地方都是港口運輸方便之處，唐宋以來即已

[11] 張秀民，《中國印刷史》（上海人民出版社，一九八九年九月一版）「明代、刻書地點」一節曾有詳論，可資參考。

[12] 同上註。

[13] 柳詒徵，〈五百年前南京之國立大學〉，《學衡》（一九二三年）第一三、一四期。

[14] 嘉靖《建陽縣志》，《天一閣明代方志選刊》（台北新文豐公司，民國七十四年七月出版）第十冊，卷三，第三四七葉。

成爲市舶商港，專門設立司局管理，成爲南通北運，內外銷售轉運的重要窗口。

尤其福建一地，山多平原少，務農爲本有它的困難，如何增加這兒的就業，解決生活的艱困，減緩歷來人口不斷的外移，這是大家所要考慮的問題。今天我們看到很多明代小說的編印，都是出於福建一地的版本，使我們足以想像建陽幾乎成爲明代小說的主要刻印地點。

肆、消費市場的考察

在以北方中原爲政治經濟中心的時代，如何解決民生問題的確是一件國家大事，民以食爲天，稍有荒旱，則只好就食於它縣，造成人口的大量流動，如果淪落於盜搶脫序的現象，歷史家的記載是以流寇來處理，大陸學界則視之爲農民起義。在大陸型氣候以農爲根本的務實人生價值和海洋型氣候之五湖四海貿易營生的浪漫幻想的確有所不同，因此，文化之成爲商品，必待江南的開發，以及商港文化的出現，才有符合經濟規模的媒介者及消費群，或傳播者和讀者群。這個問題絕非簡短的文字可以說明清楚，尤其宋明以來，中國文化走向精緻與消費的形態，是否影響到中國歷經蒙古及滿清異族的入主統治和近代中國歷史的命運，則是一個需待延伸研究的大問題。

由於書場的聽眾不必指定消費對象，縱使說書者使用的語言南腔北調，在身勢語、聲情以及道具的輔助下，透過直接的觀察，多少也可以意會和某一程度的了解；然而文本的閱讀則是間接的想像和暗示，它必須讓消費群眾能夠在閱讀後了解爲基本條件，否則再精采的文本也是如同無字天書。因此，這裡需待考慮的是消費群眾是否已經具備消費能力和生產達到經濟規模的條件，傳統儒家以及宋元理學，對於小說的漠視談的人已經很多，近乎常識，在此勿庸贅言。不過唐宋以來的科舉和佛教，以及書院、書塾的設立，對於教育的普及和識字階層的增廣，無疑造成明代通俗文化具有足夠的消費群和生產規模。可惜我們尚未發現明代小說的租賃市場，但是 M.Courant 曾經在《韓國書志》中談及十九世紀漢城的小說出租店⓯，這和伴隨我們幼時生長環境或今日所見的漫畫書屋如出一轍。

透過今天的出土文物，《明成化說唱詞話叢刊》（十七種）及《金花女》等居然出現於一位女性的墳墓中，我們可以想像若非生前嗜好此道，死後斷然不會以此作爲陪葬物品；而湯顯祖的《牡丹亭》也擁有眾多的女性讀者⓰，至於葉盛的《水東日記》卷廿一〈小說戲文〉條：

> 今書坊相射利之徒，僞爲小說雜事，南人喜談漢小王、蔡伯喈、楊六使，北人喜談如繼母大賢等事甚多。農工商販，鈔寫繪圖，家畜而人有之。癡呆婦女，尤所酷好，

⓯ M.Courant《韓國書志》文字轉引自大谷森繁〈李朝小說知覺書〉，《朝鮮學報》第四十五輯，第六九頁。

⓰ 如朱彝尊著，姚柳依編《靜志居詩話》（周駿富輯，《明代傳記叢刊附索引》明文書局，一九九一年一月初版）卷十五第三十六葉「湯顯阻」條云：「義仍填詞，妙絕一時。與雖斬新，源出自於關馬鄭白，其牡丹亭曲本，尤極情摯、、、。當日婁江女子俞二孃酷嗜其詞，斷腸而死。故義仍作詩哀之云：畫燭搖金閣，眞珠泣繡窗。如何傷此曲，偏只在婁江、、、、、。」

好事者因目爲女通鑒，有以也。⑰

姜南《洗硯新錄》云：

世之瞽者，或男或女，有學彈琵琶，演說古今小說，以覓衣食。北方最多，京師特盛，南京杭州亦有之。⑱

凡此，在在說明當時女性讀者群的普及。事實上，這等情形也非中國所獨有，就連日本的洒落本小說「枕草子」，其讀者群也是以婦孺爲主要對象。在韓國情況，趙泰億（一六七五—一七二七）曾在《西周演義》跋語中言及他母親閱讀殘卷一事。⑲而金萬重（一六三七—一六九二）《西浦漫筆》也說：

今所謂《三國志衍義》者，出於元羅貫中，壬辰後，盛行於我東，婦孺皆誦說。⑳

---

⑰ 明葉盛的《水東日記》（台北漢京文化事業有限公司，民國七十三年七月出版），卷廿一〈小說戲文〉，第二一三—二一四頁。

⑱ 明姜南《洗硯新錄》（台北藝文印書館百部叢書集成，《古逸叢書》，民國五十四年）第二葉。

⑲ 趙泰億（一六七五—一七二七）曾在《西周演義》（天理圖書館藏抄本）跋語。

⑳ 金萬重（一六三七—一六九二）《西浦漫筆》，轉引自大谷森繁〈李朝小說知覺書〉，《朝鮮學報》第

可見韓國婦孺不只看他們本國作家寫作的《西周演義》，連《三國演義》都能夠閱讀，其影響結果之嚴重，直如李德懋《士小節》的一段話：

> 諺翻傳奇，不可耽看，廢置家務，怠棄女紅，至於與錢而貰之，沉惑不已，傾家者有之、、、、、。㉑

玩物喪志，儒者的眼中總是一樣的看法。國外的女性讀者群已是這般的普及，那麼男性讀者群也可約略的想像，許筠（一五六九—一六一八）在《惺所覆瓿稿》收錄《閑情錄》中云：

> 甲寅、乙卯兩年，因事赴帝都，斥家貨購得書籍幾四千餘卷。㉒

又說：

> 余得戲家說數十種，除《三國》《隋唐》外，而《兩漢》齵唔，《齊魏》拙，《五代》《殘唐》率，《北宋》略，許【《水滸》】則姦騙機巧，皆不足訓，而著一人

四十五輯，第六七頁。

㉑ 李德懋，《士小節》，《青莊館全書》卷三十、第六〇頁。

㉒ 許筠（一五六九—一六一八）在《惺所覆瓿稿》收錄《閑情錄》。

手，宜羅氏之三世啞也……。㉓

可見許筠有事一到北京，收購圖書是一件重要大事，而明代刊刻的小說他都收集齊全，也都閱讀過了。國外讀者群之消費實況如此，國內的男女消費大眾應該更加普及和具備消費能力，富有經濟規模潛力絕對不成問題。

肆、經營手法和行銷策略的運用

由於小說在明代成爲市場上的商品後，立即出現了商業文化中常見的經營手法和行銷策略，有時出於成本的盡快回收及增加投資報酬率的種種考量，使書肆中開始運用一些大家所共曉的投資和行銷策略，有些是殷實商人，挾其豐厚的資金予以投資，據實廣告；有些則僅是噱頭，華而不實的手法，這裡就從幾個方面來談：

一、道德式的商業競爭

1.品質保證

這是出於向消費讀者群保證產品品質的立場所作的宣示，往往講史小說必以「按鑒」

㉓ 同上。又本則爲一六一四年左右事。

編輯，標榜並非全是杜撰。從區域地理的環境而言，則用文化水平較高的「京本」作爲號召。如果從招牌字號來說，則用「本衙藏板」的信用來代表產品的品質。㉔

2.降低生產成本

商場的經營常規是「人無我有，人有我廉」，因此獨家經營，避免競爭，這是最好的策略，否則爲了獲得適當的報酬率，或者取得市場上的競爭優勢，必需降低生產成本，於是以便宜易得易刻的鬆軟棗木作爲版刻材料；或者減少投資工本，獲取最高的報酬利潤，自然也是一種經營手法。所以粗製濫造、校對不精的麻沙版充斥於南北市場，無疑是一種低成本而具有競爭力的產品。

另外縮小版面，增加每版的字數，減少紙張用料的低價小說，也是後期翻刻小說版面的特徵，而這些動作無非都是行銷策略和商業競爭下的結果，並且是後來者如何取得競爭力，博得消費者的廉價購買。

3.削價競爭

這種行銷手段應是常見的經營模式，常見於清代的小說或筆記中，可惜目前所見的明代資料稍嫌少些，不過這也是正常的經濟行爲。

㉔ 以「按鑑」爲名者如日本蓬左文庫藏六卷本「京版全像按鑑音釋兩和開國中興傳志」；以「京本」爲號召者如潭陽三台館余象斗「新刊京本春秋五霸七雄全像」刊本。

4.迎合顧客「欲知」的願望或口味

小說所以吸引讀者，還是來自書場上的經驗，即藉用讀者「欲知後事如何，下回分解」的方式，當一本暢銷小說出現時，隨後即有續編之作，因此當《金瓶梅》出刊之後，一舉盛行，丁耀亢即開始接寫《續金瓶梅》，理由是不滿意書中的淫穢處處和因果報應的不夠明確，可是假托吳梅村所作的《三續金瓶梅》（原名《隔簾花影》）又何曾滿意這本續書，畢竟這種情色滿紙的小說書刊在《思無邪匯寶》㉕之流的豔情叢書中彼彼皆是，足見食色性也，在滿足廣大群眾的口味下這類書籍還是有它一定的市場。

有時是因爲一本新書的出版暢銷，於是大家紛紛的仿冒和出版新作，如羅貫中的《三國志通俗演義》通行了，於是有《新刊大宋演義中興英烈傳》、《新刻皇明開運輯略武功名臣英烈傳》、《新鐫》、《新列國志》等講史性的小說著作，完全利用讀者對這種品味的小說記憶猶新的時候，趁機推出，撈它一把；或者用「新」字冠於書名上，以別於舊作，並存有爭勝之意味。

5.避開政治的干擾

中國小說戲曲歷代禁毀之情況，已有專書輯錄，而其遭到禁毀之原因多端，或因淫穢，

㉕ 陳慶浩、王秋桂主編，《思無邪匯寶》（法國國家科學研究中心、台灣大英百科股份有限公司合作出版，一九九五年六月）

或帶毀謗，或者荼毒民心等理由，不一而足。明代雖然沒有元清二朝禁制之嚴，但是這種以政治干預小說的現象，不相信消費者的鑑別能力也和前後朝代一般，所以為了避開政治上無謂的干擾，如《水滸傳》袁無涯刻本則名之《忠義水滸全傳》、《忠義水滸全書》，概以「忠義」名之。有的在遭到禁制之後，竟改書名者，如：《後水滸傳》之改為《蕩寇志》。凡此，都是為著市場商業的利益，或者為了投下的資金不要落於血本無歸所作的避險動作。

6.俗又大碗、加料的噱頭廣告

小說既然淪落於市場，成為商品經濟中的一環，很自然的沾染商場上的種種行銷策略，並藉廣告招徠消費大眾的注目，如果加以細分，不外有以下幾種噱頭廣告：

(1)眞本遺文：證明本書不是杜撰的鄉壁虛造，而是正史逸傳的另外一章，只有本家獨有，別無分號，如《隋史遺文》即據此吸引讀者的注意。㉖

(2)珍本好書：說明該書之珍貴，並用以向消費群眾號召確實值得一讀，如《水滸傳》之被題作「第五才子書」等。

(3)大戶編輯：為了向消費群眾推介新出版產品的優良可靠，必需委請有學問的大文豪為書肆從事小說的編輯工作，以表示品質的可靠性，絕對不是出於名不見經傳的三家村學究所作那種斷爛朝報式的篇章可以比擬，所以袁中郎、鍾伯敬、李卓吾等都是他們藉以號召的知名人物。

㉖ 按此書全題作《劍嘯閣隋史遺文》，其義大概認為可補隋史之不足。

(4)名家評點：有的書肆不惜重金禮聘名家評點，分析小說的情節結構、人物性格與語言等等，增加讀本的鑑賞性與讀者的趣味性；有的僅是翻刻他們的評點本而已，如《容與堂本李卓吾先生批評忠義水滸傳》、馮夢龍等等都是他們藉以宣傳的重要人物。㉗

(5)讀法：有的書肆在小說文本之前加了部份導讀性的文字，告訴讀者如何鑑賞該書，使消費群眾容易了解入門，免得讀起來「霧煞煞」，摸不著頭緒。㉘

(6)序跋題詞：書肆最簡單易行的方式是請了一些名公巨卿在該書前後寫些推薦小文，或塡寫一些詩詞，有的只是泛泛之言，無關緊要；有些還是針對內容或特定人物加以介紹批評，還有趁機大發對小說見解的議論或一些高超見地，種種情況不一而足。㉙

㉗ 如北京大學圖書館藏本周曰校刊行《新刻校正古本大字音釋三國志通俗演義》周曰校識語云：「是書也刻有數種，悉皆訛舛。輒購求古本，敦請名士，按鑑參考，再三讎校，俾句讀有圈點，難字有音註，地理有釋義，典故有考證，缺略有增補，節目有全像。」

㉘ 如《金瓶梅詞話》十卷本有弄珠客序、廿公跋。明人瑞堂刊本《新鐫全像通俗演義隋陽帝豔史》八卷本即題「齊東野人編演、不經先生批評」及笑痴子序、崇禎辛未檇李友人委蛇居士題詞、崇禎辛未野史主人自序、凡例十三條等。

㉙ 如日本蓬左文庫藏本《按鑑演義全像列國評林》其首篇即余邵魚之「題全像列國志傳引」序，次篇位余象斗之「題列國序」，又參見上註。

(7)插畫：由於中國古代教育沒有今日台灣之普及，因此文本閱讀難免多少受到限制，而表達複雜社會萬象的百科全書式的小說文字，其記號系統誠非三、五百字的日常生活用語即可駕馭，因此如何幫助廣大消費群眾的理解，必有其適當的因應方式。從唐宋講唱話本以來，講唱者除了用聲音情感、身勢表情動作以幫助聽眾之理解外，還有兼用道具者，而最常見的方式即是加掛畫圖，作爲輔助說明。隨著從書場到書肆角色的轉換，由說話底本已成爲案頭的閱讀文本，這種加掛畫圖，看圖說故事的優良傳統也因而再度轉化和運用，成爲小說文本的插圖，也使間接想像的抽象思維如實具體的呈現在消費群眾的眼前，增加讀者的知性理解。有的只是針對其中的人物、場景氛圍給予圖繪，但是明代刊刻的一些小說常見上欄是圖，下欄則爲文字，圖文內容兩相映照，一一算計版面，拈出重點給予圖繪與精細的刊刻，足見其用心良苦。甚至上欄之圖有時畫成戲劇舞台上的表演，恰似今日連環漫畫之前身，昔時之舞台藝術的直接呈現。[30]

以上種種，都是同行間相互競爭的方式，並藉以招徠讀者的手段，這些盡是商場上常見的行銷策略。有些讀者的確容易受到這種廣告的吸引，畢竟它是加料的出版品，是由大學問家編輯，著名學者評點鑑賞過的作品，與原來清湯掛麵的原作相比較，「俗又大碗」，值

---

[30] 如日本日光晃山慈眼堂藏本《新鍥全像大字通俗演義三國志傳》二十卷、靜嘉堂文庫藏《新刊出像補訂參采史鑑唐書志傳通俗演義題評八卷》等都是。又如日本蓬左文庫藏本「按鑑演義全像列國評林」，上欄三分之一爲圖，下欄三分之二爲文，圖如戲臺，左右並有三字之聯語分列。

得買來看看。

7.買一送二的跳樓大拍賣

另外一種行銷策略的運用是買一送二的跳樓大拍賣，也就是將多種名著或小說合編爲一，如將《三國》、《水滸》合刻於同一版面的上下欄，而以《英雄譜》名之，購書者只要買得一部書，實際上卻是同時買得兩部名著。不過這種做法也讓喜愛《三國》者，不得不兼買《水滸》；需求《水滸》者，又不得不兼買《三國》，強迫中獎的意味甚濃。㉛有的直將多種小說合編一書，不是強行推銷，而是爲了適應觀眾的多重口味，好讓消費群眾能有自由選擇、隨興閱讀自己喜愛的篇章，明代的話本小說集，如《六十家小說》、《三言》、《三刻》等書，多少都有這種編輯目的。更複雜的情況當然屬於那些小說類書，從《說郛》、《萬錦情林》、《國色天香》、《燕居筆記》、《鍾情麗集》等書，各式各樣的內容盡集於一書之內，不但收錄了小說的篇章，連酒令、歌謠、笑話等非小說的內容也在編輯之列，有如萬寶全書，這種考慮消費觀眾的多重需求方便極爲明顯，甚至可以視作今日小說雜誌的前身。㉜可惜我們無從考訂它們的售價，如果是附送的性質，會直讓消費大眾覺得商家是在從事跳樓大拍賣。

㉛ 如明崇禎本雄飛館合刻《英雄譜》，上層爲《水滸傳》、下層則爲《三國志傳》，爲兩書之合刻本。

㉜ 王三慶，《萬錦情林》初探（明清小說研討會發表論文），《明史研究專刊》，一九九二.一○，第十集，第三七一—七二頁。

二、非道德式的商業競爭

另外一種商業競爭手段則爲非道德性的商業行爲，既不增加投資，也不甘願冒些投資風險，只是一味的想從中賺取暴利，於是在投資策略和行銷策略方面便和前者有了些許不同，如今也將其情況述說如下：

1. 迎合世俗趣味

隨著人心意識形態的變化，表達思想的語言自然不同，因而一時代之新風尚於焉形成。一旦先知先覺、敏感性比較銳利的作家說出了大家心裡想說的話，往往就被世人引爲如獲我心的知己，產生當代或這個階段一部震撼人心的偉大作品，於是洛陽紙貴，一時風靡，這樣的結果不但成就了作家的知名度，也使書肆大賺其錢。可是「沒有三天的好光景」不只是今日台灣存在的現象，回溯明代的百業和書肆也是如此，畢竟市場經濟的自然法則是哪裡有錢賺人就往哪裡跑，商機人人都會把握。因此我們看到書肆常常抓住這個流行風潮，東施效顰，仿作這一類的作品，於是同性質的小說隨後一一的出籠，直到成爲陳腔濫調，市場飽和，人心思變，沒錢可賺而後已。㉝

有些寫得相當成功，並且深受消費群喜愛的小說，就僅在結局部份或篇中部份人物的

㉝ 如以明刻本《三國演義》爲例，不同名稱而互有異同之版本凡有二十三種之多，每種間翻刻之版本亦各有數種，足見其盛行與市場競爭之激烈。

處理是以悲劇收場，直讓讀者深覺英雄氣短，唏噓不已，於是書肆抓到這個機會，迎合觀眾口味，將它稍加改寫修正，並以嶄新的姿態出現，趁機奪取市場。有的則是利用前書的盛行風潮，將之一續再續，以厭心猶未足的消費群，藉機大撈一筆。㉞

2.仿冒名牌、盜取智慧財產權

自古以來，中國一向認爲人類的智慧乃上天所賜予，應爲公器，爲大家服務乃理所當然，因此智慧財產權及專利歸屬並不成問題，尤其在《金瓶梅》問世之前，勿論話本小說，抑是章回，很多來自民間原有的口頭流傳，作者往往只是收編綴集，整理加工而已，㉟並非

㉞ 如《水滸傳》之有《舊本羅貫中水滸傳二十卷》、《忠義水滸傳一百卷》、《督察院刊本水滸傳》、《郭勛刊水滸傳》、《嘉靖本忠義水滸傳》、《天都外臣序本水滸傳》、李玄伯藏《忠義水滸傳》一百回、容與堂李卓吾先生批評《忠義水滸傳》一百卷本、鍾伯敬先生批評本《水滸傳》、新刊京本全像插增田虎王慶《忠義水滸傳》等，凡有所謂古佚本、文繁事簡本、文簡事繁本、楊定見《水滸傳》改編本，入清以後，金聖嘆等腰斬本則不與焉。而且上有《爭四寇傳》、《水滸後傳》、《別本水滸傳》等，劉廷璣《在園雜志》卷三曾云：「《後水滸》有二書，一爲李俊立國海島，花榮徐寧之子共佐成業，應高宗『卻上金鰲背上行』之讖；依俱宋江轉世楊么，盧俊義轉世王魔，一片邪污之談，文詞乖謬，上狗委織不若也。」似此版錄，馬蹄疾《水滸書錄》有更詳細之資料可藉參考。

㉟ 林辰，〈明末清初小說在小說史上的地位〉（《明末清初小說序錄》，春風文藝出版社一九八八年三月，第七—八頁）一文云：「從元末開始，晚初的歷史演義小說以其壓倒其他類小說的優勢，蓬勃發展著。首先是《三國演義》和《水滸傳》在總結、綜合說話、話本小說、戲曲及其他同類故事的基礎上，運用

完全出於作家自己的心臆虛構，所以縱使抄來抄去，也沒有人加以抗議。何況當日小說之地位不像今日的高尚，作者避之唯恐不及，何敢公開承認自己是該書的作者㊱，爭取自己的著作權益。於是造成海盜板的普遍存在，這等情形古今中外皆然，非獨明代所特有。

最不名譽者莫過於利用尸積餘氣，仿冒名牌，篡改原書，還以自己的新刊本才是眞正的原書，大作其廣告，藉以欺騙消費群眾。或者借用名公巨卿、以及大作手的名器，號稱該書經過李卓吾等名家的評點㊲，事實只是三家村學究的塗鴉而已。

3.刪節原本、雜奏成篇

有些情況是在別家出版之後，爲了降低生產成本，於是每將原書給予刪節，只存故事的情節梗概，減少刻工和紙墨印料，這種手法往往消費大眾無法明辨，而容易遭到欺騙。有

新創建的章回體匯編、加工、補作、整理成爲長篇巨著，以其輝煌的成就，產生了巨大的影響。」此段對於講史問題雖尚有斟酌餘地，然而其對歷代創作方式之檢討不失見地，可資參考。

㊱ 如《金瓶梅》一書作者傳以「蘭陵笑笑生」爲名，作序跋者則自稱「欣欣子」、「弄珠客」、「廿公」等，無一人以眞名署。然其書因涉淫穢處多，尚情有可愿，若《東西晉演義》又不知何人撰述，《三國演義》和《水滸傳》作者雖曰羅貫中及施耐庵，已成定論，生平卻是所知不多，似此情形彼彼皆是。

㊲ 如明代小說《三國志傳》固稱李卓吾評點者，然而汪本釗〈續刻李氏書序〉（《焚書、續焚書》，台北、漢京文化公司，民國七三年〇五月）即云：「套先生之口氣，冒先生之批評」之類的僞作，當時已經處處皆是，吳觀明本之評經過考訂，確立出於葉晝之手已得大家公認，凡此，不只一例。

的則是雜湊一些蕪雜的文字，雖說加長故事的情節，卻是又臭又長㊳，卻直讓消費大眾誤認爲這多出來的文字才是眞正的全本小說。

伍、外銷市場

明代小說的消費市場基本上還是以內需爲主，外銷不多，但是並非沒有。漢文化自古以來隸屬強勢文化，成爲周邊鄰國學習效法的對象，因此東亞漢文化圈經過久遠的歷史，日漸的交流後於焉形成，這絕非武力可以達到。從文獻的記錄而言，無論韓國、日本、越南，都存有大量輸入明代小說的記錄，有些是從陸路，有些則是海上船運過去的。除了上述「消費市場的考察」一節引用韓國婦儒閱讀到明代小說的文字之外，陳繼儒《太平清話》也說：

> 朝鮮人最好書，凡使臣入貢，限五六十人，或舊典新書，稗官小說，在彼所缺者，日出市中，各寫書目，逢人遍問，不惜重直購回，故彼國反有異書藏本。㊴

可以想像這些使臣攜回的文物。至於日本方面，隋唐五代的輸入結果已見藤原佐世的《日本

㊳《三言》從天許齋刻本到衍慶堂本，其間差異甚大，已經刪削；《水滸傳》之文繁事簡本、文簡事繁本、楊定見改編本等，繁中有簡，簡中有繁，其複雜情況，馬幼垣先生已有論列，可資參考；又參見註三四。

㊴陳繼儒《太平清話》（江蘇廣陵古籍刻印社，一九九四年七月第二版）。

國見在書目》㊵，平安朝時代，川口久雄也都有過精微的考察㊶。明萬曆中期以後，日本脫離鎖國時代，政經文化交流出現比較重大的突破與發展，而古籍的傳入除了透過兩方往來的使節團外，民間人士的交流益加的頻繁，更有商人大規模的販運。當時中國船舶停靠的貿易港長崎，每年多者高達兩百多艘，再少也有幾十艘以上。這些船舶除了運來民生貨物外，也攜帶不少的中國古籍和文物，束裝成箱，每箱套數部種雖說不同，若以粗略估計其一年輸入的書籍數量，也有近萬部之多。尤其明代刻書中心的南京、杭州和福建建陽等地，透過南京、寧波、泉州等優良港灣，每每成爲文化輸出日本長崎的對話窗口。這些記錄的第一手資料都分見於《賚來書目》、《大意書》、《書籍之帳》、《落札帳》等書內，經過關西大學大庭脩教授的整理研究後，也刊行了《船載書目》及《日本持渡書研究》㊷。因此緣故，元祿元年（一六八八年），田中清兵衛還開設了一家專門販售中國書籍的「唐本屋」，並把店中的商品編成《唐本目錄》，共收載了中國古籍一千零九十九種，足見其輸入量不可小覷。

越南所存文獻記錄不多，然而從筆者所見及參與編輯的現存《越南漢文小說》，其中所反映的書品內容大致可以了解明代刊行的《三國演義》、《剪燈新話》等作品，影響了《傳奇漫錄》、《皇越春秋》、《越南開國志傳》諸書的痕跡十分的明顯，何況《傳奇漫錄》一

㊵ 藤原佐世，《影舊抄日本國見在書目錄》（台北藝文印書館百部叢書，清遵義黎氏校勘本《古逸叢書》，民國五十四年）

㊶ 川口久雄，《平安朝日本漢文學之研究》上中下篇（明治書院，一九九四年三月）

㊷ 大庭脩教授的整理研究後，也刊行了《船載書目》（大阪關西大學，一九七二年〇一月第一刷）二冊。

書注文，更每每援用明代小說之其他史料，則有關明代小說之外傳越南，已可約略了然。㊸

陸、結　論

文學中的任何文類不是樣樣都可以成爲商品，在市場經濟的環樞中，要成爲商品必有他發展的基本環境和條件，小說和戲劇等說唱文類的確比其他類體裁較具商品化的優勢。尤其歷經宋元，到了明代，小說已經成爲文化商品。一旦進入商品市場，對於小說這一文類的文字通俗化，確實具有加速催生及品質提升之作用；對於小說文類之推廣普及，也有他的實質效益；對於廣大消費群眾知識上的提升及教育，也做出了不少的貢獻。

小說既已成爲市場經濟中的一環，不能免俗的商場上常見的商業行爲，從投資設廠的技術與物料資源的供應，再到經營管理和降低投資風險，更有同行間商業競爭等行銷策略的運用，以及市場機制中消費大眾的權益考量等，各種手段及方式也就很自然出現在明代小說的生產和銷售線上，留下了一些蛛絲馬跡的片段文字，本篇只是簡單討論其中的幾個問題，詳細情況還待即將完成的專書寫作。

不過，文學商品化後，的確讓從事文學者在創作上增加了不少的誘因，也更加的謹慎下筆，這應該是正面而值得肯定的地方，可惜的是舊日社會及法律對於智慧財產權、著作權、

㊸ 陳慶浩、王三慶主編，《越南漢文小說》（學生書局，一九八七年四月出版）第一輯中都已收錄，可資參見。

版權的立法保護不夠完整，無法發揮實質而良性的激勵作用。相對的，因爲出現了商業上的競爭行爲，又缺乏法律的保障和適當的商業公平交易法的種種規範，難免造成惡性而不正常的競爭模式，對於小說創作者或出版商也造成不少的傷害，一旦爭相刷印，市場達到了飽和，邊際效用的律則自然出現，其結果往往是劣幣驅逐良幣，阻礙了文學小說創作及印刷上的進步。

一件有趣又値得深思的事，能夠藏之名山的經典作品，往往在作者生前不見得立即問世流行，成爲通行的商品，因爲這類作者的寫作態度和觀點，完全不受世俗的商機所利誘，既不同流合污，也不媚世或屈從世俗的風尚，往往是窮其一生，眞知灼見的放大自己的胸襟與眼光，孜孜矻矻的揮動他的如椽巨筆，構思情節，斤斤計較作品中人物、場景等的種種敘事表現和傳神語言，直到死而後已。這種半點潤筆稿費也無，不爲商機寫作的態度，造就了作者和作品今天的清譽，無需著墨於品質的保證和良好的印刷，仍然是今天的好商品，更有人願意爲他做最好的刷印。倒是在市場經濟的商業機制下，催生了明代昔日無數的小說作品，縱使印刷再精再美，今天回過頭去重新加以檢視，也不過是文學歷史中的一個現象而已，若論其對於文學、對於人類有何偉大的貢獻，直到目前爲止，恐怕我還沒想出答案來。

明代文言小說的調查與研究

——寧稼雨《中國文言小說總目提要》補正

陳益源

壹、前言

當代關於中國古典小說的調查與研究，文言小說總是落在白話小說之後。在調查方面，以書目和提要而言，孫楷第《中國通俗小說書目》早在一九三三年三月初版並經幾度修訂❶，袁行霈、侯忠義的《中國文言小說書目》則遲至一九八一年十一月才問世❷；由江蘇省

❶ 詳參孫楷第〈重訂通俗小說書目序〉，見《中國通俗小說書目》（人民文學出版社，一九八二年十二月北京新一版），頁一—六。

❷ 書由北京大學出版社出版。其後，侯忠義另編《中國文言小說參考資料》（北京大學出版社，一九八五年四月），選錄了一九六種文言小說及作家的資料（明代部分收三十二種），末附〈部分文言小說論文

社會科學院明清小說研究中心集體編纂的《中國通俗小說總目提要》，已於一九九〇年二月發行了第一版❸，而《中國文言小說總目提要》則到一九九六年十二月才由天津南開大學寧稼雨獨力推出❹。在研究方面，就小說史專著來說，歷來各式各樣的著作甚多，但普遍都有重白話、輕文言的現象，少有以文言小說爲專門論述對象者，侯忠義《中國文言小說史稿》、吳志達《中國文言小說史》、林驊《中國文言小說史論》，只能算是鳳毛麟爪❺。雖然另有幾部分體的文言小說專史，如寧稼雨《中國志人小說史》、吳禮權《中國筆記小說史》、陳文新《中國筆記小說史》、《中國傳奇小說史話》❻等，不過整體表現仍遠遜於白話通俗小

❸ 書由北京中國文聯出版公司出版。共收通俗小說一一六〇部，孫楷第《中國通俗小說書目》曾經著錄者有二四八條未收，其中包括《癡婆子傳》、《嬌紅傳》、《三妙傳》三種，理由是「係文言小說」。

索引（一九四九—一九八三）〉，明代文言小說竟然只見陳娟芬〈《陶庵夢憶》的藝術成就〉（《紹興師專學報》，一九八一年第四期）一篇而已。

❹ 書由濟南齊魯書社出版。共收單篇文言小說、文言小說集、文言小說叢書、文言小說類書，正文正名二一八四種，異名五一六種，另附《剔除書目》、《僞訛書目》正名四六四種，異名六十一種，號稱「全書共收正名二六四八種，異名五七七種，總目三二二五種」。另外，以北京中國社會科學院文學研究所爲主體的一批海內外學者也有編纂《中國文言小說總目提要》的計畫，書稿至一九九八年仍在彙整中。

❺ 三書依序由北京大學出版社（上冊，一九九〇年三月；下冊與劉世林合著，一九九三年二月）、濟南齊魯書社（一九九四年九月）、天津百花文藝出版社（一九九六年十月）出版。

❻ 四書依序由遼寧人民出版社（一九九一年一〇月）、臺灣商務印書館（一九九三年八月）、台北志一出版社（一九九五年三月）、台北正中書局（一九九五年三月）出版。寧書係其碩士論文《志人小說發展

說。

中國白話小說與文言小說受重視的程度不同，固然有很根本的原因是出於彼此文學總體成就的差異，然而歷來文言小說調查與研究的不足，卻也使得重白話、輕文言的偏頗現象加劇。例如明代的小說，白話小說固然是主流，《三國演義》、《水滸傳》、《西遊記》、《金瓶梅》等長篇名著和「三言」、「二拍」及其他短篇小說，其成就自然值得立下專章大書特書，然而概論「明前期文言小說」和明代中後期「文言小說的繁榮」，加起來卻只佔一部《明代小說史》九章三十四節當中的二小節❼，此等比重懸殊的安排，無論如何是難以反映明代小說發展的眞相的。實際上，明代文言小說的數量龐大，不管是袁行霈、侯忠義《中國文言小說書目》所羅列的七二五條，或者寧稼雨《中國文言小說總目提要》所收錄的七七七種，都不該被簡單地一概而論❽，而必須認眞加以對待才是，畢竟：

史論》（一九八五年）的後續研究，陳書則據其《中國文言小說流派研究》（武昌：武漢大學出版社，一九九三年九月）獨立擴大而成。

❼ 此處乃以齊裕焜《明代小說史》爲例，書由杭州浙江古籍出版社出版，一九九七年六月，列入《中國小說史叢書》之一。

❽ 齊裕焜《明代小說史·後記》曾說：「明代小說，主要是白話小說……，即使是文言小說，也受市民文學的深刻影響，因此，明代小說是屬於市民文學的範疇，與傳統的士大夫文學有很大的不同。」（同註❼），頁四〇二。

> 明代小說文學的主流，是白話小說，但在文學史上，並沒有因此而使文言小說絕跡。恰恰相反，它在爲白話小說、戲曲提供豐富的創作題材的同時，也推動了自身的發展。……明代文言小說在中國文學史上的地位和影響是不容忽視的，它的藝術美，白話小說是無法取代的。❾

遺憾的是，明代文言小說雖然不是白話小說所能取代的，但迄今絕大多數作品的價值仍湮沒不彰，這跟它們長期欠缺全面的調查與深入的研究有關。只是，這樣艱鉅的調查與研究工作，實難由一人一時之力獨自撐起，以致於連被專家譽爲「選目得當」、「排列清晰」、「學術性強」的寧稼雨《中國文言小說總目提要》❿，也不免出現許許多多的漏洞瑕疵，猶待補正。

因此，本文願意響應前輩學者朱一玄的呼籲⓫，專就明代文言小說的部分，尊重《中國文言小說總目提要》第四編（明代）「志怪類」、「傳奇類」、「雜俎類」、「志人類」、

❾ 語見吳志達《中國文言小說史》（濟南：齊魯書社，一九九四年九月），頁七二一—七二二。

❿ 評語見朱一玄〈喜見中國文言小說研究重大成果問世——寧稼雨《中國文言小說總目提要》評介〉，載於《中國圖書評論》一九九七年第十一期，收入朱一玄《中國小說史料學研究散論》（天津：南開大學出版社，一九九九年四月），頁一三—一六。

⓫ 朱先生說：「當然，做爲一部個人獨力撰寫的專著，缺點、遺憾甚至錯誤都是在所難免的。相信作者及關心他的人會以尊重事實、尊重科學的態度來交流、討論這些問題。」（同註❿），頁一六。

「諧謔類」的五項分類，依次各擇二端，提出個人調查與研究的補正意見，以就教於出席「明代文學學術研討會」的專家學者和編者寧教授本人。

貳、明代文言小說「志怪類」補正

一、《湖海奇聞》大連圖書館今已不存

寧稼雨《中國文言小說總目提要》（以下或簡稱爲《總目提要》）頁二一六《湖海奇聞》條說：

> 明代志怪小說集。周禮撰。……今存明弘治九年（一四九六）刊本，孫楷第《大連圖書館所見小說書目》著錄，六卷，有殘。前有柏昂序。……周禮事蹟史傳未載，據書序及署名等，知其字德恭，號靜軒，約弘治間餘姚（今屬浙江）人。累試不第，隱居於南京護國山。著述多種。

經查孫楷第《大連圖書館所見小說書目》⑫，實無關於《湖海奇聞》的任何著錄。寧氏

---

⑫ 附於孫楷第《日本東京所見小說書目》（一九三二年撰；人民文學出版社，一九九一年五月北京第三次印刷），頁一四三—一九二。

《總目提要》可能是參考《中國古代小說百科全書》之《湖海奇聞》條所言「一九四九年以前，孫楷第在大連圖書館曾見到一種殘本」云云⑬，而想當然耳地以爲會見載於《大連圖書館所見小說書目》。其實孫氏所言，乃出自其參與《續修四庫全書總目提要》撰稿⑭。孫氏過去確曾在前大連滿鐵圖書館見過余氏雙桂堂刊本《湖海奇聞集》，可惜現在遍查其《館藏中國古典文學參考目錄·第三輯小說》⑮、《大連圖書館古籍善本書目》⑯、《大谷本明清小說敘錄》⑰，皆無此目，筆者亦曾兩度親訪該館調查，證實如今已不存在。

至於周禮生平事蹟，其實也並非寧氏所謂「史傳未載」，《杭州府志》、《餘杭縣志》、《增廣事類氏族大全》都有記錄，他的文言小說《湖海奇聞》、《秉燭清談》雖已失傳，但余象斗刊《新刻按鑑全像批評三國志傳》和清代通行的《御批綱目》、《通鑑輯覽》、《綱

---

⑬ 中國古代小說百科全書》，劉世德任編輯委員會主任，程毅中、劉輝爲副主任，書由北京中國大百科全書出版社於一九九三年四月出版，該書〈前言〉聲明對明代文言小說：「作有選擇的收入，入選者大抵是那些符合或接近於今人的概念而又比較重要的作品。」頗富參考價值。《湖海奇聞》條，見頁一七六。

⑭ 見北京中國科學院圖書館整理《續修四庫全書總目提要（稿本）》（濟南：齊魯書社，一九九六年十二月），第十九冊，頁七三一—七三二。孫氏舊稿，亦曾由戴鴻森校次出版，名爲《戲曲小說書錄解題》（北京：人民文學出版社，一九九〇年十月。該稿初冠傳惜華之名，詳參田杉〈孫楷第與《戲曲小說書錄解題》〉），載於北京《文學遺產》一九九一年第三期，頁一三—一五。

⑮ 前「旅大市圖書館」編印之油印本，一九六二年二月第二次印刷。

⑯ 大連市圖書館排印，一九八六年五月。

⑰ 劉鎮偉、王若、韓俊英編著，大連出版社，一九九五年五月。

鑑易知錄》等書，也都留有他的詩作、史論與小傳，劉修業對此早有考證，可供參考⑱。

二、「前記異聞」不宜做為志怪小說集名

《總目提要》頁二二三《前記異聞》條說：

> 明代志怪小說集。佚名撰。未見著錄及傳本。顧起元《客座贅語》卷五有「《前記異聞》」條，題下注：「一百則。以皆金陵之事，故存之。」內引全書一百條，全記古來金陵怪異之事。取材於史書及各類雜記。……書中記事下迄南宋，當為元明間人所為。顧起元為萬曆間人，姑列於此前。

經查顧起元《客座贅語》⑲，卷五確實有所謂「前記異聞」一百則，然而這不太可能是一部顧起元用來抄錄的明代志怪小說集的書名。原因是看那行文語氣，以及若干按語，輯錄者應當係顧起元本人，是他從前人筆記（如《獨異志》等書）裡摘錄下一百則跟南京有關的異聞來的，所以《四庫全書總目提要》才會批評他卷五的這個段落「全錄舊文，取充卷帙，尤

---

⑱ 詳參其《古典小說戲曲叢考》（作家出版社，一九五八年五月北京第一版），頁六五—六七。

⑲ 明萬曆四十六年（一六一八）自刻本，《四庫全書存目叢書》子部第二四三冊據北京清華大學藏本影印，台南：莊嚴文化公司，一九九五年九月。

爲無取也」⑳。「前記異聞」其實只是《客座贅語》書中的一個小篇目而已，把它當成是佚名撰「明代志怪小說集」的書名，恐怕是個誤解。

參、明代文言小說「傳奇類」補正

一、《尋芳雅集》不當與《懷春雅集》、《融春集》並列

《總目提要》頁二三三《尋芳雅集》條，後附《懷春雅集》、《融春集》二異名，並說：

> 明代傳奇小說集。盧文表（？）撰。《百川書志》小說類著錄，三卷。署盧文表，亦稱秋月著。《寶文堂書目》收錄兩部，一題《懷春雅集》，一題《懷春雜集》，當係誤「雅」字爲「雜」字，未署撰人姓名。《金瓶梅詞話》首欣欣子序稱《懷春雅集》作者爲盧梅湖。……其書未見單刻本，今存明人傳奇集《風流十傳》、《萬錦情林》、《花陣綺言》、《國色天香》、《繡谷春容》及《燕居筆記》等書中均有收錄。文中曾引用邱濬《鍾情麗集》中人物事蹟，則當在邱書之後。惟《風流十傳》收作《融春集》，男女主人公分別名蘇育春、潘玉貞、王翠瓊等。……後人襲

⑳ 語見卷二四三，子部小說家類存目一，台北：藝文印書館，一九七九年十二月五版，頁二八二六。

用本篇者有謝惠《祭鸞記》、錢直之《忠節記》、謝天瑞《忠烈記》、王五完《懷春記》等傳奇，亦爲後人喜道。

此條錯誤甚多。簡言之，(一)《百川書志》、《寶文堂書目》、《金瓶梅詞話》欣欣子序所言均指《懷春雅集》，與《尋芳雅集》無關；(二)《懷春雅集》並未被《萬錦情林》、《國色天香》、《繡谷春容》收錄，它們收錄的是《尋芳雅集》；(三)《鍾情麗集》雖有邱濬所作的舊說，但已證實並不可信；(四)敘述宋朝至道初年蘇育春、潘玉貞情史的《融春集》，文長一萬五千字，與描寫元朝至正初年蘇道春、潘玉貞愛情的三萬字故事，差異甚大；(五)《忠節記》、《忠烈記》、《懷春記》三傳奇是據《懷春雅集》改編，但謝惠的《「鴛」鸞記》則是《尋芳雅集》的改寫㉑。

如同《總目提要》此條情節提要所言，《尋芳雅集》是演述元末浙江湖州吳廷章與王嬌鸞、王嬌鳳姊妹的愛情傳奇。又名《吳生尋芳雅集》、《(浙湖)三奇誌》、《(浙湖)三奇傳》或《三奇合傳》的它，實在不當與《懷春雅集》(及據其大幅改動的《融春集》)並列，其理甚明。如此混爲一談的說法，最早見於葉德均(一九一一—一九五六)的〈讀明代傳奇文七種〉㉒，後繼者習焉不察，結果《總目提要》也沿襲了這樣的錯誤。

㉑ 以上各點，可詳參陳益源《元明中篇傳奇小說研究》(香港：學峰文化公司，一九九七年十二月)第四章《鍾情麗集》研究、第九章《懷春雅集》研究、第十一章《尋芳雅集》研究。

㉒ 收入其遺著《小說戲曲叢考》(北京：中華書局，一九七九年五月)，下冊，頁五三五—五四一。

二、《閒情野史》、《風流十傳》應予合併

《總目提要》頁二三三八《閒情野史》條說：

明代傳奇小說選集。陳繼儒編輯。未見著錄。今有明萬曆四十八年（一六二〇）本，八卷。前有陳繼儒、顧廷寵、韓敬序。每卷收小說一種。計有《鍾情麗集》、《雙雙傳》、《三妙傳》、《天緣奇遇》、《嬌紅記》、《三奇傳》、《融春集》（一名《懷春雅集》）、《五金魚傳》等，分別選自《國色天香》、《萬錦情林》等小說合集。各篇末均附跋語，多空疏無當。然其中或記該篇傳聞及作者情形，足資參考。

頁二三三九又有《風流十傳》條，後附《閒情野史風流十傳》異名，說：

明代傳奇小說選集。佚名編輯。未見著錄。日本近人長澤規矩也藏有萬曆庚申（一六二〇）刊本。原書名題簽已失，不知書名。長澤氏據書首陳繼儒序中有「客座所述閒情野史風流十傳」之語，姑名之爲《風流十傳》。似全稱當爲《閒情野史風流十傳》。除陳序外，又有萬曆庚申閒雲外史顧廷寵序和韓敬後序。……每篇前有小序，後有跋（或有無跋者）。八篇目錄爲：《鍾情麗集》、《雙雙傳》、《三妙傳》、《天緣奇遇》、《嬌紅傳》、《三奇傳》、《融春集》（即《懷春雅集》）、《五金魚傳》。

以上二條，指的都是同一本書，實應予以合併。長澤規矩也舊藏的《風流十傳》，現歸藏日本東京大學東洋文化研究所雙紅堂文庫，研究者得睹原書的不多，幾乎都是因襲孫楷第《日本東京所見小說書目》的著錄㉓，輾轉抄用，連一些提要的疏漏也一誤再誤，除了上述不知《融春集》與《懷春雅集》差異甚大的例子之外，《雙雙傳》提要的錯誤更是明顯。孫氏《雙雙傳》提要云：「高氏兄弟二人通於秦氏姊妹。兄取其妹，弟取其姊。後成夫婦故曰『雙雙傳』。」經查原書，「兄取其妹，弟取其姊」當作「兄取其姊，弟取其妹」才對，不料譚正璧、譚尋《古本稀見小說匯考》跟著孫書錯㉔，《中國古代小說百科全書》又跟著譚書錯㉕，現在《總目提要》又是跟著《中國古代小說百科全書》錯㉖。說《總目提要》跟著《中國古代小說百科全書》錯是有根據的，因爲把《閒情野史》、《風流十傳》二條並列，正是由《中國古代小說百科全書》開始㉗，而其源頭其實也還是跟孫楷第有關，因爲他在《日本東京所見小說書目》是稱《風流十傳》，《續修四庫全書總目提要》稿則作《閒情野史》，不過他可從未把它當作兩本書來看待。

㉓ 同註⑫，頁一二四—一二七。

㉔ 浙江文藝出版社，一九八四年十一月，頁二七。

㉕ 同註⑬，頁八八。文字與譚書一字不差。

㉖ 《總目提要》頁二四〇亦言：「《雙雙傳》敘明初高氏兄弟配秦氏姊妹，兄娶其妹，弟婚其姊，故曰『雙雙』」。

㉗ 《閒情野史》條，見頁五九九；《風流十傳》條，見頁八八。

《總目提要》未親按原書者，疏失在所難免，例如頁二三八介紹《輪迴醒世》說：「除『忠奸』類多爲歷史人物之外，其餘多爲明代事；除『妖魔』類寫怪異外，其餘多與社會現實有關」，這話跟《中國古代小說百科全書》頁三二九所載幾乎全同，然而經查原書㉘，「忠奸十四部」亦有「永樂時事」，而各部明代以前事蹟甚多，寫靈異報應事者也絕不侷限在「妖魔十七部」。至於明代中篇傳奇小說及其通俗類書和小說彙編，《總目提要》經常也是不看原書的，否則便不會出現上述《風流十傳》八篇傳奇小說「分別選自《國色天香》、《萬錦情林》等小說合集」的說法㉙，以及《國色天香》條「惟《龍會蘭池錄》一篇，……爲其他各書所未見」㉚，與《萬錦情林》條「《情義奇姻》或即《花影集》、《燕居筆記》中《劉方三義傳》」㉛等錯誤。

㉘ 原書明萬曆聚奎樓刻本，北京吳曉鈴曾藏一殘本，全帙十八卷現藏於日本蓬左文庫，相關研究可參胡從經〈《輪迴醒世》——從未見諸著錄的明代小說總集〉（香港《明報月刊》一九八八年十一月號，頁八六—八八）、劉輝、薛亮〈明清稀見小說經眼錄〉（北京《文學遺產》一九九三年第一期，頁一三—二〇）。台北天一出版社《明清善本小說叢刊續編》已將全帙複印出版，一九九〇年六月。

㉙ 這三部作品集所收錄的同名小說其實各有來源，詳參陳益源《元明中篇傳奇小說研究》（同註㉑），第一章第二節，頁五—九。

㉚ 見頁二四一。事實上，《龍會蘭池錄》也被通俗類書《繡谷春容》卷二上層所收錄。

㉛ 見頁二四二。事實上，《情義奇姻》、《劉方三義傳》截然不同，詳參陳益源〈《情義奇姻》與《劉方三義傳》〉，載於南京《明清小說研究》一九九三年第二期，頁二一七—二二四。

肆、明代文言小說「雜俎類」補正

一、《香臺集》三卷是詩集而非雜俎小說

《總目提要》頁二四八《香臺集》條說：

> 明代雜俎小說集。瞿佑撰。《千頃堂書目》、《明史・藝文志》小說家類著錄，三卷。原書已佚，未見引文。

《總目提要》對於明初文學大家瞿佑（一三四七—一四三三）及其相關作品，著錄頗多，可惜錯誤也不少。例如「傳奇類」中，《剪燈錄》條似乎未能釐清它與《剪燈新話》的眞正關係，《西閣寄梅記》條則誤信該篇爲瞿佑所撰，這些都有待商榷㉜，此處則又將誤以爲「已佚」的《香臺集》看作「雜俎小說」。實際上，《香臺集》並未亡佚，現有明藍格鈔本三卷藏於台北故宮博物院，偉文圖書出版社曾於一九七七年一月據之排印，收入該社之《秘笈叢編》，日本岡崎由美曾有專文研究，並被董德林、盧燕平譯成中文，刊於《許昌師專學報》

㉜ 詳參陳益源〈關於《剪燈新話》的幾個誤會〉，載於台北《中外文學》第一八卷第九期，一九九〇年二月，頁一三三—一七二。

社科版一九八六年第一期㉝。如果寧稼雨看到此書，他一定會把它列入《剔除書目》，因爲它根本就不是小說，而是一部詩集。

此外，《總目提要》同頁《存齋類編》條也有誤判的可能。因爲瞿佑〈重校剪燈新話後序〉自言：「『作詩』則有……《香臺集》、《采芹稿》；『攻文』則有《名賢文粹》、《存齋類編》」㉞，據此觀之，《存齋類編》當係文集，而非雜俎小說集，《總目提要》恐怕也應該將這本「原書已佚，未見引文」的《存齋類編》剔除才好。

二、《草木子餘錄》、《日格類抄》均存佚文

《總目提要》頁二四八《草木子餘錄》條說：

> 明代雜俎小說集。葉子奇撰。《千頃堂書目》、《明史·藝文志》小說家類著錄，三卷。原書已佚，未見引文。按子奇有《草木子》四卷，記元末朝野遺事，此則當爲其餘緒。

頁二九二《日格類抄》條又說：

㉝ 詳參陳益源《剪燈新話與傳奇漫錄之比較研究》（臺灣學生書局，一九九〇年七月），第二章第一節，頁一五。

㉞ 此序乃瞿佑於明永樂十九年（一四二一）七十五歲時所作，獨見於朝鮮刊本《剪燈新話句解》。

> 明代雜俎小說集。王所撰。《千頃堂書目》、《明史·藝文志》小說家類著錄，三十卷。原書已佚，未見引文。王所事蹟未詳。

以上二條，都說「原書已佚，未見引文」，實則不然。《總目提要》頁二二三「志怪類」《古今奇聞類記》條曾經介紹此書「皆取材明人筆記及方志雜傳，每條下悉註明出處。部分散佚不全之書，藉此可得一鱗半爪。」可惜的是，編者未及細檢，要不然他會發現葉子奇的《草木子餘錄》在施顯卿的《古今奇聞類記》卷一天文紀「國朝天鳴」、「雨雪非時」，卷二五行紀「銅錢飛」、神佑紀「神示兵機」，卷三奇遇紀「南臺儒者獲飛銀」，總共留有五則佚文㉟；王所的《日格類抄》也在《古今奇聞類記》卷二五行紀「水中有火」、前知紀「紫姑仙前知劉瑾誅戮」，可以找到佚文二則㊱。

由於是被「志怪類」的《古今奇聞類記》所摘錄，《草木子餘錄》、《日格類鈔》的這七則佚文自然都帶有志怪的性質，但不知能否根據這僅見的內容而來調整這兩部小說的歸類？

㉟ 《古今奇聞類記》，存《紀錄彙編》四卷本，台北新興書局《筆記小說大觀》三十一編第八冊亦予複印，《草木子餘錄》的五則佚文依序見於頁四六四一、四六七五、四六九九、四七〇五、四七三四。

㊱ 同註㉟，《日格類抄》的二則佚文依序見於頁四六八九、四七二一。

伍、明代文言小說「志人類」補正

一、《堯山堂外紀》一百卷實未亡佚

《總目提要》未立《堯山堂外紀》詞條，只在頁二四八「雜俎類」《長安客話》條說：

明代雜俎小說集。蔣一葵撰。……一葵事蹟史傳未載，據《四庫全書總目提要》，知其字仲舒，常州（今屬江蘇）人。嘗取古今軼聞瑣事輯成《堯山堂外紀》一百卷，今已亡佚。

《堯山堂外紀》一百卷當眞今已亡佚了嗎？不然。謝國楨《江浙訪書記》記其瓜蒂庵自藏書便有明萬曆間刻本《堯山堂外紀》一百卷，是他在一九六七年九月無意間買到的一部朝鮮裝訂本，他還把它跟田藝蘅《留青日札》相提並論，認爲「一記明代朝野掌故，一記歷代詩文逸事，同爲明代稗乘中之上選」、「洋洋灑灑，可作中國文學史讀也」㊲。除了謝氏藏有此書之外，海內至少還有北京大學圖書館、台北國家圖書館珍藏，亦均是明萬曆刻本，前者且收入《四庫全書存目叢書》子部第一四七、一四八冊，公開發行。

經查《堯山堂外紀》一百卷，每卷都以人名標目，專記歷代稗官野史中文人雅士的軼

㊲ 北京：三聯書店，一九八五年十二月，頁三〇三—三〇五。

聞瑣事，宜增立條目，歸在「志人類」可也。

二、《明世說》（焦竑）佚文判斷失真

《總目提要》「志人類」有《明世說》二條，一見頁三二〇，云「焦竑撰」，一見頁三二三，云「賀虞賓撰」。《明世說》（焦竑）條說：

> 明代志人小說集。焦竑撰。《千頃堂書目》、《明史·藝文志》小說家類著錄，八卷。原書已佚。清褚人獲《堅瓠餘集》卷二「某相國」條引本書，敘某相國自言三子酒色財占盡，而已唯有怒氣填胸而已。雖調侃幽默，卻涉及貴族子女教育問題。其書或仿《世說新語》，而此條則當在「諧謔」一門。

經查褚人獲《堅瓠餘集》卷二，確實有「某相國」條云：「《明世說》：江南某相國語所親曰：『酒色財氣，不意近萃吾門。』或請其故，相國曰：『大兒好飲，次兒好貨，三兒好色，老人訓之不聽，惟有怒氣填胸而已。』」㊳不過，啓人疑竇的是，何以《總目提要》編者就這麼確定這則來自《明世說》的引文是出於焦竑的《明世說》，而不是賀虞賓的同名書呢？

筆者甚至懷疑褚人獲所引用的《明世說》，也可能是李紹文《明世說新語》的省稱，

㊳《筆記小說大觀》二十三編第十冊，台北：新興書局，一九八五年十二月，頁六二八一。

而與焦、賀二書無涉。再查李書，果眞在《皇明世說新語》卷八「忿狷」一門，檢得「江南某相國」一則，文字相同㊴。這麼一來，已經可以完全確定褚人獲《堅瓠餘集》卷二所引「某相國」條，絕非焦竑《明世說》的佚文，《總目提要》於此是判斷失眞了。

陸、明代文言小說「諧謔類」補正

一、《香奩四友傳》現有傳本不只一種

《總目提要》頁三一九《香奩四友傳》條說：

明代俳諧小說集。陸煥章撰。《千頃堂書目》小說家類著錄，一卷。《四庫全書總目》小說家類存目作二卷。今未見傳本。《四庫全書總目提要》云：「前四友曰金亮、木理、房施、白華，乃鏡、梳、脂、粉也；後四友曰周準、齊銛、金貫、索紉，乃尺、剪、針、線也。」可知本書爲仿韓愈《毛穎傳》之例，以爲遊戲之筆。陸煥章事蹟史傳未載，據《四庫全書總目提要》，知其字子翰，武進（今屬浙江）人。

㊴ 據台北國家圖書館藏明萬曆三十八年（一六一〇）雲間李氏原刊本，卷八第十五葉。

經查《四庫全書總目提要》，《香奩四友傳》的作者是陸奎章，而非陸煥章㊵。同時，陸奎章的《香奩四友傳》並非「未見傳本」，現存者其實不只一種。北京大學圖書館即藏有明嘉靖間刻二卷單行本一冊㊶，此外，它還完整地被收入《廣諧史》卷五。可惜寧氏不察，又未立明代俳諧小說集《廣諧史》條，以致造成錯誤。

按《廣諧史》十卷，明陳邦俊編，《千頃堂書目》小說家類著錄㊷，《四庫全書總目提要》云：「邦俊字良卿，秀水人。先是，徐常吉嘗採錄唐宋以來以物為傳者七十餘篇，彙而錄之，名曰《諧史》，邦俊因復為增補，得二百四十餘篇……。」㊸既然《中國文言小說總目提要》頁三二三立有《諧史》（徐常吉）條，何以卻要摒除模仿徐常吉《諧史》增補而成的《廣諧史》呢？著實令人費解。此書並不罕見，北京大學、清華大學圖書館均藏有明萬曆四十三年（一六一五）刻本㊹，袁行霈、侯忠義《中國文言小說書目》、侯忠義《中國文言小說參考資料》也都收錄過㊺，實在沒有不立條目的道理。

㊵ 卷二四四，子部小說家類存目二，同註⑳，頁二八五二。

㊶ 見侯忠義、張其蘇、徐伏蓮編《北京大學圖書館古典小說戲曲目錄》，一九九二年三月，頁三三。

㊷ 見瞿鳳起、潘景鄭整理本，上海古籍出版社，一九九〇年五月，頁三三九。

㊸ 卷二四四，子部小說家類存目二，同註⑳，頁二八五三。

㊹ 前者見《北京大學圖書館古典小說戲曲目錄》（同註㊶），後者則收入《四庫全書存目叢書》子部第二五二冊，公開發行。台北天一出版社《明清善本小說叢刊初編》亦曾複印此一版本。

㊺ 同註②，前者見頁二八四，後者見頁五一六—五一八。

二、《廣笑府》已證實是現代人僞托的贋品

《總目提要》頁三二五《廣笑府》條說：

明代文言笑話集。墨憨齋主人馮夢龍纂集，未見著錄。現有三十年代襟霞閣主人重刊本和《國學珍本文庫》第一集本，十三卷。……各本書前有墨憨齋主人〈廣笑府序〉，序文大半與〈笑府序〉相同，惟中間插入「堯與舜」至「住住住」一段而已。……有人以爲《廣笑府》係《笑府》改裝，各卷前雜以他文，以掩人耳目。……其前後之別，正如《古今譚概》和《笑府》，爲傳說和童話之別。參見趙景深《中國小說叢考·中國笑話提要》。

關於《廣笑府》的編者不是馮夢龍的研究不少㊻；試著拿明代樂天大笑生纂集之《解慍編》，與周作人一九三三年於北京所編《苦茶庵笑話選》之《笑府選》比較的人，則都已經可以確定《廣笑府》乃是現代人拼湊此二書，而僞托馮夢龍編著的贋品，〈廣笑府序〉多出〈笑府序〉的那段文字正是《苦茶庵笑話選·序》的第十六頁（引用布袋和尚的《呵呵令》），

㊻　例見祝普文〈《廣笑府》作者不是馮夢龍〉，載於《棗庄師專學報》一九九三年第一期，頁四〇—四二；黃慶聲〈馮夢龍《笑府》研究〉，載於《中華學苑》第四八期，國立政治大學中文系印行，一九九六年七月，頁七九—一四九。

因手民誤植而露出馬腳㊼。

按《解慍編》，十四卷，樂天大笑生纂集，逍遙道人校刊，上海圖書館所藏被著錄爲明嘉靖刻本㊽，路工《訪書見聞錄》則斷爲萬曆年間刊本㊾，前十三卷收笑話，卷十四收謎語，凡二八〇則，王利器《歷代笑話集續編》據上海圖書館藏本選收過二二〇則㊿。

一九九七年七月二十四日，筆者曾親赴上海圖書館核校過《解慍編》，發現該書乃周越然舊藏，無年號、牌記，難以判定是嘉靖或萬曆年間刊刻，但確定王利器選收部分有刪節者，有改變次序者，有將後人墨筆添補文字誤作正文者，並非原貌；同時，也更加確信《廣笑府》的確是拼湊《解慍編》與《笑府選》而僞托墨憨齋主人纂集的贋品。趙景深當年沒有機會看到《解慍編》，故只「疑心《廣笑府》是《笑府》的改裝」[51]，他的這個判斷其實還不夠正確。

㊼ 詳參馮學〈《廣笑府》質疑二題〉（收入竹君點校《笑府》之附錄二，福州：海峽文藝出版社，一九九二年六月，頁四五四—四六四）；陳如江、徐侗《明清通俗笑話集・前言五》，上海人民出版社，一九九六年四月，頁二一一—二一四。

㊽ 見《中國古籍善本書目（子部）》卷十九小說類，上海古籍出版社，一九九四年十二月。

㊾ 見〈笑話書——《解慍編》〉一文，上海古籍出版社，一九八五年八月，頁三四五—三四六。

㊿ 瀋陽：春風文藝出版社，一九八五年九月，頁一三—七四。又收入王利器編《中國笑話大觀》，北京出版社，一九九五年一月，頁四三八—四九五。

[51] 《中國小說叢考》，濟南：齊魯書社，一九八三年三月第二次印刷，頁三一一。

《總目提要》應該根據較新的研究成果，說明原委，並把《廣笑府》改列附錄之《僞訛書目》才對。

柒、結語

以上是筆者按寧稼雨《中國文言小說總目提要》第四編明代文言小說「志怪」、「傳奇」、「雜俎」、「志人」、「諧謔」五類，各擇二端，所提出來的補正意見。

這些意見的提出，僅僅侷限在明代文言小說的部分，而且還只是著重在已經寫出來的條目上的討論罷了。譬如上文提到漏收書目的例子，除了《堯山堂外紀》、《廣諧史》之外，還有很多作品該收而未收。以台北天一出版社印行的《明清善本小說叢刊》爲例，其《初編》第二輯短篇文言小說的《綠窗女史》、《奇女子傳》（明吳震元撰）、《一見賞心篇》（洛源子編），第六輯諧謔篇的《雅笑篇》（明李日華撰）、《笑林評》（明楊茂謙編）、《四書笑》（開口世人編）、《開卷一笑》、《山中一夕話》（明李贄編），第七輯鄧志謨專輯的《洒洒篇》等，豔情小說專輯的《僧尼孽海》、《如意君傳》、《癡婆子傳》、《花神三妙傳》、《劉生覓蓮記》，以及《續編》第一輯的《絕笑三纓》（開口世人編）等等，就全被《總目提要》給遺漏掉了；而《總目提要》頁二七五《聽子》條說：

> 明代雜俎小說集。趙世顯撰。《千頃堂書目》小說類著錄，二卷。原書已佚。未見佚文。

其實趙世顯（字仁甫）的這部《聽子》，正有二卷全本存世，就被收在《明清善本小說叢刊初編》第六輯諧謔篇裡。52

這些意見的提出，固然在某種程度上暴露出《總目提要》若干不足之處（其中又以利用現成資料未經親自調查與研究而造成的疏失居多），但是這些缺憾原本就很難完全避免得了，所以應該也無損於該書已經達到的學術水平。惟盼該書在再版時，可以以更「尊重事實、尊重科學的態度」進行修訂補充，好讓這難能可貴的第一部《中國文言小說總目提要》，選目更得當，學術性更強，最好還能比較完整地呈現出現階段明代文言小說調查與研究的成績來。

不過截至目前爲止，學界對明代文言小說的調查與研究仍是相當薄弱的。因此，要編纂出一部臻於完美的《中國文言小說總目提要》，就明代編來說，其基礎條件頗受限制，這絕非以一人之力在一時之間所能徹底改善的。要能眞正完成這項艱鉅的工程，恐怕還是得期待調查與研究工作的全面加強。

---

52 《中國古籍善本書目（子部）》（同註48）的普查成果，也可以提供許多未及編寫的明代文言小說條目，如《識小編》（明周應賓撰）、《雪窗譚異》（明楊循吉輯）、《志怪編》（明左墉撰）、《感應類編》（明蕭世延撰）等等，數目可觀。至於一些偶然的發現，如官桂銓在《清源金氏族譜》裡意外找到的明代傳奇小說《麗史》（詳見北京《文獻》一九九三年第三期），那就有賴多加留意相關研究論著了。

馮夢龍《太平廣記鈔》初探

許建崑

壹、明代《太平廣記》與《太平廣記鈔》的刊刻流傳

搜羅先秦到宋初數百部道、釋兩藏及野史、小說，彙為成書五百卷、目錄十卷的大套類書《太平廣記》，據宋代翰林院學士兼戶部尚書李昉上表進呈時所言，書板刻於太平興國六年（西元九八一年）正月。這套書有沒有刷板印行？從嘉靖版《太平廣記》書前談愷（一五〇三——一五六八）的按語中，稱：「《廣記》鏤本頒天下，言者以為非學者所急，收墨板藏太清樓」❶，似乎未曾刊行。歷來學者所論宋刊本，亦無明證，只能說是有少量的私人刷印本、節選少部份內容而成的單行刊本，或者輾轉傳抄的手稿本❷。迨至明朝嘉靖四十五年（一五

---

❶ 談愷所言，引自《玉海》卷五四。

❷ 談氏聞「舊藏書家有宋刻」。清杭州吳騫跋語中云：有明許刻本，經陳仲魚依宋本手校一過。近人傅增湘亦依此陳校本，猜度宋本形式。郭伯恭《宋四大書考》，臺北：商務，一九六七年九月臺一版，頁六六：宋刻極罕見，天壤間恐無一存者。然郭氏於廣記版本考述中，仍列有宋刊本。香港中文大學出版之

六六），常州無錫人談愷得《廣記》鈔本，認為該書「傳寫已久，亥豕魯魚，甚至不能以句」，所以與鄉人秦汴、強仕、唐詩互相校讎，經歷「寒暑再更，字義稍定，尚有闕文闕卷」❸。所以在次年秋，即隆慶元年七月，談氏於書中卷二六五加注云：「余聞藏書家有宋刻，蓋闕七卷云。其三卷，余考之，得十之七，已付之梓。其四卷，僅十之二三。博洽君子，其明以語我，庶幾為全書云」；顯然此書刊印至此，仍一邊搜佚中。又次年正月十六日，談氏年六十六，卒，恐怕未見全書完成。在此書刊刻之際，於同時同地尚有活字本行世。行款題識與談刻本完全相同。所以近人王重民考述，認為：（一）刻本或始工於嘉靖四十五年，而成於隆慶二年。疑談氏未見全書，刻本完成應於秦汴、唐詩之手。（二）談氏一邊刻書，一邊以

《宋代書錄》，援用郭氏之見。皆未見宋版書原貌。又王國良〈太平廣記概述〉，《廣記》，臺北：文史哲，一九八一年一一月，頁五：姑蘇沈與之野竹齋鈔本，今藏於北平圖書館。沈氏刻書活動記載，約於嘉靖元年迄二十七年間，見張慧劍《明清江蘇文人年表》，上海：上海古籍，一九八六年一二月。此抄本當早於談愷刻書之前。

❸ 秦汴、強仕、唐詩生平資料罕見，附於下：

秦汴（一五一一—一五八一）字思宋，號次山，無錫人，端敏公金之子。以廕入為國子生，任職南京後軍都督府都事，後官至姚安知府。曾於嚴世蕃席上忤意拂衣而出。著有《懷李齋集》、《三才通考》。（見中央圖書館編《明人傳記資料索引》頁四二九，光緒《無錫金匱縣志》卷三九頁一一，《昭代叢書·西神叢語》卷二一頁六八。）強仕字綺塍，無錫人。嘉靖十年（一五三一）舉人，官至德州知州。著有《戶牖格言》。（見光緒《無錫金匱縣志》卷一六頁二七、卷三九頁一一。）唐詩字子言，號石東，無錫人。顏其居曰：白雲高隱，世稱唐山人。（見光緒《無錫金匱縣志·文苑傳》卷二二頁一二）

活字擺印。活字本仍缺原缺四卷，所以應擺印於隆慶二年（一五七八）之前❹。王先生所見，部份可信。談、秦兩家有姻親之誼❺，且秦汴在嘉靖中曾主持繡石山房，刻了《錦繡萬花谷》、《古今合璧事類備要》兩部大型類書，確實有助刻《太平廣記》之能事。但談氏手邊是否有一套活字版？刻書之外，另行活字排版，是否有其經濟價值？都值得懷疑！王先生引談氏時人黃正色（一五〇一—一五七六）序倪炳校刻本《太平御覽》的文字，說：流寓無錫的閩人饒世仁，從隆慶二年到五年擺印《太平御覽》未成，該活字版有一半流落到郡伯顧肖巖、太學秦梁家中❻；懷疑與《御覽》先後使用了這一套相同的活字版。活字版《廣記》本的提供者，極可能是流寓無錫的閩人饒世仁，依據談氏的初刻本，搶先出版，但刷本恐怕有限，不久失敗，活字版散失到無錫顧肖巖、秦虹川和蘇州常熟的周堂手中❼。談氏死後，其子志依據其

---

❹ 王重民《中國善本書目提要》，子部小說類，臺北：明文，一九八四年一二月臺版，頁三九五。

❺ 《錫金識小錄．稽逸》卷六頁一四：「（談愷）十山女為秦中諫子婦。中諫嚴世蕃客也。」又《昭代叢書．西神叢語》卷二一頁六八：「秦汴……再起入都，嚴嵩命子世蕃具食。」秦汴是為談愷女婿。

❻ 郡伯顧肖巖、太學秦虹川，生平資料未詳。從光緒《無錫金匱縣志．選舉》卷一六、一七，推知郡伯顧肖巖似為顧訦，嘉靖三七年恩貢，同年舉人中試，官至襄陽知縣。太學秦虹川，無可考。從中央圖書館編《明人傳記資料索引》，試圖建立「秦氏族譜」，瀚（一四九三—一五六六）號從川，其子梁（一五一五—一五七八）號虹州，孫焯，未見「虹川」之號？又金（一四六七—一五四四）號鳳山，子汴（一五一一—一五八一）號次山，柱（一五三六—一五八五）號餘山。三代名號，皆有「山」字，未有忌諱；而「虹川」者，或應為梁同輩之人，未為可知。

❼ 郭伯恭《宋四大書考》頁四一，引述北平圖書館藏明活字本《御覽》，卷首有常熟周堂萬曆二年（一五

萬備堂大宅，「豪蕩喜結客，吳下詞人畫史咸館其中，揮金不可數計。家破嗣亦絕……」，所以變賣家產走南京，病死他鄉❽，家中書版想亦散失。因此之故，萬曆年間才出生的許自昌，有了重刊《太平廣記》的理由。許自昌（一五七八—一六二三）爲江蘇長洲人，十六歲起就開始刻書，曾經依據談氏最後的印版重刻《廣記》。每半頁仍爲一二行，每行由二二字增爲二四字，白口改黑口魚尾，四周單邊改爲文武邊❾。這個刻本顯然在萬曆年間成爲通行本。

馮夢龍在《廣記鈔·小引》中說：

> 明……此書獨未授梓，間有印本，好事者用閩中活版，以故挂漏差錯，往往有之。萬曆間茂苑許氏始營剞劂，然既不求善本對較，復不集群書訂考，因訛襲陋，率爾災木，識者病焉。……當時經目者已少，若訛訛相仍，一覽欲倦，此書不遂爲蟲精乎？

七四）識語，知活字版一半在周家，另一半爲顧、秦二家共有。

❽ 見光緒《無錫金匱縣志·藝術傳》，卷二六，頁一三。

❾ 許自昌字玄祐，號霖寰，今蘇州角里鎮人。萬曆六年生，天啓三年卒，年僅四十六歲。〈許自昌年譜〉見《徐朔方集》，杭州：浙江古籍，一九九三年一二月，頁四五三—四八二。從所刊《廣記》書中，仍依談愷版式，僅於首頁首行注明「明長洲許自昌玄祐甫校」，沒有加上其他頭銜，猜測約爲萬曆三十五年入貲爲北京文華殿中書舍人之前所作，純係商業出版之必要。

閩中活版，自然是指饒世仁的傑作，因爲搶先出版，還缺少了宋代以來已經亡失的幾回，變成一個「不完全本」⑩；而茂苑許氏刊本，見前所引郭伯恭、王國良的考述，也確實做了部份的校刊工作。馮氏所以批評許自昌刊本，顯然是爲了自己節縮版的《廣記鈔》，找到一個銷行的理由。當他得到書商沈飛仲刊刻出版的允諾，五百卷《廣記》縮編爲八十卷簡鈔本，把全書的文字篇幅縮減一半，幫助讀者事先篩選了閱讀內容，避免不必要的浪費，也節省半數的購書費用；對出版者而言，也減少了半數的出版經費，可以說一舉數得。但《廣記鈔》的出版，並沒有引起預期的市場反映，或者眞正取代《廣記》的地位。歷來的文人作家並沒有在個人的文集或作品中，談論《廣記鈔》這本書。這種「努力而沒有結果」的文化現象，是不是有些蹊蹺？值得我們探究。

貳、《太平廣記》與《太平廣記鈔》篇幅內容的異同

要了解馮氏《廣記鈔》的節選情形，或許該先了解《廣記》的內容。浩浩五百卷，抄錄前後將近一千多年的筆記、小說、野史而成書，多少有保存「史料」的意義。就五百卷內容的實際分類，應爲九二類，概括區分，爲神仙世界、人間世、鬼靈世界、自然界四大界，另附有其他雜傳等。先列個簡表，來觀察此書內容分佈：

---

⑩ 少卷二六一至二六五，〈嗤鄙〉、〈無賴〉、〈輕薄〉等三部五卷。

分界	卷次	卷數	佔全書比例	條數	佔全書比例
神仙世界	一—一六三	一六三	三二·六%	一四四四	二一·六%
人間世	一六四—二九〇	一二七	二五·四%	二〇〇五	三〇·二%
鬼靈世界	二九一—三九二	一〇二	二〇·四%	一二四一	一八·九%
自然界	三九三—四七九	八七	一七·四%	一七二一	二五·九%
其他	四八〇—五〇〇	二一	四·二%	二二五	三·四%
總計	一—五〇〇	五〇〇	一〇〇·〇%	六六三六	一〇〇·〇%

所謂「神仙世界」，含仙部五五卷、女仙部一五卷、法術與釋道部等三一卷、徵驗等部六二卷，共一六三卷，描述了宗教世界中的神仙生活以及信仰靈驗之事。「人間世」包含人品識鑑一六卷、文武官僚一三卷、文武才藝二三卷、百工諸戲等二〇卷、人際關係與性格交友等三五卷、婦人六卷、夢與妖術等一五卷，共一二七卷，描述了人間才情、德行、際遇、技藝、關係與夢幻等。「鬼靈世界」則曾為世間之人死後為鬼、神者六五卷，或有鬼界妖怪、夜叉、精怪、靈異者一九卷，或有死後再生、悟前生事等一四卷，或有塚墓銘記之屬四卷，共一〇二卷，重點在人世的生死靈異諸事。「自然界」包含山川風雨雷澤等七卷、金錢珠寶等六卷、草木花卉等一二卷、龍虎畜獸等四二卷、禽鳥四卷、水族九卷、昆蟲七卷，共八七卷，記載自然界奇妙與靈異之事。至於蠻夷四卷，載異國風物民情及奇想神怪諸事；雜傳記九卷，載較長篇的唐人傳奇故事等；雜錄四卷，多載唐宋人短篇筆記，疑為「補遺」之屬。從這五百卷《廣記》內容分類來看，顯然編者在建構以「天—人—鬼」三界的宗教觀，旁及生活中所接觸的自然界，試圖以這些「觀察」或「記錄」，搭起一個對宇宙、自然、天神、

本我、鬼靈互動的「世界觀」。以現代觀點來看，這樣的努力是失敗的。自然界的觀察與描述，插入了鬼神精靈，留下了以「萬物有靈論」爲中心的「精靈崇拜」遺跡。鬼神世界的描繪，人死而有靈，證明了「靈鬼論」先於「人文宗教信仰」。天神的「自然神」信仰，建立在佛、道二教的基礎上。至於人世總總，則在儒家「仁義禮智信」的教化下被鋪寫，一如劉義慶的《世說新語》。但如果每一界都能「堅持」自己「信仰法則」，成爲多元思考的多元世界，那也不錯。錯在全書籠罩於「鬼神報應」的「邏輯」之中，天界、人界、生物界，都無法避免鬼祟與果報的痕跡，竟比唐人傳奇小說中所能描繪的「人的世界」，來得「落後」。此所以《宋會要》載：「言者以爲非學者所急，收墨板藏太清樓」的緣故吧！

馮氏自言此書「喜其博奧，厭其蕪穢」，所以要去同、就簡、併類、移位、縮篇幅、減字句，然而就全書的架構，似未能超越《廣記》。我們不妨檢視馮氏所節選的《廣記鈔》本。八十卷的分類、分部如下：

分界	卷次	卷數	佔全書比例	條數	佔全書比例
神仙世界	一—六三	二一	二六·二五%	五〇四	二一·六%
人間世	二二—五一	三〇	三七·五〇%	一〇四九	四〇·六%
鬼靈世界	五二—六一	一〇	一二·五〇%	二七五	一〇·六%
	七一—七八	八	一〇·〇〇%	一七〇	六·六%
自然界	六二—七〇	九	一一·二五%	五〇九	一九·七%
其他	七九—八〇	二	二·五%	七七	三·〇%
總計	一—八〇	八〇	一〇〇·〇%	二五八四	一〇〇·〇%

以上兩表的統計數字，在條目上或有誤差。《廣記》經多次刊刻，有分殖為多條，或合併條目的現象，《廣記鈔》亦然。如《廣記》卷二二八〈雜戲〉條，應為五條不同棋藝記載，今合為一條，《廣記鈔》仍之，卻多衍生分化〈投壺〉一條。《廣記》卷二〇六，列有〈古文〉等一〇條條目，《廣記鈔》則合為〈書始〉一條。《廣記》同卷，〈崔瑗〉、〈張芝〉、〈張昶〉三條，《廣記鈔》合為〈草賢草聖〉一條。〈師宜官〉、〈梁鵠〉、〈左伯〉三條，以擅長八分書故；〈鍾繇〉、〈鍾會〉二條，〈歐陽詢〉〈歐陽通〉二條，均以父子故，〈僧智永〉、〈僧智果〉，以同寺師兄弟故，《廣記鈔》皆合為一條。此僅〈書部〉為例，歸併現象，已見一斑。可知馮氏《廣記鈔》的卷數雖僅原書一六%，條數為三八·九%，實際內容的引述上應超過五〇%。

《廣記鈔》分類情形，大抵沿承《廣記》，但因為篇幅限在八〇卷之中，綱目的訂定就顯得嚴謹許多。「神仙世界」之中，〈仙部〉七卷，依次為載雜載周秦及漢初仙跡、兩漢仙跡、漢晉唐得道之士、唐開元天寶中仙跡、唐時天仙及仙官降世者、信心之事、仙境及雜事。〈女仙〉二卷，載三界眞仙、人間得道者。〈道術〉一卷，含原〈道術〉、〈方士〉等一〇卷，因為「事義相類，故去方士部併入道術」（本卷首眉批）。以下〈幻術〉、〈異人〉、〈異僧〉、〈釋證〉，各佔一卷。原〈報應〉三三卷，改為〈報恩〉一卷，〈冤報〉二卷。〈徵應〉一卷，細分為休徵、咎徵、感應、讖應，放棄了原有的帝王、人臣、邦國、休徵、咎徵等交叉混合的分類。〈定數〉二卷，各載科名祿位貧富、生死婚姻及飲食之事。在這二一卷的篇幅，勾勒神仙、宗教、法術、驗徵諸事，較《廣記》龐雜的架構，顯得清晰而可接受。

「人間世」首標人間美行，列〈名賢、高逸、廉儉、器量〉爲首卷。〈名賢〉以下，分德性、言語、政事、文學四門；〈廉儉〉以下，分清德、儉德。節目仔細，宛如樹之枝椏。其次爲〈精察〉、〈俊辯〉、〈幼敏〉、〈文章〉、〈才名〉、〈憐才〉，講求才性。再以〈博物、好尚〉、〈知人、交友〉、〈義氣〉、〈俠客〉，廣求識見、交遊、義氣，以擴大作爲「人」的必要基石。〈貢舉、氏族〉、〈銓選、職官〉、〈將帥、驍勇〉，記載爵位、家族、出身等。以下以八卷的篇幅，記載人世品德缺憾十餘種事，〈褊急、酷暴〉、〈權倖、諂佞〉、〈奢侈、貪、吝〉、〈謬誤、遺忘、嗤鄙〉、〈輕薄、嘲誚〉、〈詼諧〉、〈譎智、詭詐、無賴〉、〈妖妄〉。以下三卷爲〈算術、卜筮〉、〈醫〉、〈相〉，乃醫學、卜算、命相之屬。其次，〈婦人〉一卷，細分賢婦、才婦、美婦、奇婦、不賢婦、妓，〈僕妾〉一卷，分妾婢、童僕。以下〈酒、食〉，另附酒量、食量；〈樂〉，附歌、樂器；〈書〉、〈畫〉；〈伎巧〉，載工藝及博戲等技巧；終於〈夢〉卷，人生不易達成之事，或許赴夢中可致。三〇卷的篇幅，佔全書三七・五%，比《廣記》原書超出甚多，如果從條目的數量來看，收錄一〇四九條，與原書二〇〇五條相比較，超過了二分之一。馮氏顯然將編輯的目光，專注在「人間世」的記載，減少了「怪力亂神」的篇幅。

「鬼神世界」，先列有神三卷。首卷「三才五方諸神」，其次爲「山岳江河諸神」，其三爲「冥司與一切有名無名諸神」，勾畫人死之後精魂留存化爲地方神祇者，並加附〈淫祠〉小類。或有靈異諸事，非神非鬼者，另列〈靈異〉部，自成一卷。〈鬼〉部四卷，分別爲「冥途」、「靈蹟及文武有靈之鬼」、「夫婦及男女情媾」、「墳墓棺屍及無名怪鬼」。以下，集〈神魂、塚墓、銘記〉爲一卷，大抵爲死後魂魄銘記諸事；〈再生、悟再生〉，爲死後還魂再生諸事。從統計數字來看，《廣記鈔》確實大量刪去「鬼神世界」的條目內容，以簡要的一〇卷，概括了《廣記》中的一〇二卷；一二四一條僅留存二七五條。但〈夜叉〉、〈妖怪〉等部，是舊有的門類，應如何安排？馮氏認爲這些較低層次的鬼怪，或屬「自然精怪」之部，所以將它們與自然界若干精怪之事，放在同處。

「自然界」，包括自然界生物描述的九卷，與精靈信仰的八卷。馮氏首先以〈天地〉之部，交代雷、雨、風、虹、土、山、石、坡沙、水、井諸事；其次列〈寶〉部，包含寶、珍玩、奇物三類；其次爲〈花木〉、〈禽鳥〉、〈畜獸、野獸〉、〈昆蟲〉諸部，每部之下都另有詳細的類門。〈龍〉二卷，雖非自然生物，然與信仰傳說、生物生息之雲水有關，列於〈水族〉部之前，似無不妥。〈水族〉部，含鱗族、介族、海雜產。自然精靈之部，僅分〈夜叉〉一卷、〈妖怪〉七卷。《廣記》中列有八七卷一七二一條，《廣記鈔》縮編爲九卷五〇九條，如果再加上混入〈妖怪〉之部份數十條，將近六〇〇條。則馮氏能將自然與精靈加以區分，又減少精靈部份的條目，在分類的觀念上，有了重大的改變。

將〈蠻夷〉之部，放在「自然界」之後，應該是沿承史傳體常用的法則，以今日分類法而言，並不恰當。馮氏將《廣記》中八一條留下四一條，超過了一半，顯見他對異國人士風物，有較大的興趣。最末卷爲〈雜志〉部，集《廣記》中〈雜傳記〉、〈雜志〉各八卷而成。

參、《太平廣記鈔》的縮編原則

從以上兩書卷次與內容的異同，可以看出馮氏刪削縮編的情形，至於他所根據縮編原則，仍見於〈小引〉之中，他說：

> 予自少涉獵，輒喜其博奧，厭其蕪穢，爲之去同存異，芟繁就簡，類可并之者并之，是可合者合之，前後宜更置者更置之，大約削簡什三，減句字復什二，所留纔半，定爲八十卷。

就馮氏之言歸納，他所建立的編選體例，以刪省雷同的故事條目爲先；其次，縮減篇章字句；其三，併合條目；其四，移動條目的歸類。依次討論如下：

一、刪省雷同的故事條目

所謂「去同存異」，便是刪省雷同的故事條目，留下來的多少都有「異」可尋。如《廣記》錄有持誦金剛經可免禍續命之故事，共計一〇三條，以其雷同繁複，《廣記鈔》減爲一八條。舉例說明，《廣記》卷一〇二〈趙文若〉、〈趙文昌〉兩條，主人翁皆病亡，不日而甦，云魂入地獄，以持念《金剛經》而獲釋回。同卷〈袁志通〉、〈韋克勤〉兩條，主人翁皆陷敵陣，以平日誦《金剛經》而得救。〈袁至通〉的下半文，又涉地獄之行得赦歸凡，與〈趙文昌〉條近同。所以馮氏捨〈袁至通〉條，而存〈韋克勤〉。爲了「存異」，另從〈崇經像〉之部增選「張御史」相關金剛經者一條。又如持誦法華經免禍故事《廣記》錄二一條，《廣記鈔》減為五條，另從〈畜獸〉之部增選「潘果」相關《法華經》者一條。持誦《觀音經》報應故事，《廣記》錄五〇條，《廣記鈔》減為四條。持《道德經》得報應故事，應與《金剛》、《法華》、《觀音》性質近同，《廣記》無載，為了搜新求異，《廣記鈔》則從〈感應〉之部選「王法朗」一條。情節相同，多述無趣，馮氏將之刪削；而補《道德經》之例，增加內容的「歧異性」，馮氏作意好奇，所以增入。

二、縮減篇章字句

「艾繁就簡」之例，可引前述〈趙文昌〉條。趙文昌者，隋大府寺丞，病卒，以心上微煖，家人不敢斂。忽復活，言入閻王殿所，以平時唸誦《金剛經》而得赦。歸途，遇周武王，吩咐返見隋皇帝，代營功德，以減滅佛之罪。出南門，又見秦將白起於糞坑中受罰。昌甦醒後，面奏皇上。並載此事於《隋史》中。全文四七〇字左右；《廣記鈔》刪去「心上微煖」的描述，刪去趙文昌與閻王對談的描寫（原文中閻王甚至還要文昌取《金剛經》當面朗讀），僅存二五〇字，為原文五分之三。

如《廣記》卷二六，錄有〈葉法善〉一條。〈葉法善〉全文長約二八六〇字，馮氏刪去半數，另增評語四〇〇字。刪去的部份有（一）贅詞：如「所在經行，以救人為志」，刪「經行」兩字；「玄宗承祚繼統」，刪「承祚」兩字；「速宜立功濟人，佐國功滿，當復舊任」，刪「佐國」兩字；「內官驚駭不悅，法善尋續而來」，「不悅」非實情，佐「驚駭」之意而已，可刪，「尋續而來」改為「尋至」，求其簡要；「（張）說曰：既無他客」，刪

「既」一字，單句無須轉折承接之語。（二）累句：「本出南陽葉邑，今居處州松陽縣」，刪「本出南陽葉邑，今居」句，以文字枝節之故，刪之無礙閱讀故；「以正一三五之法，令授於子。又勸行助化，宜勉之焉」，刪「又勸行助化，宜勉之焉」句，以勸勉之言，無關事件之變化而去之；「約曰：『必不得妄視，若誤有所視，必有非常驚駭』。如其言。閉目距躍，已在霄漢」，刪「若誤有所視，必有非常驚駭」、「閉目距躍」二句，以贅累之言，延誤「飛躍」之速。（三）歧段：如「叔祖靖能神術」一段，與法善本事無關，刪去；又「玄宗累與近臣試師道術……追岳神、致風雨、烹龍肉、祛妖僞，靈效之事，具在本傳，此不備錄」，既不採錄，何妨去之？其他如交代後事，以強調故事眞實性的文字，如〈歐陽詹〉一條，歐陽詹讀樂籍女子遺書一慟而卒，後文加入「孟簡子賦詩哭之，序曰：……」，佔全文四分之三，全部刪除；或者是無趣的詩詞，如〈購蘭亭序〉一條，蕭翼計騙辨才，投宿僧院，兩人聯賦之詩詞內容刪去。

三、合併相關條目

相同或相近的事件，合併爲單一條目，可以減少雜蕪之感，方便讀者的閱讀。前引書畫之卷，已有相當多的例證。再翻閱《廣記鈔》目錄，仙部即有〈黃安、孟岐〉、〈赤松子、魯班〉、〈吳猛、許遜〉、〈蘭陵老人、蘭陵黃冠〉；女仙部有〈樊夫人、雲英〉；絕大部分的卷秩，都有併合的條目出現。同題而置於不同卷的情形，如〈邢和璞〉見於《廣記》仙部、算術部，《廣記鈔》則統合於仙部。又如婁師德之事，《廣記》收錄在報應、定數、器量、夢、雜錄諸部，共計五條七目，分別選自《大唐新語》、《朝野僉載》、《國史異纂》、

《宣示志》、《獨異志》、《御史台記》等書，馮氏取《宣示志》所記「夢中入地府知天命八五歲」一條，代替了《大唐新語》記載「臨終前自悔誤殺二人而減壽一〇年爲七〇歲」之事，而將《大唐新語》所言附作眉批，以解釋兩則故事的誤差。另有沿承《廣記·器量》一文，棄其靈州驛站與《國史異纂》李昭德等事，仍爲器量部之文。其餘冤報、相術中諸篇，將之淘汰。文思敏捷、下筆成章的故事，《廣記》俊辯部收有〈薛收〉、〈胡楚賓〉、〈王劇〉條，文章部收有〈符載〉條，以其短小，馮氏乃混合爲〈薛收等〉一條。

又如《廣記》卷二〇七〈王僧虔〉條，錄有《談藪》、《南史》各一則。前則爲王僧虔與太祖對話，自信書、草皆勝，並及長子王慈幼年與外祖父劉義恭、同輩蔡約、謝超宗言談諸事，表現了王慈的廉潔、機智與謙虛。後則載王僧虔與齊高帝論書法高下，僧虔機智的回答：「臣書人臣中第一，陛下書帝中第一。」《廣記鈔》取王僧虔自信書藝最佳之事，合二條爲一，而王僧虔歷官、封爵與子慈童年機智諸事，與「書藝」無關，不當列入〈書〉卷之中，刪原作二七〇餘字而爲一三〇字；可見馮氏自言「是可合者合之」，有個客觀合理的標準。

四、更動次序，調整類別

字詞、章句、段落的更動，一如房屋的修繕，雖然塗飾增減，仍然保有原貌。馮氏還做了更大的變動，所謂「類可并之者并之」，以及「前後宜更置者更置之」，這種改變，不只是「抽樑換棟」，而是「變更戶籍」了。

《廣記》五百卷的架構大而無當，每卷文字約在三、四千字左右，條目以五至十目爲多，但一卷中僅存一至二條目者，亦不乏所見。因爲以篇幅長短，來區分卷次，有些完全無關的部門，勉強地安排在同卷之中。如〈名賢〉附有「諷諫」，〈廉儉〉附有「吝嗇」，〈俊辯〉加附部份的〈幼敏〉，〈將帥〉附有「雜譎智」，〈儒行〉附「憐才、高逸」；這些附屬的部份，並沒有主從關係，只是因爲篇幅的長短而相互調配；〈交友〉、〈酒〉、〈奢侈〉等部，混雜排列，並非相關類屬。馮氏在部門間的區分排列，顯然較《廣記》爲合理。〈雜傳記〉多屬長篇傳奇，可能因篇幅較長，《廣記》的編者別出以爲附錄，馮氏將〈謝小娥〉、〈楊娼傳〉、〈飛煙傳〉三篇介於長短篇幅，改隸前〈婦人〉部；而〈劉甲〉、〈盧嬰〉、〈王樊志〉原屬〈異人〉部，以無相關類屬，改移至此。更動較大的地方，以「神仙世界」〈道術〉、〈方士〉、〈異人〉、〈異僧〉、〈釋證〉、〈報應〉、〈徵應〉、〈定數〉、〈感應〉、〈讖應〉等十部，每部卷秩多寡不一，有些部門之下還有若干附屬，馮氏精簡爲每類一卷爲準，內容較多者，容或增爲兩卷，也注意了各部間的異同關係，如〈道術〉、〈幻術〉相對而存；〈報應〉分爲〈報應〉與〈冤報〉二屬；將〈徵應〉、〈感應〉、〈讖應〉，以及〈休徵〉、〈咎徵〉，歸爲〈徵應〉一卷，務使條目清楚。其次，自然界的觀察記載與精靈崇拜的記述，往往混淆，馮氏有關精怪的部份抽離，而與〈夜叉〉、〈妖怪〉並列於〈昆蟲〉、〈水族〉之末。這種變動，可舉《廣記鈔》卷七四〈妖怪第三〉爲例。馮氏首列山內怪物山精、山魈之屬，所以從《廣記》山部移入〈山精〉；從虎部移入〈斑子〉、〈劉薦〉兩條合爲〈山魈〉；從妖部第二卷移入〈富陽王氏〉以爲〈富陽人〉一條；從妖部第三卷移入〈元自虛〉一條；從鬼部第九卷移入〈山都〉、〈木客〉而合爲一條；從妖怪第二卷移入〈張遺〉一條；從妖怪部第八卷移入〈曹朗〉一條。以上所列，蒐集了「木精山怪」的描述，表達完整的概念。類近這樣的變動，是馮氏改編中最有意義的創舉！

雖然馮氏書中的分類，大部分仍沿襲舊有觀念，如設有〈龍〉、〈虎〉之部。然而〈龍〉部與〈水族〉部並列，另別出〈劉甲〉、〈老蛟〉兩條爲〈妖〉部，〈漢武白蛟〉、〈伐蛟〉兩條爲〈水族·鱗族〉部。〈虎〉部，一九條歸〈野獸·虎〉部，一六條歸〈妖怪·虎妖〉之部。則龍、虎爲自然動物之首的觀念，也被馮氏修訂了。

去同就簡、縮減篇幅字句、合併條目、歸類移位，便是馮氏節選的原則吧！爲了使讀者減輕龐雜巨書的閱讀負擔外，另增加一些閱讀的趣味，馮氏又不遺餘力地加上夾註、眉批、總評。這些增加的文字，透露了馮氏的編寫策略，是下一節要討論的重點。

肆、馮夢龍在《廣記鈔》中所表現的認知與見解

直接表現馮夢龍編纂《廣記鈔》的見解，可見於一千七百餘條的眉批、兩百餘篇的篇末總評，正文之間時而附入的邊批、夾注。在這些評述文字中，可以歸納出馮氏編纂的企圖心。首先，爲了減少縮編節選所造成的弊端，馮氏利用眉批訂定細目與附見的體例。其次，爲表現博學，幫助讀者閱讀，馮氏著墨字詞訓釋、解釋專有名詞、徵引他說、補充見解，以及記載風俗民情。其三，馮氏闡述個人對神仙世界的嚮往以及質疑；其四，反映個人對儒家治身、理家、治國之道的肯定；其五，藉古人事件抨擊當代時事與制度；其六，表現個人人生歷練所積聚的智慧與觀念。

一、訂定細目與附見的體例

訂定細目，如卷一九〈徵應〉部，包含休徵、咎徵、感應、讖應諸事，諸事下又再細分，故依次註：亦下帝王休徵、以下人臣休徵、以下邦國咎徵、僧寺咎徵、感天、感鬼神、以下情感、語讖、以下歌曲讖、以下字讖、以下詩讖、以下地名讖；二〇、二一兩卷爲〈定數〉部，細分爲：科名、祿位、貧富、生死、婚姻、飲食等類。又如卷二六〈好尙〉部下各註：好儒、好登涉、好書、好琴、好歌、好雙陸、好醜、食性異，以說明好尙之異同。有關附見體例，如卷五〈仙部·司馬承禎〉註：（謝）自然，別見女仙部；卷六〈仙部·韋善〉註：大化龍附見；卷八〈女仙部·西王母〉註：九天玄女附見；卷八〈女仙部·驪山老母〉註：李筌附見；卷九〈女仙部·樊夫人〉註：裴航附見；卷一〇〈道術部·張士平〉註：太白星官附見。

二、廣徵博引，以顯博通，並助讀者閱讀

爲了顯示博通，馮氏透過眉批、邊批、夾注、總評各種方式，來與讀者們「對談」。最直接的方法是：

（一）音註、字詞的訓釋

音註者，如卷六〈仙部·軒轅彌明〉註：炧，才野切，燈燭燼；卷七〈仙部·慈心仙人〉註：倭音猧，犬子也；同卷〈李玨〉條：玨，音覺，同穀（殼）；卷一三〈杯渡〉條：

圖，音垂，環也；卷二五〈武臣有文附·高昂〉註：迎新婦，婦音阜。字詞訓釋者，如卷一〈仙部·木公〉註：金母即西王母；同卷〈焦先〉註：芋可名爲焦先石；卷一四〈異僧部·僧伽大師〉條：「頂穴」註，與佛圖澄乳穴同；卷六六〈畜獸部·拱鼠〉條，註：詩云相鼠是也。

（二）談用典與對仗

用典者，如卷一〈仙部·徐福〉註：詠仙家亦可用「三車」；卷六二〈天部·番禺村女〉註：嘲醜婿可用「雷郎」；同卷〈虹丈夫〉註：「虹種」可嘲肥人；同卷〈怪山〉註：「怪山」可嘲不速之客。談對仗者，如卷六四〈花木部·鬼皀莢〉註：「鬼莢」可對「人楓」；同卷〈無情草〉註：「左行草」可對「金燈花」，一無義、一無情。

（三）辨異考訂

如卷三〈仙部·韓愈姪〉註：本傳云韓愈外甥，今從《酉陽雜俎》改作姪。世傳韓湘子，不知何據，然爲姪無疑；卷四〈仙部·羅公遠〉註：此段見《開天傳信記》，彼作羅思遠，誤也；同卷〈崔生〉註：《會昌解頤錄》所載略同，爲蜀人張卓事；卷二○〈定數部·尉遲敬德〉註：按尉遲名敬德，字恭，乃雙名單字，人多不知」；卷四四〈婦人部·謝小娥〉註：《續幽怪錄》事同，但云尼妙寂姓葉，夫爲任華，亦據李傳，不知何以異也？同卷〈婦人部·宮人紅葉詩〉載唐顧況事、進李茵事，註中再引：《雲溪友議》中書舍人盧渥與雲芳事，小說則爲于佑事，是「紅葉題詩」是個常見的故事模式；卷四七〈樂部·李龜年〉條，

註：木芍藥即今牡丹；又云：李龜年其宅後爲裴晉公移於定鼎門南別墅爲綠野堂；卷五一〈夢部·沈亞之〉註：尚公主，漢制也，秦公烏有是；卷七八〈妖怪部·五酉〉註：小說有顏回擒鬼化爲蛇，事略同。從這些考訂文字，可見馮氏博學徵引之能事。

（四）引述他說，補充見解

如卷二〈仙部·葛玄〉總評，引《金陵六朝記》云，葛玄得道昇天之事；同卷〈壺公〉眉批：據《眞誥》，壺公是施存轉生，存，孔子門人。《術覽》云，壺公姓謝名元；卷三〈仙部·許遜〉總評，引《朝野僉載》、《廣異記》、《墉城仙錄》等書，增加許旌陽的神奇事跡。卷五〈仙部·王賈〉眉批，引《大唐奇事》云，李義喪母，黑犬化身爲母受其奉養事，同於王賈此事。這幾個眉批、總評所提及的事件出處，其實也收在《廣記》之中，只因爲被馮氏刪削了，改成附屬的形式出現。

三、闡述個人對神仙世界的看法與質疑

打開《廣記鈔》，首見〈仙部·老子〉，馮夢龍加眉批云：「老子母爲玄妙至女。據《化胡經》，再投淨妙夫人體爲釋迦。」似乎，馮氏也接受了一般的民間信仰：虛無老母生東西二十四列聖，以不同宗教面貌教化世人。他也認爲信心、勤懇、順命，是得道的必備德性。所以在卷七〈仙部·陽翁伯〉中，評云：「以石種玉，世無此理。翁伯信心，便是道器。」卷六〈仙部·陳安世〉中，批云：「誠實，得道之本……誰肯如此？肯如此，何事不成？」卷二〈仙部·王賈〉條中，批云：「未來事一一指畫如睹，凡事有定數，人何爲妄營哉？」

對於俗塵功名的追求，馮氏也在卷六〈仙部．裴諶〉條中，王敬伯以出山做官而得意，批語道：「斥鷃笑鳳，腐鼠嚇鳶，紅塵中得意揚揚者，眞可憐也。」

然而在〈老子〉條下，否定孔子曾爲其弟子，脫離與仙道相關的聯想；同卷〈白石先生〉條下，並引述《冥祥記》內容，總評云：「天界、地界與人界不殊，故佛氏以無生超脫三界，據其最勝。」馮氏認爲死後世界仍苦於人界，對死後成仙並沒有想望。在許多的批語中，他還表現對「仙家」的質疑。如卷四〈仙部．葉法善〉批云：「法善仙官也，乃受制于蝙蝠精，何耶？且吾聞仙人不死，又何也？」同卷〈羅公遠〉條，批云：「觀此則公遠尙未到上界地位，唐人好作小說，或亦用尊題格也。」同卷〈徐佐卿〉條，批云：「能知箭主于後年，而不能避一矢于今日，豈數已預定，雖仙家不可逃乎？既不可逃，何貴仙也？」卷二〈仙部．漢武帝〉批云：「觀『胎性』二字，始知神仙天生異種出類拔萃，非修習可致。」仙、人異途，不可能轉換，或此之謂。

再回到〈老子〉條中，老子要某甲陪往安息國，當以黃金還他薪水，何以不能一忍？馮氏批：「字字有意，莫但作奇事看過」；爲了怕話語未明，所以又加了總評，云：「安息國者，喻身心休歇處。黃金還汝，欲以金丹度之，非頑金也。『不能忍』三字，極中學道者之膏肓。所以不能忍者，由貪財好色故。聞《神仙傳》等書，須知借文垂訓，若認作實事，失之千里。」他居然把仙道事蹟的記載當成鼓舞人們堅忍、辛勤的「幻想故事」，簡直毀棄了《廣記》原先架構的宗教信仰基礎。對同卷〈孟岐〉的故事，對於神蹟，他還評云：「誰人對證？類似（張）少君大言，流爲醒神說謊」，到了這個地步，他已經在譴責迷信了。

四、反映個人對儒家理想的認同

馮氏沿承《廣記》之例，將唐右丞相李林甫的三則事蹟集中於卷五〈仙〉部之中，是難以理解的行爲。從在該文眉批上，馮氏不斷地表現個人不滿甚至激憤的情緒。對年紀二十的李林甫，遊獵球戲，批道：「極惡之人，仍不墮落，吾不信也。」道士使李林甫選擇白日飛升，或二十年宰相之職，李氏選擇了後者；馮氏批曰：「貪圖榮利，雖神仙不與易，借李描寫其情。」及李林甫枉殺人命，竄責六百年後始能飛升，批曰：「若升天仍在，止遲三百年？則眼前領取二十年宰相，林甫之計不錯，而天道於是僭乎？」道士勉李氏六百年後相見；批曰：「未見譴責。」又林甫家奴入冥，知天下將亂，閻王將追李林甫、楊國忠歸；批曰：「楊國忠與李林甫同追，豈亦仙耶？」及林甫知天下亂，遂潛恣酒色；批曰：「據二書所載，林甫眞仙矣。三世爲牛七世娼，又何人也？」林甫求善射者，射得陰鬼囊橐，而延長十年之祚；馮氏總評云：「夫豬龍之陰兵五百，見林甫輒走避。而冤鬼不請於帝，敢挾囊索憾乎？且青衣童子何在？而僥倖於一矢，何術之下也？總之未可盡信。」馮氏選李林甫事於〈仙〉部，用意不在歌頌或彰顯神蹟，反而罵起了李氏無道。又卷八〈女仙部・太陰夫人〉，載盧杞事，批云：「與李林甫相似，疑皆兩家門客所爲。」馮氏質疑整個故事的「正當性」，「口誅筆伐」李林甫與盧杞等行爲，表現了馮夢龍對於儒生陶冶本性，並能治國救民的要求。

作爲傳統文人，要講求德行、言語、政事、文學，所以馮氏在〈名賢〉部先列此四行。但他仍不改諷喻的口吻，在〈李景讓〉中，宣宗選宰相，以紙條書寫名姓三兩人，用碗覆蓋，使人抽出，而加任用。馮氏評云：「德望如李公者，何必探丸？以人聽天，斯爲陋矣。」顯然他在譏諷李景讓的無德。〈員半千〉評語中，馮氏引郭齊宗辯駁員半千之論，並云：「如郭所言，不過書生掉舌，猶今文場對策，不記出處，作諢語欺人耳。吾不取也！」卷三〈仙部·張定〉中，以其孝順，批云：「所以可教」；同卷〈李阿〉條，批云：「古仙與民同患，仙猶聖也」；同卷〈王烈〉，稱其五經百家無不該博，批云：「天上無不讀書的仙人」。講孝道、讀書、聖賢愛民治國之道，是神仙的充分必要條件嗎？

對於怪力亂神諸事，馮氏試圖給予合理之解說，以合乎儒家的認知與見解。如卷四七〈樂部·師延〉條言師延數百歲「抱樂器以奔殷」，馮氏評曰：「古者典禮典樂，俱世其觀，專其職。抱器奔殷，必延之先世，傳者附會之，遂以百歲人耳」。是則，師延先祖世代相承樂師之職明矣。

五、藉古人事件諷刺當代時風

借古諷今，想是馮夢龍的一大樂趣。他對於世人狡詰詭詐而自以爲「聰明」，有許多諷刺。如卷七〈仙部·賣藥道士〉眉批云：「愚直便是仙質，今世誰愚直者？」卷一〈仙部·河上公〉評云：「人間之聰明，天上之懵懂，觀王輔嗣，可自省自愧。」什麼叫做聰明？在卷六〈仙部·侯道華〉眉批說：「聰明之極爲聖，聰明不衰爲仙。」馮氏在追求一種眞正的「聰明」。

（一）世風澆薄，是馮氏批判的主要對象

卷四〈仙部·翟乾祐〉批云：「今人蛇蝎滿懷，方且藏頭掩面，誰肯露五臟乎？此足

惡，蓋歎世語也。」卷二五〈才名部·李邕〉，馮氏引李邕回朝百姓爭睹之事，批云：「怎見古時人情好才，若今日爭認尊官高第耳。」李邕果如此值得推崇嗎？馮氏在總評中，引述知海州時如何傷害日本國使者五百人，並言：「文人無行，至李北海極矣！」此馮氏一劍兩刃之法，一罵俗態，另罵文人之行也。

（二）世人儉吝之習，逃不了馮氏的嘲弄

卷六〈仙部·賣藥翁〉批云：「世無信心之人，由不肯捨錢故。」卷二〇〈定數部·李君〉載李君於華陰廟中得回父親寄存的兩千貫，老僧允其攜走，但明日「留一文書便可」，馮氏批云：「老僧亦高人，但不知留一文書何用？所謂不能免俗也。」同卷〈王叟〉夫妻儉嗇聚財，一日發悟，反在夢中受責，死後其財爲安慶緒軍餉用。批云：「有聚有散，世上慳吝之輩正不知爲何人守財耳？」

（三）對於時政冤案、酷吏、惜生、用才，馮氏也是有意見的

如卷二三〈精察部·崔碣〉條，崔碣治王可九冤案，馮氏批云：「世無博陵公而有司之冤人也，久矣，嗟哉！」卷六〈仙部·蘭陵黃冠〉云咸通中溫璋爲正天府尹嚴殘，批云：「黷貨敢殺，治有能名，自唐已然矣。可嘆！」卷二二〈名賢部·唐玄宗〉批云：「五十年太平天子，由惜福故。」卷五〈仙部·李泌〉，評云：「往時天子愛才如此，故天亦往往產奇才以應之。迂吁！今亡矣乎！」同條又批：「唐世世殺子，貽謀不善，故肅宗亦有建寧之戮，代宗追悼不已，以大國祀之可也。

六、表現個人人生歷練與智慧

閱讀馮夢龍文字，最爲吃力的地方，是他混合使用正言、諷刺、反諷的各種語調，讓人不清楚他在述說、抨擊、抱怨，還是嘲弄？是認眞，還是笑鬧？

譬如，卷三〈仙部・馬自然〉言竹杖擊病人患部可癒，批云：「人化石，有情而之無情；松化石，有生而之無生。『自然杖』此語，可贈醫家。」人、松終究不同屬，所同者生死，所異者有情、無情，當是正言。以杖指吹哨即可治病，則有反諷的語氣在。要能辨明所論各事，得費一番心思。有些明顯的事例，可以略述如下：

（一）馮氏喜歡高談仙情以反襯人情的澆薄

如卷一〈仙部・秦役夫〉，批云：「邂逅猶戀戀，乃知仙家非眞無情，特無塵世之惡薄之情耳」；卷五〈仙部・張老〉批云：「畢竟仙家之情勝于俗家數倍。」可是他轉個身，又以世情言仙情的不可依恃。如卷六〈仙部・杜子春〉批云：「名教雖尊，非錢不圓」；卷七〈仙部・薛逢〉批云：「學仙亦須資糧，人何可以無財乎？」；卷二〈仙部・李少君〉批云：「神丹亦需財辦，然則貧士安往而不困哉？」是則所謂仙界之事，又充滿了銅臭味。前段所引李泌「虛誕自任」之事，稱麻姑獻酒，頃間爲人識破。馮氏反而爲其塗飾，曰：「此必忌者之口，非實也。不然，天下豈有虛誕仙人乎？」天下虛誕之事不免，即連馮夢龍亦喜愛光怪陸離之談！

（二）馮氏喜歡以情來探討人間事理

卷六〈仙部・杜子春〉總評云：「道家云：丹將成，魔輒害之，蓋鬼神所忌也。愚謂不然。種種諸魔，即我七情之幻象耳。如人夢想，由未忘情。至人無情，所以無夢。子春之遇，夢也。七情中各未臻，豈惟愛哉？特以子春爲一則耳。」讀故事，亦有動情之時。如卷二八〈義氣部・周簡老〉條，評云：「（魏）貞非素有德於（周）皓也，特貴以情投耳。簡老又非素與貞相識也，特不忍負貞之所託耳。古人意氣相期如此，何今無萬分之一耶？吾讀《漢書》，至孫賓石救趙岐事，爲之一慟。閱《廣記》，至周簡老救周皓事，爲之再慟。」同卷〈吳保安〉條，馮氏對郭仲翔得吳保安信「深感之」，批云：「人以事求我，而反感之，此意誰能識得？」及新任姚州都督楊安居賜錢給吳保安妻，批云；「熱腸自冷不得，猶冷腸不可令熱也。」及保安救仲翔出，始首次見面，批云：「識面方今，識心已久，才是眞正好相識。」從這幾則論說，馮氏藏不住「認眞執著」的一面，他所倡言的「情教觀」，絕非聊備一格而已。

（三）馮氏也喜歡探討男女之間的關係

在卷一〈仙部・彭祖〉總評中，他說：「天地晝夜合，一歲三百六十交，而精氣和合爲嘗相厲。故交接之道，男女相成，使彭祖與采女爲夫婦，可以偕老。」自然運行如此，仙界男女也可成夫妻一體，而不以爲忤。對於彭祖喪四十九妻，馮氏頗有意見，他說：「骨肉之痛，多壽爲累也。然能自壽，何不能壽其妻子？」在卷五〈仙部・張老〉條，張老使妻韋恕女騎驢帶笠，自己策杖相隨一幕，批云：「仙中梁孟也。」眞有「只羨鴛鴦不羨仙」之慨！他講求男女平權、夫妻一體的觀念，所以在卷六〈仙部・裴諶〉條，裴諶以法術召王敬伯妻戲之，批云：「或言既係故人何當以妻爲戲？此不然，正欲破其俗情耳。」卷八〈女仙部・白螺女子〉條，引《搜神記》謝端事，云：「白水素女留殼辭去，米穀常不乏，卻無妻以下事。」尊重妻子，保護妻子，甚至依賴妻子，很切要地表達丈夫的戀妻情懷。

（四）對於女子優於男子，亦加讚揚

卷四〈仙部・翟乾祐〉，女子點化翟乾祐，順自然之情，而民得以衣食，馮氏云：「有智婦人勝男子，不謂神道亦然！」卷八〇〈雜志部・鶯鶯傳〉，是個耳熟能詳的故事，馮氏批云：「紅娘見識過張、鶯十倍。鶯勝張又十倍。」雖然文中仍有調侃女子之語，但不失詼諧之趣。如卷二〈仙部・漢武帝〉，武帝求《五岳眞形圖》而不得，馮氏批云：「女不傳男，因知男不傳女，仙家亦自別嫌。」卷四〈張果〉條，祕書監王迥質、太常少卿蕭華訪張果，果笑曰：「娶婦得公主，甚可畏也」，一語雙關，馮氏批云：「仙家亦畏婦乎？蓋刺太平、安樂之事耳。」卷六〈仙部・陳安世〉條，其權叔本妻阻見二仙，批云：「婦人言切不可聽。」是則馮夢龍嬉笑言談之中，仍把世間男女眞情當作第一要務。

（五）表達對人口問題的看法

卷七〈仙部・古元之〉記載和神國人生二男二女，馮氏評云：「不若人生一男一女，永無增減，可以長久。若二男二女，每生加一倍，日增不減，何以食之？」馮氏調誚之餘，談起這個嚴重的「人口問題」，倒有許多前瞻性。

（六）反思治國興利的理念

在前引〈仙部‧翟乾祐〉條，女子教翟乾祐放任龍精，風雷灘險如故，可以利民生；總評之處，馮氏特加重語氣，云：「『寧險灘波以贍傭負，毋利舟楫以安富商。』此語直是牧民要訣。蓋久習勞者不苦，驟廢業者難堪。褒多益寡，自然之理也。猶記昔年吾吳一撫臺，欲行維風之政，首革遊船。於是富家兒爭賃山寺園亭，挾妓宴樂如故。而舟人破業數百家，怨聲騰路，未幾復之，此足永鑑。」這個理念似有道理，衡諸今日工商建設，未免有「反智」、「反進步」之嫌！但仔細想想，世間因果、盛衰、成敗，其實仍有它的必然性存在。卷五〈仙部‧李林甫〉條，朱衣人奏上帝曰：「唐君臨御以來，天下安堵樂業亦已久矣。據期運推遷之數，天下之人自合罹亂也」，馮氏批云：「安堵樂業，便多造業，所以殺運繼之。」試觀今日之經濟活動，營建、股市、產業等等，哪一個可以逃脫這種盛衰成敗之裡？

伍、結論：《廣記鈔》的價值與對後世的影響

馮夢龍完成《廣記鈔》，對後世有什麼影響呢？要談影響之前，可以先再回到未讀完的書前〈小引〉：

> 嗚呼！昔以群賢掇拾而予以一人刪之，又何僭也？然譬之田疇，耘之、藝之，與民食之，或者亦此書之一幸也，而予又何妨于僭乎？宋人云：酒飯腸不用古今澆灌，

則俗氣薰蒸。夫窮經致用，眞儒無俗用；博學成名，才士無俗名。凡宇宙間齷齪不肖之事，皆一切俗腸所構也。故筆札自會計簿書外，雖稗官野史，莫非療俗之聖藥，《廣記》獨非藥籠中一大劑哉！沈飛仲力學好古之士，得予所評纂，愛而刻之，亦迥乎與俗不謀矣。

從這篇引文末段來看，馮夢龍執著於編選評注的工作，他辛勤加入注解、眉批與總評，除了謀個人錢糧生計、馳騁才華之外，「療俗」的企圖心，昭然若揭。那麼，他的目的達成了沒有？我們很難找到答案，也看不到重刻本，原因可能在它是《廣記》的嫡系，如果要翻印，直接找《廣記》原書便可；如果要改編，也不可能根據這本「竄改嚴重」的鈔本；但也可能是馮夢龍獨特的行事與編輯風格，讓其他的書商不敢任意加以「盜版」。從書前李長庚序言，可知此書當在天啓六年（一六二六）九月。同年，馮氏依靠蔣之翹輯成《智囊》；次年編《醒世恆言》、《太霞新奏》。崇禎三年（一六三〇），捐貲爲貢生，依文震孟，代作文書。後謁選爲丹徒縣訓導，七年重新增訂出版《智囊補》，尋補官福建壽寧知縣。十年作《壽寧待志》，次年解職歸鄉。此後，編戲曲傳奇，輯《綱鑑統一》，改編《新列國志》等。旋即亡國，尚從事抗清活動，還輯《甲申紀事》，撰《中興偉略傳》，順治三年（一六四六）以七十三歲高齡失去蹤影。⓫馮夢龍對這本《廣記鈔》，似乎沒有特別在意。

⓫　參見〈馮夢龍年譜〉，《徐朔方文集》第二卷，杭州：浙江古籍出版社，頁三九三—四五二。中有一二繫事待議。

儘管《廣記鈔》的分類方式、編纂結構均較《廣記》爲佳。然而《廣記》以「蒐奇志異」爲意圖，試圖以「宗教類書」存世，以及建構三教合一的庶民信仰，終究不是《廣記鈔》所能取代。讀者如果喜歡馮氏的人情教化的論點，大可閱讀馮氏的《智囊補》、《情史類略鈔》、《古今譚概》，犯不著在一本類近「宗教記載」的書籍，去閱讀馮氏「反宗教，而取人情」的主題思想。這或許是馮氏《廣記鈔》所以沒有得到重視的緣故。

近年來，坊間可見的《廣記鈔》，有上海市上海古籍出版社在一九九三年九月出版的影刊本，由魏同賢主編，依據上海圖書館藏明天啓六年刊本，缺頁用山西圖書館藏本配補。另有重新排印本兩種。先有莊葳、郭群一校點，河南中州書畫出版社在一九八○年一○月初版；後爲薛正興校點，南京市江蘇古籍出版社一九九三年九月初版。能夠讓後人一窺馮氏用過心力編纂的《廣記鈔》，實在大快人心！

或許有人認爲經由上述的理由，《廣記鈔》似乎不值得翻印流傳。我想先舉馮夢龍在卷六〈仙部·軒轅彌明〉的總評，來說明捐棄此種「成見」的必要。馮夢龍說：「學道之人第一要去人我相，老子所謂外其身而身存也。鄭又玄胸中有門望在，蔣生胸中有先輩主人翁在，黎幹、溫璋胸中有京尹在，侯喜胸中有詩名在，心既不虛，腹何由實？所以眞仙當面錯過。」眞仙何在？就當作馮夢龍的戲言吧！然而馮氏編輯的「眞意」，卻值得仔細推敲。馮氏在這本書中表現出以儒家信徒爲己任的態度，講求人情、倫理，對神仙的想望提出了質疑，這是他個人的風格，還是當時代共同的風氣？馮氏獨有的風趣、嘲諷語調，藉古事諷刺當代時風，表現了個人人生歷練與智慧，要研究馮夢龍的人與文化編輯工作，《廣記鈔》也是一個重要的例證；他花費了心血與時間，留下一千七百多條眉批、夾註、邊註、總評，呈現個人的知識見聞與編輯理念，可以提供後人研究他的思想模式與文學觀點直接參佐的資料。至於《廣記鈔》出版的前因後果，倒也呈顯了晚明出版與傳播現象的一例，幫助我們了解當時代書籍出版情形。以客觀觀點來看，《廣記鈔》不會也不值得推廣流行，但也不能因此而否定這本書作爲研究馮夢龍和他的時代的重要性！

《西遊補》文化形態的考察

高桂惠

一、前言

歷來研究《西遊補》的人大多注意到此書的敘述理論（高辛勇一九八四），以及孫悟空的特殊情緒（夏志清），或背景、價值與主題的分析探討（曾永義一九七九、林佩芬一九七七、寒爵一九七二等）。《西遊補》之所以命名爲『補』者，有它相對自足的封閉體系，卻也弔詭的依附於《西遊記》這原典的大架構；所以，它也是開放的、有對應系統的文本。這由該書一方面以『補』命篇，一方面短短的以十六回作收，完全沒有章回小說常見的百回結構常態可見一斑。因此，若將兩書合併檢視，我們當可對整個文化本體的結構形態、及其運動過程有一些具體的把握。當然，文化本身是一個複雜的概念，在複雜的交替與滲透中，文學載體究竟提供了哪些不變的東西？又有哪些東西以改變的形式長存於世？文化結構中的特殊性與普遍性，個別的與整體的形態考察，在每一個文本的出現與流傳，可爲後人在文化整體認識時提供什麼幫助？

明清是一個衍伸「現代意義」的時期，這時期對文化的傳承，演歷了它自身的文化面向，士人對道德聖化問題，一方面既意識到它具有精神虐殺性質，一方面又體會其積極創造的功能；因此在這一時期的文化氣質，既不像五四時期對『人的覺醒』產生「熱情匆忙的運用多於冷靜的理性的思考與理解」的基本弱點（錢理群一九九七）；也不像魏晉時期『人的覺醒』受政治纏鬥的影響，表現諸多如〈絕交論〉、〈廣絕交論〉急於表態的妄誕偏執；明清小說自有一種揭露腐惡與體嚐生命的認眞情態，對個體情慾的表達如此，對整體社會的反省也是如此。

基於這樣的文化氛圍，《西遊補》承繼了《西遊記》的文學思考，在閱讀與再創作之間，透露了幾許文化面向。《西遊補》作者董說生當明末清初（一六二〇—一六八六），曾注名復社❶。晚明士人心態的嬗變，是一個相對來說較爲劇烈的時期，董說作爲士人群體的一員，在明末從事這樣的創作❷，與吳承恩（一五〇四？——一五八二？）寫作《西遊記》的年代相去不滿一世紀，在時間上正是明中葉正德、嘉靖走向末葉，禮教一路漸漸失去駕馭力的歷史進程，經典小說的抒寫與續作，在某種程度上，也見證了這個時代的歷史動線。

本文寫作的策略，擬由文化圖像所積澱的小說形象入手，由形象進行比較分析，作爲討論的幾組形象，都被某種明顯的文化肌質所統攝，而這些肌質又統攝在互有關連的肌理上，形成一個文化脈絡的有機組織。形象是大於概念的，也因此，他們涵蓋的大量訊息在不斷的讀與寫當中，演繹著文化的生成脈動。

---

❶ 南潯鎭志卷十二。

❷ 一說此書作於一六四〇年，董氏二十一歲時，不久清兵入關（一六四四年）。

二、小說話語困境中的「續書」

由於小說「文備衆體」的特性，使得這一世俗載體可與文人的精神內涵有不同層面的結合。明清之際，隨著文化普及，官僚體系無法容納衆多文士，注定了有一大批文人只能屈身於世俗社會，他們的才華無法在主流文化施展，小說的商機及傳播，及其可容納士人的文化儲備、反應社會心靈的特性，多少也彌補了他們精神與物質的需要，因此，這一載體的時代性質，就很大程度上挾裹著遺民意識、寒儒意識、社會批判意識、情慾意識等「當代」面向。

清初杜濬（一六一一—一六八七）在《十二樓・序》中就說：

> 蓋自說部逢世，而侏儒牟利，苟以求售受其言，猥褻鄙靡，無所不至，爲世道人心之患者無論矣。……今是編以通俗語言鼓吹經傳，以入情啼笑接引頑癡，……道人（案：即李漁）嘗語余云：「吾於詩文非不究心，而得志愉快，終不敢以小說爲末技。」嗟乎！詩文之名誠美矣，顧今之爲詩文者，豈詩文哉！是曾不若吹篪蹴鞠而可以傲入神之藝乎？吾謂以詩文造業，何如以小說造福；與其以詩文貽笑，何如以小說名家！

創造小說的「侏儒」、「陋儒」、「腐儒」，其實在明清之際常化身「山人」、「主人」、「山樵」、「老人」、「道人」、「閑人」等姿態編纂，述說著他們理解的世界與命運，他們「牟利」、「求售」的心情，又深深的被「世道人心」所制約著。更甚者用室名別號，如餐花主人、西泠狂者、天放道人、青陽野人等閃躲方式創作《繡榻野史》、《浪史》、《朝陽趣史》、《株林野史》、《濃情快史》等，假史乘之名，寫淫人淫事，如魯迅所言：「至於末流，則著意所寫，專在性交，又越常情，如有狂疾，惟《肉蒲團》意象頗類李漁，較爲出類而已。其下則意欲媟語，而未能文，乃作小書，刊行於世。」（《中國小說史略》）隨著「大道」漸爲「世道」所取代，「小說」所涵攝的文化內容也就更形豐富，相對於中國正統的「經典文化」，其「亞文化」的位置正在悄悄的遷移著。

早在《漢書·藝文志》裡，班固對小說的態度就採取了比孔子更爲寬泛的態度，他說：「小說家者流，蓋出於稗官。街談巷語，道聽塗說之所造也。孔子曰：『雖小道，必有可觀者焉，致遠恐泥，是以君子弗爲也。』然亦弗滅也。閭里小者之所及，亦使綴而不忘，如或一言可采，此亦芻蕘狂夫之議也。」

相對於孔子的「弗爲」，班固看似更爲寬容的「弗滅」卻也一語規定了「君子」與「小道」的關係，應保持在寬容而又謹慎的距離，同時更將街談巷語，道聽塗說的「小道」與正宗經史「大道」這不同話語系統的從屬關係點出，「小道」之所以可以「綴而不忘」，乃因其「可觀」、「可采」。可以說：傳統小說的話語空間自始就被哲學話語（經）、史學話語（史）制約著，處於這一小說話語傳統下的作家或評點家，往往在理論前提沒有突破之前，面對小說這一世俗載體的創作不得不背負了相當沉重的人文精神包袱。

這種糾葛，到了明清「世情」小說的發展，出現了更爲尖銳的衝擊。明清創作「神魔」、「歷史演義」的小說家，他們要回應儒家的經史話語的凌駕之勢，往往以「羽翼信史」（明·

張尚德一五二二）及「問玄機，採禪蘊」（清・袁于令一六四二？）來為《三國演義》、《西遊記》找到話語的立足點，而「世情」小說面對自己的發言權，其思辯就顯得更矛盾與尖銳；如馮夢龍就說過：

> 理著而世不皆切磋之彥，事述而世不皆博雅之儒，於是乎村婦稚子，里婦估兒，以甲是乙非爲喜怒，以前因後果爲勸懲，以道聽塗說爲學問，而通俗演義一種，遂以佐經書史傳之窮。而或者曰：村醪市脯不入賓筵，烏用齊東娓娓者爲？……大抵如僧家因果說法度世之語，譬如村醪市脯，所濟者眾。（《警世通言・序》）

又如淩濛初也反省道：

> 語多俚近，意存勸諷。近世承平日久，民佚志淫，一二輕薄，初學拈筆，便思汙蔑世界，得罪名教，莫此爲甚。有識者爲世道憂，列諸厲禁，宜其然也。獨龍子猶氏所輯「喻世」等書，頗存雅道，時著良規，一破今時陋習，……因取古今來雜碎事，可新聽睹，佐詼諧者，演而暢之，得若干卷。（《拍案驚奇・序》）

在這些重新定位的話語中，透露著原本「經史」所詮釋的「大道」話語系統，滲進了更爲複雜的因子，話本編者在處理素材的時候，是與「世道」、「雅道」、「良規」相對應的，在士大夫文化和市民文化一路貼近的歷史進程中，經典語錄的大眾化，使得小說話語系統與經史話語系統的關係有一種鬆動裂變與緊密互滲的跡象，小說話語在這種鬆動的情勢下增加了文體的容量，「村醪市脯」的長相，使得它漸次可以容得下輕薄如西門慶的漁色文化，也能用大眾聽得懂的語言傳遞因果觀念，改變並滿足群眾閱聽的需要（新聽睹），娛樂的效果（佐詼諧），並作爲抒發心靈的審美工具。

在明清世情小說的發展中，我們觀察到，小說話語從歷史話語系統中剝離出來的結果，是歷史大格局爲背景，小人物在其中的遭遇成爲新的焦點，所謂「天」、「大運」、「歷史」等廣大背景及其中具有歷史高度的人物，漸次挪移其焦點與思想重心，成爲活生生的平民生活中的背景或引子，「人」在小說的世界恢復了他們的價値及地位，這由當時大量刊行的「豔情」小說與「才子佳人」小說可見一斑。董說爲何避開當時熱門的「豔情」小說與「才子佳人」小說，選擇神魔系統言說？因著虛構與夢幻，明末清初遺民意識與寒儒意識在當時這種相對受歡迎的文類，卻是作者視爲自我邊緣化的發言系統中，面對歷史話語的宰制及主流意識的疏離，究竟反映了什麼文化訊息？我們唯有透過小說脈絡去理解，或可能貼近那個時代「士大夫文化」與「市民文化」的濡染互滲，及其文化脈動。

三、石頭與補天的文化思維

「女媧補天」是十八世紀小說傑作《紅樓夢》的重要神話原型，在此鴻蒙世界裡，曹雪芹塑造了中國版本的伊甸園，亞當夏娃的最初遭逢，是由灌溉、照料爲生命起始。這一「補天」的任務，落實到人間，則由賈探春執行，她在「興利除弊」（五六回）這一任務上終告失敗，但「補天者」的這一頂桂冠，不論有才無才，在小說中都被證明是「枉然」的。作爲補天的五色石，是充滿了失敗主義美學色彩的創造物，但是當他下凡人間，卻成爲人間僅存的一點靈性——通靈寶玉。我們由《紅樓夢》的另兩個題名——《石頭記》及《情僧錄》，可以看出這三個題名分別揭示了此書的三個焦點：夢、石、情。

其中有關石頭的思維蘊意極深，在此之前的《西遊記》也由石頭起筆。相對於其他取經伙伴的天族受譴的履歷，石猴歷經稱王、造反、鎮壓、招安的歷程，在在說明五聖取經中這唯一的自然人，也充滿了世俗性的價值色彩；「取經」的發起人是皇帝，領導人是唐僧，而眞正的執行者則爲孫悟空，《西遊記》中孫悟空的取經事業，開啓了童蒙般的道德認同，而《紅樓夢》的通靈寶玉卻標誌出靈魂的價值，對以往歷史所高舉的社會理性——道德、權術、世故、利祿，棄之如敝屣；頑石形象的賈寶玉關切的是靈魂的處境；石猴之石，則志在煉淨過程後的功名典範。同樣吸收日月光華的兩塊石頭，在社會理性與個體感性的光譜之間，卻烙印著很不一樣的歷史記號；《西遊補》讓石猴岔出一段小小的插曲，正是在這種文化動線中的另一個落點。

西遊爲何要補？有何可補？

如此提問，若聚焦到石猴的身上，就像對這顆吸收日月光華的石頭予以再次的琢磨。

「補」的意識從書名到情節貫穿整部《西遊補》，此書開場第一回即因行者後悔打死了一干纏擾唐僧索取百衲衣的男女，爲了補過，他做了一篇〈送冤文字〉。在西天的路上，孫悟空一棒棒打死的是妖精，也是自己妖精型態的生命。作爲一部續書，《西遊補》讓孫悟空有更多人性的呈現。《西遊記》裡的悟空對金箍棒的使用從來沒有誤判，對每一次的任務執行，也沒有後悔的情緒過。續書中悟空一出現即犯錯，帶著英雄光環的他，旋即卸下成功的面具，並還爲此大費周章的爲文處置自己的過失。此外，作者並進一步藉著悟空的反省，把罪咎的時間拉回現世❸。悟空面對自己打死人所造成的「現前地獄」的悔悟，使他產生補救的行爲，地獄，這種最後裁決的代號，不管是時空或角色，在《西遊補》中，架接著情節的開始與延續；當行者轉換到「未來世界」，在地獄代理閻羅王職務，審判「偷宋賊」秦檜（第八、九回）時，作爲最後裁決的地獄，暢快淋漓的執行了歷史正義，同時也補救了歷史遺憾。他橫越時間跨度與生死界線，自我審判與審判他人，這一個取經岔出的行者，有了一絲嶄新的特質——處理錯誤；自己的與歷史的。周明初在《晚明士人心態及文學個案》一書中分析晚明士人的心理畸變，指出名士與隱士都是些充滿著悲劇意識的人物，由於人格結構的缺陷，易產生挫折感和失敗感，尤其是處於社會大變動時期，表現得更爲突出❹。這論點用於解釋《西遊補》在處理歷史的缺憾，兼縮個人的錯誤，對士人的處境，尤其是由此處境衍生的心理質素，頗爲切合。

此外，面對朝代的不明（新唐、偷宋）、時間的自由（古代、未來），行者卻始終記得要回歸那個取經的隊伍當中，所以當下的一切，充滿了過渡性質。可以說，整部小說充斥著個體與歷史、個體與現實處境、個體與生命、個體與自我的斷片。對於斷片，美國的 Stephen Owen

---

❸ ……大聖雖然勇鬥，卻是天性仁慈，當時棒納耳中，不覺涕流眼外，自怨自艾的道：「……忘卻罪孽深重哩！」走了兩步，又害怕起來，道：「老孫只想後邊地獄，早忘卻了現前地獄。……」（第一回）

❹ 見該書頁一四四、一四五，東方出版社，一九九七。

在《Remembrances》一書中有一段解釋：

> 斷片把人的目光引向過去；他是某個已經瓦解的整體殘留下的部分：我們從它上面可以看出分崩離析的過程來，……這塊斷片所以打動我們，是因爲它起了『方向標』的作用，把我們引向失去的東西所造成的空間的那種引路人的作用。❺

面對這許多網絡的斷裂，《西遊記》那個去險阻、除妖魔的孫悟空，在《西遊補》中變得或慈悲、或惱怒、或屈辱、或適意、或迷惑、或焦慮，成爲一隻很有情緒的猴子，匆匆於尋找補救的方法，西天的路，卡在找不到出口的困境，而困境中閃現的斷片，不斷的引向歷史記憶中那些重大的裂痕，而裂痕的空白處，彷彿才是董說最難言之處，既無計補天，也沒有出路。楊義《中國歷朝小說與文化》一書說：「某些神話片斷已融入了原始生命意識，……《山海經》以吉光片羽般展示了初民以神話思維所構想和理解的『歷史』，包括天地的『歷史』和人間的『歷史』❻。」神話系統做爲經典式的依據，「女媧補天」的神話蘊含天體運行秩序的再造，對前往西天的五聖而言，失落了天，不啻是一個致命打擊。

小說第二回，孫行者發現天不見了，天門緊閉，連玉帝的靈霄寶殿也被偷，「無天可

❺ 見該書七九—八〇頁，中譯本《追憶——中國文學中的往事再現》鄭學勤譯、上海古籍出版社，一九九〇。

❻ 參閱該書第一章《山海經》的神話思維頁一六、頁一八，業強出版社、一九九三・八。

上」，更糟糕的是，行者遭誣陷為罪魁禍首。因此，在第五回的古人世界裡，他打算請女媧幫忙補天，並待來日再雪冤屈。董說在《西遊補》的補天意識，高過取經的成就動機，甚至高於以個人利害為考量的申冤，正如成復旺在《中國古代的人學與美學》所說的，晚明面對異族威脅的民族矛盾中，「救亡壓倒了啓蒙」❼。董說述說悟空所面對的天之遺失，不像原始神話中女媧所面對的，是一場戰爭後的殘局。《西遊補》的天之遺失，是鑿空兒所為，這是多麼有趣的一種『遺失』！沒有理由的理由，他們鑿天，純粹奉命行事，而悟空面對正在鑿天的現行犯，亦無可如何。

《紅樓夢》的「補天」情節，強調石頭自嘲『無才』後的拒絕參與；《西遊補》的「補天」，側重行者求告無門的屈辱與焦慮。比較董說和曹雪芹的處境，後者的叛逆與篤定，是前者難以望其項背的。從《西遊記》悟空大鬧天宮，宣告「皇帝輪流做，明年到我家」的反威權姿態，到《西遊補》蒙受冤屈，思而補天的行徑，隨著文化的脈動呼吸，晚明的歷史處境，是漢族集體一點一滴『鑿空』的慢性自殺，小說家正捕捉到了這一種存在的虛無與恐慌。王陽明心學一路啓蒙的個人主體意識，終於要面對「救亡」的歷史掙扎，中間的歷程千頭萬緒，而《西遊補》在行者的上天下地，訪古探勝中，異想補天中，始終沒有找到答案，也沒有解決問題。約一世紀之後，《紅樓夢》回答「補天」的歷史需要是：「無才」，亦即：對問題的根本否定。彼時對心的思索，已邁入靈魂的終極拷問，由「才」而來，對生命的種種定義，被一筆勾銷了。

❼ 見該書頁三五五，中國人民出版社，一九九二。

四、「求放心」的辯證過程

(一) 心與魔的辯證關係

西遊補十五回所記鯖魚模樣婉孌近人，何也？曰：此四字正是萬古以來第一妖魔行狀。（西遊補答問）

《西遊記》結構當中的八十一難，揭露了形形色色妖魔鬼怪危害人間、虐殺人命的本質，而他們的存在不是直指人間國度的統治者——國王，就是神佛集團。有些研究者更指出吳承恩在詩文中，對當時社會上的「五鬼」、「四兇」是實有所指❽。《西遊補》對妖魔的描摹，以其「婉孌近人」爲特色，二書『妖魔』的差異究在哪裡？變化由何而來？

所謂妖魔，是障礙、是阻力，《西遊記》的除妖是對社會、對制度等集體意識所建構的大機制的一種斬截，五聖取經，期望達到團隊的「功完行滿，非指個人行善的獎賞」❾，但一方面五聖個人面臨自己內在的龐大黑暗，除妖魔，也意味著檢視自己內在的黑暗❿。而

---

❽ 清、谷應泰：《明史紀事本末》卷五十四。

❾ 參浦安迪《西遊記、紅樓夢的寓意探討》中外文學八卷二期，頁四八。

❿ 此即論者所謂天路歷程之所以亦爲心路歷程，如：吳達芸、中外文學十卷十一期。

《西遊補》的行者誤入鯖魚的腹中，純粹個人行爲，「情妖者，鯖魚精也」。在《西遊補答問》作者闡釋：

> 問西遊舊本，妖魔百萬，不過欲剖唐僧而俎其肉，子補西遊，而鯖魚獨迷大聖，何也？曰：孟子曰：學問之道無他，求其放心而已矣。

董說在創作動機的說明中，非常清楚的點出『心』和『魔』的關係。

《西遊記》十七回烏巢禪師將心經授予唐僧時說：「若遇魔障之處，但念此經，自無傷害。」唐僧「耳聞一遍……即能記憶」，但爾後，在他聚神覆誦經文時，妖魔反纏擾他心神安寧（如：四三、七九、八〇回），足證知識的理解到實際的經歷之差距，以及『心』和『魔』的辯證關係。作者還故意嘲諷他唸的是「多心」經，七十九回悟空在比丘國君面前變作唐僧，剖開胸膛滾出一大堆心來，正寓意著唐僧內在的駁雜。「心」的概念，由經典、妖魔、唐僧去定義，一方面也由「心猿」的行徑呈現。關於「心猿」的研究，成果浩繁，從源流、哲理、社會政治、小說美學各角度切入，都可以看出悟空形象之飽滿、豐富。但悟空在神魔之間的面向，造成他作爲一個妖魔變節者，或叛逆意志昇華者的不同解讀。

《西遊補》的魔障以一「鯖魚」概括，並讓悟空誤入其腹中，就在先決條件上限定了『心』和『魔』的關係——情欲，此處的悟空取消了神性的問題，妖魔「婉變近人」，就一語規定了問題的面向——人與其內在的情慾問題，可以說：神性的取消與人性的內化同時進行著。十四回驅八戒離開青青世界，作者突發奇想的讓唐僧寫了一封離書，正因爲八戒被視爲

「欲根」，即離書中所謂「無不竊賊賊無宅，賊不戀吾吾自潔」；離沙僧則寫道：「沙和尚妖精，容貌深沈，雜識未斷」。又把夫妻之倫等同於師徒之倫⓫，大大的擴充了「情欲」的涵蓋範圍。

此外，若檢證《西遊補》悟空的全部閱歷，可發現作者的內化並非只是肉體物質面的「情欲」，十六回的青青世界，「蓋在火焰芭蕉之後，洗心歸塔之先也。」（西遊補答問），它的內容就是「三界六夢」。所謂「三界」，是指包括現在的「青青世界」，以及「古人世界」和「未來世界」，就是整個時間。周遭還籠罩著秦皇所居之「朦瞳世界」，那是意識界的象徵。「六夢」根據嶷如居士的序說：

> 孫行者牡丹花下撲殺一千男女，從春駒野火中忽入新唐，聽見驪山圖便想借用著「驅山鐸」，亦似芭蕉扇影子未散；是爲「思夢」。
> 一墮「青青世界」，必至萬鏡皆迷，踏空鑿天皆緣陳玄奘做殺青大將軍一念驚悸而生；是爲「噩夢」。
> 欲見秦始皇，瞥面撞著西楚，甫入古人鏡相尋，又是未來；勘問宋丞相秦檜一案，斧鉞精嚴，銷數百年來青史內不平怨氣；是爲「正夢」。困葛藟宮，散愁峰頂，演

⓫ 十四回唐僧逐悟能、悟淨，說：「你若不走，等我寫張離書，打發你去。」沙僧道：「……丈夫離妻子要寫離書，師父離徒弟，不消寫得離書。」八戒道：「這個不妨，如今作師徒夫婦的多哩！」三人的對話裡，將這兩倫類比，由制式化的文書來處理離合問題，有意打破此二倫的情感藩籬。

戲、彈詞，凡所閱歷，至險至阻，所云洪波白浪，正好著力，無處著力；是「懼夢」。千古情根，最難打破一「色」字。虞美人、西施、絲絲、翠繩娘、蘋香，空閨諧虐，婉孌近人，豔語飛颺，自招本色；似與「喜夢」相鄰。到得蜜王認行者爲父，星稀月朗，大夢將殘，五旗色亂，便欲出魔；可是「寤夢」。

這些私生活與公共領域，日常生活與理念世界，涵蓋生命的整個內容。因此，火燄山之後，「心猿」掉到鯖魚的腹中，面對的是歷史、記憶、時間、身份、人倫、自我、情感、慾望等全面解構的問題，所謂「婉孌近人」，正告示著人類問題的全面性與內化進程。《西遊補》心的內涵與魔的內涵演化得相當具同構性，董說以當時的流行思潮「心學」爲基礎，在孟子「求放心」的儒學新貌中，重新檢討「心」的內涵，及其與「情」、「欲」的相關問題。

本來吳承恩作品中的石猴無父無母，即將五倫簡化到師徒之倫，心猿的涵義，在修身立業的不同面向中同時進行。董作的心猿，原來的師徒關係因三藏變爲殺青大將軍而遭受瓦解，此外，悟空在夢中還忙著扮演著各種不同角色——執法者、女人、甚至父親，人本身的定位即在角色中不斷抽離變造，也因此心的內涵，在社會面的擴充下不只強調忠義善惡等常識面，而朝向更深的「我是誰」的意識層挖掘。於是由角色行爲的空間面的擴充又往時間面的維度上解放，乃有過去、現在、未來及意識層的多維度思考，若從這個角度來理解《西遊補》，才能看出他對當時歷史命題的回應。

心的概念改變了，魔的內涵亦有所不同，所謂「……西遊舊本，妖魔百萬，不過欲剖唐僧而俎其肉。」（西遊補答問）是指考驗的虐殺性質與威脅感。張書紳引用「物欲」的儒家概念來評注『六賊』（十四回）、『六耳獼猴』（五十八回）、『九頭駙馬』（六十二回）等心猿形象，說「《西遊記》當名遏欲傳」⓬。如果說《西遊記》「心的概念」就某種程度而言是「欲的概念」，其概念的具象化由五聖分頭詮釋，除了取經的正面力量，也包括了他們的犯錯與贖罪過程中所呈現的性格弱點，誠如余國藩所說：「所以西行目標並不在於得到道路盡頭的可疑經卷，而在於漫漫長路本身。」⓭準此，《西遊補答問》解釋『魔』的概念即由《西遊記》出發：

> 問：古本西遊，先說出某妖某怪；此敘情妖，不先曉其爲情妖何也？
>
> 曰：此正是補西遊大關鍵處。情之魔人，無形無聲，不識不知，或從悲慘而入，或從逸樂而入，或一念疑搖而入，或從所見聞而入。若不可改，若不可忽，若一入而決不可出。知情是魔，便是出頭地步。故大聖在鯖魚肚中，不知鯖魚，跳出鯖魚之外，而知鯖魚也。且跳出鯖魚不知，頃刻而殺鯖魚者，仍是大，迷人悟人，非有兩人也。

⓬ 見《西遊記資料匯編》，頁二二四、頁二二六。

⓭ 見浦安迪、《中國敘事學》北京大學出版社、一九九八、二刷、頁一七三。書中浦氏並引用陳敦甫將「經」解爲「徑」的概念。（一九七六）

這一段解釋『妖魔』的概念，可看做對抽象『情』的哲思的具象描繪。「不知」是我們對魔障的蒙昧狀況，表明了『情』難以掌握的現象，相對於吳作之「說出某妖」，董氏強調其「無法命名」；而『情』對人的內在產生影響，可從感性（悲慘、逸樂）或理性（疑念、見聞）的途徑而來，且人之於『情』充滿了被動性。相較於吳《西遊》中「俎唐僧肉」的主動虐殺，董《西遊》中妖魔的吞食姿態，是以迷惑爲能事，其結果是「失心」，十八世紀《紅樓夢》寫寶玉「失玉（欲）」，二者無不回應著「人之所以爲人」的問題。從人的接受角度而言，妖魔由外在於人的虐殺、壓制，轉向內在於己的困頓、迷惑，「婉孌近人」遂描繪出晚明士人人生態度、價值觀異化了的心理傾向⑭。

心、情、欲，是非常抽象的概念，在大我的自覺、解放，與小我的自覺、解放的歷史進程中，董說讓孫悟空脫隊，落入青青世界面對內在自我的追尋（求放心），從充斥哲學意味的『悟空』，加入塵俗意味濃厚的『悟幻』，董說的哲學理念，仍停留在「走入情內，見得世界情根之虛，然後走出情外，認得道根之實」（〈西遊補答問〉），作爲人的主體性的根本存在——心，其容量的正當性，被規定爲『道』，情與道這一組哲學範疇，於此被理解爲生命存在的虛與實。

⑭ 見周明初《晚明士人心態及文學個案》東方出版社、一九九七、頁一六四。此處所謂異化，是指大量湧現的名士、狂士、隱士和山人。

(二) 心之鏡(境)

《西遊補》由第四回行者入「萬鏡樓」後，至第十回「大聖出鏡」，共有七回的篇幅描述鏡子的世界。作為一個富有哲學深義的比喻，鏡子在中國的傳統思維中，往往是用來比喻人心而不是外界對象，鏡子的作用並非用來認識自我⑮，而是反映世界，可以『玄覽』萬物、呈現宇宙本體或『眞如』的。王陽明提及『我心』和『宇宙』這一組關係時說：「心無體，以天地萬物感應之是非為體。」即我心並沒有它自己的不同於宇宙(也不同於他人)的本體，因而不可能將它視為一特殊的、個人特有的對象來認識和對待。所以「宇宙即是我心，我心即是宇宙」；至於我心本身是什麼？回答是「心無體」(沒有我心)，而其作用之啓始在於「感應」。

在中國的傳統中，心被視為一面鏡子，慧能所謂「明鏡本非臺」，人心被假設為已知的、乾淨的、人人相同的一面鏡子，所以人的『心性』為一個出發點，這和西方的反思從對象出發，是不一樣的進路。這面「本來無一物」(無體)的心鏡，在明代由陸九淵的「發明本心」的為學工夫與心本論的歷史進程中，明儒以「內聖之學」為價值內核，「心學」逐漸成為時代的主要思潮。清代學者莫普對前朝的學術畫出這樣的輪廓：

---

⑮ 反之，西方哲人對鏡子究竟反映客觀世界或主觀世界，產生出淵遠流長的『反思』學說，『反思(reflexion)』是一個光學名詞，本指反映、反射的意思，做為哲學詞彙，便成為從內向外發現自我的過程。由於人心被視為有待認知的對象，人先要認識對象，然後才能認識自己，才能對自己的心性有眞正的『自我意識』，所以西方的心性之學為『自我發現』的理性之路。

以大宗屬姚江（王守仁），而以崇仁（吳與弼）爲啓明，以蕺山（劉宗周）爲後勁。（明儒學案序）

孟子承孔子道統，創養心及養氣之說，明代陽明心學深得孟子之旨，又承陸九淵之心學，但陸、王雖同主「心即理」之說，然象山所言，仍重一「理」字，陽明所說，則重在「心」字。

本來孟子「求放心」的養心之說，發展到宋代有朱陸之辯；流衍爲明代，啓始或「兼採朱陸」，或漸次演變爲「以陸變朱」的學術氛圍，明儒提出諸如：「以求放心爲居敬之本」（婁諒），「以求放心爲要」（胡居仁），「反求吾心」（陳獻章）等等的本體論，實爲由「外王」向「內聖」的時代轉向。這個轉向使明代心學又逐漸由對心的探討，除了將人歸結爲『理念』的精神實體來看，一方面更推而肯定人的自然屬性，將人視爲一個具體的物質實體，於是衍伸了「情眞說」（馮夢龍）、「童心說」（李贄）等對名教、禮教、情教的次序重整。

明、謝肇淛所言《西遊記》「以猿爲心之神，以豬爲意之弛，其始之放縱，上天下地，莫能禁制，而歸於緊箍一咒，能使心猿馴服，致死靡他，蓋亦求放心之喻。」⑯。《西遊補》將西天之路停頓在『情欲（鯖魚）之夢』中，即挽合了『心』與『情』的命題。對心的照鑑，《西遊補》用了七回的篇幅談了鏡中的世界，嶷如居士序中說：

借光於鑑，借鑑於光，庶幾炤體嘗懸，勘驗有自。迺若光影俱無，歸根何似，又可

⑯《魯迅全集》第九卷《中國小說史略》引。

慨已。

即將人心視爲一面鏡子，一切光影的本原，這依明代的心學思潮與董說的師承關係（曾師事黃道周）來看，是具有相當代表性的。在心鏡的世界裡，不是由「情色未泯」的八戒參與，而是由佛家「空義」的通俗闡釋者悟空來演義，主角的設計及其處境是和困境的設計相對應的。正如《紅樓夢》寶、黛一草一石的歷劫，劫之所在，不在險山惡水、妖纏魔鬥，而在生活瑣細、情感糾葛。悟空入夢，夢中所見，神佛匿跡，妖魔近人；所有角色、人我、眞假、今古，界線不明。此一創作轉變，隱曲反射人心在具體世界（角色、關係、歷史、事件），與抽象世界（時間、空間、道根、情根）的扞格，晚明對個人處境的失衡，求助無門的焦慮，悟空在此實在是一位深具時代色彩的「行者」。

五、意義的求索與問題的擴充

『求放心』是《西遊補》最重要的主軸，做爲取經行列的重要執行者，孫悟空在《西遊補》中的處境似乎更饒人尋味。這裡所謂處境是指：一爲夢境的場域意象，一爲單獨入幻的孤立情境。

孫悟空在《西遊補》的入幻，充滿荒誕顛倒，作者董若雨對於吳承恩所關切的面向做了調整，他針對的是孤立的、迷失方向的個人，以及個人在此情況中的瞬間念頭。而《西遊記》關切的，卻是有組織的集體（國家、宗教等）的長期考慮以及秩序的建立。因此，依附在群體中的個人，由於時間與空間的暫時隔離，遂產生了另一場域的對話。

《西遊補》的場域是以夢想的形態進行，這個夢想場域展現了一個人身份的變化；孫悟空本來就是一個充滿童心的形象，被呑進鯖魚（情欲）的肚子，那是一個與現實世界隔離的空間，當個人在封閉的空間中，身份不被看見，作者旋即面臨一個問題：如何描繪『另一個人』？在此，『取經人』之一的悟空排除了原有的界限，由原有深具浪漫色彩向聖賢世界、救贖目的邁進的取經行程，此時卻不再扮演那充滿使命感的取經角色，而逗留在一個無法理解與掌控的世界中，於是接下來所發生的事情，無不指向一個新人的建構嘗試。

本來《西遊記》的成書，從精神面來看，頗具唐人精神世界——取經的心願與意志的意味，而《西遊補》以插曲的方式補入『情欲』，孫悟空記得要借「驅山鐸」爲取經路上排難爲主軸，而其間卻身陷困頓惶惑之中，使得孫悟空不再那麼自信滿滿，專心一致的前行。在《西遊補》前面〈西遊補問答〉的一段談到妖魔與人之關係的「婉變近人」的論述非常有意思；作者首先顚覆我們以外在形象辨識妖魔的習慣，所謂「婉變近人」，一方面說明妖魔形象的人化及內化，一方面排除其猙獰虐殺的印象；「婉變」，亦即誘惑的特質——溫柔動人。本來在《西遊記》中，人神獸魔的界限就很模糊，其關係亦極糾葛，《西遊補》以悟空的重構來揭示對人的重構，乃把握了《西遊記》「破心中賊」這一根本性的問題進行演化，更由人的對立面（妖魔）改變起。董若雨先將原來的界限挪移，並描繪一個不一樣的對立面，作爲重構人類自我形象的預備，人類在這一次改變中，不是要去完成一種大無畏的使命，而是內心世界裡的探險之旅。在《西遊記》中唐三奘曾說「心生，則種種魔生；心滅，則種種魔滅。」鄧曉芒所著《人之境——中西文學形象的人格結構》一書所說：

……唐僧的信仰只能是『爲我獨誠』的、自封的、排他的，……它最終導致『心生，則種種魔生；心滅，則種種魔滅』的極端唯我論，對一切外界事物、對他人和人之常情都失去了現實感。⑰

但在《西遊補》中，那些高姿態和良好的自我崇高感一掃而空，孫悟空再也不是教訓人，掃妖魔的高手；更不是「道德高人」唐三奘的馬前卒。他墮入自己的內心世界。以往《西遊記》中，孫悟空多次入妖魔內臟，達成由內部改造妖魔的目的，『三調芭蕉扇』入鐵扇公主腹中即其一例。此番入鯖魚肚腹，則爲自我改造。首先，發生在『國』的概念，孫悟空掉入一個『新唐』的迷思裡。《西遊補》對人的重構，是由空間與時間兩個軸線進行的；而附著於時空之網的人、事、物也跟著變形。這由悟空每到一處，作者即進行該處介紹，進行的方式是：悟空抬頭看一匾額題字，這樣子的空間命名，與《西遊記》的一段段贊賦架設出來的每一險山峻嶺的妖境，及人間國度的城池，物質空間的面貌相仿，較爲類型化迥然相異。《西遊補》對空間的處理，一面予以命名，一面卻疏於具體寫實的描繪，也沒有成文習套的運用，可以說：《西遊補》空間的面目是很模糊的。這種模糊與忽略，是否意味著作者在空間的概念上，表達的不盡然是一種物質的空間，毋寧說，作者是更關切社會空間、心理空間的問題，所以入幻的場域，不像《西遊記》以重彩濃墨的贊賦來進行空間介紹，既有一種粉墨登場的非現實感，兼具遊戲色彩。《西遊補》的空間：新唐、古人世界、未來世界、朦朧

⑰ 參見該書三二一頁。

世界、冥界，則難以依附與黏著，過於概念化與抽象化。

但弔詭的是，《西遊補》普遍忽略場景鋪墊的情況下，卻注重事件發展中的某些較爲細部的描繪，諸如：顏色與數字；如：百衲衣的眾多顏色（第一回）、虞美人的化妝盒（第七回古人鏡）、閻王手下的小鬼（第八回未來鏡）、以及「節卦宮」的帳目等，都顯得繁冗臃贅，在忽略與鉅細靡遺之間，閃躲與專注之間，作者似乎有意消解神魔與世態塵俗的差距。

最後，『悟幻』的出現，以及魚精變做『悟青（情）』，打算加入取經行列，董若雨在處理人的問題上，將原本哲學意味濃厚的『空』，加入更多的可能性，人的內涵由主體性的取消（空），進而關心個體對『空』的各種細微感受（幻、青），於是，人的複雜性與完整性又往前推了一步。

六、如何架接？

明刊袁幔亭序《李卓吾先生批評西遊記》中，李贄有句評語說：「作西遊記者，不過借妖魔來畫個影子耳。」又說此書『思筆雙幻』，『奇矣幻矣』。在在說明此書通過雙幻的筆法創作，使得書中人鬼神魔的形象，模糊朦朧、面目不清、而且彼此滲透、你我難分。畫『影子』就不宜對號入座，孫悟空這一藝術形象，經過小說家不斷的模鑄，所蘊含取經人的正果西天的宗教意涵，不斷被儒化爲立德立功的時人心態，「情欲之夢」正可以在現實的功名場外，表述士人的深切情懷。宗教性的負罪待贖意識，原本作爲取經人團結的精神紐帶和矢志西行的內驅力，此番加入夢境尋「驅山鐸」中，求法自贖的靈光消解迨盡，一群報皇恩求正果的唐室忠臣，轉而獨遺悟空化爲女子、審判奸臣，動輒『心中焦躁』，這個悟空非常的情緒化⓲，角色變幻莫測，其正義能臣的民俗造型，增入了晚明突梯狂怪的內涵，狂傲難馴的悟空，不再忙著譏諷玉帝不仁，神佛不明，宗教的關懷被『心』的哲學課題與歷史挫敗感蓋過，可以說：《西遊記》的救贖之念被《西遊補》的家國之思、自我之境稍稍挽留和轉向。弗洛伊德解析夢時將人的隱念化爲顯像的過程稱爲「夢的工作」，這些隱念會經過化妝變形，夢開始時是對無意識願望的滿足，當這願望達成的企圖過於激烈，則會受到稽查作用的抗拒，而將人喚醒，俗語說「好夢難圓」當即此理。好夢，凝聚著強烈的願望，一路追尋「驅山鐸」的歷程，是否也凝聚著對眾聲喧嘩的心學、救亡、贖過的歷史進程的深切反思？

本回設計在火燄山火已熄之後，火已滅了，爲何又要「驅山鐸」？《西遊記》八十一難，不是取經人面對自然就是面對妖魔的衝突，火燄山則兼而有之；就《西遊記》全書結構而言，火燄山的火可遠溯到大鬧天宮時，蹬倒老君爐，落下磚塊的餘火——接近原始狀況、未經壓抑的難滅之火，後來又有紅孩兒的三昧眞火——諸水難滅爲伏筆，『山』原本不是西

⓲ 第一回面對春野男女纏葛，悟空即『心中焦躁』。第二回入「新唐」受毀謗爲「偷天賊」，他「又好笑又好惱，他是個心剛性急的人，哪受得無端搶白，越發拳打腳踢」。第三回聞說師父要作殺青將軍，「又驚又駭又愁又悶」。在古人鏡中化爲虞美人，也是悲愁滿腹，「正式愁人莫向愁人說，說與愁人轉轉愁」。第七回正在團團轉，無法出古人世界時，無人世界勸他不必「憂煎」。可以說：「憂煎」是此書行者的情緒主要狀況，唯有在未來鏡中審秦檜才「心中暢快」，然而那是『未來』的事，畢竟，過去與現在都是「憂煎、焦躁」。

天路上最大的障礙，山水境域中的險怪妖魔才是，牛魔王五百年前與悟空結爲兄弟——「牛王本是心猿變」（六十一回），這些都使火燄山這個小故事能遙遙與前邊承接，並暗藏許多可發揮的「空白」⑲，我們從作品演化的角度來看，董說選擇在這裡補入「鯖魚」一夢，將功贖罪的寫法，轉而爲自我完善的追求，「外王」的關注與「內聖」的需求，在時代的天平中再一次演化，標誌出「滅火」與「振聾」當取得平衡，同時進行，《西遊補》所補者只是再一次宣告「靈山只在我心頭」。

《西遊記》與宋元取經故事和《慈恩寺三奘法師傳》一系列積累下來，五聖的形象即不斷的朝士大夫的文化心態發展，他們那勇於捐軀報國恩的唐朝忠臣特質，在《西遊補》中更加入時人的情感哲學和入世思想的深層文化意象，在爭取『戰鬥勝佛』的西天正果路上，『悟空』不是限於一正義能臣的形象，他在晚明的心學思潮中，不禁也暫時擱淺在自我的重重迷障，遊走在時間的斷層與個人的挫敗感中，從事更細膩而幽微的「求放心」的工夫，由宗教命題所開發的求法之行，不斷的蛻變爲中國式的、士大夫式的歷史命題。

---

⑲ 周英雄〈文本的縫隙，兼論文字的政治意義〉引依瑟（Wolfgang Iser）的看法，認爲文學作品在敘述觀點的操作下，產生了「空白」（blanks），因此有多元的文本產生，讀者閱讀之際，當盡力塡補空白。參《小說、歷史、心理、人物》一書，頁二一七—二一九，東大圖書，一九八九。

七、文化脈絡中的《西遊補》——代結語

明清之際，在中國文化史上是一個特殊的歷史階段，思想上「普天昏夢，不規程朱，則歸陸王」（顏習齋與）。今人對於「遺民經學」、「遺民史學」、「遺民文論」累積了相當多的研究成果，「遺民」以「故國」爲自我界定，因此，這一段時期對歷史國故的整理是相當具有反省意識及批判色彩。如談遷、查繼佐等的史著，顧炎武、王夫之、黃宗羲等的南明史述，以及「如過江之鯽」（梁啓超語）的野史稗乘。

與董說創作《西遊補》差不多同時期的丁耀亢，期第一齣傳奇《化人遊》（一六四七年），采用浪漫主義的表現手法，以荒誕不經的故事抒發自己內心苦悶，表達懷念故國的情懷；他劇中主角書生何野航被巨鯨吞舟入腹，乃「魚腹之國」，「生不知也，但覺若至一地，天地昏暗，舟與諸人俱不知何往，獨行踽踽，驟有所悟；乃靜坐修煉，彷彿酒力歲時，不勝不滅，大到將成」，後來在魚腹中，書生遭難，欲屈原共賦「楚騷」。《化人遊》進行到大魚吞舟的情節時，著力描繪書生的心情：「俺何生今日大舡不見，小舡已拋，連海也是不見的了。赤手空拳，難回故國，只得向前尋覓便了。」（第六齣〈舟外等舟〉）正如丁耀亢鄉人相傳其編故事、寫境遇時所說：「一陣腥羶不見大明」。「遺民意識」使得明清之際，文人創作充滿了時空意識與自我定位的不確定感：可是現實處境卻是「城郭消沈」（丁耀亢〈無求〉詩）。王夫之也有作品叫《噩夢》，他曾解釋說：「吾老矣，惟此心在天壤間，誰爲授此者？故曰『噩夢』」。（《船山全書》第十二冊）

由於天移地轉的「亂離」之感，使遺民普遍看到了一片「方生方死」的歷史情境及生

命世界，那種吾所歸的悲涼之感，深深的模鑄在明清之際的文化脈絡中，董說《西遊補》與其時流傳的若干詩文，皆以夢境、被呑噬、被喚醒等情境呈現。《化人遊》末了：「乎有人大叫云：何生！何生！你夢好醒也！」書生何野航的「驚夢」和明末清初以哭廟案的金聖嘆腰斬水滸（一六四一年），將七十一回以後內容砍掉，另加上「驚惡夢」的結局，這些情節和《西遊補》孫悟空的「驚夢」有著相當類似的心靈狀態。

而《西遊補》第九回〈秦檜百回難自贖〉就用了當時甚爲流行的《活閻羅斷》，在丁耀亢《續金瓶梅》第六十二回〈活閻羅盼盡前身〉裏也一在敘演。第六十四回首引《西湖二集，馬神仙騎龍升天》詩說：《續金瓶梅》「秦王謾作驅山計，滄海茫茫轉更深」，用的是神仙住秦始皇驅石造橋以渡海的典故，元代郝經《秋興》詩之三說：「翩翩精衛休塡海，驅石秦人已斷鞭。」這種精衛塡海，神助驅山渡的變形神話，海積澱著相當深沈的文化思維，也是當時的時髦題材。

張錯在〈魚身夢幻〉一文中層指出《西遊記》裏的孫悟空七十二變，完全是一種意識活動，因爲他想變什麼，就變什麼，這和《太平廣記》〈薛偉〉：「魚身夢幻」的故事一樣，二者無論是「移情」或「移體」，都是形變而神未變⑳，《西遊補》神迷而形未變，所變者，外在天地——鯖魚（情欲），這種「稍迷頓悟」（馮夢龍序《石點頭》語）的「焦躁」，當也是同時代世人同有的歷史感喟，王夫之曾說：「當紛亂之世，未易立言。」（《續通鑑論》卷九），

---

⑳ 收在《從影響研究到中國文學》，頁八三——一〇四，陳鵬翔、張靜二合編，書林出版有限公司，一九九一年一月。

以媧補天、神助驅山塡海、審秦檜、哭項王種種歷史長鏡頭來堅定自己對故國、「舊物」之思，明清之際的遺民文學斷片，正是那「未易立言」的時代，另一種言說所保留的歷史記憶——神、形俱在，只是惘然。

理學嬗變與明代戲曲

楊振良

前言

理學在北宋時期是一個新興的儒學，到了南宋，程朱理學居於領導地位。宋理宗曾下詔書頒諭天下：「我朝周敦頤、張載、程顥、程頤，眞見實踐，深探聖域，千載絕學，始有指歸；中興以來，又得朱熹精思明辨，使《大學》、《論》、《孟》、《中庸》之書，本末洞徹，孔子之道，益以大明于世。朕每觀五臣論著，啓沃良多，今視學有日，其令學官列諸從祀，以示崇獎之意。」（《宋史》卷四十二）蒙元統一中國之後，承繼前朝統治經驗，也推崇理學，拉攏漢儒。元仁宗於延祐二年（一三一五）恢復了廢止四十餘年的科舉，並確定以朱熹《四書集注》爲科考的主要內容。《新元史》卷二百卅四〈儒林傳〉有云：「以朱子之書，爲取士之規程，終元之世，莫之有改。」而對儒士的禮遇方面，元世祖延攬許衡（魯齋）（一二〇九—一二八一）爲京兆提學、國子祭酒；元仁宗延攬吳澄（草廬）（一二四九—一三三三）爲國子監丞，就著眼於二人皆祖述程朱，一以尊德性爲主，在儒學發展中有重要影響及作用。

這種以理學思想爲核心的新文化體系，全面與文化的生成發展互動，反映到戲曲上，頗有其浸染程度。如深受理學薰陶並對科考、官場有切身經歷的高則誠，便援儒家「文以載道」的觀點改編《趙貞女蔡二郎》。高則誠是理學家黃溍的學生，至正五年（一三四五），中過進士，做過紹興府判官，江南行台掾、福建行省都事、慶元路推官等職，他是以達官貴人的「名公」身份從事創作，與當時參加編寫戲劇書會，不得志於時，接近市民大眾的「才人」不同。於是他的《琵琶記》將一個棄親背婦、三大不孝；「生不能養，死不能葬，葬不能祭」的千古不忠不孝的蔡伯喈，轉變成一個宣揚忠孝節義、人倫綱常的正派人物，均可視為理學對戲曲內容上直接的影響。❶雖然，今存元曲作品多為放曠林泉、寄情山水，但吾人亦不可忽略理學在元明時代推動學術思想發展，調整教育模式，以及發揮文化功能的作用。

明初戲曲宣揚理學

明代初年，由於官方大力提倡，程朱理學大盛。朱元璋於洪武六年（一三七三）開設文華堂，專事延攬文人學士，又曾下詔：「一宗朱子之學，令學者非五經孔孟之書不讀，非濂、洛、關、閩之學不講。」八股取士的科舉制度，規定考試題目均從《四書》、《五經》之內命題，考生只能代聖立言，不許抒發己見。在完備謹嚴的考試制度下，已使知識分子思想偈

❶ 另有一些作品，如元雜劇後期的《霍光鬼諫》，《豫讓吞炭》則表現出士人仕途失意卻又向統治階層表忠自荐；以及「神仙道化」、「風花雪月」題材，則與元末北方全眞教及社會風氣有關。

限在儒學的框架之中。❷朱棣後又令人撰修《性理大全》、《五經大全》、《四書大全》，內收宋代理學家之著述，頒佈天下，而科舉考試，概以朱熹注解爲標準答案，此時程朱理學之盛，已達造極登峰地步。以洪武三十年（一三九七）制定的《大明律》爲例，內有十惡（謀反、謀大逆、謀叛、惡逆、不道、大不敬、不孝、不睦、不義、內亂），便充分反映了理學的精神影響整個社會制度的執行，其中關於戲曲搬演者，有如此規定：

> 凡樂人搬做雜劇戲文，不許粧扮歷代帝王后妃忠臣烈士先聖先賢神像，違者杖一百；官民之家，容令粧扮者與同罪；其神仙道扮及義夫節婦孝子順孫勸人爲善者，不在禁限。（《大明律講解》卷廿六〈刑律雜犯〉）

此外明人顧起元《客座贅語》卷十〈國初榜文〉，有載永樂帝九年禁詞曲亦云：

> 永樂九年七月初一日，該刑科署都給事中曹潤等奏乞敕下法司，今後人民倡優裝扮雜劇，除依律神仙道扮義夫節婦孝子順孫，勸人爲善及歡樂太平者不禁外，但有褻

❷ 明代科舉條例，三年一試，每次考試分三場。第一場考試經義，範圍限於程朱注釋之《四書》、《五經》，以考察生員對儒家經典理解及熟悉程度；第二場考試論、判、詔、誥、表等，考核生員對各種文體的掌握與運用；第三場考試經史時務策論，考核生員對某一問題的見解。三場之中，以第一場尤爲重要。

瀆帝王聖賢之詞曲駕頭雜劇，非律所該載者，敢有收藏傳誦印賣，一時拿送司究治。❸

在這種文藝政策的推動下，詩歌出現了以歌功頌德、粉飾太平爲格的「臺閣體」；而戲曲方面，則出現以皇族劇作家朱權、朱有燉和御用文人丘濬、邵璨爲代表的一群作家，如王子一、谷子敬、賈仲明、楊景言、劉東生等皆是。朱權《太和正音譜》以「猗歟盛哉，天下之治也久矣。禮樂之盛，聲教之美，薄海內外，莫不咸被仁風於帝澤」編當代群英詞章；故明人何良俊《曲論》點出此一時期是：「祖宗開國，尊崇儒術，士大夫恥留心辭曲，雜劇與舊戲文本皆不傳，世人不得盡見。」所見均爲配合理學的作品。以寧獻王朱權言，曾編雜劇十二種，今存二種：《沖漠子獨步大羅天》，寫沖漠子俗名皇甫壽，厭棄世俗，構屋於洪崖洞，一日遇呂純陽、張眞人，遂拜師並由二仙度脫悟眞的故事；《卓文君私奔相如》則寫卓文君與司馬相如的愛情故事，一爲神仙「度脫劇」，一爲才子佳人，題材情節多因襲前代。

而周憲王朱有燉編劇卅一種，總集爲《誠齋樂府》，是元、明兩代雜劇作家之中作品保存下來最完整的一位。王世貞《藝苑巵言》云其：「所作雜劇凡三十餘種，散曲百餘，雖才情未至，而音韻頗諧，至今中原弦索多用之。」但觀其劇作內容，不外歌功頌德、度脫、

❸ 二段引文均引自王曉傳《元明清三代禁毀小說戲曲史料》第一編〈中央法令〉，作家出版社，一九五八年。

提倡節義、風月❹諸端。至於丘濬，則是一位徹頭徹尾的理學家，他的《伍倫全備記》，撰作的目的就是：「使世上為子的看了便孝，為臣的看了便忠……雖是一場假托之言，實萬世綱常之理。」（《伍倫全備記．副末開場》），又云：「《伍倫全備記》，分明假托揚傳；一場戲裡伍倫全，備他時世曲，寓我聖賢言。」故事梗概為：伍典禮前妻生子為伍倫全，續妻范氏生子為伍倫備，又收養同僚之子克和為義子。伍典禮死後，范氏撫育三子，無偏無私，視同己出。後來三子長大成人，皆孝敬母親，所娶媳婦也都貞節。由於劇本情節寫一家之五倫綱常，子孝妻賢，故稱《伍倫全備記》，劇中許多曲詞、說白，均直接搬用《論語》的句子，完全無詞曲韻味，故王世貞《藝苑卮言》批評：「《伍倫全備》……不免腐爛。」徐復祚《三家村老委談》亦說：「《伍倫全備》，純是措大書袋子語，陳腐臭爛，令人嘔穢，一蟹不如一蟹矣！」

繼丘濬之後的邵璨，則撰有《香囊記》。他以「因續其《伍倫新傳》，標記《紫香囊》。」公開標榜《香囊記》為《伍倫全備記》的續編。劇情寫宋代張九成新婚半月，與弟九思同赴考，九成高中狀元，弟中探花。九成因忤當朝而遭嫉，被派出使金邦，為金人所囚，家人以為已死，後金兵陷汴京，九成之母、妻、弟均在亂中失散，其妻邵貞娘為周姥姥所救，留居周家，趙運使之子欲強娶貞娘為妻，貞娘不從，訴之新任觀察使，孰知此人竟為從金邦逃回之九成，見香囊大驚，詢其故，始知原委，夫妻終得團圓。此劇文字雕琢，堆砌典故，

❹ 參周續賡、張燕瑾、董興文《中國古代戲曲十九講》頁八三；北京出版社，一九八六年。劇情可參《全明雜劇》冊一所附劇情提要，鼎文書局。

又以時文（八股文）入曲，對後世傳奇有負面影響，徐渭《南詞敘錄》批評此劇：「以時文爲南曲，元末、國初未有也，其弊起於《香囊記》……又好用故事作對子，最爲害事。」

就創作言，這些劇作塑造的人物甚爲僵化：朱權《卓文君私奔相如》裏，卓文君大談「男尊女卑，理之常也；夫唱婦隨，人之道也」的道理；《沖漠子獨步大羅天》則借張眞人之口，一道出「名利所誘」、「嗜欲交致」、「眞氣消煉」等觀念，與理學核心內容的「存天理，滅人欲」聲口畢肖。再如朱有燉的《趙貞姬身後團圓夢》，貞姬在夫死之後自盡身亡，乃因其自幼就「記得四德三從萬載馳名譽」（仙呂點絳唇）；《劉盼春守志香囊怨》中的盼春既與周子敬訂白首之盟，雖陳姓鹽商百般奉獻亦不動心：「休只顧貪圖他入馬錢，但得個知心的是宿緣。常言道夫乃是婦之天。……」（么），凡此諸例，不能不歸之於當日舉國上下處於理學空氣所致然。而當日的理學名儒宋濂、劉基、方孝孺、曹端、薛瑄、吳與弼受帝王尊重，奉爲一代宗師，實爲明初戲曲高唱天理最主要的時代背景因素。所以，而明初戲曲呈現「天理壓倒人欲」的內容風格❺，實爲當日特殊學術氛圍下的特殊產物。

明中期戲曲崇尚自然化工

明代中葉之後，社會生活發生許多重大變化，自成化（一四六五—一四八七）至弘治（一四

---

❺ 徐振貴對此現象提出明代前期戲劇基本是「天理壓倒人欲的合唱」一說，以爲此時受理學影響的作家，是「以理遏情」、「以性制欲」。見《中國古代戲劇統論》頁七六一；山東教育出版社，一九九七年。

八八—一五〇五），整個程朱理學的反思亦廣受知識分子的注意，王陽明（一四七二—一五二九）以「心即理」、「知行合一」、「致良知」，企圖在明代教育上扭轉「析心與理爲二」、「空口講說」章句支離末學，與「士風衰薄」、「功利之毒」等政治道德危機的現象。力圖由道德本體及修養方法上革新程朱理學的教育學說。

革新並非全然的否定，王陽明針對逐漸失去朱學眞義的學界十分感慨，他並非指責朱熹，而是以陸九淵學說來互補，糾正當日已政治化的朱學末流：朱熹本來是要求通過「道問學」而達「尊德性」之境，然而他的皓首窮經、博通諸史，後來卻與科舉八股結合，成爲偏廢人格、道德修養，只是爲了個人實現功名的階梯。王守仁以爲，其時社會動亂與外患頻仍，國力日衰，起因就在於「人心不正」，故「析心與理爲二，而精一之學亡。世儒之支離，外索於刑名器數之末，以求明其所謂物理者，而不知吾心即物理，初無假於外也。」❻所以陽明一派講學，志在匡扶綱紀，拯人身心，並倡明聖賢之學。由「致良知」發展人的道德智慧和道德感，所謂「有德必有言」，只有盛德之人，方可開闢學問，並能反復探尋生命本質，而且書要讀，經要看，目的並不在於名物、詞章，而是「致良知」且又發展自我。

陽明學說之影響極大，由明中葉道學革新迄明清之際，陽明思想以拯救時弊的新思潮姿態出現，爾後滲透到社會政治、道德、心理的全面人心意識之中。擴至浙中、江右、南中、楚中、北方、粵閩、止修、蕺山、泰州等分支學派，是一體系龐大、勢力浩大、影響久遠的

---

❻ 見《王文成公全書》卷二。

思想流派。❼以泰州學派言，師承有自，人才輩出：王畿、王艮、歐陽德、徐樾、王棟、林春、趙貞吉、顏鈞、何心隱、羅汝芳、李贄均爲健將。而泰州學派講學之所以能獲社會歡迎的原因，並非講述綱常名教，亦非學術博厚深邃所致，黃宗羲〈泰州學案序〉云：

> 泰州之后，其人多能赤手以搏龍蛇。傳至顏山農、何心隱一派，遂復非名教之所能羈絡矣。

所謂「不羈名教」，即非以學術見長。顧允成形容泰州諸儒：「心隱輩坐在利欲膠膝盤中，所以能鼓動得人」❽，時人亦嘗稱羅汝芳爲江湖大俠，故泰州學派之受社會肯定，在其思想能鼓動人心。羅汝芳爲王艮的三傳弟子，其講學極平民化，不論社會階層，所謂「至若牧童樵豎，釣老漁翁，市井少年，公門將健，行商坐賈，織婦耕夫……先生抵掌其間，坐而談笑。人望丰姿，士樂簡易。解帶披襟，八風時至。」❾及至晚明，戲曲大師湯顯祖爲羅汝芳的及門弟子，湯顯祖曾如此回憶老師對他的教育與影響：

---

❼ 按以往人們囿於黃宗羲《明儒學案》以地域劃分學派之觀點，以爲「姚江學派」即陽明學派，其實仍可分爲許多流派。有關此說，參畢誠《儒學的轉折》頁三〇九；教育科學出版社，一九九二年。

❽ 見《弇州史料》後集卷卅五〈嘉隆江湖大俠〉。

❾ 見李贄〈羅近溪先生告文〉。

> 蓋予童子時，從明德（羅汝芳）夫子游。或穆然而咨嗟，或薰然而與言，或歌詩，或鼓琴。予天機泠如也。後乃畔去，為激發推蕩歌舞誦數自娛，積數十年，中庸絕而天機死。⑩

此外，湯顯祖也受到另一位泰州學派思想家李贄的影響，同時又與佛教達觀禪師結緣，《南柯記》、《邯鄲記》的完成應與達觀禪師有關。⑪湯顯祖在書信〈答管東溟〉中云：

> 見以可上人（達觀）之雄，聽以李百泉（贄）之傑，尋其吐屬，如獲美劍。

湯顯祖將達觀與李贄相提並論，採取兼收並蓄的態度，他本身是一文學創作者，不必獨尊一說，更不必像哲學家必須建立嚴密的思想體系。李贄的「化工」、「自然之為美」原見其《焚書》卷三〈雜說〉：「《拜月》、《西廂》，化工也；《琵琶》，畫工也。」與卷三〈讀律膚說〉中：

> 蓋聲色之來，發于情性，由乎自然，是可以牽合矯強而致乎？故自然發于情性，則

---

⑩ 見湯顯祖為友人鄒元標所撰之〈太平山房集選序〉，此文是敘述湯顯祖坦承自己愧對老師羅汝芳的教導，由其中敘述，足見湯氏選擇詩歌、戲曲均宣洩「情」。

⑪ 關於湯顯祖此二傳奇與佛學有關之說，詳徐朔方《論湯顯祖及其他》頁四；上海古籍，一九八三年。

> 自然止乎禮義，非情性之外復有禮義可止也。惟矯強乃失之，故以自然之爲美耳，又非于情性之外復有所謂自然而然也。故性格清徹者音調自然宣暢，性格舒徐者音調自然疏緩，曠達者自然浩蕩，雄邁者自然壯烈，沈鬱者自然悲酸，古怪者自然奇絕。有是格，便有是調，皆情性自然之謂也。莫不有情，莫不有性，而可以一律求之哉！

李贄將《西廂》與《拜月》二部作品稱爲「發乎情性，由乎自然」之作，著眼於張生、崔鶯鶯、蔣世隆、王瑞蘭兩對情侶可「率性而行，純任自然」。以《西廂》言，他評紅娘「有二十分才，二十分識，二十分眼」；評老夫人則稱爲「老虔婆」、「老乞婆」；至於完全不受佛門拘束，率性而爲「不念法華經，不禮梁皇懺」，能夠支持公道，見義勇爲的惠明，則稱「好和尚」、「活佛」。⓬這些人物在李贄的觀點中，描寫已達化境，形神兼備，所以他在第十齣的〈妝臺窺簡〉末尾有一總批：

> 嘗言吳道子、顧虎頭，只畫得有形象的。至如相思情狀，無形無象，《西廂記》畫來的逼真，躍躍欲有，吳道子、顧虎頭又退數十舍矣。千古來第一神物，千古來第一神物！

⓬ 分見於《李卓吾先生評北西廂記》之〈拷紅〉、〈賴婚〉、〈解圍〉之眉批。（明・容與堂刻本）。

〈妝台窺簡〉不但是《西廂》之中難得少有的傳神之筆，且是古典戲曲中極著名之佳作，它妙在準確且細膩勾勒相國小姐複雜的心理，紅娘帶回張生傳情的簡帖，暗中放在妝臺上，躲在一旁觀察鶯鶯見帖的神情。李贄特別評此，也見其同意詞曲須有魅力，湯顯祖引其觀念，雖師承理學卻另有闡發，關於此點，與湯顯祖同時代的陳繼儒早有發現：

> 張新建相國嘗語湯臨川云：『以君之辯才，握麈而登皋比，何渠出濂洛關閩下？而逗漏於碧簫紅牙隊間，將無爲青青子衿所笑？』臨川曰：『某與吾師終日共講學，而人不解也。師講性，某講情。』張公無以應。⑬

又與湯顯祖熟識的潘之恒（一五三六——一六二一）從導演角度觀湯氏劇作，他的一篇收於《鸞嘯小品》的〈情痴〉文章，點出觀看《牡丹亭》之後的想法，也提到「情」，此文論述這次演出，劇本爲湯顯祖所撰，演員是一位叫做蘅紉的江姓演員及一位叫做荃子的昌姓演員，分別扮演杜麗娘與柳夢梅，至於擔任導演的是這家養戲班的「主人」——吳越石。其文云：

> 最難得者，解杜麗娘之情人也。夫情之所之，不知其所始，不知其所終，不知其所離，不知其所合。在若有若無，若遠若近，若存若亡之間，其斯爲情之所必至，而不知其所以然。不知其所以然，而後情有所不可盡。而死生生死之無足怪也。故能

⑬ 見陳繼儒〈批點牡丹亭題辭〉。

痴者而後能情，能情者而後能寫其情。杜之情痴而幻；柳之情痴而蕩。一以夢爲眞，一以生爲眞。惟其情眞，而幻蕩將何所不至矣。⓮

而湯顯祖的劇作本來就講究「意趣神色」，甚至不太顧及九宮四聲的要求。他的〈答呂姜山〉有云：「凡文以意趣神色爲主，四者到時，或有麗詞俊音可用，爾時能一一顧九宮四聲否？如必按字模聲，即有窒滯迸拽之苦，恐不能成句矣。」〈答孫俟居〉中更表示不屑文采爲格律所拘，所謂：

沈伯時指樂府迷，而伯時於花庵、玉田間非詞手，詞之爲詞，九調四聲而已哉！……弟在此自謂知曲意者，筆懶韻落，時時有之，正不妨拗折天下人嗓子。

他的「意趣神色」即指意味、生趣、風神、色彩，建立在「麗詞俊音」上。這種作者的才性表現，湯顯祖在〈合奇序〉一文云：

予謂文章之妙，不在步趨形似之間，自然靈氣，恍惚而來，不思而至，怪怪奇奇，莫可名狀，非物尋常得以合之。蘇子瞻畫枯株竹石，絕異古今畫格，乃愈奇妙。若以畫格程之，幾不入格。米家山水人物，不多用意，略施數筆，形象宛然。正使有

⓮ 本文原載《玉史》雜篇卷之四〈文部〉，又載《鸞嘯小品》卷之三。

意爲之，亦復不佳。

這些見解，與李贄「自然之爲美」的觀點極相近，著眼於此，明代中晚期出現的兩個重要戲曲流派——吳江派與臨川派在音律辭采上的爭論，事實上也與理學有關。吳江派志在有裨風教，重視規矩；臨川派重在抒情達意，抒性情以抗天理。表面上，兩派爭論的焦點放在格律，其實宜從雙方學術思想觀察。因此在湯顯祖提出這些觀念之後，戲曲史上尚「本色」以抒眞情「童心」的觀念，其實是緊扣理學與反理學時代背景的。

晚明劇壇以情誠為目

再來是從明武宗正德（一五〇六）年間到神宗萬曆末年（一六二〇），這段晚明戲曲最鼎盛的時期，此時的戲曲作家，從明中期過渡而來的王九思（一四六八—一五五一）、康海（一四七五—一五四〇）、李開先（一五〇一—一五六八）、梁辰魚（一五二一—一五九四）、張鳳翼（一五二七—一六一三）、屠隆（一五四二—一六〇五）、沈璟（一五五三—一六一〇）、湯顯祖（一五五〇—一六一六）、陳與郊（一五四四—一六一一）、王衡（一五六一—一六〇九）、王驥德（？—一六二三）、王思任（一五七四—一六四六）的作品，均在曲壇上有顯譽。而大多數風格，亦皆與湯顯祖觀點一致。如李開先最早對曲的「本色」進行討論，他在爲袁崇冕散曲集《西野春游詞》所作序言有云：「詞與詩，意同而體異：詩宜悠遠而有餘味，詞宜明白而不難知。以詞爲詩，詩斯劣矣；以詩爲詞，詞斯乖矣。」李開先此處所云的「詞」，實指曲，他編選的《改定元賢傳奇·後序》說到這樣的觀念：

今所選傳奇，取其辭意高古，音調協和，與人心風教俱有激動感移之功。尤以天分高而學力到，悟入深而體裁正者，爲之本也。

而批點《玉茗堂還魂記》的王思任，在天啓三年（一六二三）所寫的〈批點玉茗堂牡丹亭詞敘〉，稱湯顯祖「從觔節竅髓以探其七情生動之微」，他在《驚夢》〈遶池遊〉的眉批上說：「忽醉忽醒，半眞半假，俱妙；更佳處，聲聲女兒香口。」就點示語言聲口與人物身份須相脗合度。而《玩眞》一齣的批語說：「抽盡霞絲，獨揮月斧，從無討有，以空挨實。無一字不繫笑啼，《尋夢》、《玩眞》是《牡丹》心腎坎離之會；而《玩眞》懸鑿步虛，幾於盜神泄氣，更覺眞宰難爲。」

本色與人情相關，亦是個性。王思任三言兩語，揭示了湯顯祖的浪漫主義創作原則：杜麗娘的「尋夢」、柳夢梅的「叫畫」，看起來未免「懸鑿步虛」、「從無討有」，然則這種空靈是符合男女主角的思想感情與性格特性。所以稍後陳眉公《牡丹亭題辭》就指出這一關鍵，所謂：「一經王山陰（思任）批評，撥動髑髏之根塵，提出傀儡之啼笑。」

所以，明末曲壇受湯顯祖的影響很大。沈寵綏的《度曲須知·序》有一段盱衡明代中晚期戲曲發展的議論極值得注意：

昭代填詞者，無慮數十百家，矜格律則推詞隱，擅才情則推臨川。臨川胸羅二酉，筆組七襄。《玉茗四種》，膾炙詞壇，特如龍脯不易入口，宜珍覽未宜登歌，以聲律未諧也。詞隱獨追正始，字協宮商，斤斤罔失尺寸。《九宮譜》爰定章程，良一代宗工哉。

沈氏完整總結整個明代的學派及曲壇現象，立論公允客觀，不僅提一家之優點，亦指出其路頭趨勢，藝術創作在觀念上本有其取源之則。晚明曲壇上林林總總，但在基本思路上，或則崇沈，或則尊湯，在此論之中可見一端。湯顯祖的「情」論，尤在戲曲內容上站有舉足輕重地位。

此外，天啓、崇禎年間，繼承「情」論思想的劇作家孟稱舜（一六〇〇？—一六八四）亦是值得提的人物。在戲曲創作與戲曲理論批評都發展鼎盛之時，孟氏的思想與劇作成就以獨樹一幟之姿，以《桃花人面》（後易名《桃源三訪》）、《英雄成敗》（後易名《殘唐再創》）、《花前一笑》、《眼兒媚》、《死裡逃生》等雜劇，以及《嬌紅記》、《二胥記》、《貞文記》等傳奇⑮聞名，卓人月（一六〇六—一六三六？）曾對孟稱舜的劇作及詞曲修養，給予相當高的贊譽，他把孟稱舜的《花前一笑》、《桃花人面》、《眼兒媚》與沈君庸的《霸亭秋》、《鞭歌妓》、《簪花髻》，並推爲「北曲之最」，且謂：「（北曲之道）其難百倍於南，而子塞研計數年，其謹嚴又百倍於昔。」對其《殘唐再創》雜劇，許爲：「又極其才情之所之矣，於

---

⑮ 按孟氏撰雜劇六種，今存五種；傳奇五種，今存三種。這八種作品，有五種描寫男女愛情。即《嬌紅記》、《貞文記》、《二胥記》、《桃花人面》、《花前一笑》、《眼兒媚》。

我所陳諸公十餘本之內，豈不又居第一哉！」⑯

關於「情」的表現，湯顯祖在〈宜黃縣清源師廟記〉表達雜劇傳奇「生天生地生鬼生神，極人物之萬途，攢古今之巨變」、「使天下之人無故而喜，無故而悲……無情者可使有情」，以藝術表現角度說明藝術用於表現「情」與發洩「情」。孟稱舜持相同見解，他在〈古今名劇合選序〉裡⑰先對詩詞如此說法：「吾嘗爲詩與詞矣，率吾意之所到而言之，言之盡吾意而止矣。」詩詞談不上舞台人物塑造，故詩詞「所爲情與景者，不過煙雲花鳥之變態，悲喜憤樂之異致而已」。但是戲曲就不同了，戲曲要塑造人物的情態個性：

> 迨夫曲之爲妙，極古今好醜貴賤、離合生死，因事以造形，隨物而賦象；時而莊言，時而諧諢，孤末靚狚，合傀儡於一場，而徵事類於千載；笑則有聲，啼則有淚，喜則有神，嘆則有氣。非作者身處於百物云爲之際，而心通乎七情生動之竅，曲惡能工哉！

所以孟稱舜主張「曲貴傳情」、「當行尤難」⑱。較之湯顯祖，他似乎較有一種劇作思想，

---

⑯ 見《孟子塞殘唐再創雜劇小引》。

⑰ 見《古今名劇合選》第一集卷首。

⑱ 《古今名劇合選》一集：「昔時《西廂記》，近日《牡丹亭》，皆爲傳情絕調。」又第十六集：「曲之難者，一傳情，一寫景，一敘事。然傳情、寫景猶易爲工；妙在敘事中繪出情、景，則非高手未能矣。」

這種劇作方式，不僅像湯氏以《臨川四夢》挖掘人性與情欲，也透露一種情外之「理」。「理」是一項嚴肅的課題，以致孟稱舜一方面在戲曲創作「深情一往，高微窈渺」；但在他人眼中，又被歸入以道氣自持的「腐儒」⑲，若由整個明末迄清思潮的趨勢看，孟稱舜的思想是時代的產物，有如王夫之「終不離人欲而別有天，終不離人欲而別有理」（《讀四書大全說》卷八）、「以理制欲者，天理即寓於人欲之中」（《孟子學義疏證》卷上）。同時的鍾惺、譚元春以「情」、「節」評劉蘭芝（《詩歸》）一樣。孟稱舜即將「情」與「貞節」綰合，提出義夫節婦之情，如《貞文記・題詞》云：

> 天下義夫節婦，所爲至死而不悔者，豈以是爲理所當然而爲之邪？篤於其性，發於其情。

是其《貞文記》撰作之旨，意在「表揚幽貞，風勵末俗」。又其《嬌紅記・題詞》云：

> 男女相感，俱出於情。情似非正也，而予謂天下之貞女必天下之情女者何？不以貧富移，不以妍醜奪，從一以終，之死不二，非天下之至鍾情者而能之乎？

情來自於「誠」，精誠所至，人間則無憾事。在孟稱舜劇作中，《桃花人面》的崔護、《眼

⑲ 明・陳洪綬〈嬌紅記序〉：「以道氣自持，鄉里小兒有目之爲迂生、爲腐儒者。」

兒媚》的陳教授、《花前一笑》的唐伯虎、《貞文記》的沈佺、《嬌紅記》的申純，都是「誠」的表現。這其中，申純、嬌娘之愛由於「私訂」，沈佺、玉娘則由「父母之命、媒妁之言」結合，但他們均能「從一而終，之死不二」，也都以「誠」面對來自各方的壓力，由之「誠」用於檢驗男女之情是否合於「正」。

「誠」有時也是人間、甚至歷史上的一種極大的力量。除了愛情題材，一切人際關係，在孟稱舜看來：「君臣父子夫婦朋友之間事，何一而不本於誠者哉？」、「誠之爲至，細之見之於兒女幄房之際，巨之形之於上下天地之間，非有二。」（《二胥記・題詞》）

又《二胥記》傳奇寫伍子胥誅昏君、報親仇而誓滅楚國，與他對立的申包胥則爲了保生靈、護江山而矢志恢復楚國的歷史故事。孟稱舜不以忠、孝精神爲標準論斷「二胥」，而是從「二胥」背道而馳，中尋出一種相同的意念—「誠」，《二胥記・題詞》云：「兩人所用者，誠耳」，說二人各行其是，各爲其所見眞理做見證工夫，更「人定勝天」，所謂：「荊卿入秦，白虹貫日，事有成敗，其誠以格天則一也……包胥氏之言也，曰：天定勝人，人定亦能勝天。」其中，孟稱舜尤對申包胥所面臨的處境欽敬，《二胥記・題詞》云：

吾謂爲子胥易，爲包胥難。子胥間關入吳，所濱死者數矣，顧其所遇者：平王之昏暴、囊瓦無忌之貪讒。而其所用者：吳也，闔廬善用其民、孫武用兵冠絕千古，伯嚭之憾，與子胥等，合此數人併力以謀，楚安往而不克焉？故曰：易也。若夫包胥所用者，覆亡之餘燼，而所當者，方張之勁寇也。雖秦之強，遠在數千里之外，包胥慟哭秦庭七有晝夜，秦王憐而出師救之，然而非拊循之素、獨慮之深也，何以一戰而卻吳兵、踐復楚之一言乎？故曰：難也。要之，兩人所用者，誠耳。

「誠」是道德教育，儒家講「誠」，旨在通過修養，達於「天」的屬性。⑳《大學》的「明明德」，朱熹在《大學章句》中解釋說：「明德者，人之所得乎天，而虛靈不昧，以其眾理而應萬事者也。但爲氣所稟所拘，人欲所蔽，則有時而昏，然其本體之明，則有未嘗息者。故學者當因其所而遂明之，以復其初也。」又將「親」改爲「新」，以爲：「新者，革其舊之謂也。言自明其明德，又當推以及人，使之亦有以去其舊染之污也。」關於此點，明代陳獻章嘗謂「誠在何所？具於一心耳。」王陽明出，更以「吾心良知」、「良知發用流行」觀點提「明明德者，立其天地萬物一體之體也；新民者，達其天地萬物一體之用也。」㉑所謂「新民」，朱熹說法不確，仍宜爲「親」，有「教養」之意義，「明明德」是去私欲，以達「天」，而「郡縣之職，以親民也」㉒，而明德以「誠」，「誠」是「蓋天地萬物與人原爲一體，其發竅之最精處，是人心一點靈明。」㉓

王陽明以爲：個體人格之形成全在於道德實踐，用其話來說，全在於在事物上致良知

---

⑳ 「識」是「天」的屬性。按《中庸》云：「識者，天之道；識之者，人之道也。」又《孟子》云：「萬物皆備於我，反身而誠，樂莫大焉！」

㉑ 引自〈大學問〉，見《王文成公全書》卷廿六。

㉒ 引自〈親民堂記〉，見《王文成公全書》卷七。

㉓ 見《傳習錄》下，及《王文成公全書》卷十〈別黃宗賢歸天台序〉。

而去其蔽，則小人亦可爲大人。〈大學問〉中有這樣一段話：

苟無私欲之蔽，則雖小人之心而其一體之仁猶大人也；一有私欲之蔽，則雖大人之心而其分隔隘陋猶小人也。

孟稱舜的劇作《二胥記》傳奇作於明亡前夕（一六四三），在國命如縷的亂世裡，他希望有申包胥這般的人物出現以力挽狂瀾，他心中堅信「存亡雖在天，若言人事，定不虛傳」（《二胥記》十九齣〈責胥〉）；他更在那樣一個人心各自揣摹謀生之道的特殊時代，看見世道衰微、民風浮濫，而扼腕嘆息：「人世上有的是張三李四，頃頃刻刻間都輕翻了臉皮，有有有、有幾個帶著鬚眉！倒倒倒、倒不如這鷓鴣呵，做了個望帝春心托子規！」（《貞文記》卅四齣〈立祠〉）由之不難發現：孟稱舜是藉著劇作傳達「誠」，由戲曲人物形貌建構一理想的人格架構，去僞存眞，在亂世之中標舉「誠」，以「爲末世之一救」！他的劇作思想中講求「當行」：「極古今好醜貴賤，離合死生，因事以造形，隨物而賦象」，又選取多方面反映生活的元明雜劇數十種，編爲《古今名劇合選》，以此作爲戲曲創作的「《文選》」——即作劇典則。更指出戲曲要「合傀儡爲一場」，以建構戲曲創作必須負載的眞理，而「徵事類於千載」，不能以簡單的邏輯忽略其間深涵的意義。

結　語

通過理學思想與劇作內容比勘的過程，戲曲原有之歷史面目將能更清晰顯現。由上述可知，明代乃理學治世最甚之朝代，明初由於官方大力提倡，藝術反映學術背景及八股科考的代聖立言，故皇族劇作家朱權、朱有燉、丘濬、邵璨等之劇作內容均以歌頌太平，妝點盛世，以「天理壓倒人欲」。明中葉以後，理學家王陽明等鼓吹「心即理」的心學命題，擺脫宋元以來朱熹、陸象山建立的體系，以爲朱陸異同各有得失，不必因之辨詰，「求之吾性本自明也」，初教弟子，陽明以靜坐教之，用以懲末俗詞章支離之學的流弊，目的在於放下書本，重視身心修養；後爲防空疏之弊，又要求學生攻讀先儒經典，注意「省察克治實功」；後再因發覺朱子晚年有「心學」傾向，乃撰《朱子晚年定論》，由批評朱學轉向創造並建立自己學說與思想體系，所謂：「始信心非明鏡台，須知明鏡亦塵埃。人人有個圓圈在，莫向蒲團坐死灰。」後來，四方學者咸集王門，嘉靖四年（一五二五）王陽明五十四歲，作《稽山書院尊經閣記》，指出經學即心學，以《古本大學》發揮「良知」之說，經他苦心栽培的陽明學派茁然成長，朝著弘揚道德實踐和獨立思考的學風去革新明代學術與教育，藉以改變儒學的發展方向，也根據社會的需要去匡時救世。

流風所及，李贄、湯顯祖諸人，也圍繞著這個思想核心思索開展，選擇戲曲反映時代並整治人心，以戲曲創作對人心現世反省。更有諸多戲曲評論家在此方面藉題材、以及藉評點抒發胸臆，這些現象，都是針對明代陽明學若干觀點而發。由來陽明一派原只主張戲曲「只取忠臣孝子故事，使愚俗百姓，人人易曉，無意中感激他良知起來，卻於風化有益。」（《傳習錄》下）對戲曲宣教人心觀念相當狹隘，只限在「風化」範疇，這本是不夠的，因此湯顯祖宣揚「情」，孟稱舜宣揚「誠」，李贄宣揚「化工」。以及諸家評點戲曲劇本，或借題發揮，專寫自己思維；或專重曲意、曲情；或專重曲律；或就當行本色，無一不是走出「風化」框架。馮夢龍的改編《牡丹亭》為《風流夢》，更以為創作宜結合舞台實際搬演，其論創作不僅重視音律，亦同時注意到情節安排、場次布局等問題，即為顯例。因此理學的嬗變無疑與明代戲曲相終始，而且，由元末明初至明末清初儒學思想的轉折中，仍有不少戲曲史的問題尚待進一步稽考，這種探索是必要的，唯有更全面的檢視彼此間的互動情況，其歷史面目才會更清晰呈現。

明代梁祝戲曲散齣發論

林鋒雄

梁山伯與祝英台的故事，久已流傳民間❶。在元代，梁祝故事已經編寫成雜劇劇本，《錄鬼簿》在白仁甫名下，著錄一本雜劇《祝英台死嫁梁山伯》❷；彙輯精鈔於清順治年間的《彙纂元譜南曲九宮正始》，亦收錄稱爲「元傳奇」之《祝英台》中的三隻曲子❸。

❶ 請參見，羅永麟，〈試論梁山伯與祝英台的故事〉，中國民間文藝研究會上海分會編，《中國民間文學論文選下》，頁一三一——一五一，上海文藝出版社，一九八〇年。曾永義，〈梁祝故事的淵源與發展〉，收輯於《說俗文學》，頁一二一——一二九，聯經出版事業公司，民國六十九年。錢南揚，〈祝英台故事敘論〉，民俗周刊第九十三、四、五期合刊本，頁八——二十，一九三〇年。

❷ 請參見，《新編錄鬼簿》卷上，白仁甫條。《中國古典戲曲論著集成》第二冊，頁一〇七，中國戲劇出版社，一九五九年。

❸ 見，《彙纂元譜南曲九宮正始》之「仙呂宮引子醉落魄第三格」，及「仙呂宮過曲傍粧台」、「前腔換頭」。王秋桂主編，善本戲曲叢刊本，《九宮正始》（一），頁二七二，及頁三二五——三二六，學生書局印行，民國七十三年。

明代傳奇中，見諸著錄者，有《牡丹記》❹、《英台記》❺、《祝英台記》、《訪友記》、《同窗記》等等。就筆者所見，尚存有《祝英台記》，及題爲《訪友記》、《同窗記》中的若干散齣，茲開列如下：

《風月錦囊》：《祝英台記》❻。

《群音類選》：《訪友記·山伯送別·又賽槐陰分別·山伯訪祝》❼。

《滿天春》：《英台別·山伯訪英台》❽。

《摘錦奇音》：《同窗記·山伯千里期約》❾。

《纏頭百練二集》：《同窗記·訪友》❿。

---

❹ 呂天成，《曲品》卷下，著錄朱春霖《牡丹記》，云：「此祝英台事，非舊本也。」今不見傳本。見《中國古典戲曲論著集成》第六冊，頁二四八。

❺ 祁彪佳，《遠山堂曲品》雜調，著錄朱少齋《英台》，其下注，即《還魂》，云：「祝英台女子從師，梁山伯還魂結褵，村兒盛傳此事。」見《中國古典戲曲論著集成》第六冊，頁一二一。

❻ 見，善本戲曲叢刊本《風月錦囊》，頁三七九—三八二，題《新刊全家錦囊祝英台記十六卷》。學生書局影印刊行，民國七十六年。

❼ 見，善本戲曲叢刊本《群音類選》（五），頁一六九〇—一七一四。學生書局影印刊行，民國七十六年。

❽ 見，龍彼得輯，《明刊閩南戲曲絃管選本三種》，所收《新刻增補戲隊錦曲大全滿天春》下卷，頁九b面—頁十八b面。南天書局印行，民國八十一年。

❾ 見，善本戲曲叢刊本《摘錦奇音》，頁三〇九—三一三。學生書局影印刊行，民國七十三年。

❿ 見，路工編，《梁祝故事說唱集》，頁五—七，上海出版公司，一九五五年。又見，錢南揚輯錄，《梁

《徽池雅調》：《同窗記（還魂記）・英伯相別回家・山伯賽槐陰分別》⑪。

《堯天樂》：《同窗記・河梁分袂》⑫。

《時調青崑》：《同窗記・山伯訪友》⑬。

《大明天下春》：《山伯訪友》⑭。

但是，就以上九種戲曲選本，十二齣戲，加以區分，大體集中在「送別」和「訪友」二段情節，這也是明代以來，梁祝戲曲經常在民間社戲中演出的二個主要部分⑮。然而，「送別」和「訪友」，卻也隨著演唱之聲腔，而呈現各自不同的面貌與發展之系統。

祝戲劇輯存》，頁十二—十七，上海古典文學出版社，一九五六年。

⑪ 見，善本戲曲叢刊本《徽池雅調》，頁二十四—三十六，學生書局影印刊行，民國七十三年。

⑫ 見，善本戲曲叢刊本《堯天樂》，頁六十二—六十九，學生書局影印刊行，民國七十三年。

⑬ 見，善本戲曲叢刊本《時調青崑》，頁七十七—九十五，學生書局影印刊行，民國七十三年。

⑭ 見，李福清・李平編，《海外孤本晚明戲劇選集三種》，頁四〇二—四一七

⑮ 如見，《迎神賽社禮節傳簿四十曲宮調》之「亢金龍・第五盞南蒲囑別補空戲訪友」，「星日馬・第四盞戲山伯訪友補空鞭打楚平王」。《迎神賽社禮節傳簿四十曲宮調》明萬曆二年手抄影印本，見山西師範大學戲曲文物研究所編，中華戲曲第三輯，頁十五，及頁三十八，山西人民出版社出版，一九八七年。又可參見，白岩，〈寧波梁山伯廟墓與風俗調查〉，文中說：「在廟會期間，照例演社戲隆重祭祀，明清時代，主要上演《十八相送》和《樓台會》等折子戲。」這是白岩在現地作田野調查寫成的文章。見，民間文藝季刊，一九八八年第二期，頁九十四，上海文藝出版社，一九八八年。

明代福建建陽書林詹氏進賢堂⑯，重刊於嘉靖三十二年（癸丑年，一五五三）的《新刊耀目冠場擢奇風月錦囊正雜兩科全集》，十六卷收《新刊全家錦囊祝英台記》，爲方便討論，茲校錄如下文⑰：

（旦）昨日一同翫長江，爭奈他人不忖量。被他瞧破我機關，拜別梁兄轉家鄉。（生）吾今三載困寒窗，忽聽賢弟叫，我即忙向前，問取端的。兄弟叫我出來，有甚話說？（旦）梁兄，我爹娘有書來，取俺回去。（生）兄弟，你要回去，我且問你個話。（旦）哥哥，何話請說。（生）我與你同窗三載，早晚間不去裡面衣服，是怎的？（旦）哥哥，此事有解。因我母親有病在床，許下一個單衫愿，衣服上有七七四十九度紅絡紐。以此，要解是天光解到晚上。間解間光。許了三年零六個月，只曾了三年，還有六個月，不曾滿。以此，不敢去了裡面衣服。（生）兄弟身孝心。又一件，你立地解手是怎的？（旦）立地解手，□了三光日月，乃是□□。（生）兄弟，你既回去，待我送你

⑯《風月錦囊》在正編《伯皆》一卷，《殺狗》十一卷，及續編《忠義蘇武牧羊記》十四卷，皆題「書林詹氏進賢堂梓行」。筆者按，詹氏進賢堂是福建建陽書林，從明弘治年間到萬曆年間，曾刊印各種書籍。見，杜信孚輯《明代版刻綜錄》第四卷，頁五十一a面。江蘇廣陵古籍刻印社出版，一九八三年。

⑰茲以《風月錦囊》本爲底本，以《盛世新聲》、《詞林摘艷》、《雍熙樂府》、《吳歈萃雅》、《南音三籟》等校「夜行船・花底黃鸝」套。並曾參見，孫崇濤校本，見中華戲曲第十四輯，頁二七六—二七八，山西古籍出版社出版，一九九三年。及，俞爲民校本，見南戲探討集第六・七輯，頁一三六—一三八，浙江省溫州市藝術研究所編印，一九九二年。

幾程。（旦）小弟就此拜辭。（生）你就去。（夜行船）花底黃鸝，聽聲聲一似喚人，遊戲。東風裏，玉勒雕鞍，曾治。佳致，日暖風和，偏稱對景尋芳拾翠。（旦）如今到牆頭，卻好個石榴。（旦）哥哥送我到牆頭，牆內一樹好石榴。欲待摘個哥哥吃，只恐知味再來偷。（生）遙指，杏花村深處酒旗，搖曳。來到此間是井邊。（旦）哥哥送我到井東，照見一對好容顏。有緣千里能相會，無緣對面不相逢。（生）迢遞，曲逕芳堤，景香塵不斷往來，羅綺。似亭台上，急管繁弦，聲催。雙飛，蝶舞花枝，鶯轉上林魚遊春水。此間好青松（旦）哥哥送我到青松，只見白鶴叫匆匆。兩個毛色一般樣，未知那隻是雌雄。（生）芳菲，檢點在萬花中昨夜海棠，開未。來到此間是廟堂。（旦）哥哥送我到廟堂，上坐一對土公娘。兩個都是泥塑的，未知合房不合房。（又詩）哥哥送我到廟庭，上面兩個是神明。他們有口難分訴，中間只少做媒人。（又）東廊行過轉西廊，判官小鬼立兩旁。雙手抛水金聖筶，一個陰來一個陽。（生）請行。堪題，綠柳陰中，見鞦韆高架，綵繩飛起，是誰家士女王孫嬉戲？相疑，奇花映粉腮，清風蕩繡幃，正是動情意。只見遊人在牆外，天聲在牆裏。來到此間好個池塘。（旦）哥哥送我到池塘，池塘一對好鴛鴦。兩個不得成雙對，前生燒了斷頭香。（生）思知，春色二分，怕一分塵土，二分水流。向花前共樂莫負良時。兄弟，如今前面許是長河。（旦）哥哥送我到長河，長河一對大白鵝。雄的便在前頭走，雌的後頭叫哥哥。（生）歌妓，低低唱小詞，雙雙舞柘枝，正是可人意。只見間竹桃花，相伴著小橋流水。來到此間是江邊。（旦）（近腔）芳草池，魚遊戲。翠柳堤，同遊戲。只見士女王孫，幕天席地，高挑一駕鬧竿兒，聲聲步入，杏塢桃溪。對良辰美景，想蓬萊也只如是。休把閒愁計，且留醉歸，光陰迅速，人生能幾。同欣會，同欣會，尋芳意美，奈紅輪不覺墜西。海棠枝上子規啼，聲聲一似，喚春歸去。花陰下，花陰下，人似蟻，花藤橋兒相隨稱。（旦）哥哥送我到江邊，只見一隻打魚船。只見船兒來籠岸，那見岸兒去籠船。（生）兄弟，你還從大溪過，從小溪過。（旦）從小溪過，（詩）可笑哥哥痴又痴，說起頭來全不知。我今叒取趙貞女，連籃滯水不沾泥。（生）兄弟，□就過去了。（旦）哥哥，我過來了。（生）兄弟，水淺深若何？（旦）哥哥送我到江邊，上無橋過下無船。哥哥問水知深淺，看看浒到可字邊。（生）兄弟，我不知道。（旦）你不知，回去問先生，便知端的。（詩）哥哥送別轉書房，說起交人淚汪汪。你若知我心下事，強如作個狀元郎。（旦）梁兄，我家一個妹子，未曾許聘他人。你若回時，到我家來，我對爹爹說，把妹子與你成親，不忘三年之恩。今日就此分別。（詩）與君共學有三春，誰想今朝一旦分。我是一暴靈丹藥，久後難逢呂洞賓。（意多喬）心更咽，難斷絕，喜相逢，怕離別。寸腸愁斷難拋撇。（合）怨分離，別個緊生龜怎脫？（生）同硯席，三載多，有腸牽掛，思慮想，恩愛情深難棄別。（合前）（尾聲）謹記河邊分別去，未知何日再相逢。

上文《全家錦囊祝英台記》的情節，是祝英台回家，梁山伯「送別」。其中，深深引發筆者注意的是，全劇說及唱的結構。開場旦上之七言四句，爲大字體，顯然是唱詞。其後，生唱「夜行船．花底黃鸝」、「迢遞，曲徑芳堤」、「堪題，綠柳陰中」、「思知，春色二分」，旦唱「近腔．芳草池」、「意多喬（憶多嬌）．心更咽」，生唱「同硯席」，「尾聲」。從「夜行船．花底黃鸝」到「近腔．芳草池」，曲辭最早見於《盛世新聲》（一五一七）南曲卷，文字大致相同，曲牌爲「夜行船序」—「又」—「又」—「鬥寶蟾」—「又」—「錦衣香」—「漿水令」；《詞林摘艷》（一五二五）卷之二「南九宮」，亦收此套，題署「玩江樓戲文遊春．

無名氏」；《群音類選》（約一五九三—一五九六）諸腔卷四，也收輯曲文相近的《訪友記．山伯送別》，齣目下書小字：「夜行船一套係古曲偷入於此不全」⑱。不論此套曲文，來自《玩江樓》戲文，或古曲⑲，顯然都不是專為《祝英台記》中，戲劇發展之寫景寫情的需要而寫作。至於「夜行船．花底黃鸝」套，何以移入充滿民間噱趣的《祝英台記》中？俞為民（《風月錦囊》所輯南戲佚曲考述）認為是：「這是明代中葉一些文人劇作家改動南戲時常用的手法。⑳」但是，筆者認為，更合於真實情況的理由，或許是：把當時觀眾熟悉的，流行的曲和辭，吸收進戲曲相近的場景，是民間藝人或戲班慣用的手法。即使在今日，許多民間的戲曲表演，也常直率的吸收流行的音樂，放進類似的戲劇情境中。

除去「夜行船．花底黃鸝」套，則《全家錦囊祝英台記》的唱曲，僅餘旦唱「昨日一同泝長江」七言四句，生唱「吾今三載困寒窗」曲，旦唱「意多喬．心更咽」，生唱「同硯席」，以及最後的「尾聲」等五隻曲子。因此，開場之旦唱「昨日一同泝長江」七言四句，在全劇中，佔有很重的分量；這是吾人今日所見，刊刻最早的板式變化體的唱段。

在生旦分唱「夜行船．花底黃鸝」套之間，穿插雙行小字，祝英台以七言四句的念誦

---

⑱ 見，善本戲曲叢刊本《群音類選》（五），頁一六九〇。

⑲ 《玩江樓》戲文，請參見，錢南楊，《宋元戲文輯佚》，頁九十六—九十七，上海古典文學出版社，一九五六年。「古曲」或許是指《盛世新聲》（一五一七）南曲卷「夜行船序．花底黃鸝」套，見，文學古籍刊行社影印本，頁五二四—五二五，一九五六年。

⑳ 見，俞為民，《宋元南戲考論》，頁三五三，台灣商務印書館，一九九四年。

體㉑，計十三段，對梁山伯作各種充滿噱趣及象徵意味的比喻，藉以透露自身的感情，充分表現了民間文學的趣味性。是故，推動戲劇發展，引發觀眾興味的，不是「夜行船・花底黃鸝」套，而是祝英台七言四句的唱段，以及十三段七言四句的念誦。易言之，《全家錦囊祝英台記》顯然是以旦唱及說七言四句，爲全劇發展之重心。由此觀察，吾人可以理解，這正是一個存在於明嘉靖三十二年（一五五三）的民間小戲。

與《全家錦囊祝英台記》內容及曲文相近的，有《群音類選》諸腔卷四所收《訪友記・山伯送別》，與《徽池雅調》所收《英伯相別回家》二齣。

《群音類選》是明萬曆杭州書林胡文煥文會堂，刊行《格致叢書》時，胡文煥所校選，大約刊行於萬曆二十一年至二十四年間（一五九三—一五九六）㉒。其諸腔卷四《訪友記・山伯送別》，刪去《祝英台記》「夜行船・花底黃鸝」之前的部分，收錄至「思知・春色二分」（《群音類選》本作「聽啓・春色三分」）這隻曲子止，其後增七言四句：「和君同路幸相逢，三載同窗感賴翁，鴻雁分群難割捨，一朝拆散各西東。」

《山伯送別》，由生（梁山伯）唱：「夜行船序・花底黃鸝」—「前腔・迤運，曲徑芳堤」—「鬥寶蟾・堪題，綠柳陰中」—「前腔・聽啓，春色三分」等四隻曲子，成爲整齣戲

㉑ 同注❻。

㉒ 見，《群音類選》，中華書局影印本，「前言」頁四，一九八〇年。又，杜信孚輯，《明代版刻綜錄》第一卷，頁十二a面，著錄：「格致叢書一百六十九種四百五十卷・明胡文煥輯・明萬曆杭州書林胡文煥文會堂刊」。

的主要音樂結構。在生主唱曲子之間，旦（祝英台）回應以八段充滿情感暗示的七言四句念誦，其內容及文詞，與《全家錦囊祝英台記》相同。

從《群音類選》本改題爲《訪友記・山伯送別》，可知《祝英台記》傳至杭州時，被改以梁山伯爲劇中主要角色，全數刪去祝英台的唱段，只存生唱「夜行船序・花底黃鸝」等四隻曲子；其曲牌聯套及曲辭，與《盛世新聲》南曲卷「夜行船序・花底黃鸝」套，前四隻曲子相校，僅一字不同；並非完全承襲自《祝英台記》。

從《全家錦囊祝英台記》到《訪友記・山伯送別》，吾人都可視爲，民間小戲嘗試與曲牌聯套體音樂結合的例子。

《新鋟天下時尚南北徽池雅調》，是閩建書林熊稔寰彙輯，燕石居主人刊梓。熊稔寰（燕石居）刊書的年代約在明萬曆末年㉓。《徽池雅調》目次，「一卷下層」欄著錄「山伯分別同窗」，內文題《英伯相別回家》，板心題作《還魂記》。內文與《全家錦囊祝英台記》大體相同，但是，曲牌子只有生唱之「夜行船・花底黃鸝」，與「尾聲」，兩隻曲子，其他盡數刪去。此外，生（梁山伯）只唱：「吾今三載困寒窗」曲，其餘均爲旦（祝英台）唱，七言四句之唱段，包括開場「昨日一同翫長江」七言四句，及《祝英台記》中十三段七言四句念誦，均爲大字唱曲之詞。

㉓ 熊稔寰刊行的書籍，除《徽池雅調》及《堯天樂》外，尚存有《屠先生評釋謀野集》四卷，明王穉登撰，屠隆評釋，明萬曆四十四年建陽書林熊稔寰燕石居刊。見，杜信孚輯，《明代版刻綜錄》第七卷，頁二a面。

是故，恰與《訪友記・山伯送別》相反；明萬曆末年，福建建陽刊印的《徽池雅調・英伯相別回家》，顯然是以祝英台爲主要人物，梁山伯的唱段及說白，均被壓縮至最小的分量，好似陪襯的地位。整齣戲的主體，是祝英台以板式變化的音樂結構，唱十四段七言四句，推動戲劇的發展。

從《全家錦囊祝英台記》到《英伯相別回家》，是說明了嘉靖年間到萬曆年間，板式變化體音樂，在民間得到很大的進展；或是刊刻較晚的《英伯相別回家》，保存了更多的民間小戲之原始面貌。不論，以上二則推論的事實眞相爲何？筆者以爲，《全家錦囊祝英台記》與《英伯相別回家》，在戲劇史上，討論板式變化體戲曲時，應該獲得比《鉢中蓮》㉔更多的重視。

祝英台回家，梁山伯「送別」的戲；在明代，除上文所論《全家錦囊祝英台記》系統的三齣戲外，另有《群音類選》諸腔卷四，於《山伯送別》之後，收輯之《又賽槐陰分別》；其內容與曲文，含括了《徽池雅調・山伯賽槐陰分別》，及《堯天樂・河梁分袂》二段，可是都改題爲《同窗記》。

《群音類選・又賽槐陰分別》的音樂結構，是旦唱（駐雲飛）——生唱（前腔）——生唱（皂羅

㉔《鉢中蓮》，筆者所見有一九三三年據玉霜簃藏明萬曆鈔本之排印本，見劇學月刊第二卷第四期，南京戲曲音樂院北平分院研究所發行。又有，《明清戲曲珍本輯選》本，見上冊，頁三—一〇五，中國戲劇出版社，一九八五年。其中，「第三出・山東姑娘腔」，「第十四出・誥猖腔・西秦腔二犯」，皆爲七言四句，廣爲學者所樂道。

袍）—旦唱（前腔）—生唱（前腔）—旦唱（前腔）—生唱（筆者按，當爲旦唱）（浪淘沙）—旦唱（前腔）—旦唱（前腔）—生唱（前腔）—旦唱（「紅蓮艷艷並頭生」）—旦唱（尾犯序）—生唱（前腔）（合）—旦唱（前腔）（合前）—生唱（前腔）（合前）—生唱（憶多嬌）（合）—旦唱（前腔）（合前）—生唱（前腔）（合前）—旦唱（前腔）（合前）—生唱（鬥黑麻）—旦唱（前腔）（合前）—旦唱（前腔）（合）—生唱（前腔）（合）—（尾聲）。

在《群音類選》諸腔卷二，收輯了《織錦記・槐陰分別》㉕，寫董永與九天閶闕仙女分別之事，整齣戲所用的曲牌，依先後順序，有：「浪淘沙」、「尾犯序」、「憶多嬌」、「鬥黑麻」、「尾聲」、「駐雲飛」。《又賽槐陰分別》只多用了一個曲牌「皀羅袍」而已。故其稱爲《又賽槐陰分別》，除戲劇內容同爲「分別」，更主要的原因，筆者認爲是使用了廣爲民眾熟悉的，《織錦記・槐陰分別》劇中的戲曲音樂曲牌，特別是：「浪淘沙」、「尾犯序」、「憶多嬌」、「鬥黑麻」、「尾聲」，所構成的曲牌聯綴結構。

《又賽槐陰分別・駐雲飛》之曲文有：「……拾翠尋芳，遊玩江濱，被輕薄桃花，識破眞形，險些兒難藏隱，辭別梁兄返故庭。㉖」「皀羅袍」之後的旦唱「前腔」中有：「……衣不脫身，單衫願許表吾心，只因祈禱雙親病，七七個結，難以解分，人間方便，穢污相承，把前情明訴無藏隱。㉗」可見，本齣也是受《全家錦囊祝英台記》的影響，另行以曲牌

㉕ 見，善本戲曲叢刊本《群音類選》（五），頁一五五三—一五六〇。

㉖ 見，善本戲曲叢刊本《群音類選》（五），頁一六九二—一六九三。

㉗ 見，善本戲曲叢刊本《群音類選》（五），頁一六九三—一六九四。

聯綴體，發展出來的戲劇形式。

其次，引起筆者注意的是，在《群音類選・又賽槐陰分別》裡，「皀羅袍」之前，旦（祝英台）念誦：「相親相愛有三年，如切如磋萬萬千，義重每思離別苦，別時尤恐見時難。」七言四句，生（梁山伯）接著也念誦七言四句：「聞君離別意匆匆，無限衷情訴始終，到此不言終是默，特將數事問從容。㉘」生接唱「皀羅袍」。這兩段旦及生念誦的七言四句，在《徽池雅調・山伯賽槐陰分別》中，不是用表示「說白」的雙行小字刊刻，而用小於曲牌體曲辭的中型字體呈現於閩刻本中㉙，顯然是唱詞。吾人可以視爲，明代萬曆年間，七言四句念誦，往板式變化唱腔發展的又一個例子。可是，《徽池雅調・山伯賽槐陰分別》中，生唱七言四句後，立刻接唱「皀羅袍」，這是「滾唱」的原始形式嗎？殊堪注目㉚。

《群音類選・又賽槐陰分別》中，旦唱：「紅蓮艷艷並頭生，往來蜂蝶無心採，只恐

㉘ 見，善本戲曲叢刊本《群音類選》（五），頁一六九三。

㉙ 見善本戲曲叢刊本《徽池雅調》，頁三十—三十一。

㉚ 傅芸子，〈釋滾調〉中，舉《玉谷新簧》之《琵琶記・蔡狀元牛府成親》爲例，說滾白「加於曲文之上者，爲最罕用。」（見《白川集》頁一五七—一五八。）王古魯，《明代徽調戲曲散齣輯佚・引言》稱：「加滾有三種，加於曲文之上者……除傅氏所舉一例外，尚未找到第二例。」（見《明代徽調戲曲散齣輯佚》頁九—十。）是故，筆者願意指出，《徽池雅調・山伯賽槐陰分別》中，「皀羅袍」前所加之滾唱，特別值得吾人注目。

去後留情，有緣千里能相會，無緣對面不相親，猶如醉漢未醒。㉛」，此曲未刊刻曲牌；《徽池雅調‧山伯賽槐陰分別》則刪去此曲，將《群音類選‧又賽槐陰分別》中，旦念誦的七言四句：「三年同學荷恩深，骨肉猶如兄弟情，指望道遊長相守，誰知一旦兩離分。㉜」改爲旦唱七言四句：「三年同學倚深恩，骨肉猶如兄弟情，指望和你長相守，豈知今日又離分。㉝」《徽池雅調‧山伯賽槐陰分別》亦僅收錄至此。

在《群音類選‧又賽槐陰分別》劇中，「尾犯序」之前㉞，就「送別」的情節而言，已經告一個段落，實際上業已含括《全家錦囊祝英台記》系統，所表現的全劇之行爲與內容。但是，《祝英台記》系統，主要的戲劇內容，是「送別」中，隨興取喻的十三段念誦，或者改爲十三段唱曲；在《又賽槐陰分別》劇中，則縮減爲「浪淘沙」—「前腔」—「前腔」—「前腔」，四隻曲子。

《又賽槐陰分別》劇中，「尾犯序」之後；以《祝英台記》相衡量，顯然是新大量增添的劇情；用十三隻曲子，以及「合」、「合前」等方式，來渲染難分難捨的分別情緒。如，生唱（憶多嬌）：「情慘切，心越折，兩兩行行，難免挽拽。掩袂傷嗟，怎生割捨。」（合）：

㉛ 見，善本戲曲叢刊本《群音類選》（五），頁一六九六。

㉜ 見，善本戲曲叢刊本《群音類選》（五），頁一六九七。

㉝ 見，善本戲曲叢刊本《徽池雅調》，頁三十六。

㉞ 即指，善本戲曲叢刊本《群音類選》（五），頁一六九二—一六九七。亦即，《徽池雅調‧山伯賽槐陰分別》所收錄的部分。

「河梁分別，河梁分別，渺渺雲山阻隔。」旦接唱（前腔）：「楓蓼葉，霜凋赤，盡是離人，眼中流血，只恐去後相思，梅花漸白。㉟」

《堯天樂》㊱上卷上層，收錄此段戲，從「尾犯序」始，至「餘文」（即《又賽槐陰分別》之「尾聲」）止，其中刪去四隻「鬥黑麻」唱詞，聯綴九隻曲子，構成獨立的一齣，稱爲「河梁分袂」，曲辭大致和《又賽槐陰分別》相同。

以《群音類選．又賽槐陰分別》系統的三齣戲，與相同題材的《祝英台記》及《徽池雅調．英伯相別回家》比較，《又賽槐陰分別》系統的三齣戲，似乎都失去了，民間小戲率眞表達感情的特質，和隨物取喻的趣味性。

梁山伯到祝家莊訪問祝英台，得知馬家下聘，悲憤離去的戲劇，現存最早的散齣，是《群音類選．山伯訪祝》，其後另有五種戲曲選本，收錄此戲；這六本散齣，經過實際的比對，在情節的進展，以及唱辭、賓白，有很多的相似性，似乎有一個共同的祖本。但是，刊行的時間和聲腔的不同，使得相似的劇本中，也有明顯的差異，可藉以探索彼此間發展的關係。

《新刻增補戲隊錦曲大全滿天春》，是明萬曆甲辰年（一六〇四），書林李碧峰陳我含刊，

㉟ 見，善本戲曲叢刊本《群音類選》（五），頁一六九九。

㊱ 《堯天樂》分二卷，首卷題「新鋟天下時尚南北新調」，題署：「豫章饒安殷啓聖彙輯．閩建書林熊稔寰繡梓」，次卷題「新鋟天下時尚南北新調堯天樂卷之下」。刊行的年代和《徽池雅調》相同，約在明萬曆末年。請參見注㉓。

內收《山伯訪英台》，板心題《英台別》，目次作「山伯會英台」，比《群音類選・山伯訪祝》約晚八年刊行。前述二齣戲，都從「問路」這個情節開始；首二曲的唱辭，雖然文字有差異，大體同出一源；《群音類選・山伯訪祝》是梁山伯親自問路，「內」應答：「前面有新竹籬笆，高粉牆便是。㊲」《滿天春・山伯訪英台》則改由丑扮書僮「事久」問路，「內」應答：「轉個灣兒，下個嶺，前面一座大高樓，門前粉壁書麒麟，祝九郎家是那門。㊳」這段戲，此後《摘錦奇音・山伯千里期約》（一六一一）㊴，及《大明天下春・山伯訪友》都依循《滿天春》本。《摘錦奇音・山伯千里期約》更將「內」應答這段詞加長，發展成「內」唱「滾遍」，字比曲牌唱辭略小，並非雙行小字之賓白，是由後場「內」滾唱的例子。

梁山伯初到祝家；《群音類選》本，外扮祝父上唱：「菊花新・忽聽門外叫聲呼㊵」，《滿天春・山伯訪英台》則外唱：「樂守田園」㊶，《大明天下春・山伯訪友》本，外上之唱辭大體與《滿天春・山伯訪英台》本相同，但曲牌題「前腔」（按，即指「駐雲飛」）㊷。

㊲ 見，善本戲曲叢刊本《群音類選》（五），頁一七〇一。

㊳ 見，龍彼得輯，《明刊閩南戲曲絃管選本三種》所收《滿天春》本，下卷，頁十a面。

㊴ 《摘錦奇音》，卷首題：《新刊徽板合像滾調樂府官腔摘錦奇音》，計分六卷，徽歙龔正我選輯，敦睦堂張三懷繡梓，萬曆三十九年（一六一一）刊行。又請參見注❾。

㊵ 同注㊲。

㊶ 同注㊳。

㊷ 見，《海外孤本晚明戲劇選集三種》，頁四〇三。

梁山伯與祝英台在祝家初會面的情形，《群音類選》本與《滿天春》本，亦不相同。《群音類選．山伯訪祝》是旦扮祝英台上，唱：「轉仙子．聞道舊友來相訪」，以下彼此初見面的方式，頗爲直率。《滿天春．山伯訪英台》旦上，唱：「聞道兄來展轉教人淚滿腮㊸」；從整段唱辭，和在祝家會面時的言語賓白及行爲等，加以觀察，《滿天春》本，大致爲《摘錦奇音．山伯千里期約》及《大明天下春．山伯訪友》所承襲㊹。其次，《滿天春》本旦唱：「自別書林寢食間切切偲偲」之前，旦念七言四句：「奉勸哥哥酒一尊，敬陳薄酌表殷勤，同窗三載恩情重，自思那日別書林。㊺」也大體被《摘錦奇音．山伯千里期約》承襲㊻；這是從念誦到滾白的發展嗎？或者都可以視爲是曲文之上加滾白的一個例子。

上述從「問路」到「初會面」這二段戲，在萬曆年間的舞台上不斷搬演，至《滿天春．山伯訪英台》本，大致已經定型；和《群音類選．山伯訪祝》本比較，可以看作戲劇發展上的兩個時期，或者是不同時期的兩個系統。

梁山伯數說祝英台女扮男裝之事時；《群音類選．山伯訪祝》本，生念誦七言四句，

㊸ 見《滿天春》本，下卷，頁十b面。又請參見注❽。

㊹ 見，善本戲曲叢刊本《摘錦奇音》，頁三一二—三一三。及，《海外孤本晚明戲劇選集三種》，頁四〇四—四〇五。

㊺ 見《滿天春》本，下卷，頁十一b面。

㊻ 見，善本戲曲叢刊本《摘錦奇音》，頁三一三。

旦念誦七言四句，生接唱：「一枝花．我這裡悄悄問原因」㊼。《滿天春》本、《大明天下春》本同㊽，《摘錦奇音》本則爲，旦念誦七言四句，生念誦七言四句，接唱：「一枝花」㊾。《纏頭百練二集》本㊿《訪友》，及《時調青崑》本(51)《山伯訪友》，都從此段情節開始收錄。「梁山伯會祝英台」的戲劇，由此直接進入二人情感的糾葛。

當旦唱到：「……今日盼，不見青鸞信，明日望，那見黃犬音，我也曾把銀河肅整，鵲橋駕定，不得牛郎來會織女星，因此上俺爹爹受了馬……」，生接著說：「呀，事久，他分明說個馬字，就不講了，其中必有緣故，你去問取人心便知端的。」丑：「人心姐，我東人說你姐姐，說了個馬字，就不作聲了，教我問取你的詳細。(52)」這是全齣第一個高潮，戲劇至此，從快樂的見面，朝向不幸的結局發展。在這個關鍵點上，《群音類選．山伯訪祝》

㊼ 見，善本戲曲叢刊本《群音類選》，頁一七〇六。

㊽ 見，《滿天春》本，下卷，頁十三b面。及《海外孤本晚明戲劇選集三種》，頁四〇九。

㊾ 見，善本戲曲叢刊本《摘錦奇音》，頁三一六。

㊿ 《新鐫出像點板纏頭百練二集》，分六卷，明沖和居士輯，崇禎三年刻本。參見，羅錦堂，《中國戲曲總目彙編》下冊，頁一九一——一九四，萬有圖書公司，一九六六年，並請參見注⑩。

(51) 《時調青崑》，卷首題《新選南北樂府時調青崑》，江湖黃儒卿彙選，書林四知館繡梓。王秋桂，「善本戲曲叢刊出版說明（附提要）」，頁六，說：「明末書林四知館刻本。」收於善本戲曲叢刊，第一輯，《樂府菁華》。

(52) 見，善本戲曲叢刊本《群音類選》（五），頁一七〇八——一七〇九。

和《滿天春．山伯訪英台》，都由貼（人心）唱：「催滾．事久哥聽咱」53這是大段的滾唱，或者可以說是「暢滾」一二段。但是，《摘錦奇音．山伯千里期約》及《時調青崑．山伯訪友》，卻改爲大段念誦或唱的「催拍」54，《纏頭百練二集．訪友》及《大明天下春．山伯訪友》，則無此段快速節拍的唱或念誦55。

梁山伯聽了「人心」坦率的表述後，大受刺激，連唱三隻「一枝花」，唱段中有：「你好負義忘情，我知道了只圖馬氏諧白髮，可憐斷送我青春。56」等語。終於換來旦唱：「前腔（按，指一枝花）．盃酒表殷勤，滿懷心事，盡付此盃傾，我這裡和著相思淚，勉強奉君，你那裏搵著相思淚，免強相呑，這盃酒權爲媒證，今生不得諧鳳侶，來生定要效鴛衾，望天天鑒奴此情。57」這是全齣戲劇性最強的部分。至此，梁祝二人，彼此情感的眞實表露，以及最終的結果，都已清晰可見。是故，生再唱曲抒情後，只得說：「兄弟，事既無成，就此

53 見，善本戲曲叢刊本《群音類選》（五），頁一七〇九—一七一〇。及，《滿天春》本，下卷，頁十五a面—十六a面。

54 見，善本戲曲叢刊本《摘錦奇音》，頁三一八—三一九。及善本戲曲叢刊本《時調青崑》，頁八十二—八十六。

55 見，《梁祝故事說唱集》，頁六。及，《海外孤本晚明戲劇選集三種》，頁四一一。

56 見，善本戲曲叢刊本《群音類選》（五），頁一七一一。相似的唱段，見《滿天春》，下卷，十六a面—十七a面。

57 見，善本戲曲叢刊本《群音類選》（五），頁一七一二。又，可參見《滿天春》本，下卷，頁十七a面。

告辭。」旦云：「哥哥，你決意要回，我不敢強留，容小弟再送一程。」生唱：「下山虎‧須臾對面，頃刻分離，送別陽關道，難覓知音，看巫山鎖翠雲，湘江淚溢溢，黃花瘦影，墜葉紛紛，滿眼飄紅雨，都是相思淚染成。」(合)：「欲別又難忍，止不住汪汪淚零，難捨難分，和你恩愛情。[58]」旦接唱「前腔」，唱曲中送「香羅」(他本作羅帕戒子)，以表示情深厚重，「他日若相看，如見故人。」

《群音類選》本「餘文」：「才得相逢又別離，今朝分散各東西，正是流淚眼觀流淚眼，不傷悲處也傷悲。」《滿天春》本在最後的(合)唱曲文之後，附七言四句：「才相逢又別離，今朝分散各東西，歸家不敢高聲哭，西出陽關無故人。」及「正是：流淚眼觀流淚眼，斷腸人送斷腸人。」《摘錦奇音》本、《時調青崑》本、《纏頭百練二集》本、《大明天下春》本，「尾聲」(合)：「今生未得同鴛枕，南柯夢裏握雨攜雲，九泉終久重相會，再世相逢議此親。」《纏頭百練二集》本、《大明天下春》本，「尾聲」後，有七言四句：「千里相逢喜氣濃，一番情話又成空，流淚眼觀流淚眼，只恐相逢再夢中。」

經過前文的陳述，吾人認為，在明代的梁祝戲曲散齣中，「訪友」這齣戲，至萬曆三十二年(一六〇四)《滿天春》刊行前後，業已發展出廣受觀眾喜愛，比較固定的戲曲結構，此後並在滾調系統的聲腔中流傳演出。如《摘錦奇音》本；卷首題《新刊徽板合像滾調樂府官腔摘錦奇音》，是敦睦堂張三懷，在萬曆三十九年(一六一一)刊印；其中收錄的「山伯千里期約」，也僅在「滾白」上，增添繁複的鋪陳。如戲劇發展至梁祝二人感情糾葛的最高點，

[58] 見，善本戲曲叢刊本《群音類選》(五)，頁一七一三。又，可參見《滿天春》本，下卷，頁十八a面。

旦將唱「一枝花」[59]表述深情之前，《摘錦奇音》本加「事久」念誦長段七言滾白[60]，指責英台及人心。這段滾白，對戲劇中，緊扣觀眾情緒的情感渲染，有正面的幫助嗎？答案是否定的，僅有《摘錦奇音》本中，有此段滾白。又如前文曾述及，《群音類選》本和《滿天春》本，都藉由貼唱「催滾」，來說明旦不好意思直言的事件，並催化戲劇的糾葛；這是一個有助於劇情發展的唱段。但在萬曆三十二年以後到崇禎年間的戲曲選本中，卻有不同的處理方式，如《摘錦奇音》本改爲念誦，也改稱爲「催拍」；或無此滾唱；或無此大段七言滾白。藉由這個例子，吾人可以窺見，萬曆年間到明末崇禎年間，大段的「暢滾」，往滾白的形式發展；或逐步刪去滾「唱」之趨勢。

其次，從對現存刊本的比對看來，《大明天下春‧山伯訪友》和《纏頭百練二集‧訪友》收錄的部分，幾乎相同，可視爲同一系統同一時期的本子；而《纏頭百練二集》現今存有崇禎三年（一六三〇）刊本。是故，從《摘錦奇音》本、《時調青崑》本、《纏頭百練二集》本、《大明天下春》本，各劇的「尾聲」觀察；吾人可以發現，萬曆末年到崇禎年間，滾調系統的本子，均將梁祝戲曲，視爲有一個今世無法結合的悲慘結局。

總結而言，明代嘉靖年間至崇禎年間，梁祝戲曲，從民間小戲，如《祝英台記》、《英伯相別回家》，到表現感情複雜糾葛的戲劇，如《山伯訪祝》、《山伯訪英台》等；在現存

---

59 見，善本戲曲叢刊本《群音類選》（五），頁一七一一—一七一二。又可參見，《滿天春》本，下卷，頁十七。

60 見，善本戲曲叢刊本《摘錦奇音》，頁三二〇—三二一。

《風月錦囊》、《群音類選》、《滿天春》、《摘錦奇音》、《纏頭百練二集》、《徽池雅調》、《堯天樂》、《時調青崑》、《大明天下春》等，九種明刊戲曲選本，十二齣曾經實際搬演於舞台上的戲裏，吾人可以從其彼此間，既存的關係脈絡中，體察到民間戲曲充沛的活力，是在不斷的尋求，最適於表現戲劇情感與場面的方式；所以各個時期，各種聲腔，都在調整戲劇表現的方法，以滿足觀眾。其次，吾人更從分析的過程中，深刻的感受到，這些散齣可能是個別獨自存在的戲劇形式，而不是從那個傳奇中摘取出來的折子。

試析孟稱舜曲論及其在明代曲論史上的意義

顏天佑

壹、前言

研究明代歷史的人都必然會注意到，嘉靖到萬曆年間，中國社會內部出現了一些劇烈而重大的變化。首先是以東南沿海一帶爲主的資本主義經濟的萌芽，而後隨著經濟上的新轉機，思想界和文藝界也形成了一股有力的革新思潮。這種亟欲突破傳統的強烈衝擊力，導致戲曲方面的變化，一方面是戲曲地位的普遍提高，再則是大批文人自主性地投身其中。而在爲數可觀的文人作家中，如李開先、徐渭、王世貞、湯顯祖、沈璟、徐復祚、王驥德、馮夢龍、孟稱舜、卓人月、袁于令等人，既屬戲曲史上創作豐碩的實踐者、同時又是理論批評史上成就卓越的思考者。這種一身二任的特殊境況，讓他們在創作中不斷強化了自覺的追求意識，更在理論批評中充分體現了實踐的經驗與心得。而值得注意的是，著眼於戲曲本質的釐清和典範的追求，嘉、隆以降的戲曲家也展開了幾次大規模的論爭。❶通過論爭的各抒己見，

❶ 俞爲民即以湯沈之爭、元曲四大家之爭，以及《西廂》、《琵琶》、《拜月》之爭爲明代中葉戲曲家三

自然大大豐富了戲曲理論批評的內容，從而促進它的發展與成熟。

正是文人的投入與主導，開創並延續了明中葉以後兩百年左右戲曲理論批評的黃金時代。當然，其中萬曆、康熙兩座雲蒸霞蔚的高峰，一直吸引了絕大多數研究者的目光。相對於此，明末戲曲理論批評的探討便稍嫌冷清了。而自然地，理論和評點文字都完成於崇禎年間的戲曲家孟稱舜，在早期的戲曲研究中，顯然也沒有受到應有的重視。❷

孟稱舜字子塞，或作子若、子適，別號臥雲子、花嶼仙史、花嶼主人。籍貫浙江會稽。約生於萬曆二十八年（一六〇〇），卒於清康熙二十三年（一六八四）。❸現存劇作計雜劇五種：《桃花人面》、《眼兒媚》、《花前一笑》、《殘唐再創》、《死裡逃生》；傳奇三種：《嬌紅記》、《貞文記》、《二胥記》。另有雜劇《紅顏年少》和傳奇《二喬記》、《赤符記》，

次較人的爭論。說見《李漁閒情偶寄曲論研究》，南京：江蘇教育出版社，一九九四，頁二四—二六。

❷ 一九八一年，上海文藝出版社出版了王季思主編的《中國十大古典悲劇集》，其中收錄了孟稱舜的傳奇《嬌紅記》，這可以說是孟稱舜劇作、劇論引發注意的一個主要關鍵。而其後十餘年的研究概況，可參看寧宗一、陸林、田桂民合編：《明代戲劇研究概述》〈孟稱舜劇作、曲論研究綜述〉，天津：天津教育出版社，一九九二，頁二五一—二六一。

❸ 孟稱舜生卒年未見文獻記載，過去往往稱「啓、禎間人」。後歐陽光〈孟稱舜和他的《嬌紅記》〉一文，依孟稱舜在《古今名劇合選》中《王粲登樓》一劇的眉批，推論生年約當一六〇〇年前後。見中山大學中文系主編：《論古代戲曲詩歌小說》，中山大學出版社，一九八五，頁一三五—一三六。另胡緒偉〈孟稱舜的卒年及其後人〉一文，則依平步青《霞外捃屑》卷四「孟次微監州」一條，確定孟氏卒年爲一六八四。見《戲曲研究》，一九八八，二六輯，頁六三—六四。

已佚。此外，孟稱舜又曾校輯元明雜劇五十六種爲《古今名劇合選》（分《柳枝集》、《酹江集》兩部分），校刻元人鍾嗣成《錄鬼簿》，這些都是後世研究元明雜劇的要籍。

而在一系列的序跋和評點中，孟稱舜留下了有關戲曲創作的主張和藝術見解。依時間順序，可排列如下：

〈古今詞統序〉，作於崇禎二年（一六二九）秋。

《古今名劇合選》一書的〈序〉和其中六百多條批語，作於崇禎六年（一六三三）夏和該年以前。

〈鴛鴦塚嬌紅記題詞〉，作於崇禎十一年（一六三八）夏。

〈二胥記題詞〉，作於崇禎十六年（一六四三）春。

〈鸚鵡墓貞文記題詞〉，作於崇禎十六年（一六四三）夏。

崇禎十七年（一六四四），明思宗煤山自縊，大明帝國基本上便已結束了。孟稱舜這一序列的序跋和評點，幾乎都成於崇禎年間，甚至有寫在明亡前一年的。山雨欲來，飄搖如墜，這些流傳至今的序跋、評點，該是明朝傾覆前夕的最後一批戲曲理論批評資料了。處在明代戲曲潮流劇烈激盪、對峙之後的階段，而貼切於這種歷史性的關鍵時刻，孟稱舜的戲曲理論批評也確實呈現了一種折中合流的綰結性的意義。我們且看以下的一些論述：

孟稱舜是明清之際徐渭、王驥德、呂天成爲代表的浙江紹興劇作家群的殿軍。❹

孟稱舜確是晚明劇壇上卓有建樹的作家，他是臨川派的戰鬥號手，是明代劇壇的「鳳尾」。❺

明代的戲曲創作及其理論批評，至孟稱舜均成爲精彩的「豹尾」。…筆者則以爲，讀孟稱舜的戲曲批評，猶如對整個明代戲曲理論批評的一次鳥瞰。❻

雖然在進一步的分析方面仍有未足，但這些論述顯然都已注意到了如此的一個命題，那就是作爲明代劇壇收場的角色，孟稱舜曲論呈現的綰結性意義。而此亦即本論文於孟稱舜的曲論分析之後，要嘗試探討的重點之所在。

貳、曲貴傳情——孟稱舜曲論的核心思想

檢視孟稱舜一系列的序跋和評點，我們不難發現它們其實涵蓋了人物、語言、風格等各個戲曲層面的課題。而歸根究柢，曲貴傳情乃是這一切理論的核心思想。崇禎二年（一六

---

❹ 徐朔方：〈論孟稱舜的戲曲創作〉，《戲曲研究》，一九九〇，三三輯，頁五五。

❺ 歐陽光：〈孟稱舜和他的《嬌紅記》〉，中山大學中文系主編：《論古代戲曲詩歌小說》，中山大學出版社，一九八五，頁一五四。

❻ 葉長海：《中國戲劇學史稿》，台北：駱駝出版社，一九八七，頁三六二—三六三。

二九）寫成的〈古今詞統序〉，早已充分表露了作者如此的見解：

> 詩變而爲詞，詞變而爲曲，詞者詩之餘而曲之祖也。…蓋詞與詩、曲，體格雖異，而同本於作者之情。古來才人豪客，淑姝名媛，悲者、喜者、怨者、慕者、懷者、想者，寄興不一。或言之而低徊焉、宛戀焉；或言之而纏綿焉、悽愴焉；又或言之而嘲哭焉、憤悵焉、淋漓痛快焉。作者極情盡態而聽者洞心聳耳，如是者皆爲當行，皆爲本色。…其意大概謂詞無定格，要以摹寫情態，令人一展卷而魂動魄化者爲上。❼

言志抒情既然是傳統詩歌藝術的理論核心，戲曲作爲廣義詩歌的一種，自然不能脫離它的制約和影響。在這篇序文中，孟稱舜很明顯便是看到了戲曲文學與古典詩詞的血緣關係，從而說明詩、詞、曲「體格雖異」，卻「同本於作者之情」。也就是說，儘管體裁、風格各異，傳情仍然是它們共同的美學特徵。唯有「極情盡態」、「摹寫情態」，充分抒發了作者內在的思想感情，才能深深打動讀者和聽眾，也才稱得上成功的作品。這種「傳情」觀念，於孟氏編選的《古今名劇合選》，也得到了充分的印證。「予此選去取頗嚴，然以辭足達情

❼ 引自隗芾、吳毓華編：《古典戲曲美學資料集》，北京：文化藝術出版社，一九九二，頁二三四－二三五。

爲最。」❽這是他〈自序〉中的明白告示。

而執持著這樣的態度和標準，在元雜劇中，他肯定「鄭德輝《倩女離魂》及《翰林風月》二劇爲傳情第一手。」（《王粲登樓》批語）❾尤其是「酸楚哀怨，令人腸斷」的《倩女離魂》一劇，孟稱舜更是賞歎不已，以爲「昔時《西廂記》，近日《牡丹亭》，皆爲傳情絕調，兼之者其此劇乎？」第一折中，描寫倩女與未婚夫王文舉互相愛慕卻無法親近的一曲〔油葫蘆〕，孟氏評道：「即『人遠天涯近』意，然《西廂》無此淋漓。」到了第二折，他又評倩女「離魂」的幾支曲子說：「恍恍惚惚，夜行光景，勝過《會眞・驚夢》一折。」如此再三將《倩女離魂》的藝術成就定位於《西廂》之上，當然難免過譽之嫌。但試看全劇中其他的批語，如「數語備極嬌癡無賴」、「絮絮叨叨，說盡兒女情腸。」「再三囑咐，總是多情過慮。」「不說路上無聊，卻想到書舍裏，情思更深。」（以上引文俱見《倩女離魂》批語）孟氏從「傳情」的角度著手，卻也具體而準確地「點」出了《倩女離魂》藝術描寫的成功之處。

除了《倩女離魂》之外，《古今名劇合選》中，這類的批語可說俯拾皆是：

鍾情無限。（《青衫淚》批語）

---

❽ 見其〈古今名劇合選序〉，收蔡毅編著：《中國古典戲曲序跋彙編》，濟南：齊魯書社，一九八九，冊一，頁四四五。以下凡再引用，皆直接標明於本文，不一一作註。

❾ 即《古今名劇合選・王粲登樓》中孟稱舜的批語，《古本戲曲叢刊》四集之八（據上海圖書館藏明崇禎刊本影印）。以下凡再引用，皆直接標明於本文，不一一作註。

徹情摹寫。（《玉鏡臺》批語）

凡人情至則異數可狎、黑海可入，作者寓意，在此語中。（《張生煮海》批語）

惆悵得盡情。（《誤入桃源》批語）

說出娼門行逕沒奈何情狀，然自是蘊藉得好。（《慶朔堂》批語）

語語痛快盡情。（《漢宮秋》批語）

通篇如聽薤露歌，使人悲涕不禁。（《范張雞黍》批語）

一篇嗚咽，哽哽咽咽，引人悽斷。（《鐵拐李》批語）

或惆悵、或無奈、或纏綿、或痛快、或哽咽、或悲愴，誠如〈古今詞統序〉所言：「寄興不一」，那麼無論蘊藉低徊也好、盡情傾洩也好，則「作者極情盡態而聽者動心聳耳」。從作者、聽者，當然也從劇中人的不同立場，孟稱舜緊緊抓住「情」這一彼此同鳴共感的質素，作爲他立論評點的根本，可說極明確而有見地。

不錯，孟稱舜明確地掌握了因血緣關係而「同本於作者之情」的詩、詞、曲這一內在繫聯，但他當然也清楚作爲「敷演故事」的文學體裁，戲曲事實上自有它不同的一面。所以他一方面在〈古今名劇合選序〉中指出：「詩變爲詞，詞變爲曲，其變愈下，其工益難。」同時更在《魔合羅》的批語裏進一步地有如下的說明：

曲之難者，一傳情，一寫景，一敘事。然傳情、寫景猶易爲工；妙在敘事中繪出情、景，則非高手未能矣、讀此劇者當知此意。

《魔合羅》第一折裡〔混江龍〕〔油葫蘆〕〔天下樂〕連續幾支曲子，作者運用白描自然的語言，將劇中人李彥實在曠野遭遇大雨的窘迫情景，淋漓盡致地表現了出來。孟氏便贊賞道：「野中雨景，又是客中窮景，通則說得絕肖。」這正是曲之難，這正是妙在敘事中繪出情、景。而在其他劇本中，類似的批語亦所在多有，如：

> 通折就情寫景，語不修飾而楚楚堪痛。（《瀟湘雨》批語）
>
> 對景傷情，追思前事，文章中照應處，亦是人情所決然。（《瀟湘雨》批語）
>
> 此下只說雨聲，而愁恨千端如飛泉噴瀑，一時傾瀉，可謂景中傳情之妙筆。（《梧桐雨》批語）
>
> 將一天愁怨都從眼前景物上寫出，眞絕妙好詞也。（《王粲登樓》批語）

「情景交融」是傳統詩歌的美學基礎，當然也成了戲曲文學表達情境的手法。不過如果脫離了劇中人的個性、心情和戲曲的整體情節，那麼即使抒發得再怎麼生香出色，也是突兀而不自然的。孟稱舜根據戲曲以表演敘事的代言體特點，有意識地將敘事、傳情、寫景三者結合起來考慮，要求在劇中人的敘事中，描繪景物、傳達感情，這是以前曲論家所未曾深論的。

參、孟稱舜曲論的主體結構

在「曲貴傳情」核心思想的分析中，我們不難發現孟稱舜的「傳情」主張，明顯地有了「同本於作者之情」到「妙在敘事中繪出情景」的路線轉移，這當然代表了他向戲曲文學敘事功能認知的跨越。而如果結合《古今名劇合選》的序文和評點再作觀察，則其中有關人物論的部分,事實上更顯現了孟氏對戲曲搬演代言特質的進一步掌握。因爲戲曲以人物爲主，如何寫出劇中人的眞情，完全取決於是否能寫出他們獨特的性格。至於戲曲語言，本就是用以塑造人物形象、爲人物來服務的。什麼樣的語言是最貼切人物感情、個性的舞台語言，在孟稱舜的曲論中，也有著相當分量的討論。此外，不同的個性、情感、內蘊，不同的戲曲題材和表現方式，自然也形成每個劇作家的個別風格。擺脫傳統以地域、體裁、音韻概分風格的籠統方法，孟稱舜對戲曲風格論的看法，其實是極進步而具意義的。以下試就戲曲的人物論、語言論、風格論三部分，對孟稱舜曲論的主體結構作一大略的探析：

一、戲曲人物論

作爲敘事文學與舞台藝術的戲曲，無疑地，人物形象是其主體。在一部劇作中，主題思想的表達、故事情節和矛盾衝突的展開，都離不開人物形象。所以蘇國榮即如是以爲：

> 戲曲是刻鏤人心、塑造人物的，因而它也是人學。戲曲的體系，是圍繞著如何塑造

人物凝聚而成的。❿

中國古典戲曲理論史上，對於塑造人物的理論闡發是從明代中葉開始的。不管是辨析戲曲語言與特定人物形象的關係，或是從戲曲藝術本體特性的角度來論述人物的塑造，循著這樣的基礎，孟稱舜提出更鮮明而又集中的看法：

蓋詩詞之妙，歸之乎傳情寫景，顧其所謂情與景者，不過煙雲花鳥之變態，悲喜憤樂之異致而已。境盡於目前而感觸於偶爾，工辭者皆能道之。迨乎曲之爲妙，極古今好醜、貴賤、離合、死生，因事以造形、隨物而賦象；時而莊言，時而諧諢，狐末靚狚，合傀儡於一場，而徵事類於千載；笑則有聲，啼則有淚，喜則有神，嘆則有氣。非作者身處於百物云爲之際，而心通乎七情生動之竅，曲則惡能工哉！吾嘗爲詩與詞矣，率吾意之所到而言之，言之盡吾意而止矣。其於曲，則忽爲之男女焉，忽爲之苦樂焉，忽爲之君主僕妾、僉夫端士焉。其說如畫者之畫馬也，當其畫馬也，所見無非馬者，人視其學爲馬之狀，筋骸骨節，宛然馬也，而後所畫爲馬者，乃眞馬也。學戲者不置身於場上，則不能爲戲；而撰曲者，不化其身爲曲中之人，則不能爲曲，此曲之所以難於詩與詞也。（〈古今名劇合選序〉）

❿ 見其《中國劇詩美學風格》，台北：丹青圖書有限公司，一九八七，頁三七。

首先，孟稱舜從前人的理論基礎和自己的創作經驗中，充分辨析並體會到這樣的一個事實，那就是曲雖源自詩、詞，在表現上卻有著根本的差異。在他看來，詩詞之妙，「全歸之乎傳情寫景」，而所謂的情與景，「不過煙雲花鳥之變態，悲喜憤樂之異致而已。」所以「率吾意之所到而言之，言之盡吾意而止矣。」至於「曲之爲妙」，主要則在於「極古今好醜、貴賤、離合、死生，因事以造形，隨物而賦象。」「忽爲之男女焉，忽爲之苦樂焉，忽爲之君主僕妾、僉夫端士焉。」我們不妨將這些文字簡列如下：

詩詞：意→言（傳情、寫景）

戲曲：意→劇中人→言（傳情、寫景→敘事）

也就是說，戲曲除了「妙在敘事中繪出情、景」的目的差異外，它與詩詞在表現的過程中，也存在著極大的不同。詩詞是作者的直接表述，戲曲則不然，在「意」和「言」之間，它有一個「中介」：劇中人，而且是林林總總的各色人等。正因爲對戲曲這一關鍵特質的明確掌握，孟稱舜提出了他以「造形賦象」爲中心的人物塑造論，也就是如何根據現實生活創造出鮮明生動、情感眞切的人物形象。

〈古今名劇合選序〉中，孟稱舜揭櫫了如此的「形象塑造論」，而接著在全書的評點裏，更藉由古今名劇的實際分析，具體論證了他的看法。其中這一段批語，是我們無論如何不能忽略的：

文章之妙在因物賦形，矧詞曲尤爲其人寫照者。男語似女是爲雌樣，女語似男是爲雄聲。他如此類，不可悉數。（《燕青博魚》批語）

一般庸手既不知「因物賦形」的原則，往往模糊、乃至混淆了他筆下人物的形象。孟稱舜評選、比較了古今名劇，深切了解凡此弊病的嚴重，因而領悟到作爲敘事搬演的戲曲文學，那種「尤爲其人寫照」的根本原則。《隔江鬥智》的批語中，他也如是說道：「敘事說意，絕無粉澤。尤妙在女子口中，出得雄爽快利，爲孫夫人寫照。」如果結合「曲貴傳情」的核心思想而論，在古典戲曲理論史上，我們可以說，孟稱舜所提出的乃是一種「傳情寫照」的戲曲人物論。基於此，他極爲推崇元劇《李逵負荊》。在全劇的評點中，這類針對人物形象塑造的批語，可說是一提再提。而有兩段，他甚至寫道：

至其摹像李山兒，半粗半細、似猷似慧，形象如見，世無此巧丹青也。

畫出老王林景像，又繪出李山兒口角，此絕妙丹青手也。（俱《李逵負荊》批語）

相較於康進之的《李逵負荊》，明周憲王同樣描寫李逵的《黑旋風》，孟稱舜就求全責備道：「通折寫墟原旅景及壯夫聲口，已到五六分矣。但李山兒口須再粗莽爲妙，較元人《負荊》劇殆爲遜之。」（《黑旋風》批語）或許我們可以說，孟稱舜推爲「壓卷」的《倩女離魂》及高度揄揚的《李逵負荊》，正是他心目中「傳情寫照」人物論的典型範例。其他有關人物形象的批語，散見於《古今名劇合選》中，茲例舉如下：

說虔婆神情都出。（《青衫淚》批語）

此下四枝，作念得肉欸盡情，卻又句句是妓家聲口。（《兩世姻緣》批語）

若此作燕青語，又粗莽又精細，似是蓼兒洼上人口氣，固非名手不辦。（《燕青博魚》批語）

雖則英雄，終帶兒女口角，可爲宛肖。（《雌木蘭》批語）

而要寫出語言、個性、神情等等都唯妙唯肖的人物形象，孟稱舜因此進一步提出了「設身處地」的創作觀念。首先他以畫家畫馬爲喻，來說明劇作家與劇中人的微妙關係，「學戲者不置身於場上，則不能爲戲；而撰曲者不化其身爲曲中之人，則不能爲曲。」當然，所謂的「化其身」，還必須作者「身處於百物云爲之際，而心通乎七情生動之竅。」亦即作者必須深入到人物的內心深處，細心揣摩劇中人在特定環境或事件中的情感和心理狀態。以下幾則批語，或許能作爲具體的印證：

想到歸家時語，情景宜爾。（《倩女離魂》批語）

仙母作媒，吳興本改作石佛寺長老，今看曲辭與長老口角不肖，仍改從原本。（《張生煮海》批語）

吳興本增有「催人淚的是錦爛熳花枝橫繡榻，斷人腸的是剔團圞月色掛粧樓」等語，太覺情豔，不似竇娥口角，依原本刪之。（《竇娥冤》批語）

前折登慈恩塔上許多感慨，至登釣台，便有興盡歸來之意，是實身體驗語。（《沽酒

遊春》批語）

批語中所謂「情景宜爾」，指的是特殊情境下語言的合理設計；至於「實身體驗語」，則更充分說明了劇中人情感抒發和心境轉化，與作者實際體驗的密切關係。尤其值得注意的是，《張生煮海》、《竇娥冤》中曲文斟酌，依不同的版本，孟氏或改或刪，或從原本、或從今本，取捨的原則是務必符合人物個性，不能稍有逾越。而這些，孟稱舜顯然都是站在作者「設身處地」的立場去思考、去判斷的。

二、戲曲語言論

正因爲戲曲語言是溝通作者、劇中人（或演員）、讀者（或觀眾）的中介橋梁，是戲曲不可或缺的組成因素和表現手段，所以歷來劇作家和劇論家對它無不格外重視。而在傳統觀念的影響下，不只劇作家每每沉迷於曲文的句斟字酌，即在戲曲理論的曲學、敘事理論、劇學三大體系中，曲學體系無疑也是產生最早、綿延最久的。⓫今天，我們檢視中國古代戲曲語言特徵的討論，無論是「音樂性」、「動作性」、「形象化」、「性格化」、「詩歌化」、「舞蹈化」等等，可謂眾說紛紜，且往往不免於空泛、局限，難以概括中國古代戲曲語言獨具的特徵。基於這樣的認識，徐振貴因此主張：「與其用西方文論概念，還不如用中國戲劇

⓫ 參譚帆、陸煒：《中國古典戲劇理論史》，北京：中國社會科學出版社，一九九三，頁五五。

批評中固有的『本色當行』概念，來表述中國古代戲劇語言的特色會更為適當。」⓬

誠然，作爲戲曲的用語，沿自傳統詩詞評語的「本色當行」一詞，一開始就等於也表明了它與詩、詞的血脈銜接關係。而其後在普遍轉用的過程中，它的「內涵」更不斷地有著變化與擴充。或許我們可以這樣認爲，對「本色當行」的探討，其實就足以構成一部釐清中國戲曲語言、甚至是中國戲曲本質的歷史。處在明代即將結束階段的孟稱舜，這方面的觀念究竟如何，當然是值得關注的。我們不妨仍以他兩篇有名的序文來做討論：

> 詩變而爲詞，詞變而爲曲，……體格雖異，而同本之於作者之情。……作者極情盡態而聽者洞心聳耳，如是者皆爲當行、皆爲本色，寧必姝姝媛媛，學兒女子語而後爲詞哉？（〈古今詞統序〉）

> 詩變爲詞，詞變爲曲，其變愈下，其工愈難。吳興臧晉叔之論備矣。一曰「情辭穩稱之難」，一曰「關目緊湊之難」，又一曰「音律諧叶之難」，然未若所稱當行家之爲尤難也。……（〈古今名劇合選序〉）

雖然一篇是「詞」序、另一篇則是「劇」序，很明顯地，孟稱舜認爲詩、詞、曲是「同本於作者之情」的。如果比照〈古今詞統序〉的立論，那麼，將「劇中人之情」「極情盡態」地表現出來，讓讀者、聽者「洞心聳耳」的，便是戲曲的當行，戲曲的本色了。而劇中人既

⓬ 見其《中國古代戲劇統論》，濟南：山東教育出版社，一九九七，頁五〇八。

「忽爲之男女焉，忽爲之苦樂焉，忽爲之君主僕妾、僉夫端士焉。」情境、角色轉化之際，經由「設身處地」的戲曲之情的表現，自然要讓作者煞費苦心。所謂「未若所稱當行家之爲尤難也。」指陳的便是這樣一種轉化的困難。瞭解了戲曲「當行本色」的意涵，我們再來看《古今名劇合選》中這一詞語的使用：

痛絕之語，語語本色。（《牆頭馬上》批語）

曲中皆就本色點染，玄機妙緒，霏霏不窮，若屑木而出，自是鉅手。（《度柳翠》批語）

此劇機鋒雋利，可以提醒一世。尤妙在語語本色，自是當行人語，與東籬諸劇較別。（《任風子》批語）

曲語句句當行，手筆絕高絕老，至其摹像李山兒，半粗半細，似獃似慧，形景如見，世無此巧丹青也。（《李逵負荊》批語）

此曲較《西廂》特爲雄俊，而本色固在。（《麗春堂》批語）

唯有充分掌握戲曲的特質，並貼切各自不同的作家、劇中人和情境，創造出最自然、最傳神的戲曲語言，才能淋漓盡致地表現感情，形成作家、作品的獨特風格。而在這方面，孟稱舜批語有二點特別值得注意，其一是對元人雜劇的推崇，再來則是對賓白的重視。

有關對元人雜劇的推崇，我們只要從《古今名劇合選》五十六本雜劇中，元人劇作即佔三十四；而前舉「當行本色」一詞，幾乎都是作爲對元人劇作的肯定用語，便可窺見一斑了。至於元人高處，孟稱舜有如是的批語：

> 元人之高在用經典子史而愈韻愈妙，無酸腐氣；用方言俗語而愈雅愈古，無打油氣，其大概也。（《燕青博魚》批語）

鎔鑄高文典冊時力避掉書袋，而儘量賦與它們生活的氣息；運用生活中難免粗糙的方言俗語，則充分提煉它們，使成爲具有文學雅致韻味的戲曲語言。而這一切又必須不失自然、渾厚之意。至於對賓白的重視，主要出現在《趙氏孤兒》和《老生兒》二劇的批語中：

> 極緊極合拍，此篇敘述可作一篇《史記》讀。（《趙氏孤兒》批語）
>
> 此劇之妙在宛暢入情，而賓白點化處更好。或云：元曲塡詞皆出辭人手，而賓白則演劇時伶人自爲之，故多鄙俚蹈襲之語。予謂元曲固不可及，其賓白妙處更不可及，如此劇與《趙氏孤兒》等白，直欲與太史公《史記》列傳同工矣。蓋曲體似詩似詞而白則可與小說演義同觀。元之《水滸傳》是《史記》後第一部小說，而白中佳處，直相頡頏，故當讓之獨步耳。
>
> 一篇白文絕妙點醒，勝過《戰國策》、《太史公》。（俱《老生兒》批語）

雖然「元曲塡詞皆出辭人手，而賓白則演劇時伶人爲之」的世俗訛傳，再無庸辯正，但它背後所隱藏「重曲輕白」的嚴重現象，卻已昭然可見。孟稱舜這幾段批語的可貴，首先在他將賓白與曲同等對待，甚至以爲「元曲固不可及，賓白妙處更不可及。」如此重視賓白，大概只有其後李漁的《閒情偶寄》具同樣識見而堪媲美。其次，孟氏不斷以《戰國策》、《史記》、《水滸傳》等，具體說明賓白的價值，一方面當然仍是要抬高戲曲中賓白的地位，同時也充分顯示了他對戲曲「敘事」功能的理解。「曲體似詩似詞而白則可與小說演義同觀」一句，正足以透露消息，而這在古典戲曲理論史上，當然也值得記上一筆。

三、戲曲風格論

不錯，「極情盡態」的「傳情」思想，決定了戲曲的人物與語言，也同時決定了它的風格。因爲不同劇作家、劇中人、題材的情感內蘊，自然會形成不同的風格特色。中國戲曲理論批評史上有關戲曲風格的論述，早期都是用一種含混籠統的方式，將同一時代、地域、流派、乃至同一作家，作大致的歸類。相較於此，孟稱舜的見解就細致精當多了。在〈古今詞統序〉中，他認同卓人月兼收並蓄的選詞方式，鮮明地提出了「詞無定格」的主張。其後編選《古今名劇合選》時，他也堅持了這種破除單一風格的選評標準。我們且先看他這一段文字：

> 曲本於詞，詞本於詩。《詩》三百篇，〈國風〉、〈雅〉、〈頌〉，其端正靜好與妍麗逸宕，興亡各有其人，奏之各有其地，安可以優劣分乎？…曲莫盛於元而元曲之南而工者，《幽閨》、《琵琶》止爾。其他雜劇無慮千百種，其類皆出於北。而北之曲，妙處種種不一，未可以一律概之也。（〈古今名劇合選序〉）

確實，「各有其人」、「各有其地」、「妙處種種不一」，劇作家的個性、遭遇以及所處的環境等，既然各有不同，那麼戲曲風格便只能依作品的實際來劃分，不能粗略地以單一因素作區別。《古今名劇合選》分為兩集，一為《柳枝集》，屬婉麗一類，取柳永〔雨霖鈴〕詞「楊柳岸曉風殘月」之意。一為《酹江集》，屬雄爽一類，取蘇軾〔念奴嬌〕詞「一樽還酹江月」之意。譬如他把鄭光祖的《倩女離魂》、《翰林風月》，關漢卿的《玉鏡臺》、《金線池》，白樸的《牆頭馬上》等劇選入《柳枝集》中，而這些雜劇全出自北方劇作家之手，且全為北曲。反之，《酹江集》中，梁辰魚的《紅線女》、徐渭的《漁陽三弄》、梅鼎祚的《崑崙奴》等劇《雖出於南方劇作家之手，但確有雄爽的風格。甚至同一作家的作品也有不同的歸類，如馬致遠的《青衫淚》在《柳枝集》，而另外的《漢宮秋》、《薦福碑》、《任風子》則入《酹江集》；即以孟稱舜本人來說，《眼兒媚》、《桃源三訪》、《花前一笑》三劇歸諸《柳枝集》，《殘唐再創》卻在《酹江集》。

當然，我們還是必須指出，孟稱舜的戲曲風格評論在某種程度上，仍難跳脫朱權《太和正音譜》以來那種意象式的批評，如《牆頭馬上》一劇，他引用了朱權對白樸的批語：「如大鵬之起北溟，奮翼凌乎九霄，有一舉萬里之志。」然則他戲曲風格評論的由來與方式，也就多少可以窺見了。不過儘管如此，孟稱舜敏銳的藝術感受力，仍然使他在進行作家或作品風格的辨析時，能細致地深入幽微，因此所言也往往深中肯綮。如：

> 漢卿曲如繁絃促調，風雨驟集，讀之覺音韻泠泠，不離耳上，所以稱為大家。……《竇娥冤》劇詞調快爽，神情悲悼，尤關之錚錚者也。（《竇娥冤》批語）

這裡不僅說明了關漢卿高亢遒勁、連綿不斷的戲曲風格，更指出了《竇娥冤》一劇的悲劇特質。而或許爲了讓傳統意象式批評能有更具體的指陳，孟稱舜習慣用比較的方法，如：

> 王實甫在元諸大家中未稱第一，……然其筆端香艷，自是填詞家本色，與馬東籬諸人清豪雋爽者不同。譬諸宋人，亦猶柳屯田、辛稼軒之別爾。此曲較《西廂》特爲雄俊，而本色固在。（《麗春堂》批語）

這段短短的評論，實際上便包括了三層比較：第一，以王實甫與馬致遠比，王作「筆端香艷」，馬作「清豪雋爽」。第二，以宋人作比，則王如柳永，馬如辛棄疾。第三，以王作《麗春堂》與《西廂記》比，則前者「特爲雄俊」，是以收入《酹江集》；而《西廂記》如果不是篇幅太長的話，那麼選入《古今名劇合選》，必然會在《柳枝集》了。正因著如此的層層比較，相互襯托，所以雖用詞不多，作家和作品的風格卻已呼之欲出了。又如：

> 康對山與王渼陂同以聲樂相尚。或謂：王艷而整，康富而蕪，彼此各有短長。又謂：康所作莽具才氣，然喜生造、喜堆積、喜多用老生語，不得與王并驅。然若此劇，雅淡眞切而微帶風雨，視王《沽酒遊春》，殆不肯居輕。吾謂：微遜王者，正少其雄宕耳。（《中山狼》批語）
>
> 此劇與《孤雁漢宮秋》格套既同，而詞華亦足相敵。一悲而豪，一悲而艷；一如秋空唳鶴，一如春月啼鵑。使讀者一憤一痛，淫淫乎不知淚之何從，同是填詞家巨手

也。（《梧桐雨》批語）

東籬詞清雄奔放，具有出塵之概。此劇天機雅趣，別成一種。（《青衫淚》批語）

雄爽駿越，而如泣如訴之致俱在。鐵騎金戈之壯，落花流水之幽，其聲可爲兼之。（《兩世姻緣》批語）

讀《漢宮秋》劇眞若孤雁橫空，林風肅肅，遠近相和。前此惟白香山潯陽江上《琵琶行》可相伯仲也。（《漢宮秋》批語）

從以上幾則批語，我們不難發現，孟稱舜在評論風格時，有時用同時代的不同作家、作品進行比較；有時則用不同作家的作品相對照；有時還用同一作家的不同作品深入辨析；而即使在同一部作品中，仍可以發現不同的風格、趣味；甚至透過別種文體的襯托，也能夠有助於作品風格的掌握。凡此種種，或著眼於同中之異、或著眼於異中之同，或重在悲劇的效果，或重在意境的美感，視角不同、重點有異，然而無不經由比較，將讀者引入藝術鑑賞的堂奧之中。所以雖然《古今名劇合選》一書，只將戲曲概分爲「婉麗」和「雄爽」兩類，但其中的幽微變化，孟稱舜卻從一則則批語中透露更多的訊息。

而正因如此仔細地審視不同作家、作品的風格，孟稱舜也進一步論及戲曲風格的形成問題。他認爲風格是作家藝術創作成熟的標記。劇作家要形成自己的藝術風格，有賴於他的獨創性。否則即使具備了不錯的創作才情，也無助於自己風格的建立：

吳昌齡嘗擬作《西廂記》，會王實甫《西廂》成，見之知不能勝，乃作《西遊記》

敵之。幽艷恢奇，該博玄雋，遂與王揚鑣分路。（《西遊記》批語）今人不如古人者，氣味厚薄自是不同。君庸《灞亭秋》、《簪花髻》及此劇，皆欲與元人頡頏，近日詞人鮮出其右。此劇較彼兩劇爲更勝者，以其無刻畫前人之迹也。（《鞭歌妓》批語）

《西遊記》「幽艷恢奇，該博玄雋」風格的建立，源自吳昌齡獨闢蹊徑，與王實甫「揚鑣分路」的決斷；《鞭歌妓》更勝於《灞亭秋》、《簪花髻》二劇，也因它「無刻畫前人之迹」。孟稱舜這兩則批語，明顯啓示了藝術獨創性的重要。而在《竹塢聽琴》批語中，他指出「時本《玉簪記》全從此本脫胎，然玩其詞氣，眞有仙凡之別。」另外《紅梨花》一劇「字字淹潤，語語宛雋。近來度曲家以此爲鼻祖，而氣味渾涵，則今人終讓此一籌也。」（《紅梨花》批語）沒有獨創性，便建立不了自己的風格；而只知一味摹仿，那就更等而下之了。

以上嘗試著就戲曲的人物論、語言論、風格論三部分，對孟稱舜曲論的主體結構作一大略的探析。其他諸如音律、結構、版本、排場、演員表演、劇作改編等問題，孟氏雖也有提及，但著墨不多，析論也不夠深入，難以自成體系，就不另作討論了。

肆、孟稱舜曲論在明代曲論史上的意義

經由戲曲的人物論、語言論、風格論三部分，我們對孟稱舜的曲論有了初步的理解。然則作爲所謂的「殿軍」、「鳳尾」、「豹尾」，孟稱舜曲論在明代曲論史上又究竟呈現了

什麼樣特殊的意義呢？以下分三點略作闡述：

一、主情說的繼承與統合

明代中葉，在陽明心學的影響下，戲曲美學以徐渭、李贄、湯顯祖爲代表，形成了一股「主情說」的浪漫主義潮流。這種標榜眞心、眞情的美學原則，充分反映出人文主義對抗封建主義的時代氣息。於是，明代開國以來，因著政治、思想等因素在劇壇上導致的「道學風」，終於遭遇到不留情的抨擊和挑戰了。徐渭「本色論」所極力追求的「眞」，當然對封建思想束縛的框框條條，產生了相當程度搖撼的作用。而李贄的「童心說」，更「劃開了兩種截然不同的文化、文學觀念的涇渭。」⑬讓一種重個體精神和樂教審美的反傳統的心學文化、文學觀，從群體意識和風教功利的傳統儒學文化、文學觀中掙脫出來。正因爲這種眞心的體認，所以在李贄看來，一切不着形迹的自然之文，都源自作者感情自然的爆發。而既屬感情的自然宣洩，當然不復禮義的束縛了。我們且看他〈讀律膚說〉中的這段文字：

> 蓋聲色之來，發於情性，由乎自然，是可以牽合矯強而致乎？故自然發於情性，則自然止乎禮義，非情性之外復有禮義可止也。⑭

---

⑬ 陳竹：《明清言情劇作學史稿》，武昌：華中師範大學出版社，一九九一，頁一。

⑭ 李贄：《焚書》，台北：河洛出版社，一九七四，卷三，頁一三三。

譚帆、陸煒曾說：「在中國古典劇論中，『言情』與『教化』的統一，主要是採用『以情爲理』和『以情釋理』兩種方式。」而李贄這一段話，「表達的正是『以情爲理』的思想。」⓯針對偏執於「理」的庸腐的「道學風」，李贄無疑扮演了扭轉工作的主力前鋒。而在積弊已深的情況下，顯然地「矯枉」必須「過正」，湯顯祖於是接續了李贄，在當時劇壇上鮮明地豎起「主情說」的大纛。

「情」作爲一個理論概念、美學概念，它可以說是湯顯祖戲曲理論及創作的根本指導思想。湯顯祖的貢獻是全面發展了戲曲理論中的「主情說」，使之貫串到戲曲創作的各個環節。這在他〈宜黃縣戲神清源師廟記〉一文中有詳盡的闡述：

> 人生有情，思歡怒愁，感於幽微，流乎嘯歌，形諸動搖。……極人物之萬途，攢古今之千變。一勾欄之上，幾色目之中，無不紆徐煥眩，頓挫徘徊。恍然如見千秋之人，發夢中之事。使天下之人無故而喜，無故而悲。……可以合君臣之節，可以浹父子之思，可以動夫婦之歡，可以發賓友之儀，……豈非以人情之大竇，爲名教之至樂也哉。⓰

值得注意的是，湯顯祖在此並沒有將人情和名教對立起來。《禮記·禮運》所云：「故

⓯ 譚帆、陸煒：《中國古典戲劇理論史》，頁三〇九—三一〇。
⓰ 徐朔方箋校：《湯顯祖詩文集》，上海：上海古籍出版社，一九八二，下冊，卷三四，頁一一二七。

禮義也者，…所以達天道、順人情之大竇也。」⑰正是湯顯祖這段文字結語的出處，而這也說明了他的觀點事實上仍是以儒家的經典爲依據的。但必須釐清的是，依歸於儒家經典，並不意謂著湯顯祖的「主情說」便合流於世俗的「教化說」了。這一點蔡鐘翔說得好：

> 本來儒家的創始人孔子論禮，就是以人情爲基礎的。…但後世強化起來的封建禮教，卻變成了人情的桎梏。…道學家高談性、理，正是爲了扼殺人情，因爲他們害怕人情的放縱，將會導致禮義大防的潰決。因此，在人情與名教處於尖銳對立的情況下，重新發揚原始儒家重視人情的精神，就具有了反禮教、反道學的意義。⑱

且正因封建禮教愈形僵化、「道學風」愈形猖熾，則唯有更加突顯「情」字，乃足以有效抗衡。「師講性，某講情。」⑲透露的正是這種刻意的心態。明乎此，則〈寄達觀〉那段決絕的話：「情有者理必無，理有者情必無，眞是一刀兩斷語。」⑳自然不覺突兀。而〈牡丹亭記題詞〉中「主情說」的極致發展，也同樣能夠理解了：

---

⑰《禮記正義・禮運》阮元校勘《十三經注疏》本，台北，大化書局，一九八二，下冊，頁一四二六。

⑱蔡鐘翔：〈對古典戲曲理論中主情說的批判〉，《中國人民大學學報》，一九八八（二），頁二八四。

⑲陳繼儒：〈批點牡丹亭題詞〉，收徐朔方箋校：《湯顯祖詩文集》，下冊，附錄，頁一五四五。

⑳徐朔方箋校：《湯顯祖詩文集》，下冊，卷四五，頁一二六八。

情不知所起，一往而深，生者可以死，死可以生。生而不可與死，死而不可復生者，皆非情之至也。……嗟夫！人世之事，非人世所可盡。自非通人，恆以理相格耳。第云理之所必無，安知情之所必有耶！㉑

循著「以情爲理」的路向，湯顯祖試圖進一步割斷情對理的依附，以人情否定天理。但我們如果因此便視湯顯祖爲徹底的唯情論者，那也是不確切的。人情、名教，個人、時代等等的糾葛矛盾，或許就像他晚年自號「繭翁」般，是無法完全掙脫的。而一如「情有者，理必無」的大膽割裂，是時代的呼聲；這種無法掙脫的悲劇性的矛盾，也同樣是屬於那個時代的。以受湯顯祖影響極深的袁宏道爲例，〈壽劉啓凡先生五十序〉一文中所云：「彼所謂端重自守者，皆人情也；而余輩拂情以爲逸，不惟無效，於道日遠，惡得無慚。」㉒即對自己過往率性任情行爲的深自檢省。而公安派末流輕佻浮薄的流弊，其實正種因於晚明文人受良知平等思想的影響，過度肯定情（甚至欲）的意義。

檢省、流弊，更重要的是，原本亟需導正的「道學風」亦已扭轉，人文主義思潮自然相對減弱。加上山雨欲來，政治、社會日以不堪。到了明代末年，戲曲言情派的觀點發生了變化。那就是在「言情」與「教化」的統一上，由較多的「以情爲理」轉爲較多的「以情釋

㉑ 徐朔方箋校：《湯顯祖詩文集》，下冊，卷三三，頁一〇九三。

㉒ 袁宏道：《袁中郎全集》，台北：世界書局，一九七八，頁三一—三二。

理」。㉓這種情理統一，以情作爲倫理觀念底蘊的觀念，以孟稱舜的曲論、劇作體現得最鮮明。

孟稱舜由創作雜劇、評選雜劇時，即注意到「情」在戲曲創作中的作用。後來在創作傳奇時，依然突出「情」的因素。也因此，他經常被看成是與湯顯祖一樣的「言情派」。如在〈貞文記〉一劇，他不只在〈題詞〉中自稱爲「言情之書」，並於開場詞內寫道：「我情似海和誰訴，彩筆譜成腸斷句。」足見他有意學習《牡丹亭》的「訴情」。㉔但除了「言情」、「訴情」，孟稱舜三本作於明皇朝覆滅前夕的傳奇，卻也已顯現了與湯顯祖觀念上的某些差異。且引錄他的〈題詞〉如下：

> 天下義夫節婦，所爲至死而不悔，豈以是爲理所當然而爲之邪？篤於其性，發於其情，無意於世之稱之，并有不知非笑之爲非笑者而然焉。……性情所種，莫深於男女。而女子之情，則更無藉詩書禮義之文以諷諭之，而不自知其所至，故所至者若此也。（〈嬌紅記題詞〉）
>
> 男女相感，俱出於情。情似非正也，而予謂天下之貞女必天下之情女者何？不以貧富移，不以妍醜奪，從一而終，之死不二，非天下之至情者而能之乎？……必如玉娘

㉓ 譚帆、陸煒：《中國古典戲劇理論史》，頁三一四。

㉔ 《牡丹亭》開場的〔蝶戀花〕詞有云：「白日消磨腸斷句，世間只有情難訴。」台北：漢京文化事業有限公司，一九八四，頁一。

者而後可以言情，此記所以爲言情之書也。孟子曰：「乃若其情，則可以爲善。」則此書又即爲言性之書也。（〈貞文記題詞〉）

或譏余爲方行紆視之士，何事取兒女子事而津津傳之？湯若士不云乎：「師言性，而某言情。」豈爲非學道人語哉？情與性而咸本之乎誠，則無適而非正也。㉕（〈二胥記題詞〉）

仔細加以玩味，顯然地，如何把「情」與「節義」聯繫起來，乃是孟稱舜傳奇〈題詞〉的特色。他認爲成爲「至死不悔」的「義夫節婦」，並非封建倫理說教的成功，而是「篤於其性，發於其情」的結果。如果要比較他與湯顯祖的不同，我們不難發現，在哲學上，湯顯祖以情與性相對立，以人之眞情對抗道學抽象的天性；孟稱舜則由於要把「情」與倫理掛起鉤來，必得通過「性」這個中介，於是將「性」看作是「情」的根基，「性情」並題，也就沒什麼可怪異的了。而循此路向發展，在美學上，湯顯祖強調表現「情至」，強調情的先天性和自然抒發；而孟稱舜則主張根本於「誠」的「情正」，主張表現性情的一致性。如此看來，孟稱舜的言情美學已經在一定程度上，改變了湯顯祖「主情說」強烈的反封建性。當然，他主張寫人的眞情至性，則仍延續了湯顯祖以情爲戲曲藝術表現中心的美學思想，這一點，無論如何是無以否認的。

㉕ 以上三則皆引自蔡毅編著：《中國古典戲曲序跋彙編》，冊二，頁一三五四、一三五三—一三五四、一三五〇。

與孟稱舜同時的曲家祁彪佳，在其〈孟子塞五種曲序〉中，也提出了「能道性情者莫如曲」的看法。以為曲之如古詩古樂，乃在於它同樣符合古代禮樂傳統抒至正之情的要求。而在他的評價中，「則以先生之曲為古之詩與樂可，而且以先生之五曲作五經讀，亦無不可也。」㉖另外，卓人月〈盛明雜劇二集序〉，從各種文學體制發展承續的過程中，說明它們之間「皆同工而異制，共源而分流。其同為共為者情，而其異為分為者時。」㉗〈孟子塞殘唐再創雜劇小引〉則進一步指出《殘唐再創》一劇「刺譏當世」、「感憤時事而立言」的創作用意。㉘

在「主情說」的發展史上，從祁、卓兩家對孟稱舜劇作肯定的言論，我們看到了從湯顯祖「矯枉」必須「過正」的「情至論」，又扭轉回到一種折衷的「情正論」了。這中間當然有著「情」、「性」本質與文學創作關係的辨析，同時也糾葛了作家情感與社會生活的直接關聯。而無論如何，孟稱舜的「情正論」顯然代表了明末「主情說」的主流思想。

二、本色當行論的調整與釐清

龔鵬程在《詩史本色與妙悟》一書有云：

㉖ 引自隗芾、吳毓華編：《古典戲曲美學資料集》，頁二四一——二四二。

㉗ 引自隗芾、吳毓華編：《古典戲曲美學資料集》，頁二六〇。

㉘ 見焦循《劇說》，收《歷代詩史長編二輯》，台北：鼎文書局，一九七四，冊八，卷五，頁一七一。

在一個劇變的時代裏，文學批評必然會深刻而焦慮地想找出一個歷史之常與變的判準和解釋，用以貞定目前的現況、規範未來的發展。文體論的強調及「當行」「本色」諸術語的建立，就是爲了應付這一需要。——在當時人對於文體的釐定與其規範已經有強烈的感受，但概念思辨仍模糊不清，以致「求名若渴」的時候，適時地創造了這些語詞，作爲思想的焦點。㉙

誠如所言，在詩、詞混淆的時代裡，「當行」、「本色」等術語的建立，當然有助於文體的釐定與規範。而同樣地，明代曲論家對「當行」、「本色」這兩個術語的不斷沿用，也是希望藉由與詩、詞創作的差異比較，認清戲曲創作的獨特規律，亦即戲曲藝術有別於詩、詞的本來面目。只是同樣的術語，各家意涵卻不全然一致。大概稍加歸納，我們可以作這樣的概括：「『本色』是指戲曲語言的本體風格，與『當行』內涵有交叉，但『當行』不止於語言範疇，兼及舞臺表演等內容。」㉚以下就循著如此的線索來進行討論。

首先，我們必須知道，戲曲語言的本色特徵，是經過對創作實踐的長期檢驗，才逐漸被理論家認識的。中國古典戲曲論所追求的語言風格究竟是什麼？我們不妨以「本色論」的展開爲線索，對其中的流變作簡單的探尋：

其實，在「本色論」正式出現以前，元代周德清《中原音韻〈作詞十法〉》的「造語」

㉙ 龔鵬程：《詩史本色與妙悟》，台北：學生書局，一九八六，頁一〇三—一〇四。

㉚ 譚源材：《中國古典戲曲論稿》，瀋陽：春風文藝出版社，一九九三，頁一四四。

一項，便提出如下的一段話：「造語必俊，用字必熟，太文則迂，不文則俗；文而不文，俗而不俗，要聳觀，又聳聽。」㉛其中「文而不文，俗而不俗」二句，可說對曲詞風格作了言簡意賅的規範，並奠定了中國古典戲曲語言風格論的基調。

入明之後，以時文爲南曲形成劇壇的一股歪風，邵燦的《香囊記》最足代表，它甚至開了傳奇創作的駢麗一派。自嘉靖初李開先以降，「本色論」的出現正是對這種創作現象的反撥。其中值得注意的首推徐渭，他強烈批評了《香囊》的「終非本色」，並提出「文既不可，俗又不可」的語言規範，㉜這無疑是周德清「文而不文，俗而不俗」的一脈相傳。與徐渭同時的何良俊，推鄭光祖劇作爲元曲四大家中「本色」的典範。他所謂「本色」的清麗流便、蘊藉有趣、簡淡，顯然發展了徐渭「俗又不可」的一面，而與「俗」有著明白的對立。至於沈璟的「本色」理論，與何良俊相反，恰好突出了徐渭「文既不可」的一面。其後「本色論」發展到王驥德，可說充分體現了兼容並蓄、調和折中的特色：

> 大抵純用本色，易覺寂寞；純用文調，復傷雕鏤。…至本色之弊，易流俚腐；文詞之病，每苦太文。雅俗淺深之辨，介在微茫，又在善用才者酌之而已。

㉛ 周德清《中原音韻》，收《歷代詩史長編二輯》，冊一，頁二三二。
㉜ 徐渭：《南詞敘錄》，收《歷代詩史長編二輯》，冊三，頁二四三。

于本色一家，亦唯是奉常一人——其才情淺深、濃淡、雅俗之間，爲獨得三昧。㉝

如果說曲論家反覆辨析「本色」的目的，不只爲了釐清戲曲語言的本來面目，它同時也在尋找合乎此種藝術規律的典範作品。那向來被視爲文采派之首的湯顯祖，顯然代表了戲曲語言的一種新的追求和境界。「淺深、濃淡、雅俗之間，爲獨得三昧。」在王驥德的觀念中，「本色」與「文采」其實並不相牴觸。原本傾向於批評、防弊的「文既不可，俗又不可」，這時轉爲「亦文亦俗」的積極鼓舞了。馮夢龍對王氏劇作的評價，正透露此中消息：「手口和調處，自有一種秀色。」「字字本色，卻又字字文采。」㉞而從臧懋循、祁彪佳、呂天成、馮夢龍等人的曲論中，也都可以看到這種調和折中說的持續影響。

就在前述辨析討論的基礎上，孟稱舜也提出了他的看法。首先他批評徐渭「本色」主張中「文既不可」的流弊：「然吾越後來油腔俗調，則皆文長作俑，吾終無取乎爾。」（《雌木蘭》批語）基於如此的體認，他特別服膺元代劇作家戲曲語言運用的工力。「曲不難作情語、致語，難在作家常語，老實痛快而風致不乏。」（《東堂老》批語）「用俗語愈覺其雅、板語愈覺其韻，此元人不可及處。」（《青衫淚》批語）「元人之高在用經典子史而愈韻愈妙；用方言俗語而愈雅愈古。」（《燕青博魚》批語）由《古今名劇合選》的一系列批語，我們不難

㉝ 王驥德，《曲律》，收《歷代詩史長編二輯》，冊四，前段見卷二，頁一二二；後段見卷四，頁一七〇。

㉞ 馮夢龍：《太霞新奏》，收《善本戲曲叢刊》第五輯，台北：學生書局，一九八七。一見冊一，卷三，頁一六一；一見冊二，卷一〇，頁四四六。

看出在承續調和折中之「本色論」的同時，孟稱舜其實是有著「雅」、「韻」的傾向性的。而從他對元劇作家、作品的再三推崇，我們也可以說：「在雅俗之間，孟稱舜終於尋求到一條抵達本色境界的道路。」㉟

其次，再來探討「當行論」的問題，就現存資料來看，是嘉靖時期的何良俊首先將詞論中的「當行」概念引進戲曲評論的領域。他指出《拜月亭》「高出於《琵琶記》遠甚」，因爲「其才藻雖不及高，然終是當行。」而分析中「敘說情事，宛轉詳盡」的論點，似已道出了對戲曲文學語言某些特徵的朦朧認識。但在舉例說明這種唱辭「當行」之後，他卻又回到了舊的思維軌道，說它們正詞家所謂『本色語』。㊱何良俊之後，能夠進一步對「當行」概念作出新解釋的是臧晉叔。他的〈元曲選序二〉，雖然仍重彈著「詩變而詞，詞變而曲」的老調，卻也已系統地總結了劇本創作和舞台演出的「情辭穩稱」、「關目緊湊」、「音律諧叶」等三方面的經驗，並明白指出了戲曲家中名家和行家的區別，而歸結於「稱曲上乘，首曰當行。」依〈序〉中所論，臧氏對「當行」劇作的要求是：既要「出入樂府，文采爛然。」有好的音律與文詞；更要能「隨所妝演，無不摹擬曲盡，宛若身當其處，而幾忘其事之烏有。」㊲充分達到逼肖生活的表演效果。

在「當行論」的歷史推演中，臧晉叔確實已經認識了戲曲藝術的基本特徵。但他的理

㉟ 沈堯：〈明末古典劇論的新篇章—孟稱舜編劇理論綜述〉《戲曲研究》，一九八三，九輯，頁一八二。

㊱ 何良俊《曲論》，收《歷代詩史長編二輯》，冊四，頁一二。

㊲ 文中所引俱見臧晉叔：〈元曲選序二〉，蔡毅編著：《中國古典戲曲序跋彙編》，冊一，頁四三九。

論仍存在著明顯的空白。而塡補這些空白，進行深一層探索和創造的，就是孟稱舜。作於崇禎六年（一六三三）的〈古今名劇合選序〉，看來是明代最後的「當行論」了。

這一篇序文中最重要的是：所謂「戲曲」的本質得到了有史以來最淸晰的確認。固然他不能免俗地也重複了「詩變而詞，詞變而曲」的老話，但他充分體會到「其變愈下，其工益難」的道理，全面而深刻地認識了詩詞等文學樣式與「曲」這種文學樣式的根本差異。以「吾嘗爲詩與詞」、「予學爲曲」的實際創作經驗，他認爲「詩詞之妙，歸之乎傳情寫景…境盡於目前，而感觸於偶爾。」「率吾意之所到而言之，言之盡吾意而止矣。」也就是說，詩詞主要是抒情寫景，所表現的生活是比較狹窄的；同時，詩詞又是抒發個人感觸意念的，因之它的表現手段也是有限的。相對於此，孟稱舜提出了他有關戲曲的不同體認。

首先是戲曲表現廣闊生活的論點，從整體看，孟稱舜的「當行論」是繼承和發展了臧晉叔的理論，但就這一點來說，基本上則衍自湯顯祖〈宜黃縣戲神淸源師廟記〉的「生天生地生鬼生神，極人物之萬途，攢古今之千變。」所不同的是，儘管湯氏也觸及到了戲曲藝術的基本特徵，但他一直停留在「情」的藝術領域內進行思維活動。而孟稱舜所說的「極古今好醜、貴賤、離合、死生」及「則忽爲之男女焉，忽爲之苦樂焉，…」則無論時代、性別、身分、形貌、乃至各種不同的人生情境等等，顯然標示了戲曲更廣闊的生活反映面。從這樣的基本認知出發，孟氏又進一步提出「因事以造形，隨物而賦象」的「形象塑造論」。《中國古代戲曲理論史通論》一書於此有一段精闢的分析：

孟稱舜對戲曲塑造人物還提出了一些原則和方法。首先他提出塑造人物的原則是來自於生活，又高於生活，對現實生活的眞人眞事加以概括與提煉而成的。如他所說的「極古今好醜、貴賤、離合、死生，因事以造形，隨物而賦象。」「合傀儡於一場，而徵事類於千載」，「極」、「合」、「徵」也就是指將現實生活中的各種人物加以概括與集中，然後根據劇作所要表達的內容來「造形」和「賦象」，塑造出各種各樣的舞台形象。而這一原則也就是今天所說的藝術典型化的原則。其次，孟稱舜認爲劇作家所塑造的人物形象應該形神兼備，「笑則有聲，啼則有淚，喜則有神，嘆則有氣。」…要寫出人物內在的「情」，喜怒哀樂，眞實自然。…要寫出每個人物的「神情」，關鍵是要寫出人物的獨特的性格。㊳

其次，孟稱舜注意到了戲曲藝術虛構的問題。戲曲創作既然是「時而莊言，時而諧諢，狐末靚狚，合傀儡於一場」，由不同角色扮演不同人物，運用不同的語言動作等種種手段，來表現生活，因而它所表現的就不全然是眞正的生活了。所以他緊接著說道：「徵事類於千載」「笑則有聲，啼則有淚，喜則有神，嘆則有氣。」雖然孟稱舜並不懂得「虛構」這樣的術語，但他顯然已掌握到戲曲藝術虛構絕不能自外於生活邏輯與情感眞實的原則了。

再其次則是有關舞台人物形象塑造的論點，戲曲理論史上，戲曲本質的漸次釐清，「本色」、「當行」論中切入點由語言到人物形象的轉換，無疑是一個最主要的關鍵。孟稱舜繼承了臧晉叔的論點，承認「情辭」、「關目」、「音律」三方面的困難，又進一步指出所稱

㊳ 俞爲民、孫蓉蓉：《中國古代戲曲理論史通論》，台北：華正書局，一九九八，頁五三五—五三六。

「當行家」的尤其困難，確實是獨具慧眼的。除了戲曲本質的明白確認，或許受限於序文的性質與篇幅，〈古今名劇合選序〉只揭櫫了人物形象塑造的基本原則。接著藉由古今名劇的分析批點，他才進行了具體的驗証和說明。

如果從「本色當行論」由語言風格到人物形象中心點移動的命題來看，孟稱舜充分結合二者以闡述戲曲不同於詩詞的本質，這一點在曲論史上確實是極有意義的。而不只寫出好的曲詞，就可以生動地表現特定人物的心境、情趣和性格；他同時更認為，寫出好的賓白，也能夠像《史記》列傳、小說演義一樣，塑造出鮮明的人物形象。可以說，「關於賓白在塑造人物形象中的作用，是孟稱舜的一個新發現，雖然所論不多，但對後世頗有影響。」㊴

三、風格論的擴展與折中

對戲曲風格問題的論述，是明初朱權以來戲曲家們逐漸關注的問題。在朱權的《太和正音譜》中，〈樂府體式〉是一種作品風格流派的總體分析研究，〈古今群英樂府格勢〉則是作家藝術風格論。前者以區區幾種流派概括雜劇風格，自然失之籠統；㊵後者各用幾句形

㊴ 蕭作銘：〈古典戲劇美學的新貢獻—孟稱舜「當行」論試析〉，《武漢大學學報：社科版》，一九八七・五，頁一〇八。

㊵ 《太和正音譜》定樂府體式為十五家，任二北認為其中七體可以稱作派別。而葉長海則進一步指出，丹丘體之「豪放不羈」、江東體之「端謹嚴密」、東吳體之「清麗華巧」鼎足而三。見《中國戲劇學史稿》，頁一〇〇—一〇一。

象語言品評九十多位雜劇作家的風格，也不免過於簡略。到了嘉靖時期，由於傳奇的崛起和雜劇的式微，人們研究傳奇與北雜劇藝術異同的興趣日漸濃厚。被後人尊爲崑曲創始人的魏良輔便曾指出：

> 北曲以遒勁爲主，南曲以宛轉爲主，各有不同。……北曲與南曲，大相懸絕，有磨調、絃索調之分。北曲字多而調促，促處見筋，故詞情多而聲情少。南曲字少而調緩，緩處見眼，故詞情少而聲情多。北力在絃索，宜和歌，故氣易粗。南力在磨調，宜獨奏，故氣易弱。㊶

這一段文字，從音樂方面說明南、北曲的風格特徵，大體上符合當時的實際情況。另外，徐渭《南詞敘錄》：「聽北曲使人神氣鷹揚，毛髮灑淅，足以作人勇往之志。……南曲則紆徐綿渺，流麗宛轉，使人飄飄然喪其所而不自覺。」㊷也是從南、北曲的音樂風格與聽者感受而言。其後王世貞於《曲藻》中引用魏良輔的說法，在〈序〉中並進一步提出：「大抵北主勁切雄麗，南主清峭柔遠，雖本才情，務諧俚俗。譬之同一師承而頓漸分教，俱爲國臣而文武異科。」㊸王驥德《曲律》則說：「南北二詞，天若限之。北之沈雄，南之柔婉，可

㊶ 魏良輔：《曲律》，收《歷代詩史長編二輯》，冊五，頁六─七。

㊷ 徐渭《南詞敘錄》，收《歷代詩史長編二輯》，冊三，頁二四五。

㊸ 王世貞：《曲藻》，收《歷代詩史長編二輯》，冊四，頁二五。

畫地而知也。」㊹檢視這一方面立論的發展，似乎顯示了一種由地域音樂風格比較到單純地域區格的窄化過程，而原本並不意謂「唯一」或「獨尊」的爲主之說，則轉變爲「天若限之」的判然兩分。當然，如果再注意到王驥德以爲南曲「婉麗嫵媚」，可說「美善兼至，極聲調之致」的評價，㊺那麼，他在南、北曲的褒貶之中，無疑地也同時透露了對單一風格論的支持。

必先掌握這樣的背景，然後才能充分了解孟稱舜風格論在明末特定環境中的積極意義，在他看來，無論是重北輕南，還是重南輕北，都失之偏頗，不值得提倡。所以他說：

今曲之分南北也，或謂北主勁切，南主柔遠。譬之同一師承，而頓漸分教，俱爲國臣，而文武殊科。是謂北之詞，耑似蘇，而南之詞，耑似柳，柳可謂勝蘇，則北遂不如南歟？夫南之與北，氣骨雖異，然雄爽宛麗，二者之中亦皆有之。即如曲一也，而宮調不同，有爲清新綿邈者、有爲感嘆傷悲者、有爲富貴纏綿者、有爲惆悵雄壯者、有爲飄逸清幽者、有爲旖旎嫵媚者、有爲悽愴怨慕者、有爲典雅沈重者，諸如此類，各有攸當，豈得以勁切柔遠畫南北而分邪？曲莫盛於元，而元曲之南而工者，《幽閨》、《琵琶》止爾，其他雜劇無慮千百種，其類皆出於北。而北之曲，妙處種種不一，未可以一律概之。（〈古今名劇合選序〉）

㊹ 王驥德：《曲律》，收《歷代詩史長編二輯》，冊四，卷三，頁一四六。

㊺ 王驥德：《曲律》，收《歷代詩史長編二輯》，冊四，卷一，頁五五。

這段文字中有關音樂宮調的情感風格，出於燕南芝庵的《唱論》。㊻王世貞的《曲藻》其實也有引錄，㊼不過顯然忽略了它的實質意義。而孟稱舜卻從它們的「各有攸當」，以及北曲雜劇作品無慮千百種，其中「妙處種種不同」，體會到戲曲的區分，絕對不能用某一種風格去籠統概括。「或謂…」所引正是王世貞〈曲藻序〉的文字，針對它的批評，不僅糾正了明代中葉以來戲曲風格論中普遍存在的一些偏頗；對於劇作家形成自己藝術風格的認知，也深具鼓舞和指導的作用。而這在他《古今名劇合選》批點的比較分析中，往往有著更具體鮮活的落實。

在釐清南、北曲風格論之後，〈古今名劇合選序〉底下的一文字，無論如何是不能輕易錯過的：

> 蓋美生於所尚。元設十二科取士，其所習尚在此。故百年中作者雲湧，至與唐詩、宋詞比類同工。而明之世，相習爲時文。三百年來，作曲者不過山人俗子之殘瀋，與紗帽肉食之鄙談而已矣。間有一二才人偶爲遊戲，而終不足盡曲之妙，故美遜於元也。邇來塡詞家更分爲二，沈寧庵專尚諧律，而湯義仍專尚工辭，二者俱爲偏見。然工詞者，不失才人之勝，而專尚諧律者，則與伶人教師登場演唱者何異？予此選去取頗嚴，然以辭足達情爲最，而協律者次之，可演之臺上，亦可置之案頭賞觀者，

㊻ 燕南芝庵：《唱論》，收《歷代詩史長編二輯》，冊一，頁一六〇—一六一。

㊼ 見王世貞：《曲藻》，收《歷代詩史長編二輯》，冊四，頁二七。

其以此作《文選》諸書讀可矣。

既反對了南、北曲風格的判然兩分，孟稱舜又進一步經由元曲的比較，指出明代三百年來劇壇生命的貧乏。山人俗子的「殘瀋」，與紗帽肉食的「鄙談」，以及一二才人「偶爲遊戲」，又如何能呈現藝術的豐富內涵與多樣風格？明曲之遜於元，正因它「終不足盡曲之妙」。而孟氏所更躭慮的乃是，明代劇壇先天既已如是，而「邇來塡詞家更分爲二」，「工辭」、「諧律」的各自專尚，湯、沈之爭的壁壘分明，在他看來，其實又已淪爲另一種形式的風格設限了。

當然，這樣的分歧和論爭也並非偶然發生的，它和明代中葉以來起伏不斷的社會背景、文藝思潮，以及戲曲創作、戲曲理論批評的發展狀況，都有密切的關聯。因著泰州學派的啓迪，文學浪漫主義反對復古、唾棄模擬，主張獨抒己見、表現眞情。湯顯祖將這種精神貫徹到戲曲創作之中，寫成他一新耳目而又膾炙人口的《臨川四夢》。而沈璟則有感於明初以來戲曲創作中的案頭化傾向，企圖從語言音律等藝術形式入手，來恢復戲曲的眞正傳統。同樣是對戲曲現狀不滿，由於著眼點不同，對戲曲創作弊端癥結所在的認識不一樣，於是在理論批評上產生嚴重的分歧，以致爆發了一場熱烈的論爭。另外，戲曲發展至此，已到了關鍵的轉折點，它該往什麼方向繼續發展，乃是思想理論上亟待釐清的一個課題。而這也在客觀上爲這場論爭醞釀了適宜的氣候。

沈璟的聲律主張主要見於《博笑記》卷首題爲〈詞隱先生論曲〉的〔二郎神套曲〕：

〔二郎神〕何元朗，一言兒啓詞宗寶藏，道欲度新聲休走樣。名爲樂府，須教合律依腔。寧使時人不鑒賞，無使人撓喉捩嗓。說不得才長，越有才越當著意斟量。

……………

〔金衣公子〕……怎得詞人當行，歌客守腔。大家細把音律講。……

〔前腔〕曾記少陵狂，道細論詩晚節詳，論詞亦豈容疏放？縱使詞出綉腸，歌稱繞梁，倘不諧律呂也難褒獎。……㊽

就當時劇壇上那種不知音律爲何物，「止熟一部《四書》，便欲作曲。」㊾「坊本彗出，日益濫觴。」㊿等不良的創作傾向來說，強調嚴守音律，力求崑山腔規範化，本也是正確而有意義的。但問題在於，沈氏繼承了何元朗《曲論》中的主張，卻把音律的重要性絕對化了，這當然是有偏差的。

《牡丹亭》完成的第二年，即一五九九年，湯顯祖寫信給他同年中進士的友人呂玉繩，表明了他對戲曲文學的一個主要見解：

凡文以意趣神色爲主。四者到時，或有麗詞俊音可用，爾時能一一顧九宮四聲否？

㊽ 收隗芾、吳毓華編：《古典戲曲美學資料集》，頁一一九—一二〇。

㊾ 祁彪佳：《遠山堂曲品》〈具品〉評鄭元禧《底豫》，收《歷代詩史長編二輯》，冊六，頁九五。

㊿ 馮夢龍：〈雙雄記敘〉，收蔡毅編《中國古典戲曲序跋彙編》，冊二，頁一三四二。

如必按字模聲，即有窒滯迸拽之苦，恐不能成句矣。[51]

在湯顯祖看來，決定戲曲作品藝術品格的主要是「意趣神色」，絕不是九宮四聲等音韻格律。而所謂的「意趣神色」，乃指作品的思想內容，及其與藝術形式相結合後所呈現的外在風貌。其實湯顯祖並非全然不重視音律，更不是不懂音律，而是當音律成爲表現思想內容的桎梏時，主張大膽突破傳統格律的限制，以保証作品思想內容的完美，和作者才情的抒發。

但因著與對方缺少共同語言而產生的惱怒之情，我們看到了沈璟「越有才越當著意斟量。」「寧協律而辭不工，讀之不成句，而謳之始協，是曲中之工巧。」的過頭話，[52]也看到了湯顯祖「不妨拗折天下人嗓子。」「其呂家改的，切不可從。」的激憤語。[53]其實從美學的立場看，認爲創造戲曲美的奧妙全在合律依腔，那當然是荒謬的，所以湯顯祖自然不能首肯於沈璟的音律主張。但從技法學的立場來說，既是曲，就得合律依腔，否則就不是曲，因之沈璟便無法容忍湯顯祖「以意趣神色爲主」的論調。譚帆、陸煒因此一針見血地指出：

---

[51] 湯顯祖：〈答呂姜山〉，收徐朔方箋校：《湯顯祖詩文集》，下冊，卷四七，頁一三三七。

[52] 首句見文中所引〈二郎神套曲〉〈次句見呂天成《曲品》，收《歷代詩史長編二輯》，冊六，卷下，頁二一三。

[53] 首句見〈答孫俟居書〉；次句見〈與宜伶羅章二〉，收徐朔方箋校：《湯顯祖詩文集》，下冊，卷四六，頁一二九九；卷四九，頁一四二六。

「由於雙方的觀點處在不同的理論層次上。沈湯之爭成了一場不相稱的、缺乏焦點的論爭。」[54]

當然，作爲一門綜合藝術，戲曲各組成成分之間有一些關係，因不同劇種、不同題材、不同劇作家的創作風格，會有伸縮漲落，但誠如余秋雨所言，「伸縮漲落都有一個求得基本平衡的幅度和極限，不能在強調某一因素或抑低某一因素到破壞基本平衡的地步。」[55]戲曲創作既然不能無視曲律，也不該排斥才情，所以呂天成很自然地提出了「合之雙美」的主張：

> 吾友方諸生（王驥德）曰：「松陵具詞法而讓詞致，臨川妙詞情而越詞檢。」善夫，可謂定品矣。……倘能守詞隱先生之矩矱，而運以清遠道人之才情，豈非合之雙美者乎？[56]

湯詞沈律「合之雙美」的主張，當然合乎戲曲藝術特殊規律的理想。但就實際創作而言，這種境界畢竟難以企及。而如果兩者不可得兼，則權衡輕重，又將以何者爲先呢？在戲曲理論史上，王驥德對湯顯祖的評價顯然高出於沈，而呂天成卻傾向音律重於詞采。接著茅瑛、凌濛初、以及孟稱舜等人，則都是先詞采後音律、先才情後技藝。其後集古典戲曲理論

---

[54] 譚帆、陸煒：《中國古典戲劇理論史》，頁二九五。

[55] 余秋雨：《戲劇理論史稿》，上海：上海文藝出版社，一九八三，頁一二一。

[56] 見呂天成《曲品》，收《歷代詩史長編二輯》，冊六，卷下，頁二一三。

大成的李漁，也採取同樣的看法：

> 詞采似屬可緩，而亦置音律之前者，以有才、技之分也。文詞稍勝者即號爲才人，音律極精者終爲藝士。[57]

是的，由湯沈之爭的壁壘分明到折中雙美，曲論家逐漸釐清了戲曲藝術中文學與舞臺的兩重性。而在詞律「雙美」的基本條件上，「詞情」、「詞致」、「意趣神色」的偏重，則標示了追求藝術風格的普遍認知。這在李玉、洪昇、孔尚任的創作中，得到了具體的驗証。如果說「湯沈之爭的是非沒有人能作裁決，而戲曲理論的發展趨勢實際上作了裁決。」[58]那麼，身處明代最後階段的孟稱舜，他那「以辭足達情爲最，而協律者次之，可演之臺上，亦可置之案頭賞觀者」的立論，顯然也代表了這種發展趨勢的主流意見。

接著，我們再試將本節論點示意如下：

△主情說的繼承與統合

---

57 李漁：《閒情偶寄》，台北：長安出版社，一九七五，卷一〈詞曲部・結構第一〉，頁七。

58 蔡鐘翔：《中國古典劇論概要》，北京，中國人民大學出版社，一九八八，頁一八七。

△主情說的繼承與統合

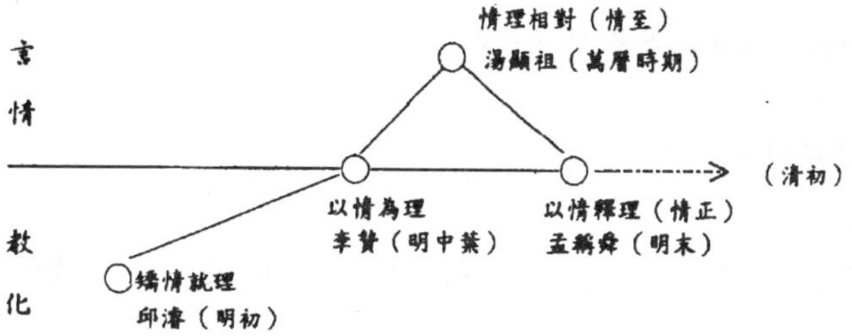

△本色當行論的調整與釐清

1 本色論

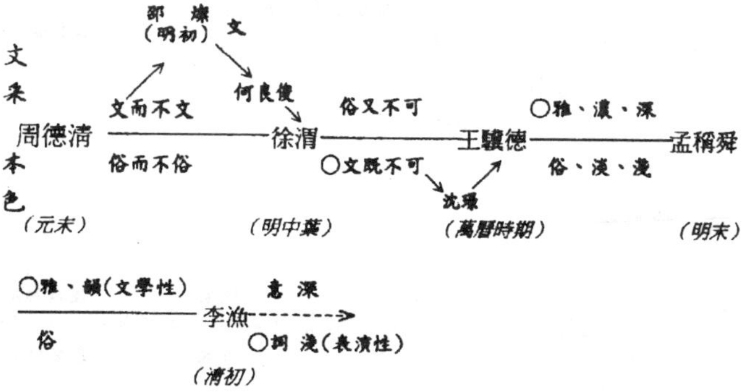

2 當行論

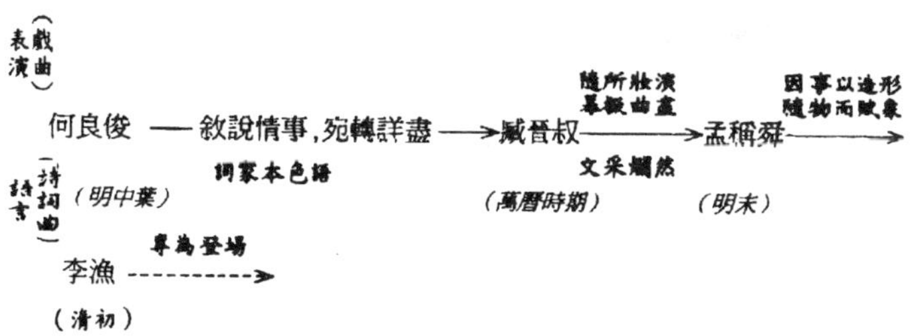

（清初）

△風格論的擴展與折中

1 風格論

朱權（多樣 單一）（格劃 龍統）—— 流派、作家 ——→ 魏良輔 ——→（南北 曲曲）王世貞 ——→（南北）王驥德 ——→（南北）

（明初）　（……明中葉……）　（萬曆時期）

邇來填詞家 ——→（湯詞 沈律）孟稱舜 ——→（各有攸當，種種不一）- - - - -→（清初）

（明末）

2 湯、沈之爭

——→（湯（詞）（趣） 沈（律）（法））王驥德 ——→（○湯詞 沈律）呂天成（雙美說）——→（詞采 ○音律）孟稱舜 ——→（○達情為最 協律次之）

（……萬曆時期……）　（明末）

李漁 ——→（○文詞（才人） 音律（藝士））

（清初）

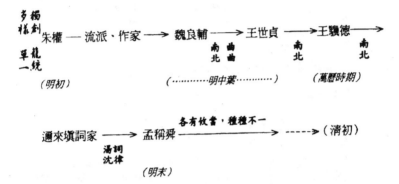

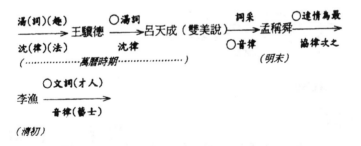

事實上，任何事物都有它自身的規定性與完滿性，但在發展的過程中，無論如何，卻又難自始至終都維持在一個適宜的「度」上。因此在與其他事物的比較裡，它也必然會顯示出某種程度的局限性和片面性。而環繞著一些重要課題的對峙、論爭，那種介於對峙片面間的螺旋式前進，自然就畫出了事物發展的歷史軌跡。余秋雨《戲劇理論史稿》中有一段精闢的論述：

> 對峙和爭論是某一歷史階段戲劇活動發展繁榮的必然結果——發展到了原先公認的常識無法解釋的時候，發展到了不同藝術因素各有了自己的闡述者和維護者，一時無法取得平衡協調統一的時候，就釀成了公開的對峙和爭論；因此，它實際上表現了冀求一種新水平的理論出現的歷史渴望，即便以後產生的這種新水平的理論並非對峙和爭論的直接結果，從歷史眼光來看也是它的必然歸結。[59]

不錯，明中葉以後戲曲理論批評的發展與成熟，在極大的比例上，確實要歸功於一系列論爭的持續展開。「教化」和「言情」、「本色」和「文采」、「格律」和「意趣」，都是其中的犖犖大者。另外，由何良俊、王世貞所引發的兩場戲曲爭論：元曲四大家高下之爭以及《西廂》、《琵琶》、《拜月》優劣之爭，在某種程度上，可以說其實也是「教化」、

---

[59] 余秋雨：《戲劇理論史稿》，頁一三三。

「言情」，以及「本色」、「文采」論爭過程中一個側面的反映。[60]

而在這一系列的論爭中，戲曲家因而釐清並確立了一些事物的本質與方向。從以上的示意表列，我們可以很清楚地看到，在「言情」、「教化」的論爭中，「以情釋理」、「情理統一」的觀念，成爲明末以後戲曲創作內涵的基本指引。「本色」、「文采」和湯沈之爭，則走向調和折中，合之雙美的一個結果。當然，在戲曲表演的本質考量之下，標榜「意趣神色」的湯顯祖，似乎獲得了較多的青睞而成爲傳奇的典範作家。至於「當行論」、「風格論」，對戲曲的本質與風格，可以說也有了更明確、更開展的主張。而綜合這一系列論爭所呈現出來的明代曲論發展軌跡，毋庸置疑地，孟稱舜是有他綰結性的重要意義的。

伍、結語

我們都知道，中國戲曲美學的理論型態以專著、序跋和評點三種形式構成。孟稱舜戲曲藝術的主張和見解，只見於有限的幾篇序跋和《古今名劇合選》一書中的六百多條批語，缺少了專著體系且深入的論述，照說它們是不免於零碎而浮泛的。但雜劇、傳奇創作的實際

[60] 可參李昌集：《中國古代曲學史》，上海：華東大學出版社，一九九七，「關於元曲四大家」一節在頁四一八—四二四，「《拜月》、《西廂》、《琵琶》比較論」一節在頁五二五—五三二；另王書珮：《明代戲曲理論的對峙與合流—以《西廂》、《拜月》、《琵琶》的高下之爭爲線索》，中興大學中文所八六年碩士論文。

體驗，讓他對戲曲藝術有著更深刻的思考和體會，〈古今名劇合選序〉中所說：「予學爲曲而知曲之難，且少以窺夫曲之奧焉。」正足以證明這一點。而身處明末結束時刻的關鍵點，也使得他的曲論在明代劇壇一系列論爭所導引出的發展軌跡上，具備了全面脈絡綰結的意義。葉長海《中國戲劇學史稿》便特別指出：「讀孟稱舜的戲曲批評，猶如對整個明代戲曲理論批評的一次鳥瞰。」當然，我們如果進一步擴大視野，那麼，在戲曲理論史上萬曆的高峰之後，這樣的綰結、匯聚，事實上也同時蓄積了連接康熙這一高峰的能量。正如傳奇的創作，由《牡丹亭》跨越到《長生殿》、《桃花扇》，《嬌紅記》有著明顯的指標作用；在戲曲理論史上「劇學體系」的建立，人物形象塑造的充分發展、戲曲觀念的眞正釐清，也同樣不能忽視孟稱舜、金聖嘆、李漁這三人的銜接意義。不過，這個繼續往下探討的課題，只得留待日後另文再議了。

明清戲曲小說對《龍圖公案》石派書的影響（一）

——「狸貓換太子」部份

陳錦釗

石派書是指石玉崑派說書，它原是子弟書的一種，因始創於石玉崑，故又名「石派子弟書」或「石韻書」❶。石氏在當時曲壇曾以他的「巧腔兒妙句兒有工夫」、❷「指法兒玲瓏嗓音兒嘹亮，神情兒瀟灑字句兒清新」稱著，在演唱時，能「令諸公一句一誇一字一讚，眾心同悅眾口同音」，因此，他每次演出，聽眾都「出入如蜂擁」、「茶座過千人」❸，「名譟一時，人多以柳敬亭目之」。❹又石氏不僅「談唱皆雅」，更兼他「博學善辯」，是「西

---

❶ 見中央研究院所珍藏五十冊《龍圖公案》石派書之第四四、四八冊封面題字。

❷ 語出《郭棟兒》子弟書之詩篇：「水滸王的歪枝兒旁岔兒生情趣，石玉崑的巧腔兒妙句兒有功夫。……」

❸ 語出《石玉崑》（又名《評崑論》）子弟書。

❹ 語出達吉善《祇可自怡》，光緒戊寅年刊本，頁四〇—四二。

派之超絕者」，❺作品頗爲豐富，僅個人所見，便有短篇石派書讚《八戒》等二十九種，中篇石派書帶讚《摔琴》等十三種（另存目九種）、長篇《龍圖公案》三十多段。❻其中以《龍圖公案》一書影響後世最大，它就是《龍圖耳錄》、《三俠五義》的前身。當年石氏也以演唱此曲「驚動公卿誇絕調，流傳市井效眉顰」，因此「名動九城」、「當時有接待神仙之目」。❼

石氏的作品，多取材於明清的戲曲小說，如《青石山》、《摔琴》、《長坂坡》、《鳳儀亭》、《通天河》、《綺閣春》（《聊齋志異・馬介甫》）等均是。如今，因爲時過境遷，石氏的「談唱皆雅」、「巧腔兒」、「指法兒」、「神情兒」等，已無緣親自領教，又無錄音或錄影可供欣賞，但從他現存的作品中，仍然可以看到他除了「博學善辯」之外，他對故事題材選擇十分精良，情節改編合情合理，表現手法也頗爲新穎，此實亦深受明清戲曲小說的影響。一些原先內容紛歧的故事，經石氏改編爲石派書後，往往便從此定型，爲後世的戲曲

❺ 語出宛平蔡省吾未刊稿《北京藝人小志》，引見《三俠五義》（上海古籍出版社，一九八〇）的〈前言〉，頁三。

❻ 詳拙作〈現存石派書考〉，見《國立台北商專學報》二四期，民七四・六，頁三五—六〇。又當年未見書目《神州會》、《靈官廟》已見，收錄在《清蒙古車王府藏曲本》（北京古籍出版社，一九九一），第一五八函內。

❼ 同註❺。

小說所本。茲以《龍圖公案》石派書中「狸貓換太子」故事爲例，說明一斑。

一、故事選材方面

一般說來，傑出的作家在創作時，一定會選用經過傳播過濾的題材，否則便難免於平庸。而此故事，據孫楷第先生說：「抱粧盒爲自元以來最有名的故事。由劉后下令叫寇承御謀害太子，演變到買通乳媼以狸貓換太子，中間幾經蛻變，波瀾最爲豐富。」❽可知此故事最早出於《金水橋陳琳抱粧盒》雜劇，全四折，最先著錄於明寧獻王朱權於洪武中所撰《太和正音譜》，在「古今無名氏雜劇目」中，後收錄於明臧晉叔萬曆丙辰（一六一六）年間所編《元曲選》一百種之中，內容僅有「救主」、「盤盒」、「拷御」三個重點，主要人物有李妃、劉后、寇宮人、陳琳等，但不及包公、郭槐，故一向未列入包公案戲曲內。此曲後被改編爲《金丸記》傳奇，共三十齣，乃直接根據雜劇改編而成，但前面加入「選妃」、「征契丹」等情節，在明末極爲流行，其部份齣目，曾被選輯入各種戲曲集中，據個人所得，便有：

1.《樂府菁華》明·劉君錫輯，萬曆庚子（一六〇〇）書林三槐堂刻本卷二收錄〈陳琳粧盒匿主〉、〈劉后鞫宮人〉兩齣，見第一冊，頁八六——一〇〇。❾

---

❽ 語出孫楷第〈包公案與包公案故事〉，見《滄州後集》（北京：中華書局，一九八五），頁六七——一五〇。

❾ 以下一——九均見王秋桂主編《善本戲曲叢刊》（台北：學生書局，民七六——七三）。一〇——一一見李福

2.《玉谷新簧》明・吉州景居士編，萬曆庚戌（一六一〇）書林刻本
卷三收錄〈陳琳粧盒匿主〉、〈劉后鞠宮人〉兩齣，見第二冊，頁一一二一—一一二五。
3.《八能奏錦》明・黃文華編，萬曆年間書林刻本
卷一收錄〈粧盒記〉、〈計安太子〉兩齣，見第五冊，頁八六—一〇〇。
4.《大明春》明・程萬里選，萬曆間福建書林刻本
卷二收錄〈陳琳救主〉一齣，見第六冊，頁七七—八九。
5.《徽池雅調》明・熊稔寰編，萬曆刊本
卷一收錄〈賍出太子〉、〈陳琳盒隱潛龍〉兩齣，見第七冊，頁五六—六二。
6.《樂府紅珊》明・秦淮墨客選輯，萬曆壬寅（一六〇二）刻本
卷三收錄〈李妃冷宮生太子〉、卷十四收錄〈劉娘娘搜求粧盒〉、〈劉娘娘勘寇承御〉共三齣，見一一冊，頁一四九—一五五、頁六九二—七〇九。
7.《賽徵歌集》明・無名氏編，萬曆巾箱本
卷三收錄〈盒隱潛龍〉、〈搜求粧盒〉兩齣，見四六冊，頁二一〇—二三一。
8.《萬壑清音》明・止雲居士編，天啓甲子（一六二四）刊本
卷三收錄〈拷問承玉〉一齣，見四八冊，頁二〇五—二一二。
9.《醉怡情》明・清溪菰蘆釣叟編，清初古吳致和堂刊本

清、李平編《海外孤本晚明戲劇選集三種》（上海古籍出版社，一九九三）。為行文方便，此僅注明冊數頁碼，以便檢閱。

卷四收錄〈粧盒〉、〈盤盒〉、〈清宮收養〉、〈拷問〉四齣，見五四冊，頁三二五—三四五。

10.《樂府萬象新》 明・阮祥宇編，萬曆刊本

卷二收錄〈陳琳粧盒匿主〉、〈劉后拷鞫宮人〉兩齣，見頁一九九—二一二。

11.《樂府玉樹英》 明・黃文華選輯，萬曆已亥（一五九九）刊本

卷二收錄〈陳琳妝盒藏太子〉、〈劉后勘問宮人〉兩齣，存目

包公正直廉潔，執法無私，爲民伸冤的清官典型，是我國家喻戶曉、眾所敬仰的歷史人物。而包公戲在宋元南戲裡就已經產生，至元代雜劇更多，❿但上述無論是雜劇或傳奇，均未涉及包公其人。而晚明各戲曲選輯，則多集中在「救主」、「盤盒」、「打御」三個情節，尚不及「仁宗認母」。

又在明清時代，以包公斷案故事爲題材的小說亦十分豐富。這可從一九六七年上海嘉定縣城宣姓墓中所發現明成化七年至十四年（一四七一—一四七八）北京永順堂刊印「說唱詞話」（現合刊爲《明成化說唱詞話叢刊》）十三種，⓫其中便有《包待制出身》等包公案八種之多。內有《仁宗認母》一種，實與「狸貓換太子」故事有關。此書主要人物，除李妃、劉后、

---

❿ 現有李春祥《元代包公戲選注》（河南：中州古籍出版社，一九八三），吳白匋《古代包公戲選》（安徽：黃山書社，一九九四），可供參考。

⓫ 本書在台灣有民六八年鼎文書局原版翻印本，另有一九九七年中鄭州市中州古籍出版社朱一玄校點本，拙著所引原文乃出於後者。

仁宗之外，尚加入包公、郭槐等，但無陳琳、寇珠二人，首次將此故事歸入包公案內，以後相沿不廢，成了包公斷案中的重大事件。故事情節包括：劉后教唆郭槐換太子、李后流落在桑林鎮行乞、包公斷后、仁宗認母、仁宗親審郭槐、李后還宮等，中間並加入西台御史審郭槐一段插曲。此種詞話在明末復又被改編爲短篇小說〈桑林鎮〉，收錄在短篇小說集《龍圖公案》（十卷百則）卷之七，⑫不久又被改編爲《包龍圖判百家公案》之第七十五回〈仁宗皇帝認母親〉。《龍圖公案》一書在明末清初頗爲流行，版本相當多而且複雜。⑬

至清嘉慶年間，有李雨堂《萬花樓演義》，⑭分別在該書的第三、四七—四八、五三—六一回等，收入上述雜劇、傳奇、詞話等各種情節，正式提及郭槐以「狸貓換太子」事。至此，有關《龍圖公案》石派書所述「狸貓換太子」故事的情節乃全部完成。

此一故事在戲曲小說中的演變以及明末各家所編戲曲選集一事，必然使身爲職業說書藝人兼作家的石氏從中得到很大的啓示，這可從他所唱、當時也最受人歡迎的《包公案》（《龍圖公案》石派書的前身）五種中，除《烏盆記》外，其他《救主盤盒》兩本六回、《遊宮拷御》兩本六回、《審鬼》兩本六回、《斷后》兩本六回等四種，均與此故事有關，事實十

---

⑫ 本書在台灣有民六八年天一出版社原版翻印本，五卷。另有長庚、順霖點校本，更名爲《包公案》十卷（河南：中州古籍出板社，一九九六）。

⑬ 詳長庚、順霖〈包拯與《包公案》〉，見上註《包公案》，頁二—四。

⑭ 個人所藏有北京：古谷校點本，書名《萬花樓楊包狄演義》（中國戲劇出版社，一九八六），秋玲、志生校本《萬花樓演義》（中州古籍出版社，一九九六）。

分明顯。

二、情節改編方面

又在明末，由於印刷業相當發達，使戲曲小說的刊行，得天獨厚，能夠空前普及而走向繁榮。但作品繁多，復以良莠不齊，一般人既無暇閱讀大量的作品，亦無能力從中辨別好壞，於是有識之士，便挺身而出，作文本的選輯，實在有其必要。而文本選輯的作用，據紀昀《四庫全書總目提要》指出：「一則網羅放佚，使零章殘什，並有所歸；一則刪汰繁蕪，使莠稗咸除，菁華畢出。」⑮即通過對文本的選輯成集，實現其選擇性傳播目的，上述《元曲選》、《樂府菁華》等便是。但選輯只是故事簡單的傳遞性傳播，並無助於提高傳播效果，爲了提高其傳播效果，將故事新編，乃是大勢所趨。因此，同一故事在同一時代或不同時代，由傳播者改編爲同一體裁或不同體裁，再傳播給不同的受眾，使故事一直流傳下去，進而深入全國各地。上述「狸貓換太子」故事由雜劇改編爲傳奇，由詞話改編爲小說，再由《萬花樓演義》改編爲《龍圖公案》石派書，融戲曲小說故事情節於一爐，使它流傳至今，成爲家喻戶曉，便是最好的例証。

但上述戲曲小說故事情節的改編，常有不合理之處，加上石氏所用體裁，乃是以說唱爲主，對故事情節的安排，亦自有其特色，而石氏擇優而從，「使莠稗咸除」，各種故事情

⑮ 語出《欽定四庫全書總目》一八六〈總集類一〉（台北：商務印書館，民七二），第五冊，頁一。

節都能合情合理，最後成為定案，為後世戲曲小說所本。

以「狸貓換太子」故事為例，據正史所載，李宸妃原是劉后（章獻太后）侍兒，生仁宗後，劉后據為己子是事實，但並無謀害之事，且仁宗受到劉后撫養，母子感情甚好。故《宋史》二四二〈章獻明肅劉皇后傳〉有「太后保護帝既盡力，而仁宗所以奉太后亦甚備」云云。⑯但及至雜劇，竟演變為因劉后無子，妒嫉李妃生子，乃命宮人寇承御到西宮詐傳旨意騙出太子，用刀刺死或用裙帶勒死，丟在金水橋下。有關此情節，後出的《金丸記》傳奇與雜劇雖然無異，但為豐富故事內容，在第十三齣中，曾加入「釵卜」一節，敘述劉后毀謗李妃墜釵以挑撥：

> 劉氏啓奏陛下，李妃駕前墜釵，好生不敬，合當取罪。（小生）平身（老）萬歲。（小生）陳琳，看墜的是什麼釵？（生）領旨。是玉釵。（小生）待朕暗卜上蒼。李妃懷孕，他日果生太子，此釵無損。陳琳，看此釵有損無損？（生）是。啓萬歲爺，此釵無損。（小生）如此，恕卿無罪。（旦）萬歲。……

此一情節，實出於史實。據《宋史》二四二〈李宸妃傳〉：⑰

⑯ 台北：藝文印書館二十五史本，頁三二〇五—三二〇七。

⑰ 同上。

> 李宸妃，杭州人也。……初入宮，爲章獻太后侍兒。莊重寡言，眞宗以爲司寢。既有娠，從帝臨砌臺，玉釵墜，妃惡之。帝心卜：「釵完，當爲男子。」左右取以進，釵果不毀。帝甚喜。已而果生仁宗。……

傳奇雖言之有據，仁宗也因自幼便被劉后據爲己子，「人畏太后，亦無敢言者。終太后世，仁宗不自知爲妃所出也」。但仁宗之父眞宗在李妃懷孕之時便已「心卜」，預知「他日果生太子」，即使貴爲天子，日理萬機，但年老乏嗣，怎會任令獨生子在出世之後多時，竟然被人騙走，而且還毫無知覺，殊不合理。

有關此一情節，詞話則作：

> 太平三月初三日，西宮降下小儲君，南宮姐姐劉妃子，便生妒嫉狡家心。〔說〕話說六宮大使姓郭名槐，通同作弊，將劉妃子女兒來我西宮，換了儲君太子，劉妃子做了正宮皇后，老身抱女兒氣倒在正宮。〔唱〕氣倒老身由自可，不覺跌死女兒身。把我因在冷宮內，朝朝日日受辛勤。

〈桑林鎭〉同。《萬花樓演義》則融合上述戲曲小說的故事情節，改作：「又說宮中劉皇后當日聞知李妃產下太子，至晚他產下公主，他心頭憤忿。次朝，二后俱報生太子。」又在「產下太子數月」後，由劉后設計，邀請李妃到昭陽宮遊玩，「小太子劉后交郭槐懷抱」，結果，李妃「中了劉后、郭槐毒計！將兒子換去，拿一只死狸貓在此。」郭槐騙走太子後，劉后便命寇宮人「將太子抱往金水池抛下去」，宮人不忍，太子後爲陳琳所救等情節則與戲曲相同⑱。書中提及「狸貓換太子」之事雖不下數十次，但僅四十八回指出：「床上蓋的乃血淋淋的死狸貓也。」此事發生，雖然是在眞宗出征契丹之時，但上距太子出生已經數月，既然劉后「生的是公主，人人盡知」，而「李妃產下太子」這天大的消息，反而人不知、鬼不覺，還任令劉后與郭槐通同作弊，騙出殺死，亦不合理。

因此，石氏在所作《龍圖公案》石派書中，一開頭便刪去戲曲小說中「拾丸」、「選妃」、「征契丹」等繁文縟節，直接便由眞宗與劉妃及李妃在中秋夜宴同樂講起。謂眞宗知道二妃俱各有孕後，「乃各賜金丸一枚」，分別刻上兩宮名字（其中刻有「玉宸宮李妃」一枚，乃是作爲日後仁宗認母主要的證據用），然後便單刀直入，敘述在李妃生產時，劉妃與郭槐即用謀以「狸貓換太子」：

> 好一個總領大膽的郭槐，不惜白金買通了宮內的收生婆田喜郎之妻沈氏，這日傳他進宮伺候娘娘分娩，他可就找了一個狸貓剝了皮，暗代在身。衆宮娥等這時候全都忙話，一直的熬了多半夜，到了初三日子正二刻，李宸妃連連腹痛，緊一陣慢一陣，一時間可就臨盆分娩。此時李娘娘神魂蕩漾，二目雙合，昏迷不醒。這正是那收洗婆作弊的機會，當將胎包血痕點淨，用目一睄，要是一位公主，倒還罷了，誰知道正是一位殿下！沈氏看了，暗暗說道：「好一位郭總領，眞是用當了通神的物件。」

---

⑱ 詳《萬花樓演義》（見註⑭），頁一八—一九。

一面說著，一面把那剝皮的狸貓取將出來，更換殿下。⑲

後面仍接寇承御、陳琳救主、劉后盤盒事。可知此段情節，明顯是綜合明清戲曲小說有關情節而來。石氏不僅收集整理了明清以來本故事所有情節的精華，而且對它進行加工潤色乃至於修改，使它達到「刪汰繁蕪，使莠稗咸除，菁華畢出」，實有助於提高其傳播效果，而有關「狸貓換太子」的故事情節，至此終成定局，爲後世所津津樂道，相傳至今，迄未改變。

三、表現手法方面

題材的精挑細選，故事的曲折離奇，固然容易引人入勝，但新穎的舖陳手法，亦可令人耳目一新，深入瞭解故事內容。說唱文學由唐代變文經宋元平話、明清彈詞鼓詞等流傳發展後，其敘述方法已漸趨於固定，苦無新變。及至石氏，他不僅繼承了舊有傳統，在作品中保留了原來以說唱爲主的表達方式之外，尚且新創一種獨特的文體，這種文體，在當時藝壇上，大家稱它爲「讚」，係韻文，以三言爲主，七言爲輔，每首約六、七十句，分若干段，每段一、二十句，書寫方式極爲特殊，一般是每行三言四句，最後一句爲七言，無論三言末句後所剩空格多少，此七言句必定另行書寫。此種「讚」一般是對書中人物、風景、事物等

---

⑲ 後出之《龍圖耳錄》、《三俠五義》已將「剝皮的狸貓」改作「將狸貓剝去皮膚，血淋淋，光油油」。又「膚」後者作「毛」。

作一細緻描繪。在書中是獨立的，並不似一般說唱中的韻文負有承先啓後的作用。此種「讚」後來有單獨抄寫發行的，據個人所見便有二九種之多，疑是石氏在演唱各書時用來開場招徠聽眾之用。此種文體後爲其他曲藝所採用，成爲一種曲牌，逕稱爲「石玉崑」。⑳

又在明末，自李贄、葉晝、鍾惺等人對我國傳統著名的戲曲小說開始進行評點後，流風所及，至清乃有金聖歎、張竹坡、毛宗崗等名家輩出，評點戲曲小說乃大行其道。在此風氣影響之下，石氏亦應受其影響，觀其在《長板坡》石派書中，曾多次引用金聖歎等人評語，便可見一斑。㉑

據傳播學者研究，認爲：

評點是小說戲劇傳播中最富影響力、感染力的傳播方式，它緊密結合文本做感興式、隨筆式、鑒賞式的批評，即通過對小說戲劇的詮釋與評論，使文本達到含蓄不盡，深入人心的傳播效果。㉒

⑳ 詳見阿英《小說二談》）（上海古籍出版社，一九八五），〈關于石玉崑〉，頁八九—九二。

㉑ 此曲第二回有「聖嘆金先生說他是送劍的來了」、第三回有「無怪乎聖嘆金先生……」等語。第六回：「方才間可是趙雲救阿斗，此時卻是阿斗救趙雲。」查實是套用金氏評《三國演義》的話。

㉒ 見李玉蓮〈元明清小說戲劇傳播方式研究〉、《中國古代、近代文學研究》，一九九八・一二，頁一五—二〇。

但李贄等人是對前人既有現成的戲曲小說作品進行評點，評語僅及於眉批、夾批、總評等。但感興式、隨筆式、鑑賞式的批評，與文本總覺血脈不連貫。石氏於是打破傳統，直接將此種方式，來個自作自評，夾敘夾議，這就是石氏本人所謂的「閒話」。石氏利用這種「閒話」，在許多作品於敘述故事進行的同時，對故事有關的情節、事物或人物心理活動的變化，常常引用大量有關資料，進行解釋一番，以引導聽眾或讀者深入瞭解故事的內容，此在《龍圖公案》石派書中，尤爲常見。如本書〈救主盤盒〉第五回，在敘述陳琳開始因不願惹禍上身，拒絕與寇宮人合作，但經後者苦苦哀求，並以言語相激後，終於被感動，改變初衷。在本回開端，有一段「閒話」：

> 忠義之事，人人都有此心，然而人多不能爲忠臣孝子者，非忠臣孝子之心，奸邪之人不秉之也，乃一敗於畏葸，畏葸生而見利則前，見害即避矣；再敗於見事不明，見事不明而忠直之氣不能有感而發，而邪慝之心反入而爲主矣。古今來之小人何可勝計，而敗壞於綱常倫紀，使人無不唾罵者，豈眞不知忠義哉！無他，中於利而昧於義也。非然者，陳琳與郭槐，豈非一樣的宦官？乃一則逞奇巧於一時，而已千古遺臭矣；一則奮忠義於一朝，而已萬古流芳矣。君子觀於〈盤盒救主〉一書，未嘗不三復而生慨也。雖然，陳琳使無寇珠言語激昂之，則忠直之氣無自而生，而太子仍憂疑而莫之救；使無郭槐疑忌逼迫之，則堅貞之操無由而見，儲君雖救獲而不足奇。幸哉！此一救也；危哉，亦此一救也。

石氏經常利用機會，在敘述故事的過程中，發揮他「善辯」的本事，透過層層剖析，闡發他深藏於作品內的勸善懲惡的教化意圖，引導聽眾或讀者正確理解作品的意涵，爲聽眾或讀者架起一座溝通的橋樑。

李贄〈忠義水滸全書發凡〉曾說：「書尙評點，以能通作者之意，開覽者之心也。得則如著毛點睛，畢露神采；失則如批頰塗面，污辱本來。非可苟而已也。」作品故事情節所隱含的意涵，既不易爲外人所瞭解，而唯有作者本人最清楚明白，則由他自作評點，也最「能通作者之意，開覽者之心也」，石氏可謂深得明清文人評點小說戲曲的眞傳。而新穎的表現手法，也使他自己的作品在當時深受聽眾歡迎，在後世一直廣泛流傳，成爲家喻戶曉，石氏可謂用心良苦。

結語

綜上所述，可知《龍圖公案》石派書中所述「狸貓換太子」無論是故事選材、情節改編、表現手法都深受明清戲曲小說的影響。但石氏選材精當，改編合情合理，表現手法新穎，頗能掌握傳播學的要領，終能提高效果，使得這個故事成爲定案，爲後世所宗，且流傳至今。又當時人對石氏雖「多以柳敬亭目之」，柳氏固然是我國古代說書名家，但並無作品存世，而石氏則不僅以說書技藝精湛深受時人推崇，且作品眾多，影響深遠，實非柳氏所能相比。又有關包公案故事，前賢胡適與孫楷第先生等雖然已有詳細考証，但因當時資料缺乏，仍有許多疏漏之處。㉓今年適逢包公誕生千年，有關他的資料已大量出現，可知《龍圖公案》石派書等所述包公故事情節，實多有來源根據。若能詳細加以比較分析，對它們的來龍去脈，當可一一釐清。

㉓ 胡氏〈三俠五義序〉作於民一四年，見《中國章回小說考證》（台北：風雲書局，民六五年），頁三九三—四三五。孫文（同註❽）撰寫年代不詳。二文考證均十分詳盡，可惜當時有關重要資料如《龍圖公案》石派書、《龍圖耳錄》二人均未見，而明成化說唱詞話尚未出土，《金丸記》傳奇等戲曲曲本則仍落難異邦，音訊全無。

天眞爛漫、快意人情

——明代文人小曲的創作與運用

張啓超

壹、前言

所謂「小曲」，是相對於——唐宋大曲、明代崑山弋陽等聲腔大曲——而約定俗成的名稱。在明代，是泛指流行於民間的曲調歌詞。羅錦堂先生說：

〔小曲〕爲明人所獨創的一支。就好像詩詞之在唐宋一樣，無論是販夫走卒，或一般士大夫階級，沒有不醉心於這種「新詩體」來抒寫他們的情感，發揮他們的天才的。❶

❶ 參看《錦堂論曲》頁五七二。

雖然說小曲「爲明人所獨創」，但如果仔細深究，不難發現，在中國文學源遠流長的文人詩歌系統中，小曲都「有實無名」的，默默在左右著作家的創作精神和情緒。明、王驥德《曲律·論俳諧第二十七》：

> 俳諧之曲，東方滑稽之流也。非絕穎之姿、絕俊之筆，又運以絕圓之機，不得易作。著不得一箇太文字，又著不得一句張打油語。須以俗爲雅，而一語之出，輒令人絕倒，乃妙。

如果說，小曲（尤其是「文士派」小曲❷）的特色是在「俳諧滑稽」、「雅俗共賞」，那同樣有此特色的某些詩詞等韻文，在具備音樂性和節奏感的條件下，是否更早更古就已有所表現，而非「明人所獨創」？無怪乎李昌集先生《中國古代散曲史》要說：

> 其中潛映的事實是：「小曲」在古代一直興盛不衰，並對文人詩歌產生著重要的影響。……宋文人詞中的「俗詞」、元文人散曲中「俚歌化」的言情小令，以及不少以男女情致爲題材的散套，亦不妨可視爲宋元文人所作的「小曲」。因此，從詞體誕生後到散曲，文人詩歌便發生了與民間小曲「合流」的現象——或者說，文人中有摹仿小曲風貌而填詞作曲的一流存在。宋詞的這種「合流」爲時較短，並未形成

❷羅錦堂《中國散曲史》第三章，將明代小曲區分爲「平民派」與「文士派」。

較明顯的氣候；但元散曲中的這一流卻一脈未斷，元散曲雅、俗二流並存的大格局始終未變。從這個意義上說，散曲文學從開始便是文人詩歌與民間小曲的「合流」。❸

爲什麼散曲文學這麼容易、這麼自然順利的，就綰合了文人與民間的脈絡，使之聲氣相通、水乳交融？可能最主要的原因，在於曲「快意人情」的先天本質。王驥德《曲律‧雜論第三十九下》說：

> 昔人言：「絲不如竹，竹不如肉」，以爲漸近自然。吾謂：詩不如詞，詞不如曲，故是漸近人情。夫詩之限於律與絕也，即不盡於意，欲爲一字之益，不可得也。詞之限於調也，即不盡於吻，欲爲一語之益，不可得也。若曲，則調可累用，字可襯增。詩與詞，不得以諧語方言入，而曲則惟吾意之欲至，口之欲宣，縱橫出入，無之而無不可也。故吾謂：快人情者，要毋過於曲也。

其實說穿了，正是因爲曲的束縛和限制大爲紓解，才使它被創作時，較不致流於僵化的「技巧」與「匠氣」，而增添注入了更多生活化、人性化的質素；再配合時代思潮的變革和波動，更彷彿在文人心裏產生了化學作用，由內而外，散發出一派天眞爛漫、明朗直率的創作意識，

---

❸ 參看該書第六章第一節，頁四〇六。

甚至嘻笑怒罵、遊戲解嘲的筆法，也隨手揮灑，了無顧忌了。這種生動活潑的氣氛，在元代就已經恣意奔放，如元・無名氏〈醉太平・饑貪小利者〉：

> 奪泥燕口，削鐵針頭。刮金佛面細搜求，無中覓有。鵪鶉嗉裡尋豌豆，鷺鷥腿上劈精肉，蚊子腹內刳脂油。虧老先生下手。

這支小令運用六組形象生動的比喻，將諷刺對象的嘴臉，勾勒得入木三分。從燕子口中奪泥、針尖頭上削鐵、泥菩薩臉上刮金，這一切雖是高度的誇張，但形象十分逼眞，所謂「貪小利者」的面目已經呈現在讀者面前。「刮金佛面」，還使人感受到這班人的肆無忌憚與不擇手段。而作者並不就此歇手，五、六、七句三句鼎足對，繼續運用誇張性質的博喻，愈出愈奇。鵪鶉的嗉子本來就小得可憐，卻不肯輕易放過，要去尋找豌豆；鷺鷥的細腿皮包骨頭，偏生想劈出一絲精肉來；就連蚊子那微乎其微的肚子裡，還千方百計地企圖挖撈油水，眞可以說是寫絕了。「劈精肉」、「刳脂油」的字面，令人自然而然地聯想起官吏豪富敲骨吸髓、刮盡民脂民膏的醜惡行徑。一切都可令人心領神會，堪稱精采絕倫。

而明蔣一葵《堯山堂曲紀》所錄的一段膾炙人口的風流佳話，更充分顯示，眞情流露、直來直往的小曲作風，在文人藝術家的生活中，早已習以爲常；在舉手投足、眉目傳情之際，隨興反應，輕鬆自然的迴蕩開來：

> 趙松雪欲置妾。以小詞調管夫人云：「我爲學士，妳作夫人。豈不聞陶學士有桃葉

桃根，蘇學士有朝雲暮雲。我便多娶幾箇吳姬越女何過分？妳年紀已過四旬，只管占住玉堂春。」管夫人答云：「你儂我儂，忒煞情多，情多處熱似火。把一塊泥捻一箇你，塑一箇我；將咱兩箇一齊打破，用水調和，再捻一箇你，再塑一箇我。我泥中有你，你泥中有我。與你生同一箇衾，死同一箇槨。」松雪得詞，大笑而止。

再看另一段出自明·李開先《詞謔》的記載：

有學詩文於李崆峒者，自旁郡而之汴省。崆峒教以「若似得傳唱【鎖南枝】，則詩文無以加矣。」請問其詳，崆峒告以「不能悉記也，只在街市上閒行，必有唱之者。」越數日，果聞之，喜躍如獲重寶，即至崆峒處謝曰：「誠如尊教！」何大復繼至汴省，亦酷愛之，曰：「時詞中狀元也，如十五國風，出諸里巷婦女之口者，情詞婉曲，有非後世詩人墨客操觚染翰，刻骨流血所能及者，以其眞也。」每唱一遍，則進一杯酒，終席唱數十遍，酒數亦如之，更不及他詞而散。……詞錄於後，以俟識者鑒裁：「傻酸角，我的哥，和塊黃泥捏咱兩個。捏一個兒你，捏一個兒我，捏的來一似活托，捏的來同床上歇臥。將泥人兒摔碎，著水兒重和過，再捏一個你，再捏一個我，哥哥身上也有妹妹，妹妹身上也有哥哥。」

如何？這兩段資料中所出現的小詞小曲，是不是非常神似？即使是「異曲同工」，亦可見它們之間的某種傳承軌跡。而小曲的流行，在明代文人士大夫間，翕然成風，更無可疑矣。

貳、明代文人小曲的創作類型

如果說，散曲文學的創作時代，文人詩歌發生了與民間小曲「合流」的現象；或者說，文人中有摹仿小曲風貌而填詞作曲的一流存在；這兩種說法大致可以成立的話，那麼依筆者的觀察，具備了小曲的表達語氣之後，再依其內容題材來區分，明代的文人小曲大約有以下四種類型。

一、情愛調笑類

這是最能向民間小曲的大膽作風看齊，也是以往正統文人最不敢輕易嚐試的一類。而如此的勇於揮灑，認同情愛，「並非對小曲的男女風情本身欣賞備至，其顛倒的是小曲的『情眞』，是『無理』、『無假』的『任性而發』。這裡沒有一點一滴『色情』的成分，沒有一絲一毫的猥褻色彩。平實而論，並不是所有的小曲都堪當此評價，這裡對小曲的認識，只是對小曲內在精神的提煉和昇華，其眞正的底蘊在『借男女之眞情，發名教之僞藥。』」❹於是，明代的文士大家們，紛紛的「昇華」和「解放」了。東一句「冤家」，西一句「冤家」，打情罵俏，好不熱鬧——

❹見李昌集《中國古代散曲史》頁四一〇。

俏冤家我咬你個牙廝對，平空裡撞著你，引的我魂飛。無顛無倒，如癡如醉，往常時心似鐵，到而今著了迷，舍死亡生只是爲你。(趙南星)

夢冤家，夢冤家，夢兒裡合冤家到了一搭，卻被鸚哥兒聒噪在雕簷下。我的冤家，我的冤家，打了個轉身兒阻隔天涯。急的我搗著耳撓著腮無處摸，氣的我咬著牙恨著齒把鸚哥罵。(趙南星)

俏冤家但見我就要我叫。一會家不叫你你就心焦。我疼你那在乎叫與不叫。叫是提在口。疼是心想著。我若有你的眞心也。就不叫也是好(劉效祖)

俏冤家非是我好教你叫。你叫聲兒無福的也自難消。你心不順怎肯便把我來叫。叫的這聲音兒俏。聽的往心髓裡澆。就是假意兒的勤勞也。比不叫到底好。(劉效祖)

恨冤家，寫著他名兒掛，對著窗兒罵。怪貓兒，錯認鵲兒抓。碎紛紛，就打也全不怕。你虧做事差，貓兒也恨他，我不合錯把貓兒罵。(馮夢龍)

小小冤家，拖逗得人來憔悴殺。雅淡堪描畫，舉止多瀟灑。咱，曾記折梨花，在茶琼東架。忙詢佳期，倒答著閒中話，一半囂人一半耍。(梁辰魚)

二、嘲弄調侃類

如前一類，既然在情愛的表達上是「豁出去了」；那進一步，就從對「冤家」的「打情罵俏」，更躍升到對特定人物的「嘲弄挖苦」——或許並沒惡意，反倒有可能是一種關懷熱情。只是，在這一類型上，「妓女」似乎成爲了「弱勢族群」，她們幾乎成爲這些男性作家「有志一同」的攻擊「箭靶」，被嘲弄得無所遁逃；尤其可憐的是，妓女無論是——瞎了一隻眼、皮膚黑、鼻子大、疲倦愛打瞌睡、表情冷漠……，全都逃不過文士作家們的「法眼」，被修理得「體無完膚」——

嘲眇妓　　**金鑾**

這些時逢人就躲，袖稍兒斜掩定秋波。見一行情淚流，界半頰香痕破，悶厭厭嬾畫雙蛾。還打平康舊路過，眼挫裡何曾抹我。

嘲黑妓　　**弭來夫**

簾影內一團窈窕，被窩中百樣妖嬈。雖無青鳥隨，剩有烏雲罩。赴陽臺暮暮朝朝，張敞空將新月描，幾曾顯蛾眉淡掃。

大鼻妓　　**馮惟敏**

堂堂相貌土星高，一寸山根三掉腰，搽胭粉多使些錢和鈔。因此上淡梳粧懶畫描，費擎抬壓損妖嬈，豎一道擎天柱，搭兩孔駕海橋。怕則怕對臉兒支磽，怕則怕對臉兒支磽，不能勾倚翠偎紅，恰便似水遠山遙，費口閣舌，歪頭側腦，自有方略。比鷹嘴微爭些大小，似羊頭少一對觭角。回子根苗，獺象軀牢。雖然是眼罩兒重遮，也則索遠遠的舒著。

盹妓　二首　　**馮惟敏**

打趣的客不起席，上眼皮欺負下眼皮。強打精神扎掙不的，懷抱著琵琶打了箇前拾，唱了一曲如同睡語。那裡有不散的筵席，半夜三更路兒又蹺蹊。東倒西歆顧不的行李，昏昏沉沉來到家中。睡裡夢裡陪了箇相識，睡到了天明纔認的是你。

涎瞪了眼，答剌了頭，打一箇呵欠大張著口。也不想軟款溫柔，也不想丟可修留，也不想拿堂扭柳。眼皮兒怕待睜開，手背兒不住的搓揉。也不著人也不勸酒，請將來上不的臺盤，抬舉你扶不上牆頭，大家開交纔是了手。

嘲冷面妓　**徐渭**

天生面，冷似冰，秋意十分眞可憎。清滅畫堂春，梨花凍雲暝。愁西子，病太眞，一味不瞅人，掃人興。

天生面，冷似霜，只堪借了去弔喪。秋色滿華堂，秋風入羅帳。僧初定，屍正僵，花不開，柳難放。

天生面，冷如刀，銅雀春深鎖二喬。風月不堪調，千金難買笑。生成傲，養就嬌，我自忖，恁伊俏。

天生面，冷似灰，卻纔與人相罵回。燕子懶于飛，鶯兒怕作對。鬭頭悔，敗子回，道將錢，買憔悴。

嘲弄之深刻，觀察之入微，眞令人拍案叫絕。更有「好事者」，連村婦的「方便」之事，都毫不留情逮個正著——

綠楊深鎖誰家院，見一女嬌娥急走行方便。轉過粉牆東蹴地金蓮，清泉一股流銀線。衝破綠苔痕，滿地珍珠濺，不想牆兒外馬兒上人瞧見。（陳全）

當然也有很生活化、情趣化的自我解嘲和自我調侃——

病瘥自嘲　陳全

冷時節冷的在冰稜上臥，熱時節熱的在蒸籠裡坐，疼時節疼的天靈破，顫時節顫的牙關錯。兀的不害殺人也麼哥，兀的不害殺人也麼哥，似這般寒來暑往人難過。

失雞　王磐

平生淡薄，雞兒不見，童子休焦。家家都有閒鍋灶，任意烹炮。者湯的貼他三枚火燒，穿炒的助他一把胡椒，到省了我開東道。免終朝報曉，直睡到日頭高。

三、歎世隱逸類

眾所周知，元人散曲作品的主流意識，就是：消極、避世、歸隱、享樂。到了明代，文士作家們似乎理所當然的繼承了這個傳統，而且文字和語氣更爲「平淡入妙」，坦率明朗。而放眼漫長的詩歌韻文歷史，這種類型的作品還眞是歷久不衰，非常「源遠流長」的反映出中國知識分子，在時代社會變動劇烈的環境背景下生存，會在內心自然形成一種超脫、曠達、隨遇而安的生命情懷，也算是屬於「言志」的表現範疇了——

(王問)

人壽百年餘，及早歡娛。中間睡夢半消除，又除了十歲孩童三十歲老，剩不得些須。

競短爭長，世事何時已。富貴貧窮，由天不由己。七十古來稀，而今豈止你。風雨憂愁，又常多似喜。屈指尋思，前途能有幾。赴會的從今日受用起，莫爲千年慮。對景且開懷，有酒須招妓，既爲人須索要爲到底。（唐寅）

過一日少一日耍上一日，省了些閒淘氣。一日十二時，倒在花前睡，及早的風流些便宜你。

過了一春了一春耍上一春，打疊起閑愁悶。一春九十日，日日胡廝混，去了青春呵盼望殺您。

過一年是一年耍上一年，再不去歪廝戰。四時共八節，到處貪歡宴，歲月無情哄不了俺。

過一生只一生耍上一生，休替別人掙。三萬六千場，醉倒煙花徑，每日價醒了醉醉了又醒。（馮惟敏）

唱一會囉哩囉，論清閑誰似我。清風明月咱三箇，清風是大哥，明月是二哥，論三哥咱也做得過。囉哩囉，清閑處快活，沉醉了待如何。

唱一會囉哩嗹，想人生當消遣。金烏玉兔疾如箭，正青春少年，不覺得老顏，對青銅又早朱顏變。囉哩嗹，把眉頭放寬，直喫得醉如綿。

唱一會哈哈哄，想人生當和哄。爭名奪利成何用，三歲的小童，八十的老翁，老和小都是一場夢。哈哈哄，趁花濃酒濃，直喫得醉朦朧。

唱一會哈哈咳，嘆青春不再來。光陰迅速如梭快，朱顏早漸衰，雲鬢又漸白，知明朝誰在誰不在。哈哈咳，眉頭皺展開，得開懷且開懷（王越）

四、諷刺時政類

比前一類的「言志」意向更爲積極且激烈，展現出「舍我其誰」、「嫉惡如仇」的士大夫風骨。措辭大膽辛辣，描繪形神逼肖，讀來十分痛快淋漓，足可琅琅上口，鏗鏘有力，算是「變宮」、「變徵」的小曲類型吧！如王磐的〈詠喇叭〉，是以喇叭來象徵宦官——因爲當時騷擾民間的宦官們，在往來運河時，都以吹喇叭做爲號令，而他們平常搜刮，役使軍民百姓，動輒令家家戶戶傾家蕩產，窮兇惡極到極點，因而激怒了王磐，對其大加撻伐——

喇叭，嗩吶，曲兒小，腔兒大。官船來往亂如麻，全仗你抬身價。軍聽了軍愁，民聽了民怕，那裡去辨什麼真共假。眼見的吹翻了這家，吹傷了那家，只吹的水盡鵝飛罷。

而較諸王磐，實不遑多讓的是——劉效祖。他下面這首〈老師婆〉，把嚴嵩的心腹爪牙，隱喻爲慣於裝神弄鬼來騙人的巫婆；而把依附他們，狐假虎威、虛張聲勢的幫兇們，隱喻爲搖旗吶喊的小僂儸。把他們只圖個人權力私慾，而置國家安危、社稷民生於不顧的醜惡嘴臉，刻畫得入木三分——

老師婆瞞神諕鬼，小僂儸撾鼓奪旗。心腸內狠做作，嘴臉上喬張致，都只要趁水和泥。甫能勾和成一大堆，撞倒東牆又不壘。

小曲在文人之間的創作流行，固然佳作如林，機趣橫生，也頗能反映當時的社會風貌及生活百態；但究竟受到作品規模短小和創作背景單純的限制，往往在思想意境和心理情感方面，會多有雷同，趣味性也容易一成不變，較欠缺豐富而深刻的表現張力；一旦涉獵既久，長期浸淫，能夠感染的鮮活興味和尖新刺激，恐亦難免彈性疲乏，失去溫存回味的空間。故本文接下來希望能從一般學者較少著墨的面向，也就是明代小曲在小說中的運用和表現，嘗試進行初步的探索和觀察。企盼透過情節人物的立體化互動，讓穿插在作品字裏行間的民歌小曲，被賦予更具創造力和變化性的表現功能；從而也讓民歌小曲在反映社會和人生的這一層意義上，得到更有力的彰顯和印證。

參、《三言》《二拍》中的民歌小曲

明代通俗小說中，最受民眾喜愛、流通最廣的，當屬「擬話本」性質的創作小說集《三言》《二拍》。在宋人話本《京本通俗小說》卷十〈馮玉梅團圓〉中，有一首「出自我朝建炎年間」的吳歌：「月兒彎彎照九州，幾家歡樂幾家愁，幾家夫婦同羅帳，幾家飄零在它州。」已經藉著穿插此類民歌小曲，來幫忙烘托劇情、描寫場景，如同經常性的穿插詩詞一樣，構成話本形式上的一大特色。《三言》《二拍》承繼著這個傳統，自然亦步亦趨，甚至更爲鋪張淋漓，在詩、詞、曲、成語、諺語的使用上，更見成熟練達、貼近民心。其編撰者——馮夢龍與凌濛初，分別都是明代多才多藝的戲曲、文學作家，尤其馮夢龍，不但編輯了民間歌曲集《掛枝兒》、《山歌》，自己也有大量的散曲及小曲創作。他甚至因擅寫情歌小曲，而吸引當時不少青年男女，對其作品趨之若鶩，瘋狂迷戀，一度引起「家長們」的緊張和抗議：

夢龍文多遊戲，《掛枝兒》小曲，與《葉子新鬥譜》，皆其所撰。浮薄子弟，靡然傾動，至有覆家破產者。其父兄群起訐之，事不可解。……❺

因此，馮夢龍在他所編寫《三言》中，會加入民歌小曲，自是不足為奇。如《喻世明言·第十二卷·眾名姬春風弔柳七》，寫宋代詞人柳永，除餘杭縣宰，赴任途經江州；遇名妓謝玉英，兩情繾綣，設下盟誓。然後——

耆卿吟詞罷，別了玉英上路，不一日，來到姑蘇地方，看見山明水秀，到箇路旁酒樓上，沽飲三杯。忽聽得鼓聲齊響，臨窗而望，乃是一群兒童，掉了小船，在湖上戲水採蓮。口中唱著吳歌云：

採蓮阿姐鬥梳妝，好似紅蓮搭箇白蓮爭。紅蓮自道顏色好，白蓮自道粉花香。粉花香，粉花香，貪花人一見便來搶。紅箇也忒貴，白箇也弗強（按：意指「不便宜」）。當面下手弗得，和你私下商量。好像荷葉遮身無人見，下頭成藕帶絲長。

柳七官人聽罷，取出筆來，也做一隻吳歌，題於壁上。歌云：

十里荷花九里紅，中間一朵白鬆鬆。白蓮則好摸藕吃，紅蓮則好結蓮蓬。結蓮蓬，

---

❺ 載於《觚賸續編》，詳見《明清散曲作家匯考》所引，頁一六〇。

結蓮蓬，蓮蓬生得忒玲瓏。肚裡一團清趣，外頭包裹重重。有人吃著滋味，一時劈破難容。只圖口甜，那得知我心裡苦？開花結子一場空。

這首吳歌，流傳吳下，至今有人唱之。

這就把柳永——既風流浪漫、情感豐富，又因功名路上坎坷艱辛、而落拓苦悶的形象，做了最好的映襯和寫照。又如《喻世明言・第二十一卷・臨安里錢婆留發跡》，同樣以江南風光爲背景，敘述唐末臨安錢鏐，生時有蜥蜴繞屋，錢父以爲不祥，欲將其溺死，幸虧鄰居王婆搶護，因名「婆留」。長大後精習武藝，得意戰場，進封吳越王。衣錦榮歸時——

其時有一鄰嫗，年九十餘歲，手提一壺白酒，一盤角黍，迎著錢鏐，呵呵大笑說道：「錢婆留今日直恁長進，可喜，可喜！」左右正欲么喝，錢鏐道：「休得驚動了他。」慌忙拜倒在地，謝道：「當初若非王婆相救，留此一命，怎有今日？」王婆扶起錢鏐，將白酒滿斟一甌送到，錢鏐一飲而盡；又將角黍供去，鏐亦啗之。說道：「錢婆留今日有得喫，不勞王婆費心，老人家好去自在。」命縣令撥里中肥田百畝，爲王婆養終之資，王婆稱謝而去。只見里中男婦畢集，見了錢鏐蟒衣玉帶，天人般粧束，一齊下跪。錢鏐扶起，都教坐了，親自執觴送酒。八十歲以上者飲金杯，百歲者飲玉杯，那時飲玉杯者也有十餘人。錢鏐送酒畢，自起歌曰：

三節（按：古代國君召見臣下用三節）還鄉掛錦衣，吳越一王駟馬歸。天明明兮愛日（按：指愛惜時光，即「兒女奉養父母的時日」。）揮，百歲荏兮會時稀。父老皆是村民，不解其意，面面相覷，都不做聲。錢鏐覺他意不歡暢，乃改爲吳音再歌，歌曰：你輩見儂底歡喜？別是一般滋味子。長在我儂心子裡，我儂斷不忘記你。歌罷，舉座歡笑，都拍手齊和。是日盡歡而罷，明日又會，如此三日，各各有絹帛賞賜。開賭場的戚漢老已故，召其家，厚之。仍歸杭州。

這也把錢鏐「發跡變泰」的傳奇事蹟，做了最溫馨、最有鄉土情味的一個圓融收尾。

馮夢龍本身除了對「吳歌」情有獨鍾，對「山歌」及「掛枝兒」小曲也是頗爲嫻熟愛好。在《醒世恒言·第二十三卷·金海陵縱慾亡身》，敘述禮部侍郎——迪輦阿不，與海陵王妃——彌勒（彼此爲姐夫、小姨之關係），暗通款曲，但——

所以不遽上手者，迪輦阿不謂彌勒眞處子，恐點破其軀，海陵見罪故耳。一晚，維舟傍岸，大雨傾盆，雨下正欲安眠，忽聞歌聲聒耳。迪輦阿不慮有穿窬，坐而聽之，乃岸上更夫倡和山歌，歌云：

雨落沉沉不見天，八哥兒飛到畫堂前。

燕子無窠梁上宿，阿姨相伴姐夫眠。

迪輦阿不聽見此歌，歎道：「作此歌者，明是譏誚下官，豈知下官並沒這樣事情。諺云：『羊肉不喫得，空惹一身臊也。』」

這山歌的「弦外之音」，不難想見；爲這內容頗涉豔情的作品，增添幾許窈窕綺思、撩人氣息。而【掛枝兒】小曲原本即來自江南，又宜於歌詠男女私情，因此在《醒世恒言·第三卷·賣油郎獨占花魁女》中，做了相得益彰的結合，點染出一段風光旖旎的浪漫姻緣。這是敘述宋汴梁人莘善在金兵入侵時，攜女莘瑤琴南逃，中途失散，瑤琴淪落爲娼，改名「美娘」，人稱「花魁娘子」。美娘人俊美、性聰慧，聲價日增，一般人難得一見，所以，——

西湖上子弟編出一隻【掛枝兒】單道那花魁娘子的好處：

小娘中，誰似得王美兒的標致，又會寫，又會畫，又會做詩，吹彈歌舞都餘事。常把西湖比西子，就是西子比他也還不如！那個有福的湯（按：指挨著、接觸）著他身兒，也情願一個死。

只因王美有了個盛名，十四歲上，就有人來講梳弄（按：指妓女第一次接客。）一來王美不肯，二來王九媽把女兒做金子看成，見他心中不允，分明奉了一道聖旨，並不敢違拗。又過了一年，王美年方十五，原來門戶中梳弄也有個規矩，十三歲太早，謂之試花，皆因鴇兒愛財，不顧痛苦，那子弟也只博個虛名，不得十分暢快取樂；十四歲謂之開花，此時天癸（按：指月事）已至，男施女受，也算當時了；到十五謂之摘花，在平常人家還算年小，惟有門戶人家以爲過時。王美此時未曾梳弄，西湖上子弟又編出一隻【掛枝兒】來：

王美兒，似木瓜，空好看。十五歲，還不曾與人湯一湯，有名無實成何幹。便不是石女，也是二行子的娘。若還有個好好的羞羞，也如何熬得這些時癢。

王九媽聽得這些風聲，怕壞了門面，來勸女兒接客。王美執意不肯，……

這「執意不肯」，後來卻被一位劉四媽精采詳盡的「開導」，而使她態度終於軟化，從此有客求見，必定欣然相接。以致於——

後來西湖上子弟們又有隻【掛枝兒】，單說那劉四媽說詞一節：
劉四媽，你的嘴舌兒好不利害！便是女隨何，雌陸賈，不信有這大才！說著長，道著短，全沒些破敗。就是醉夢中，被你說得醒；就是聰明的，被你說得呆。好個烈性的姑姑，也被你說得他心地改。

而臨安賣油郎秦重，因見瑤琴美貌，也積攢了十兩銀子相會。是夜，瑤琴酒醉回家，看到秦重，知他不是有名子弟，怕壞了名聲；心中不悅，倒床便睡。半夜嘔吐、飲茶，都得秦重小心服侍，使瑤琴對其產生好感。——

且說美娘與秦重雖然沒點相干，見他一片誠心，去後好不過意。這一日因害酒，辭了客在家將息。千個萬個孤老都不想，倒把秦重整整的想了一日。有【掛枝兒】爲證：
俏冤家，須不是串花家（按：指逛妓院）的子弟，你是個做經紀本分人兒，那匡你會溫存，能軟款，知心知意。料你不是個使性的，料你不是個薄情的。幾番待放下思量也，又不覺思量起。

這就讓讀者對他們後來的終成眷屬，寄以了高度的期望和期待。也因著幾支【掛枝兒】的畫龍點睛，大大增強了它的藝術魅力和迷人情趣。〈賣油郎獨占花魁女〉小說，令人津津樂道，而另一個〈赫大卿遺恨鴛鴦仔〉，卻是叫人哭笑不得，看了十分尷尬。它是在《醒世恒言》第十五卷，敘述江西臨江府監生赫大卿，喜歡尋花問柳。一日，到城外尼姑庵中，竟與空照、靜眞先後鬼混——

> 空照往後就走。大卿接腳跟上。空照輕輕的推開後壁，後面又有一層房屋，正是空照臥處。擺設更自濟楚。大卿也無心觀看，兩個相抱而入，遂成雲雨之歡，有「小尼姑」曲兒爲證：
>
> 小尼姑，在庵中，手拍著桌兒怨命。平空裏弔下個俊俏官人，坐談有幾句話，聲口兒相應。你貪我不捨，一拍上就圓成。雖然不是結髮的夫妻，也難得他一個字兒叫做肯。

後來兩個尼姑怕赫大卿要回家，就把他灌醉剔髮，妝成尼姑。赫大卿縱慾得病，將死時，拿出一條鴛鴦仔給尼姑空照，要她以此做爲信物，向其妻陸氏報信。空照怕惹事，未去，把鴛鴦仔丟到天花板裡。不久，赫大卿病死，空照、靜眞把屍體埋在後園中。適有泥瓦匠到尼姑庵捉漏翻屋，拾到鴛鴦仔，繫在身上，被陸氏發現，才訪出眞情。而官府自然懲罰了這些尼姑——

知縣錄了口詞，將僧尼各責四十，去非依律問徒，了緣官賣爲奴，極樂庵亦行折毀。老和尚並那老兒，無罪釋放。又討連具枷枷了，各搽半邊黑臉，滿城迎遊示眾。那老兒婆子，因兒子做了這不法勾當，啞口無言，惟有滿面鼻涕眼淚，扶著枷梢，跟出衙門。那時閧動了滿城男女，扶老挈幼，俱來觀看。有好事的，作個歌兒道：可憐老和尚，不見了小和尚；原來女和尚，私藏了男和尚。分明雄和尚，錯認了雌和尚。爲個假和尚，帶累了眞和尚。斷個死和尚，又明白了活和尚。滿堂只叫打和尚，滿街爭看迎和尚！只爲貪那褌襠中硬崛崛一個莽和尚，弄壞了庵院裡嬌滴滴許多騷和尚。

好事者的諧謔之歌，或許正道出許多讀者的錯愕感受吧！浮浪子弟的荒唐情事受人嘲弄，而在淩濛初《二刻拍案驚奇》第十卷〈趙五虎合計挑家釁，莫大郎立地散神奸〉中，那位望七之年，家有巨資，已有一妻二子三孫，卻性喜漁色，與丫頭偷情有孕的莫老翁，同樣難逃「好事者」的調侃——

有個歌兒單嘲著老人家偷情的事：老人家，再不把淫心改變，見了後生家（按：指年輕人）只管歪纏。怎知道行事多不便：搵腮是皺面頰；做嘴是白鬚髯；正到那要緊關頭也，卻又軟軟軟軟軟。

情色害人，確是誠如《二刻拍案驚奇．卷十四．趙縣君喬送黃柑　吳宣教乾償白鏹》開頭所說的：

> 聽說世上男貪女愛，謂之風情。只這兩個字害的人也不淺，送的人也不少。其間又有奸詐之徒，就這些貪愛上面，想出個奇巧題目來，做自家妻子不著（按：指拿妻子做犧牲），裝成圈套，引誘良家子弟，詐他一個小富貴，謂之「紮火囤」。若不是識破機關、硬浪的郎君，十個著了九個道兒。

而該篇中的吳宣教，爲朝廷七品官員，正是著了這個道兒，以致最後羞憤氣惱而死，或許這也是他用情不專的下場頭，他的老相好丁惜惜罵得好——

> 丁惜惜唱個歌兒嘲他道：
>
> 俏冤家，你當初纏我怎的？到今日又丟我怎的？丟我時頓忘了纏我意；纏我又丟我，丟我又去纏誰？似你這般丟人也，少不得也有人來丟了你！

該受嘲弄的人眞多，可又有幾多醒悟的？《拍案驚奇·卷三十二·喬兌換胡子宣淫　顯報施臥師入定》，敘述鐵熔妻狄氏，姿容美豔，名冠一城，鐵熔常領她到處炫美。同里有胡綏，妻門氏，也生得十分妖麗。鐵胡二人，竟都想把對方妻子弄到手。鐵生和妻狄氏商量，要她幫忙，狄氏竟也不以爲忤，建議可經常請胡生、門氏來家飲酒，得便下手。但在雙方接近時，狄氏對胡生有了感情。一次，胡生將鐵生灌醉，與狄氏發生了姦情。從此，胡生時常慫恿鐵生出外訪妓過夜。鐵生外出後，胡生立即乘空與狄氏相會，鐵生全不知道，甚至——

到底外認胡生爲良朋，内認狄氏爲賢妻，迷而不悟。街坊上人知道此事的，漸漸多了，編一隻【(87)調山坡羊】來嘲他道：

「那風月場，那一個不愛？只是自有了嬌妻，也落得個自在。又何須終日去亂走胡行？反把個貼肉的人兒，送別人還債。你要把別家的一手擎來，誰知在家的把你雙手托開！果然是羅（狄）的到先羅了，你曾見他那門兒安在？割貓兒尾拌著貓飯來，也落得與人用了些不疼的家財。乖乖！這樣貪花．只算得折本消災。乖乖！這場交易，不做得公道生涯。」

不僅情色交易，不做得公道生涯；「賣官鬻爵」的勾當，同樣圖不得僥倖。《拍案驚奇．卷二十二．錢多處白丁橫帶　運退時刺史當梢》敘述唐僖宗時，江陵富商郭七郎，家財萬貫，產業廣大；因京師張多寶曾借其銀幾萬兩，遂往京師索債，順便遊玩，覓個前程。進京後，收到本利十多萬兩，在京師嫖賭浪游，銀子用去一半，剩餘的錢買了個橫州刺史，改名郭翰。衣錦回鄉時，家中房屋卻已成瓦礫，家人全都不見，原來是王仙芝作亂之故。七郎尋到母親後，便乘船到橫州赴任，途中遇風翻船，失了做官的憑證，母親又生病而死。七郎無法度日，只能到船上做船工，永州市人咸稱「當艄郭使君」，並且——

編成他一隻歌兒道：

「問使君，你緣何不到橫州郡？原來是天作對，不作你假斯文，把家緣結果在風一陣。舵牙當執板，繩纜是拖紳，這是榮耀的下梢頭也，還是把著舵兒穩。」（詞名【掛枝兒】）

民歌小曲不僅嘲弄風情，可也有人生教訓、立身處世的針砭作用。於此可見民情風俗的維繫，自有社會輿論、公道人心做基礎，此或可謂是「傳統」的力量吧！

肆、結語

明·沈德符《顧曲雜言·時尚小令》云：

……比年以來，又有【打棗乾】、【掛枝兒】二曲，其腔調約略相似，則不問南北，不問男女，不問老幼良賤，人人習之，亦人人喜聽之，以至刊布成帙，舉世傳誦，沁人心腑——其譜不知從何來？——眞可駭歎！

讓沈德符駭歎震驚的，大概是來自於民間藉藉無名的那股草根力量和豐沛的創作能量吧！這使得學有專精、一向自視甚高的文人士大夫，也不禁要自嘆弗如；並對其所刮起的流行旋風，嘖嘖稱奇，無怪乎明代卓珂月要說：

我明詩讓唐、詞讓宋、曲讓元。庶幾吳歌、掛枝兒、羅江怨、打棗竿、銀鉸絲之類，為我明一絕耳！❻

也就是說，文人由衷的認同、並傾倒於來自民間的這絕妙好調，進而如前面所論及的，他們放下身段，加入了創作的行列。但是文人和民眾，畢竟是有區別的；小曲在民間傳唱極盛，但文人小曲卻終究未能蔚為大觀，為散曲文學開闢出一個全新的局面；這或許正是由於文人在先天上有其難以甩開的包袱，以及所受思想教育對其造成某種制約和定型，因而在「俗化」的程度上，始終無法突破其宿命的瓶頸吧！李昌集說：

小曲的時代色彩，就在其豐富多采、不拘一格的「言情」，元人散曲的「言情」與其一樣「眞」，然卻不及其奇、不及其瑰、不及其詭、不及其富，……文人小曲一旦「言志」，則「調」為小曲，精神面貌則與傳統散曲並無不同，新鮮色彩也就不復存在了。文人小曲亦多言情，原因恐怕即在此。而一味言情，則又難以開闢更廣闊的局面，……因此，小曲作為明中葉後文人心目中「眞情」文學的典範，其精神可以滲透到其它一切文學模式之中，但小曲自身的「眞情」卻不可能向深度開掘，向廣度拓展，小曲這種形式上、內容上的單純性，使之無法成為內涵廣博、意蘊深

❻ 陳宏緒《寒夜錄》引。

厚的「新詩體」❼

是的，這可能是古往今來，知識分子最弔詭的悲哀？眞應了「人生識字憂患始」？一個人的知識學問愈「博大精深」，愈難以在性情上全然的「返璞歸眞」？因義理思慮太深、理想志向太高，反而在個人的生命本質上，永遠回不到「單純」的境界？這或許仍有待爭議，但至少在「小曲」這一個關節，文人確是被「卡」住了；而這或許也相當程度說明了「廟堂文學」和「民間文學」之間必然存在難以克服的隔閡對立，以及其相互探索交集所可能遭受的限制和阻礙吧！

伍、主要參考書目

謝伯陽編《全明散曲》，山東：齊魯書社，一九九四。
李昌集《中國古代散曲史》，上海：華東師範大學出版社，一九九一。
羅錦堂《中國散曲史》，台北：中國文化大學出版部，一九八三。
羅錦堂《錦堂論曲》，台北：聯經，一九七七。
《中國古典戲曲論著集成》，北京：中國戲劇出版社，一九五九。
任中敏編《新曲苑》，台北：中華書局，一九六九。

❼ 見其《中國古代散曲史》頁四一四。

莊一拂《明清散曲作家匯考》，浙江：浙江古籍出版社，一九九二。

馮夢龍《喻世明言》，台北：三民書局，一九九八。

馮夢龍《警世通言》，台北：三民書局，一九八三。

馮夢龍《醒世恒言》，台北：三民書局，一九八八。

凌濛初《拍案驚奇》，台北：三民書局，一九九〇。

凌濛初《二刻拍案驚奇》，台北：三民書局，一九九一。

試論馮夢龍《掛枝兒》與《山歌》的趣味

黃慶聲

趣味是世界各國歌謠普遍具備的要素，中國歌謠亦不例外。吳世昌的〈打趣的歌謠〉由人性的本然談打趣這種遊戲態度是童心的流露，又以心理因素解釋生活中種種不如意也必須靠打趣來調適以維持生趣。❶吳氏在該文結論中謂：「中國人是一個很富有風趣（humour）的民族。……鄉下的牧童野老，也莫不自有各人的諧趣。曰樂天，曰曠達，曰天真，曰傻不

❶ 吳世昌，〈打趣的歌謠〉，北京大學研究院文科研究所歌謠研究會編，《歌謠周刊》第二卷第四期（一九三六年四月廿五日），頁一—三。袁宏道（一五六八—一六一〇）察覺晚明人有慕趣之趨勢，遂云：「世人所難得者唯趣」，故一再申論人必須苦中作樂，提出「情有所寄」之說，以追求人生之至樂，大自在、大快活；對袁氏而言，趣不在乎品味，那麼文人作詩文以排遣光景是種雅趣，童嫗村夫唱歌謠來消遣是種俗趣，應無品味高下之別。袁宏道，〈敘陳正甫會心集〉（萬曆二十五年丁酉（一五九七）在吳縣作）、〈王以明〉、〈李子髯〉（萬曆二十四年丙申（一五九六）在吳縣作）；袁宏道撰，錢伯城箋校，《袁宏道集箋校》（上海：上海古籍出版社，一九八一），頁四六三—六四，二四〇—四一。

期期，卻只是一種風趣的不同的表現。」❷將幽默詮釋爲風趣，或許未盡妥貼，卻說明社會各階層自有其表現詼諧風趣的方法。李素英也曾指出吳歌中滑稽歌占多數，這點尚有待考證，不過他指出「吳人能於婉妙中微帶幽默」，則是不錯的。❸邵純熙、白啓明、傅振倫、朱自清等談到歌謠分類的問題，不管是將歌謠分爲民歌與兒歌抑或自然之作與擬作都列了滑稽、嘲謔類。❹郭紹虞也指出鄉村歌謠的歌辭，情景深、趣味濃。❺歌謠在吳越地區人民的生活上具有重要功能，無論是酬神祀鬼、各種節令、婚喪禮俗等儀式都少不了歌唱。❻本文欲藉明代馮夢龍（一五七四—一六四五）所編輯的民歌來探討何以滑稽詼諧是民歌的要素？這些歌謠

---

❷ 同上註，頁三。吳氏所強調的天眞之趣令人想到袁宏道亦曾云：「夫趣得之自然者深，得之學問者淺。」錢伯城認爲袁氏之語：「性之所安，殆不可強。率性而行，是謂眞人。」正是「自然」最好的注腳；袁宏道，〈敘陳正甫會心集〉，頁四六三—六四。

❸ 李素英，〈吳歌的特質〉，《歌謠周刊》第二卷第二期（一九三六年四月十一日），頁三—六。

❹ 邵純熙，〈歌謠分類問題〉，《歌謠周刊》第一五號（一九二三年四月廿二日），第一、二版。白啓明，劉文林〈再論歌謠分類問題〉附錄，北京大學歌謠研究會編，《歌謠周刊》第一六號（一九二三年四月廿九日），第三、四版。傅振倫，〈歌謠分類問題的我見〉，《歌謠周刊》第八四號（一九二五年三月廿九日），第二至第六版。朱自清，《中國歌謠》（台北：世界書局，一九六一），頁一三〇—六三。

❺ 紹虞，〈村歌俚謠在文藝上的位置〉，北京大學歌謠研究會編，《歌謠周刊》第一二號（一九二三年四月一日），第八版。

❻ 參閱姜彬主編，《吳越民間信仰民俗—吳越地區民間信仰與民間文藝關係的考察和研究》（上海：上海文藝出版社，一九九二）。

用甚麼方法來表現俳諧謔趣？此外，通俗文學在研究方法與材料處理上究竟可以朝那些新方向拓展視域？亦值得省思。

《掛枝兒》和《山歌》爲本文主要討論對象，因二書所收以情歌居多，故篇中論述首先闡釋觀看私情之趣，進而探討俚語、詠物、諺語、歇後語之趣味，彰顯這兩本歌謠集的詼諧風趣性質。同時也持馮夢龍所編的歌謠集與笑話書相互比較，說明兩類作品中嘲謔對象相似，足見打趣諷刺的動機相同，唯文類有別而已。其次，若干母題之重複出現，說明民間有一些基本的調笑諧謔題材，有時編爲笑話，有時以歌謠吟唱。因此，綜合笑話與民歌的諧趣，雖然反映人類追求快樂的本能；然則馮夢龍身爲編輯者，蒐集一代笑話、歌謠，使不穩定的口頭傳誦轉變爲確定的書寫文字，有意識地選材、編排、作注、評點，將素來被忽略的次文化素材與社會低下階層提昇上來，利用閱讀過程享受文字意象的視覺樂趣，記錄次文化的價值觀與填補史冊在這方面的匱缺。換言之，剖析民歌內容蘊含的樂趣與欣賞民歌者的樂趣，既是戲耍取樂，更可進一步探討並反映時代現實，其文學、歷史、文化意義更不可忽視。再者，就諧趣的表現手法而言，本文探討重點仍要借重明代歌謠的語彙與修辭技巧，惟期盼能透過這些媒介，反思這些題材背後的文化意涵，並強調明代《掛枝兒》與《山歌》的諧謔樂趣繫乎兩端：（一）就語料的異質性而言，以「多語並存」或「眾聲喧嘩」（heteroglossia）的方式，依賴方言、俚語、俗諺、歇後語等「社會共語」（social dialects）自身、或它們與標準語之間，或這些次級語言本身和它們所模擬的情境之間，所含有趣味性的「雙聲」

（doulble-voiced）或「內在對話」（internal dialogic），❼發揮類似「滑稽模倣」（parody）的功能，來豐富歌謠的形變與興味。❽這些社會口頭語本身的「邊際性」（marginality），由它們只出現在戲曲小說這些非正統、非經典的文學作品裏可知，但它們能帶我們進入一個被壓抑與忽略的世界。（二）就心理因素而言，這些歌謠可分為描摹隱密的私情與嘲諷低層

---

❼ M.M. Bakhtin, *The Dialogical Imagination*, ed., Michael Holquist, trans. Caryl Emerson and Michael Holquist (Autstin: University of Texas Press, 1981) 262-64, 324-27. M.M.Bakhtin, *Problems of Dostoevsky's Poetics* (Minneapolis: University of Minnesota Press, 1984) 182-99, 265. 又參閱馬耀民，〈作者、正文、讀者—巴赫汀的《對話論》〉，收入呂正惠主編，《文學的後設思考：當代文學理論家》（台北：正中書局，一九九一），頁五〇—七七，六六—七一。廖咸浩，〈方言的文學角色〉，原載《中外文學》第一九卷第二期（一九九〇年七月），收入簡政珍主編，《當代台灣文學評論大系》（一）文學理論卷（台北：正中書局，一九九三），頁四三三—五五，四四〇—四一。

❽ 傳統認為「諧擬」（parody）必須有原典和諧擬原典之新作品，諧擬文本常模倣並醜化原典，以達到嘲謔原典的目的；參閱拙撰，〈論《李卓吾評點四書笑》之諧擬性質〉，《中華學苑》第五一期（一九九八年二月），頁七九—一三〇，九六—一〇二。本文所謂「諧擬」定義的範疇較廣，是依據莫森（Gary Saul Morson）論述的三個要素：（一）必須具有一個被謔仿之對象、東西或話語；（二）諧擬作品與其所諧擬對象之間必然形成正反對照的關係；（三）在語義詮釋上，諧擬者顯然認為自己更有權威。故只要有一趣味模仿的對象，至於它是否為一典籍則並不重要，便可認定是「諧擬」。Gary Saul Morson, *The Boundaries of Genre:Dostoevsky's Diary of a Writer and the Traditions of Literary Utopia* (Austin: University of Texas Press, 1981) 110.

社會百態兩大類，前者令探人隱私之好奇心得以滿足，後者之趣味則印證人們普遍具有的偏見和優越感，出於自我中心的心態，在丑化（醜化）他人後獲得的快感。

在這裡我想先介紹伯克（Kenneth Burke，一八九七—一九六二）的情況「對策」（strategies）說，對策既是很實際的應對方法，也反映出某種態度。伯克的對策說有兩個要點：其一，他以社會學的研究方法與理念來強調文學分類之必要，蓋因各種不同的文類都是在尋找處理各個情況的策略；其二，在類中辨別差異，會使某些作品因具有「激怒好雅趣者」的成分而被視爲非文學。但是他提醒我們「雅趣」往往缺乏生氣。❾文學何以必須分類？伯克認爲並沒有所謂的「純」文學，任何東西都像「藥方」（或處方）。他以剖析諺語的類型、性質與功能來切入這個議題，告訴我們文學必須像社會學般先行分類、命名一些重複發生和典型的情況。例如伊索寓言「命名」一種特質時，便如同「社會評論」；又近似哲學，用具體的表述方式勾勒極抽象的理念，藉特殊的故事反映出永恒、普遍的事理。他也指出「俚語」（slang）是人們在評量一種典型的情況之後，因爲必須給予他人撫慰、打擊、希望、告誡和作預告乃應運而生。所以，俚語是一種「民俗評論」。❿由在什麼情況有何種對策的角度來思考文學，文學裏反映的便是「當代的」（contemporaneous）情況，又因這些都是一而再、再而三發

❾ Kenneth Burke, "Literature as Equipment for Living," in *The Philosophy of Literary Form:Studies in Symbolic Action*, 3rd ed. (Berkeley: University of California Press, 1941, 1973) 293-304.

❿ 同上註，頁三〇一。

生的典型情況，所以文學具有「永恒的」（timeless）意義。⓫然則分類並不是毫無缺點，當伯克提出仿照社會學用「對策」（strategies）這概念作爲文類區分的依據時，不僅注意到這種方法更切合現實，他也意識到異中求同與同中求異必須兼顧。在分類時，便涉及品味好壞的問題。比方說，我們發現一些偉大的教會講道、悲劇或深奧的哲學著作中運用了某些策略，同樣在有些葷笑話中也用了這些策略。我們是否也可以依它們處理的情況相似就把它們歸爲一類呢？伯克認爲任何分類都應該活潑有力，不能剔除那些令品味高雅者憤怒的東西，因爲「雅趣」本身缺少的就是活力與生氣。⓬我們可以處理悲劇、喜劇或諷刺這些藝術形式如同「生存的配備品」，因它們各自用不同的方式評估某種情況，再用不同的態度回應。在大量觀察後獲致一個「策略中的策略」，一以貫之的對策。⓭伯克這種不與現實生活脫節的文學與文化觀，在我們考察中國文學，尤其是通俗文學時，頗具啓發性，因爲趣味的雅俗應該不再是先決要件，重要的是材料本身反映出那些現實社會的問題，以及當時人應對的態度和方法。試看宋代吳處厚談到文章分「山林草野」與「朝廷臺閣」兩等，王安國則主張：「文章格調，須是官樣。」⓮吳處厚認爲王氏所謂「官樣」文章，即是有「館閣氣」的文章。館

⓫ 同上註，頁三〇二。

⓬ 同上註，頁三〇三。

⓭ 同上註，頁三〇四。

⓮ 宋·吳處厚撰，李裕民點校，《青箱雜記》卷五（北京：中華書局，一九八五一版；一九九七二刷），頁四六。

闇氣就是得位者那種「溫潤豐縟」的氣息。吳氏並謂：「又今世樂藝，亦有兩般格調：若教坊格調，則婉媚風流；外道格調，則麤野嘲哳。至於村歌社舞，則又甚焉。茲亦與文章相類。」⑮他們判別文章和歌謠等級的分類觀點明顯帶有偏見，最能代表傳統士大夫自我中心的立場，在朝爲官者無論做人爲文，因生存所需，不可缺少淳厚、婉美、富貴氣象，遂譏斥民間歌謠嘈雜粗鄙。反過來想，喧囂淺俗實在反映了位於邊陲、處在山林，自然率眞、無拘無束之氣息。突破傳統批評那種單一和主觀的立場，便能察覺在「粗野」之下實際蘊藏著豐沛的活力與多樣化的趣味，正是官樣文章獨缺的生氣。

壹、觀看私情之趣：馮夢龍的幽默性格與編纂策略

細細考察馮夢龍編輯的《掛枝兒》與《山歌》，應有其分卷分類的原則，而且這些歌曲皆以趣味爲重。何以見得？兩本集子裏幾乎都是情歌，故閱聽者可藉情歌「觀看私情」裏的貪嗔癡與悲歡離合，這便是欣賞此類民歌所感受到的主要樂趣。首先，由馮夢龍所編《掛枝兒》與《山歌》之分卷分類，可知他特別將嘲謔獨立爲一類，與其他描述愛情的歌謠並重。他將所收集到的歌謠分爲四大類：私情、詠物、嘲謔、雜體。詠物與嘲謔的本質皆離不開遊戲。《掛枝兒》卷一至卷七「私」、「歡」、「想」、「別」、「隙」、「怨」、「感」是描述男女情愛關係的悲喜愛惡欲，卷八以題詠各類物品譬喻私情，卷九謔部，顧名思義，旨

⑮ 同上註。

在嘲諷，自有謔趣。那些刻畫私情的歌謠，以生動活潑的語言意象呈現傳情、示愛、性愛等情景，又何嘗不是體現另一種樂趣呢？爲了便於讀者明白這兩本明代民歌集的分卷部名與彼此交叉對應的情況，特以圖表陳列如下：

掛枝兒	山歌
私部	私情四句
歡部	私情四句
想部	私情四句
別部	私情四句
隙部	雜歌四句
怨部	詠物四句
感部	私情雜體
詠部	私情長歌
謔部	雜詠長歌
雜部	桐城時興歌

《掛枝兒》卷一至卷七其實便是寫《山歌》卷一至卷四、卷七、卷八之「私情」。《掛枝兒》卷八詠部旨在詠物，與《山歌》卷六詠物正好同類，《山歌》卷十〈桐城時興歌〉亦多詠物，而詠物者多數仍在寫情。情歌既是這兩本書的主要題材，我們要進一步探究：在這兩本歌謠集中有無其它線索顯示馮夢龍如何解讀私情？他對私情持何種態度？下面列舉一些與「觀看私情」有關的歌謠，雖然爲數不多，卻由於出現在《掛枝兒》和《山歌》的卷首，

這特殊的位置凸顯它們的重要性。

第二，馮夢龍將〈私窺〉置於《掛枝兒》卷一私部的卷首，這首歌何以安排在全書之首？馮夢龍所作評語旨趣爲何？皆值得深入探討。〈私窺〉：

> 是誰人把奴的窗來餂破。眉兒來，眉兒去，暗送秋波。俺怎肯把你的恩情負。欲要摟抱你，只爲人眼多，我看我的乖親也，乖親又看著我。
>
> 【馮評】好看！眞好看！（頁一）⑯

眉目傳情與摟抱觸摸乃逾越禮教之肢體語言，衛道者必然解讀此曲狎邪淫逸；「只爲人眼多」一句道盡私情必須承受的壓力包括外來的嘲笑與自發的羞恥感，也交代了何以私情在社會結構中、光天化日下難以維繫。馮夢龍的批語借用、重複、雙關、回應歌詞中的「人眼」與「我看我的乖親也，乖親又看著我」兩個「看」字，幽默風趣地與正文作對話，意涵豐富；所謂「好看」，蓋指當事人私下互瞧與批書者以偷窺者自居的感覺，甚至其他讀者閱讀的感受。「好看」兩字爲何精警準確？因爲它簡潔扼要地證明了話語中「他者」的介入，馮夢龍誠然是成功的評書者，因爲他已將各種人的視角：歌者／女主角、男主角、評者／馮氏、讀者全

---

⑯ 馮夢龍，《掛枝兒》，《明清民歌時調集》上冊（上海：上海古籍出版社，一九八六），頁一。又見馮夢龍，《掛枝兒》，收入魏同賢主編，《馮夢龍全集》第四十二冊（上海：上海古籍出版社，一九九三），頁一。以下凡徵引文字見於正文者將不另作注，只注《馮夢龍全集》之《掛枝兒》與《山歌》頁碼。

部濃縮在這五個字的評語中，充分發揮巴赫汀（M.M. Bakhtin）所謂美學活動中必須以「神入」（empathy）加上「觀看盈餘」（the excess of seeing）求得圓滿的觀看結果，獲致一個自我與他者合併的完整視域。[17]這樣的批語展現出他深悉兩性彼此滿懷好奇，人們亟欲探知他人私情的心理。眉目傳情與肢體接觸在在象徵女性的身體與內在的情欲需求，如同多數山歌此曲刻畫女性的聲口，當然這與歌唱者多半爲歌妓有關，但也披露了女性被社會機制壓抑的情欲。「觀看」這個主題在馮氏書中相當重要，按《掛枝兒》卷一〈私部〉第一首放置〈私窺〉，這與《山歌》卷一〈私情四句〉的第二首〈睃〉之後即列了〈看〉兩首，其次爲〈騷〉四首、再則〈弗騷〉、再者〈學樣〉……互相呼應，足見馮氏在分類排序上是依主題編次，有其特殊策略。馮氏在分卷選歌時絕不隨便，由《掛枝兒》卷二歡部末首〈妓館〉批語曰：「或疑此何以入歡部，余笑曰：『汝只看文字，不看題目耶。』」（頁五六）可知。那麼〈私窺〉與《山歌》卷首一系列以「觀看」爲母題的歌曲排序宜自有用心，是否昭示讀者閱讀這兩部歌謠集的本質即在從事觀看私情的活動呢？

　　《掛枝兒》與《山歌》雖然大多是情歌，反映的卻是人性之眞。這種原本只適宜男女戀人間歌唱的曲子，一旦公開在大眾眼前，正可滿足多數人好奇心與偷窺他人隱私的樂趣，

---

[17] 因看者能補充「被看者」無法看到的視域，例如他的臉部和背部，這就是所謂的「觀看盈餘」；「因此『看者』的『觀看盈餘』把『被看者』提昇到完整的狀態（consummatedness）。」M.M. Bakhtin, *Art and Answerability: Early Philosophical Essays* (Austin: University of Texas Press, 1990)25-26; 馬耀民，〈作者、正文、讀者—巴赫汀的《對話論》〉，頁五〇—七七，五七—五九。

猶如馮氏所言「好看！眞好看！」然而這首歌女主角顧慮「人眼多」（他者覬看偷窺的目光以及公眾的輿論），也正是馮氏編輯出版這兩本民歌集所面臨的難題。因爲其內容文字所觸犯的禮教規範、道德禁忌，所在多有。但是馮氏也在〈《山歌》序〉裡說明山歌裏流露人的眞性情：「且今雖季世，而但有假詩文，無假山歌。則以山歌不與詩文爭名，故不屑假，苟其不屑假，而吾藉以存眞，不亦可乎！」山歌裏赤裸裸地體現了人們的意志、欲望、追求與歡樂。他編《山歌》的目的在「夫借男女之眞情，發名教之僞藥，其功於掛枝兒等。故錄掛枝詞，而次及山歌。」⑱換句話說，馮夢龍是要以田夫野豎鄙俚粗俗的詞語去救贖人們在追逐高雅與教條桎梏中失落的活潑本性，在人性趨於虛僞僵化時，審視情欲中各種挑逗趣味、遊戲本質，重拾湮沒在社會總體化裏人們所喪失的自我。

馮氏能擺脫士大夫理性、禁欲並崇尚雅正的意識形態來編這兩本書，固然有他雅俗共賞的文藝思想，但這兩本歌謠集的編纂又何嘗不是應消費市場需求而有的產物。這些歌謠不

⑱ 李贄〈童心說〉闡述出自童心之文章方爲「至文」的觀點，而學者常爲好美名以聞見義理說假話、做假人、作假文；馮夢龍的〈《山歌》序〉遂謂山歌乃眞人眞情，非文人爲好美名而作的假詩文。李贄〈童心說〉又云「藥醫假病，方難定執」（按這與 K. Burke 藥方的譬喻不謀而合），馮氏遂謂「借男女之眞情，發名教之僞藥」。可見馮氏此序理念與李贄〈童心說〉聲氣相通。此外，馮氏又將《掛枝兒》與《山歌》命名爲《童痴一弄》與《童痴二弄》，以《笑府》爲《童痴三弄》，顧名思義，馮氏界定三書之旨趣蓋以發揮「童心」爲樞紐。詳李贄，〈童心說〉，《焚書》卷三（台北：河洛圖書出版社，一九七四），頁九七—九九。

僅證明在農村勞工階層情欲並非禁忌的話題，也反映出若干出入青樓之士大夫休閒生活中如何尋歡作樂。同時，這些山歌小曲最初在鄉野吟唱，流傳到城鎮酒樓妓院，再由文人編輯成書的歷程，歌謠由歌者情志的表徵轉變為士農工商的休閒商品、大眾的娛樂工具（倡優之技藝與成冊販售之書本），雖然同樣出於追尋樂趣，鄉野質直率性的民歌一旦傳播到城鎮便在傳播中泯滅其眞摯的個人特色。

由另一個角度來說，馮夢龍命名諸多歌曲為「私情」時，如同宣示他對這個議題的開放態度，有意讓它們和其它戲曲小說一般能以典籍的身分公開流傳。這些歌謠中不乏對身體性愛情欲的描寫，與其它情色作品一般，在身體感官知覺上大量著墨，雖然足以激怒衛道者及高品味之文人雅士，卻也是吻合人性、體現情趣的作法。這種在宣揚義理教化的書籍中所欠缺的樂趣，正是這些山歌小曲在今天重新受重視的緣由，因為它反映的不僅是「當代的」現實：男女在禮教束縛下如何締結私情的情境，以歌唱傳遞衷曲之策略，也是千古不變的人性。

馮夢龍對私情與民歌瞭解透徹，並且特別重視民歌的諧趣，由他置〈笑〉於《山歌》之首頁可知。《山歌》卷一〈私情四句〉的第一首即為〈笑〉：

東南風起打斜來，好朵鮮花葉上開。後生娘子家沒要嘻嘻笑，多少私情笑裏來。

【馮評】凡生字、聲字、爭字，俱從俗談協入江陽韻。此類甚多，不能備載。吳人

歌吳，譬諸打瓦拋錢，一方之戲，正不必如欽降文規，⑲須行天下也。（頁一一二）

馮夢龍的批語，由聲韻說明吳歌之地域特色。他視吳歌爲「一方之戲」，無異於「打瓦拋錢」，足證他有意提醒讀者莫忽略吳歌的趣味與遊戲特質。因爲是戲耍，故不必像參加科舉考試般有一定程式；明洪武三年定科舉法，會試經義之文必須依照欽定鄉會試文字程式如五經義、四書義。⑳雖然明代科舉場中不考詩賦，自唐至宋熙寧以前與清乾隆廿二年以後寫試帖詩或賦則限用官韻，不可出韻，韻書與口音間尚有相當距離。㉑吳人歌吳非常自然，比如漢魏六朝樂府用韻較寬，純粹是以口音爲主。這段評語可以證明馮夢龍一直是站在民間文學的角度去看待這些歌謠，將之與嚴肅的科考賦詩作對比。這一首歌所以爲全書之冠，即因「多少私情笑裏來」在笑的表情中彷彿給予對方無限希望，笑中隱括了日後多少私下的勾搭，笑

---

⑲ 按明洪武中樂韶鳳、宋濂等奉敕編《洪武正韻》十六卷，亟欲同一代之文，唯終明之世，不能通行天下。洪武廿三年太祖本欲再校《正韻》，劉三吾薦元孫吾與所纂《韻會定正》，更名《洪武通韻》，命刊行，至清亦不流傳。李東陽《懷麓堂詩話》云明初顧祿爲宮詞，朝廷本欲治罪，因用《洪武正韻》，遂釋之。詳清．永瑢等撰，《四庫全書總目提要》卷四十二經部小學類三《洪武正韻》十六卷條，上冊（北京：中華書局，一九六五一版，一九九二五刷），頁三六三—六四。

⑳ 詳《四庫全書總目提要》卷一九〇集部總集類五《欽定四書文》四十一卷條，下冊，頁一七二九；商衍鎏，《清代科舉考試述略》（台北：文海出版社，一九七五），頁二二九—三一。

㉑ 自唐玄宗開元二年知貢舉考工員外郎王邱始有限韻一事；商衍鎏，《清代科舉考試述略》，頁二四九—二六五。

同時也是樂趣最佳的表徵。

在「覷看」這個母題之下的有個副題是「睃」，斜視。㉒「睃」的側視予人目光不正、迂迴間接之聯想，因此在這裡馮夢龍特別闡釋閱讀情詩或吳歌要領略影語雙關的趣味。㉓例如《山歌》第二首爲〈睃〉：

㉒ 按「睃」這個動詞是相當口語化的，因爲只有在通俗戲曲小說中才見使用。如金董解元《西廂記諸宮調》：「和尚定睛睃，見賊軍兵眾多。」又有「等得夫人眼兒落，斜著淥老兒不住睃。」董解元，《西廂記諸宮調》（台北：世界書局，一九六一），頁七〇，九九。《水滸傳》第廿一回：「當下宋江坐在杌子上，睃那婆娘時，復地歎口氣。」容與堂本《水滸傳》上冊（台北：莊嚴出版社，一九九〇），頁二九四。《古今小說》第三卷〈新橋市韓五賣春情〉：「吳山低著頭睃那小婦人，這小婦人一雙俊俏眼覷著吳山。」明馮夢龍輯，綠天館主人評次，《古今小說》，《古本小說叢刊》第卅一輯，據日本內閣文庫藏天啓年間天許齋刊本影印（北京：中華書局，一九八七），頁二五七。《儒林外史》第廿九回：「諸葛天申回來，同兩人睃著那轎和行李，一直進到老退居隔壁那和尚家去了。」足本《儒林外史》（台北：世界書局，一九五九），頁二〇五。以上五例皆是男性睃，可知男性睃，是被允許的，馮夢龍的評語顯示女子則不該睃。

㉓ 以諧音雙關製造趣味本是吳歌西曲悠久的傳統，詳王運熙，《樂府詩述論》（上海：上海古籍出版社，一九九六），頁一一一—五五，四三七—四〇。馮氏爲了說明民歌這種妙趣，特別在評〈睃〉這首歌時引述幼時所聽得之〈十六不諧〉。雖名爲不諧，事實上此歌全首以雙關影射性愛過程，以喻私情之極致。該曲將在「歇後語之趣」一節詳細解析。

思量同你好得場騃，弗用媒人弗用財。絲網捉魚盡在眼上起，千丈綾羅梭裏來。

【馮評】笑不許，睃不許，只此便是周南、內則了。眼上起，梭裏來，影語最妙，俗所謂雙關二意體也。唐詩中如春蠶到死絲方斷，蠟燭成灰淚始乾之類，亦即此體。又余幼時聞得十六不諧，不知何義，其詞頗趣，並記之。（頁二）

思／絲、睃／梭諧音雙關，「眼上起」與「睃裏來」排比對應；有睃方有思，故以睃總結。「絲網捉魚盡在眼上起，千丈綾羅梭裏來。」不僅反映江南魚米之鄉及紡織業特盛的生活經驗，漁網與千丈綾羅又被借用來隱喻和誇大情思之深與情絲之長。馮夢龍以反諷的方式點明一般女性常被告誡不許睃、不許笑（指涉前首〈笑〉「後生娘子家沒要嘻嘻笑」，這更可證明馮氏在下評語時前後首彼此有聯貫性），猶如遵循詩經周南所頌揚的道德教化，恪守禮記內則強調的婦德閫範，言下頗不以爲然；反之，亦即肯定「睃」與「笑」流露出自然情致，又何必妄加禁止。因爲是私情，眉目傳情即可互訂盟約，毋須金錢與媒妁之言這些社會上通行男女婚配時必要的條件，無異於破壞社會禮俗。因此在主流文化中私情絕對必須禁止，更不許睃。

在「觀看」這個母題之下有個副題是「看」，〈看〉：

小年紀後生弗識羞，郮了㉔走過子㉕我裡㉖門前噢轉頭，我裡老公谷碌碌介㉗雙眼睛

㉔「郮了」即「爲什麼」；詳胡明揚，〈三百五十年前蘇州一帶吳語一斑──《山歌》和《掛枝兒》所見的

弗是清昏箇㉘，你要看奴奴㉙那弗到後門頭？㉚

【馮評：】好雙谷碌碌眼睛，只顧其前，不顧其後。（頁五）

吳語〉，《語文研究》第二輯（一九八一年十二月），頁九三—一一○，九九。

㉕「子」字用作時態助詞，相當於「了」；詳胡明揚，〈三百五十年前蘇州一帶吳語一斑—《山歌》和《掛枝兒》所見的吳語〉，頁九九；「子」同「仔」，詳閔家驥、范曉、朱川、張嵩岳編，《簡明吳方言詞典》（上海：上海辭書出版社，一九八六一版，一九九一二刷），頁二一；吳連生、駱偉里、王均熙、黃希堅、胡慧斌編著，《吳方言詞典》（北京：漢語大詞典出版社，一九九五），頁四七；錢乃榮指出「仔」與「了」可用為「實現體」助詞，用於謂詞後或結果補語後，表示動作行為已經實現，處於事實狀態。「仔」與「了」可互換，「仔」是舊用法，漸為「了」所取代，錢乃榮，《上海話語法》（上海：上海人民出版社，一九九七），頁二二○—二二一。

㉖「我裡」即「我們」，是由「我奴」屈折變化而來；詳錢乃榮，《當代吳語研究》（上海：上海教育出版社，一九九二），頁七二七；又見胡明揚，〈三百五十年前蘇州一帶吳語一斑—《山歌》和《掛枝兒》所見的吳語〉，頁九九。

㉗「介」是代詞，即「這樣」；詳閔家驥、范曉、朱川、張嵩岳編，《簡明吳方言詞典》，頁三五。

㉘「箇」為助詞，相當於普通話「的」；詳閔家驥、范曉、朱川、張嵩岳編，《簡明吳方言詞典》，頁一五。

㉙「奴」即「我」，是第一人稱單數的代詞，具有古老吳語的特色；詳錢乃榮，《當代吳語研究》，頁七一六。

㉚吳語中綴有「頭」尾的詞彙很多，這是吳語中「頭」和方位語素結合的例子；詳錢乃榮，《當代吳語研究》，頁七一八—一九。

女性聲口一方面責怪年青人不識羞，一方面又授意他到後門去看，因爲少婦之夫看不到自身背後。後門正隱喻走私情感、防不勝防的缺口。馮夢龍的批語又回應歌詞內文，並且發揮旁觀者補充「觀看盈餘」，一方面又用「好雙谷碌碌眼睛」一語雙關地反諷丈夫之愚騃與後生之大膽，眞所謂旁觀者「清」。這首洵屬婚外情的寫照，其實極富預示與警戒作用。另一首〈看〉又：

> 姐兒窗下繡鴛鴦，薄福樣郎君搖船正出浜。㉛姐看子郎君捌子手。郎看子嬌娘船也橫。
> （頁五一六）

「繡鴛鴦」隱喻姐兒心中之夢想。互看的專注與分神，影響本業分守，遂有搖船者船橫、繡鴛鴦者針扎手的後果，似乎有預示看將招來禍端或危險之意味。

在「觀看」這個母題之下又一個副題是「瞧」，〈騷〉又：

> 眞當騷，眞當騷，大門前冷眼㉜捉人瞧。姐兒好像杭州一雙木拖隨人套，我情郎好像

㉛ 浜音「pang」，小河；詳閔家驥、范曉、朱川、張嵩岳編，《簡明吳方言詞典》，頁二五二；錢乃榮，《當代吳語研究》，頁七一二。

㉜ 「捉」即「把」；詳胡明揚，〈三百五十年前蘇州一帶吳語一斑——《山歌》和《掛枝兒》所見的吳語〉，頁九八。

舊相知飯店弗俏招。（頁七）

何謂騷？在人們眼中倚門賣笑的女人太放蕩，評價十分輕賤，有如舊木拖鞋任人套。何以騷？放眼瞧去即為「舊相知」。情郎如此熟悉，彷彿老字號的飯店不必立花俏新招牌；然而招與俏為押韻而倒置，情郎亦冷眼相瞧，不打招呼。所以，女性是該篤行「非禮勿視」，尤其不宜拋頭露面，這首歌印證了在舊社會裏，多看人或被人看，都失身分。

在「觀看」這個母題之下另一個副題是「瞟」，〈騷〉又：

姐兒心癢捉郎瞟，我郎君一到弗相饒。船頭上火𤎌直燒到船艙裡，虧子我郎君搭救子我箇艄。（頁七—八）

艄，即舵，與騷、燒諧音相關。火燒與搭救為影語，指涉船頭著火直燒到船艙才發現，兩人何以遲遲未發現呢？又是專注於撲滅欲火而忽略了職責分際。重複警戒私情危險之旨趣，而險象環生皆肇始於瞟。

觀看的對象主要仍是女性的窈窕體態，這成為明代民歌趣味的主要來源，而女性形象明顯地常與其周遭的景物相比擬，如此一方面映襯出當時的生活情境，另一方面也顯示出男性作歌者傾向於以物品來描摹比喻女性樣貌風采。在這種情況下，女性成為一種符號，折射出男性內在的情欲，例如〈騷〉：

青滴滴箇汗衫紅主腰，跳板上欄干耍樣橋，搭棚㉝水鬢且是粧得恍，仔細看箇小阿姐兒再是羊油成塊一團騷。

【馮評：】一云：「東南風起發㉞跑跑，箇星㉟新結識箇私情打搬得喬。羢帽上簇花氈賣悄，外江船裝貨滿風捎。」亦意同。（頁六）

這兩首歌的內容主要在描寫女性美麗的外貌。前一首「橋」與「喬」雙關，按明．顧起元（一五六五—一六二八），《客座贅語》卷一〈詮俗〉：「閭巷之俚語，駔儈之流言，一二可紀者，戲解剝之，以資嗢噱。……矜而自高曰喬。」㊱顧氏的話足證當時已視這些話語為笑柄，用

㉝ 清朱駿聲，《說文通訓定聲》：「《說文．木部》：『棚，棧也。从木棚聲。』按編木橫豎為之，皆曰棧、曰棚。今謂架于上以蔽下者曰棚。……今蘇俗諺語曰：『搭棚』，蓋空中樓閣之謂。」朱駿聲，《說文通訓定聲》上冊，共三冊（台北：世界書局，一九五六），頁四六。按胡祖德，《滬諺外編．新詞典》：「打棚，調弄人以自取樂之謂。」吳連生以為「『打棚』一語或源自廣東話『打髲』」，乃向客人敬酒時代之以水，並不當真飲酒，並推測「打棚」是開玩笑，和不是當真的意思正吻合。打棚為「開玩笑，虛妄不實之話也，」即「空中樓閣，虛妄不實之物」的引申；詳吳連生《吳方言詞考》（北京：漢語大詞典出版社，一九九八），頁一一一。

㉞「發」謂「發風」，即「刮風」；詳閔家驥、范曉、朱川、張嵩岳編，《簡明吳方言詞典》，頁七〇。

㉟「箇星」即「這些」，代詞；詳閔家驥、范曉、朱川、張嵩岳編，《簡明吳方言詞典》，頁一五。

㊱ 明．顧起元，《客坐贅語》，叢書集成新編第八八冊，據金陵叢刻本排印（台北：新文豐出版有限公司，一九八五），頁七a。

來嘲謔他人。馮夢龍亦謂：「吳市語粧喬做勢曰者。」[37]所謂「耍樣橋」即「粧喬」，以跳板上的欄干搖晃喻輕佻。兩鬢梳理得服貼整齊而有光澤，輕狂地和人開玩笑取樂，令人恍恍蕩蕩，心神不定，待仔細一瞧，這小姑娘猶如羊脂般騷味十足。第二首「滿風梢」諧音雙關「滿風騷」，藉船載滿貨品趁著風勢到外地賣來比喻女子賣弄風騷。這兩首最大的不同是在前一首屬靜態的描寫，後一首由第一句形容風勢刮得有如奔跑般強勁，到末句之以外江船滿載貨物歸航，整個意象情趣更富動感。「騷」這個字本身具有貶意，然而騷趣騷味卻又是吸引男性注目欣賞的要素。一個「騷」字正是一切「評論」的縮影：民俗傾向的評論更接近人性，故騷是可愛的；社會秩序取向的評論便攸關風教，故騷是該詈斥的。

以上論述探討了在「觀看私情」這母題中不同的明代民歌所呈現的光譜，閱讀這五光十色的情景後，我們始能明白何以馮夢龍說「好看！眞好看！」觀看只是方法與過程，重要的是由觀察民歌裏對私情的刻畫，我們才能對人性有更深刻的理解。私情的當事人在瀕臨風險的情況下尋到情感的安慰與希望，而旁觀者（馮夢龍與讀者）則看到他人困在禮教與情欲的夾縫中苦樂參半的情境，各自享受不同的趣味。繡花女、搖船郎、過路人、木拖鞋、飯店招牌、漁網、梭子無一不可入歌，與生活情境密切結合，這就是吳歌與詩大異其趣之關鍵。雖然這些歌謠缺乏雅韻，但卻趣味洋溢、生機勃勃，這股活力來自於名教與私欲間的矛盾、衝突和張力。

---

[37] 《掛枝兒》，頁二五四—五五。

貳、俚語之趣

就《童痴一弄・掛枝兒》卷九謔部而言，馮夢龍把嘲弄社會上各行各業的歌謠集中在這一回裏，嘲謔的對象包括貪財的鴇兒、把鉛塊誤認爲銅錢的妓女、做勢裝喬的者妓、仗勢欺人的門子、唯重打扮虛有其表的子弟或小官人、僞裝隱士的山人、當鋪裡的朝奉、不靈驗的占卜先生、幫閒的陪賓、戴假紗帽的文人、以銀包銅的銀匠、大腳婦女、風騷的村姑、丈夫懼內或偷婢。反觀馮夢龍所編《童痴三弄・笑府》卷一古艷部裏嘲弄縣丞、典史、堵子、太監；卷二腐流部嘲笑各類型的讀書人：老童生、老陪賓、窮秀才、教官、道學先生；卷三世諱部嘲笑小官人、娼妓、門子、皂隸、火夫、有龍陽之興的戲子；卷四方術部取笑庸醫、方相、巫師、鍊丹術士。卷五廣萃部嘲笑僧尼、廚子、吹手、裁縫、木匠、銀匠、漁婦、中人、媒人。比較兩書，可知其嘲笑對象有許多不謀而合之處。藉著蒐集滑稽俗文學，馮氏同時保存了時人描繪社會現象的資料。馮夢龍記錄這些資料的方式與所作的評語，在在反映出他用心地蒐集並詮釋一些語彙，藉以凸顯某種社會現象；他明白語言具有折射社會特質的功能，這就是今日所謂的社會語言學，透過研究俚語以探討其中的社會、經濟、地域、國別、種族、教育、職業、群屬、語言、文化、心理因素。

《掛枝兒》與《山歌》裡頗多諧趣來自於方言俚詞，馮夢龍作批語時更常運用方言俗語來顯示機趣。帕崔濟（Eric Partridge，一八九四—一九七九）曾臚列十五項使用俚語的動機與目的：[38] 1.戲弄打趣或滑稽詼諧；2.表現機智或幽默；3.標新立異；4.形象逼眞；5.引人注目；6.簡短扼要、避免陳腐；7.豐富語言；8.就氛圍而言，以具象取代抽象、以俚俗取代高雅、以親切取代疏離；9.或化解排斥拒絕人時使對方不快的感受，或減輕對話時的嚴肅氣氛，或緩和悲劇的嚴重性，或粉飾死亡、醜陋，悲憫卑鄙悖德者；10.與卑者打交道時得用口語，用俚語則易令尊者發笑；11.令社交輕鬆；12.使友誼更親密；13.表明某人隸屬某種派系、行業或社會階層；14.顯示內行或流行；15.增加隱秘性。由帕氏的分析，可知俚語自有其功能與特色，並非全然一無可取。儘管有那麼多正面的作用，俚語素來仍被視爲蕘言偎語，因太不正式、太新穎或只流行一陣子而已，故鮮被接納，或因與某一特殊團體有關而遭排斥。[39]萊特（J.E. Lighter）認爲帕氏所陳列的使用俚語的十五種理由多數重疊或類似；他也懷疑人們是否會爲了「豐富語言」去創造俚語，但承認俚語的情致確實遠超過標準語。[40]對於俚語，我們究竟應該給予正面或負面的評價？端視使用時的情境與使用者的動機而異。使用俚語不僅表示認同某種次文化，凝聚同一團體的成員，也平添語言之神秘感。[41]要之，解讀俚語具有類似剖

---

[38] Eric Partridge, *Slang Today and Yesterday*, rpt. of 4th ed. (London: Routledge & Kegan Paul Ltd., 1970; 1972) 6-7; Lars-Gunnar Andersson & Peter Trudgill, *Bad Language* (Oxford, UK: Basil Blackwell Ltd., 1990) 87.

[39] Lars-Gunnar Andersson & Peter Trudgill, *Bad Language* , 16-7.

[40] J. E. Lighter, J. Ball & J. O'Conner, eds., *Random House Historical Dictionary of American Slang* (New York: Random House, 1994) xxxiv-xxxv.

[41] 同上註，xxxv.

析諧音雙關、隱語廋詞的趣味，其獨特興味亦來自於特殊社群屬性和刻意規避標準語時所產生之個人化傾向。㊷

依伯克的看法，「俚語」（slang）也是為了應付某種情況而產生的對策，每個俚語自有它的心理、社會功能，俚語無異是種民俗評論，反映某種社會態度。以下討論將用篾片、㊸者、肉麻、測獺（赤老）這些青樓裏的行話為例，說明俚語或俗語不惟反映某種社會語言學現象，其中嘲謔譴責的意涵耐人尋味。明代山歌民謠裏的俚語不啻提供我們瞭解明代通俗文化的擴散力量與當時社會結構上下階層互動的好管道。㊹這一節雖然以語彙研究為基礎，並非以詮釋詞彙為目的，因為語彙其實是文化符碼，象徵某些行為，解讀這些記號所「諧擬」

㊷ 參看 Harold Wentworth & Stuart Berg Flexner, eds., *Dictionary of American Slang* (New York: Thomas Y. Crowell Co., 1967) xi.

㊸ 按篾片又作「蔑片」或「密騙」，充分顯示口語在最初擬音時以不同文字示現，常見紛歧不一的特質。孫錦標，《通俗常言疏證》，見《中國方言謠諺全集》第十一輯（台北：宗青圖書公司，一九八五），頁一四二。

㊹ 晚明青樓文化在當時有相當的影響力，例如邱仲麟與林麗月都曾討論過明末江南婦女服飾對京師婦人之影響，不僅如此江南娼妓的裝扮甚至主導流行，影響力並未因社會地位卑下而稍受限制。邱仲麟，〈明代北京的社會風氣變遷—禮制與價值觀的改變〉，《大陸雜誌》八八卷三期（一九九四年三月），頁二八—四二，二九—三〇；林麗月，〈晚明的服飾風尚與「服妖」議論〉，明清文化國際學術研討會論文（一九九九年四月三〇日—五月一日），頁一一二—一一三。

（parody）的生活情境，㊺可瞭解當時在社會各階層，包括風月場中，一些成員的生存策略。因應這些謀生的技倆，一些有趣的語彙便在日常生活裏以「擬仿」（mimicry）、「笑柄」（mockery）、「戲弄」（spoofing）、「謔仿」（doing at a take off）等方式孕育而生。㊻

以「篾片」爲例，本義是析竹而成之竹片，㊼由娼館裡嘲笑性無能者所用的輔助工具，轉用爲諢名，指幫閒、幫襯之湊趣者。這個藉物象徵人，轉而貼在人身上的標籤，徹底發揮了「笑柄」和「謔仿」的功能。作爲明清時代一個流行語彙，「篾片」產生的社會背景，乃是由於有大量讀書人在舉業上一無所成。尤其明代中葉以後商業繁榮，都會人口大量成長，形成一群「游閒人口」，組成「長班」這樣的職業團體，由於熟悉坊巷衚衕，或幫人賃運家

㊺ Gary Saul Morson 指出諧擬對象不僅限於圖象或語言藝術，與藝術環境有關的社會或制度層面也可成爲諧擬的對象。任何「象徵行爲」（symbolic act），無論是藝術的或非藝術的、語言的或非語言的，都可以是諧擬的對象。反之，當我們諧擬某人的行爲時，亦即認爲它具有某種象徵意義。Gary Saul Morson, *The Boundaries of Genre: Dostoevsky's Diary of a Writer and the Traditions of Literary Utopia*, 107.

㊻ 同上註，這幾種日常生活中的諧擬行爲皆依據 Gary Saul Morson 之論述。

㊼ 據丁惟汾，《俚語證古》卷八器用云：「竹迷，竹密也，竹篾也。」丁注云：「析竹爲縷條謂之竹迷子。竹迷字當作竹密。鄭注士喪禮：『軨，竹密也。』密雙聲音轉爲篾。書顧命：『敷重篾席』。孔疏引鄭注云：『篾，析竹青也。』」丁惟汾，《俚語證古》，見《詁雅堂叢書六種》下冊，共三冊（台北：中華叢書編審委員會，一九六六），頁一八二；《俚語證古》重印本（濟南：齊魯書社，一九八三），頁二〇六。

佩，或成爲達官貴人身旁之心腹，常與廠衛結黨營私，要挾縉紳。㊽大城市裡有外來的流民，亦即所謂「風流漢子」，㊾也有游手好閒不事生產之本籍人士。比方說，北京城在隆慶、萬曆（一五六七—一六一九）年間有大批惡棍無賴之徒靠勒索商家牟取巨利，㊿城內匯集了一批江南士人，卑者爲有司操刀筆，高者游食顯貴以文藝成名，男色小唱亦多爲寧波、紹興人。51「篾片」這種社會現象，各行各業咸有，篾片自身亦有等級差異：官員及富家子弟身旁有清客，妓院茶館中也有騙吃騙喝之徒。仰賴妓院維生者，如幫閑、架兒、行頭、俳場及圓社等，雖可輔助青樓正常運作；52然則有些小唱（妖童）先行邀寵達官顯要，或於酒宴上陪席傳唱酒菜，或作衙探窺伺京官動靜；謀取低官卑職後，即棄所歡而去。53這些人能寫能讀，只是

㊽ 詳邱仲麟，《明代北京都市社會的變遷》，台灣大學歷史學研究所碩士論文（台北：台灣大學歷史學研究所，一九九一年六月），頁六五—六八。

㊾ 邱仲麟引明刑部左侍郎呂坤（一五三六—一六一八）之語，謂有暴民掠奪，姦民騙詐，遊食者耗損民財，致使中富者貧；同上註，頁六一—六三。

㊿ 同上註，頁四八—五〇；無賴又名「把棍」或「闖將」，同上註，頁六五。

51 同上註，頁六四—六五。

52 有關這群寄生在明代妓院裡並且維持青樓正常運作之男子，詳參陶慕寧，《金瓶梅中的青樓與妓女》（北京：文化藝術出版社，一九九三），頁七—一一。

53 沈德符，《萬曆野獲編》卷二十四小唱條，中冊，全三冊（北京：中華書局，一九五九₁版；一九九七三刷），頁六二一；邱仲麟，《明代北京都市社會的變遷》，頁一四七—四八。

因爲社會上讀書不成、功名未就之士子供過於求，另無出路，導致人格扭曲。[54]由以下討論可見自認清高的士大夫看不起這些篾片，提筆爲文時便流露出譴、蔑、嫌的態度。是故，嘲謔之趣事實上緊扣著社會階層間的矛盾和價値觀間的衝突，滑稽突梯的力量來自於刻意操縱語彙內升格或降格的律動。

「篾片」一詞及其語源見於《掛枝兒》卷八詠部〈燈籠〉：

> 燈籠兒，你生得玲瓏剔透。好一箇熱心腸愛護風流。行動時能照顧前和後。虧殺那篾片兒幫得好，因此心火上又添油。雖是白日裏不得相親也，到黑夜裏和你走。
>
> 【馮評：】篾片二字入得巧。舊笑話云：嫖客陽萎，折笆上篾片幫之以入。問妓樂否？妓曰：「客官儘善，嫌幫者太硬掙耳。」吳中呼幫閒爲篾片本此。[55]自閒漢無賴，而或妄解爲滅騙，謂滅人之德，騙人之錢。又謂滅天理、騙人財。甚有著之丹書者，

---

[54] 讀書人何以淪爲幫閑之輩？按《醉醒石》第十四回〈等不得重新羞墓　窮不了連掇巍科〉裏描述中了舉的秀才要尋館，唯坐館有三等：第一以「大傘闊轎，盛服俊童」之排場壓伏主家和學生；其次，「謙恭小心，一口三箇諢，」奉承主人與學生；最下，「與主人做鷹犬，爲學生做幫閑，爲主人扛訟處事，爲學生幫賭幫嫖幫鑽刺，也可留得身定。」；詳東魯古狂生著，《醉醒石》（台北：鼎文書局，一九七八），頁一九八。

[55] 按《吳方言詞典》僅解釋「篾片」爲「竹子劈成的薄片」，並未對此詞之引申義作任何交代。詳見吳連生、駱偉里、王均熙、黃希堅、胡慧斌編著，《吳方言詞典》，頁五八六。

> 遂大爲此輩不利，名不可不愼也。間或呼爲丘蚓。其說曰：泥裏也去，水裏也去，又會唱歌，又會呵脬，比類亦當。他如笏板蛤蜊之名，各有所本。而篾片最著。又或以形偉者爲竹爿，貌猥者爲篾絲，老者爲竹根，幼者爲新筍，優者爲篾青，劣者爲篾黃，而篾氏之宗繁衍吳中，遂與朱、張、顧、陸爭盛，吁！可笑已【矣】！（頁二三三—三四）

雖然馮夢龍刻意澄清篾片一語的命意，無關滅德騙人，但也看出明代中葉以後都市無賴光棍充斥且到處招搖撞騙的端倪。爲了補充馮夢龍這段話，可以參看明末清初艾衲居士在《豆棚閑話》第十則〈虎丘山賈清客聯盟〉對「蔑片」或「老白賞」的描述：[56]

> 更有一班卻是浪裏浮萍，糞裏臭蛆相似，立便一堆，坐便一塊，不招而來，揮之不去，叫做老白賞。這個名色，我也不知當初因何取意。有的猜道，說這些人，光著身子，隨處插腳，不管人家山水園亭，骨董女客，不費一文，白白賞鑒的意思。一名蔑片，又叫忽板，這都是嫖行裏話頭。譬如嫖客本領不濟的，望門流涕，不得受用，靠著一條蔑片，幫貼了方得進去，所以叫做蔑片，大老官嫖了婊子，這些蔑片

---

56 艾衲居士，《豆棚閑話》，唱經堂才子書與《西青散記》、《遊仙窟》合刊（台北：啓明書局，一九六一），頁一二六；艾衲居士，《豆棚閑話》，古本小說集成編委會編，據北京圖書館藏翰海樓本影印（上海：上海古籍出版社，一九九〇），頁二九六—九七。

陪酒夜深，57巷門關緊，不便走動，就借一條板凳，一忽睡到天亮，所以叫做忽板。這都是時上舊話，不必提他。

馮夢龍與艾衲居士的說明，足證「篾片」這個稱謂已成爲嫖行娼館的行話。馮夢龍的「笏板」是否即艾衲居士的「忽板」？艾衲居士對「忽板」的解釋可靠嗎？目前仍無從證明。李漁（一六一一—一六七九），《意中緣·毒誆》：「我【黃天監】上船會撐篙，上岸會扯縴，冬天會燒火，夏天會打扇，晚間會關門，早間會開店，賭會記輸贏，嫖會做篾片，就是你到京中趁大錢，也要幾個隨身牙爪尋事件，把幾碗殘茶剩飯養工人，一來又當行方便。」58亦可證

---

57 這種「篾片」的行徑或許類似宋代的「閒漢」。按宋·孟元老（fl. 1110-1160）《東京夢華錄》卷二「飲食果子」條云：「更有百姓入酒肆，見子弟少年輩飲酒，近前小心供過，使令買物命妓，取送錢物之類，謂之閑漢。又有向前換湯斟酒歌唱，或獻果子香藥之類，客散得錢，謂之廝波。」孟元老，《東京夢華錄》外四種重印本，（上海：古典文學出版社，一九五六；台北：大立出版社，一九八〇），頁一六。按宋吳自牧（fl. 1300）《夢粱錄》卷十六「分茶酒店」條亦有類似記載。東魯古狂生著《醉醒石》第一回〈救窮途名顯當官 申冤獄慶流奕世〉云：嘉靖年間人士姚一祥，松江上海縣人，到秦淮河的衖子裏玩耍，「有一班幫閑子弟攛掇起來，冷湊趣，熱奉承，縱有老成識見，一時也難白走出來。」即指此類型的閑人；東魯古狂生，《醉醒石》，頁四。

58 李漁（一六一一—一六七九）著，馬漢茂（Helmut Martin）編，《李漁全集》，據日本京都大學圖書館與國立台灣大學圖書館藏清刊本輯錄影印（台北：成文出版社，一九七〇），頁二三六一。又見南陵居士戲蝶逸人編次，愛松竹草廬月主人評閱，《新刊意中緣》第八回〈是空毒誆黃天監 天監暗計沉是空〉，

明篾片出於嫖行，且身分近似幫閒，為人打點幫襯。黃天監這個「游閒的人」，原本是富家子弟，由於「嫖興太高」，染上一身棉花瘡，爛了那話兒，像天生的太監一般，故有了「黃天監」這混號。59他為了騙幾個錢，甚至願在是空和尚逼迫下寫了賣身契，唯準備日後再趁機脫逃。「黃天監」這諢名本身就是種謔仿，象徵並嘲諷其角色行徑。

至於在富家子弟身旁的幫閒者，例如《二刻拍案驚奇》卷二十二〈癡公子狠使噪脾錢　賢丈人巧賺回頭婿〉姚公子愛擺闊，豢養了百來個門客，其中最令公子稱心的是簫管朋友賈清夫和拳棒教師趙能武，「一文一武，出入不離左右。雖然獻諂、效勤、哄誘、攛掇的人不計其數，大小事多要串通得這兩個，方纔弄得成。這兩個一鼓一板，只要公子出脫得些，大家有味。」60此兩人與其他門客平日幫閒湊趣與公子吃吃喝喝，後來又設下圈套唆使公子賣地，蕩盡田產；姚公子窮得乞食，門客卻一個個打扮得光鮮起來。在《豆棚閒話》第四則〈藩伯子散宅興家〉裏閆公子身邊也有百餘個食客，都是「幫閒篾片，看得公子好著那一件，就著意逢迎個不了。」61陶慕寧曾指出市井文化中充斥著幫閒者，這些鑽懶之徒，固然令人鄙

古本小說集成編輯委員會據中國社會科學院文學研究所所藏悅花樓藏板影印（上海：上海古籍出版社，一九九〇），頁一四五—四六。

59 《新刊意中緣》第三回〈定巧計和尚自媒　未會面親事先訂〉，頁四二。

60 凌濛初，《二刻拍案驚奇》（台北：世界書局，一九七八），頁四七三—九三，四七七。

61 艾衲居士，《豆棚閒話》，頁四七；翰海樓本影印本，頁一〇八。同則故事又有謂「那些篾片小人」，頁五一；翰海樓本影印本，頁一一八。

夷唾棄，他們卻是城市生活的產物，唯有富與閒者身旁才有「幫」者寄生，這些人或多或少促進市井文化各行當間的溝通機能。[62]

馮夢龍也介紹了一系列與篾片有關的俚語，透過語言本身的隱喻象徵功能，寄托嘲謔不屑；並誇大幫閒人口劇增的現象，幾乎可與朱、張等大姓抗衡，藉流行語彙間接抨擊這一特殊社會現象。[63]與馮氏的反諷相呼應的是艾衲居士在《豆棚閑話》第十則〈虎丘山賈清客聯盟〉所描寫的清客聯盟這情節，將清客日集這現象誇大至極。「篾片」彷彿形同一種行業，在〈虎丘山賈清客聯盟〉中引蘇州竹枝詞寫「和尚」一首云：「三件僧家亦是常，賭錢吃酒養婆娘。近來交結衙門熟，篾片行中又慣強。」[64]不僅譏刺出家人亦與官府頻頻打交道，幫涉雜役，而篾片也儼然成為一種行業。因此，「篾片」這樣一個俗語代表一種社群、次級文化和一股與主流文化價值觀衝突的勢力。馮夢龍這類知識分子有意無意中記下這社會低階層

---

[62] 《金瓶梅》中的幫閒以應伯爵（應花子）為首，陶慕寧由《金瓶梅》中的妓女、嫖客、幫閒三者的共生關係說明幫閒的社會功能；詳陶慕寧，《金瓶梅中的青樓與妓女》第五章，頁五二—六五，五三。

[63] 有關明清都市經濟發達，在城鎮裡充斥的幫閒人口，可參看：陳學文，〈明代中葉以來棄農從商風氣和重商思潮的出現〉，《九州學刊》第三卷第四期（一九九〇年九月），頁 五五—六六，六二—六三；邱仲麟，〈明代北京都市生活與治安的轉變〉，《九州學刊》第五卷第二期（一九九二年一〇月），頁四九—一〇六，九九—一〇一；巫仁恕，〈明清湖南市鎮的社會與文化結構之變遷〉，《九州學刊》第四卷第三期（一九九一年一〇月），頁三九—八〇，五二—五三。

[64] 艾衲居士，《豆棚閑話》，頁一二五；翰海樓本影印本，頁二九四。

的語彙之語源及其它衍生語彙，事實上卻提供我們觀察當時社會現象的珍貴資料。篾片在明清頻頻出現於通俗小說與其它文類的論述中，足見這語源猥褻的詞彙，不惟已成爲熟語，廣爲社會各階層人士接納，這些人在社會結構中所發揮的正反作用自有研究價值。

馮夢龍也曾觀察眞實的「篾片」在日常生活中的用途，巧妙地指出人們在廟中求神問卜用的竹籤，若靈驗的話，彷如神明左右手的篾片，無異於「幫閒湊趣者」。馮氏認爲廟中竹籤有這種象徵意義，其實是善用「篾片」這笑柄來「諧擬」嘲弄。按《掛枝兒》卷四別部，〈送別〉又云：

> 送情人，直送到城隍廟。叫道人，開廟門就把香燒。深深下拜低低告，情人兒在心上轉，籤筒兒在手內搖，若得到底的團圓，菩薩你便把上上的籤來繳。
>
> 馮評：若是籤果靈，神道也靠著篾片了。（頁九二—九三）

這首歌巧妙之處在於「情人兒在心上轉，籤筒兒在手內搖，若得到底的團圓」三句，由內心的思緒轉動對應到手握籤筒中竹片的轉動，再推求到愛情在時光流轉中圓滿的結局。趣味來自對菩薩予取予求的態度。於嘲笑神道靠竹籤來證明自己的高明之際，馮夢龍一語雙關，借機以篾片調侃在富貴人家幫閒湊趣的門客，和世俗愚信神道卜卦抽籤的行爲，此一評語充分顯露馮夢龍不迷信神道，擅長用雙關巧隱來諷刺與高度的幽默感。篾片本義指竹片，在《掛枝兒》與《山歌》中唯獨〈傘〉（《山歌卷六・詠物四句》）裡用了本義，其它都兼用本義與引申義如〈送別〉（《掛枝兒卷四・別部》）、〈竹夫人〉（《山歌卷八・私情長歌》）、〈箸〉（《山歌卷六・詠物四句》）、〈湯婆子竹夫人相罵〉（《山歌卷八・私情長歌》），這三首《山歌》中的篾片被用來指筷子與床上消暑用的竹籠，並且比喻小人，以篾片編成的竹籠（青奴）擬人以生趣。這些例子留待討論詠物之趣時再詳加分析。

宋・吳自牧《夢粱錄》卷十九「閒人」條描述形形色色的「食客」堪稱淋漓盡致，可佐證南宋人已注意到這批游手好閒之徒，在權貴身旁之閒漢爲食客，酒樓茶館、娼家妓院中陪侍之閒人雖無篾片之名卻有其實，引述如下：65

> 閒人本食客人，孟嘗君門下，有三千人，皆客矣。姑以今時府第宅舍言之。食客者：有訓導蒙童子弟者，謂之館客。又有講古論今、吟詩和曲、圍棋撫琴、投壺打馬、撇竹寫蘭，名曰食客，此之謂閒人也。更有一等不著業藝，食於人家者，此是無成

---

65 吳自牧，《夢粱錄》，收入孟元老，《東京夢華錄》外四種重印本，頁三〇〇；叢書集成新編，頁七三七。按「閒人本食客人」，知不足齋叢書本、學津討原本（頁一〇上—一一上）、學海類編本同，筆記小說大觀本作「閒人本食客」，無「人」字。「今則百藝不通，專精陪侍涉富豪子弟郎君，」，叢書集成新編「今則百藝不通，精專陪涉富豪子弟郎君」，學津討原本、知不足齋叢書本、學海類編本同（頁五六八六），筆記小說大觀本作「今則百藝不通，專精陪侍涉富豪子弟郎君」；「趕赴唱喏」，學津討原本、知不足齋叢書本、學海類編本同，筆記小說大觀本「赴」訛爲「趁」（頁七〇九）。又「書寫柬帖」，學海類編本同，學津討原本、知不足齋叢書本作「書寫簡帖」；「又有一等手作人」，學海類編本同，學津討原本、知不足齋叢書本「人」訛作「入」，「出入宅院」之「入」又訛作「人」，頁五二八—二九。

子弟，能文、知書、寫字、善音樂，今則百藝不通，專精陪侍涉富豪子弟郎君，遊宴執役，甘爲下流，及相伴外方官員財主，到都營幹。又有猥下之徒，與妓館家書寫柬帖取送之類。更專以參隨服役資生，舊有百業皆通者，如紐元子，學像生叫聲，教蟲蟻，動音樂，雜手藝，唱詞白話，打令商謎，弄水使拳，及善能取覆供過，傳言送語。又有專爲棚頭，鬥黃頭，養百蟲蟻、促織兒，又謂之閑漢。凡擎鷹、架鷂、調鵓鴿、鬥鵪鶉、鬥雞、賭撲落生之類。又有一等手作人，專攻刀鑷，出入宅院，趨奉郎君子弟，專爲幹當雜事，插花挂畫，說合交易，幫涉妄作，謂之涉兒，蓋取過水之意。更有一等不本色業藝，專爲探聽妓家賓客，趕赴唱喏，買物供過，及遊湖酒樓飲宴所在，以獻香送歡爲由，乞覓贍家財，謂之廝波。大抵此輩，若顧之則貪婪不已，不顧之則強顏取奉，必滿其意而後已。但看賞花宴飲君子，出著發放何如耳！

按《水滸傳》中的幫閒者自稱時咸稱「小閒」，或稱「潑皮」、「搗子」、「光棍」。66 篾片即幫閑，在妓院攛掇嫖客，譬如《金瓶梅》中的應伯爵、謝希大、孫天化等專跟著富家子弟幫嫖貼食，在花街柳巷討風流錢過日子。67《醉醒石》第一回描寫姚一祥遊娼館，一班幫

66 詳曲家源，〈《水滸傳》稱謂考證〉，《山西師大學報》（社會科學版）第廿一卷第三期（一九九四年七月），頁四六—五九，五三—五四。

67 笑笑生，《第一奇書·竹坡本金瓶梅》第十一回，康熙乙亥年（一六九五）張竹坡評在茲堂本《金瓶梅》，

閑子弟忙來攛掇，湊趣奉承，縱然閱歷再深者，亦難以脫身。[68]篾片也扮演「說合交易，幫涉妄作」的中人，例如艾衲居士在《豆棚閑話》第十則〈虎丘山賈清客聯盟〉清客賈敬山與顧清之爲告老退隱的通政劉謙物色清秀小子、標致丫頭來教習爲兩班戲子，又要懂骨董鑑識，[69]似乎無所不能。

篾片是幫閒湊趣的角色，故這稱謂往往被充爲笑柄。《紅樓夢》第四十回〈史太君兩宴大觀園，金鴛鴦三宣牙牌令〉裡劉姥姥再訪賈府時，鳳姐與李紈等準備在曉翠堂開桌用飯，鴛鴦笑道：「天天咱們說外頭老爺們吃飯都有一個篾片相公，拿他取笑兒。咱們今兒也得了一個女篾片了。」[70]將劉姥姥形容爲一個「女篾片」、女食客，專門陪侍賈母遊宴取樂。當「篾片」一轉爲「蔑翁」時，這個詞彙雖仍具貶意，但已廣泛使用，似乎變成一個更正式的語彙。然而冶敬與不敬於一詞，益見嘲謔之意味。《紅樓夢》第十七回〈大觀園試才題對額，怡紅院迷路探深幽〉脂硯齋批語：[71]

第一冊，共五冊（台北：里仁書局，一九八一），頁二七三—八一。

[68] 詳《醉醒石》第一回「救窮途名顯當官，申冤獄慶流奕世」；東魯古狂生，《醉醒石》，頁四。

[69] 按《金瓶梅》裏的應伯爵也多識掌故古董，見於該書第三十一回、六十一回、六十四回，因陶慕寧已曾討論，故不煩贅引；詳陶慕寧，《金瓶梅中的青樓與妓女》，頁五八—五九。

[70] 曹雪芹撰，馮其庸等校注，《紅樓夢校注》（台北：里仁書局，一九八四），頁六一六。

[71] 陳慶浩，《新編石頭記脂硯齋評語輯校》增訂本（台北：聯經出版有限公司，一九八六），頁三一四。

【己卯三二五】客不可不養。

【庚辰夾批三五八】讚得是，這個蔑翁有些意思。

【庚辰夾批三六五】這一位蔑翁更有意思。[72]

此回記賈政率賈珍、寶玉等及清客數人首度遊大觀園，賈政藉機測試寶玉題匾額對聯之能力。己卯脂批謂幫閒文人清客不可不養，庚辰本兩條脂批稱清客爲蔑翁，彰顯其趨奉湊趣之本事。賈政的作爲則似《醉醒石》第八回中所描寫「有那強脫俗子弟，畢竟結納些才人墨客，談詩論古，學文墨。收納些篾片陪堂，談琴格物，學清致。」[73]蔣冀騁堅持「蔑片應特指嫖行中的幫閑，與一般的幫閑有區別」，並且反對《漢語大詞典》解釋爲「清客」，[74]其實由上述例子看來，本義與引申義時或混用，沒有必要作無謂的爭執。

欲知文人擅長運用方言俚語的生動意象與詼諧謔趣寓批評於文字遊戲，必須一讀艾衲居士在《豆棚閑話》第十則〈虎丘山賈清客聯盟〉之總評：

> 蘇白賞佻達尖酸，雖屬趣行，害同虺蜴，乃人自知之而自迷之，則虎丘乃虎穴矣！

---

[72] 同上註，頁三一九。

[73] 詳《醉醒石》第八回「假虎威古玩流殃，奮鷹擊書生仗義」；東魯古狂生著，《醉醒石》，頁九九。

[74] 蔣冀騁，〈話本小說俗語辭考釋—爲紀念呂叔湘先生九十壽辰作〉，《古漢語研究》一九九四年第四期（一九九四年十二月），頁三八—四〇。

> 何足爲名山重也。艾衲遍游海內名山大川，每每留詩刻記，詠嘆其奇，何獨于姑蘇勝地，乃摘此一種不足揣摹之人，極意搜羅，恣口詼謔。凡白賞外一切陋習醜態，可笑可驚、可憐可鄙之形，無不淋漓活現。如白賞諸人讀之，不知何如切齒也！雖然艾衲言外，自有深意存乎其間：畫鬼者，令人生懼心；設井者，令人作避想，知之而不迷之。此輩人無處生活，則自返浮而樸，剗僞爲眞，後之游虎丘者，別有高人逸士，相與往還，雪月風花，當更開一生面矣！雖日日游虎丘也何傷？[75]

篾片（蘇白賞）這等人之陋習醜態原本不值得描摹，但藉這等人卻可以瞭解由社會機制運作滋生的各種弊端，故馮夢龍與艾衲居士皆特別著墨，寄托弦外之音。最有意思的是艾衲居士將這樣的摹寫比喻爲「畫鬼」、「設井」，雙關地指涉人們不要上了篾片的詭計圈套，讀者不要被作者精采生動的文筆所眩惑蠱魅，忽略其言外之意。艾衲居士界定自己的書寫行爲是「畫鬼」、「設井」，也就是宣告他以社會環境爲諧擬的對象，寫清客篾片猶如畫魑魅魍魎，其詐術恍如掘井坑人，這樣的敘事藝術就是「諧擬」的極品。何故？因爲被畫者與觀畫者，看了咸感怖懼；掘井者與近井者無不驚恐，諧擬便能產生寓教於樂的功能。文學作品中的騙子或許是虛擬的角色，篾片則是中國社會現成的丑角，有某些活生生的樣本，無需虛構。前面說過幫閑乃無成子弟，似乎百藝皆通，事實上專精騙術，冒僞耍詐，擅長裝模作樣，逢場作戲。所以他們以趨奉湊趣媚人，無異自欺欺人，其邪詭處即是雜揉慧黠與愚蠢於一體。篾

---

75 艾衲居士，《豆棚閑話》，頁一三八；翰海樓本影印本，頁三二六—二七。

片作爲「笑柄」和醞釀的「笑果」是基於這角色內含的智/不智之矛盾與張力。

除了「篾片」之外，《掛枝兒》與《山歌》裏還保存大量青樓用語，由以下三首歌謠的語彙，一則可更瞭解在俗語中折射出特殊社群的文化，花柳場中男女的謀生手段、應付嫖客的對策；一則爲了與下文討論「諺語之趣」時所援引的資料相互呼應，以凸顯馮夢龍所編的兩本歌謠集其「觀看私情」的趣味有一大部份是來自「謔仿」和「嘲諷」妓館裏的風情。尤其重要的是這些語彙證明：諧擬之作未必是喜劇，⑯謔語固然能令讀者失笑，但未必叫人歡喜，反而它們的可笑性質，使我們覺得其情可憫，也就是前述帕崔濟所指陳十五種俚語的功能之第九種。《掛枝兒》卷九謔部〈者妓〉：

> 小大姐模樣兒生得儘妙，也聰明，也伶俐，可恨粧喬。一時喜怒人難料，一時甜如蜜；一時辣似椒。沒定準的冤家也。看你者到何時了。
>
> 【馮評：】吳市語粧喬做勢曰者○畢竟者到何時了，曰：門前冷落車馬稀，者妓嫁作商人婦。（頁二五四—五五）

又《豆棚閑話》第十則〈虎丘山賈清客聯盟〉引蘇州竹枝詞有〈者妓〉一首：⑰

---

⑯ 此處判斷「諧擬」（parody）作品的準則是依據 Gary Saul Morson 之界義：Gary Saul Morson, *The Boundaries of Genre: Dostoevsky's Diary of a Writer and the Traditions of Literary Utopia*, 109-11.

⑰ 艾衲居士，《豆棚閑話》，頁一二四；「者妓」唱經堂才子書本誤爲「老妓」，據翰海樓本改正，

塗朱抹粉汗流班，打扮蹺蹊說話彎。嫖客□多幫襯少，拉拉扯扯虎丘山。

顧起元，《客坐贅語》卷一〈辨訛〉：「今以稱人之不老實者曰者。」[78]「打扮蹺蹊說話彎」正可為粧喬作注，煙花巷裏的人必須麗服靚裝與巧言令色以賣笑追歡。因為擅長「作勢」，虛實難測，故謂「沒定準」。「者妓嫁作商人婦」則說明出入酒樓妓院者不乏士商之流，靠富商贖身為妾往往是她們最佳的歸宿。

明代男風小唱特盛，故凡用於者妓與妖童的語彙大體不分。譬如《掛枝兒》卷九謔部〈小官人〉：

小官人，在行的，一發測癩。也會妖，也會者，也會肉麻，也會醋，[79]也會唆，也會說句相思話。衣服兒穿去了，好簪兒搶去插，逢著見錢的馬吊豬窩也，[80]動不動抓一把。

頁二九三—九四。

[78] 顧起元，《客座贅語》卷一，頁三下。

[79] 顧起元，《客座贅語》卷一〈詮俗〉條：「彼此相妒娼曰醋。」同上註，頁五下。

[80] 明代中葉的博戲，用四十葉紙牌，又稱葉子戲。明潘之恒著有《葉子譜》，馮夢龍著有《馬吊牌經》。顧炎武，《日知錄》卷十六〈賭博〉：「萬曆之末，太平無事，士大夫無所用心，間有相從賭博者。至天啓中，始行馬弔之戲，而今之朝士若江南、山東幾於無人不為。」顧炎武，《原抄本日知錄》（台北：明倫書局，一九七九），頁三六九。

（頁二五七）

這裡描繪男妓之風流婉媚與逢場作戲的手段：機敏的子弟能「妖」、「者」、「肉麻」、「醋」、「唆」，這些詞彙擬仿且嘲弄小官人自身言語行為，既是打趣，兼含價值評斷。如果沒有這些語彙，由於我們對行院文化全然陌生，便無從知悉子弟的萬種風情與浪蕩嗜賭。這兩首歌刻畫青樓中次文化的虛偽造作，因「情寡」乃不自然，又常見撒嬌騙取財物者，由於馮夢龍素來標榜眞情「志誠」，81即使對妓女十分同情，也還是可看出他的評語嘲謔厭嫌不眞誠的者妓。82又按「測獺」疑即「赤老」或「撮老」，乃擬聲詞，故用字略有出入。撮老，乃是「吳俗呼鬼之稱」，宋代原來用於軍中，到了明代已成為一種暱稱熟語。83至如「肉

81 馮夢龍在《掛枝兒》卷一〈耐心〉中引「眞情所至，金石為開」來詮釋耐心志誠者，頁五。

82 關於馮夢龍對妓女平等同情的態度，詳陳萬益，〈馮夢龍「情教說」試論〉，《漢學研究》第六卷第一期（一九八八年六月），頁二九七—三〇七，三〇六—〇七。

83 據吳連生等編著，《吳方言詞典》：「赤老本為宋人對士兵的鄙稱。士兵入尺籍（花名冊），尺通赤，故稱。宋·江休復《江嶺【鄰】幾雜志》【按即《嘉祐雜志》】：『都下鄙俗，目軍人為赤老，莫原其意，緣尺籍得此名耶？狄青自延安入樞府，西府迓者累日，不至，問一路人，不知乃狄子也。既云未至，因謾罵曰：迎一赤老，累日不來。』按狄青出身行伍，故罵之曰赤老。後則用來指『鬼』多用作罵人的話，有時也用作謔稱或昵稱。……」吳連生、駱偉里、王均熙、黃希堅、胡慧斌編著，《吳方言詞典》，頁一九九—二〇〇；詳江休復，《嘉祐雜志》，《筆記小說大觀》第四冊，影印上海進步書局本（廣陵：江蘇廣陵古籍刻印社，一九九五），頁一六。又「撮老」條云：「同『赤老』。陳琰《藝苑叢話》：『某

麻」一詞亦是明代相當口語化的詞彙。84

由篾片、者、裝喬、測獺、肉麻這些例子可以印證某些俚語起初用於某個社群或行業，但在社會交際過程中廣爲使用，便成爲熟語。行院中原本慣用隱語，這些市語具有遊戲性質，甚至可以誆騙外方。85明季亦有人編撰娼妓行業的當行隱語成書，例如：《金陵六院市語》、《六院匯選江湖方語》和《行院聲嗽》等，的確是「一代風氣的縮影」。86唯因運用方言俚語等語素，使情態全出，提供研究社會文化的寶貴訊息；一旦這些原本僅在下層社會特殊行業口頭上使用的鄙俚詞語寫入戲曲小說，無形中豐富了文學語言，確立通俗文學獨特的風格。

生年未三十，已留須矣。有作詩嘲之者，有撮老早留須』之句。撮老者，吳俗呼鬼之稱。」（頁五六一）又詳吳連生，《吳方言詞考》，頁二二一—二二三。

84 盛廷彥〈東門人〉一文裏兩度用「肉麻」這個詞彙。盛廷彥，《狂言別集》卷一，明末刊本縮影捲片（台北：中央圖書館縮影室，一九八一？），頁一八上—一九下。馮夢龍評《掛枝兒》卷二歡部〈陪笑〉時亦用「一對肉麻」，頁七三—七四。按黃永武，《愛廬談諺詩》爲邵懿臣《集杭諺詩》五言律一三七首作注釋，其中第二則第七句云：「肉麻當有趣」，黃注：「肉麻當有趣，說諂媚的話，旁聽者已覺肉麻，而說者聽者猶以爲有趣。拍馬過分，受人鄙視，當事者還以爲得意。清鐵漢《臨鏡妝》第六回：難得少大人另眼相看，教我怎樣的報答？評曰：肉麻當有趣。而肉麻一詞，明末已流行，盛廷彥《狂言別集》卷一〈東門人〉：「噫嘻，肉麻甚矣……莫再來肉麻也。」詳黃永武，《愛廬談諺詩》（台北：三民書局，一九九八），頁五。

85 曲彥斌，《中國民間秘密語》（上海：三聯書店，一九九〇一版；一九九一二刷），頁二九三。

86 同上註，頁二七八—八二。

這些用高尚人士看來不堪入耳的綺語穢詞所編的歌曲，[87]很傳神地體現了嫖行妓館的生存策略，其實也隱約帶有批評意味與不著痕跡的警誡作用，是故有許多士大夫認為戲曲小說有教化作用不可禁。[88]

參、詠物之趣

詠物在《掛枝兒》與《山歌》裏占大宗，《掛枝兒》三百六十八首裡有一百○六首是詠物的（主要在卷七感部與卷八詠部）。《山歌》三百卌四首中有九十多首是詠物的歌謠，包含卷六的詠物四句、卷八的私情長歌、卷九的雜詠長歌、卷十的桐城時興歌。

詠物的歌謠多數滑稽幽默，趣味洋溢，我們必須探討這種特質從何而來？當然因為民歌原本是在生活中自然產生的，所以就地取材，描摹生活周遭的事物，體物寫情，詠物正顯示人們發為歌詠時傾向於在生活經驗裏找素材，刻畫這些有骨有肉的實體成為吟詠者最大的

---

87 參閱顧炎武，《原抄本日知錄》卷十七〈重厚〉條，頁三九○。

88 按江東老蟫（繆荃孫，一八四四—一九一九）序《醉醒石》指出：小說稗史雖在《漢書・藝文志》裡列於九流之外，唯「燭理則正變雜陳，立論則莊諧互見」，故鼓舞人心悔過向善之力量遠超過九流；鼎文版《醉醒石》無此序，此序僅見於一九一七年董康誦芬室重刊本《醉醒石》，筆記八編（台北：廣文書局有限公司，一九九五），頁一。又參閱余英時撰〈《和風堂新文集》序〉，柳存仁著，《和風堂新文集》上冊（台北：新文豐出版股份有限公司，一九九七），頁一六—一七。

樂趣。大木康由詠物歌裏形形色色的物品，看出這些歌曲產生於商品豐富的環境；另外，大量吟詠的物品都是文人日常使用的文具，因此揣測《掛枝兒》及《山歌》裏這部分歌謠是文人在妓館或宴席上所作的。[89]學者素來將詠物中常見比興、擬人、象徵隱喻、諧音雙關等，解讀爲民歌常見的修辭技巧。[90]就修辭學來說，詠物裏用到了「材料上的辭格」：譬喻、借代、映襯、摹狀、雙關、仿擬、拈連、移就等；也用了「意境上的辭格」：比擬、諷喻。[91]游移在物與人之間的情趣，以黃永武先生所說的「以體物入情」與「以擬人生趣」最貼切。[92]詠物時必須摹寫物體，力求巧構形似，是一種注重逼眞的模擬，甚而托物自比，當然是延續了兩漢魏晉以來詠物詩與詠物賦體物抒情的傳統。[93]詠物歌謠反映人們觀察生活周遭的天象、草木、鳥獸、蟲魚、器用之後，用這些具象的符號去呈現抽象的思維情感，其中蘊含了提昇實物至抽象境界的優雅韻致與聯想落實到事物的現世俗趣，無論創作者或閱讀者都藉觀

---

[89] 大木康，〈馮夢龍『山歌』の研究〉，《東洋文化研究所紀要》第一〇五冊（一九八八年二月），頁五七—二四一，一八五。

[90] 朱自清，《中國歌謠》中〈歌謠的修辭〉，頁一九九—二一二。鹿憶鹿，《馮夢龍所輯民歌研究》，頁八三—九〇，一四〇。

[91] 陳望道，《修辭學發凡》（香港：大光，一九六四），頁七五—七六。

[92] 黃永武，《字句鍛鍊法》，八印本（台北：洪範書店，一九九二），頁一九二—二〇二。

[93] 王次澄，《南朝詩研究》（台北：東吳大學中國學術著作獎助委員會，一九八四），頁一六九—八九；廖國棟，《魏晉詠物賦研究》（台北：文史哲出版社，一九九〇）。

照這虛實互補、往復交感的過程獲致最大的樂趣。

詠物中描寫物形巧趣常借女體來比喻，這種擬仿的書寫近似遊戲，也有幾分諧趣。以馮夢龍認爲寫得最好的〈粽子〉爲例：

> 五月端午是我生辰到。身穿著一領綠羅襖，小腳兒裹得尖尖【蹻】。解開香羅帶，剝得赤條條。插上一根梢兒也，把奴渾身上下來咬。
>
> 【馮評：】字字肖題，卻又自然，詠物中最爲難得。（頁二〇〇—〇一）

平凡的粽子，先經比擬美化了外形；再賦予其聲口，由裼袒裸裎與咀嚼吞食影射性愛。這種詠物歌最能凸顯「食色，性也。」一隻粽子象徵人類所有的原欲，粽子與女子參差重疊的意象裏揉雜了轉化之物形物性與人情人欲。這種歌謠用隱喻的方法來摹寫情欲，以實物爲中介來描繪女體，採用迂迴策略，足證詠物詩賦和民歌提供了一個空間，讓風流士人在雅正文化制約之下仍可示現艷情題材。如果作者爲男性，則男性的審美視角與聯想常縈繞異性，只有藉歌謠這種邊陲文類，方能更自在、自由地大膽抒寫內心的情欲。

部分詠物歌的特色是通常有一個虛擬的談話對象（愛慕的他者），歌詠之器物遂成爲中介，在對話結構裡成爲受話者，傾聽說話者主觀的願望，既可推知說話者之寂寞與不能對人訴衷情之苦楚，讀者亦能竊聽說話者的心聲。譬如，《掛枝兒》卷八詠部〈金針〉：

> 金針兒，我愛你是針心針意。望著你眼兒穿，你怎得知偶相縫，怎忍和你相抛棄，我

常時來挑逗你，你心腸是鐵打的，尚一線的相通也，不枉了磨弄你。

【馮評：】字字關生，可與粽子作雙美。（頁二一四—一五）

整首歌曲，一邊描寫金針，一邊藉物體現愛慕之意，物性、人心與被愛者之意象交互重疊。故鐵打之金針體形，其「針心針意」既可借喻自身渴望之「眞心眞意」，亦可比喻對方不理會挑逗之鐵石心腸；就金針穿線是做針黹之前奏，女兒家望針眼兒穿線之仔細，猶如專注地望穿彼眼中之情意；做針黹時，挑針爲「挑逗」，而「偶相縫」即「偶相逢」，以「縫合」喻珍惜一時邂逅，不輕言相棄。金針中總有一線相通，這是「針心針意」（「眞心眞意」）；不時用金針縫補乃是不時地磨弄，一針針，一線線，不枉費這「針心針意」（「眞心眞意」）。馮夢龍又在評語中介紹了一首，亦可證明歌詠之對象常兼攝物與人：

你在紗窗下，不住的穿來過去。引得人眉兒留，目兒戀。費盡了心機，並頭蓮，雙飛燕。繡出隨人意，雖然拈著手，轉眼便拋離，你是鐵打的心腸也，不如不縫著你。（頁二一五）

「你」既指金針，亦指愛慕的對象，眉目可以是做針黹的人，也可以是愛慕的對象。費盡心機繡出心中的理想、美好的圖案，那雙棲雙宿的並蒂蓮、雙飛燕。繡像可隨心所欲，唯人卻不然，若輕易相拋棄，則徒勞無功，不如不縫（逢）你這鐵石心腸的針／人。美麗的針黹刺繡示現的是沉默女性的心聲，由這點來看，詠物是借客體以折射言說主體之情志，詠物的主軸仍爲私情。

我們可以進一步審視明代民歌詠物形式與內容的複合結構，歌謠的物性與物用提供作歌者聯想的空間與令抽象情志具象化的實體。換言之，詠物的好處在於詠唱者總能展現物我合一之趣，詠物呈現一種化異爲同的審美視野和生活美學。揆諸前述俚語之趣中所引的四首詠物歌，第一首〈燈籠〉將燈籠比擬爲有心人，有顆熱心腸（與心火添油相照應）且能關愛風流人物/燈籠主人，外形精巧細緻，物性光照前後，竹片上糊著半透明的紙中透出光，唯有黑夜裏方能結伴同行，藉燈籠之光與熱影射私情之熾熱卻不能公開。第二首〈傘〉描摹傘之形構由篾片與銷釘組成，借喻女體；又以其傘蓋遮陽蔽日的功能，借喻私情必須掩人耳目。按篾片本義指竹片，唯獨〈傘〉用其原意：

> 結識私情好像雨傘能，瞞子天天我裏私下晴。姐道郎呀！箇樣有天無日頭箇事你也弗要怕，我聽你撐開篾片下銷釘。（《山歌》頁一三四）

借傘蓋以喻「瞞」，這個字傳神地將情感偷渡彷彿不見天日、令人焦慮害怕之狀況表露無遺。女主角任由戀人擺布，罔顧輿論的勇氣，也在末句婉轉含蓄地以體物方式暗示。[94]這種勇敢

---

[94] 有關《掛枝兒》與《山歌》所反映的女性形象與奔放的情欲可參看 Yasushi Oki 大木康, "Women inFeng Meng-long's 'Mountain Songs'," in Ellen Widmer and Kang-I Sun Chang, eds., *Writing Women in Late Imperial China* (Stanford: Stanford University Press, 1997) 131-43.

的態度印證了馮夢龍所謂的「情膽大如天耳」[95]。《掛枝兒》卷八詠部亦有一首〈傘〉可與這首作比較：

奴好似雨傘兒將伊遮蓋。實指望同老雲雨和諧，誰知你尋著孔竅兒將機關敗。有情懷裏抱，無情便撐開，撇得我倚定門兒也，淚珠兒頻頻灑。（頁二四一）

女性聲口自比為雨傘，一心一意隱瞞私情。「雲雨和諧」雙關巧隱天候與親密關係。孰知他尋隙將消息敗露，壞了事。「有情（晴）」時抱己於懷，「無情（晴）」落雨時便撐開傘，雨傘正是用在雨天，反諷人在無情（雨天）卻被拋開，唯孤零零倚門落淚猶如雨傘倚門晾乾。埋怨自己似乎成了一把有破孔的傘，對被撇棄的命運只好無可奈何的接受，蓋猶如天候之「有晴」「無晴」由不得人，愛情亦不是自己能掌握的。此首與前首最大的差異在於兩種不同的女性形象：一為勇氣十足的女性，一為傳統認命的怨女。

在多數詠物歌中的女性形象仍不外乎刻板印象，被動與屈從柔順的妾婦之道。在另外三首《山歌》中，或以篾片喻筷子，例如卷六詠物四句〈箸〉：[96]

---

[95] 馮夢龍於《掛枝兒》卷一〈調情〉評云：「語云：『色膽大如天』，非也。直是情膽大如天耳。天下事盡膽也，膽盡情也。」，頁一一——一二。

[96] 按〈箸〉本當作〈筯〉，因電腦字缺〈筯〉故改用〈箸〉代；魏同賢主編，《馮夢龍全集》第四十二冊《山歌》作「筯」，頁一三一；〈筯〉，《明清民歌時調集》上冊《山歌》誤作〈筋〉，頁三六四。

姐兒生來身小骨頭輕，喫郎君捻住像箇快兒能。姐道郎呀！我當初金鑲銀鑲那喫箇篾片阿哥弄成子我箇輕薄樣，撞來盡盤將軍手裏弗曾停。（頁一三〇—一三一）

「快兒」雙關「筷兒」與身小骨輕，爲郎君抱住，任其擺布，猶嬌嗔地怪罪情郎盡毀自己的莊重本色。「金鑲銀鑲」喻其外形美麗端莊，以筷子橫掃席間盤碟之貪得無厭誇飾持筷者郎君之淫欲。《掛枝兒》卷八詠部之〈竹夫人〉亦是著重描寫物之輕巧，寫作手法類似前首〈箸〉；按〈竹夫人〉云：

竹夫人原係從涼婦，骨格清，玲瓏巧，我是有節湘奴。幸終宵摟抱著同眠同臥。只爲西風生嫉妒，因此冷落把奴疏，別戀了心熱的湯婆也，教我塵埋受半載的苦。（頁二一八）

「從涼」、「有節」皆雙關巧隱。「從涼」亦「從良」，強調自己的美德。「有節」，一喻外有竹節與內具骨氣，兼指季節，西風乍起，竹夫人將被冷落棄置。主人與兩物關係之親疏用人移情別戀來比擬。無知無識之物體剎時有了嗔痴懊惱。馮夢龍謂「分明是竹夫人醋湯婆語，湯婆獨無言乎？」所以也代湯婆子作了一篇歌回應：

湯婆子本是箇耐歲寒的情性，一謎裏熱心腸和你溫存，繡幃中錦被裏多曾幫襯，虧我伴過了三冬冷，你又別娶了竹夫人。你兩箇貼肉的相親也，就放我在腳跟頭，你也還不

肯。（頁二二〇）

這裏馮夢龍賦予沉默的湯婆子聲口，可與主人對話，縱有溫暖熱心的美德，在冬去夏來時終遭拋棄。依舊用男女肉體之親密來比喻人與物之關係，唯其如此方可呈現物性與物情。俟竹夫人與湯婆子各自表述完一己主觀立場時，馮氏又謂「家有二醋，主人苦矣！余再以一篇解之云」：

竹夫人，你是伶俐的，體爲湯婆悶。湯婆子，你是老成的，也莫怪竹夫人。你兩人各自去行時運，冷時節便用湯婆子，熱時節便是竹夫人，我與你派定休爭也，各自耐著心兒等。（頁二二〇）

主人要竹夫人與湯婆子各自認命與順應時運，莫怨嗟，勿爭吵，耐心點等。以上這三篇可以看出文人諧擬戲作，模仿民歌，邊打趣，邊議論，有意無意地補全妒、醋、解三者各自爲己和提出調和折衷的觀點。這完全是運用對話的想像來體貼兩物，影射家庭中常見的紛爭。由於竹夫人與湯婆子物性一冷一熱，用途與時節截然不同，正可引申來隱喻三角關係的內在矛盾。另一首〈竹夫人〉亦寫盡三者之心思：

俏冤家，錯認那竹夫人有趣。不知這東西卻是虛的。哄情人摟抱在懷裏睡，他心兒裏有兩箇，走滾無定期，熱處和你溫存也，冷處就拋撇你。（頁二二一）

此首雖題名為竹夫人，最怪的是口吻似出於湯婆子，肆意批評竹夫人之不實在，指斥竹籠上有孔隙，性虛空，慣於媚悅主人，騙取恩寵，無奈物主用情不專，好惡無常。比起〈湯婆子竹夫人相罵〉湯婆子輕蔑地對竹夫人說：「我骨格重你兩兩，我價色多是你十分，憑你說我慳吝，強如你篾片箇妖精。」（《山歌》，頁一七五）又是另一種風味。以上幾首環繞著兩性關係來體物寫物，舉凡〈竹夫人〉與〈湯婆子竹夫人相罵〉等歌，挪用人的情境與竹子轉為篾片做的器物，今昔相比，參差對照，借湯婆子與竹夫人爭寵反諷人的勾心鬥角、爭權奪勢，與下面這首完全由另一個角度刻畫竹夫人又大異其趣。《山歌》卷八私情長歌〈竹夫人〉：

> 做人弗要像個竹夫人，受只多少炎涼自在心，硬子骨頭開子眼，看我人情勢敗像秋雲。（白）像秋雲，像秋雲，小阿奴奴原弗是低微下賤人。你只知我今日箇落運，弗知我當初箇出身：喬松是我前輩，梅花是我隨身，清風是我好友，明月是我佳賓。當初個伯夷叔齊也是我裹遠祖，湘妃也是我裹至親。且喜子孫繁盛，歷代有介星清名，也有人喜歡我箇高節，也有人賞鑒我箇知音。弗匡撞子箇惡作篾片，拖出山林，捉我出皮剔骨。我只是開心見誠，捏得我兩頭弗露，做得我出路無門，露出子多少眼目，又陪子兩箇小心，挑我來十字街頭東賣也弗要，西賣也弗成。……（頁一六八—一七〇）

所謂硬骨、清名、高節、出身、交遊、遠祖、至親、宗族、知音無非是人類社會象徵身分之文化符號。刻意渲染自然與人文、隱逸與入世、自由與物役之分野，無異於質疑世俗的價值觀。這樣的詠物曲子顯然爲文人戲作，與單純的情歌又大異其趣。

歸納上述詠物歌謠，可看出物品欠缺自主性是物身最大之悲哀，而女性聲口往往將物等同自身，寫出命運不由自己、失歡爭寵之怨懟情懷。這些揑合物性與人情的例子其實都刻意運用物與人的辯證關係，使物或人經加工而陌生化，在這過程中孕育諧趣與反諷，因此明代民歌的詠物體便不只是承襲六朝唯美文學巧構形似的特色。這些詠物歌謠在模擬中作似是而非的扭轉，譬如〈傘〉以「遮」與「瞞」類比聯想，〈箸〉之「筷」與「快」拈連，〈竹夫人〉由山中自由清高的竹君子意象轉變爲輕賤的市場商品，〈湯婆子竹夫人相罵〉猶如妻妾爭寵吵架，擬仿中有差異便不呆板，活潑趣味由此而生。觀察這類型描寫器物的詠物詩，由於借用兩性關係作比喻，器物扮演與女性同等的角色，故這類歌謠的語言文字不啻折射出傳統社會結構中——父系社會裏性別與經濟條件差異——自然而然形成的階層與主從關係。無論歌謠的原始作者是否爲男性，所有的歌謠都認同女性的命運爲男性支配的觀念。女性形象與物品等同聯比毋寧是一種異化手法，無論是人降格爲物或物升格爲人，皆有意增添歌謠本身的趣味。詠物歌曲不惟內容折射出商品經濟文化，因爲這些歌謠在都會青樓酒館內由歌妓小唱者唱誦，歌唱者與歌謠本身都是滿足消費者需求的商品，當然歌曲內容流露的觀點要與男性消費者的意識一致，才能受到肯定、接納與傳唱。不過必須聲明的是：作歌者的心態大多純粹出於擬倣、遊戲和諷刺，當他們寫下這些歌謠時也未必能自覺或意識到前面評論剖析的經濟與政治意涵。

肆、諺語之趣

伯克（Kenneth Burke）探討諺語形成的動機，指出：諺語是設計來安慰、復讎、勸告、訓誡人或預示某些事的。因此，諺語評量現實情況，提出對策，旨在謀求人類福祉，使人們活得更有智慧和趣味。[97]人們在生存的戰爭中，到諺語裏尋找「大策略」（maneuver），這些策略本身便是「藝術」（art）。[98]其實伯克的觀點告訴我們諺語是人生經驗的累積。朱介凡認爲諺語中反映「人生行爲的理道」、「大眾智慧的論斷」、「俗常經驗的縮寫」……等，與伯克之說不謀而合，除了包含這些攸關風土、習俗、社會、教育的功能之外，不宜忽略諺語常用「比喻嘲謔的語辭」來表述，[99]諺語的創意亦繫乎此。諺語的文學性來自於其形構意涵兼具「簡潔、明快、機智、善喻」與「警策」的特質。[100]諺語其實多數仍出自文人之手，因口耳相傳使其自然而然編入歌謠，當諺語與歌謠中其它更口語化的語言並列時，又彰顯民歌本身雅言村語交錯的韻致。[101]至於諺語和歌謠的異同比較，郭紹虞與薛誠之等嘗謂諺語主

---

[97] Kenneth Burke, "Literature as Equipment for Living," 296.

[98] 同上註，頁二九八。

[99] 朱介凡，《諺語的源流．功能》，亞洲民俗、社會專刊五（台北：東方文化供應社，一九七〇），頁七一—七二。

[100] 同上註，頁四，一〇。

[101] 按鄭志鴻：《常語尋源》凡例第六則：「常語大率出自文人學士口中者居多，若婦孺及市井能言者祇十

知，歌謠主情，⑩知性與感性這樣的二分法嫌粗略，用於非教訓性的諺語未必妥貼，下文所用例子往往植基於經驗，兼具知性和感情。今試以《掛枝兒》與《山歌》的歌謠和馮夢龍的評語，證明自古以來謠諺常一起流傳，而且諺語自能反映當時流行的信念、經驗談，諺語更能以其精鍊的語言平添明代時調小曲的諧謔趣味。

前文已約略談到晚明青樓的語彙與文化。俗曲中有不少以妓女生活為主題，故澤田瑞穗研究清代歌謠時，就其所見廿五種清代與民國初年各種刻本和調子（含五更調、鮮花調、馬頭調）的妓女唱曲，探討妓女生活的悲慘面。⑩在《掛枝兒》與《山歌》中看不到像澤田氏所介紹的妓女遊地獄和陰間告狀這般恐怖的曲子。因馮夢龍年輕時常出入花街柳巷，故熟悉這個行業的市話，為我們保留了一些流行的俗諺，例如《掛枝兒》卷五隙部〈怕閃〉：

之二三焉。」其常語雖指俗語，大抵諺語亦不例外。鄭志鴻，《常語尋源》，《中國方言謠諺全集》第廿一輯，頁一下—二上。

⑩ 郭紹虞，〈諺語的研究〉，《小說月報》第十二卷第二、三、四號（東京：東豐書店株式會社，一九七九），頁八—一五，一一；頁二五—三〇；頁一六—二三。薛誠之，〈諺語的探討〉，《文學年報》一九三六年第二期，見《文學年報論文分類彙編》（香港：龍門書店，一九六九），頁二〇三—二一，二〇七。

⑩ 澤田瑞穗，〈清代歌謠雜稿〉，《中國庶民の文藝—歌謠·說唱·演劇》（東京：東方書店，一九八六），頁七一—一〇四，四四—五四。

> 風月中的事兒難猜難解，風月中的人兒箇箇會弄乖，難道就沒一箇眞實的在。我被人閃怕了，閃人的再莫來。你若要來時也，將閃人的法兒改。
>
> 【馮評：】或曰：有閃人心，方有閃人法。末句易「閃人的心腸改」如何？余曰：風月中法兒最多。諺云：「只怕乖而不來，那怕來而使乖。」不閃人又不爲人閃者，吾見亦罕矣。有閃人之法，因生防閃之法，又生防防閃之法。法法相生，閃閃莫悟，可悲亦可畏也。法兒其顯者，人猶不知，況心乎！（頁一二八）

妓女必須與嫖客鬥「法兒」，此乃生存策略。閃是欺哄、矇騙、背信。[104]這首歌寫妓女傷情，求嫖客誠實相待而不可得，原本無啥趣味，但是我們要強調的是這類歌曲中的諧趣。這諺語的諧趣來自於彼此「使乖」與「閃人」之間「法法相生」的鬥法關係，那是機智和應變能力的競賽。煙花巷裡的人善於裝喬弄乖，然而要手段的娼妓亦挾制不了閃人的嫖客，這些人的作爲與馮氏鼓吹的眞情相牴觸，所以馮氏在這段評論謂「法法相生，閃閃莫悟」，既嘲諷，又是徹底覺悟者語重心長。在《掛枝兒》卷八〈蠟燭〉第三首裡妓女將自己比喻爲蠟燭，是個「熱心人」（頁二三五—三六），常照顧其寃家，爲他「埋沒了多少風光」。然而這風流的負心漢「拋閃了」她，故使自己蠟燭「形消影瘦眞難過」。所謂「蠟炬成灰淚始乾」——「心灰始信他心冷，淚積方知奴淚多。」故妓女詠嘆「你去暗地裏想一想我。」把被拋棄的心情與蠟燭燃燒生命、犧牲自己的心情相提並論，也淋漓盡致地描寫出被熱客閃的經驗。按東魯

---

[104] 顧起元，《客座贅語》卷一〈詮俗〉條：「與人期必而背之，使失望焉，曰閃。」頁六下。

古狂生著《醉醒石》第一回〈救窮途名顯當官，申冤獄慶流奕世〉，嘉靖年間人士姚一祥，松江上海縣人，到秦淮河的衖子裏玩耍，敘事者提及有衖子裏的舊話道：「只怕你乖而不來，不怕你來而使乖。」[105]亦可佐證這諺語在當時傳述甚廣。與靈巧善變相對的應該是「糊塗」這母題，例如《掛枝兒》卷五隙部〈糊塗〉：

> 來了去，去了來，似遊蜂兒的身分。喫了耍，耍了喫，把我做糖人兒的看成。東指西，西指東，[106]做出媒婆兒的行徑。這是你負我我負你，你自去心問口口問心，[107]休像那雲密密的天兒也，雨不雨晴不晴糊塗得緊。
>
> 【馮評：】如今的交情，到是糊塗些耐久。（頁一〇五—一〇六）

除了全首巧用頂針的修辭技巧，又以陰雲密布「雨不雨晴不晴」雙關欲不欲、情不情的難以捉摸。而「東指西，西指東，」以口語、對比和更平衡的方式替代「指東不識西」這個俗諺，隱喻對方如遊蜂戲耍般性不定、如媒婆般能說會道。這裏以遊蜂和媒婆來模擬和嘲謔負心人

---

[105] 東魯古狂生著，《醉醒石》，頁四。

[106] 據黃永武，《愛廬談諺詩》第五十六則第四句云：「指東不識西」，黃注：「指東不識西，指能言善道，卻並不眞知道什麼，與『指東說西，指南說北』意近，疑下接『隨意指指兒』。」黃永武，《愛廬談諺詩》，頁一二二。又同書第四十四則第四句亦有「隨意指指兒」。頁九四—九五。

[107] 另有〈心口相問〉一首，可見「心問口口問心」爲慣用語；見馮夢龍，《掛枝兒》，頁六〇—六一。

的言語行爲，便類似「諧擬」。將自己比喻爲「糖人兒」，呼應《掛枝兒》卷六怨部〈從良〉第六首裏妓女自稱「曾被買糖人騙了，再不信口甜的」（頁一七五），正是妓女自覺到在青樓的交易行爲裏談愛情是不可能的。[108]不過，馮夢龍帶有強烈諷刺意味的批語，見證了遭侯慧卿背離的切骨之痛。[109]

現在引用「有緣千里會，無緣對面遙」這家喻戶曉的俗諺，以及由這諺語衍生出的俗語和歌謠，藉以彰顯謠諺間輾轉模仿遞生的趣味，並且反映出古代對男女間情份的普遍看法，緣份天定，在風月場中亦然。「有緣法」與「緣法盡」成了流行的語彙，也是民歌起興的套語。《掛枝兒》卷一私部〈緣法〉：

有緣法，那在容和貌。有緣法，那在前後相交。有緣法，那在錢和鈔。有緣千里會，

---

[108] 王鴻泰過份美化晚明妓院的功能，他認爲「而明中期以後，相隨於文人文化的發展，妓院乃在文人文化的浸潤下，發展成爲一個具有豐富文化意涵的『情感世界』，隱然成爲禮教之外的另一種人生境界。」其實妓女與各類嫖客（包括士人）的關係大多數仍停留於「調情」與金錢交易的層次，他們是否都能發生純粹的愛情，仍值得懷疑；王鴻泰，〈青樓：中國文化的後花園〉，《當代》第一三七期，復刊第一九期（一九九九年一月），頁一六—二九，二九。

[109] 參閱高洪鈞，〈《掛枝兒》成書考及馮夢龍、侯慧卿戀離原委〉，《天津師大學報》一九九二年第二期（一九九二年四月），頁三九—四四。

無緣對面遙。[110]用盡心機也，也要緣法來湊巧。

【馮評：】說盡了。（頁五一六）

這個諺語運用對比的和諧均衡來予人深刻印象。「有緣法」自然能「千里來相會」。有趣的是《掛枝兒》卷五隙部〈緣盡〉便摹寫出「無緣對面遙」的情境：

緣法兒盡了，心先冷淡。緣法兒盡了，要好再難。緣法兒盡了，諸般改變。緣法兒若盡了，把好言當惡言，怎能勾緣法兒的重來也？將改變的都番轉。

【馮評：】末二句南園叟所易。舊云：「緣法兒盡了也，動不動就變了臉。」不知已在諸般改變中矣！（頁一三一）

按《二刻拍案驚奇》卷十八〈甄監生浪呑祕藥，春花婢誤洩風情〉：「有一隻小詞兒單說那

---

[110] 據黃永武，《愛廬談諺詩》第一百四十則第三句云：「有緣親友會千里」，黃氏注：「即『有緣千里來相會』，下接『無緣對面不相逢』。明無名氏《異夢記》十五齣：佳人自折一枝紅，心有靈犀一點通，有緣千里來相會，無緣對面不相逢。」詳黃永武，《愛廬談諺詩》，頁三〇一—〇二。按明無名氏，《異夢記》十四齣：「佳人自折一枝紅，心有靈犀一點通，有緣千里來相會，無緣對面不相逢。」見《玉茗堂批評異夢記》二卷，全明傳奇，中國戲劇研究資料第一輯（台北：天一出版社，一九八二），頁四二上。

緣法盡了的：『緣法兒盡了，諸般的改變；緣法兒盡了，要好也再難；緣法兒盡了，恩成怨；緣法兒盡了，好言當惡言；緣法兒盡了，也動不動變了臉。』」⑪即是馮夢龍所謂的舊版。這顯示了歌曲在流傳過程中出現了不同的版本。這類型的諺語看來似乎趣味不大，事實上它們顯示青樓中的妓女如何詮釋自己和嫖客的關係：金錢、姿色與緣份孰先孰重？而且這諺語所應用的範圍絕對大於風月場所，任何人都可以採用，具有普遍性。這個諺語對中國人來說，也許稀鬆平常，並無趣味；但對異國人士來說，這個諺語反映特殊文化和國情之下的思考模式與信念，自有意趣。

艷情在俗曲中也是重要的一類。第一節裏提到觀看之趣，最主要便是來自偷窺他人調情的樂趣。例如《掛枝兒》卷一私部〈調情〉第四首：

> 意中人，偶撞見正在無人處。兩條心，熱如火，何待躊躇？衣未解，肉未貼，又聽得人來至。早是不曾做腳手，險些露出馬腳兒。⑫罵一聲殺風景的冤家也，⑬你來做什麼

---

⑪ 凌濛初，《二刻拍案驚奇》（台北：世界書局，一九七八），頁四〇六。

⑫ 據黃永武，《愛廬談諺詩》第六十五則第三句云：「露出馬腳兒，指用心掩蓋撝飾的事，常露出破綻。……。元無名氏《陳州糶米》第三折：聽知聖人差包待制來了，兄弟這老兒不好惹，動不動先斬後聞，這一來則怕我們露出馬腳來了。又考咄咄夫《一夕話》列五言巧對：『呵得牛頭熟，露出馬腳來。』」詳黃永武，《愛廬談諺詩》，頁一四〇。元無名氏，《陳州糶米》，中國學術名著第廿二冊，全元雜劇三編（台北：世界書局，一九六三），頁二九下—三〇上。按清・翟灝，《通俗編》卷卅八風人條下有

子？

【馮評：】該罵該罵，就打也不差，殺也不差。（頁一三—一四）

此曲描寫馮氏所謂「情膽大如天」的狀況，興會淋漓。歌中引用俗諺險些「露出馬腳兒」，爲未至與至、做與未做、得趣與無趣間那萬分緊張的關鍵時機作了注腳。引用俗語「殺風景」，嬌嗔地反過來責怪對方來得不是時候，又別是一種趣味。馮夢龍畫龍點睛的評語裏凸顯了不滿與失意，唯有馮氏那樣幽默的人，方能趁機打趣那女子，以諧謔的筆調誇張她內心的想法：「殺風景」者眞該「殺」。又如另一首艷曲《掛枝兒》卷二歡部〈咒〉第二首：

俏冤家，近前來。與你罰一箇咒。我共你，你共我。切莫要便休。得一刻，樂一刻，還愁不勾。常言道牡丹花下死，做鬼也風流。⑭【旁批：用得著】拚得箇做鬼風流也。

云：「今市俗有等諺語如云……露出馬腳……。」；翟灝，《通俗編》（台北：國泰文化事業有限公司，一九八〇），頁八六〇。

⑬ 按《義山雜纂》有〈煞風景〉記損良辰美景敗興之事十三種；唐李義山等撰，曲彥斌校注，《雜纂七種》（上海：上海古籍出版社，一九八八），頁二二—二三。明趙南星（一五五〇—一六二七），《目前集》：「李義山所云：如松間喝道，看花淚下，花下晒褌，月下張燈，步行將軍，背山起樓，皆以爲殺風景，可謂至妙。」趙南星，《目前集》，《中國方言謠諺全集》第四輯，頁六三a—六三b。

⑭ 據黃永武，《愛廬談諺詩》第一百則第七句云：「牡丹花下死」。黃注：「牡丹花下死，指爲女色而情

別的閒話兒都丟開手。

【馮評：】又詠蝶云：「俏冤家站立在雕欄外，猛抬頭，見箇粉蝶兒飛過牆來。採牡丹、戲芍藥由他愛。撞著蜘蛛網，絲纏解不開。斷送了殘生也，方信道花難採。此云：『做鬼也風流』，情之相去遠矣！」（頁四九）

引用「牡丹花下死，做鬼也風流」更是「情膽大如天」的極境。以爲了採花拚死做個風流鬼亦在所不惜比喻情眞與情膽。另有歇後語云：「望鄉台上摘牡丹。——分明你死要貪花。」⑮與此同義。馮氏的評語引詠蝶的歌曲，以蝶與人相比，說明「斷送了殘生也，方信道花難採。」可能也是對情事難圓的一種慨嘆。

寡婦上墳的歌謠很特殊，且爲數不少，成爲明清俗曲中重要的母題。⑯這類歌曲含打趣

死。下接『做鬼也風流』，此語先見於明黃文華輯《詞林一枝・劈破玉歌》，爲民歌中句，清宣瘦梅《夜雨秋燈錄》三卷三，情語曰：『牡丹花下死，做鬼也風流。此王伯倫爲情而死也。然苟非其人，則等一死如鴻毛矣。』謂要爲値得的人情死，否則色鬼之死輕如鴻毛。」詳黃永武，《愛廬談諺詩》，頁二一七。又同書第一二七首末句「做鬼也風流」，黃注：「上接『牡丹花下死』，……。」頁二七四。按清宣鼎，《夜雨秋燈錄》，中國小近代小說史料續編，第卅冊（台北：廣文書局，一九八七），頁六上。又按《董解元西廂記》云：「把一緉梁間繫，大丈夫死又何悲，到黃泉做箇風流鬼。」《西廂記》，董解元搊彈本影印本，暖紅室彙刻傳奇（揚州：江蘇廣陵古籍出版社，一九九〇），頁五六。

⑮ 引自川瀨正三，《歇後語彙編》（東京：明善堂書店，一九六九），頁三二七。

⑯ 澤田瑞穗〈清代歌謠雜稿〉一文曾引北京圖書館藏明代成化年間金台魯氏刊本《新編寡婦烈女詩曲》內

寡婦的諺語，其興味純屬詼趣，足見寡婦周遭的人並不怎麼關心她們的悲傷，她們的美麗外表仍是引人注目的要素，倒是一些男性或許認爲自己將有機會成爲她們下一次婚配的對象。在明清官方致力表彰節婦的風氣之下，再嫁爲失節，但是在明代歌謠中則揭開這層虛僞的面紗，描寫出人性與社會道德間的矛盾。有些與寡婦有關的俗諺，打趣年少的俏寡婦，足見寡婦異常的身分，加上年輕美麗，使她們的言行舉止成爲人們關注的焦點，她們所承受的道德、經濟、輿論壓力，都在這類型歌謠內透露出來，其中所涉及的複雜問題就不是貞節殉情、不可再醮這樣單一的意識形態可以涵蓋。譬如《山歌》卷五雜歌四句〈孝〉：

> 姐兒生性怕穿紅，見子介箇孤孀娘子打扮得忒玲瓏。常言道：「若要俏時添重孝。」[117]嘿嘿裏心頭咒老公。（頁一〇四）

含一套散曲和〈後增寡婦詩〉廿餘首爲例，說明歌詠寡婦之悲哀必然很多，故能編印單行本。到了清末則有用十二月調、七言編的俗曲《寡婦二十四愛》刻本一冊以及十二月調《打新春》詠再醮婦。另有北京聚卷堂鈔本《俏皮寡婦二十一》、北京百本張鈔本《寡婦自嘆》和大鼓書《小寡婦上墳》唱出寡婦決心嫁人；澤田瑞穗，《中國庶民の文藝—歌謠・說唱・演劇》，頁三〇—三九。

[117] 據黃永武，《愛廬談諺詩》第八十八則第一句云：「須帶三分孝，上接『若要俏』三字，謂縞素女子，特別俏麗。馮夢龍《警世通言》卷三五：少頃邵氏出來拈香，被支助看得仔細，常言：若要俏，添重孝。縞素妝束，加倍清雅。淩濛初《初刻拍案驚奇》：一個年少的婦人穿著一身縞素，領了十一、二歲的孩

這首歌用對比手法，藉有夫之婦艷羨孤孀得以穿戴縞素更添俏麗，遂暗暗咀咒自己的丈夫，諷刺少婦之寡情，而寡婦可再嫁這事遂不言可喻。「若要俏時添重孝」其中「俏」與「孝」疊韻，聲調簡潔有力，這樣「警闢的話頭」，蘊藏的心理因素非常值得探究。用俏皮的方式，強調年輕喪偶的女性異常的、悲劇性的淒美，是因爲她會牽動別人的同情心，憐惜在貞節的要求下如此美麗卻不得再嫁嗎？抑或是孤孀不免成爲他人覬覦的對象呢？同時，旁觀者置身事外的欣賞角度也與當事者本身的悲情成了強烈的對比。下面兩首描寫寡婦哭墳之悲切和迫於生計不得不改嫁。《掛枝兒》卷十雜部〈孤孀〉：

> 俏孤孀頭帶白，身穿著麻孝，手提著男懷抱著女。走到荒郊。對墳塋哭一聲。我的亡夫來到，孩兒年紀小，家私沒半毫，叫不應的青天也，掉得我這般樣早。（頁二六七）

《掛枝兒》卷十雜部〈孤孀〉又：

> 俏孤孀除下白，脫下了麻孝，棄著男撇著女，打扮得嬌嬌，只爲門房親戚無依靠，孩

子，走進觀來，俗語說得好：若要俏，帶三分孝，那婦人本等生得姿容美麗，更兼這白衣白髻，越顯得態度瀟灑。又張南莊《何典》第四回：那雌鬼原有幾分姿色，戴著孝，更覺俏麗，正是若要俏，須戴三分風流孝。」黃永武，《愛廬談諺詩》，頁一八九；馮夢龍，《警世通言》（台北：鼎文書局，一九七七，二版），頁五三六；張南莊，《何典》（台北：長歌出版社，一九七六），頁九〇。

兒等不得他大，家私日漸消，只得嫁一箇養家的新人也。天。你在重泉不要惱。（頁二六七）

這兩首曲子呈現孤孀在夫初亡與守喪期滿之後改嫁時不同的寫照，後一首的趣味在於用對話告訴「天」（亦即亡夫）莫氣惱。描寫寡婦哭墓，總不外呼天搶地，然而「天」又有雙關義。例如第一首似乎埋怨上天作弄人，正如朱介凡引陝西諺語「十八哪守寡哩—天煞在那裏哪」，朱注：「命運不好，又有天意如此撥弄人之意。」118然而第一首歌裏的天亦指涉早早棄己而去的丈夫，到了第二首裏此意甚爲明確。這些民歌和《笑府·閨風部》的兩則笑話：〈哭天〉與〈搧屍〉，同具嘲謔性，解釋夫死哭天，或曲解爲「交合時夫在上，故曰天。」119或取笑寡婦急於改嫁故迫不急待地搧屍，她們成爲嘲笑對象，更足以印證孤孀在社會上處境之孤獨。這類謠諺的趣味，來自中國特殊的文化和歷史背景，故較諸對中國人自身，這些歌謠更能引起外國學者的興趣。

在明代歌謠中引用的諺語也有反映地方風土特色的，譬如《山歌》卷四私情四句〈娘兒〉，表現母女爭姘鬥孅之諧趣：

---

118 朱介凡，〈論陝諺語氣及「哩」「呢」互用〉，《我歌且謠》（台北：世界書局，一九五九），頁九一—一〇九，一〇四。

119 馮夢龍，《笑府》，收入魏同賢主編，《馮夢龍全集》第四十一冊（上海：上海古籍出版社，一九九三），頁三〇一。

娘兒兩箇並肩行，兩朵鮮花囉裏[120]箇強。囡兒道池裏藕兒嫩箇好。娘道：「沙角菱兒老箇香」。[121]（頁八九）

江南多湖泊沼澤，菱角與蓮藕爲當地特產。由於老菱殼大、實硬、轉動有響聲、且易食，故有「沙角菱兒老箇香」這樣善用隱喻、意象鮮明的諺語。這句諺語顯然比前面幾首歌的諺語饒富地方風味。這首歌謠用母女對話，香響雙關來顯示老未必不好，由母親引當地流行的諺語來收束，證明薑是老的辣。

以上由青樓、艷情、寡婦和有吳地產物特色的四類歌謠中找出一些俗諺，雖然這些在大眾之間流傳的精警話語未必是眞理，卻可藉此說明諺語如何能示現歌謠詠唱時代的世態人情、民風土俗、文化因素與人們打趣逗樂的習性。誠如郭紹虞所說「諺語是民眾藝術」，[122]

---

[120] 「囉裏」意同「陸里【裏】」，蘇州話，代詞，哪，哪裏。閔家驥、范曉、朱川、張嵩岳，《簡明吳方言詞典》，頁一五〇，三七七。

[121] 據黃永武，《愛廬談諺詩》第一百則第一句云：「老菱殼兒響」，黃注：「老菱殼兒響，菱老殼大，其中肉結硬，中有空隙，搖時能作聲。紹興諺云：『烏大菱殼，氽攏一堆生。』即形容中空可浮。又杭州諺云：『天河跌角，老菱出殼。』天河跌至屋角，秋菱可出殼而食。考馮夢龍編《山歌》四，〈娘兒〉云：『囡兒道池裏藕兒嫩箇好，娘道沙角菱兒老箇香。』香響雙關，老娘說老有老的妙處，不比嫩的差。本諺即含此意。」詳黃永武，《愛廬談諺詩》，頁二一五—一六。

[122] 郭紹虞，〈諺語的研究〉，《小說月報》第十二卷第二號，頁一五；第四號，頁二三。

明代歌謠作為一種大眾文學與文化的結晶，研究時不應該忽略最能反映群眾意識的俗諺。

伍、歇後語之趣

在明代歌謠裏最能體現民間口頭語的精神和老百姓日常語的趣味，要算是歇後語。白啓明云：「歇後語亦名『隱語』，唐朝稱為『風人體』（以其本風俗之言）……。隱語可以謂之起語；所隱語可以謂之『目的語』。起語對目的語，必定義適相涵，量恰相容，然後才確切有趣。」[123]朱介凡稱歇後語為俏皮話，他描述句子的結構由兩半截組合而成，「上半截為起語或前提，用比喻；下半截為斷語或結論，為直言。」[124]白、朱二氏各自指出歇後語和俏皮話裏主語和謂語之間的關係，歇後語與俏皮話看來似乎沒什麼大分別。[125]若是根據陳望道

[123] 白啓明，〈採輯歌謠所宜兼收的—歇後語〉，《歌謠周刊》第四四號（一九二四年二月二四日），第一至第五版。〈歌謠謎語談—白啓明在河南第一師校講演〉，段家讓筆記，《歌謠周刊》第四七號（一九二四年三月一六日），第七版。黃樸、傅振倫亦同樣用歇後語一名；黃樸，〈蒐集歌謠所應兼收之又一部份—截尾語〉，《歌謠周刊》第六一號（一九二四年六月二九日），第六版；傅振倫〈謎諺歇後語研究之一斑〉，《歌謠周刊》第六八號（一九二四年一一月一六日），第二版。

[124] 朱介凡，〈諺語的賦比興〉，《我歌且謠》，頁一三—二四，一五。

[125] 例如譚永祥認為《山歌》卷三私情四句〈別〉又中的兩句：「挾絹做裙郎無幅，屋簷頭種菜姐無園。」即是歇後語。「挾絹做裙」與「屋簷頭種菜」都是話題，「無幅【福】」和「無園【緣】」雙關，是說明主題的。譚永祥，《歇後語新論》（濟南：山東教育出版社，一九八四），頁七四。

在《修辭學發凡》中對歇後語的定義，藏詞似乎爲先決要件，類似本文所援引的例子則稱爲「譬解語」或「縮腳語」；[126]但是白啓明、王勤、譚永祥等認爲目的語是否省略並非歇後的必要條件。王勤甚至逕言「俏皮話實際就是歇後語」。[127]由歇後語又名俏皮話，足知這些話語多半諧謔風趣。明代山歌中含有不少譬解式的句型，每一句同時結合了象徵與寓意，下半截解釋上半截，有些且善於運用諧音雙關的鍊字法，其巧思妙構可溯本追源到漢魏六朝吳歌西曲。這種詼諧有趣的通俗語，多半見於《山歌》，《掛枝兒》較少。而且《山歌》卷九雜詠長歌〈破騌帽歌〉明言在閶門外的市集裏：「聚集子東西來往無數箇閒人，看呆子山東販騌侉子，立癡子江西販帽子箇客人。江西老鄉談弗絕，蘇州歇後語連聲。」（頁二二〇）這可能便是當時市場常聞蘇州人說歇後語之寫照。茲舉以下數首爲例，《山歌》卷三私情四句〈無老婆〉：

> 別人笑我無老婆，你弗得知我破飯籮淘米外頭多。好像深山裏野雞隨路宿，老鴉鳥無窠到有窠。（頁六三—六四）

在這首歌裏，反駁別人譏笑「無老婆」最好的方法是到處有老婆，故以一句俏皮話來比喻自

---

[126] 陳望道，《修辭學發凡》，頁一六一—六四。

[127] 王勤，《諺語歇後語概論》（長沙：湖南人民出版社，一九八〇一版；一九八一二刷），頁一四二—四三。

己善於「打野食」[128]到處爲家：

比喻（起語）——比喻義（目的語）

破飯籮淘米——外頭多

男性聲口以「野雞」、「老鴉鳥」自比，居無定所，野性難改；由無家到處處爲家，更能顯出自己的通天本領。有趣的是俗語中「野雞」原本指流鶯私娼，在這首歌中遂有雙關意味。而且第一句俏皮話折射出江南婦女在溪邊、江畔淘米、浣衣的生活景象，更具寫實性。《山歌》卷三私情四句〈盤問〉：

姐兒説話弗到家，喫郎君盤問只捉指頭牙。姐道：「郎呀！我是鉛彈打人銃口出，小囝兒踏水暫時車。」（頁六七）

這首歌謠的歇後語是末兩句：

鉛彈打人——銃口出【衝口出】[129]

小囝兒踏水——暫時車【扯】[130]

---

[128] 參閱吳趼人，《二十年目睹之怪現狀》卷五十一（鄭州市：中州古籍出版社，一九九五），頁三八六；韓邦慶，《海上花列傳》卷十（台北：桂冠圖書股份有限公司，一九九四），頁八〇。

[129] 閔家驥、范曉、朱川、張嵩岳，《簡明吳方言詞典》，頁二七四。

[130] 「暫時車」疑爲「暫時扯」之意；「車」在吳語音「tsó」，錢乃榮，《當代吳語研究》，頁八四二；

這首歌的修辭別具特色：末句爲了押韻，特意將「小囝兒踏水車——暫時」改爲「小囝兒踏水暫時車」，遂與「暫時扯」雙關。末兩句隱喻女性聲口受情郎盤問時，拙於應對，說話吞吞吐吐。她藉俚俗的歇後語敷衍搪塞，更能凸顯語言遊戲的趣味。

《山歌》卷三私情四句〈別〉又：

> 別子情郎送上橋，兩邊眼淚落珠拋。當初指望杭州陌紙合一塊，郮間[131]拆散子黃錢各自飄。（頁七〇—七一）

以「別」破題，「兩邊眼淚」和「黃錢各自飄」是「別」的注腳，兩者彼此或類似、或對比。託物寓情，以冥紙一捆與拆散的黃錢比喻團圓與離別。空想的願望及事與願違都用冥紙來比喻，女性聲口內心之絕望由此可知。末兩句仍是用譬解式，前半譬喻和後半注解，來暗喻離合悲歡：

> 杭州陌紙——合一塊
> 拆散子黃錢——各自飄

在杭州話音「tsú」，Richard V. Simmons, *The Hangzhou Dialect*, Ph.D. diss. (Seattle: University of Washington, 1992) 477, 704.「扯」在吳語音「tsá」：Richard V. Simmons, *The Hangzhou Dialect*, 457.

[131] 「郮間」疑如同「那價」、「那亨」、「那哼」，皆是代詞，意即「怎麼」；詳閱家驥、范曉、朱川、張嵩岳，《簡明吳方言詞典》，頁一一〇。

直接以杭州的紙錢來打比方，凸顯吳越歌謠的地域性。

《山歌》卷三私情四句〈別〉又：

> 滔滔風急浪潮天，情哥郎扳樁要開舡。挾絹做裙郎無幅，屋簷頭種菜姐無園。（頁七二）

前兩句以白描寫景敘事。末兩句則用譬解式和雙關諧隱，來暗喻男女無緣無福：

> 挾絹做裙——郎無幅【福】
>
> 屋簷頭種菜——姐無園【緣】[132]

女主角在表達情意時，完全取材於周遭日常生活的活動。這種諧音雙關活潑生動的民歌正是六朝吳聲西曲的遺緒。

《山歌》卷三私情四句〈久別〉：

> 情歌郎春天去子不覺咦立冬，風花雪月一年空。姐道：「郎呀！你好像浮麥牽來難見麵，厚紙糊窗弗透風。」（頁七一）

---

[132] 按此句與清・翟灝，《通俗編》卷卅八引風人體詩有云：「墻頭種菜，沒緣」相似；翟灝，《通俗編》，頁八六一。

第一句相當口語化，與第二句的詩化句子形成強烈對比。此曲另一特色是末兩句用口白來傾訴心意，因用的是譬解式和諧音雙關，故情意的表達含蓄凝鍊。

浮麥牽來——難見麵【面】

厚紙糊窗——弗透風【不得逢】

按「厚紙糊窗弗透風」改寫了歇後語「紙糊窗戶一點透」，133又顯示諧擬熟語的機趣。

《山歌》卷五雜歌四句〈醜婦〉：

百草開花趁子春裏個天，醜婆娘也要靠在大門前。六月裏圓爐弗動火，醬缸淡子惹增鹽。134（頁一〇三）

第一句是興，第二句「醜婆娘也要靠在大門前」是本事，末兩句爲歇後語：

六月裏圓爐——弗動火

醬缸淡子——惹增鹽【憎嫌】

譬喻春日醜婆娘靠在大門前搔首弄姿的結果爲「弗動火」和「惹憎嫌」。末兩句本身的形構

---

133 該歇後語原刊《中國諺語選》（蘭州：甘肅人民出版社，一九八一），頁二四六；轉引自譚永祥，《歇後語新論》，頁一五。

134 「鹽」在吳語音「ɦi」或「ɦie」，與「嫌」音「ɦi」同；錢乃榮，《當代吳語研究》，頁八〇〇；閔家驥、范曉、朱川、張嵩岳，《簡明吳方言詞典》，頁二三九。

也是譬喻和注解，而且又用了諧音雙關。寫廚娘，以舉隅法藉廚房裏的炊具火爐和淹漬醬菜來映襯其生活情境，再適當不過；同時又用此二喻來諧擬此婦貌寢，體胖膚黑，不惟無法吸引人，且令人嫌惡，與春花之誘人成強烈反比。

前面提過馮夢龍在《山歌》第二首〈睃〉的評語裏說過：「唐詩中如春蠶到死絲方斷，蠟燭成灰淚始乾之類，亦即此體。」（頁二）此體即以雙關隱語書寫且有本土風味的風人體詩。他又引了幼年時聽得的〈十六不諧〉，含蓄地說道「不知何義，其詞頗趣，並記之。」（頁二）其實馮夢龍豈有不知其義之理，唯因這十六不諧大膽地以隱語寫男女戀人偷情交歡的趣味，故馮氏閃避了明言其義的尷尬。最巧妙的是這十六句都是歇後語，文雖甚長，亦不煩贅引於下，俾便讀者瞭解馮氏在《山歌》第二首的批語中就介紹這鄙俚猥邪之民俗小曲，足見他深知歇後及雙關影語在描述男女之情時最擅長體現箇中情趣，故刻意介紹這首十六不諧：

一不諧，一不諧：七月七夜裏妙人兒來，呀！——正湊巧，心肝愛。
二不諧，二不諧：御史頭行肅靜牌，呀！——莫側聲。心肝愛。
三不諧，三不諧：瞎眼貓兒拐雞來，呀！——笊得緊。心肝愛。
四不諧，四不諧：姐在房中喫螃蟹，呀！——縮縮脚。心肝愛。
五不諧，五不諧：三歲孩兒搔背來，呀！——再上些。心肝愛。
六不諧，六不諧：珊瑚樹兒玉瓶裏栽，呀！——輕輕放。心肝愛。
七不諧，七不諧：外科先生用著雞蛋來，呀！——不要慌。心肝愛。

八不諧，八不諧：扳繒老兒上釣臺，呀！——曲曲背。心肝愛。
九不諧，九不諧：叫化老兒上船偷木柴，呀！——急急抽。心肝愛。
十不諧，十不諧：酒醉人兒坐險崖，呀！——莫要動。心肝愛。
十一不諧，十一不諧：魂靈人兒上戲臺，呀！——耍得好。心肝愛。
十二不諧，十二不諧：算命先生叫怪哉，呀！——死了罷！心肝愛。
十三不諧，十三不諧：搬碗碟的人兒慢慢來，呀！——不要丟。心肝愛。
十四不諧，十四不諧：郎在河邊等舡來，呀！——渡了罷！心肝愛。
十五不諧，十五不諧：耍孩兒撞落油瓶蓋，呀！——淌出來。心肝愛。
十六不諧，十六不諧：鸚哥兒飛上九層臺，呀！——下來罷！心肝愛。（頁二）

所謂十六不諧，不諧是「不諧當」、不妥，不便為人知曉之事。[135]以上十六行皆是比喻兼會意的歇後語，前半是譬喻作為引子起語，後半是注解語，也是目的語。整首歌曲描述黑夜偷情的程序，一韻到底。每行句末的「心肝愛」或許只是口頭語，但也令我們聯想起漢高祖於

[135] 「不諧當」一詞見《古今小說》第三卷〈新橋市韓五賣春情〉：「【吳山】便起身挽了金奴手道：『我有一句話和你說，這樁事卻有些不諧當，鄰舍們都知了，來打和哄，倘或傳到我家去父母知道，怎生是好。此間人眼又緊，口嘴又歹，容不得人。倘有人不愜氣，在此飛磚擲瓦，安身不穩。』」馮夢龍輯，綠天館主人評次，《古今小說》，頁二六四。

「七月七日臨百子池，作于闐樂，樂畢，【戚夫人】以五色縷相羈，謂爲相連愛」。136「相連愛」在曾慥《類說》引作「相憐愛」。137這種以五色縷相繫作鴛鴦帶的事未必在民間流行，但是七夕一般婦女仍常對月用彩線穿乞巧針。138「七月七夜裏妙人兒來——正湊巧。」七月七夜裏爲七夕乞巧，情郎來訪，故云妙人兒來得「正湊巧」。但因黑夜偷情，不妥，故不諧。「御史頭行肅靜牌——莫側聲。」「莫側聲」即「莫出聲」，因吳語「側」與「出」音同爲「ts'əʔ」。139以御史出行前有人持肅靜牌喝道，比喻俏俏地「莫出聲」，以免驚動他人。偷情本不妥，故不宜出聲。「瞎眼貓兒拐雞來——笊得緊。」笊篱是以竹篾或柳條編成網狀供撈物或瀝水的器具，因有「笊篱頭兒孵雞——小窩子蛋兒」這樣的歇後語，足見雞窩亦叫做笊篱。疑以瞎眼貓比喻摸黑偷情的郎君，有如瞎貓拐雞，慌慌張張，二人都很緊張。

---

136 劉歆（？—二三）撰，葛洪（二八四—三六三）錄，《西京雜記》卷三（台北：台灣商務印書館，一九七九），頁一二下。

137 宋·曾慥《類說》卷四載劉歆（？—二三）撰，葛洪（二八四—三六三）錄，《西京雜記》「相憐愛」條：「漢宮七夕臨百子池，以五色縷相羈，謂之相憐愛。」宋·曾慥《類說》，王叔岷編，《類書薈編》之十，以明嘉靖伯玉翁舊鈔本爲底本，取明天啟刻本校訂，第一冊，共十冊，（台北：藝文印書館，一九七〇），頁四上。

138 參閱姜彬主編，《吳越民間信仰民俗—吳越地區民間信仰與民間文藝關係的考察和研究》，頁四八六。按宋·曾慥，《類說》卷四載劉歆撰，葛洪錄，《西京雜記》「七夕穿針」條：「漢宮七夕穿針皆會于開襟樓，針皆七孔。」頁一下。

139 錢乃榮，《當代吳語研究》，頁三九三，四二八。

「姐在房中喫螃蟹——縮縮腳。」二人在房中交歡，藉螃蟹旁行側行喻郎君，縮腳喻姐兒在房中擺高縮腳姿勢。「三歲孩兒搔背來——再上些。」以三歲孩童搔背略嫌矮些，搆不著高處，不妥，故云：「再上些」，此乃郎君叫姐兒腳再縮高些。「珊瑚樹兒玉瓶裏栽——輕輕放。」以珊瑚樹栽在玉瓶裏得輕輕地放，比喻郎君行房動作仔細輕巧。「外科先生用著雞蛋來——不要朚。」「朚」疑雙關，「朚」為蛋黃，[140]一則影射外科先生用雞蛋，「不用朚」諧音「不用黃」，不用蛋黃，只用蛋清，即以蛋白比喻二人皆必須先分泌潤滑液，才便於享魚水之歡；又疑「不用朚」諧音「不用慌」。「扳罾老兒上釣臺——曲曲背。」以漁翁彎著背在釣臺上用罾網捕魚，比喻郎君在床上彎著背之姿勢。「叫化老兒上船偷木柴——急急抽。」以乞丐上船偷木柴急著抽取免得人發現，比喻郎君作愛之動作，由於是偷情，不能從容，必須快，只得「急急抽」。「酒醉人兒坐險崖——莫要動。」應是指換以坐姿行房之動作，以「酒醉人兒坐險崖——搖搖擺擺」來比喻其身體搖擺不穩，故郎君謂「莫要動」。「磈礧人兒上戲臺——耍得好。」以戲臺上演牽絲傀儡戲，比喻二人配合得好，郎君擺布姐兒擺得巧，整齣戲演得好看。值得注意的是這句話顯然意味著視角的轉移：將敘事觀點由男女當事者之觀點跳至第三人稱旁觀者的敘事觀點，賦予這首歌觀看偷窺二人作愛之趣味。「算命先生叫怪哉——死了罷！」以算命先生算到凶死的命盤大叫「怪哉！」比喻姐兒嬌嗔哼叫

---

[140] 按「朚」，同「荒」；據《吳方言詞典》引清．王有光《吳下諺聯．坍黃》：「黃字，吳音與荒字多混。蛋、蟹中黃，反稱爲荒。」詳見吳連生、駱偉里、王均熙、黃希堅、胡慧斌編著，《吳方言詞典》，頁三二一。

「死了罷！」「搬碗碟的人兒慢慢來——不要丟。」以搬碗碟的人輕手輕腳，深怕丟破碗碟，比喻慢慢來勿急於達到高潮。「郎在河邊等舡來——渡了罷！」疑以情郎在河邊等船來渡河，比喻姐兒云：「渡了罷！」，且渡又暗示超渡、超脫至西天極樂世界之意，與前句「死了罷！」相呼應。「耍孩兒撞落油瓶蓋——淌出來。」「耍孩兒」疑雙關：[141]一以郎君戲姐兒猶如撞落油瓶蓋而油流出來，比喻郎君射精。二則不知與七夕泥娃娃是否有關？中國自先秦即有木雕泥塑玩偶，南宋以來凡七夕節皆流行用木雕或泥塑娃娃「摩睺羅」祈求吉祥；[142]明代江浙一帶泥塑娃娃玩具特盛，更爲普遍，七夕市上皆販售「摩睺羅」這種象徵婦人宜男的泥塑娃娃，江南稱「巧兒」。[143]「鸚哥兒飛上九層臺——下來罷！」以「鸚哥兒飛上九層

---

[141] 因「耍孩兒」爲明代民間曲調名，明人選輯《玉谷調簧》中收有廿多首；同時「耍孩兒」也是流行於山西北部和內蒙古一帶之地方戲，又名咳咳腔或嗨嗨調。不知是否有意藉「耍孩兒」諧擬，取其「咳咳」或「嗨嗨」之音來象徵喘噓噓。羅竹風等編，《漢語大詞典》第八冊（北京：漢語大詞典出版社，一九九一版；一九九四二刷），頁七八〇。

[142] 吳自牧，《夢粱錄》卷四「七夕」條，收入孟元老，《東京夢華錄》外四種重印本，頁一五九—一六〇。周密（一二三二—一二九九？或一三〇八？），《武林舊事》卷三：「七夕節物，多尚果實、茜雞，及泥孩兒號『摩睺羅』，有極精巧，飾以金珠者，其直不貲。併以蠟印鳧雁水禽之類，浮之水上。婦人女子，至夜對月穿鍼。餖飣杯盤，飲酒爲樂，謂之『乞巧』。」又一條云：「七夕前，修內司例進摩睺羅十卓，每卓三十枚，大者至高三尺，或用家牙雕鏤，或用龍涎佛手香製造，悉用鏤金珠翠。……」周密，《武林舊事》，收入孟元老，《東京夢華錄》外四種重印本，頁三八〇—八一。

[143] 有關明清泥塑土偶、泥塑孩兒在民間大量流行，在民間日常生活與民俗文化裏相當重要。參閱姜彬主編，

臺」比喻二人同登高潮後，躺下休息。歸納這首歌謠的意象有三大類：一為運用動詞「偷」、「拐」顯示不正當的偷情行為，遂凸顯使用「諧隱」的必要性。二為用老翁與孩兒這有趣的對比，比喻行房的各種意象，耍孩兒與牽絲傀儡更把這歌曲內容的遊戲趣味發揮到極致。三為用飲食男女來比喻房事，諸如姐吃螃蟹、酒醉人兒；至於性器官則以粗俗的油瓶、雞蛋和較雅的珊瑚樹兒、玉瓶暗喻。這種種意象都是直接從生活經驗中取材，因寫私情和偷情之歡娛，有諸多顧忌不便，故名為十六不諧；然而各式各樣的隱喻影射皆詼諧有趣，故十六不諧這名稱本身似乎又是隱語，兼關十六諧。

陸、結論

劉勰《文心雕龍・諧讔》爬梳中國在南朝以前的幽默文學，肯定「諧辭讔言」自有價值，不宜輕忽。他提到諧讔是俳優滑稽者的調笑嘲諷長技。所謂詼諧，當「辭淺會俗」，令眾人悅笑。也論及譎譬指事、遯辭隱意的隱語，可以和諧辭相為表裏。而隱語在魏以後衍生出謎語。劉氏勾勒出的中國這種幽默傳統的輪廓，在馮夢龍編的《掛枝兒》、《山歌》裏仍被遵循：第一、我們看到這兩本歌謠集的俚語、俗諺、詠物和歇後都常用諧音雙關，充分發揮了通俗文學諧隱、風趣的特色；而詠物的體物寫情是物我合一與情景交融，這種複合結構的經營戲耍遠比修辭上的雙關複雜，它具備了近似「諧擬」(parody)的功能。無論將物比

《吳越民間信仰民俗—吳越地區民間信仰與民間文藝關係的考察和研究》，頁四八六，五三七—四一。

擬人或人翻轉爲物，都是人自身力量之延伸，突破身心之疆界，或賦予物品聲口情志，或藉物形、物性托喻情欲，如此作者可極盡馳騁聯想之能事。讀者亦當致力解讀擬仿之作與其擬仿對象間之關係，掌握諧趣的關鍵。第二、馮夢龍在《掛枝兒》卷九謔部〈山人〉及《山歌》卷一私情四句〈月上〉之批語咸引了笑話；此外，他在《掛枝兒》卷八詠部〈墨斗〉之批語內引了秦少游、蘇東坡製墨斗謎之趣事，在同卷〈磨子〉之批語記《雪濤外集》所載各類謎語。凡此證明馮氏在蒐集與編輯時，深悉部份歌謠、俚諺、歇後、謎語皆爲遊戲文學，常藉諧隱之晦密掩蔽、回環吞吐，引人入勝。這可反映晚明部份士人庶民「情有所寄」的生活態度，以及「人的文學」之眞趣。

本文試圖分析明代歌謠集《掛枝兒》與《山歌》中的詼諧性，全文詮釋有意彰顯調笑戲謔與道德勸說間若隱若現的依違關係，打趣與說理彼此的矛盾看起來似乎不可化解，其實馮夢龍整理民間文學工作時便是秉持「以笑療腐，以痴趣破認眞」的原則。[144]這策略在李漁的作品與包璿的敘裏依稀見其神髓。包璿爲李漁全集所撰〈李先生《一家言全集》敘〉說明了頑笑趣味乃是別出一格、最高造詣的教化手法：[145]

---

[144] 陳萬益先生語，引自陳萬益，〈馮夢龍「情教說」試論〉，頁二九七—三〇七，三〇五。

[145] 此段引文標點依據浙江古籍點校本，引文則依據馬漢茂編清刊本《李漁全集》，點校本「遊」又作「游」，「都」作「多」，凡「於」皆作「于」，「瞶」作「聵」。詳李漁，《李漁全集》，馬漢茂（Helmut Martin）編，頁九—一七；李漁，《李漁全集》，王翼奇、單錦珩、吳戰壘等點校（杭州：浙江古籍出版社，一九九二），頁一。

笠翁遊歷遍天下，其所著書數十種，大都寓道德於詼諧，藏經術於滑稽，極人情之變，亦極文情之變。不知者以爲此不過詼諧滑稽之書，其知者則謂李子之詼諧非詼諧也，李子之滑稽非滑稽也。當世之人盡聾聵矣，吾欲與之莊語道德固不可，既欲與之莊語經術復不可，則不得不出之以詼諧滑稽焉。……《詩》何以不刪鄭、衛也，《春秋》何以有特筆，定、哀何以多微詞，此何一非聖人之詼諧滑稽乎？故使李子生於春秋，登仲尼之堂，入仲尼之室，自無道桓、文之事；使聖人生於今日，而拘拘守一先生之言，深衣幅巾，正色莊語夫人曰：「此爲道德」、「此爲經術」，吾知愚者聽之無不臥，才者聽之無不拂衣起走。然則笠翁雖欲不詼諧滑稽不可得矣！

要之，包璿認爲「詼諧滑稽」實有必要，因爲對一般人不可用莊語正色來規勸責備。連古代聖賢亦不好說教，鄭衛淫音與春秋的微言大義乃聖人的不經之語。無趣的道德勸說令人走避，故因材施教，得視對象之才性調整，所謂「維士與女，伊其相謔。」（《詩經．鄭風．溱洧》）在閨幃內嘻笑戲謔再自然不過。這種順應自然、合乎人情的文學觀與馮夢龍的情教說聲氣相應。馮夢龍的《掛枝兒》與《山歌》可看出他比起劉勰、包璿、李漁等大概更大膽[146]，站在

[146] 因爲即使從事民俗研究的學者，例如鍾敬文於民國十四年編採蛋歌中的鹹水歌，仍不免認爲「這種歌，因爲表現上過於直率之故，所以必至的流弊，就是鄙野與猥褻。雖然不過僅限於小部份，但總不能不算是牠的一個缺點了。」見鍾敬文，〈中國蛋民文學一臠——鹹水歌〉，鍾敬文採編，劉大白撰序，《蛋歌》，國立北京大學中國民俗學民俗叢書（台北：東方文化書局，一九七二），頁九四—九五。

「借男女之眞情發名教之僞藥」的立場上，他只在乎是否合人性？至於其莠言隱語，蓋其餘事。

明代陳靖姑傳說試探

陳兆南

壹、前言

中世紀以來福建一帶的居民，擁有豐富的民間信仰，明馮夢龍治壽寧時，就曾感慨說：

> 俗信巫不信醫，每病必招巫師迎神。❶

清人梁章鉅也說：

> 吾鄉多淫祠，凡人家疾病災殃，四出祈禱，率多荒誕不經。❷

黃仲昭弘治四年（一四九一）刊《弘治八閩通志・卷五十八・祠廟志序》云：

---

❶ 見馮氏《壽寧待志》（上海：上海古籍，一九九三年）頁一二。

❷ 見梁氏《退庵隨筆》卷十（臺北：新興出局，一九八七年）頁二五四。

閩俗好巫尚鬼，祠廟寄閭閻山野，在在有之。其間祀典所載，及禮所宜祀者，無容議矣；其有肇自古昔，功業雖不甚著，而載之舊志者，亦不可棄；其他妖妄不經，悉在所當去，以祛誣惑。

編者黃仲昭雖已刪去了許多「妖妄不經」的淫祠不錄，但他仍保留了高達五百一十六座的祠廟記錄❸（見表一），豐富的民間信仰，更創造了神祇與富饒的民間傳說。

與林默娘併稱福建兩大女神的陳靖姑❹，她的傳說咸信也在明代時獲得長足的進展。因爲道教研究者指出宋、元以來，皇室對道教的正面態度❺使道教的發展神速，這一宗教發展史的背景，對陳靖姑傳說的影響，可謂不小，惟學者雖有此認知，卻未能清楚說明此時傳說的發展變化❻，本文將試圖結合明代方志及筆記的文獻資料，描繪明代陳靖姑傳說的變化。

---

❸ 引自《弘治八閩通志．卷五十八．祠廟》，第三二一八頁。明代福建方志著錄全境的祠廟詳略不一，而黃仲昭《弘治八閩通志》是知見的閩方志中最詳著者。茲於表一統計閩地全境的祠廟記錄，並附載有陳靖姑的祠祀記錄於備註。

❹ 郭伯蒼《竹間十日話》卷五云：「閩多女神，國朝祀典，女神僅二，莆田天上聖母、古田臨水夫人也。」

❺ 宋元時期道教的發展，得力於皇室的協助。如宋徽宗、元世祖忽必烈等，他們賜封道教神祇，禮遇道士的事蹟，都激勵了道教信徒。參見窪德忠《道教史》第五章「道教的新發展與舊道教」，蕭坤華譯，上海．譯文出版社，一九八七年七月，二二一—二四五頁。莊宏誼《明代道教正一派》（臺北．學生書局，一九八六年一一月）第二—四頁。

❻ 徐曉望《福建民間信仰源流》（福州．福建教育出版社，一九九三年一二月）第五章第三節「臨水夫

人」，三二九—三四八頁。徐文曾發表〈臨水夫人考〉，見《海峽兩岸文化交流史料》第 輯（福州・華藝出版社，一九九〇年）

表一：明方志所見祠廟統計與陳靖姑信仰記錄

地名（府州）	地名（縣）	數量	備註
福州府	閩縣	20	
	侯官縣	10	
	懷安縣	20	
	長樂縣	7	
	連江縣	11	
	福清縣	15	
	古田縣	9*	*有順懿廟，《萬曆福州府志》卷十八古田縣云在縣東三十里。
	永福縣	7	
	閩清縣	7	
	羅源縣	7	
福寧州	福寧州	19*	*有順懿廟。《萬曆福寧州志》卷二云在西門外，廟名順濟宮，成化16年建。
	寧德縣	7	
	福安縣	8**	** 有順濟行祠。《萬曆福寧州志》卷二云在一都洋頭，正統初重建。《萬曆福安縣志》卷二云封崇福太后元君。
建寧府	建寧府	22	
	甌寧縣	11	
	浦城縣	10	
	建陽縣	17	
	松溪縣	6	
	崇安縣	8	
	政和縣	11	
	壽寧縣	1	
延平府	南平縣	12*	*《嘉靖延平府志》卷十三載此地有順懿行祠
	將樂縣	5	
	尤溪縣	5**	**《嘉靖延平府志》卷十三載尤溪縣有順懿廟
	沙縣	19	
	順昌縣	3	
	永安縣	2***	***《萬曆永安縣志》卷八載有臨水堂
汀州府	汀州府	18	
	寧化縣	3	
	上杭縣	5	
	武平縣	2	
	清流縣	5	
	連城縣	4	
	歸化縣	3	
	永定縣	1	
邵武府	邵武府	16	
	泰寧縣	4	
	建寧縣	3	
	光澤縣	3	
興化府	莆田縣	47	
	仙遊縣	21	
	平海衛	3	
泉州府	晉江縣	35	
	南安縣	7	
	同安縣	6	
	德化縣	1	
	永春縣	5	
	安溪縣	3	
	惠安縣	2	
	永寧縣	2	
漳州府	龍溪縣	19	
	漳浦縣	5	
	龍巖縣	4	
	長泰縣	2	
	南靖縣	4	
	漳平縣	2	

貳、本　文

一、十世紀——魔法女陳靖姑

陳靖姑的傳說，源起十世紀末期的史事，清吳任臣《十國春秋·卷九十九·陳守元傳》附〈靖姑傳〉云：

靖姑，守元女弟也。常餉守元於山中，遇餒嫗，發簞飯飯之，遂授以秘籙符篆。與鬼物交通，驅使五丁，鞭笞百魅。永福有白蛇爲孼，數害郡縣，或隱跡宮禁，幻爲人形。惠宗召靖姑驅之，靖姑率弟子作丹書符，夜圍宮，斬蛇爲三，蛇化三女子，潰圍出，飛入古田井中。靖姑圍井三匝，乃就禽。惠宗著詔曰：蛇魅行妖術，逆天理，隱淪後宮，誑惑百姓。靖姑親率神兵，服其餘孼，以安元元，功莫大焉。其封靖姑爲順懿夫人，食古田三百户，以一子爲舍人，靖姑辭讓食邑不受，乃賜宮女卅六人爲弟子。後數歲逃居海上，不知所終。[7]

[7] 引自吳著《十國春秋》卷九十九，《影印文淵閣四庫全書》（臺北·臺灣商務印書館·一九八三年）第四六六冊，二四二—二四三頁。

守元爲閩縣人，五代時的道士，受閩主王璘（即惠宗）的重用，而且權傾一時，但是據吳著《十國春秋》本傳所云，陳守元的道法與稟賦是大有問題的。他不僅利用「左道」取信于閩二主惠宗、康宗，操控君位的繼承，又將國家的人事任免權、法律等權力一手獨攬，並利用此特權收取賄賂，唆使皇室朝廷耗費鉅資，鑄造惠宗與李耳的純金塑像，建造三清殿祀之。後王昶通文末年（937A.D.）皇室發生政變，守元身爲國師卻化妝潛逃，致途中遭亂兵殺死❽。此外《十國春秋》譚紫霄（峭）傳稱譚氏道法得自陳守元的無知，文云：

> 守元斲地得木札數十，貯銅盎中，皆漢張道陵符篆，朱墨如新藏，棄而不能用，以授紫霄，紫霄盡皆通之。❾

《虞皋傳》又稱守元因瞧不起虞皋，錯失仙隱授法的機會，都說明了史家對陳守元的否定態度。

吳任臣編《十國春秋》的態度是嚴謹的，阮元《四庫全書總目提要》說明他爲了彌補歐陽修《五代史》時略而不詳的缺點，所以：

---

❽ 道士陳守元亂閩本末，另參見司馬光《資治通鑑》（臺北：文化圖書公司，一九七四年三月）卷二七七後唐紀六．長興二年，至卷二八二後晉紀．天福四年，一九二九—一九六〇頁。

❾ 前引書，卷九十九，《影印文淵四庫全書》第四六六冊，二四三頁。

> 採諸霸史、雜史及小說家言，並證以正史，彙成是書。……其諸傳本文之下，自爲之註，載別史之可存者……其於舊說虛誣，多所辨證。⑩

吳氏的陳靖姑史料，其實來自明人輯的《晉安逸志》，此書今逸，這則史料尚見存於明人徐渤輯錄的《榕陰新檢》⑪，茲將在後續的討論說明之。唯吳氏剪裁此事入史，除了說明陳靖姑實有其人以外，更企圖表現她不同於其兄的異能和識見，而且她不濫用法力爲己謀私，甚至推辭官府的犒賞，隱遁海上。史家記載明顯的貶兄褒妹，影響到日後這一對魔法兄妹的傳說地位了嗎？

我們不能肯定，是否閩人不能原諒哥哥的行爲？抑或是這對兄妹一死一隱的行跡，日後的閩人遺忘他們的異能？然而不論理由爲何，事實是——宋、元以來他們崇奉陳靖姑的態度，一直很保守。不但陳靖姑的信仰圈⑫不及晚出的林默娘，即便是建廟樹碑的記錄，也寥

⑩ 引自阮元等《四庫全書總目提要》（臺北．漢京文化事業公司．一九八一年）卷六十六．史部．載記類，三七八—三七九頁。

⑪ 引自徐渤輯《榕陰新檢》（上海．上海古籍出版社．一九九五年）卷六．方技，一a—三a頁。此書有萬曆三四年（1606a.d.）吳洵美的序。

⑫ 表一載明代方志登錄的陳靖姑祠廟，集中在以古田縣爲中心的閩北區域；但到了漳泉地區，就要等到清代的方志才見記錄。柳田國男的傳說圈理論，於此得到充份的印證。

落得很。十三世紀初，南宋理宗寶慶年間（1225-1227A.D.）晉江人洪天錫任古田縣知縣⑬，曾撰寫碑文記其事本末，這恐怕是目前最早的記錄了⑭。如果我們假定閩王朝的亡國（945A.D.）與陳靖姑隱跡海上的可能原因有關⑮，那麼我們也能理解十世紀以來，陳靖姑傳說只在民間信仰者間默默沉潛的原因。信奉者對她的傳說，如同對其他福建的魔法女的傳說一般，即便是廣受民眾熟悉⑯，卻只停留在驚嘆魔法女的異能崇拜而已。

二、十四世紀——女神順懿夫人

陳靖姑傳說何時脫離魔法女傳說，雖然難以精確的評估，不過僅存的資料顯示到元季（一

---

⑬ 陳鳴鶴的《東越文苑》卷五：「洪天錫，字君疇，晉江人，寶慶二年進士，為監察御史。好直言骨鯁，中貴人嬖幸者皆恐，毋敢縱，然亦以此不得立朝與論議。度宗即位，累擢之不起，最後召為刑部尚書，詔守臣趣之，既而，進顯文閣直學士御札。日至，終不起。所著有《味言發墨》《楊巖文集》。」（一七b頁）

⑭ 張以寧《臨水順懿廟記》稱洪天錫著有碑文，但他的碑文今日也亡逸。

⑮ 閩王朝於西元九四六年為南唐所滅。我假定閩王朝的亡國與陳靖姑遁隱有關，因為閩王朝的另一位得寵的道士譚紫霄，也在閩亡後棲隱於廬山。見《十國春秋》卷九十九，一四a頁。

⑯ 典型的例子是馬仙信仰。馮夢龍《壽寧待志》「香火」條云：「民間佞佛者，男奉三官，女奉觀音……唯馬仙則不問男女，咸虔事焉。馬仙者，建安將相里人，俗名馬五娘，適人一年而夫亡，誓不嫁……一日欲渡溪，值暴漲，乃仰傘水面，乘之以濟，見者異焉。……值天旱，鄉人與迎，祈雨立應。姑死畢葬，白日飛昇。」（一二頁）

三六七年）的時候，她已經朝向一個女神化的傾向發展，因此，南宋到元朝末年兩個世紀間，成爲可能的關鍵時期。這段期間的載記並不多，包括了三則直接的記錄與兩則可能的記錄。三則直接記錄，包括了南宋洪天錫撰的碑文、元人張允明的《卷憶妙記》與元人張以寧的《臨水順懿廟記》；兩則可能的記錄爲《晉安逸志》的記載以及被《新刻出像增補搜神記大全》遂錄的《楓涇雜錄》。洪天錫碑文今逸，張允明的《卷憶妙記》卻苦覓未得⓱，茲僅就此五則記載，說明期間發展出兩系陳靖姑傳說。

《晉安逸志》與《楓涇雜錄》兩則可能的記載，他們均未表現出與其他明末陳靖姑傳說記錄的一致性，反而都保留了陳靖姑傳說魔法女部分的特徵。如他們記載了陳靖姑的靈異能力，像《楓涇雜錄》稱她小時就具預言的能力、化紙、木的物體爲有生命的蝶鳶。《晉安逸志》也稱她受到魔法家族傳統與魔法老嫗的教導，得到上乘的道法，起死回生，收伏女鬼和虎精。《晉安逸志》和《楓涇雜錄》的記錄，說明了信仰者仍流傳著一些舊系的陳靖姑傳說，雖然這些傳說被指爲荒誕不經的。茲附其文於後《晉安逸志》云：

陳靖姑，閩縣人，五世好道。靖姑少孤，與其兄守元力田牧畜，守元食牛山中，靖姑餉而遇餒嫗，即發其簞飯

⓱ 日人廣田律子稱張著《卷憶妙記》爲陳靖姑傳說的首見者，參廣田律子〈中國女性神祇及其藝術表現〉，收《夫人戲：陳靖姑地方神研究資料之一》（浙江：日本國中國民俗研究會等，一九九三年九月）四頁—九頁。

之，別以已食進兄。嫗因托身焉，靖姑母事之，不敢有缺。嫗病蛆，靖姑跪而吮之，無何，嫗死，靖姑爲棺殮畢葬。一日守元出，靖姑爲守牛，渡牛而溺。忽見紫府嚴麗，前時餒嫗雲衣月披，迎立而笑曰：「兒來何遲？」遂授以神篇秘籙。

居歲餘，見靖姑於寶皇，寶皇大悅，乃拜眞官得主、地上鬼神。賜鶴馭歸家。守元見之大恐曰：「妹既已爲魚鱉餌矣，何遽如許？」靖姑告之故，乃竊發嫗塚，但衣被而已。于是，爲靖姑再拜求其術，願得通籍金闕，望見寶皇顏色。靖姑上書請之嫗，嫗報曰：「上下有等，幽顯有章，道俗有別，神之紀也，而兄凡品也，安取禮而見上帝？無已，得授方列于漢文成、五利之屬，足矣。」其後守元以方得幸于閩王鏻父子，封天師，賜甲第車馬帷幄器物，爲之築壇，築黃金爲寶皇，奉祠之。

靖姑既善符籙，遂於鬼物交通，驅使五丁，鞭笞百魅。嘗詣郡城，道遇荒塚，得遺骸，卷以簀而禁之，須臾肉骨起拜曰：「妾緜王宮人也，姓班氏，不知易幾世矣，嫗實生我，請得以身事嫗，備除門之役所甘心焉。」靖姑遂畜爲弟子。鄉有虎魅，能變形爲人，靖姑劾系降之，使爲遠遊前驅。

永福有白蛇爲魅，數爲郡縣害，或隱形王宮中，幻爲閩王后以惑王，王及左右不能別也。王患之，召靖姑使驅蛇，靖姑率弟子爲丹書符，夜圍王宮，蛇化爲三女子，潰圍飛出，靖姑因驅五雷，追數百里，得其首於閩清，得其尾于永福，各厭殺之。其頭奔入古田臨水井中，于是靖姑乘勝從他道馳入古田，圍井三匝，蛇乃就女人服，繫頸自縛，箭貫耳、抱馬足請降。諸弟子或言誅蛇，靖姑曰：「蛇千歲之精，亦天地一氣，且已降服又殺之，非太上好生之意。」乃以蛇屬部伍，使長居井中，還報閻王。閻王曰：「蛇魅行妖術，逆天理，隱淪後宮，誑惑百姓。斧鉞所不能傷，虎狼所不避，今靖姑親率神兵，斬首級，服其餘孽，以安元元，功莫大焉。」其封靖姑爲順懿夫人，食古田三百戶，以一子爲舍人。靖姑辭讓食邑不受，乃賜宮女三十六人爲弟子，建第臨水，使者存問，相屬于道。後數歲，靖姑逃去，隱居海上。（徐渤《榕陰新檢》卷六．女道除妖）

但十三世紀後陳靖姑的信仰群中，有些信徒不甘如此的沉寂而頗思振作。南宋寶慶（1225-1227A.D.）年間，福建古田縣陳靖姑祠廟的建立，無疑是期間最重要的事。古田縣的廟宇被視爲陳靖姑的祖廟，古田縣也是陳靖姑傳說圈的核心。這座主祀陳靖姑的廟，由一位地方新科進士洪天錫所刱廟，雖然洪的碑文不存，未能進一步的觀察而略顯遺憾，但這位正直的官員願爲執役興建的實情，顯示陳靖姑信仰群顯著發生變化——這座首度由具政經地位的官員加入興建的祀廟，其祀神自非淫祠之屬。這情形後來到至正七年到八年（1347—1348A.D.）重修陳靖姑廟時，陳靖姑信仰群往上階層發展的軌跡愈顯。元代重修古田籍耆老張以寧（1301—1394A.D.）⑱撰《臨水順懿廟記》以記其事。全文云：

古田東去邑三十里，其地曰臨川，廟曰順懿，其神姓陳氏，肇基於唐，賜敕額於宋，封順懿夫人。英靈著於八閩，施及于朔南，事始末具宋知縣洪天錫所樹碑。

---

⑱ 張以寧字志道，古田人。有俊才，博學強記，人稱小張學士。泰定中以春秋舉進士，官至翰林侍讀學士。明滅元，奉史安南，家於古田縣翠屏山下，學者稱爲翠屏先生。

皇元既有版圖，仍在祀典。元統初（一三三三—一三三四年），元浙東宣慰使都元帥李允中寔來謁廟，瞻顧咨嗟，曾廣其規未克就緒。及至正七年（一三四七年），邑人陳遂嘗椽大府，慨念厥初，狀神事蹟，申請加封廉訪使者親覈其實。江浙省臣繼允所請，上之中書省，眾心顒顒，翹俟嘉命。

會遂以光澤典吏須次於家，於是致力廟宮，祇迓殊渥。帥諸同志請于監邑承務公觀，由典史魏、薛上下翕合，抽俸倡先，雄貲鉅產，聞義悅從，禬禳祈禱，遠邇來者，懽忻樂施。遂斥金緒、鳩工徒，新作香亭外內者二六，神祠生成宮各一，重修儀門，前殿後寢梳妝之樓，下馬飲福之亭，像設繪飾，丹漆杇槾之工，咸極精緻。前瓮石垣以翼龍首，後浚水渠以殺潦勢，又闢生祠以報承務公之德。經始于丁亥（一三四七），迄戊子（一三四八）春落成，狀麗輝煥，怵心駭目。邑之耆老敬祭聳觀，以爲有廟以來，未觀斯盛。殆山川炳靈，明神垂鑒，待人與時勃然奮興者也，請爲記之。以寧惟吾閩之有神，光耀宇內，若莆之順濟漕海之人，恃以爲命，有功於國家甚大，綸音薦降，褒崇備至，今順懿夫人禦災捍患，應若影響，於民生有德，豈淺淺哉？廷議必有處矣。遂也能出心力，因時建績，民不勞勩，亦可謂難已。遂記其事，且繫以詩曰：

瞻彼臨川，新宮峨峨，六珈象服，如山如河；
維帝好生，神能大之，維民敬祀，遐不愛之；
峨峨新宮，鎮彼臨川，維子赴母，人心同然；
粳稻滿家，既多牲酒，神人具驩，疵癘罔有；

不恤不殰，民生振振，於千萬祀，事我明神。

洪武乙丑（一三八五年）歲春正月吉旦；邑人張以寧撰。⑲

元末參與重修古田祖廟的陳靖姑信仰群，包括了現任的朝廷中央官員、地方官員與仕紳的情形，並不是孤例。入明之後，屢見其事。福寧州的成化二年（1466A.D.）峻工的陳靖姑廟，是州判與仕紳的重修⑳。福安縣的順濟行宮，也是正統（一四三六—一四六八）間完成的㉑。雖然也有部份的地方官員的毀淫祠措施㉒，但多數的地方政府已經沒對陳靖姑信仰持負面意見。因此陳靖姑信仰群的結構變化，對陳靖姑的傳說產生什麼影響呢？從下表的六項主題情節分析結果看來，包括誕生、魔法、試煉、除妖、結局、神跡顯靈的傳說，都有很大的改變。

表二：明代文獻陳靖姑傳說情節分析表（見次頁）

---

⑲ 引自《萬曆古田縣志·卷十二·藝文志》二七b—二八b頁，此文亦見錄於辛竟可等修乾隆一六年刊《古田縣志·卷五·壇廟》一三b—一四a頁。但文後的題記省略不錄。

⑳ 參見史起欽《萬曆福寧州志·卷二·祠祀志》，第六五頁。

㉑ 參見陸以載纂《萬曆福安縣志·卷二·祠祀志》，第一三四頁。

㉒ 參見鄭慶雲等纂《嘉靖延平府志·卷十三·祠祀志》，第六二三—六三〇頁。載縣主毀淫祠。

表二：明代文獻陳靖姑傳說情節分析表

情節類型 ＼ 傳說性質		X-情節描繪傳說	Y-解釋性傳說
甲、誕生故事	a 仙緣血緣	ax-1 觀音指甲投胎所生（繪圖搜神）	ay-1 天妃之妹(五雜俎) ay-2 陳林李氏三神（林記）
	b 人間家族	bx-1 兄陳二相，義兄陳海清（繪圖搜神） by-2 嫂（福寧乙志）	by-1 父昌母葛氏(晉安／閩書／福寧乙志／福州／繪圖搜神) -1.1 祖玉夫昌母葛氏(古田) by-2 孤兒（晉安） by-3 夫劉杞(八閩1／古田／福寧乙志／福州) by-4 未婚而歿（出像搜神）
	c 出生時地	cx-1 唐大曆元年正月十五（繪圖搜神）	Cy-1 唐大曆二年(閩書／八閩1／　古田／福寧乙志／出像搜神)
	d 異象徵兆	dx-1 祥光、異香及群仙護送的金鼓聲(繪圖搜神)	
乙、魔法故事	e 法術類型	ex-1 驅五丁、百魅、五雷（晉安） ex-2 丹書符（晉安）	ey-1 傳廬山術（福安） ey-2 符籙驅使鬼神（晉安）
	f 法術來源	fx-1 老嫗傳法（晉安） fx-2 閭山洞主傳度（繪途增神）	
	g 預卜未來		gy-1 先事言有無（出像搜神）
	h 點木成兵		hy-1 剪紙爲蝶囓木爲馬（出像搜神）
	i 辟穀		iy-1 辟穀術（出像搜神）
丙、試煉	j 溺水	jx-1 助兄放牛溺水死（晉安）	
	k 流產	kx-1 脫胎祈雨秘洩致死（古田／福寧乙志）	
丁、鋤妖伏魔	l 除蛇精	lx-1 收服閩王宮的蛇怪（晉安） lx-2 殺臨水白蛇洞蛇妖（閩書／古田／福州） -2.1 古田蛇妖爲害，兄二相收蛇精被困，靖姑學法，破妖法救兄（繪圖搜神） lx-3 蛇有異稟不死，鄉民祀靖姑（繪圖搜神）	

	m 收虎精	mx-1 收虎魅爲前驅（晉安）	
	n 納鬼魂	nx-1 收孤魂爲弟子（晉安）	
戊、結局	p 王室封賞	px-1 封食邑不受（晉安） px-2 賜宮女 36 人爲弟子（晉安）	py-1 閩王封爲順懿夫人（晉安） py-2 宋淳佑封爲順懿夫人（古田／出像搜神） -2.1 宋淳佑賜號順懿，封慈濟夫人（福州） py-3 封爲崇福廣利太后元君 py-4 唐憲宗封爲順濟（福寧乙志） py-5 唐王敕封都天鎮國顯應順意大奶夫人（繪圖搜神）
	q 隱居	qx-1 隱居海上（晉安）	
	r 殉職	rx-1 秘洩流產（古田） -1.1 嫂嫂窺其作法秘洩流產致死（福寧乙志）	
己、神跡顯靈故事	s 解救產難	sx-1 匿名除蛇救徐清叟家產婦（閩書／古田） sx-2 救後唐王后產婦（繪圖搜神）	sy-1 保胎（五雜組／繪圖搜神） sy-2 催生護幼（繪圖搜神）
	t 祈雨		ty-1 祈雨（八閩 1／古田）
	u 求子嗣		uy-1 求嗣續（八閩 1／古田／福寧　　乙志／五雜組）
	v 治療痘疹		vy-1 保兒痘疹（福寧乙志）
	w 航海庇護		wy-1 海上祠祀（五雜組）
	x 浮木蓋廟	xx-1 蓋廟工程受阻，大水協助運大木，完成廟宇（林記）	

文獻來源代號：

（林記）明林一寧《臨水宮記》撰，引自民國八年李熙修《政和縣志》卷二二。

（五雜俎）謝肇淛撰《五雜俎》卷一五。

（福寧甲志）明殷之輅、朱梅編纂萬曆四二年刊《福寧州志》卷四。

（福寧乙志）明史起欽、林子燮編纂，萬曆二一年刊《福寧州志》卷二。

（八閩一）明黃仲昭編，弘治四年刊《弘治八閩通志》卷五八。

（古田）明劉曰暘、陳薦夫編，萬曆三四年刊《萬曆古田縣志》卷一二。

（閩書）明何喬遠編，萬曆四四年刊《閩書》卷一四七。

（福安）明陸以載編，萬曆二五年刊《萬曆福安縣志》卷二。

（福州）明喻政修編，萬曆四一年刊《萬曆福州府志》卷一六。

（晉安）明無名氏編《晉安逸志》，收徐渤萬曆三四年刊《榕陰新檢》卷六。

（繪圖搜神）元明間刊《三教源流聖帝佛祖搜神大全》，王秋桂《中國民間信仰資料彙編》第二種

（出像搜神）明萬曆二一年刊《新刻出像增補搜神記大全》，王秋桂《中國民間信仰資料彙編》第三種

※　※　※

其犖犖大者，則如下數事：

第一、陳靖姑生于唐朝大曆初年間（七六六或七六七年），較陳守元早生一百多年。

第二、陳靖姑為了黧民蒼生的苦難，她冒著懷孕的風險作法祈雨，雖然獲得回應，卻不幸流

產而死，臨終前仍憾恨不已，宣稱死後將爲產婦守護神。

第三、陳靖姑的死後仍顯靈異，屢次顯聖救護受災厄的皇室和平民婦女。

第四、陳靖姑的事蹟不僅生前已受皇室的禮遇，後來也迭受歷來君主的賜封。神格化後的陳靖姑傳說，不但完全擺脫了與陳守元的關係，更選擇了對抗瘟疫的恐懼和生育的痛苦，做爲陳靖姑傳說發展的後續方向。十三世紀以後的陳靖姑傳說是一個嶄新系統的魔法女傳說，換言之，傳說本身出現了分裂現象。

三、十五世紀—女神陳、林、李夫人組合神

陳靖姑的信仰發展到明代晚期，不止在神格上起了變化，而且在神祇的結構上，也發生從單一神祇擴大到組合神的跡象，林一寧〈臨水宮記〉云：

> 臨水宮在順令門外百步許，祀順懿夫人陳、林、李氏三神於中，○禳祈禱，應若影響，且當周道，矚目者眾。邑人黃興吳訓魏昇彭樟，慨舊宮卑陋，不足以妥神靈聳瞻望，迺於弘治丙辰（九年，1496A.D.）募緣鳩工，建正殿三楹，宏廠深邃，丹漆黝堊，壯麗偉觀。前爲溪流，作亭其上左爲屋三間。始事於是年正月上元日，落成於八月中秋日，爲工五百有奇。金用若干兩，餘金買民田三百，歲收所入以充祭祀之需。先是材木運至水次時，元旱溪涸，且興工屆期，董事者計無所出，一夕忽然大水，

順流至宮前，其神靈默相之力歟？咸懼歲久事湮，徵余記以垂永久。㉓

組合神祇的信仰，對陳靖姑傳說的內容來說，不僅是量的擴充，更是信仰神祇的全能全職化的表現。陳靖姑的傳說到清代時，出現了里人何求的《閩都別記》和不詳人氏的《臨水平妖傳》，小說的主體故事，其於明季已發展完備歟？

參、結論

陳靖姑的傳說在明代改變完成的，從十三世紀以後，重新以一個完全不同於舊系傳說的陳靖姑在她的信眾間流播。她的傳說也選擇了瘟疫恐懼和女性生育恐懼的母題與妖異非常的焦慮心理發揮，並獲得迅速的回響。她與林默娘不同，雖然兩人的身份是如此的近似。從一位魔法女傳說，成長為一系列的神祇故事，她確實走了比林默娘更遠的路。

肆、主要參考書目

專書部份

㉓ 引自李熙纂《政和縣志・卷二十二・祠祀志》二九a—二九b頁。

黃仲昭，《弘治八閩通志》（中國史學叢書，第三編），臺北：學生書局，一九八七。何喬遠，《閩書》，福州：福建人民出版社，一九九五。
殷之輅、朱梅編，《萬曆福寧州志》，北京：書目文獻出版社，一九九一。
史起欽、林子燮編，《萬曆福寧州志》，北京：中國書店，一九九二。
馮夢龍，《壽寧待志》，上海：上海古籍出版社，一九九三。
劉日暘、陳薦夫編，《萬曆古田縣志》，中央研究院傅斯年圖書館微捲。
鄭慶雲、辛紹佐編，《嘉靖延平縣志》，臺北：新文豐出版社，一九八五。
陸以載編，《萬曆福安縣志》，北京：書目文獻出版社，一九九一。
喻政修編，《萬曆福州府志》，北京：中國書店，一九九二。
李熙編，民國《政和縣志》（中國方志叢書，華南第九七）臺北：成文，一九七四。
謝肇淛，《五雜俎》（筆記小說叢刊第八編），臺北：新興書局，一九七五。
徐渤，《榕陰新檢》（續修四庫全書第五四七冊），上海：上海古籍出版社，一九九五。
司馬光，《資治通鑒》臺北：文化圖書公司，一九七四。
吳任臣，《十國春秋》（影印文淵閣四庫全書），臺北：臺灣商務印書館，一九八三。
無名氏，《三教搜神大全》，（中國民間信仰資料彙編），臺北：學生書局，一九八九。
無名氏，《新刻出像增補搜神記大全》，（中國民間信仰資料彙編），臺北：學生書局，一九八九。
徐曉望，《福建民間信仰源流》，福州：福建教育出版社，一九九三。
梁章鉅，《退庵隨筆》，臺北：新興書局，一九八七。

郭柏蒼，《竹間十日話》，一八八六。
莊宏誼，《明代道教正一派》，臺北：臺灣學生書局，一九八六。
窪德忠著、蕭坤華譯，《道教史》，上海：上海譯文出版社，一九八七。
阮元等，《四庫全書總目提要》，臺北：漢京文化事業公司，一九八一。

期刊論文部份

徐曉望〈臨水夫人考〉，《海峽兩岸文化交流史料》第一輯，福建：華藝，一九九〇。
陳兆南〈臨水夫人陳靖姑〉，《中央日報》一九八八年九月一二日，臺北：中央日報社。

劉基的佛道觀

龔顯宗

前言

許多文評家認爲劉基是儒家面目，陳烈說他是「儒先理學之統」❶，何鏜謂其文有「窮經以明義」、「憂世以抒抱」❷等特質，四庫提要讚其「講經世之略」，而劉氏本身論文也主實用、明道與諷諭怨刺之說❸，但細讀其《誠意伯文集》，則兼具佛道成分。

以其集中的《郁離子》爲例，徐一夔評云：「詳於正己、愼微、修紀、遠利、尙誠、量敵、審勢、用賢、治民，本乎仁義道德之懿，明乎吉凶禍福之幾，審乎古今成敗得失之跡」❹，可見流劉氏不是硜硜自守，囿於一端，不知變通的鄙拘小儒，而是胸羅萬機，牢籠百態

❶〈誠意伯文集後序〉，《誠意伯文集》頁五六一，台灣商務印書館，台北，民國五七年台一版。
❷〈重刻誠意伯劉公文集序〉，仝上，頁二五。
❸龔顯宗《明初越派文學批評研究》頁一二六，文史哲出版社，台北，民國七七年初版。
❹〈郁離子序〉，《誠意伯文集》頁五。

的通儒。近人魏建猷、蕭善薌評得更爲具體明白：「從個人家庭到社會國家，從政治經濟到軍事外交，從思想倫理到神仙鬼怪，幾乎無所不包。」（《郁離子、點校說明》）足見劉氏並非純爲儒家胸懷。

要了解劉基的眞面目，詳讀《誠意伯文集》是不二法門，因爲他「參預帷幄，秘計深謀，多所裨贊，世遂謬謂爲前知，凡讖緯術數之說，一切附會於基，神怪謬妄，無所不至，方技家遞相熒惑，百無一眞，惟此一集，尙眞出基手。」（《四庫提要》）是以本文所論，以此集爲主。

他反對三教分立，因天道難知，儒家有時而窮，「六合之外，聖人不言」❺。儘管窮其才智，費盡心血，「天之行，聖人以曆記之；天之象，聖人以器驗之；天之數，聖人以筭窮之；天之理，聖人以易究之。凡耳之所可聽，目之所可觀，心思之所可及者，聖人搜之；不使有毫忽之藏，而天之所閟，人無術以知之者，惟此。」❻劉基認爲聖人對於天道奧祕，不識不知，是以無言，佛道正可以濟其不足。

大致而言，劉基對二氏的態度是以儒衡佛，在道言道。

❺《誠意伯文集》卷三，頁七五。

❻仝上。

一、劉基的佛教觀

劉氏有關佛教的文字甚多，銘、贊皆有，詩歌古文最稱大宗，其中與比丘次韻酬贈者又占了很大的比重，題詩畫、同遊覽的作品也不少。〈題瑞上人山水圖〉云：「上人性僻耽山水，應是王維第二身。蘭渚流觴新到越，藍田別業舊通秦。驅馳翰墨迴龍虎，簸弄風雷感鬼神。羈旅相逢聊自慰，莫思天地有煙塵。」（文集卷十六）他欣賞的是有詩人氣質、隱士性格的出家人。與他來往的比丘多能詩，〈次韻和新羅嚴上人秋日見寄二首〉之二云：「愛汝精藍抱翠微，青松綠竹共依依。龜台落日明霞綺，鰻井寒潮長石衣。銀杏子成邊雁到，木犀花發野鶯飛。鍾殘永夜禪心定，一任秋蟲促杼機。」（文集卷十六）上人為新羅高僧，劉氏與他常相唱和。

集中提及能文的方外士三十有餘，都跟他有信箋詩文酬酢。

從至正十五年（西元一三五五年）六月廿二日至七月廿三日，劉基與方外交作山水之旅，撰成不少遊覽小品。〈遊雲門記〉述雲門若耶之勝。〈出越城至平水記〉敘舟出越城東南，入鏡湖，經景福寺，至陽明洞天。〈活水源記〉以下二篇寫自靈峰徇溪過普濟寺、明覺寺景致，云：「人言天下名山水多為浮屠所佔，豈虛語哉？」❼其〈松風閣記〉尤膾炙人口。這幾篇遊記路線分明，確實可信。

---

❼〈發普濟過明覺寺至深居記〉，《誠意伯文集》卷六，頁一四一。

他爲梵宇僧舍作記甚多，其〈清齊記〉云：「室以齊名，取其潔也。齊以清名，清者，潔之華也。惟潔也，而后清生焉。浮屠氏離世絕俗，以潔爲其道，故剪須薙髮，割情斷愛，所以潔其身也。疏茹糲食，屏棄魚肉，所潔其口也。趺坐面壁，收神內觀，所以潔其目也。晨鐘暮鼓，梵音海潮，所以潔其耳也。焚檀焫沉，氤氳桂薰，所以潔其鼻也。幽滲闃默，惟寂惟寞，所以潔其心也。五情既治，百魔不生，潔不污，而后天下之清歸焉。」（文集卷六）浮屠氏潔其身、口、目、耳、鼻、心，百魔不生，爲天下之最清者。

劉氏認爲浮屠之道大，與墨者不同，因其「上行于世，金碧焜耀彌天下，貝葉之書，家畜而人誦之,不必走四方以施教。」無須摩頂放踵而信徒眾,因以「淨土」、「極樂世界」、「因果報應」之說堅信心、定信念。與儒家亦有所異，蓋士者游四方，行李往來，「豐則患於盜賊，約則患於資糧之乏，裘馬之敝。」❽浮屠以其徒爲一體，四處掛單，所至如歸，跋山涉水，無往不可。

佛徒最可貴的是遂情全性，因俗人達則役於事，窮則役於衣食，僧人窮達兩忘，淡於名利，無憂無慮，「故能遂其情，而物之託焉者，亦得以全其性也。」❾

劉氏崇拜的是眞佛，而非糟粕，〈郁離子〉舉好佛者爲例：其人論道，必以其說駕之。他認爲以佛夸人，如竊酒糟，徒貽笑大方而已。❿

---

❽〈送柯上人遠游詩序〉，《誠意伯文集》卷五，頁一一一。

❾〈雙清詩序〉，《誠意伯文集》卷五，頁一〇四。

❿《誠意伯文集》卷四，頁九四。

由於他常以儒家的尺度爲準，所以對佛教頗多批評，〈竹川上人集韻序〉云：「余嘗思浮屠氏離世絕俗，而自外人群以爲高也。近世之業之者異焉，以浮屠居其身，而期其營營汲汲，每生死利欲，殆有甚於俗之人，蓋舉天下皆若是也。」孤高離群，或營求利欲，遠不如士以撰述爲務，竹川上人志於儒，故獲其讚譽，「不汩於流俗，而著書以爲樂，年已老而愈不倦，是豈可以常人目之哉？」⓫老當益壯，超越生死，敝屣名利，樂於立言，異於俗僧。以儒爲準，別燈和尚不同於流俗：「世治不古，爲民者日困。農疲于耕，而終歲不飽其食；工疲於作，而終身不得休息；士不譜於時，而纍纍無所。即追呼徭役之可憐，誅求徵斂之無厭，皆足以累其身，愁其心，求其全軀而苟安，舍是其何之乎？若師者，其跡於是，而心則有所寓乎？」居心合於儒家之仁：「浮屠氏割慈忍愛以爲高，宜殊乎人，而師獨不然，是蓋有見於道者也。」⓬劉氏不以捨棄親情爲然。

他反對鄙棄俗事，立異鳴高，稱許僧人能憂世感時，照玄上人詩「浩如奔濤，森如武庫，峭如蒼松之棲懸崖，凜乎其不可攀也，而憂世感時之情，則每見于言外。」⓭雖風格森浩峻峭，卻慈悲爲懷，不殊於儒。

劉世氏又讚學庭上人藝菊合后稷之道，〈悅茂堂詩序〉云：「上人之藝菊也，其種也以時，其溉也有節，其愛之也，如慈母之於子也，燥則滋之，淤則清之，瘠則肥之，抗則培

⓫《誠意伯文集》卷五，頁一一一。

⓬〈送別燈和尚還鄉序〉，《誠意伯文集》，頁一〇五。

⓭〈照玄上人詩集序〉，《誠意伯文集》，頁一一三。

之，欹則扶之，翳則疏之，暵則陰之，誅其草茅，戮其蠐蝎，驅其雀鼠，蛛絲蟻壤，無所侵也。於是乎春而萌，夏而葉，秋而華，……是道也，后稷所以教民稼也，上人其果有見於此耶？」⑭柳宗元〈種樹郭槖駝傳〉闡喻養樹之理與養人之術相通，劉基也勸執政者懷其民如上人之懷其菊，以時以節，培育灌溉，鋤莠除害，則天下永安。

他雖崇仁，卻不以仁而愚者爲然，〈郁離子〉記蒼莨之山道士事佛甚謹，曾於大水中救人甚眾，又救虎，險被攫死，劉氏論云：「知其非人而救之，非道士之過乎？雖然，孔子曰：『觀過斯知人矣。』道士有焉。」⑮發善心救虎，動機可嘉，付之行動，卻不可取。

殺生有時是必要的，〈郁離子、蛇蝎〉以寓言表達他的看法：楚人有見蛇蝎必殺者，有曲爲之容者，劉基認爲殺者是而容者非，因人重物輕，容惡物以殺人，可謂不仁之極，「或曰：『人有害於人，傷成而受罪，律也。今蛇與蝎未嘗傷人，不已甚乎！』郁離子曰：『是非若所及也。夫人與物之輕重，較然殊矣，蟲蛇之無知，而欲以待人者待之，不亦惑乎？……況毒人之蟲，中之者不死則痍，而曰必待其傷成而後可殺，是以人命同於蟲蛇，其失輕重之倫不亦甚哉？近世之爲異端者，以殺物爲有罪報，而大小善惡無所別，故見惡物而曲爲之容，私於其身而爲之，而不顧其爲人之害，其操心之不仁可見。』」⑯因怕殺毒蟲而有罪報，聽其傷人，居心不良，自私已極，劉基以爲不合儒家之仁。

---

⑭《誠意伯文集》，卷五，頁一一四至一一五。

⑮《誠意伯文集》，卷二，頁四〇。

⑯《誠意伯文集》，卷四，頁八五至八六。

他稱許仁而勇者，〈送順師住持瑞巖寺序〉云：「予舊聞人言：『佛以慈悲爲道，能開闇曹，拔死苦，轉惡爲善，聞見患難無不救。』今又聞佛能以武猛服魔鬼。聖人曰：『仁者必有勇。』豈不信哉？」⑰誅惡救善，大仁者必具勇力。

大致而言，劉基崇敬眞佛，然於佛理不甚了解，往往站在儒家立場評論佛教，所言雖未必允確，但頗近人情，合於世用。

二、劉基的道教觀

劉基對道教的體會遠較佛教深入透徹，與道教結緣甚早，年未弱冠，即往訪道士吳梅澗，獲其器重。⑱他常爲道士題畫，彼此酬答的詩文尤多。

他認爲祈禱可以致雨，曾上〈甘露頌〉、〈瑞麥頌〉，主瑞應之說，又謂神頗靈驗，能祛疫癘。⑲

他相信神明，但與愚夫愚婦的迷信不同。他以爲禍福非天所降，而是氣之所使；善惡

---

⑰《誠意伯文集》，卷五，頁一二九。

⑱吳梅澗，名自福，領袖教門垂五十載，自達官貴人至細民無不敬愛，天師正一眞人授號崇德清修凝妙法師，劉基岐嶷英特，故獲其器重。事見〈紫虛觀道士無梅澗墓誌銘〉，《誠意伯文集》，卷八，頁二〇四。

⑲〈北嶺將軍廟碑〉，《誠意伯文集》，卷八，頁一九九至二〇〇。

雖有報，但未必在其身，因「氣有陰陽，邪正分焉。」正氣盛時，秦政、王莽自會殞滅；邪氣運行，惡人享福祿而無害，是以曹操、司馬懿、劉裕得以善終，禍延子孫，「不於其身，而於其後昆」⑳，此非上天有所偏私，乃氣所使然。

其次他不認爲天災流行，陰陽舛訛，是上天示警，而是氣失其平，因「天以氣爲質，氣失其質則變，……變而後病生焉。」暴風、虹蜺、水旱、瘴疫、冬雷夏霜、驟雨疾風、折木漂山、三光盪摩、五精亂行、晝昏夜明，這些災患和自然界反常的現象，乃「天之病也」，唯聖人能救，以其「有神道焉，神道先知，防於未形。」㉑

劉基勸人要修身，以求福避禍；要取法聖人，以去天災，除癘疫，因聖人立法傳方，能復元氣。

世謂遭雷殛者是「獲罪於天」，劉氏不謂然，蓋天已立民牧，付以生殺大權，何用自討？其〈雷說上〉云：「雷者，天氣之鬱而激而發也。陽氣團於陰必迫，迫極而迸，迸而聲爲雷，光爲電，猶火之出礮也，而物之當之者，柔必穿，剛必碎。」人之死者，「適逢之也。」他進一步主張雷與神都是氣之所爲，氣形神寓，形滅而神復于氣，「神，形而暫者也，彼且不能以其形，惡能求罪人而戮之？」㉒足見雷殛與天譴無關。

人死後是否爲鬼？劉基的回答是：「可以有，可以無。」若死皆爲鬼，則盡天地之間

---

⑳〈天說上〉，《誠意伯文集》，卷七，頁一七五至一七六。

㉑〈天說下〉，《誠意伯文集》，卷七，頁一七六。

㉒《誠意伯文集》，卷七，頁一七七至一七八。

不足以容之，但亦有魂離其魄而未散者，只是爲時不久，蓋「人之得氣以生其身，猶火之著木然，魂其焱，體其炭也，人死之魂復歸于氣，猶火之滅，其焱安往哉？」㉓然而祭祀祖先還是必要的，孝而致其誠，鬼必由感而生。

劉氏謂神聰明正直，無蔽無私，不可欺，不可媚，故江淮之俗，爲天地水三官，致齋邀祥，卻不降祥。民間嶽祠，形其神而配以妃，劉氏以爲鬼神「受人之誣」，因彼不受「非禮之祈」，祭者實大不敬。㉔

他年輕時常作神仙之想，其〈感懷三十一首〉之十五云：「峨峨蓬萊山，渺渺大瀛水，神仙有窟宅，亦在玄黃裏。」㉕仙宅雖不可見，並不表示沒有，「夫造化之神妙，豈夫人之所能窮哉？天地生物，各稟氣以成形，人亦物之一也，物能化，人奚爲不能化？故雀化爲蛤，鼠化爲鴽，麥化爲蛾，蟞化爲蝶，魚與蛇化爲龍，吳之桑，晉之石，楚之枯木，冥頑無靈，去人甚遠，乃或化而爲人，或忽然而人言焉。由是觀之，天下之物，無不能變化也審矣，何獨於最靈之人而疑之哉？」㉖他仍堅持一貫的「氣化說」，萬物稟氣以成形，物能化，人當然可爲神仙；又舉栝蒼洞天爲例，鍾離先生、呂洞賓皆嘗來遊，紫虛觀道士章思廉、徐泰定都羽化去，決非虛妄。

㉓《郁離子、神仙》，《誠意伯文集》，卷四，頁八九。
㉔《誠意伯文集》，頁九〇。
㉕《誠意伯文集》，卷一二，頁三〇九。
㉖〈少微山眉巖神仙宅記〉，《誠意伯文集》，頁一六二。

《郁離子、神仙》又舉狐、楓皆能怪變爲例，人爲萬物之靈，亦能變怪爲神仙，但神仙壽命仍有極限，因天以其氣分而爲物，萬物所受殊異，「生則定矣，惟神仙爲能有其受，而焉能加之？故物之大者一天而無二天者，眾物之共父也。神仙，人也，亦子之一也，能超乎其群，而不能超乎其父也。」㉗簡言之，物皆有死，人爲物之一，神仙亦人，故遲早會死。

神仙德行亦有缺疵者，〈題劉商觀奕〉云：「王生以采薪入山，父母妻子待之以食，見奕者而耽觀之，至于爛其斧柯，豈所謂力其本哉？……以戲迷愚人，使之老無所依，其果有是事耶？神仙亦未仁矣。」㉘以儒家之仁看待此事，神仙確有可議之處，雖然這樣，成仙者畢竟是鳳毛麟角，劉基還是羨慕不置，〈贈陳伯光詩〉云：「去去仙都仙，中有朮與芝，服食煉精魄，海上從安期。」希望服藥修煉，從安期生於海上。〈爲杭州鄭善止題蓬萊山圖〉一詩運用神話傳說，以神秘的氣氛烘托富麗的仙境，令讀者嚮往不已！

由於政治環境的險惡，他早想急流勇退，其〈題武夷圖〉云：「逍遙觀物化，俛仰空宇宙，眞詮倘可求，吾將解吾綬。」㉙〈游仙九首〉就在這種心態下完成。依違儒道之間，學仙只是夢想而已！其九云：「大道久已晦，誰能識仙眞？如何賣藥翁，怪語驚市人。日月空明照，朝菌非大椿，已矣復何道，去去生愁辛。」㉚這悲涼是古今身在魏闕，心懷江湖者

㉗《誠意伯文集》，卷四，頁八九。
㉘《誠意伯文集》，卷七，頁一七四。
㉙《誠意伯文集》，卷一三，頁三二七。
㉚《誠意伯文集》，卷一二，頁三二四。

共有的感慨！

除了對蓬萊神仙的嚮往，劉基還深受老、莊、列、淮南子、呂氏春秋各家的影響。

《郁離子》謂粵工善為舟，越王命給上食；又奏言能操舟，雋李之役，遇狂風而溺斃。㉛這寓言顯然受老子「知止不殆」的啓發。另一則謂鄭有躁人，射不中則碎其鵠，奕不勝則齧其子，終於病躁而死。㉜與老子所云「躁則失君」無異。又謂「智而能愚，則天下之智莫加焉。」㉝是老子「大智若愚」的闡釋。又謂「樹天下之怨者，惟其重己而輕人也，……我欲然，彼亦欲然，求其欲弗得則爭。」㉞近於老子：「夫唯不爭，故無尤。」又謂「畜極則泄，閟極則達，熱極則風，壅極則通。」㉟猶老子「飄風不終朝，驟雨不終日」之意。又以㜸虎戒貪暴與知進不知退者，㊱亦老子謙退之訓。〈城莒〉寫正輿大夫諫莒比離公勿過度使用民力，㊲與老子「治人事天莫若嗇」近似。

㉛《誠意伯文集》，卷三，頁六八。

㉜《誠意伯文集》，卷四，頁九一。

㉝《誠意伯文集》，卷四，頁九六。

㉞《誠意伯文集》，卷四，頁九二。

㉟《誠意伯文集》，卷三，頁七三。

㊱《誠意伯文集》，卷四，頁九一。

㊲《誠意伯文集》，卷四，頁八三。

劉基〈苦齋記〉云：「樂與苦相爲倚伏者也。」㊳〈陽春歌〉云：「人間但見陽春好，未識陽春有枯槁。」㊴乃取老子「禍兮福所倚，福兮禍所伏」之說。〈贈周宗道六十四韻〉云：「恨不斬官頭，剔骨取肉嘗。」㊵猶老子云：「民不畏威，則大威至。」「民不畏死，奈何以死懼之？」

〈旅興〉五十首之五云：「富貴實禍樞，寡欲自鮮吝。疏食可以飽，肥甘乃鋒刃。」㊶即老子「少私寡欲」、「恬淡爲上」之旨。

〈擬連珠〉云：「能盈而不能謙者，雖成必隳。」又云：「有形之器欲虛，惟虛可以納理。」㊷老子亦云：「道沖而用之或不盈。」「持而盈之，不如其已。」「致虛極。」〈題金谷園〉戒奢侈㊸，即老子以「儉」爲三寶之一，勸人要「去甚，去奢，去泰。」〈趙學士色竹圖〉云：「由來剛介有摧挫。」㊹又以齒剛爲戒，皆襲老子「堅強者死之徒」意。

㊳《誠意伯文集》，卷六，頁一六一。
㊴《誠意伯文集》，卷一〇，頁二五〇。
㊵《誠意伯文集》，卷一五，頁三三五。
㊶《誠意伯文集》，卷一三，頁三五五。
㊷《誠意伯文集》，卷八，頁二一五、二一八。
㊸《誠意伯文集》，卷一一，頁二八八。
㊹《誠意伯文集》，卷一一，頁二九七。

〈夏夜台州城中作〉寫戰爭之後旱魃肆虐㊺，印證老子「大軍之後，必有凶年」、「夫佳兵者不祥之器」的準確性。

其次言取於莊子者：

《郁離子》謂海島夷人好腥，客不食則咻；裸壤之國不衣，見冠裳則駭；五谿之蠻貢密唧桂蠹，不受則疑以逖。㊻認爲嗜好不同，標準不一，抱一隅之聞見者往往是己非人。此猶莊子謂人與萬物之居處、口味、美色各有所偏，互有所異，孰知其正？㊼又謂唐蒙麗于松而亡，薛荔附于樸而存。㊽即莊子所言：「以不材得終其天年。」㊾又謂杞離責熊蟄父「遨以食，先星而臥，見日而未起」，無益於楚；客以眉無所事而不可缺㊿；如莊子「無用之用」。劉基以中山酒糟比以佛夸人者[51]，似莊子以古人書爲糟粕[52]。又謂禽鳥能知人所不知者，其志一也[53]；猶莊子：「用志不分，乃凝于神。」之說

㊺《誠意伯文集》，卷一四，頁三七一。
㊻《誠意伯文集》，卷四，頁九〇。
㊼〈齊物論〉，《新編諸子集成》三、《莊子集解》、頁四四至四五，世界書局，台北，六一年新一版。
㊽《誠意伯文集》，卷四，頁九二至九三。
㊾〈山木〉，同註四七，頁二九二。
㊿《誠意伯文集》，卷三，頁五六。
[51]《誠意伯文集》，卷四，頁九四。
[52]〈天道〉，同註四七，頁二一七至二一八。
[53]《誠意伯文集》，卷三，頁五八。

〈古歌三首〉之二云：「秪言老彭壽最多，八百歲後還如何？」54猶《莊子、齊物論》：「天下莫壽於殤子，而彭祖爲夭。」

〈感懷三十一首〉之三云：「誰言魯酒薄，邯鄲被戈矛。」55即《莊子、胠篋》所云：「魯酒薄而邯鄲圍。」

再次言取於列子者：

〈張子英閑止齋〉云：「寵辱吾不聽，……孰爲身後名？」56〈遣興六首〉之六云：「未知明朝事，且盡今日歡。」57猶《列子、楊朱篇》謂聖人「生無一日之歡，死有萬世之名。」

復次言取於淮南子者：

《郁離子》記句章野人，發草得雉，翌日復往，蛇傷其手以斃。58近於《淮南子》敘塞翁馬將胡駿歸而子斷足之訓。59

又次言取於呂氏春秋者：

《郁離子》謂「四海之民，聽于一君則定；百萬之師，聽于一將則勝。」申述主一不

---

54 《誠意伯文集》，卷一四，頁三七五。
55 《誠意伯文集》，卷一二，頁三〇八。
56 《誠意伯文集》，卷一三，頁三三二。
57 《誠意伯文集》，卷一三，頁三四〇。
58 《誠意伯文集》，卷三，頁七一。
59 〈人間訓〉，《淮南子》，頁三一一，世界書局，台北，八〇年三月九日九版。

亂之理[60]。《呂氏春秋、不二篇》亦云軍必有將，國必有君，天下必有天子，「所以一之也，……一則治，兩則亂。」

劉基的道教觀實高於劉勰〈滅惑論〉和道安〈六教論〉的三品之說，因其哲學思想取於老子者，不止「無爲」一端，又能兼包莊、列、淮南、呂氏春秋，器局恢宏，堂廡較大，復以氣化說解釋天災、異象、雷殛、神鬼、怪變等現象，決非道教者流可比。

三、劉基佛道觀的評價

劉基與比丘多是文字之交，對象遠至異國。他認爲浮屠氏遂情全性，乃天下之最清者，其道大，與儒家、墨者不同。他崇拜眞佛，鄙棄糟粕。常用儒家的標準衡量佛教，故稱美竹川上人著述爲樂、別燈和尚不捨親情、照玄上人憂世感時、學庭上人合於后稷之道。以仁爲準，他讚頌佛伏魔鬼是「仁而有勇。」斥救虎爲「愚行」，進而主張「殺毒蟲」，顯現重人輕物的態度。

對於道教，他雖嚮往蓬萊，卻很理性的以氣化說闡釋善惡報應、災異癘疫、鬼怪神仙、祭祀祈禱等現象，超然的檢視這些問題，既入乎其內，又能出乎其外，不像對於佛教，在外邊作「矮人看場」。但〈題劉商觀奕圖〉評神仙不仁，卻又透露了以儒爲主的胸懷。

附會老莊，是道教徒抬高身價，提升境界的方法，劉基卻是深造有得，復兼取列子、

[60] 《誠意伯文集》，卷三頁九六。

淮南子、呂氏春秋，成爲出類拔萃的人物。

細讀《誠意伯文集》，認識劉基的佛道觀，方可窺其思想全貌，看清其眞面目，讓他在正史和文學史上的評價略作修正。

唯心、唯識與淨土思想
—以明·藕益大師《彌陀要解》為主

熊琬

前言

明代諸高僧共同之趨向是，融通性相，溝通三教。藕益大師之學術尤爲廣博精微。其表現在淨土之思想，不僅會通性、相，結合禪、教（天台、華嚴、三論）。可說是歷來淨土思想之總匯；自成一家。因此欲將其中廣博精深之理加爬梳而釐清之，殊非易易。蓋各家思想均自成體系，各具特色。甚或有所排斥，如古德法師有「性相兩宗不許和會❶」之說。藕益大師會通各種不同體系之思想，發明心旨，獨標新義，勇於打破前人學派系統之囿限，如唯識學之跳脫玄奘、窺基體系統❷。又如以天台之藏、通、別、圓之教理解持名念佛法等。均

❶《藕益大師全集目錄了》《藕益大師年譜》頁12。

❷藕師之唯識學固由當時法相經論之亡佚使然（民國初年始由楊仁山居士經日友人南條文雄之助請回許多唐代法相經典），但就思想史之立場而言，藕師之著，別出新裁，亦有足多者焉。

爲對傳統佛教之發揮。況藕益大師由工夫逼拶，遂悟性相兩宗，本無矛盾❸。是知大師非僅從理悟，而直是從實踐中會入。所謂理悟不廢事修，事修不廢理悟。除學理之根據外，亦有實修作後盾也。可謂另具特色。近年來研究方向，擬試圖在文學上或思想上整理成一文學及思想之「結構體系」，冀令學者於接觸到文學或思想時，有一簡易直截之方法可資依循。藕益法師之研究乃一初探也。

佛法所以稱爲內學者，與一般世間學術不同。所謂「三界唯心」，「萬法唯識」是也。通常「三界唯心」，是指如來藏系（眞常唯心系）：就眞心說。而「萬法唯識」，是法相唯識系（虛妄唯識系）：就妄心說。或以性、相兩宗分之。明憨山法師（一五四六—一六二三）云：「佛說一大藏教，只是說破三界唯心，萬法唯識。及佛滅後，弘法菩薩解釋教義，依唯心立性宗，依唯識立相宗。各豎門庭，甚至分河飲水。而性相兩宗，不能融會，非今日矣。……是知相宗唯識定要會歸一心爲極。…不知聖人密意，要人識破妄相以會一心耳。❹」藕益智旭法師答「三界唯心、萬法唯識，二義同邪？異邪？」之問（一五九九—一六五五）云：「心識通有眞妄。局則心約眞，識約妄。唯心是性宗義，依此立眞如實觀。唯識是相宗義，依此立唯心識觀。❺」從此言之，唯心者以眞心爲主；唯識者，以妄心爲主—此其不同也。至《於不論眞心、妄心，俱不可不謂之「心」，此其相同也。至若會相歸性，如：唯識經轉識成智

❸ 《藕益大師全集目錄》《藕益大師年譜》頁13。

❹ 卍續藏　明　憨山德清《百法明門論義》冊76頁851　新文豐1983/1。

❺ 藕益《藕益大師全集》《靈峰宗論》卷三之三　頁十二　10741佛教出版社　民國六四年八月。

—轉「唯識相」爲「唯識性」時，同證實相之本體，則其歸宿又相同。是二者固如長江、黃河雖分河飲水，非但同出於星宿海，給又同歸於大海。是又未嘗不相同也。

吾人鑽研佛學，有三法門不可不先參究者也。一者，「律宗」，爲一切行門之基礎。佛學宗派雖多，無不依戒而得住持。佛將入滅，曾咐囑阿難：「佛涅槃後，汝等以戒爲師，依之之修行，能得出世。」二者，「唯識」與「唯心」，通一切法理。三者，淨土法門，通一切行門。普惠上中下三根。然一般人於淨土法門，因甚熟稔而簡易，恆視爲愚夫愚婦之教。而不知其中蘊涵著甚深學理，其淺處正是其深處所在。龍樹菩薩《十住毗婆沙論》有難行道、易行道，淨土屬易行道。十力世界皆有淨土，佛於諸經中，曾說及他方淨土。然對阿彌陀佛西方淨土，言之獨詳。其故安在？《佛說灌頂經》中，普廣菩薩白佛言：「既十力淨土皆可往生，何故經中讚歎阿彌陀佛國獨多？佛言：普廣！汝不解我意，娑婆世界，人多貪濁，信向者少，心亂無志，爲令眾生趣向歸一，易於成就女，故偏讚一佛土耳。」印光法師云：「淨土法門，其大無外。三根普被，利頓全收。九界眾生，捨此則上無以圓成佛道；十方諸佛，離此則下無以普度群萌。一切法門，無不從此法界流，一切行門，無不還歸此法界。❻」《大集經》云：「末法億億人修行，罕一得道；唯依念佛，得度生死。」足見淨土一門有幾大特色：一、十方諸佛所以普度眾生者也。二、適合各種根器，所謂「三根普被，利頓全收。」是也。三、一切法門所共出及行門之所歸宿。四、末法時期，其他法門，均難成就。唯依念佛，得度生死。此所以「千經併闡，萬論均宣。」也。所謂「上上根不能逾其閫，千下根亦

❻《印光法師文鈔續編下冊 淨土五經重刊序》頁288蓮因寺印 民國八十二年。

可臻其域。❼」倘不加深究，則無從理解，更無以信受。今試從唯心與唯識之理一探究之。

圓瑛法師於淨土法門有頗精要之語云：

是念佛一法，乃上聖下凡共修之道。若智若愚通行之法。以其專仗佛力，故其利益殊勝，超越常途教道也。惟淨土法門，最不易使人起信。如無生而生，無念而念諸語，非深解心作心是之旨，安能無惑？……知自性即彌陀，方可與論唯心淨土；隨其心淨，則佛土淨。……詎知淨土一門，實爲默契佛心，至頓至圓之教乎。……念佛，則能念之心歷歷分明，而了不可得；非即有爲而契無爲者乎？了不可得，而歷歷分明；非暗合妙道者乎？是則念佛者，念念佛也。故知六字統攝萬法，一門即是普門；全事即理，全妄即眞，全性起修，全修在性。托彼依正，顯我自心。始本不離，直趨覺路❽。

印光法師云：

大矣哉！淨土法門之爲教也。是心作佛，是心是佛，直指人心者，猶當遜其奇特。即念念佛，即念成佛，歷劫修證者，益宜挹其高風。普被上中下根，統攝律教禪宗，

---

❼ 大正藏第三七卷　蕅益《佛說阿彌陀經要解》頁371（以下簡稱《要解》）新文豐出版1975/1。

❽ 《印光法師文鈔精華錄序》蓮因寺印　民國八十二年。

如時雨之潤物，如大海之納川。偏圓頓漸一切法，無不從此法界流：大小權實一切行，無不還歸此法界。不斷惑業，得預補處。即此一生，圓滿菩提。九界眾生離是門，上不能圓成佛道；十方諸佛，捨此法下不能普利群萌。是以《華嚴》海眾，盡遵十大願王；《法華》一稱，悉證諸法實相。最勝方便之行，馬鳴示于《起信》。易行疾至之道，龍樹闡于《婆沙》。釋迦後身之智者說《十疑論》而專志西方，彌陀示現之永明，著〈四料簡〉而終身念佛。匯三乘五性，總證眞常。導上聖下凡同登彼岸。故得九界咸歸，十力共讚，千經併闡，萬論均宣。誠可謂一代時教之極談，一乘無上之大教也。不值德本，歷劫難逢。既獲見聞，當勤修習。❾

《彌陀要解序》云：

原夫諸佛，憫念眾迷。隨機施化。雖歸元無二，而方便多門。然於一切方便中，求其至直捷（即心即佛、即佛即心）、至圓頓者，莫如念佛求生淨土。❿

綜此三段，說明淨土法門：（一）超越常途，雖為凡聖智愚所共修，但不易為人所取信。因為它：（二）、統攝一切教律禪宗，以至偏圓頓漸，各種法門。匯集三乘五性九界同歸。甚

❾《印光法師文鈔下冊 印施極樂圖序》卷第三 頁一 413 蓮因寺印 民國八十二年四月。

❿ 大正藏第三七卷 藕益《佛說阿彌陀經要解》頁363。

至於至圓至頓之法——一門即普門，六字統攝萬法。（三）、九法界眾生，均可由此圓成佛道。十方諸佛，亦須借此，普度眾生。（四）、甚至不斷惑業，仍可得預補處（補位佛）。在在令人不可思議。其理則在：（一）、是心是佛，是心作佛。知自性彌陀，唯心即淨土。（二）、全事即理，全妄即眞，全性起修，全修在性。（三）、無生而生，無念而念。（四）、此所以「千經併闡，萬論均宣。」了。今試就唯心與唯識之學理，分析於後。

一、自性彌陀，唯心淨土

《華嚴經》云：「若人欲了知，三世一切佛，應觀法界性，一切唯心造。⑪」又云：「心佛及眾生，是三無差別。⑫」「心如工畫師，畫種種五蘊。⑬」《起信論》云：「以心生則

---

⑪ 此據大正藏 第十卷 唐 實叉難陀譯（八十）《華嚴經》卷十九〈昇夜摩宮中偈讚品〉頁102；另據大正藏 第九卷 晉佛馱跋陀羅本（六十）《華嚴經》卷十一〈佛昇夜摩天宮自在品第十五〉頁466，此句譯爲：「若人欲求知，三世一切佛。應當如是觀，心造諸如來。」前者，「一切唯心造」，不分染淨而言之。後者，「心造諸如來」，乃端就果位之佛，只是淨心而言之。

⑫ 此據大正藏 第九卷 晉佛馱跋陀羅本（六十）《華嚴經》卷十一〈佛昇夜摩天宮自在品第十五〉頁465。

⑬ 此據大正藏 第九卷 晉佛馱跋陀羅本（六十）《華嚴經》卷十一〈佛昇夜摩天宮自在品第十五〉頁465。另據 大正藏 卷十 唐 實叉難陀譯《華嚴經》卷十九〈夜摩宮中偈讚品〉頁102則云：「心如工畫師，能畫諸世間。五蘊悉從生，無法而不造。」試參觀本註與前註8，則知「一切唯心造」之旨，不論晉譯，或

種種法生，心滅則種種心滅。⑭」《楞嚴經》云：「汝等當知一切眾生，從無始來，生死相續；皆由不知常住真心性淨明體，用諸妄想，此想不真，故有輪轉。⑮」「由心生故種種法生，由法生故種種心生。⑯」「色心諸緣，及心所使，諸所緣法，唯心所現。汝身汝心，皆是妙明真精妙心中所現物。⑰」「不知色身，外洎山河虛空大地，咸是妙明真心中物。⑱」「諸法所生，唯心所現。一切因果，世界微塵，因心成體。⑲」又云：《金剛經》云：「一切有為法如夢幻泡影，如露亦如電，應作如是觀。⑳」至唯識系《百法明門》中所謂五位百法。不論（一）、八識心王—自相唯識，（二）、六位（五一）心所—相應唯識，（三）、十一色法—所變唯識（四）、二十四不相應行—分位唯識，（五）、六種無為法—實性唯識。前五是唯識相，後一是唯識性。綜合前文所引諸經，不外乎「三界唯心」，「萬法唯識」是

唐譯。具不分染淨而言。並且自來引用經論。固不限於唐譯或晉譯，只要便利解說即可。

⑭ 大正藏第三十二卷《大乘起信論》頁577，本論則以一心開二門。一、真如門，一生滅門。而阿黎耶識（玄奘譯阿賴耶）真妄和合，溝合如來藏與阿黎耶二系學說。

⑮ 大正藏 第十九卷《楞嚴經》卷第一．頁106《楞嚴經》是屬於如來藏系統。以三科（五蘊、十二處、十八界）七大（地、水、火、風、空、見、識）即如來藏性。

⑯ 大正藏 第十九卷《楞嚴經》卷第一 頁107。

⑰ 大正藏 第十九卷《楞嚴經》卷第一 頁110。

⑱ 大正藏 第十九卷《楞嚴經》卷第一 頁110。

⑲ 大正藏 第十九卷《楞嚴經》卷第一 頁109。

⑳ 大正藏 第八卷 般若部《金剛經》頁752。

也。雖然「三界唯心」，前者以眞心爲主；而「萬法唯識」，以妄心爲主。然唯識相言，是妄；而唯識性，則是眞。故有時「三界唯心」，與「萬法唯識」恆混同用之。總之，十法界不論眞、妄，悉是唯心所現。試繪表如下：

甲表、

十法界唯心所現：

- 界內六凡
  - 地獄—上品十惡心
  - 畜生—中品十惡心
  - 餓鬼—下品十惡心
    - ⇒ 三惡道
  - 修羅—下品十善心
  - 人—中品十善心
  - 天—上品十善心
    - ⇒ 三善道
  - 三惡道、三善道 ⇒ 六道—（見思未盡，受三界分段生死）
- 界外四聖
  - 聲聞—四諦—（斷見思、證一切智）
  - 緣覺—十二因緣（更斷見思習、證一切智）
  - 菩薩—六度萬行（斷塵沙惑、具道種智）
    - 聲聞、緣覺、菩薩 ⇒ 三乘—（尚有塵沙、無明二惑受界外變易生死）
  - 佛—圓滿菩提、證一種切智（斷無明惑）—佛乘—（三惑盡淨、二死永亡）

＊三惑：見思惑、塵沙惑、無明惑。二死：分段生死、變易生死

興慈法師《二課合解　蒙山儀解》云：「性者，理性。理本絕朕（跡象；先兆），元無聖凡迷悟。只言理具十界聖凡而已。心者於理成事而分聖凡迷悟也。故心生種種法生，法即事理。蓋以事（十法界之事相）不自成，得理（成十法界之原理）故成。理不自顯，由事故顯。所謂舉法皆心，舉心皆法，是故十界無不唯心。㉑」

＊（ ）內筆者自註

興慈法師於《二課合解　蒙山儀解》解華嚴經：「若人欲了知，三世一切佛。應觀法界性，一切唯心造。」云：「所言法界者，一心總名，萬法之歸趣。又界者，因也。十界之法，因心所造故。當人若起十惡五逆之心，是地獄業因。若起貪欲痴想之心，是餓鬼業因。若起見愛慳貪之心，是畜生業因。若起爭勝瞋鬥之心，是修羅業因。若起綱常五戒之心，是人道業因。若起五戒十善業因，是天道業因。若起厭苦入滅之心，是聲聞業因。若起因緣性空之心，是緣覺業因。若起六度化人之心，是菩薩業因。若起平等法界圓融無礙之心，是佛界清淨不思議性功德業因。……楞嚴經云：『萬法所生，唯心所現。』㉒」故曰：「心淨則佛土淨。」

從上可知十界唯心之理，無論聖凡，不論眞心，抑妄心，俱不離「唯心」之旨。故娑婆世界不過爲妄心所現，而極樂世界則亦不過爲眞心所現，其理本無二。《要解原跋》云：

㉑ 興慈法師《二課合解　蒙山儀解》卷五　頁七。
㉒ 《二課合解　蒙山儀解》卷五　頁六。

「經云：三界唯心；萬法唯識。古人云：念自性彌陀，生唯心淨土。合而觀之，則是心作佛，是心是佛。心外無佛，佛外無心。之義明矣。後人不達，捨西方極樂，別言唯心淨土，捨萬德慈尊，別言自性彌陀。不幾心外有佛，佛外有心耶？吾藕益師深悟心性無外之體，故若教若性若相宗教一以貫之。……蓋末世宏法大士各有專門，鮮克精通性相，惟藕益師先從心源薦徹，所以性相宗教無不游刃而解。了知心佛衆生三無差別，心具心造，舉凡淨土依正無非自心所變相分。㉓」以上藕益師從三界唯心；萬法唯識。論自性彌陀，唯心淨土之理。其溝合性相之旨頗爲精密。頗値細味。

二、全事即理、全妄即真、全他即自、全佛即生

《要解》〈經文五重玄義〉第三明宗云：

信事者，深信只今現前一念不可盡故，所以依心所現一切十方世界亦不可盡。實有極樂國土在十萬億土之外，最極清淨莊嚴，不同莊周寓言。是名信事。信理者，深信極樂國土雖在十萬億土之遠，而實不出我只今現前介爾一念心外。以吾現前一念心性實無外故。又復深信西方依若正若主伴，皆吾現前一念妙明眞心中所現影。全事即理，全妄即眞，全修在性，全他即自。我心遍故，佛心亦遍；佛心遍故，一切

㉓ 大正藏第三七卷 藕益《佛說阿彌陀經要解》頁374。

眾生心性亦遍。譬如一室千燈光光互遍，重重交攝不相妨礙。是名信理。㉔

又於「二風樹音」下云：

> 眾鳥法音是化作有情聲，風樹法音是化作無情聲。情與無情同宣妙法，皆是阿彌陀佛願力所成，種智所現。皆是吾人淨業所感，唯識所變。佛心生心互為影質。如眾燈明，各遍似一。全理成事，全事即理，全性起修，全修在性。㉕

《要解講義》云：「一切莊嚴即四土莊嚴，皆導師因中所發四八弘願，願後所修六度萬行之所成就，乃至果上成佛，得一切種智所現相分莊嚴。此約佛邊說。皆吾人淨業所感，唯識所變者。淨業，即修持淨土法門，清淨三業，以此淨業為能感，一切莊嚴為所感。乃至往生淨土，由唯識所變相分莊嚴，以為受用。此約眾生邊說。㉖」試從唯識之理，一探討之。

◎阿賴耶識說：阿賴耶（Alaya）——梵文，意謂藏識。是宇宙萬有之本（主體），含藏萬法。阿賴耶識者：包括根身、器界、種子。

《唯識三十頌》解「阿賴耶識」云：「不可知執受，處了……」「處」（所緣——相

㉔ 大正藏 第三七卷 藕益《佛說阿彌陀經要解》頁364。

㉕ 大正藏 第三七卷 藕益《佛說阿彌陀經要解》頁369。

㉖ 《阿彌陀經要解講義》頁233 佛陀教育基金會 八五年五月印。

分㉗），即是境界，謂山河大地等器界爲第八識所緣之境。「了（別）㉘」（能緣—見分），是明了；是第八識之行相（狀）。「不可知」者，謂其行相微細不可知也。試繪表示之於下：

乙表、

《成唯識論》云：「阿賴耶識因緣力故自體生時，內變爲種，及有根身；外變爲器。即以所變爲自所緣㉙」

㉗《成唯識論》卷二頁二九（七九）云：「相分，是所緣。」《新導成唯識論》性相學聖典刊行會華嚴法會在台重刊於 民國六十六年。

㉘《成唯識論》卷二頁三一（八一）云：「見者是能緣義。」「了別，即是識之見分。」

㉙《成唯識論》卷二頁二八（七八）《新導成唯識論》性相學聖典刊行會 昭和十四年 華嚴法會在台重刊於 民國六十六年。

丙表、

阿賴耶識（自證分）
- 見分（能緣）──我（第七識）
- 相分（所緣）
  - 根身（五根）
  - 器界（五境）

《成唯識論》論末那識（第七識）云：「依彼（初能變阿賴耶識──自證分）轉緣彼（第七所依阿賴耶識──見分）。㉚」

《成唯識論》云：「雖諸有情所變各別，而相相似，處所無異。如眾燈明各遍似一。㉛」《唯識三十頌講話》將此段詳加解釋云：「一一有情各自變作一一的器世界，還以自己的所變為自己受用。……且在同一空間，各變各的，互相涉入互相雜住，而不相障礙。……一一有情，自識所變的一一不同的自識相分。好像一個室點千盞燈，……都能遍照全室，光光相似，互相涉入而不相障礙。㉜」總之，唯識所謂「自變自緣」是也。從上可知「萬法唯識」

㉚《成唯識論》卷四 頁一二（一五七）。「」內，為《成唯識論》本文；（），為旁註。《新導成唯識論》性相學聖典刊行會 昭和十四年 華嚴法會在台重刊於 民國六十六年。

㉛《成唯識論》卷二 頁三一（八一）。

㉜井上玄眞著白湖无言譯《唯識三十頌講話》109頁。

者，不論正報（根身）依報（器界），皆眾生所自變而自受用者也。據此則正如前文所引《要解講義》所言。就佛邊說：極樂世界乃是「四土莊嚴，……得一切種智所現相分莊嚴。」就眾生邊說：極樂世界：「皆吾人淨業所感，唯識所變者。……一切莊嚴為所感。……由唯識所變相分莊嚴，以為受用。」亦即《要解》所言：「西方依若正若主伴，皆吾現前一念妙明眞心中所現影。全事即理，全妄即眞，全修在性，全他即自。我心遍故，佛心亦遍；佛心遍故，一切眾生心性亦遍。譬如一室千燈光光互遍，重重交攝不相妨礙。是名信理。㉝」蓋不論染心與彼眞心俱遍一切處。其中「全事即理，全妄即眞，全修在性，全他即自。」試分別論列如下。

1.「全他即自」、「全佛即生」：全佛心即我（生）心。他與我乃相對而成立，全他則無所對立：溝合華嚴「十玄門」之說而融通之。正如前文：「我心遍故，佛心亦遍；佛心遍故，一切眾生心性亦遍。譬如一室千燈光光互遍，重重交攝不相妨礙。」《講義》云：「心佛及眾生，是三無差別。故事與事亦得無礙㉞。故立一譬喻。譬如室千燈，光光互相遍滿重重交相攝入。一光遍多光，多光遍一光故全他與自又有何差別？而「全他佛之莊嚴，即自己之莊嚴。」《要解講義》云：「他，指諸佛眾生；自，即自心。謂不獨我之正報身心，與我之依報世界，是我自心所現。即諸佛菩薩以及一切眾生，他之依正二報，

㉝ 大正藏　第三七卷　藕益《佛說阿彌陀經要解》頁364。

㉞ 《講義》云：「四法界：人念心性，是理法界；所現極樂，是事法界。……一室千燈，（自註云：一燈之光不礙眾燈之光，眾燈之光不礙一燈之光）即喻「事事無礙之義」。

亦即是我自心所現。……皆是事不礙理，理不礙事，理事無礙法界。㉟」所謂自現者，自心所現。各人自現自之境界，淨業有淨業之共業；染業有染業之共業。非他人所能取代，亦悉是唯識所現。故《要解》云：「娑婆即自心所感之穢，而自心穢；……極樂即自心所感之淨，而自心淨。㊱」又《阿彌陀經》：「舍利弗，極樂國土成就如是功德莊嚴。」《要解》云：「此則以阿彌種植莊嚴作增上本質，帶起眾生自心種種莊嚴。全佛即生，全他即自。故曰成就如是功德莊嚴。㊲」《講義》云：「帶起眾生自心種種莊嚴者，帶是變帶，謂眾生托佛增上緣本質境，變起自心種種莊嚴為帶質境，為己所緣。本質能現帶質，帶質無異本質。（原註：本質如影印之原底，帶質如影印所印印刷品。）故曰全佛即生。（原註：全佛之本質即眾生之帶質；眾生帶質境不離佛本質故。）全他即自。（全他佛之莊嚴即自己之莊嚴）……生佛一如，自他不二。事事無礙，不可思議功德莊嚴也。㊳」此借唯識「三類境」中，有「帶質境」之理，與華嚴之說會通之。所謂：「心佛及眾生，是三無差別。故事與事亦得無礙。故立一譬喻：譬如一室千燈，光光互相滿，重重交相攝入，一光遍多光，光光遍一光；多光攝一光，一光攝多光；光光相融，不相妨礙。即法界十玄門中，一多無礙

㉟《阿彌陀經要解講義》頁62-63 佛陀教育基金會 八五年五月印。

㊱《阿彌陀經要解講義》頁62 佛陀教育基金會 八五年五月印。

㊲《佛說阿彌陀經要解講義》頁188 佛陀教育基金會 八五年五月印。

㊳《佛說阿彌陀經要解講義》頁189 佛陀教育基金會 八五年五月印。

法門。[39]」而彼唯識所謂「帶質境」，其「質」乃指眾生阿賴耶識之「本質相分」而言；而阿賴耶識，正如前引《成唯識論》云：「雖諸有情所變各別，而相相似，處所無異。如眾燈明各遍似一。[40]」所不同者，染心則遍而不攝不融，淨心則交遍而交融耳！總之：「以彌陀大願大行種種稱性莊嚴，此屬性宗。能為眾生作增上緣之本質，帶起眾生自心所現種種莊嚴，此屬相宗。性不礙相，相不離性。性相圓明，生佛不二；撤盡性相二宗法門界限。[41]」此會通唯心（性宗）、唯識（相宗）二者之法理，頗有畫龍點睛之妙。

2.「全事即理」全事相（現象，即境）即理性之本體（理，即心）。事（境），如波；理（心），如水。全波即是水，故全事即理也。故《要解講義》云：「吾人現前一念心性所現之影。性心如境，西方依正如鏡中之影像。全事即理者，事依理成，事不離理。故即理，如一切金器，依金而成。不離金，故眾器即眞金。[42]」復次，「信理者，深信十萬億土之遠，而實不出我現介爾一念心性心外。以吾現前一念心，實無外故。[43]」全事即理與全他即自本亦相通。「他，指諸佛眾生；自，即自心。謂不獨我之正報身心，與我之依報世界，

[39]《佛說阿彌陀經要解講義》頁63 佛陀教育基金會 八五年五月印。

[40]《成唯識論》卷二 頁二二 （八一）《新專成唯識論》 性相學聖典刊行會 昭和十四年 華嚴法會在台重刊於 民國六十六年。

[41]《佛說阿彌陀經要解講義》頁189 佛陀教育基金會 八五年五月印。

[42]《阿彌陀經要解講義》頁62 佛陀教育基金會 八五年五月印。

[43] 大正藏 第三七卷 藕益《佛說阿彌陀經要解》頁364。

是我自心所現。即諸佛菩薩以及一切眾生，他之依正二報，亦即是我自心所現。……皆是事不礙理，理不礙事，理事無礙法界。㊹」所謂一念心性之「理法界」，與所現極樂世界依正之「事法界」。二者，正是事不礙理，理不礙事，理事無礙法界。由是而達「事事無礙」。詳見前段「全他即自」條。

3.「全妄即眞」：蓋以全妄心即眞心。妄心所以成妄，乃因心有差別而成。既曰全妄，即心無所差別了。則妄心之與眞心自無二無別了，故云。其詳見後文。從上可知眞心遍一切處，妄心亦遍一切處。所不同者，眞心隨在而不著。忘心隨在而著——綜合以上三者：「全他即自」，譬如：廣播電台發射電波，無遠弗屆，如「全他」——亦即「全佛」。而收音機紐開電源，調準頻道，如淨心念佛—「即自」。而電固不分自他也。「全事即理」者，如電波無所不在，時時念佛，處處念佛，事事念佛，無在非佛—即「全事」。電波互感之理，即在其中，未嘗須與分離—「即理」。蓋電本不分「事」（相感之事），與「理」（相感之理）。「全妄即眞」者，廣播有來去—接電源，對準頻道，即可播放；關電源，即終止—是「妄」。而電本身則無所來去，電本交遍空中，非來時來也—是「眞」。蓋謂遍法界之妄相，當體都是眞如本性也。

◎四分說：

㊹《阿彌陀經要解講義》頁62-63 佛陀教育基金會 八五年五月印。

外	相分（所認識之對象-所緣）喻如波中影像	
	見分（能認識之主體-能緣）喻如波光	
內	自證分（見相二分所依之妄體）喻如波面	所現妄像
	證自證分（自證分本質）喻如波之本質爲水	

憨山德清法師（一五四六—一六二三）云：「其證自證分即不迷之眞如，其自證分乃眞如一分迷之佛性。」今以持名念佛而論，能念之心，即是「見分」，所念之佛，即是「相分」。以能念之心念所念之佛，念念無間，未成一心，所依仍是妄心。譬如「眞如一分迷之佛性。」若成一心，心即是佛，佛即是心。波已成水，全波即水，全水即波。即是「全妄皆眞，全眞即妄。」

蕅益智旭法師（一五九九—一六五五）云：

一切（自註云：通指八心王、五十一心所）相分，皆是心影。（自註云：喻如鏡像）一切見分，皆是心光。（自註云：喻如鏡明）一切自證分，皆是心體。（自註云：喻如鏡質）一切證自證分，皆是心性。（喻如鏡銅—此四並是依他起）光影妄，則體性亦妄。體性眞，則光影亦眞。……衆生起過，只由見相二分，決不由自證及證自證分。以內二分，終日在

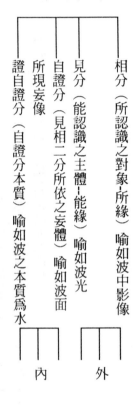

妄，終日恆眞。……用既依他，體必同成依他，故四分皆屬依他。不許單立見相爲依他，以用外別無體故。若了全用即體，則體既圓成，用亦當下圓成，故四分皆是圓成。不許單立內二分爲圓成實，以體外別無用故。今人不達，若執四分皆是依他，於四分外，別立圓成實性；而云眞如與一切法不一不異。是猶捨彼已成繩之麻，與繩相對，乃云不一不異也。嗚呼！毫釐有差，天地懸隔。不變隨緣、隨緣不變之旨。幾爲蝕書蠹魚之見所亂，吾安能已於辯也。㊺

今依其說以表示之如下：

相分（心影）喻如鏡像
見分（心光）喻如鏡明
——外

自證分（心體）喻如鏡質
證自證分（心性）喻如鏡鍋
——內

內、外——依他起性 → 圓成實性

「光影妄，則體性亦妄。體性眞，則光影亦眞。」「用既依他，體必同成依他，故四分皆屬依他。」「若了全用即體，則體既圓成，用亦當下圓成，故四分皆是圓成。」於玄奘一系之法相中，作此發明，可謂獨出之創見。意在會通性相兩宗，借四分之說

㊺《蕅益大師全集》《靈峰宗論》卷二之四 頁10545。

又於此得一交集點了。46

三、淨土與淨業

◎種子熏習說：從種子熏習說以探討「全妄即眞」

1.種子與現行

種子，指識種子；含藏在阿賴耶識中。一切有爲法不論色法、心法，都有其種子。舉凡起心動念，心（包括心王、心所）、色法，都因種子而作用。種子是隱藏式（靜態）。「阿賴耶識」如電腦的硬碟，可以裝許多資料。「種子」譬如：電腦資料。「現行」是資料被叫出，

46 玄奘、窺基一系唯識宗自智周以降，因後繼乏人，又加唐武宗會昌法難，經典多遭劫難；遂爾沒落。明代佛教特色，外合三教，內融性相。以藕益、蓮池、憨山、紫伯，最爲突出。故憨山作《百法論義》此解。正在會通性相。其毀之者，或謂原非法相一脈相承之說。譬之者，以爲創見。鄙見以爲：凡言之成理，獨成一說，只要無違大乘「一實相印」之理。又何嘗無可取處？亦中國佛教根據印度佛教而獨自發展而成之一特色也。就如中國佛教往往融會儒、道二家，爲印度佛教所無，又豈可謂宜盡棄之而後始謂之純佛教？如是則禪宗借用具有中國文學特色之禪詩亦當盡剔除之耶？如此亦有違佛法所謂「隨緣不變」之旨了。所謂「隨緣」者，蓋佛法不妨隨時隨地之宜而有原始佛教、部派佛教、大乘佛教、印度佛教、中國佛教、日本佛教等。大乘佛教亦何妨有中觀、瑜伽，以至天台、華嚴、禪宗、淨土等。但「三法印」與「一實相印」之理則未可稍違背也。

開始運作。故當其作用時，即是「現行」（動態）。「種現熏習」之關係如下：

丁表、

種現熏習

- 種子（因）起現行（果）
- 現行（因）熏種子（果）
  - ——異類同時因果
- 種子（因）引種子（果）
- 現行（因）引現行（果）——等無間緣
  - ——同類異時因果
- ——二者交互為用

《成唯識論》云：「種子既是習氣異名，習氣必由熏習而有。[47]」又云：「習氣是業氣分，熏習所成。……如是習氣展轉相續，至於成熟時，招異熟果，此顯當果勝緣。[48]」又云：「諸業謂福（人、天）、非福（三惡趣）、不動（上界——無色界），即有漏善、不善思業，業之眷

[47] 《成唯識論》二頁一七（六七）。《新導成唯識論》性相學聖典刊行會 昭和十四年 華嚴法會在台重刊於 民國六十六年。

[48] 《成唯識論》第八 頁十一（三五一）《新導成唯識論》性相學聖典刊行會 昭和十四年 華嚴法會在台重刊於 民國六十六年。

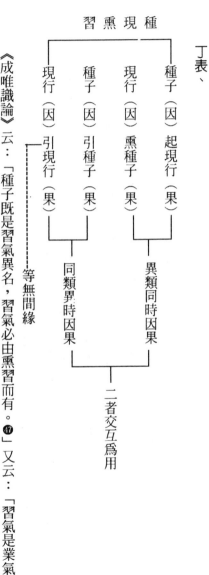

屬，亦立業名，同招引（引業）、滿（滿業）異熟果故。㊾」

徹悟禪師云：

吾人現前一念之心，全眞成妄，全妄成眞。終日不變，終日隨緣。夫不隨佛界之緣而念佛界，便念九界，不念三乘，便念六凡，不念人天，便念三途，不念鬼畜，便念地獄。以凡在有心，不能無念，以無念心體，唯佛獨證。自等覺以還，皆悉有念。凡起一念，必落十界，更無有念出十界外；以十法界更無外故。每起一念，爲一受生之緣，果知此理，而不念佛者，未之有也。若此心能與大慈大悲依正功德，以及萬洪名相應，即念佛法界也。能與菩提心六度萬行相應，即念菩薩法界也。以無我心，與十二因緣相應，即念緣覺法界也。以無我心觀察四諦，即念聲聞法界也。或以四禪八定，以及上品十善相應，即念天法界也。若與五戒相應，即念人法界也。若修戒善等法，兼懷瞋慢勝負之心，即落修羅法界。……念下品十惡，即墮畜生法界。……與中品十惡相應，便墮惡鬼法界。若以猛熾心與上品十惡相應，即墮地獄法界。十惡即殺、盜、淫、妄言、綺語、惡口、兩舌、貪、瞋、邪見是。反此，則爲十善。當密自檢點日用所起之念，與何界相應者多，與何界相應者猛，則他日安

㊾《成唯識論》第八 頁十一（三五一）《新導成唯識論》「性相學聖典刊行會 昭和十四年 華嚴法會在台重刊於民國六十六年。」內，爲《成唯識論》本文；（ ），爲旁註。

身立命之處，不勞更問人矣。[50]

唯識有「引業」、「滿業」之說。「引業」者，能牽引有情招感來生果報總體之業；因能牽引「總報業」，故名。如以五戒爲因，牽引將來人道之總報。以十善爲因，牽引將來天道之總報。以貪、瞋、痴爲因，各牽引來生餓鬼、地獄、畜生之總報業。至「滿業」者，滿前引業之力，而感五趣（人道、天道、餓鬼、地獄、畜生）勝劣、貧富、貴賤等差異之別報；因能招感圓滿各各有情勝劣差別之業，故名。今「以凡在有心，不能無念。」「吾人現前一念之心」。凡一有念，必落種子。「凡起一念，必落十界，更無有念出十界外；以十法界更無外故。」十界固各有種子。今以而「每起一念，爲一受生之緣。」如是則以一念五戒，借此「引業」；牽引未來生人界（總報）受生之緣。一念十善，借此「引業」，牽引將來天界（總報）受生之緣。舉凡一念，爲一受生之因，二念爲二受生之因。迄至因緣成熟時，此生捨報後，而各隨所造之前因感來生人界，乃至地獄界之異熟果報。引業所牽引果報之總體，是「總報業」。又各人因地所造之業，又分有漏、無漏、純、雜之不同。而所感五趣受生亦有勝劣、貧富、壽夭等差別之業；是「別業」。就此「因果業報律」而言。念佛之一念，又與其他九界不相應，而只與佛界相應。屬於無漏善種子[51]。若念念念佛，則念念與佛界相應，所謂「一念相

---

[50] 卍續藏 冊109《徹悟禪師語錄》卷上 頁752 新文豐 1983/1。

[51] 有漏種子，與三界六道相應。無漏種子，與四聖（聲聞、緣覺、菩薩、佛）相應。而念佛種子不與除佛以外之九界相應，唯與佛界相應。尚且是無種中之惠更殊勝者。

應，一念生；念念相應，念念生。[52]」循此「引業」以往，因緣成熟，則將來必招感極樂佛土之果報「總體」。其殊勝者，若淨業力強。甚且，「何俟娑婆報盡，方育珍池。只今信願持名，蓮萼光榮，金臺影現，便非娑婆界內人矣。[53]」所謂「全眞成妄」者，「全妄成眞」者，蓋妄心不一，或又曰：

> 一切境界，唯業所感，唯心自現。即其現處，當體即現心。凡在有心，不能無境。不現佛境，不現九境。不現三乘之境，便現六凡之境：不現天人鬼畜之境，便現地獄境界。佛及三乘所現境界，雖有優降不同，要皆受法樂而已。……人道之境苦樂相間。各隨其業，多少不同。鬼畜之境，苦多樂少。至於地獄，則純一極苦。……皆依夢心所現，若無夢心，必無夢境。設無夢境，亦無夢心。故知心外無境，境外無心。全境即心，全心即境。……故曰未有無心境，曾無無境心。果必從因，因必克果。苟眞知此心境，因果一如不二之理，而猶不念佛求生淨土者，吾不信也。[54]

「一切境界，唯業所感，唯心自現。即其現處，當體即現心。」所謂「唯業所感，唯心自現。」蓋不論染淨，不外唯識所現（染），或唯心所現（淨）。且是「當體即現心」。而「未有無心

[52] 大正藏　第三七卷　藕益《佛說阿彌陀經要解》頁374。
[53] 大正藏　第三七卷　藕益《佛說阿彌陀經要解》頁374。
[54] 卍續藏　冊109《徹悟禪師語錄》卷上　頁753。

境，曾無無境心。」從可知，念佛之心，即念佛之境。是當下即現心。所謂「心外無境，境外無心。」不現九界，即現佛境也。又曰：

> 心能造業，心能轉業。業由心造，業隨心轉。心不能轉業，即爲業縛。業不隨心轉，即能縛心。必能轉業，心與道合，心與佛合，即能轉業。[55]

就唯識種子有善、惡號無記，業亦有善、惡、無記，而能招感異熟果報者，只有善惡二業，而無記業其力微弱，唯隨善惡業力轉。百法明門論言，貪、瞋、痴煩惱，與忿、恨、覆、惱、嫉、慳、誑、諂、害、驕，無慚、無愧，掉舉、昏沈、不信、懈怠、散亂、放逸、失念、不正知等隨煩惱。擾濁身心，有情由此而生死輪迴，俱屬不善業。此「心能造業」、「業由心造」也。然「心能轉業，業隨心轉。」「業不隨心轉，即能縛心。必能轉業，心與道合，心與佛合，即能轉業。[56]」倘念佛不能轉貪、瞋、痴煩惱，即爲業所縛。必至念佛能轉煩惱之惡業時，即是「心與佛合，即能轉業。」就心理學而言，吾人之人格構造有：1.意識（Conscious），屬「自覺層」。是能自我覺察的意識，如眼見、耳聞。自己能意識到的。2.「潛意識」（Unconscious），是不被覺察的意識；全屬「不覺層」。3.「下意識」（Subconscious）「覺前層」，則是在「意識」（自覺層）與「下意識」（不覺層）中間，它雖

---

55 卍續藏 冊109《徹悟禪師語錄》卷上 頁756。

56 卍續藏 冊109《徹悟禪師語錄》卷上 頁756。

不被覺察，但在被喚醒後，能被意識到，是「覺前層」。如讀過的書，經驗過的事，雖已忘記。仍可經喚醒出來，成爲意識。又如習慣性動作，出門時隨手帶上，轉眼即忘。但經回憶、聯想可能重新再記憶。就弗洛伊德潛意識說而言，吾人恆被潛意識操縱不得自主。就佛法而言，吾人恆被業力所主宰。前所舉善、惡、無記業等有漏種，俱由潛意識所主宰而不得自主。而念佛法門，由「自覺層」，念到「覺前層」，以至於「不覺層」。打成一片，是謂「工夫成片」。進而能破惑證眞，則成「事一心」（破見思惑），或「理一心」（破塵沙惑，分破無明惑）。

戊表、

從極樂淨土「四土往生」之義言：一、凡聖同居土：未斷見思，生同居土。二、方便有餘土：斷見思，未斷塵沙、無明，以煩惱、生死二皆有餘故名。三、實報莊嚴土：豁破一品無明，乃至四十一品，則生實報莊嚴土。亦分證常寂光土。四、若無明斷盡，顯本自清淨性實相，徑生常寂光土。既曰：「一切境界，唯業所感，唯心自現。」可知四土不同，各有差異；但不離唯心之旨。就如《楞嚴經》所言：「隨眾生心應所知量，循業發現。[57]」而所謂「隨其心淨，則佛土淨。」與「自性彌陀，唯心淨土。」至常寂光土始得究竟圓滿證得耳。至所謂「帶業往生」者，蓋指「凡聖同居土」。未斷見思惑，全仗佛力，而能帶業。正如《要解講義》所言：「若以巨石置巨船上。……若仗他力自可不沈。念佛眾生，同仗彌陀大願船之力，何難出離苦海，同赴樂邦蓮池會耶！[58]」譬如：錙銖縱輕（喻業輕者），失船則沈。千鈞雖重（如重業），得船則浮。其他法門，因仗自力，正如前者；淨土法門，正如後者。而淨土之所以殊勝而不易啓信者，此其原因之一。清元峰法師云：「念佛求生淨土，斯爲淨業力強。……成就不思議淨業力。……能速至西方淨土，得證無生忍者，亦斯引業種力也，非世間引業種。是出世修擇滅無爲力也，亦名引種耳。[59]」而徹悟禪師語錄，八種往生證驗[60]。其四爲：「以折伏現行煩惱，爲修心要務。」《成唯識論》有伏現行、斷種子、捨習氣之說。「伏現行」，指伏煩惱令暫時不起，而惑業種子但潛藏不動，如夾冰之魚，冰解而魚仍然活

---

[57] 大正藏 第十九卷 密教部《楞嚴經》卷第三 頁一一七。

[58] 圓瑛法師《彌陀要解講義》頁266 佛陀教育基金會 民國八十五年印。

[59] 卍續藏 第九八冊《八識規矩論義》頁334 倒5行。

[60] 《淨土十要第十 附徹悟禪師語錄卷上》頁620 和裕出版社 民國八六年印。所謂「八種往生證驗」是：一、眞爲生死發菩提心，是學道通途。二、以深信願持佛名，爲淨土正宗。三、以攝心專注而念，爲下手方便。四、以折伏現行煩惱，爲修山要務。五、以堅持四重戒法，爲入道根本。六、以種種苦行，爲修道助緣。七、以一心不亂，爲往生證驗。

潑如故。「斷種子」令煩惱種子令永不起，如斬草除根，永絕後患。「捨習氣」，種子雖斷，習氣未能盡除；如茶盅之水縱已倒盡，而茶味仍在。必盡去其味，無復留存，而後方能稱盡淨。而此帶業往生，乃只在暫伏現行煩惱，即可仗佛願力而往生了，何等殊勝呢？

四、攝事理以無遺，統宗教而無外

蕅益大師《彌陀要解序》云：「攝事理以無遺，統宗教而無外。[61]」圓瑛法師《彌陀要解講義》云：「攝事理以無遺者：念佛一法，有事念有理念。何謂事念？以能念之心，念所念之佛。能所分明，念念無間。行住坐臥，惟此一念，更無二念。不爲內惑外境之所動亂。何謂理念？了知能念心外，無有佛爲我所念；所念佛外，無有心能念於佛。佛即是心，心即是佛。心佛一如，無有二相。唯是一心。寂然不動，名理一心。故曰：攝事理以無遺。[62]」此就事念、理念而言。「事念」法門者，「以能念之心，念所念之佛。能所分明，念念無間。行住坐臥，惟此一念。」此即工夫成片也。而「不爲內惑外境之所動亂」，即事念成就，成「事一心」，可破見思惑也。然後修「理念」法門。而「理念」者，「了知能念心外，無有佛爲我所念；所念佛外，無有心能念於佛。」由是持至「佛即是心，心即是佛。心佛一如，無有二相。」蓋能所雙亡，即心即佛。是理念成就，成「理一心」。破無明惑。而及其未成

---

[61] 大正藏 第三七卷 蕅益《佛說阿彌陀經要解》頁363。

[62] 圓瑛法師《彌陀要解講義》頁二五。

就時，則正破塵沙惑，分破無明惑。又云：「統宗教而無外者：宗乃直指向上宗乘，不落思量分別。念佛法門，專持一句佛號，綿綿密密念去，念到一心不亂，而得念佛三昧。……古人云；若人但念彌陀佛，是名無上深妙禪——此即統宗。[63]」此亦理念之修法也。「今念佛之人，以能念之心，念所念佛；能所分明，不離事相——此藏教意。念念念佛，念念明了，能念所念，皆不可得——此通教意。始從有念，念至無念，不住有無，而歸中道——此別教意。能所情忘，有無見泯，湛然一心，常住不動——此圓教意。淨土一門，而該四教。此即統教。故曰：統宗教而無外。[64]」以上就天台藏、通、別、圓四教分判持名念佛法。藏教意者，謂能所分明，不離事相。但仍未脫化。通教意者，能所皆不可得。蓋初泯能所，尚未渾然也。別教意者，從有至無，而不住有無，歸於中道。蓋初證渾然時也。圓教意者，能所情忘，有無見泯，湛然一心。可謂即忘亦忘，即泯亦泯，渾然無跡矣。總之，全是唯心淨土耳。[65]

---

[63] 圓瑛法師《彌陀要解講義》頁二五。

[64] 圓瑛法師《彌陀要解講義》頁二五。

[65] 蓮池大師《阿彌陀經疏鈔演義》卷三：「憶念者，聞佛名號，常憶常念，以心緣歷，字字分明，前句後句，相續不斷，行住坐臥，唯此一念，無第二念，不爲貪瞋煩惱諸念之所雜亂。……乃至褒訕利失善惡等處，皆一其心者，是也。事上即得，理上未徹，惟得信力，未見道故，名事一心。」「體究者，聞佛名號，不惟憶念，即念反觀體察究審，鞠其根源。體究之極，於自本心，忽然契合。……能念心外，無有佛爲我所念。……所念佛外，無有心能念於佛。……故惟一心，……若言其有，則能念之心，本體自空；所念之佛，了不可得。若言其無，則能念之心，靈靈不昧；所念之佛，歷歷分明。若言亦有亦無，則有念無念俱泯；若言非有非無，則有念無念俱存。非有則常寂，非無則常照。非雙亦，非雙非。則不寂不

五、有情、無情同宣妙法

依據《彌陀蒙解》：二、（初）總釋極樂名義：「舍利弗，彼土何故名爲極樂？其國眾生無有眾苦，但受諸樂，故名極樂。」二、別釋依正（初）陳依正以起信下又分五：（初）欄網行樹妙經文：「又舍利弗，極樂國土，七重欄楯、七重羅網、七重行樹（七重表七科道品）。皆是四寶（表常樂我淨四德）周匝圍繞；是故彼國名爲極樂。」——此下五科妙境，皆是法性五塵樂事。經文：「又舍利弗，極樂國土，有七寶池（表七聖財）八功德水（表八正理水：澄清、清冷、甘美、輕軟、潤澤、安和、除饑渴、長養諸根）充滿其中。池底純以金沙（表眞理徹底不變）布地，四邊街道，金、銀、琉璃、玻璃合成。上有樓閣，亦以金銀、琉璃、硨磲、赤珠、瑪瑙而嚴飾之。池中蓮花大如車輪：青色青光、黃色黃光、赤色赤光、白色白光（表性體寂而常照），微妙香潔（彰蓮花之德用）。」三、經文：「又舍利弗，彼佛國土常作天樂（聲塵——表自性萬德和融而不遷），黃金爲地、（色塵——表心地平等而不變）、晝夜六時雨天曼陀羅華（色香二塵——表天然自性之花，以嚴心地）。其土眾生，常以清旦各以衣裓盛眾妙華（觸塵），供養他方十萬億佛，即以食（味塵）時還到本國（表自性非來非去而示來去，不離極樂，常遍十方。），飯食經行（觸塵——表調身無滯、調心無逸）。」四、化情說法妙——（＊此有情說法）：經文：「復次，舍利弗。彼國常有種種奇妙雜色之鳥，白鶴、孔雀、鸚鵡、舍利、迦陵頻伽，共命之鳥。是諸眾鳥，

照，而照而寂。言思路絕，無可名狀。故惟一心。斯則能所情消，有無見盡。……名理一心。」頁一三三 465。

晝夜六時出和雅音。其音演暢，五根、五力、七菩提分、八聖道分，如是等法。其土眾生，聞是音已，皆悉念佛、念法、念僧。……是諸眾鳥皆是阿彌陀佛欲令法音宣流變化所作。」就中所舉諸鳥，《講義》云：「此鳥原是彌陀化身。」五、風樹協韻妙——（＊此無情說法）：「舍利弗，彼佛國土，微風吹動諸寶行樹，及寶羅網，出微妙音。譬如百千種樂，同時俱作。聞是音者，自然皆生念佛、念法、念僧之心。」《要解》云：「情與無情，同宣妙法。[66]」《講義》云：「問：無情聲何以亦能說法？答：情與無情共一體。迷者茫然罔覺，悟者豁然契入。如：香嚴聞擊竹聲，而悟道者是也。古德云：『溪聲便是廣長舌，山色無非清淨身。』此土無情尚然，何況極樂莊嚴佛土也。」《蒙解》云：「良由淨土法法唯心，如欄網行樹，是唯心所具萬善智德菩提故。池閣蓮花，是唯心所具大乘慧心勝行因故。天樂花供，是唯心所具天然華樂。……化禽說法，是唯心所具妙道品，淨識變起神妙珍禽故。風樹協韻，是唯心所具無量法門故。是以淨土有情無情皆唯心現。」大珠和尚云：「法身無象，應翠竹以成形；般若無知，應黃花而顯象。[67]」極樂世界無情說法，亦應淨土境界而顯象也。至華嚴宗圓教之說以無情亦得成佛，蓋以身土本無二也。則更圓通矣。

在淨土中，不論有情、無情同宣妙法。《要解》云：「眾鳥法音是化作有情，風樹法音是化作無情。情與無情同宣妙法，皆是阿彌陀佛願力所成，種智所現。皆是吾人淨業所感，唯識所變。佛心生心互為影質。如眾燈明，各遍似一。全理成事，全事即理，全修起性，全

[66] 大正藏 第三七卷 經疏部《阿彌陀經要解》頁369。

[67] 大正藏 第五一卷 史傳部《景德傳燈錄》卷第二八 頁441。

修在性。[68]」所謂「互爲影質」者，

「一切莊嚴皆導師願行所成，（一切）種智所現。是全莊嚴乃佛心也，皆吾人淨業所感，唯識所現，是全莊嚴乃生心也。[69]」而「全心即境」者，「佛生互爲影（原註：影像境）質（本質境），本質如石印之印模，影像如影印之印刷品。以佛之莊嚴爲本質境時，卻在眾生心中，爲影像境。以眾生莊嚴爲本質境時，卻在佛心內爲影像境。故曰互爲影質。如眾燈明，各遍似一者，以眾燈喻佛心乃一切眾生之心。以燈光之明喻佛心所現莊嚴及一切眾生所變莊嚴。眾燈光遍一室，雖似一不分，卻是各各遍滿，無壞無雜，互不相礙。以喻佛心生心似一不分，亦是各各莊嚴無壞無雜，互不相礙。此即唯心莊嚴，事事無礙之境也。[70]」

六、無生而生、無念而念

《要解》云：「信理者，深信極樂國土雖在十萬億土之遠，實不出我今現前介爾一

[68] 大正藏 第三七卷 經疏部《阿彌陀經要解》頁369。
[69] 圓瑛法師《彌陀要解講義》頁234。
[70] 圓瑛法師《彌陀要解講義》頁234。

念外。以吾現前一念心性實無外故。[71]」故極樂即心內之極樂。《要解講義》云：「如鏡照十層山水樓閣，層數宛然，實無遠近，一照俱了，見無先後。[72]」蓋以一切法不出心外，故可說「無生」此特就理上言也。但就事上言，雖曰無生，但卻已往生，十萬億極樂佛土；故曰「生」。此事理之不同也。念佛法門，就理持而言。念佛即是念心。非離此心而有他佛也，否則即是心外求法了。而心本無念，因妄而有。故當理持時，即可謂「無念而念」也。所謂「生則絕定生，去則實不去。」就事上說，就理上說，因各不相妨也，佛法精微奧妙，往往類此。

---

[71] 大正藏 第三七卷 經疏部《阿彌陀經要解》頁364。

[72] 圓瑛法師《彌陀要解講義》頁三一五。

國家圖書館出版品預行編目資料

古典文學・第十五集

中國古典文學研究會主編. – 初版. – 臺北市：臺灣學生，
2000[民 89]
面；公分

ISBN 957-15-1041-6 (精裝)
ISBN 957-15-1042-4 (平裝)

1.中國文學 – 明(1368–1644) – 論文，講詞等

820.906 89015368

古典文學 第十五集（全一冊）

主編者：中國古典文學研究會
出版者：臺灣學生書局
發行人：孫善治
發行所：臺灣學生書局
臺北市和平東路一段一九八號
郵政劃撥戶：〇〇〇二四六六八號
電話：(〇二)二三六三四一五六
傳真：(〇二)二三六三六三三四
本書局登記證字號：行政院新聞局局版北市業字第玖捌壹號
印刷所：宏輝彩色印刷公司
中和市永和路三六三巷四二號
電話：二二二六八八五三

定價：精裝新臺幣七〇〇元
平裝新臺幣六二〇元

西元二〇〇〇年九月初版

82009-15

ISBN 957-15-1041-6 (精裝)
ISBN 957-15-1042-4 (平裝)